# INSTITUTIONS DE L'AUVERGNE

NORD

CARTE
pour servir à l'Histoire
DES
INSTITUTIONS DE L'AUVERGNE

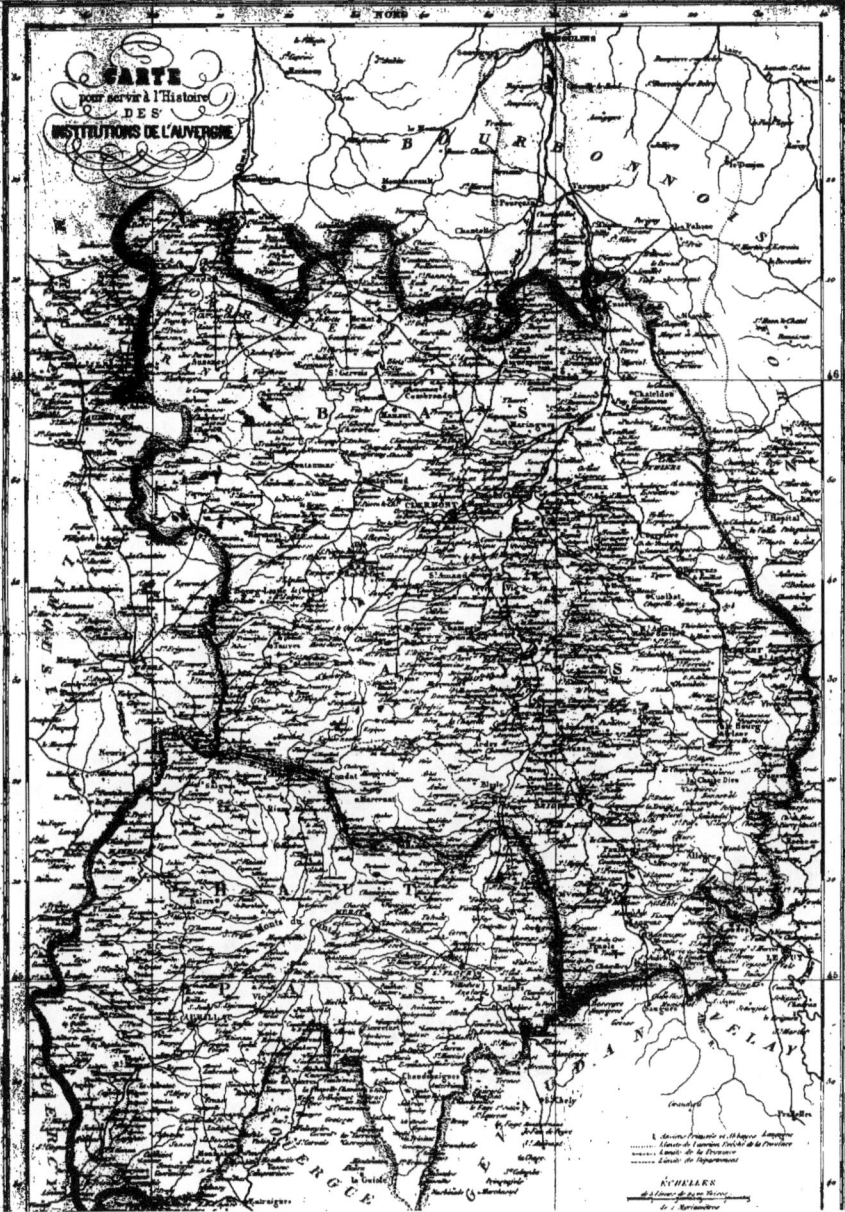

B O U R B O N N O I S

ÉCHELLES

# ERRATA.

Page 40, ligne 13, au lieu de : *chûte,*        lisez : *chute.*

  —  79,  —   9,    —      *Conditions des terres,*  —  *condition des terres.*

  —  80,  —  21,    —      *champ,*                   —  *champs.*

  —  83,  note 5,      —      *Harteserre,*           —  *Hauteserre.*

  — 208, ligne 26,    —      *tribu,*                     —  *tribut.*

  — 252,  —  17,     —      *Robert de la Tour,*  —  *Robert.*

  — 256,  note 3,     —      *p.* 11,                     —  *p.* 54.

  — 264, ligne 9,     —      1872,                    —  1272.

  — 294,  —  24,     —      *à défauts,*             —  *à défaut.*

  — 336,  —   6,     —      *avait,*                   —  *avaient.*

  — 361, note 2, supprimez : *et* 60 *livres pour les lépreux de la terre d'Auvergne.*

  — 436, ligne 21, au lieu de : *des dîmes,*      lisez : *les dîmes.*

  — 455, note 2,     —      *Esprit de loix,*    —  *Esprit des loix.*

Riom, imp. G. Leboyer.

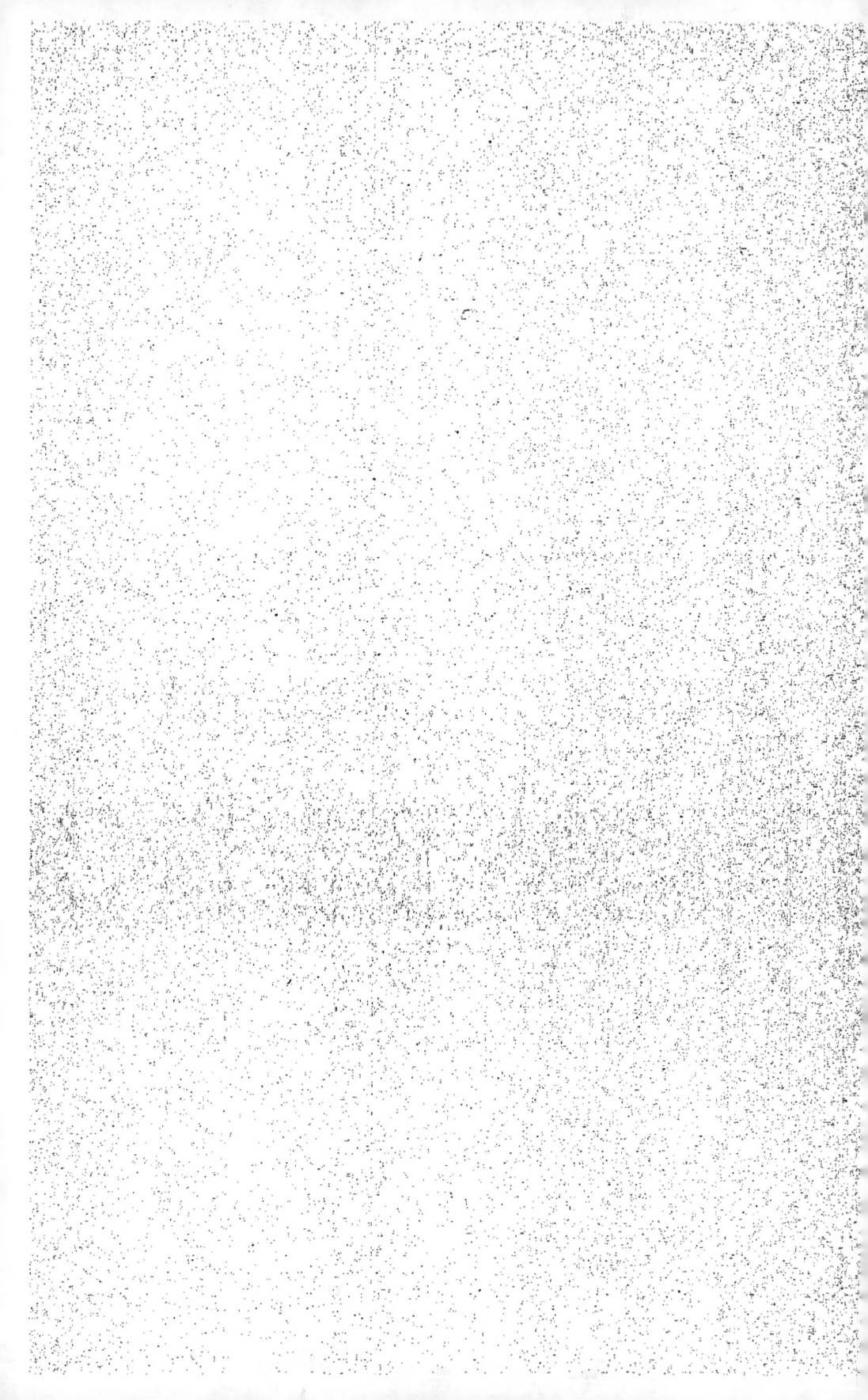

# HISTOIRE

DES

# INSTITUTIONS DE L'AUVERGNE

CONTENANT

Un Essai historique sur le Droit public et privé
dans cette province

PAR

## H.-F. RIVIÈRE

Conseiller à la Cour d'appel de Riom, Docteur en droit, Membre correspondant
de l'Académie de législation de Toulouse.

TOME PREMIER

PARIS

LIBRAIRIE DE A. MARESCQ AÎNÉ, ÉDITEUR,
Rue Soufflot, 17, près le Panthéon.

—

1874

# CONSIDÉRATIONS PRÉLIMINAIRES.

Parmi les hommes studieux qui, loin des passions et de la lutte des partis, méditent sur les destinées de notre patrie, les uns, ordinairement les plus jeunes, ont les regards fixés sur l'avenir, et essaient d'entrevoir l'aurore d'une civilisation qui est à naître ; les autres, ceux d'un âge plus avancé, cherchent dans les siècles écoulés l'explication des faits contemporains et le pressentiment des choses futures.

De toutes les études historiques, celle des institutions est peut-être la plus instructive et la plus féconde en graves enseignements, en salutaires leçons. Les anciennes institutions ressemblent à ces vieux monuments restés debout au milieu des ruines : on dirait qu'elles ont échappé aux ravages du temps pour faire connaître à la postérité la vie des peuples, qu'elles ont régis, et pour indi- quer les causes de leurs progrès ou de leur décadence. Leur té- moignage incorruptible s'élève au-dessus des récits des chroni- queurs ; il domine toutes les erreurs et présente d'une manière fidèle à nos réflexions les vicissitudes, les usages et les mœurs mêmes des générations disparues.

Cette partie de l'histoire élève l'âme aux plus hautes méditations. Son étude est fortifiante; elle fait naître en nous l'espérance, la modération, la persévérance, la foi, par le spectacle qu'elle offre du progrès réalisé et des innombrables obstacles surmontés par nos pères pour le conquérir. Elle nous montre, dans les grandes périodes, les divers éléments de la société, malgré leur hostilité profonde, se coordonnant, s'organisant, après des luttes vives et fréquentes, la civilisation s'améliorant, le droit s'inspirant de plus en plus des principes de l'équité naturelle et devenant plus humain. C'est qu'en effet, il faut le reconnaître, le mouvement, le progrès est dans l'ordre des choses humaines. Cette grande loi peut, dans certains moments, avoir ses éclipses, être voilée et méconnaissable au milieu de violentes perturbations, de malheurs affreux, de crimes horribles; mais à travers toutes ces catastrophes, tous ces désastres, l'humanité poursuit sa marche, en approchant toujours du but fixé par la suprême volonté du créateur.

> L'humanité n'est pas le bœuf à courte haleine
> Qui creuse à pas égaux son sillon dans la plaine
> Et revient ruminer sur un sillon pareil [1].

A ceux qui nient le progrès moral, qui soutiennent que la morale publique et les institutions ne se perfectionnent pas en même temps que la civilisation se développe, il serait facile de répondre, en mettant les mœurs et les institutions modernes en parallèle avec les mœurs et les institutions anciennes, avec celles de la Grèce ou de Rome, de l'époque barbare ou de la féodalité.

L'opinion que nous exprimons était aussi celle d'un écrivain indépendant et modéré, une des gloires littéraires de l'Auvergne, qui peignit avec tant de vérité les mœurs et les événements de l'un de ces siècles, où tous les éléments de l'ordre social s'agitèrent violemment, et où l'esprit des hommes, humble et borné dans ses connaissances et ses lumières, cherchait partout un appui

---

[1] Lamartine, *Harmonies poétiques*.

dans l'autorité. Reconnaissant que ces siècles, où la raison humaine était asservie, n'avaient été ni heureux, ni moraux, ni religieux, ni même obéissants, M. de Barante en concluait que les peuples modernes, chez lesquels plus de lumières et de raison, plus de sympathie et d'égalité entre les hommes avaient perfectionné l'ordre des sociétés, pouvaient avec un légitime orgueil se comparer à leurs devanciers courbés sous les jougs les plus pesants.

Mais laissons ces comparaisons, et repoussons aussi ces injustes censures de notre temps, ces banales récriminations, qui se multiplient surtout dans les jours de détresse et de crises nationales. Sachons, malgré les nuages qui entourent, à certaines époques, la civilisation, malgré les temps d'arrêt qui se produisent quelquefois, reconnaître le progrès lent, mais certain, qui accompagne l'humanité, lorsqu'elle reprend sa marche; et puisons dans cette idée le courage, la confiance dans l'avenir, sans espérer cependant atteindre, en ce monde, à cette perfection absolue, qui brille à des hauteurs infinies.

Malgré le mouvement progressif de la civilisation et du droit, la création d'institutions entièrement nouvelles est chose assez rare, et un grand nombre de celles qui nous régissent ont emprunté des éléments aux institutions depuis longtemps abolies. Les lois fondamentales reçoivent des modifications, des transformations successives, sans que les liens qui les rattachent aux temps antérieurs soient jamais brisés entièrement. L'ordre social de nos jours n'a pas été élevé sans employer d'anciens matériaux. Les législateurs de la Révolution, malgré leur désir de rompre avec le passé, se sont servi de ses débris pour construire l'édifice de la société nouvelle. Les révolutions n'ont jamais pu s'affranchir de cette nécessité, parce qu'elle est dans la nature des choses, parce qu'une société ne s'improvise pas, parce que tout édifice que l'on voudrait construire, après avoir fait table rase, si c'était possible, n'aurait aucune base, aucune solidité, aucune durée. Dans les institutions civiles, comme dans les institutions politiques, on rencontre, à chaque instant, l'élément traditionnel ou historique inséparablement uni à l'élément rationnel ou philosophique. Aussi, l'école rationaliste, qui considère le droit comme un produit de la raison pure, étranger, par conséquent, aux notions de l'expérience, nous semble aussi éloignée de la vérité que ceux qui enseignent que la législation d'un peuple se forme comme sa langue, c'est-à-dire d'elle-même, ou, selon l'expression d'un ancien auteur, *par alluvion*. La doctrine la plus exacte se trouve entre ces deux extrêmes : c'est celle qui fait la part de la raison, mais qui sait aussi reconnaître l'influence considérable de l'élément traditionnel dans la formation du droit.

Nos lois civiles renferment des preuves nombreuses de la persistance de cet élément. Nous ne les rappellerons pas. Nous préférons prendre un exemple plein d'actualité, et se reliant, d'ailleurs, à notre sujet, dans la partie de notre législation, qui semble être la plus variable, et devoir le plus subir l'action des temps et des diverses circonstances sociales, puisqu'elle a trait à l'administration : nous voulons parler de la centralisation.

La question de la centralisation administrative, l'un des plus graves problèmes de notre temps, a ses racines dans les faits et les actes de l'ancienne monarchie, comme la centralisation politique, avec laquelle elle a historiquement les rapports les plus intimes, mais qui doit en être distinguée soigneusement. La centralisation politique, en d'autres termes, l'unité morale et politique de la France, ce principe de force et de grandeur, lente conquête des siècles, est devenu pour ainsi dire un dogme national. Jamais la nation n'a témoigné plus d'attachement à un principe qu'à cette précieuse unité, conquise par tant d'efforts, et convenant si bien à la France, à la nature de son sol, aux mœurs et aux habitudes de ses populations, qui, malgré quelques nuances légères, tendent de plus en plus à s'identifier et à former la nation la plus unie, la plus compacte de l'Europe, grâce à la facilité des moyens de communication et à la multiplicité des rapports

résultant du commerce et de l'industrie. Plus que jamais notre
patrie a besoin de cette union, dont la nécessité était déjà bien
comprise à l'époque de la Révolution, où de toutes les parties du
territoire un cri général s'éleva pour jurer *l'unité et l'indivisibilité
de la République.* Un savant historien de l'Auvergne, un républicain austère et convaincu, Dulaure, député à la Convention nationale pour le Puy-de-Dôme, que l'on avait accusé vaguement
d'avoir concouru à favoriser le système de ceux qui voulaient
détruire cette unité, publia quelques pages [1], dans lesquelles, en
se justifiant de cette injuste accusation, il démontrait tous les
avantages de la centralisation politique, tous les inconvénients
et les périls du fédéralisme. Après avoir parlé de l'urgence d'organiser une hiérarchie de pouvoirs solidement édifiés, une représentation nationale au sommet de l'édifice, une vaste base terminée par les municipalités ; après avoir établi l'utilité d'une grande
énergie dans l'action du gouvernement, d'un levier fort et puissant, pour atteindre du centre à la circonférence, et la nécessité
impérieuse de donner à la loi *un bras de fer* [2], Dulaure s'exprimait en ces termes : « D'après tout ce que je viens de dire, on peut
conclure qu'il n'y a qu'un fou, qui puisse soutenir que le système
fédératif est celui qui convient le mieux à la République française ;
qu'il ne peut y avoir qu'un intrigant, qu'un perturbateur de la tranquillité publique, qu'un ennemi de la liberté, enfin qu'un criminel
de lèze nation qui puisse, par des cabales, des menées sourdes, des
séductions, travailler au succès d'un système aussi contraire aux
principes, et aussi dangereux à la prospérité de la République [3]. »

Dulaure était dans le vrai. Le système fédératif, d'après lequel
le gouvernement régit plusieurs corps sociaux unis en un seul,
et mutuellement dépendants sous le rapport de l'union, mais
dont chacun, sous d'autres rapports, est séparé, indépendant, et

---

[1] *Du fédéralisme en France,* broch. de 13 pages in-12.
[2] *Loc. cit.,* p. 9.
[3] *Loc. cit.,* p. 12.

obéit à un gouvernement particulier, peut bien favoriser la perfection de l'administration, en faisant naître une espèce de patriotisme local; mais ce mode de gouvernement est toujours plus faible que le gouvernement unique, et serait le présent le plus funeste que l'on puisse faire à notre pays. Du reste, le fédéralisme a pu paraître redoutable, à une autre époque, quand les provinces de l'ancienne monarchie étaient encore pleines du souvenir de leur antique indépendance et du sentiment de leur individualité; aujourd'hui, toute tentative de ce genre serait réduite à l'impuissance par la volonté générale de la nation, qui tient à l'unité, parce qu'en elle résident la force, l'ordre et le progrès.

Mais si la France est attachée au principe de la centralisation politique, elle a témoigné depuis plusieurs années sa vive répugnance à l'égard de la centralisation administrative, du despotisme qui en résulte, et qui est si contraire aux intérêts des particuliers, à ceux du pays, et si menaçant pour la liberté et pour le pouvoir lui-même.

Dans tous les camps, on trouve des écrivains qui ont sollicité sur ce point de sérieuses réformes. Les uns pensent que, lorsque, par suite de la décentralisation, les citoyens auront pris, sur tous les points du territoire, l'habitude de s'occuper des affaires publiques, qu'ils en auront acquis l'intelligence, qu'ils se seront exercés à débattre et surveiller leur gestion, la liberté sera indestructible; que c'est par le réveil de l'esprit provincial, par l'affranchissement de la commune, que la France peut prévenir ou empêcher les usurpations, les abus [1]; qu'en un mot, pour avoir un gouvernement fort, une nation forte, il faut faciliter la pratique de ce *self government*, auquel les Etats-Unis et l'Angleterre doivent une partie de leur grandeur. D'autres demandent aussi la décentralisation, parce qu'ils ne voient dans la centralisation absolue qu'un *engin d'asservissement* à la disposition des factieux,

[1] Voy. le *National* du 2 septembre 1849.

lorsqu'ils parviennent à s'emparer de la capitale par la force[1], parce que, dans un pays, où tout dépend de l'impulsion partie du centre, la société est, tous les jours, à la merci d'un coup de main ou d'un coup d'Etat. D'autres, enfin, déclarent que la centralisation administrative est une institution usée, que le temps de sa souveraineté est passé, qu'elle ne suffit plus aux besoins dominants, aux périls pressants de la société[2].

Nous pensons aussi que la décentralisation est une des plus urgentes réformes qui s'imposent à notre pays, et que les mesures qui pourraient être prises dans ce sens, si elles étaient dictées par un véritable patriotisme, et non par l'esprit de parti, favoriseraient le pouvoir autant que la liberté. Toute la difficulté du problème consiste à concilier la puissante unité, que nous devons au travail des siècles, avec les libertés locales, à doter le pays de ces libertés, sans affaiblir le lien de l'unité politique. L'étude des institutions offre pour sa solution de précieux enseignements; mais il faut savoir en tirer toutes les conséquences.

La centralisation est un produit de l'ancienne monarchie. Elle n'est pas, comme on l'a dit quelquefois, une création de la Convention ou de l'Empire, qui l'ont seulement exagérée. C'est par les édits des rois, surtout depuis François Ier jusqu'à Louis XIV, que le mécanisme, les principaux rouages de ce système furent établis. Le gouvernement des provinces, comme la justice, comme la guerre et les finances, tout fut absorbé par le pouvoir central et placé sous la main de la royauté omnipotente.

Quelques historiens, partisans de la centralisation, applaudissent à ces résultats, comme à tous les envahissements successifs des rois, qui contribuèrent à fonder l'unité nationale. Ils ne trouvent dans l'histoire des anciennes institutions provinciales et communales qu'un esprit de despotisme et de monopole mal déguisé sous de grands dehors d'indépendance, une domination

[1] M. Michel Chevalier, *Revue des Deux-Mondes*, 1er juillet 1849.
[2] M. Guizot, *De la démocratie en France*, p. 119.

violente du fort sur le faible, une funeste oligarchie, qui, en
résistant à la royauté, maintenait à son profit le droit de disposer
de l'argent du public et du sort des pauvres. Il en est plusieurs
qui considèrent surtout ces institutions à l'époque où la royauté
absolue avait mis sur elles sa main lourde et puissante, et ils ne
voient dans les derniers efforts faits par les États et les communes, pour se soustraire à l'étreinte du despotisme, qu'un motif
pour légitimer sa haine et ses coups. Nous croyons que toutes ces
appréciations ne sont ni exactes ni équitables. Nous dirons ce
qu'il y avait de défectueux dans ces institutions, lorsque nous
parlerons de celles de l'Auvergne. Mais à ceux qui ne nous montrent les institutions provinciales et communales qu'au moment
de leur décadence et de leur asservissement par la royauté, nous
rappellerons les époques antérieures où ces assemblées rendirent
des services si éclatants à la cause du progrès et de l'humanité.
Que plus tard, elles aient été corrompues, anéanties par l'absolutisme ; que les gouverneurs des provinces, les intendants aient
dominé, humilié les États ; que l'intrigue, l'argent, la menace, la
force même aient été employés sans scrupule, on ne peut le con-
tester. Les États provinciaux ne purent opposer qu'une digue
impuissante aux envahissements du pouvoir. Mais ces faits, qui
sont la plupart d'une date récente, ne peuvent faire oublier tout
un passé honorable et même glorieux. Dans les pays où se manifestèrent quelques résistances légales, et même légitimes, comme
en Auvergne, les États furent supprimés. Le pouvoir royal les
toléra dans quelques provinces seulement, où il eut été sans
doute impossible de les abolir sans s'exposer à des luttes sanglantes ; et encore pensait-il à les faire disparaître entièrement,
même dans ces contrées, où il voyait avec déplaisir se conserver
quelques restes d'indépendance[1]. Quant aux libertés communales,
elles furent, pendant près de quatre-vingts ans, confisquées, ou

---

[1] Voy. *Notice sur les Païs d'Estats*, p. 48.

plutôt tour à tour abolies, et rétablies, à titre de pur expédient financier, et ce fut là un des actes les plus déplorables de l'ancienne monarchie.

Au XVIII<sup>e</sup> siècle, l'administration centrale s'étendait de toutes parts sur les débris des pouvoirs locaux. Cette centralisation était la conséquence des progrès du pouvoir absolu.

Cependant, quoique le pouvoir central fût parvenu à détruire tous les pouvoirs intermédiaires, et qu'il fût devenu l'agent unique et nécessaire de la vie publique, il n'avait pas encore, à cette époque, la forte organisation, qui lui fut donnée dans les temps modernes. La Révolution, dans une de ses phases, mêla ensemble les anciennes pratiques du passé, l'œuvre de l'absolutisme, c'est-à-dire une centralisation excessive, et les institutions d'un peuple libre; grave inconséquence, si cette mesure n'avait pas été nécessitée par la lutte qu'elle soutenait contre toute l'Europe. Napoléon ressaisit aussi la centralisation, la restaura, la perfectionna dans le sens de sa domination; puis, lorsqu'il fut tombé, elle resta debout, et subsista tout entière jusqu'aux réformes assez anodines des derniers règnes.

Ici doivent s'arrêter ces observations. Nous avons seulement voulu, en rappelant l'origine de la centralisation, expliquer l'exemple, que nous avions choisi pour prouver l'existence de l'élément traditionnel dans nos institutions.

On nous permettra cependant d'ajouter que, en même temps que la révolution, dont nous avons parlé, s'accomplissait dans l'ordre politique et administratif de l'ancienne France, la vie morale de la nation refluait au centre. Paris prenait une plus grande extension, et devenait un séjour attrayant. Dans les polémiques enfantées par les tristes et cruels événements que nous traversons, on ne parle pas de la capitale avec plus d'enthousiasme que les écrivains du XVII<sup>e</sup> siècle: « Paris, disait Brodeau, la royale et la capitale du royaume, le centre de l'Estat, le séjour des rois, le siége du premier et plus ancien parlement et de la cour des pairs, *la vive source des lois, la commune patrie de tous les Français, l'abord de toutes les nations du monde, la France de la France, comme les anciens appeloient la ville d'Athènes, la Grèce de la Grèce ou l'œil de la Grèce,* et l'épitome du monde, ce que Polémon, le sophiste, disait de la ville de Rome [1]. »

Ces paroles de Brodeau, qui expriment les sentiments et les idées de son époque, prouvent quelle était la prépondérance de Paris, et la haute influence exercée déjà par cette ville sur l'esprit et le sort de la nation. Paris était aussi la ville la plus industrieuse du royaume. Dans les temps plus rapprochés, à mesure que la centralisation se développa, la vie intellectuelle et industrielle s'y concentra davantage ; Paris était devenu le principal foyer de l'activité nationale, tandis que les libertés locales et les dernières traces de l'ancienne vie publique avaient disparu dans les provinces. Quand la Révolution éclata, elles étaient absorbées par la grande cité.

La plupart des considérations qui précèdent trouveront leur confirmation dans l'exposé des institutions municipales et provinciales de l'Auvergne, auxquelles plusieurs chapitres de l'ouvrage, que nous publions, seront consacrés, et dont nous suivrons les vicissitudes à travers les diverses civilisations. Nous considérons l'élément municipal, dans cette province, comme un legs de la civilisation romaine ; mais nous inclinons à partager le sentiment des publicistes, qui pensent que le droit communal, envisagé à un point de vue général, est contemporain de toute agglomération de familles sur un territoire, et préexistant aux pouvoirs politiques. Les libertés et les garanties, qui en résultent, ont pu, par leur nature, se combiner, chez différents peuples, avec toutes les formes de gouvernement, parce qu'elles sont, selon la remarque judicieuse de l'historien César Cantu, « une extension de la famille plutôt qu'un morcellement de l'Etat [2]. » En France, elles

---

[1] *Comm. sur la Coutume de Paris,* préambule, n° 3.
[2] *Histoire des Italiens,* t. IV, p. 411, trad. de M. Lacombe.

ont servi de fondement à l'autorité monarchique ; on sait quels furent les résultats. Les institutions provinciales, d'une date plus récente, eurent la même destinée. Cette double étude offre un grand attrait : combien il est intéressant de considérer la vie de ces anciennes municipalités, cette source des vieilles générations du Tiers-État, et celle des États provinciaux, ces gardiens vigilants des droits et des libertés des provinces ! Combien d'exemples et d'analogies viennent s'imposer à la pensée ! C'est avec un sentiment de vive curiosité, mêlé souvent d'émotion, que l'on suit, dans les archives locales, dans les registres des communautés ou de la province, l'existence quotidienne, municipale ou provinciale des villes et des cités, et qu'on la voit s'écouler pendant des siècles, en léguant aux siècles à venir l'héritage des mêmes intérêts, des mêmes passions. C'est dans cette étude approfondie, c'est en méditant les exemples, qu'elle renferme, que le publiciste peut acquérir des vues nettes et l'homme d'État des desseins persévérants.

Nous passerons en revue, dans notre travail, les éléments primitifs de notre civilisation : l'élément romain avec son esprit de légalité et son principe d'autorité suprême ; l'élément germanique, qui introduisit, quoi qu'en ait dit un profond érudit[1], un sentiment inconnu au monde romain, celui de la personnalité, de l'individualité, de la spontanéité humaine, de l'indépendance ; le christianisme, ou plutôt l'Église chrétienne, formée dans le sein de la société romaine, et dont l'influence s'est exercée de bonne heure, et s'est perpétuée jusqu'à nos jours. Nous essaierons de constater l'action de chacun de ces éléments sur les anciennes institutions de l'Auvergne. Puis, lorsque de l'élément germanique et des ténèbres de la barbarie aura surgi le régime féodal, nous esquisserons les principaux traits de son caractère, et nous exposerons les règles générales de son droit privé, dans leurs rapports

[1] *Voy.* M. Guérard, *Polypt. d'Irminon,* proleg., § 96.

avec cette province, sans perdre de vue les autres éléments, que la féodalité renferma dans son sein. Nous poursuivrons notre examen, en recherchant les divers principes qui contribuèrent à la formation de la Coutume d'Auvergne. Nous prolongerons notre étude jusqu'au grand mouvement de 1789, d'où dérive notre ordre social, et dont l'histoire ne peut être bien comprise sans connaître l'ancienne société, ses institutions, ses vices et ses misères.

Dans le cadre que nous avons choisi, nous ne pourrons présenter souvent que de simples esquisses, ou des tableaux en raccourci. Toutefois, l'Auvergne est une des provinces les plus favorables au développement de ces notions historiques.

Après avoir joué un rôle actif et glorieux dans la lutte gigantesque de la Gaule contre Rome, l'Arvernie adopta la civilisation des Romains, dont elle avait reconnu la supériorité. Elle resta romaine sous les Visigoths, qui étaient arrivés moins Germains, moins barbares que les Francs, dans cette contrée, où ils durent subir eux-mêmes l'influence et l'empire de la civilisation romaine. A l'époque de la conquête franque, les Arvernes soutinrent avec ardeur la cause visigothe, et restèrent fidèles à leur mission, qui était de maintenir la civilisation de leurs premiers conquérants, et d'être, en Gaule, les derniers représentants de l'esprit romain. L'Arvernie résista encore longtemps à l'influence des races du Nord, et prit une part active aux combats de l'Aquitaine contre la monarchie franque. Cependant, par sa situation géographique et intermédiaire, elle dut plus promptement et plus facilement que d'autres contrées de la France réunir sur son territoire les deux éléments germanique et romain. Soumise à la féodalité, cette province subit, durant ce régime, les contrecoups ou les conséquences de presque toutes les grandes crises qui remuèrent la France, dans le long et laborieux enfantement de son unité. Enfin, c'est de l'Auvergne que partit le signal de la première croisade. L'esprit catholique et romain y fut toujours prédominant. Aussi, lorsqu'une portion du clergé essaya de disputer au trône la conquête du pouvoir, et fit ses efforts pour confisquer dans son intérêt personnel l'établissement définitif de l'organisation romaine en France, l'Auvergne fut un des foyers les plus actifs de cette révolte ecclésiastique. D'un autre côté, le protestantisme poussa dans le sol de cette province des racines peu profondes, et survécut à peine à l'effervescence des luttes violentes qu'il avait suscitées.

Cependant, lorsque le clergé ligueur se fut docilement rangé sous la loi gallicane de Bossuet, lorsque le trône fut demeuré le maître, le jansénisme, ce sillon de liberté de pensée, qui traversa les règnes de Louis XIV, du Régent et de Louis XV, compta, en Auvergne, des adeptes éminents [1].

Nous ne dirons rien ici d'un élément qui, selon quelques historiens, serait entré pour une bonne part dans la formation de notre droit national : c'est de l'élément celtique qu'il s'agit, de cet élément dont on parle beaucoup, mais dont on montre difficilement la trace. Sans nier absolument la persistance de l'élément celtique, auquel nous consacrerons le premier titre de cette histoire, en l'examinant dans son dernier état, nous croyons pouvoir dire que les auteurs, qui lui attribuent une grande influence, nous semblent avoir été le plus souvent victimes du jeu de leur imagination. Ce que les Gaulois nous ont transmis, c'est moins leurs coutumes ou leurs lois que leur caractère. Si, dans notre langue et notre droit, on trouve l'empreinte laissée par l'élément romain et par l'élément germanique, il est aussi incontestable que le caractère des Français, dans les choses de la paix, comme dans celles de la guerre, est surtout gallique. Ce peuple est resté tellement inaltérable dans ses principaux instincts qu'on le reconnaît encore dans les portraits qui ont été faits de lui par César et par Strabon. En général, le caractère d'une nation ne change pas essentiellement quand le fond de la popu-

1. Notamment Pascal, Domat.

2

lation n'a été, à aucune époque, simultanément et universellement expulsé par la violence et la conquête.

Nous suivrons, dans l'exposition des matières, la division en
grandes époques, ordinairement adoptée par les historiens, en
consacrant toutefois deux titres distincts à l'ère barbare : l'un à
la domination des Visigoths, et l'autre à celle des Francs. Ces
divisions de l'histoire ont, comme presque toutes les classifications,
quelque chose d'arbitraire : les époques sont unies entre elles par
d'indissolubles liens ; la naissance d'un ordre social et la décadence
d'un autre s'opèrent dans une espèce de crépuscule, et la lueur
d'une nouvelle civilisation s'annonce toujours longtemps avant
son apparition réelle. Néanmoins, si la méthode, que nous adop-
tons, est susceptible de quelque critique, elle facilite souvent
mieux l'intelligence de ce qui est expliqué. Les époques sont,
pour ainsi dire, des points de repère, ou des jalons placés sur la
route que l'on doit parcourir.

Chacune des grandes divisions sera précédée d'observations
sur la situation territoriale et politique de l'Auvergne. Ces observations ne seront pas sans utilité pour la clarté de l'histoire des
institutions d'un pays soumis, dans le cours des siècles, à tant de
vicissitudes. L'Auvergne passa successivement des Gaulois aux
Romains, des Romains aux Visigoths, de ceux-ci aux Francs, en
subissant diverses conséquences et alternatives résultant des événements politiques de l'Aquitaine, dont elle faisait partie. Après avoir
appartenu au Duché d'Aquitaine, depuis Eudes, le fils de Boggison,
et au Royaume d'Aquitaine, elle passa sous la puissance de
ses comtes héréditaires, elle devint un comté qui fut fief immédiat
du duché de Guienne, et releva ensuite immédiatement de la couronne de France ; puis, elle fut soumise à divers démembrements,
et donnée plusieurs fois en apanage. Tous ces changements, toutes ces péripéties nécessiteront quelques explications préalables ;
car, selon la remarque d'un écrivain judicieux: « la raison et le
sens commun disent que les hommes doivent commencer par ap-

prendre à connaître la distribution des appartements d'une maison qu'ils sont destinés à habiter [1]. »

Le plus célèbre commentateur de la coutume d'Auvergne,
Chabrol, a porté son attention sur une partie du sujet, que nous
nous proposons de traiter. Il en fit l'objet de quelques dissertations insérées dans les volumes de ses Commentaires, qu'il publia
de 1784 à 1786. A l'époque où ce jurisconsulte écrivait, l'histoire
n'avait pas encore fait les découvertes et les progrès qu'elle a
réalisés dans notre siècle. Cependant il existait déjà un nombre
considérable de documents originaux mis à la disposition des
lecteurs. Mais les éditeurs des grands recueils de monuments historiques s'abstenaient le plus souvent de toute vue générale sur
les institutions : on n'y trouve aucune explication, aucun examen
critique, sur les lois des Francs, sur la législation de Charlemagne, sur les origines de la féodalité, etc. On rencontre parfois,
dans les préfaces, des observations assez développées, mais portant rarement sur des points particuliers de l'ancienne législation
française. Bréquigny avait cependant ouvert de plus larges ho-
rizons. En outre, dès le XVIe siècle, les origines de notre droit
national avaient attiré l'attention d'un assez grand nombre
de jurisconsultes. Les feudistes avaient porté la lumière sur
plusieurs parties de l'histoire du droit au moyen-âge. Enfin,
trois hommes éminents par l'érudition, Eusèbe de Laurière,
le président Bouhier et Montesquieu avaient aussi consacré leur
science à l'histoire du droit [2], et montré ce que l'étude historique des institutions nationales renferme d'enseignements utiles.

Chabrol, dont l'érudition est moins profonde, moins exacte,
ne paraît pas avoir profité de toutes les ressources de son époque. Ses recherches sont immenses, — ce qui fait dire à M. Mazure, avec une alliance de mots quelque peu hardie, « qu'il por-

[1] De Pauw, *Recherches sur les Grecs.*
[2] De Laurière est mort en 1728, Bouhier en 1746, et Montesquieu en 1755.

tait jusqu'au *génie* le talent de la *compilation*[1] ; » mais ses dissertations historiques sont tout-à-fait dépourvues de critique et de
généralisation. Les détails abondent, mais il n'y a aucune vue
d'ensemble. Sans doute, il n'avait pas à introduire dans le cercle
assez restreint de l'histoire des institutions d'une province ni ces
hautes spéculations, ni l'examen de ces problèmes qui dominent
l'histoire générale du droit, quoique les institutions des provinces
s'y rattachent fréquemment. Mais, même dans les limites où le
savant commentateur s'était renfermé, les considérations, les appréciations cèdent trop souvent la place à l'analyse des textes et
des faits, qu'il épuise presque tous, sans jamais les dominer. Le
caractère du moyen-âge et le souvenir des institutions germaniques semblent, d'ailleurs, lui avoir échappé entièrement.

Avant Chabrol, de nombreux matériaux avaient été accumulés
pour l'histoire de la province d'Auvergne par Justel, par Baluze,
par Savaron et par d'autres écrivains.

De son temps, des Bénédictins étaient venus dans cette province pour en écrire l'histoire. A leur tête était D. Verdier Latour,
qui avait visité tous les chartriers de la Haute et de la Basse-Auvergne. Cet érudit avait exploré les vieux actes, les vieilles chartes, qui pouvaient en faire connaître les anciens usages. Mais son
œuvre, qui, du reste, ne comprenait pas spécialement l'histoire
des institutions, fut interrompue par la Révolution. Il laissa cependant sur les institutions judiciaires de cette contrée, aux XIIIe
et XIVe siècles, un manuscrit, qui contient d'excellents documents,
et dans lequel il réfute Chabrol presque toujours avec succès.

Les collaborateurs de D. Verdier Latour, D. Chevalier, D.
Coll et D. Deschamps, se livrèrent aussi à quelques études intéressantes sur l'histoire générale de l'Auvergne. Leurs manuscrits
ont été déposés à la bibliothèque de la ville de Clermont. A la
suite de la *dissertation historique* de D. Verdier Latour, se trouve

---

[1] *Tableau historique de l'Auvergne, au XIVe siècle*, dans les *Annales de
l'Auvergne*, 1844, p. 487.

un manuscrit attribué à D. Deschamps, et qui est intitulé: *Extrait de nos contredits touchant l'affaire de Saint-Alyre contre Messieurs de Riom.* C'est un plaidoyer historique en faveur de Clermont, contre les prétentions de la sénéchaussée de Riom, mais très-inférieur au travail de D. Verdier Latour.

A la même époque, la ville de Clermont faisait imprimer à ses frais les recherches du savant Bergier sur les États-Généraux et les États d'Auvergne, qui étaient accompagnées d'un recueil de documents dû aux soins de ce jurisconsulte et à ceux de D. Verdier Latour.

Depuis le temps où ces écrits ont été rédigés, ou publiés, l'histoire a fait de précieuses conquêtes. L'école historique du XIX° siècle, tout en profitant des travaux antérieurs, qui avaient surtout pour but la recherche des faits, des lois, des actes publics, des formules judiciaires, s'est attachée à trouver la loi de succession, qui enchaîne les faits l'un à l'autre, leur génération, à suivre le progrès et le développement des institutions, leur influence sur la marche de la civilisation. Les grands événements dont notre siècle a été témoin, les révolutions politiques qui s'y sont accomplies, ont mieux fait comprendre aux historiens modernes le sens des transformations politiques et sociales. Les origines nationales, les races primitives, la société gallo-romaine et celle des conquérants germains, la condition des personnes, les institutions politiques, ont été appréciées avec plus d'exactitude; les périodes mérovingienne et carlovingienne, le régime féodal, la révolution des communes, le rôle de la royauté, les origines du Tiers-État, tous ces problèmes historiques et d'autres encore ont été résolus avec plus de sagacité. Le caractère du moyen-âge a été mieux apprécié, et les institutions germaniques plus étudiées. On fait mieux aujourd'hui, malgré quelques dissidences, la part des éléments gallique, germanique, ou romain, dans la formation de notre droit. Cette élaboration scientifique continue : aux observations générales ont succédé l'analyse des textes, la recherche et l'explication

des documents inédits. On reconnaît toute l'importance des études
sur les institutions du moyen-âge et de la féodalité considérées
surtout dans leur action multiple et variée sur les diverses portions du territoire de la France. Mais les documents, qui pourraient nous les révéler, reposent encore en grand nombre dans
la poussière des archives, dans les chartriers des villes ou des
villages, dans les greffes des anciens tribunaux.

On a compris l'utilité de donner un centre commun aux
travaux historiques et archéologiques, qui ont pour but d'étudier
les anciennes institutions des provinces, d'en conserver les monuments. C'est dans ce but que fut fondé l'*Institut des provinces*,
devenu, en 1850, un établissement d'utilité publique. Enfin,
l'Académie des inscriptions et belles-lettres, dans son programme
de 1871, appelait aussi spécialement sur l'histoire provinciale l'attention des écrivains désireux de prendre part à ses concours[1].

L'Auvergne n'est pas restée étrangère au mouvement historique, qui s'est produit dans notre siècle, surtout depuis 1820.
Nous citerons plusieurs travaux remarquables, ou intéressants,
publiés sur l'histoire de cette province. Nous verrons que plus
d'un fidèle explorateur a recherché avec zèle dans les vieux
titres, dans les monuments et les vieilles institutions, les
antiques souvenirs de la cité. Mais, si on en excepte le discours
de M. Bayle-Mouillard, ces travaux n'ont trait qu'à quelques
points particuliers, et non à l'ensemble des institutions de la
province. Ce sont seulement d'excellents matériaux, de précieux
spicilèges. Dans un discours intitulé : *Etudes sur l'histoire du
droit en Auvergne,* et prononcé à l'audience de rentrée de la
cour royale de Riom, le 5 novembre 1842[2], M. Bayle-Mouillard
essaya de mettre à profit les recherches antérieures, et de leur
donner un corps. Ce travail, nécessairement limité par le temps
assigné à une audience solennelle de rentrée, est une ébauche,

[1] Voy. p. 13.
[2] Brochure de 68 pages in-8°.

une esquisse très-remarquable par la forme, renfermant quelques indications utiles, mais assez incomplète. Le savant magistrat a cependant le mérite d'avoir le premier signalé l'influence des Etablissements de Saint-Louis sur certaines chartes de l'Auvergne. Il est à regretter qu'un esprit aussi distingué n'ait pas eu le temps ou la volonté d'approfondir la matière et de donner à son œuvre plus de développements.

Dans un *Tableau historique de l'Auvergne au XIV<sup>e</sup> siècle*, couronné, en 1844, par l'Académie des sciences, arts et belles-lettres de Clermont, M. Mazure, inspecteur d'Académie, a aussi inséré quelques aperçus sur les institutions de cette province, mais seulement pour la période qu'il devait décrire. Ce sont de simples hors-d'œuvre destinés à relier les différentes parties de son mémoire, et à donner plus d'intérêt à son sujet, qui, renfermé dans les strictes limites du programme, n'eut été qu'un épisode de la lutte anglo-française. M. Mazure, quoique étranger à l'étude du droit, avait pensé, avec raison, que le tableau des revers et des sacrifices d'une province deviendrait plus intéressant, s'il faisait connaître en même temps, avec les principaux éléments de sa civilisation, ce qu'il y a, comme il le dit lui-même, de plus considérable dans son histoire, c'est-à-dire son organisation et ses lois.

Enfin, M. Delalo, ancien président du tribunal civil de Mauriac, a publié, en 1859, plusieurs pages substantielles sur les limites et les institutions de la Haute-Auvergne pendant le moyen-âge et les temps modernes. Cet opuscule est, comme les dissertations de Chabrol, nourri de recherches et de faits curieux. Mais il leur ressemble aussi en ce que l'honorable président de Mauriac multiplie les détails, sans jamais aborder les considérations philosophiques ou générales.

Les travaux que nous venons de rappeler ont servi de point de départ aux recherches, que nous avons faites[1], en consultant les

---

[1] On trouvera à la fin du second volume de cet ouvrage un *Appendice* contenant plusieurs chartes et autres documents la plupart inédits.

documents imprimés ou inédits des bibliothèques et des archives nationales ou locales. Dans la mise en œuvre de ces matériaux, dans l'analyse et l'appréciation des textes, nous ferons tous nos efforts pour être exact. Nous nous garderons de transporter, selon l'expression de Montesquieu, dans des siècles reculés, les idées du siècle où nous vivons. Nous voulons être juste, impartial, envers le passé. Nous nous inspirerons des travaux et des tendances de la grande école moderne, qui a banni l'esprit de système, recherché et discuté les textes et les faits, sans autre dessein que l'exactitude, et résolu la plupart des problèmes historiques avec une intelligence supérieure, une bonne foi incontestable, et avec cette noble indépendance, qui est la compagne inséparable de la justice et de la vérité.

Saint-Vallerin (Saône-et-Loire), le 12 octobre 1873.

# HISTOIRE

DES

# INSTITUTIONS DE L'AUVERGNE

## TITRE PREMIER.

### Aperçu des institutions de l'Arvernie, à l'époque de la conquête romaine.

Au temps de Jules César, la Gaule chevelue était divisée en trois grandes régions : la première, au nord, entre la Seine, la Marne et le Rhin, était habitée par les *Belges;* la seconde, au midi, s'étendant de la Garonne aux Pyrénées et à la partie de l'Océan qui baigne les côtes de l'Espagne, était habitée par les *Aquitains;* la troisième, au centre, était occupée par ceux que, dans leur langue, on appelait *Celtes (Celtæ)*, et, dans la langue romaine, *Gaulois (Galli)*. Ces derniers étaient séparés de la Gaule narbonnaise par le Rhône, de l'Aquitaine par la Garonne, de la Belgique par la Marne et la Seine, de l'Helvétie par le Rhin[1]. Les Belges, les Aquitains et les Celtes, différaient entre eux, selon César, par la langue, les institutions politiques et les lois civiles[2]. Chacune des trois régions qu'ils habitaient se subdivisait

---

[1] Comm. *de Bell. gall.* I. 1. — La division indiquée par César ne comprend pas la Gaule narbonnaise, probablement parce qu'il ne voyait plus en celle-ci qu'une province romaine. *Voy.* aussi Pomponius Mela, *Geograph.* III; *Comp.* Pline, *Hist. nat.*, IV, XXXI.

[2] « Hi omnes linguâ, institutis, legibus inter se differunt. » (*Comm.* I. 1.).

en beaucoup d'États appelés *civitates*, expression qui, dans les *Commentaires*, est synonyme de *nations*[1]. Chacun de ces États, divisés en cantons (*pagi*), avait son organisation et son gouvernement particulier. Tous ces petits peuples étaient indépendants, quelquefois alliés et le plus souvent désunis. Il n'existait entre eux aucune constitution politique, aucun gouvernement central, aucune organisation nationale. Il y avait sur le même territoire diverses formes de gouvernement. La moins appréciée était la forme monarchique.

Au moment de la conquête romaine, on désignait spécialement, sous le nom de *Celtes*, les peuples qui occupaient la plus grande partie de la Gaule, au centre, à l'est et à l'ouest. Cette contrée fut appelée la *Celtique*, dénomination qui, appliquée seulement à l'une des régions de la Gaule chevelue, ne permet pas de confondre ses habitants avec ceux de la Celtique primitive.

Les *Arvernes* (*Arverni*) occupaient la partie du centre de la Celtique qui a conservé leur nom : l'*Arvernie*, plus tard l'*Auvergne*[2]. Ce nom dérive, selon toute vraisemblance, des deux mots celtiques *ar verann*, haute contrée; étymologie qui paraît suffisamment justifiée par la topographie et l'aspect du pays[3].

Les Arvernes étaient bornés, au nord-est par les Eduens (*Ædui*)[4], au nord par les Bituriges (*Bituriges*)[5], à l'ouest par les Lémovikes (*Lemovices*)[6] et les Cadurkes (*Cadurci*)[7], au midi par les Ruthènes (*Rutheni*)[8] et les Gabales (*Gabali*)[9], au sud-est par les Velaunes (*Velauni*)[10], et à l'est par les Ségusiens (*Segusiani*)[11].

---

[1] Voy. *Comm.* III. 10.

[2] *Alvernia*, en basse latinité.

[3] *Nemetum* (Clermont), *Ricomagus* (Riom), *Isiodorum* (Issoire), *Lemane* ou *Lemania* (la Limagne), sont aussi des mots formés de radicaux celtiques. — Sur les autres étymologies du mot *Arvernie* proposées par différents auteurs, voy. l'*Ancienne Auvergne*, t. Ier, p. 10 et suiv.

[4] Peuples d'Autun, du Charolais (Bourgogne).

[5] Peuple du Berry.

[6] Peuple du Limousin.

[7] Peuple du Quercy.

[8] Peuple du Rouergue.

[9] Peuple du Gévaudan.

[10] Peuple du Velay.

[11] Peuples du Forez et du Lyonnais.

La région renfermée dans les limites que nous venons d'indiquer avait à peu près la même étendue que celle qui fut désignée, dans les temps modernes, sous le nom de province d'Auvergne, vaste plateau formé de trois chaînes de montagnes, qui se prolongent du nord au midi, pour se rattacher aux Cévènes, et d'une admirable et fertile vallée, appelée *Limagne*, « terre si douce et si belle, disait Sidoine Apollinaire, qu'en la voyant même une seule fois, beaucoup d'étrangers perdent le souvenir de leur patrie[1]. »

L'origine des Arvernes remonte à la plus haute antiquité. Ils prétendaient être frères des Latins et descendre des Troyens[2]. Cette tradition s'est longtemps perpétuée en Arvernie. Elle est plusieurs fois reproduite dans les écrits de Sidoine[3]. Elle était du reste conforme à l'une des opinions émises par les anciens historiens sur l'origine des peuples de la Gaule. Ammien Marcellin, qui écrivait dans le IVe siècle, la rappelait dans son histoire[4].

Le peuple Arverne appartenait, selon M. Amédée Thierry[5], à la grande famille gallo-kimrique ou gauloise, venue en Gaule des bords de la mer Caspienne et du Pont-Euxin, à l'aurore des temps historiques. Il se rattachait à la branche des Galls ou Celtes. L'histoire qui constate la présence des Galls entre les Pyrénées et le Rhin, quinze cents ans avant notre ère, ne mentionne les Arvernes qu'en l'an 591, lors de l'émigration de Bellovèse dans la haute Italie. Ils faisaient partie des bandes gauloises qui soumirent la Transpadane. L'Arvernie formait déjà, à cette

[1] « Quod denique hujus modi est, ut semel visum advenis, multis patriæ oblivionem sæpè persuadeat. » (IV, *Epist.* 21).

[2] Lucain semble même leur reprocher cette prétention :
Arvernique ausi Latio se fingere fratres,
Sanguine ab iliaco populi.......
(*Pharsale*, I. v. 427.)

[3] « Arvernorum, proh dolor ! servitus qui, si prisca repetantur tempora, audebant se quondam fratres Latio dicere et sanguine ab iliaco populos computare » (VII, *Ep.* 7). — On retrouve le même souvenir dans le *Panégyrique d'Avitus* :
Est mihi, quæ Latio se sanguine tollit alumnam,
Tellus clara viris..........

[4] « Ambigentes super origine prima gallorum scriptores veteres......... aiunt quidam paucos fugientes græcos post excidium Trojæ et ubique dispersos, loca hæc occupasse tum vacua. » (Lib. XV. 9).

[5] Article sur l'*Auvergne*, dans l'*Histoire des villes de France* (VI, 97.).

époque, un État puissant au milieu des petits États de la Gaule. Tous les anciens historiens parlent des Arvernes comme d'un peuple qui joua un rôle important parmi les nations gauloises. Ils avaient soumis plusieurs peuplades, notamment les Gabales, les Velaunes[1]. Il faudrait y ajouter les Ruthènes et même les Nitiobriges[2], si on suivait l'opinion de l'auteur de l'*Ancienne Auvergne*, dont la rectification du texte des *Commentaires* sur ce point nous paraît hasardée et les raisonnements peu concluants[3].

On sait que la Gaule était divisée en deux grands partis[4], qui exerçaient sur les autres une espèce de souveraineté, *principatus*[5]. Avant l'arrivée de César dans cette contrée, les Arvernes avaient longtemps disputé aux Eduens la suprématie des confédérations[6]. M. Chambellan, professeur d'histoire à l'École de droit de Paris, a cru devoir nier ce fait, qui est cependant attesté d'une manière formelle par le texte précité des *Commentaires*. Dans l'opinion de M. Chambellan, les Arvernes auraient été les clients des Séquanes[7]; le *principat* aurait appartenu à ceux-ci en

---

[1] Les *Commentaires* portent : « Eleutheris Cadurcis, Gabalis, Velaunis, qui sub imperio Arvernorum esse consuerunt. » (VII, 75).

[2] Peuple de l'Agénois.

[3] M. Michel dit qu'il faut remplacer, dans le texte de César, le mot *Eleutheri*, qui, en grec (Ἐλεύθερος), signifie libre, par le mot *Rutheni*. Quant aux Nitiobriges, il les fait entrer dans la même confédération, parce qu'ils n'étaient, selon lui, qu'un rameau de la famille Cadurke. (L'*Ancienne Auvergne*, t. Ier, p. 8 et suiv.).

M. Amédée Thierry pense que les Cadurkes n'étaient ni sujets, ni clients des Arvernes ; que seulement ils se rattachaient ordinairement comme auxiliaires aux entreprises de cette nation redoutée *(Hist. des Gaulois*, t. II, p. 30, 2e édit.). Il en dit autant des Nitiobriges; et il place les Helviens (peuple du Vivarais), et les Ruthènes dans la clientèle des Arvernes, avec les Velaunes et les Gabales. (*Loc. cit.*, p. 29).

Dans son *Histoire de Jules César*, Napoléon III considère les Cadurkes Eleuthères comme clients des Arvernes, et émet cette idée que l'épithète d'*Eleuthères* doit faire croire qu'il existait dans le Quercy méridional des Cadurkes placés sous la domination romaine. (T. II, note 2 de la page 24).

[4] *Comm.* VI, 11.

[5] *Comm.* VI, 12.

[6] « Galliæ totius factiones esse duas : harum alterius principatum tenere Æduos, alterius Arvernos. » (*Comm.* I, 31). Le père de Vercingétorix, l'Arverne Celtillus, est signalé par César comme ayant été, 61 ans environ avant l'ère chrétienne, investi du principat, d'une espèce de souveraineté sur toute la Gaule : *principatum totius galliæ obtinuerat (Comm.* VII, 4).

[7] Habitants du pays répondant à la Franche-Comté et à une partie de l'Alsace.

concurrence avec les Eduens. Ce sont ces deux peuples qui se seraient disputé la puissance unique et souveraine, le *potentat*[1]. M. Chambellan invoque à l'appui de son sentiment un passage de César qui dit, en effet, que, lorsqu'il vint dans la Gaule, les deux factions gauloises reconnaissaient pour chefs les Eduens et les Séquanes[2]. Au lieu de chercher à concilier les deux textes, cet auteur substitue, dans le premier, le mot *Sequanos* au mot *Arvernos*. La conciliation est cependant possible, si l'on veut bien se rappeler les époques et les faits.

Il n'est point douteux, — sans remonter plus haut, — qu'à l'époque de la guerre des Allobroges (123-121 avant J.-C.), les Arvernes tenaient le sceptre parmi les peuples galliques. Ce fut même en inspirant à la nation Eduenne l'espoir d'arracher, par le secours des Romains, la suprématie des mains des Arvernes, et d'écraser les Allobroges, que la politique massaliote détermina les Eduens à contracter avec Rome cette alliance si funeste à la liberté gauloise, et qui fut suivie d'une guerre si désastreuse pour l'Arvernie.

Malgré leurs malheurs et leurs humiliations, les Arvernes étaient restés un peuple puissant. Néanmoins, depuis cette époque, depuis l'asservissement des Allobroges, la nation éduenne, amie et sœur du peuple romain, avait conquis, sous la protection de cette alliance, une suprématie qui était devenue tyrannique envers les autres nations galliques. Pour vaincre les Eduens, les Arvernes, déterminés par les Séquanes, formèrent avec eux une ligue, qui s'appuya sur les Germains, et qui eut recours à Arioviste (100 à 63 ans avant J.-C.). Les Eduens vaincus mirent bas les armes : ils avaient perdu leur noblesse, leur sénat, leur cavalerie[3]. Ils furent obligés de donner pour otages aux Séquanes les enfants de leurs premiers citoyens et jurèrent de ne plus solliciter le secours des Romains[4]. Le Vergobret des Eduens, Divitiac, avait seul refusé de souscrire à ces rigoureuses

---

[1] *Etudes sur l'Histoire du Droit français*, p. 157, note 12.

[2] « Quum Cæsar in Galliam venit, alterius factionis principes erant Ædui, alterius Sequani. » (*Comm.* VI, 12).

[3] *Comm.* I, 31.

[4] *Comm. Loc. cit.*

conditions, et s'était rendu à Rome pour implorer la commisération du Sénat[1].

Les revers de la nation éduenne précédèrent de peu d'années l'entrée de César dans la Gaule[2].

Les Séquanes, vainqueurs des Eduens, avaient triomphé, et, quoiqu'ils eussent eu bientôt à déplorer leur victoire et l'introduction des étrangers dans leur patrie, ils pouvaient bien être considérés comme placés à la tête de la faction opposée à celle des Eduens par César qui, dans le chapitre 12 du livre VI des *Commentaires* cité par M. Chambellan, fait le récit de la lutte que nous venons de rappeler[3]. Cette observation de César qu'à son arrivée dans la Gaule les Séquanes étaient chefs d'une faction, et les Eduens chefs de l'autre, n'est point en contradiction avec les paroles que le conquérant fait prononcer au Vergobret Divitiac, dans le chapitre 31 du livre Ier, lorsqu'il dit que deux partis divisaient la Gaule, ayant pour chefs, l'un les Eduens, l'autre les Arvernes, et que, pendant un grand nombre d'années, ces deux peuples s'étaient disputé le *potentat*[4].

D'ailleurs, cette suprématie, objet d'incessantes convoitises et

---

[1] Cicero, *de Divinat.* Lib. I, 270.

[2] César n'avait pas encore quitté Rome, ni pris possession de son gouvernement, lorsque les Helvètes commencèrent à effectuer leur émigration. C'est lorsqu'il croit devoir s'opposer à leur marche que commence le récit de ses *Commentaires.*

[3] Voici la suite de ce chapitre, dans lequel César dit même qu'après leur victoire les Séquanes obtinrent la suprématie de toute la Gaule : « Hi (*Sequani*) quum per se minus valerent, quod summa auctoritas antiquitus erat in æduis, magnæque eorum erant clientelæ, Germanos atque Ariovistum sibi adjunxerant, eosque ad se magnis jacturis pollicitationibusque perduxerant. Præliis verò compluribus factis secundis, atque omni nobilitate Æduorum interfecta, tantum potentia antecesserant, ut magnam partem clientium ab Æduis ad se transducerent, obsidesque ab iis principum filios acciperent, et publicè jurare cogerent, nihil se contrà Sequanos consilii inituros ; et partem finitimi agri, per vim occupatam, possiderent *Galliæque totius principatum obtinerent*. Qua necessitate adductus Divitiacus, auxilii petendi causa Romam ad Senatum profectus, infecta re redierat. Adventu Cæsaris facta commutatione rerum, obsidibus Æduis redditis, veteribus clientelis restitutis, novis per Cæsarem comparatis..... Sequani principatum dimiserant. »

[4] « Galliæ totius factiones esse duas : harum alterius principatum tenere Æduos, alterius Arvernos. Hi quum tantoperè de potentatu inter se multos annos contenderent, factum esse, uti ab Arvernis Sequanisque Germani mercede arcesserentur. » (*Comm.* I, 31).

de luttes sanglantes, était loin d'être permanente. Celle des Séquanes avait été très-éphémère. La prééminence des Arvernes était plus ancienne, et avait été plus durable. Ils possédaient les éléments d'une puissance assez considérable. *Gergovia*, leur ville principale, tenait le premier rang parmi les places fortes de la Gaule[1]. Devant ses murs vinrent échouer la valeur des Romains et le génie de César.

Ces quelques observations devaient précéder celles que nous allons présenter sur les institutions de l'Arvernie au moment de la conquête romaine, et qui feront l'objet des quatre chapitres suivants. On comprendra facilement que si, dans l'état des documents légués par l'antiquité, il n'est pas toujours permis de faire connaître avec précision les principes du droit politique et privé des Gaulois, en général, la difficulté augmente encore, lorsqu'il s'agit des institutions et des pratiques d'un peuple particulier, sur lesquelles les *Commentaires* de César ne fournissent que des renseignements rares et peu satisfaisants. Cependant, comme l'éminent historien a plus spécialement porté son attention sur les Celtes proprement dits, nous pourrons sans doute, sans sortir des limites d'une prudente induction, combler plusieurs lacunes, et donner un aperçu qui ne reposera pas sur des conjectures dénuées de tout fondement. Le premier chapitre sera consacré à l'exposé de l'organisation politique des Arvernes et à l'examen de la forme de leur gouvernement; le deuxième, à leurs institutions religieuses; le troisième contiendra quelques indications sur les institutions militaires; et le quatrième, des notions générales sur le droit civil et le droit pénal.

---

[1] *Comm.*, VII, 36.

## CHAPITRE PREMIER.

### Organisation politique des Arvernes.

Un savant historien, que la mort vient de ravir à sa famille et aux lettres, M. Amédée Thierry[1], a distingué dans le gouvernement gaulois trois grandes périodes : celle du règne des prêtres ou de la théocratie ; la période du règne des chefs de tribus, ou de l'aristocratie militaire ; et, enfin, celle des constitutions populaires fondées sur le principe de l'élection et de la volonté du plus grand nombre. Sans pouvoir fixer l'époque où cette dernière et grande révolution se serait opérée dans chacune des cités, cet auteur dit qu'au milieu du premier siècle elle avait déjà parcouru la Gaule entière, mais n'y était pas partout également affermie[2]. Il ajoute que les constitutions sorties de la révolution populaire n'eurent point un caractère uniforme et que, variées presque à l'infini d'une cité à l'autre, elles ne se ressemblèrent qu'en ce qu'elles reposèrent toutes sur le droit de libre élection. Néanmoins, il les réunit sous les trois classes suivantes : 1° Gouvernement des *notables* et des *prêtres* formés en *Sénat*, nommant un *juge* ou *Vergobret* ; 2° gouvernement des *notables* formés en *Sénat souverain*, ou élisant des chefs civils ou militaires, temporaires ou à vie ; 3° *démocratie pure*, où le peuple en corps nommait, soit des *Sénats souverains*, soit des *magistrats* et des *Rois*, et où la multitude conservait tout autant de droits sur le chef que le chef sur la multitude.

Il n'appartient pas à notre sujet d'apprécier la thèse de cet ingénieux écrivain, et d'examiner si, dans la Gaule, la théocratie a été remplacée par l'aristocratie, et celle-ci par le peuple. Nous faisons seulement observer que, lorsque les Romains entreprirent la conquête de ce pays, les prêtres (les Druides) et les chevaliers étaient encore seuls en possession de la puissance et des honneurs, et le surplus du peuple dans un véritable état d'infériorité. C'est ce que dit César : « Dans toute la Gaule, il n'y a que deux classes

---

[1] M. Amédée Thierry est décédé dans le mois de mars 1873.
[2] *Histoire des Gaulois*, t. II, p. 72 et suiv.; p. 114 et suiv., 2e édition.

d'hommes qui soient comptés pour quelque chose et qui soient honorés, car le peuple (*plebs*) est presque réduit à la condition servile; il n'ose rien par lui-même, et n'est admis à aucun conseil[1]. » N'est-il pas permis de penser que les peuples de la Gaule, même au temps de Jules César, étaient généralement soumis à un régime aristocratique plus ou moins fortement constitué[2]? L'état de choses antérieur fut sans doute sensiblement modifié par l'invasion de César; les priviléges aristocratiques durent s'abaisser, et la situation de beaucoup d'hommes libres s'élever, par la nécessité des circonstances et le besoin de la défense. Mais si, au moment de cette invasion, la démocratie s'était déjà introduite dans quelques cités, ce n'était que par exception.

Comme les autres cités de la Gaule, l'Arvernie était divisée en trois ordres : les Druides, les Chevaliers ou nobles (*equites*), et le Peuple (*plebs*).

Les Druides sont mis par César sur le même plan que les Chevaliers dans l'ordre politique et social[3]. Ils ne formaient point une caste héréditaire, comme quelques historiens l'ont écrit: l'entrée dans l'ordre druidique était permise à tous, après une longue initiation. L'exemption des charges publiques et les autres avantages dont le Druidisme jouissait, contribuaient à diriger les préférences des pères de famille vers cette carrière, qui était l'objet de l'ambition d'un grand nombre de jeunes gens[4]. Le pouvoir des Druides était immense; ils n'en furent pas entièrement dépouillés par les révolutions politiques : ils continuèrent d'être exempts des charges publiques et du service militaire; ils conservèrent le monopole de l'éducation de la jeunesse, et restèrent investis d'une large part dans le pouvoir politique et judiciaire[5].

L'ordre des Chevaliers, ou la noblesse, formait une classe héréditaire. Il paraît cependant que la fortune et le crédit personnel

---

[1] « In omni gallia eorum hominum, qui aliquo sunt numero atque honore, genera sunt duo : nam plebs pæne servorum habetur loco, quæ per se nil audet, et nullo adhibetur concilio.... » *(Comm.,* VI, 13).

[2] Strabon, IV, 4, § 1; Savigny, *Hist. du Dr. rom. au Moyen-âge*, t. 1<sup>er</sup>, ch. II. § 19.

[3] « De his duorum generibus alterum est Druidum, alterum Equitum. » *(Comm.* VI, 13).

[4] *Comm.* VI, 14.

[5] *Comm.* VI, 14, 13.

avaient pénétré dans ses rangs, notamment à l'époque de Jules César[1]. Les grandes richesses de la noblesse, ses prérogatives, ses habitudes guerrières, donnaient à son influence une force considérable.

Le troisième ordre de la nation, composé du peuple des villes, bourgs et villages, était une classe subjuguée par l'ascendant moral et par l'autorité des deux premiers ordres, méprisée, n'ayant aucune participation aux emplois politiques et administratifs, exclue, enfin, de la vie publique. « Rien ne conduit à croire, dit M. Berlier, que le laboureur, l'artisan, en un mot ces hommes libres qui, bien que placés hors des classes privilégiées, n'étaient pourtant pas devenus la propriété d'autrui, fussent privés de cette portion de droits qui se réfèrent à l'ordre purement civil. Les lois sur la protection, la transmission et la disponibilité des biens leur étaient donc communes avec les autres Gaulois des classes supérieures.... l'exclusion de la multitude n'était sans doute relative qu'à l'exercice des droits politiques, et cette exclusion était bien assez grave en soi, puisqu'elle frappait sur l'immense majorité de la nation, se composant des gens qui n'étaient ni Druides ni Chevaliers[2]. »

La *plebs* supportait à peu près tout le fardeau des charges publiques. Elle était accablée par les impôts et les redevances[3]. La noblesse n'en supportait qu'une faible part, et l'ordre sacerdotal en était complètement exempt[4].

Outre cette condition secondaire et dépendante du peuple, les *Commentaires* mentionnent le patronage et la clientèle[5]. Il existait, dans les villes et les bourgades, des ligues à la tête desquelles étaient placés ceux qui avaient le plus de crédit, de puissance et d'autorité. Chaque chef de parti protégeait les siens. Cet ancien usage du patronage et de la clientèle était une garantie pour l'homme du peuple, qui n'était pas sans secours contre l'oppression des grands[6]. Le patron promettait sa protection, et le client

---

[1] Voy *Comm.* VII, 39; Klimrath, t. 1er, p. 194; M. Giraud, t. 1er p. 82.
[2] *Précis historique de l'ancienne Gaule*, p. 288.
[3] *Comm.* VI, 13.
[4] *Comm.* VI, 13, 14.
[5] *Voy.* notamment *Comm.* I, 4; V, 45; VI, 13.
[6] *Comm.* VI, 11.

s'engageait à servir le patron à la guerre et dans d'autres circonstances graves.

On distinguait les clients qui appartenaient à la classe du
peuple, les *ambactes* (*ambacti*), et, dans un rang plus élevé, les
*soldures* (*soldurii, devoti*). Les jeunes nobles, qui n'étaient pas encore chefs de famille, pouvaient choisir un chef, auquel ils attachaient leur fortune, et dont ils devenaient les soldures. Ils formaient à ce chef une sorte de garde et de cortége, qu'il nourrissait et soldait à ses frais[1]. Les soldures étaient liés par un
vœu[2]. Ils jouissaient de tous les avantages de la vie habituelle
avec ceux auxquels ils s'étaient voués. Survivre au chef dans les
combats eût été un grand déshonneur, et César dit qu'il n'existait
pas d'exemple d'un soldure qui eût racheté sa vie à ce prix[3].

Cette institution, qui appelait le dévouement à un aussi haut
degré, et qui créait un lien si puissant entre le chef et ceux qui
s'étaient voués à lui, ne fut pas seulement en vigueur chez la
petite nation des Sotiates, ainsi que le pense M. Berlier[4] ; on la
rencontre chez d'autres peuples, et notamment en Arvernie.
Sidoine Apollinaire en parle comme d'une coutume encore vivante chez les Arvernes du v<sup>e</sup> siècle[5].

Les clients, les ambactes et les soldures, formaient pour ainsi
dire le fond de la nation. Les hommes libres sans patron étaient
en petit nombre.

En présence du pouvoir, de l'immense autorité des deux classes
privilégiées, et de la subordination des intérêts de la multitude à
ceux des grands, il devait nécessairement rester peu de place
pour l'élément démocratique. On peut donc dire que la constitution politique de l'Arvernie était essentiellement aristocratique.

Recherchons maintenant comment le gouvernement était organisé dans cette nation.

L'Arvernie avait, comme chaque Etat, ou principale contrée de

---

[1] *Comm.* I, 2, 18 ; III, 22 ; Klimrath, t. 1<sup>er</sup>, p. 199.

[2] Athen., VI (B., I, 708).

[3] *Comm.* III, 22.

[4] *Loc. cit.*, p. 295.

[5] Il écrivait à Ecdicius : « Et vix duodeviginti equitum SODALITATE comitatus aliquot millia Gothorum.... transisti. » (Lib. III, *Ep.* 3).

la Gaule[1], un Sénat investi d'une grande autorité sur son territoire. Les *Commentaires* n'en font pas connaître d'une manière directe et précise la composition. Mais ils nous apprennent que ceux qui n'étaient ni Druides ni Chevaliers ne pouvaient être admis dans les conseils nationaux[2]. M. Berlier fait judicieusement observer qu'il n'y a qu'à renverser les termes de cette proposition pour y trouver tout ce qu'elle renferme, c'est-à-dire que tous les Druides et les Chevaliers entraient essentiellement dans ces conseils[3], en d'autres termes, faisaient partie du Sénat sans élection et de plein droit[4]. C'était la conséquence du pouvoir politique exercé par les prêtres et les nobles. Sans des causes spéciales, telles que la parenté à certains degrés, les portes du Sénat ne pouvaient être fermées à aucun de ceux qu'y plaçait leur naissance ou leur rang dans la cité. Quoique les personnes des classes privilégiées fissent partie de ce grand conseil sans aucune limitation, le titre sénatorial reposait cependant sur un petit nombre de têtes, par suite de l'exclusion de la masse du peuple.

Quelques savants ont dit que les nobles ne pouvaient être admis dans le Sénat sans justifier d'une fortune d'une importance légalement déterminée; d'autres, que le nombre des sénateurs était limité. Ces opinions sont de pures conjectures.

Quelles étaient les attributions du Sénat? Jouait-il, dans l'organisation politique, le rôle multiple du Sénat romain? Était-il une sorte de conseil d'État, chargé de pourvoir à toutes les nécessités administratives, et légiférant aussi le plus souvent sous forme de règlement? Quelques historiens le pensent. Avait-il le droit de déclarer la guerre, de traiter de la paix? Plusieurs écrivains l'affirment[5]. Ce que l'on peut dire sûrement, c'est que le Sénat avait la plénitude du pouvoir délibérant, et qu'il rendait plutôt des décrets que des lois, dont la coutume tenait lieu[6].

---

[1] *Comm.* I, 31; II, 5, 28; III, 16, 17; V, 54; VII, 32, 33, 55; VIII, 21, 22.
[2] « Nam plebs.... nullo adhibetur consilio » (VI, 13).
[3] *Précis hist. de l'anc. Gaule*, p. 221.
[4] Klimrath dit que le Sénat était vraisemblablement composé des chefs de clans et de clientelles (*principes*) et des Druides (*Hist. du Dr. franç.*, t. 1er, p. 198).
[5] M. Berlier, *Loc. cit.*, p. 223. — La guerre, selon M. Chambellan, ne pouvait être votée que par l'Assemblée des citoyens, par la Cité souveraine, dans le *Concilium armatum* (p. 196 et 251). Voy. ce que nous disons plus loin sur ce point.
[6] Klimrath, t. 1er, p. 198.

Il faut encore compter, parmi les attributions les plus importantes des Sénats gaulois, le droit qu'ils avaient de nommer
annuellement, dans certaines cités, un magistrat suprême; dans
d'autres, un roi, un chef civil et militaire, revêtu d'un pouvoir
temporaire ou à vie.

En était-il de même en Arvernie? Quel était le caractère et
quelle était l'autorité du magistrat suprême de cette nation?

Selon M. Michel, auteur de l'Ancienne Auvergne, la forme
monarchique exista en Arvernie plusieurs siècles avant l'ère
chrétienne. La monarchie était déjà ancienne au temps de la
première apparition des Romains dans la Gaule. Le pouvoir royal
fut héréditaire jusqu'à l'époque de la catastrophe de l'Isère et de
la défaite du roi Bituit. A partir de cette époque, le principe
démocratique aurait dominé dans la constitution nouvelle, et la
royauté héréditaire aurait été remplacée par une magistrature
élective[1].

Le silence de l'histoire sur tous ces anciens rois qui auraient
régné en Arvernie, selon M. Michel, nous semble être un argument
bien puissant contre l'opinion du bénédictin D. Fonteneau, qu'il
a suivie, mais qui n'est peut-être pas exprimée d'une manière
aussi affirmative[2].

---

[1] L'Ancienne Auvergne, t. 1ᵉʳ, p. 20 et 50.

[2] Voici comment s'exprime D. Fonteneau dans son Histoire abrégée des
rois d'Auvergne, dont il existe une copie à la Bibliothèque de Clermont:
« S'il était aussi facile de connaître ses premiers souverains (de l'Arvernie)
et leurs successeurs au trône jusqu'au temps où l'histoire a pris soin de les
nommer, qu'il est aisé de conjecturer qu'elle dût en avoir, le nombre en
serait vraisemblablement fort considérable; mais avec d'excellents moyens
pour étayer cette supposition et la possibilité de ces faits, si on ne veut rien
hasarder sans preuve ou sans autorité, on est réduit par le silence de l'histoire à convenir qu'il est très-incertain si l'Auvergne eut des rois avant Luérius,
le premier qui paraisse avoir porté la qualité de roi des Auvergnats, environ
l'an de Rome 624, — 128 ans avant Jésus-Christ.

» Oserait-on inférer de là que Luerius n'avait pas eu de prédécesseurs au
trône? A la vérité les preuves nous manquent pour établir solidement l'opinion contraire; mais le défaut de titres et de mémoires serait-il donc une
raison suffisante pour nous déterminer à croire que Luerius, le premier des
rois connus, fut dans le fait le premier des rois en Auvergne? S'il est toujours permis de s'attacher aux conjectures et aux vraisemblances, pour
suppléer les preuves, dans la recherche des faits éloignés et enveloppés de
la nuit des temps, en prenant ici cette méthode pour guide, non-seulement
il ne paraîtra pas que Luerius ait le premier travaillé à l'établissement de
l'Empire d'Auvergne, mais on sera naturellement porté à accorder à cet

Posidonius parle d'un certain *Luern* ou *Luer* (*Luerius*), célèbre par son luxe et ses prodigalités[1]. L'histoire fait aussi mention du fameux Bituit (*Bitultus*), fils de Luerius, qui ne fut pas moins somptueux que son père[2]. Allié aux Allobroges, il était accouru, avec une puissante armée, pour les défendre contre les bataillons romains, qui s'avançaient sous le commandement de Fabius. Le combat, dans lequel les Arvernes furent vaincus, se livra 121 ans avant l'ère chrétienne[3]. Le proconsul Domitius, violant les droits de l'hospitalité, chargea Bituit de chaînes et l'envoya captif au Sénat romain, qui craignit de le rendre à sa patrie et à la liberté. Il fut relégué à Albe, en Italie[4].

Luerius et Bituit sont les deux seuls rois que les historiens citent ordinairement[5]. L'auteur de *l'Ancienne Auvergne* rappelle encore le nom de *Cogentiat*, fils de Bituit, dont les Romains se seraient emparés après la défaite de son père, et qu'ils auraient ensuite renvoyé dans le royaume de ses aïeux[6]. Mais rien ne justifie la dernière assertion, empruntée à *l'Histoire romaine* de Rollin[7]. On ignore complètement ce qu'il advint de cet enfant; il n'est pas du moins prouvé qu'il soit revenu gouverner l'Arvernie.

Le caractère de Bituit, comme roi des Arvernes, paraît, d'ail-

Empire une existence infiniment plus ancienne, puisque dans le même instant où Luerius est placé par l'histoire sur le trône d'Auvergne, il y paraît avec des avantages peu faits pour caractériser la détresse et les besoins ordinaires des États naissants. » — Le manuscrit d'où ce passage est tiré appartient à la Bibliothèque de Poitiers. La copie se trouve dans le *Recueil* BÉNÉDICTINS, n° 288, de la Bibliothèque de Clermont.

[1] Posid. ap. Athen. Lib. V, c. 13; Strabon, IV, 191.

[2] Florus, en parlant de la guerre des Allobroges et des victoires remportées par les Romains sur le Var, l'Isère, le Rhône, dit que rien, dans le triomphe, ne fut aussi remarquable que le roi Bituit « discoloribus in armis, argenteoque carpento, qualis pugnaverat. » (Lib. III, 3).

[3] Voy. Florus, *Loc. cit.*; Vell. Paterculus, II, 10; Oros., V, 14; Appian., *Bell. Gall.*, p. 55: Plin., VII, 50.

[4] « Cujus (Domitii) factum Senatus neque probare potuit, neque rescindere voluit, ne remissus in patriam Bituitus bellum renovaret : igitur eum, Albam custodiæ causâ relegavit. » (Valère-Maxime, IX, 6).

[5] Dans sa *Notice sur l'Auvergne*, Delarbre dit: « L'histoire n'a conservé la mémoire que de ces deux rois. Luerius fut le premier, et Bituitus le dernier. » (p. 28). Voy. aussi Dulaure, *Description de l'Auvergne*, p. 8 et suiv.

[6] *L'Ancienne Auvergne*, t. 1er, p. 20.

[7] L. XXVIII.

leurs, seul établi d'une manière incontestable[1]. La royauté de
Luerius est plus douteuse : le père de Bituit pouvait être le
citoyen le plus opulent d'un Etat considérable, sans être *Roi*.
On le voit, selon Posidonius, cherchant à gagner la faveur
populaire par ses largesses et ses prodigalités[2]; mais il n'est pas
démontré que ses immenses richesses lui aient été un titre suffisant pour obtenir la royauté.

Sur quelle base repose donc l'opinion de M. Michel, qui donne
aux rois Luerius et Bituit une *longue suite d'ascendants rois
comme eux*, et jouissant d'un pouvoir héréditaire? Sur le faste
extraordinaire affiché par ces deux personnages, et sur l'importance politique du peuple Arverne : « Un pareil développement
de grandeur et de force dans une famille et dans une nation,
annonce, à notre sens, dit cet estimable historien, un esprit de
suite et de concentration, qui n'appartient guère qu'à une
monarchie où le pouvoir royal est fortement assis sur le principe
de l'hérédité[3]. » Base bien fragile, et consistant dans un raisonnement qui peut ne pas porter la conviction dans tous les esprits.

L'opinion contraire acquiert un grand degré de vraisemblance,
si on se rappelle qu'un demi-siècle environ après Bituit[4], les
Arvernes étaient si peu partisans du système monarchique que
Celtill (*Celtillus*) était mis à mort par ses concitoyens pour avoir
cherché à établir la royauté[5]. Chez les Arvernes, comme chez
les autres peuples gaulois qui l'admettaient, la royauté n'était qu'un
pur fait, un accident, qui durait plus ou moins de temps, suivant
les circonstances, la puissance ou l'habileté du chef[6], mais qui
cessait presque toujours avec lui et avec les causes qui l'avaient
créé Roi, pour faire place au régime républicain[7]. Aux yeux des

---

[1] « DE ALLOBRO. ET REGE ARVERNORUM BETULTO.... DE GALLEIS ARVER-
NEIS. » Gruter, p. 298; n° 3; Florus, III, 3; Oros., V, 14; Valer. Maxim., IX, 6).

[2] Strabon, IV (B. I, 22 et 23); Ath., III (B. I, 705).

[3] *L'Anc. Auvergne, Loc. cit.*

[4] 61 ans avant l'ère chrétienne.

[5] « Principatum Galliæ totius (Celtillus) obtinuerat, et *ob eam causam, quod
regnum appetebat*, ab civitate erat interfectus. » (*Comm.* VII, 4).

[6] *Comm.* II, 1, et *passim.*

[7] *Voy.* Klimrath, t. 1er, p. 200. — M. Berlier dit aussi : « Il n'était peut-
être en Gaule aucun Etat qui fût essentiellement et perpétuellement monarchique : mais plusieurs le devenaient temporairement, selon le besoin des
circonstances ou l'influence des personnes. » (*Loc. cit.*, p. 217).

Gaulois du temps de César, tout *Roi* était *Tyran*[1]. Dans aucune nation de la Gaule, la royauté n'était héréditaire, c'est-à-dire que la monarchie manquait d'une de ses bases essentielles, l'hérédité. Admise dans quelques contrées, la royauté était bannie et odieuse dans le plus grand nombre, et là où elle existait, comme toute la force politique appartenait aux Druides et aux nobles, sa condition était le plus souvent précaire.

Les historiens, et M. Michel lui-même, reconnaissent que, après Bituit, il y eut en Arvernie un magistrat électif[2]. Ce dernier écrivain, en disant que le principe démocratique domina dans la nouvelle constitution politique, semble penser que le peuple tout entier élisait ce chef. Mais ce mode d'élection n'avait lieu que dans de rares cités, où la démocratie s'était introduite, par exemple, chez les Eburons[3]. Dans le plus grand nombre des nations gauloises, et vraisemblablement en Arvernie, le magistrat suprême était nommé par le Sénat. Il ne recevait pas le nom de *Vergobret,* comme le dit M. Imberdis[4]. La magistrature du Vergobret, investi du droit de vie et de mort sur tous les citoyens, et qui était annuelle, n'est mentionnée par César que lorsqu'il parle des Eduens [5]. Rien n'autorise à penser que cette dictature redoutable, et limitée par la courte durée de son exercice dans la personne qui en était revêtue, ait existé chez les Arvernes.

Au-dessous du gouvernement qui régissait la cité tout entière, il y avait sans doute des magistratures locales pour la police et l'administration des affaires communes, pour la perception des taxes ou impôts publics. Mais les renseignements sur ce point manquent entièrement.

---

[1] Ceci nous rappelle les expressions de Pascal : « Roi, tyran » (pensée 182. — *Pensées,* etc., publiées par M. Prosper Faugère, t. Ier, p. 234). Pascal dit ailleurs : « La puissance des rois est fondée sur la raison et sur la folie du peuple, et bien plus sur la folie. » (Pensée 4, *Loc. cit.* p. 178).

[2] Voy. l'*Anc. Auvergne,* p. 50; Dulaure dit : « Les peuples de l'Auvergne, jaloux de leur liberté et de leur indépendance, profitèrent de la défaite de ce roi pour ériger leur gouvernement en République. » (*Loc. cit.* p. 12).

[3] *Comm.* V, 27.

[4] *L'Auvergne,* p. 10.

[5] « Liscó, qui summo magistratui præerat *(Quem Vergobretum appellant Ædui, qui creatur annuus et vitæ necisque in suos habet potestatem)....* » (*Comm.,* I, 16); *Voy.* aussi M. Berlier, *Loc. cit.,* p. 228 et suiv.

Quant à l'administration de la justice, il est plus facile d'en indiquer le caractère général. L'influence supérieure des Druides les avait fait investir, en Arvernie, comme dans les autres nations de la Gaule, d'une part considérable dans le pouvoir judiciaire. Leur juridiction s'étendait à presque tous les différends publics ou privés. Ils avaient, par exemple, le droit de juger les contestations relatives aux successions, aux limites des champs ; ils connaissaient des délits et des crimes commis contre les personnes et les propriétés[1].

Ils avaient pour l'exécution de leurs décisions une sanction terrible : *l'interdiction des sacrifices.* Elle était prononcée contre l'homme public ou privé qui n'obéissait pas à leurs arrêts. Ceux qui en étaient frappés étaient mis au rang des impies et des scélérats. Tout le monde s'éloignait d'eux, fuyait leur abord et leur entretien, de peur d'être atteint de la contagion du mal ; tout accès en justice leur était refusé ; ils ne pouvaient plus avoir part à aucun honneur[2]. Cette peine était considérée comme la plus grave de toutes. Elle était très-redoutée dans un pays si superstitieux ; et, lorsque César dit que l'on obéissait aux jugements et aux décisions des Druides, il constate un fait qui prouve non-seulement la confiance accordée à leur justice[3], mais encore la crainte inspirée par la sanction de leur juridiction[4].

Cette justice, que l'on pourrait appeler ordinaire, était rendue par les Druides des villes, bourgs et cantons de l'Arvernie.

César parle, en outre, d'une assemblée générale de Druides, tenant chaque année, à une certaine époque, ses assises dans un lieu consacré sur la frontière du pays Chartrain, qui passait pour le point central de la Gaule[5]. On a comparé cette assemblée solennelle aux *Grands-Jours*[6], ou aux *Parlements*[7]. Elle aurait

[1] *Comm.*, VI, 13.
[2] *Comm.*, VI, 13.
[3] *Voy.* Strabon, IV (B., I, 31.).
[4] Cette juridiction n'était pas volontaire et purement arbitrale. Ce n'était point seulement un usage né du respect que les Druides inspiraient, comme le soutient M. Chambellan (*Loc., cit.*, p. 182, no 58) ; c'était une attribution régulière et une véritable institution.
[5] *Comm.*, VI, 13.
[6] M. Berlier, *Loc. cit.*, p. 253.
[7] M. Laferrière, t. II, p. 166. Il appelle cette assemblée le *Parlement druidique*.

été, dans cette dernière opinion, une espèce de justice suprême, chargée de réviser les sentences de toutes les juridictions gauloises. Le texte des *Commentaires* ne conduit à aucune assimilation ou analogie semblable[1]. L'assemblée du pays Chartrain, appelée à statuer sur les différends publics ou de peuple à peuple gaulois, aussi bien que sur les contestations privées, dut avoir, du reste, une grande influence sur les affaires générales de la Gaule.

En dehors de la juridiction druidique, des historiens admettent une espèce de juridiction territoriale appartenant aux nobles et puissants sur les populations rurales placées sous leur dépendance[2]; d'autres pensent que la protection de ceux qu'ils appellent chefs de clan (*principes*) avait les attributs d'une véritable magistrature[3]. Nous regrettons que les limites de notre plan ne nous permettent pas d'apprécier ces diverses opinions. La justice druidique, malgré l'étendue de sa compétence, ne comprenait sans doute pas tous les différends[4]: quelques causes, moins importantes que celles qui lui étaient soumises, restaient en dehors de son action; mais il est difficile, dans l'état des documents, de dire avec quelque certitude à quelle juridiction elles appartenaient.

---

[1] Il porte seulement : « Huc, omnes undique, qui controversias habent conveniunt, eorumque judiciis decretisque parent. » (VI, 13.)

[2] M. Laferrière, II, p. 157.

[3] M. Giraud, I, 28 ; *Voy. Comm.*, VI, 11.

[4] « *Feré* de omnibus controversiis. » (*Comm.*, VI, 13.)

# CHAPITRE II.

### Institutions religieuses.

Les croyances et les rites religieux étaient, en Arvernie, comme dans toute la Gaule, liés d'une manière intime à l'état politique. Il existait, à côté de la religion druidique, un culte populaire, une sorte de polythéisme probablement plus ancien que le Druidisme dans les cités gauloises[1]. Ce culte consistait dans l'adoration des forces ou des phénomènes de la nature, et dans l'invocation de génies divins qui présidaient au gouvernement de ces forces et aux destinées humaines.

De tous les dieux, celui que les Arvernes vénéraient le plus, c'était *Teutatès (Mercure)*[2], inventeur de tous les arts et protecteur des routes et de l'industrie. Quelques montagnes de l'Auvergne, sur lesquelles un temple lui avait été consacré, en ont perpétué le souvenir[3].

Le peuple de l'Arvernie se croyait aussi spécialement placé sous la protection d'un dieu veillant à la conservation de sa nationalité, et qu'il adorait sous le nom de *Génie des Arvernes*[4].

---

[1] M. Amédée Thierry, *Loc. cit.*, t. II, p. 74.—*Voy.* sur l'origine du Druidisme et sur l'époque probable où il s'établit dans la Gaule, *Comm.*, VI, 13, et M. Berlier, *Loc. cit.*, p. 254 et suiv.

[2] *Mercurium-Teutatem* (Tit.-Liv., XXVI, 44.).

[3] Notamment le puy de Montaudon, *Mons Teutatis* ou *Teudatis*. (*Voy.* sur ce point : Delarbre, *Notice sur l'Auvergne*, p. 87, et *Tablettes histor. de l'Auvergne*, t. VI, p. 181 et suiv.) Selon M. Mathieu, ancien professeur et membre de l'Académie de Clermont, la dénomination de *Montaudon*, *Mons Odonis*, viendrait de Eudes, duc d'Aquitaine, qui, au VIII<sup>e</sup> siècle, avait fait bâtir sur ce mamelon un château, détruit par les Sarrasins. L'autre étymologie proposée par Audigier nous semble préférable.

[4] Reinesius, *Syntag. inscrip. append.*, n° 5, in-fol. — Delarbre (p. 67) dit avoir vu, avant 1780, à Mozat, le fragment d'une tablette de marbre sur lequel était gravée une inscription, en lettres majuscules, ainsi conçue :

GENIO ARVERNORUM

SEX.... OR.... SUAVIS....

AP....

M. l'abbé Cohadon, dans ses recherches historiques sur Mauzac (*Tabl. hist. de l'Auv.*, t. III, p. 4), restitue ainsi le texte de cette inscription :

*Genio Arvernorum*

*Sextus orator suavissimus*

*Apposuit.*

Voyez, sur l'authenticité de ce monument, M. Bouillet, *Tabl. hist. de l'Auv.*, t. VI, p. 169.

Les Romains reconnurent dans les divinités de la Gaule les attributs de leurs dieux. La ressemblance était telle que César ne leur donna pas d'autres noms que ceux qui étaient adoptés à Rome : « Mercure, dit-il, est le dieu pour lequel ils (les Gaulois) ont la plus grande vénération. Il a un grand nombre de statues; ils le regardent comme l'inventeur de tous les arts, comme présidant aux chemins, et comme ayant une grande influence sur le commerce et les richesses. Après lui, ils adorent *Apollon, Mars, Jupiter* et *Minerve.* Leur croyance à l'égard de ces divinités est à peu près la même que la croyance des autres nations : Appollon éloigne les maladies; on doit à Minerve les éléments de l'industrie et des arts mécaniques; Jupiter a l'empire du ciel; Mars celui de la guerre [1]. »

Le Druidisme, après son introduction dans la Gaule, n'avait pas étouffé l'ancien culte national, soit par impuissance, soit, selon la remarque de M. Amédée Thierry, parce que toutes les religions savantes et mystérieuses tolèrent au-dessous d'elles un fétichisme grossier, propre à occuper et à nourrir la superstition de la multitude [2]. Les Druides s'étaient constitués les ministres de ce culte [3], qui finit par se fondre dans le polythéisme romain.

Le Druidisme honorait un *Dieu suprême* sous le nom d'*Esus* [4], et la nature, sous le symbole du chêne, qui figurait dans tous les sacrifices des Druides [5]. C'était une espèce de panthéisme admettant la coexistence éternelle de la matière et de l'esprit: « Les Druides, disait Strabon, croient que les âmes et le monde sont impérissables [6]. » Les âmes passaient des hommes décédés dans d'autres corps: *ab aliis post mortem transire ad alios;* croyance qui, selon César, paraissait aux Druides singulièrement propre à exciter le courage des guerriers, en éloignant la crainte de la

---

[1] *Comm.,* VI, 17.

[2] *Loc. cit.,* p. 75.

[3] « Religiones interpretantur. » (*Comm.,* VI, 13.) « Sacris semper aderant druidæ. » Strabon, IV (B., I, 34.). Voyez M. Thierry, *Loc. cit.,* p. 76. — M. Chambellan a cru pouvoir en conclure qu'il n'y avait en Gaule qu'une seule religion et un seul culte. (*Loc. cit.,* n° 54, p. 172 et suiv.).

[4] Quelques historiens pensent que ce qui distinguait, dans le culte druidique, le Dieu suprême, c'est qu'il n'avait pas de nom vulgaire, peut-être pas même d'autel. (Voy. M. Chambellan, *Loc. cit.,* note 4 du n° 54, p. 174.)

[5] Pline, XVI, 44.

[6] L. IV (B., I, 31).

mort[1]. Ces idées de métempsycose, alliées à celles d'un autre monde[2], formaient la base principale du système druidique.

Le Druidisme avait multiplié les sacrifices humains. Cette affreuse et barbare coutume existait encore en Gaule, au temps de Jules César, qui en fait connaître les causes et parle du cérémonial le plus solennel de cet atroce supplice. Il est vrai qu'il dit que les victimes offertes à la divinité étaient prises de préférence parmi les personnes condamnées pour vol, brigandage ou autre crime, comme plus agréables aux dieux immortels : *supplicia gratiora diis immortalibus*; mais à défaut de condamnés on immolait des innocents[3].

Nous ne nous arrêterons pas plus longtemps à ces cruautés par lesquelles la plupart des anciens peuples, dans l'enfance, ou plongés dans les ténèbres de l'ignorance et de la superstition, croyaient honorer la divinité et se la rendre favorable[4].

Nous n'entrerons pas non plus dans d'autres détails sur la religion des Arvernes[5]. Il est facile de suivre historiquement la trace du Druidisme en Arvernie, où abondent les monuments de son culte jusqu'au ve siècle[6]. Mêlé, comme nous l'avons dit, au polythéisme gaulois, son souvenir a traversé la nuit du moyen-

---

[1] *Comm.*, VI, 14.

[2] « Vitam alteram ad manes. » (Pomp. Mel., III, 2.)
..... Regit idem spiritus artus
       Orbe alio... (Lucan, *Phars.*, I. v. 456-457.)
De savants écrivains ont cherché à concilier les textes en disant que, selon la doctrine druidique, les âmes impures seules seraient revenues, après la mort, sur cette terre, habiter d'autres corps, et les autres, après leur purification, auraient passé directement de ce monde dans une autre sphère, *orbe alio*, sphère d'épreuve, où la vie aurait ressemblé en beaucoup de points à la vie actuelle, et d'où les âmes, enfin dégagées de toute souillure, se seraient tôt ou tard élancées vers le séjour des existences immatérielles, dans le sein de Dieu.

[3] *Comm.*, VI, 16.

[4] Les sacrifices humains ont existé chez presque toutes les nations de l'antiquité; ils n'ont cessé à Rome que sous le consulat de Lentulus et Crassus, par un sénatus-consulte de l'an 657, c'est-à-dire moins d'un siècle avant l'ère chrétienne. (Pline, *Hist. nat.*, lib. XXX, 1.)

[5] On peut consulter, sur l'origine et les dogmes du Druidisme, sur les cérémonies et les mystères de cette religion, D. Martin, *Hist. de la Religion des Gaules*; M. Am. Thierry, *Hist. des Gaulois*, t. II, p. 78 et suiv.; M. Berlier, *Précis hist. sur les Gaules*, p. 230 et suiv.

[6] *Voy.* S. Eligius, Serm. de rect. fid. cathol. ap. S. August. op. ed. bened., t. VI, p. 226 et suiv.; *Tabl. hist. de l'Auv.*, t. VI, p. 9 et suiv., sur les monuments authentiques, antérieurs à la domination romaine.

âge, et est parvenu jusqu'à nous avec les légendes et les superstitions populaires.

Il y avait, on le sait, trois degrés dans la hiérarchie du sacerdoce druidique : les *Druides* proprement dits, les *Eubages* et les *Bardes*.

Les Druides formaient la classe supérieure de l'ordre. L'étude des hautes sciences religieuses et civiles leur était exclusivement dévolue : « Réunis en société, dit Ammien Marcellin [1], ils s'occupaient de questions profondes et sublimes, et s'élevaient au-dessus des choses humaines [2]. » Le mouvement des astres, l'immensité de l'univers, la grandeur de la terre, la nature des choses, la force et le pouvoir des dieux immortels, tels étaient, selon César, les sujets de leurs discussions et l'objet de leur enseignement [3]. Les jeunes gens se pressaient pour entendre leurs leçons qui portaient, comme on le voit, sur les problèmes les plus difficiles et sur les matières les plus variées [4]. Cet enseignement était verbal. Les druides s'étaient imposé la règle de ne rien laisser écrire de tout ce qui faisait partie de leur doctrine. Cette règle avait pour principal but d'empêcher la science druidique de devenir trop vulgaire [5], et de la renfermer dans le cercle des initiés. La nation gauloise était fort superstitieuse, et les Druides faisaient tous leurs efforts pour la maintenir en cet état.

La partie extérieure et matérielle du culte, la célébration des sacrifices appartenait aux Eubages [6]. Ils interrogeaient les entrailles des victimes [7], qui étaient censées révéler au sacrificateur la volonté divine. La multitude, en obéissant au prêtre, croyait se soumettre aux décrets de la divinité.

Enfin, les Bardes chantaient en vers héroïques, dit Ammien Marcellin [8], et au son de leurs lyres, les hauts faits des hommes [9].

---

[1] D'après l'historien grec Timagène, contemporain de César.

[2] Ammien Marcellin (XV, 9).

[3] *Comm.* VI, 14. — Voy. aussi Pomp. Mela, III, 2. — Ils étaient savants, philosophes, théologiens : « magistros sapientiæ » (Pomp. Mela, *Loc. cit.*); « Druidæ, apud gallos philosophi » Suid. (*Lexic.*, B. I, 821); « Sunt et theologi » (Diod. Sic. V (B. I, 308).

[4] *Comm.* VI, 13, 14. — L'enseignement de la jurisprudence devait sans doute aussi faire partie de l'initiation sacerdotale (voy. M. Giraud, p. 30).

[5] *Comm.* VI, 14.

[6] Amm. Marcell., XV, 9.

[7] Amm. Marcell., *Loc. cit.* ; Diod. Sic. V (B., I, 308).

[8] *Loc. cit.*

[9] Voy. aussi Athen. VI, 12 (B. I, 707); Fest. *Epitom.* (B. I, 817.)

Ils ranimaient dans les âmes les croyances et les doctrines nationales; distribuaient à tous, dans leurs chants, l'éloge ou le blâme[1], avec une entière liberté.

Mais le caractère des Bardes se corrompit : ils perdirent toute dignité personnelle, en devenant des *parasites*, des louangeurs officiels. Posidonius parle d'un Barde de l'Arvernie[2], qui est cité par M. Amédée Thierry comme un exemple remarquable de la servilité des Bardes à l'époque qu'il décrit : « Le fameux Luern entretenait auprès de lui plusieurs de ces Bardes à gages; un jour qu'il traitait grandement sa cour, un d'eux, ayant manqué l'heure du repas, arriva comme on quittait la table et que Luern remontait dans son char. Chagrin de ce contre-temps, le poète saisit sa *rotte*, et sur une modulation triste et grave, il célébra d'abord la générosité de son maître et la splendeur de ses festins; puis il déplora le sort du pauvre Barde que sa mauvaise fortune y amenait trop tard. Tout en chantant, il courait auprès du char royal. Ses vers plurent au monarque qui, pour le consoler, lui jeta une bourse remplie d'or. Le Barde se courba, la ramassa et reprit aussitôt ses chants; mais la modulation était bien changée; de grave elle était devenue gaie; au lieu de la tristesse, c'était le contentement qu'elle respirait : « O Roi! s'écriait le poète dans l'ivresse de sa reconnaissance, l'or germe sous les roues de ton char, et tu fais naître sur ton passage les félicités des mortels[3]. » Notre civilisation moderne pourrait offrir plus d'un rapprochement ou d'une analogie rappelant la basse adulation du Barde de l'Arvernie. Mais passons.

Le corps entier des Druides obéissait à un chef unique qui exerçait parmi eux une autorité absolue[4]. A sa mort, ce grand pontife avait pour successeur celui qui le suivait en dignité. Si plusieurs candidats se présentaient avec des droits égaux, le nouveau chef était élu par le suffrage des Druides seuls, et la place était quelquefois disputée par les armes[5].

L'organisation du Druidisme n'offre-t-elle pas quelques points de ressemblance avec l'organisation du Sacerdoce chrétien?

[1] Diod. Sic. V (B. I, 308).
[2] Posid. ap. Athen. IV, 13.
[3] *Hist. des Gaulois*, t. II, p. 110.
[4] *Comm.*, VI, 13.
[5] *Comm.*, Loc. cit.

Elle lui ressemblait par son recrutement au sein des masses, par sa hiérarchie comparée surtout à celle de la primitive église, par l'institution d'un chef unique, revêtu du souverain pontificat, d'une souveraine puissance, par ses assemblées, qui semblent avoir été le type des conciles.

Les Druides eurent, en outre, en leur pouvoir une peine qui, par sa nature et ses conséquences, avait la plus grande analogie avec l'excommunication chrétienne du moyen-âge.

Le sacerdoce druidique était exempt du service militaire, des impôts et autres charges publiques. Les mêmes immunités existèrent dans l'ancienne France pour le nouveau sacerdoce.

Les Druides étaient revêtus d'une prodigieuse autorité : gardiens de la science immuable, maîtres de l'instruction, interprètes des lois divines et humaines, dépositaires de presque tout le pouvoir judiciaire, dispensateurs des peines et des récompenses, investis d'une partie importante du pouvoir politique, ils exercèrent longtemps sur la nation un affreux despotisme. Du reste, leur puissance fut plus ou moins étendue, selon les époques et les peuples sur lesquels elle s'exerça. Ils eurent sans doute à lutter contre les envahissements de la classe des nobles ; mais ils conservèrent toujours de nombreuses et immenses prérogatives.

Enfin, à côté du sacerdoce druidique, existait, associée à son action, la corporation des *Druidesses*, qui cependant ne partageait ni les attributions, ni le rang élevé des Druides. Elles servaient d'instrument à leurs volontés, rendaient des oracles, et accomplissaient des rites mystérieux. Il y avait différents collèges de ces prêtresses, qui étaient soumises, selon les lieux, à diverses règles que nous passerons sous silence [1]. Plus tard, devenues frénétiques et furieuses [2], elles ne rappelèrent plus que de nom les vierges prophétesses. Leur souvenir s'est perpétué à travers les âges dans plusieurs régions de l'Auvergne [3].

Nous verrons plus loin comment le pouvoir des Druides, qui était encore considérable à l'arrivée de César, s'éteignit sous l'influence et l'action de la domination romaine.

---

[1] *Voy.* M. Am. Thierry, *Hist. des Gaulois,* t, II, p. 93 et suiv.

[2] Tacite, *Hist.,* XIV, 30.

[3] *Voy.* sur les folles de Montjuzet, *Las fadas de Montjuset,* Delarbre, *Notice sur l'Auvergne,* p. 86 et suiv.; *Tabl. hist. de l'Auv.,* t. VI, p. 179 et suiv.; Dulaure, *Descript. de l'Auvergne,* p. 71 et 72.

# CHAPITRE III.

### Institutions militaires.

Le peuple de l'Arvernie, comme tous les peuples de la Gaule, faisait de la guerre sa profession privilégiée. Les institutions militaires devaient avoir une grande importance dans cette cité, dont le maniement des armes était l'occupation favorite.

Les chevaliers, les nobles (*equites*) étaient les chefs de la milice. Retirés le plus souvent dans leurs habitations de la campagne, au milieu des forêts, au bord de quelque rivière, ils y vivaient entourés de leurs armes, de leurs chevaux, de leurs chars, de leurs écuyers [1].

S'il survenait une guerre, — et le cas était fréquent, — ils étaient tenus de prendre les armes. Ils se faisaient accompagner par leurs ambactes et leurs clients, dont le nombre était proportionné à la situation, à la puissance et à la richesse de chaque chevalier [2]. Cette suite était à la charge du maître. C'est lui qui armait et nourrissait ses hommes, et qui probablement conservait, comme dédommagement, le butin fait à la guerre, quand il restait vainqueur [3].

Il n'y avait pas de service permanent et régulier. L'arverne, comme tout gaulois, ne prenait les armes que lorsque les circonstances l'exigeaient, et qu'il en était requis.

Quand l'honneur ou le salut de la cité venait à être compromis, on convoquait un conseil armé, *armatum concilium* [4], où tous les hommes ayant atteint l'âge de puberté devaient se rendre en armes. La discipline était si sévère que celui qui arrivait après tous les autres était impitoyablement torturé, mis à mort sous les yeux de l'assemblée [5].

---

[1] Voy. *Comm.* VI, 30.
[2] *Comm.* VI, 15.
[3] M. Berlier, *Loc. cit.*, p. 270.
[4] *Comm.* V, 56.
[5] *Comm.*, *Loc. cit.*

Quel était le but de cette réunion ? Avait-elle pour objet de
délibérer sur la situation du pays, d'élire un chef de guerre, de
discuter le plan de campagne[1] ? Le conseil armé était-il appelé
à voter la guerre, à déterminer le nombre d'hommes que chaque noble devait fournir selon sa position et sa fortune[2] ?
Aucun texte ne fournit d'indications suffisantes pour se prononcer dans le sens de l'affirmative sur ces diverses questions.

Ce conseil armé nous semble avoir été surtout destiné à
compter, à préparer les forces dont la cité pouvait disposer, et à
prendre les mesures nécessitées par l'imminence du péril ou la
gravité des circonstances. Nous ne pensons pas qu'il eût le vote
de la guerre, ni celui du contingent militaire de la noblesse. Il
n'avait pas non plus l'élection du chef, car, suivant Strabon, dans
les armées gauloises, un général était élu chaque année pour le
commandement[3].

M. Berlier dit que l'éminence du grade était réglée par le
nombre de serviteurs et de clients dont chaque noble était suivi :
« Ainsi, dit-il, quelque fût le mérite du chevalier qui n'amenait
que 5 à 600 hommes, il ne pouvait entrer en concurrence avec
celui qui en amenait 5 ou 6,000, et de là devaient naître souvent,
non de mauvais choix, puisque réellement on ne choisissait pas,
mais de mauvais généraux, car on sait que le vrai mérite n'est
pas toujours en raison de la naissance et de la fortune[4]. »

Le texte des *Commentaires*, que M. Berlier cite à l'appui de son
opinion, porte seulement que les nobles proportionnaient à l'éclat
de leur naissance et de leurs richesses le nombre d'ambactes et de
clients dont ils s'entouraient, et que c'était pour eux la seule
marque du crédit et de la puissance[5]. Cependant, il est probable
que le classement des chefs se faisait non-seulement par suite
du renom de leur bravoure, de leur expérience, de leur générosité, mais surtout en raison du nombre de compagnons,
d'hommes attachés et dévoués qui formaient leur cortége.

---

[1] M. Am. Thierry le pense, t. II, p. 55.
[2] C'est l'opinion de M. Chambellan, *Loc. cit.*, nos 63, 75.
[3] Strabon, IV (B., I, 30).
[4] *Loc. cit.*, p. 273.
[5] « Hanc unam gratiam potentiamque noverunt. » (*Comm.* VI, 15).

L'âge n'était pas un motif pour se dispenser de porter les armes ni surtout d'accepter un commandement [1].

La cavalerie était formée par la noblesse; le peuple servait à pied [2].

Les soldures combattaient à cheval autour de leur chef [3]. Les ambactes combattaient à pied autour de leur patron.

Outre le général, il y avait un commandant particulier pour la cavalerie, et un autre pour l'infanterie [4].

Les délits militaires étaient réprimés par des peines fort rigoureuses, infligées par le général en chef. Ses pouvoirs étaient très-étendus : il avait le droit de vie et de mort sur ceux qui commettaient ces délits [5].

Les Arvernes avaient pour armes, comme la plupart des peuples de la Gaule, au temps de César, de longues épées en fer, à deux tranchants, renfermées dans des fourreaux en fer, suspendues au côté par des chaînes. Avec ces épées on frappait de la taille plutôt que de la pointe [6].

Ils faisaient aussi usage de lances [7], de javelots [8]. Ils portaient un bouclier long, étroit et plat [9], une cuirasse en fer ou en bronze, ou bien une cotte de mailles, d'invention gauloise [10]. Leurs casques, en métal plus ou moins précieux, étaient ornés de cornes d'animaux et d'un cimier représentant quelques figures d'oiseaux ou de bêtes féroces; le tout surmonté d'un panache haut et touffu [11].

---

[1] Comm., VII, 71, 57; VIII, 12.

[2] Klimrath, t. 1er, p. 196.

[3] Voy. ce que nous avons dit des soldures (supra, ch. 1er); Comm. I, 18.

[4] Comm., I, 18 : VII, 66, 67; VIII, 12.

[5] Comm. VII, 4, 71.

[6] Tit. Liv., Lib. XXXVIII, 17; XXII, 46; Diod. sic., V, 30.

[7] Strabon, IV, 163.

[8] Strabon, II, 65.

[9] Tit.-Liv., Lib. XXVIII, 21.

[10] Diod. Sic., V, 30; Varron de Ling. Lat., V, 116.

[11] Diod. Sic. Loc. cit. — Il existait aussi de semblables emblèmes sur les boucliers. On nous permettra de transcrire ici la description que fait M. Am. Thierry du costume et de l'armure du noble arverne. « Un bouclier et un casque sur ce modèle; une cuirasse en métal battu, à la manière grecque et romaine, ou une cotte à mailles de fer, d'invention gauloise; un énorme sabre pendant sur la cuisse droite à des chaines de fer ou de cuivre, quelquefois à un baudrier tout brillant d'or, d'argent et de corail; avec cela le

Leurs armées traînaient ordinairement à leur suite une multitude de chariots et de bagages, même dans les expéditions les moins importantes[1].

Les Arvernes, comme les autres peuples, conservèrent longtemps une coutume sauvage et cruelle : ils tuaient leurs prisonniers de guerre. On peut sans doute leur appliquer ce que Diodore de Sicile dit des Gaulois sans distinction : « Après la victoire, ils coupent la tête de l'ennemi, l'attachent au cou de leur cheval, et la rapportent avec des chants de triomphe. Ils gardent dans leur demeure ces hideux trophées, et les plus nobles les conservent précieusement, enduits d'huile de cèdre, dans des coffrets qu'ils montrent avec orgueil à leurs hôtes[2]. »

Toutefois, ces usages barbares disparurent peu à peu avec les progrès de la civilisation. Ils étaient abolis déjà depuis longtemps, lorsque César fit la conquête de la Gaule. Si le général romain, qui fut pendant plusieurs années en guerre avec les Gaulois, et auquel il fut fait des prisonniers, eût été témoin de ces cruautés, il n'aurait pas manqué de les mentionner. Son silence est une preuve suffisante de leur désuétude[3].

Nous ne parlerons pas de la tactique des armées Arvernes, qui était la même que celle des autres armées gauloises. On sait que le premier choc des Gaulois était surtout redoutable, et qu'ils passaient pour l'emporter en impétuosité sur toutes les autres nations[4]. S'il faut en croire Tite-Live, « au commencement des combats, les Gaulois étaient plus que des hommes, et à la fin, moins que des femmes[5]. » Il est certain que la constance n'en-

collier, les bracelets, les anneaux d'or autour du bras et au doigt médian ; le pantalon, la saie à carreaux éclatants ou magnifiquement brodée ; enfin de longues moustaches rousses : tel on peut se figurer l'accoutrement militaire du noble arverne.... au deuxième siècle avant notre ère. » L'auteur ajoute : « Restreint d'abord aux chefs et aux riches, l'usage des armures se propagea peu à peu dans la masse du peuple ; cependant il ne paraît pas qu'il ait jamais été général. » *Histoire des Gaulois*, part. II, ch. Ier, vol. II, p. 46 et suiv., 2º édition.

[1] *Comm.*, VIII, 14.

[2] Diod. Sic., V, 29.

[3] M. Am. Thierry pense qu'il ne restait pas dans toute la Gaule trace de cette barbarie, avant le milieu du premier siècle. (*Loc. cit.*, t. II, p. 59.)

[4] « Gallos primo impetu prævalere. » (Sext.-Jul.-Fronto, Lib. II).

[5] « Prima eorum prælia plus quàm virorum, postrema minus quàm fæminarum » Tit.-Liv., X, 28 ; *Voy.* aussi *Comm.* III, 19.

trait pas plus que la prudence dans leurs habitudes : « Leur mobilité est telle, disait Strabon, qu'à la guerre le succès les rend invincibles, et les revers les abattent complètement[1]. » Leur mépris du danger et de la mort, leur intrépidité sont attestés par tous les anciens historiens ; il en est de même de leur franchise, qui s'alliait souvent très mal avec les besoins de la guerre, et qui fut plus d'une fois funeste à la nation : « Ils sont francs et loyaux, disait Hirtius ; ils abordent l'ennemi en face, et méprisent toute ruse comme une lâcheté[2]. » Le soin de leur propre conservation ne les porta que bien tard à retrancher leurs camps[3].

Il existait dans chaque Etat de la Gaule des villes principales appelées indifféremment par César *urbs* ou *oppidum*[4]. Cependant, ce dernier nom était donné de préférence à des villes d'un accès difficile et fortifiées avec soin, situées sur des hauteurs ou entourées de marais. C'était dans ces places fortes qu'en cas d'attaque les Gaulois transportaient leurs provisions et leurs richesses[5]. L'une des plus célèbres, la *Gergovie* des Arvernes, était assise sur une montagne élevée et d'un abord très-difficile. Plusieurs collines s'élevaient ça et là sur les flancs de la montagne. De la plaine et du pied de la colline jusqu'au mur de la ville, il y avait, selon César, 1200 pas en ligne droite ; les plis du terrain et les sinuosités de la route augmentaient de beaucoup la distance[6]. La capitale des Arvernes était fortifiée à la manière gauloise, au moyen de poutres et d'assises de pierres entremêlées[7]. Depuis longtemps, les savants se sont livrés à de nombreuses recherches pour déterminer l'emplacement de ce fameux *oppidum*. Cette question de topographie historique paraît aujourd'hui définitivement résolue : les doutes soulevés par la dissertation publiée, en

---

[1] Strabon, IV (B. I, 31).

[2] *Bell. afric.*, 73.

[3] Ce n'est qu'après la prise de Bourges qu'on les vit pour la première fois se retrancher *(Comm.* VII, 30); c'est-à-dire, plus de six ans après le commencement de cette fameuse guerre.

[4] *Comm.* VII, 4, 15, 25, 68, 69.

[5] « Oppidum dictum quod ibi homines opes suas conferunt. » (Paul Diacre, p. 184, édit. Müller).

[6] *Comm.* VII, 36-44, 46, 47. — Polyæn., *Stratag.*, L. VIII, c. 23, sect. 10.

[7] Voy. *Comm.* VII, 23.

1723, par l'abbé Lancelot[1], ont été victorieusement réfutés; et il est aujourd'hui assez généralement admis qu'il ne faut plus chercher la citadelle des Arvernes ailleurs que sur le plateau qui de tout temps a porté le nom de *Gergovia*[2]. Une tradition immémoriale, les titres, les monuments, la concordance générale du lieu avec les Commentaires de César, tout concourt à cette démonstration.

## CHAPITRE IV.

### Droit Civil et Criminel des Arvernes.

Les renseignements fournis par les Commentaires de César sur le droit privé et le droit pénal sont fort rares. Les quelques indications que l'on y trouve n'ont pas satisfait la curiosité de plusieurs écrivains, qui ont cherché à étendre le champ de l'étude en recourant à des sources, à des monuments d'une époque moins éloignée. Nous ne suivrons pas cette méthode, qui nous semble périlleuse; et s'il ne nous est pas permis d'aborder de nombreuses thèses, nous serons peut-être aussi moins exposé à nous écarter de la vérité ou de la probabilité historique.

Il est assez difficile de préciser l'état du droit et de sa culture scientifique dans ces temps reculés. M. Laferrière, s'emparant de quelques mots, mis par César dans la bouche du chef arverne *Crignotat*[3], dit, dans son *Histoire du droit français*[4], que la distinction entre le *droit* et les *lois* existait déjà, et que la notion

---

[1] Tome VI des *Mémoires de l'Acad. des inscriptions et belles-lettres*, p. 685.

[2] Voy. la dissertation, que M. Michel a publiée dans le tome IV des *Tablettes hist. de l'Auv.*, p. 349, et dans laquelle les controverses sont fidèlement exposées; voyez aussi l'*Anc. Auvergne*, t. Ier, append., p. 125 et suiv. — Chabrol, qui avait adopté l'opinion de Lancelot (vol. IV, p. 171), malgré les réfutations, dont elle avait été l'objet, fut vivement critiqué par Dulaure (voy. l'art. *Gergovia* de sa *Description de l'Auvergne*, p. 316, et la note de la page 319).

[3] Crignotat dit à ses concitoyens : « Cimbri..... *Jura, leges*, agros, libertatem nobis reliquerunt — *Jure et legibus* commutatis. » (*Comm.* VII. 77).

[4] Vol. II, p. 59 et suiv.

du *droit qui est, de la loi qui est faite*, se trouvait exposée dans l'enseignement druidique.

Lors même que les expressions du discours invoqué par M. Laferrière n'appartiendraient pas plutôt à César qu'au célèbre chef de l'Arvernie, nous nous résignerions difficilement à croire que la théorie du droit renfermât, au temps des Druides, la notion abstraite, que l'on trouve formulée par Fénelon, Bossuet ou Domat. Les Arvernes, comme les autres Gaulois de l'époque de César, n'étaient pas si avancés dans la connaissance philosophique du droit. Il nous semble plus exact de voir dans les institutions, coutumes et pratiques de cette époque, une espèce de droit pontifical, mystérieux, abondant en symboles, peu fertile en principes généraux, et dont l'exposition scientifique n'avait pas reçu de grands développements[1].

Nous rappellerons néanmoins quelques notions qui nous ont été transmises sur la condition des personnes, sur la constitution de la famille et de la propriété.

Dans *l'ordre civil*, la division la plus générale des personnes était en hommes libres et en esclaves[2].

Les hommes libres étaient en plus grand nombre que les esclaves ordinaires.

César dit cependant que le peuple était dans un état voisin de la servitude : *plebs* PÆNE SERVORUM *habetur loco*[3]. Mais nous avons déjà fait observer que ces expressions devaient être restreintes à l'ordre politique[4].

Les esclaves étaient peu nombreux, soit parce que, dans l'origine, les Gaulois tuaient leurs prisonniers de guerre, ou les immolaient aux dieux[5], et n'en faisaient pas des esclaves comme les Romains, soit aussi parce qu'ils n'avaient pas commencé par subjuguer une population indigène.

---

[1] *Voy.* M. Giraud, t. 1er p. 29 et suiv.

[2] Dans *l'ordre politique*, les hommes libres se divisaient en trois classes : les Druides, les nobles, les hommes du peuple. Parmi les hommes libres se trouvait la classe des patrons et des clients, des soldures, des ambactes (voy. *suprà*, ch. Ier).

[3] *Comm.* VI, 13.

[4] *Suprà*, ch. Ier.

[5] Diod. Sic. V (B. 1.309).

Nous ne pensons pas cependant que l'on puisse aller jusqu'à dire qu'il n'y avait pas d'hommes en esclavage, c'est-à-dire d'individus appartenant en pleine propriété à leurs maîtres, et privés de tous les droits de la famille et de la société[1]. Le contraire résulte de plusieurs textes des *Commentaires*, qui mentionnent formellement les esclaves, *servi*[2]. Dans l'un de ces textes, César dit que peu de temps avant son arrivée, on brûlait avec le défunt les *esclaves* que l'on savait qu'il avait aimés[3].

Outre les esclaves ordinaires, il y avait la classe plus nombreuse des gens du peuple qui, accablés par leurs dettes, par l'énormité des tributs, et les vexations des grands, se livraient eux-mêmes aux nobles en état de servitude[4]. Ces derniers avaient sur ces obérés, *oberati*[5], tous les droits du maître sur les esclaves[6]. La situation des débiteurs qui s'abandonnaient ainsi, ressemblait à celle des *Nexi* du droit romain. Ils formaient une partie du cortège des hommes puissants qui, pour l'exécution de leurs desseins, se servaient de cette multitude toujours docile à la voix du chef[7]. Ils étaient sans doute en assez grand nombre dans la première levée d'hommes que fit Vercingétorix pour défendre l'honneur et l'indépendance de sa patrie[8].

Nous regrettons de ne pas pouvoir partager le sentiment de M. Amédée Thierry qui pense « que nulle vie de famille n'existait chez les nations gauloises[9] ». La vie de famille n'était sans doute pas aussi développée que celle que l'on rencontre dans un

---

[1] Telle est cependant l'opinion de M. Chambellan, *Loc. cit.* n° 79.

[2] « Hic *servo*, spe libertatis » (*Comm.* V, 45).

[3] « Ac paulo suprà hanc memoriam *servi*... quos ab iis dilectos esse constabat..... unà cremabantur. » (*Comm.* VI, 19).

[4] « Plerique, cum ære alieno, aut magnitudine tributorum, aut injuria premuntur, sese in servitudinem dicant nobilibus » (*Comm.* VI, 13).

[5] « Clientes *oberatosque* suos. » (*Comm.* I, 4).

[6] *Comm.* VI, 13.

[7] *Comm.* I, 4.

[8] *Comm.* VII, 4. — Si l'on en croyait César, Vercingétorix, après avoir été expulsé de Gergovie par le parti à la tête duquel était Gobanitio, son oncle, aurait ramassé dans la campagne une troupe de vagabons et de misérables, *delectum egentium ac perditorum.* « Le conquérant romain, dit M. Am. Thierry, n'aurait eu contre lui en Gaule que les voleurs de grand chemin et les hommes repris de justice. » (Vol. III, note de la page 99).

[9] T. II, p. 68 et suiv.

état de civilisation plus perfectionné; mais l'esprit de famille existait si bien que, dans les circonstances les plus graves, au milieu des plus grands périls, les chevaliers gaulois y faisaient solennellement appel. C'est ainsi que, réunis sous le commandement de Vercingétorix, ils proposèrent que chacun s'engageât par le plus saint des serments à ne pas revoir sa maison, ses enfants, son épouse, avant d'avoir traversé deux fois les rangs ennemis [1].

La famille, chez les Arvernes, comme dans les autres nations de la Gaule, était fondée sur le mariage. Toutefois, la polygamie était encore en usage au temps de César. Cette espèce de constitution du mariage existait du moins pour les hauts personnages [2]. D'un autre côté, les femmes étaient tenues dans un asservissement, que la rudesse des mœurs et l'imperfection de l'état social de cette époque peuvent seules expliquer. Le mari avait le droit de vie et de mort sur la femme [3]. Quand un homme de haut rang venait à mourir, un tribunal de famille composé de ses parents se formait, et si l'on croyait à un crime, ses femmes étaient soumises à la même torture que les esclaves. Lorsqu'elles étaient convaincues d'un attentat à ses jours, on les faisait périr par le feu et dans d'effroyables supplices [4].

Cependant, une coutume attestée par César renfermait une association d'intérêts, qui prouve que la condition des femmes avait déjà reçu une amélioration notable. Le mari mettait en fonds commun, avec la dot apportée par la femme, une valeur estimée et équivalente, qu'il prélevait sur ses propres biens. Un état de ces valeurs réunies était conjointement dressé; les produits ou revenus de ce capital social étaient réservés et accumulés pendant toute la durée du mariage. A la mort de l'un des époux,

---

[1] « Conclamant equites, « *sanctissimo jurejurando* confirmari oportere, ne tecto recipiatur, ne ad *liberos*, ne ad *parentes*, ne ad *uxorem* aditum habeat, qui non bis per agmen hostium perequitarit. » (*Comm.* VII, 66).

[2] « Quum *pater familias* ILLUSTRIORE LOCO NATUS...... de UXORIBUS. » (*Comm.* VI, 19). En ce sens, M. Berlier, *Loc. cit.*, p. 278; M. Am. Thierry, t. II, p. 68; M. Giraud, p. 34; — *Contrà* M. Laferrière, t. II, p. 70. — Réservée aux plus nobles, aux plus riches, la polygamie était sans doute d'un usage très-borné; mais ce n'est pas une raison pour en nier l'existence d'une manière absolue.

[3] *Comm.* VI, 19.
[4] *Comm.* VI, 19.

ce capital et les revenus appartenaient au survivant[1]. Cette institution a exercé la sagacité de presque tous les historiens. Les uns l'ont confondue avec le système de la communauté légale ou d'acquêts[2]; d'autres, avec plus de raison, n'y ont vu qu'une association particulière, sur une mise à parts égales, avec réserve de tous les revenus, et attribution par gain de survie, donation mutuelle et égale au profit du survivant des époux[3]. « La coutume celtique, dit M. Giraud, n'a réellement d'analogue dans aucune autre coutume connue, et son caractère essentiellement national a disparu avec la constitution celtique elle-même. Ce qu'elle a de remarquable dans l'antiquité *barbare*, c'est d'offrir l'alliance du principe sévère de l'autorité maritale avec le principe moral et religieux de la société civile entre les époux, principe inconnu encore aux peuples civilisés de la Grèce et de l'Italie[4]. »

La première éducation des enfants était exclusivement confiée aux femmes, qui s'acquittaient dignement de cette pieuse mission, *educatrices bonæ*[5].

Il n'était permis aux enfants d'aborder leurs pères en public que lorsqu'ils étaient devenus aptes à porter les armes. Un père eut rougi de laisser son fils en bas-âge paraître publiquement en sa présence[6].

La puissance paternelle était aussi absolue, aussi rigoureuse que la puissance maritale. Le père de famille avait sur ses enfants le droit de vie et de mort[7]. C'était un point de ressemblance

---

[1] *Comm.* VI, 19.

[2] Voy. notamment, M. Berlier, *Loc. cit.*, p. 276; M. Am. Thierry, t. II, p. 69; M. Pardessus, *Mémoire sur l'origine du droit coutumier;* — *Loi salique*, 13ᵉ *dissert.*, p. 675.

[3] MM. Laboulaye, *Recherches sur la condition civ. et polit. des femmes*, p. 433 et suiv.; Laferrière, *Essai sur l'hist. du dr. franç.*, p. 170, et *hist. du dr. fr.*, t. II, p. 78 et suiv.; Giraud, *Essai sur l'hist. du dr. fr.* t. Iᵉʳ, p. 35 et suivantes.

[4] M. Giraud, *Loc. cit.*

[5] Strabon IV (B. I, 16).

[6] *Comm.* VI, 18. — Quelques historiens pensent que cette coutume était spécialement propre à l'ordre de la noblesse, qui faisait métier des armes, et n'avait pas trait aux fils des Plébéiens (voy. MM. Giraud, *Loc. cit.*, p. 37; Chambellan, nᵒ 98, p. 284).

[7] *Comm.* VI, 19.

avec l'ancien droit civil de Rome, qui consacra également ce principe barbare, que le respect, même illimité, porté au titre de père, ne peut justifier.

L'absolutisme de la puissance maritale et paternelle pouvait bien concentrer avec force dans la main du chef le principe de la famille ; mais il est certain que, sans être exclusif des rapports de la vie domestique, il était de nature à empêcher de naître la plupart des sentiments qui, dans une civilisation plus parfaite, en font le charme et l'ornement. Les Gaulois avaient, du reste, moins de goût que les Germains pour la vie intérieure de la famille [1].

Quel était le pouvoir du mari sur les biens de la femme et des enfants ? Ce pouvoir était-il aussi absolu que celui qu'il avait sur leurs personnes ? L'aïeul restait-il, comme à Rome, le chef de la famille ? Quelles étaient l'autorité des liens du sang et l'étendue des degrés de parenté ? On ne peut, dans l'état actuel des documents, répondre à ces questions d'une manière satisfaisante.

La propriété mobilière devait être assez répandue chez les Arvernes, comme chez tous les autres peuples de la Gaule déjà avancés en civilisation [2]. La richesse gauloise est attestée par tous les anciens historiens. Des capitaux considérables étaient concentrés dans les mains de quelques chefs de tribus, qui prodiguaient cette fortune à la multitude, pour capter ses faveurs et parvenir au pouvoir. C'est ainsi que l'arverne Luerius faisait tomber sur la foule une pluie d'or et d'argent chaque fois qu'il paraissait en public [3]. Le commerce et l'industrie n'étaient exercés que par la population des villes. L'agriculture était demeurée l'occupation principale et la source la plus féconde des richesses. Au dire de Strabon, si on en excepte les marécages et les forêts, il n'y avait pas dans toute la Gaule une seule parcelle de terre qui ne fut cultivée [4]. La propriété immobilière ou territoriale avait

[1] M. Giraud, p. 36.

[2] Voy. Strabon, IV, 4. — Pline, XXXVI, 26. — La Gaule renfermait des mines d'or, dont les produits, en grande partie consacrés aux dieux, étaient pour le surplus employés à la parure des femmes et des guerriers (Diod. Sic. V [B. I, 305].) Il y avait aussi des mines d'argent, assez négligées, et des mines de fer (Diod. Sic., Loc. cit., et Strab., IV [B., 1, 21].).

[3] Posid. ap. Athen., IV. 3; Strabon, IV, 191.

[4] Strabon, IV (B., I, 5).

en Gaule une organisation qui ne se trouvait pas chez les Germains. En comparant les coutumes germaniques aux coutumes gauloises, César dit que chez les Germains nul n'avait un champ déterminé ou de limites qui lui fussent propres[1]. Les *Commentaires* font, au contraire, mention de procès et jugements existant entre particuliers gaulois au sujet de l'hérédité, et des limites[2]. Ces données sont confirmées par le passage du discours d'un chef Arverne, de Crignotat, qui, mettant en parallèle la conduite des Cimbres avec celle des Romains, s'écriait: « Les Cimbres nous ont laissé nos droits, *nos champs*, notre liberté[3]. »

Ces textes attestent l'existence de deux grandes bases du droit civil : la *possession* et la *transmission* des biens. Mais est-il permis d'aller plus loin ? Des historiens ont fait de louables efforts pour établir la condition des terres. Ils ont pensé que toutes les diversités que nous avons constatées dans l'état des personnes se réfléchissaient dans la condition des choses. Ils ont cru qu'il y avait en Gaule des terres nobles et d'autres qui ne l'étaient pas. Ces thèses n'ont aucune base dans les anciens documents. Peut-on dire aussi, avec quelque probabilité, comment le principe de l'hérédité appliqué à la transmission des biens était organisé ? Nous avons vu, dans les *Commentaires*, que ce droit était réglé et sanctionné par la jurisprudence des Druides[4]. C'est tout ce que nous savons de plus certain. Nous ferons une remarque à peu près semblable sur la question de savoir si la faculté d'instituer un héritier par testament existait dans le droit de la Gaule, sur le principe de l'affectation du patrimoine à la famille, sur le concours des enfants à la vente consentie par le chef de famille, et sur le retrait lignager, dont on a cru trouver la source dans le droit gallique. Les partisans des origines celtiques ont essayé d'établir ainsi un lien général entre ce droit et le droit coutumier. On doit sans doute applaudir aux travaux et aux recherches qui ont pour but de diminuer les ténèbres des siècles les

---

[1] « Neque quisquam agri modum certum aut fines habet proprios. » (*Comm.*, VI, 22.)

[2] « Si de hereditate, si de finibus controversia est.... » (*Comm.*, VI, 13.)

[3] « Cimbri.... Jura, leges, *agros*, libertatem nobis reliquerunt. » (*Comm.*, VII, 77.)

[4] Voyez *suprà*, ch. I^er.

plus reculés. Nous reconnaissons aussi qu'on ne saurait, avec le peu de secours qu'il est possible de se procurer sur des temps si éloignés, expliquer ce qui s'est passé, sans s'aider quelquefois des lumières empruntées aux époques plus rapprochées. Mais nous croyons que l'on manque aux lois d'une saine critique en essayant d'éclairer l'antiquité à l'aide de monuments qui sont de plus de mille ans postérieurs à l'époque que l'on étudie, et qui appartiennent à une autre civilisation.

Les rapports multipliés qui existaient soit entre les habitants de l'Arvernie, soit entre cette nation et les autres cités de la Gaule, étaient sans doute une source féconde d'obligations. Les contrats pouvaient être constatés par l'écriture. Les caractères grecs étaient employés dans les affaires publiques ou privées, dans les actes de l'administration de la cité ou de la maison[1]. Cette coutume rappelée par César, est confirmée par Strabon, qui nous apprend que les Massiliens avaient popularisé dans la Gaule l'usage de ces caractères pour les obligations contractuelles[2].

Après la conquête romaine, et surtout depuis le règne de Claude, lorsque les lettres et la langue romaine se répandirent dans l'Arvernie, les conventions furent écrites en latin. Des témoins venaient certifier dans l'acte la convention faite en leur présence. L'obligation personnelle et l'insolvabilité conduisaient le débiteur à une sorte d'engagement perpétuel. Les clientelles étaient peuplées de ces *obérés*, qui se livraient ainsi à la merci de leurs créanciers[3].

Nous rappelons, pour terminer ces observations, que chez les Arvernes, comme chez les autres Gaulois, la croyance à un autre monde était si bien établie que l'on stipulait souvent le remboursement dans l'autre vie d'une somme prêtée dans le monde présent[4].

C'est à peu près tout ce que l'on sait du droit civil ou privé.

*Le droit pénal* porte l'empreinte d'une barbarie qui révolte les esprits nourris de la philosophie des temps modernes. La peine de mort et les supplices les plus cruels, par exemple, celui du feu,

---

[1] *Comm.*, VI, 14.

[2] Strabon, IV (B., 1, 9.).

[3] Voy. *Comm.*, VI, 13 ; I, 4.

[4] Pomp. Mela, *de sit. orb.*, III, 2 ; Valer. Maxim., II, 6, 10.

étaient prodigués [1]. Etait puni de mort le *tyran* ou celui qui aspirait à le devenir [2]. Telle fut la peine du père de Vercingétorix, de Celtillus [3]. Le vol, le brigandage, le meurtre, étaient punis de la même peine [4]. La mort également pour celui qui détournait les votifs sacrés : « Il n'arrive guère, dit César, qu'au mépris de la religion, un Gaulois ose s'approprier clandestinement ce qu'il a pris à la guerre, ou ravir quelque chose des dépôts faits en des lieux consacrés ; le plus cruel supplice et la torture sont réservés pour ce larcin [5]. » Nous avons vu que les coupables, condamnés à mort, étaient souvent réservés pour les sacrifices de victimes humaines prescrits par le druidisme [6].

Les autres peines étaient la mutilation, la confiscation, le bannissement, etc. [7]

La divulgation des affaires publiques et la propagation de fausses rumeurs étaient des crimes sévèrement punis [8]. Il en était de même de la désobéissance aux injonctions des Druides [9].

On recourait quelquefois à la torture pour découvrir la vérité [10].

Le Droit de l'Arvernie n'était pas écrit ; il était resté à l'état de coutume et de tradition, comme celui des autres peuples de la Gaule, sous l'empire des Druides. Quel fut le sort de toutes ces coutumes, après la conquête romaine ? Nous n'entrerons pas ici dans l'examen de cette grave question. Il nous paraît certain que l'abolition du Droit gaulois ne fut pas le résultat immédiat

[1] *Comm.*, I, 4 ; V, 54, 56 ; VI, 17, 19 ; VII, 4.

[2] *Comm.*, I, 4 ; V, 54 ; VII, 4.

[3] Voy. *Comm.*, VII, 4.

[4] *Comm.*, VI, 16.

[5] *Comm.*, VI, 17.

[6] *Comm.*, VI, 16 ; *suprà,* ch. II.

[7] *Comm.*, VII, 4 ; V, 56 ; VII, 43 ; V, 54.

[8] *Comm.*, I, 17, 30, 31 ; VI, 20. — César s'exprime, dans ce dernier passage, de la manière suivante : « Quæ civitates commodius suam rempublicam administrare existimantur, habent legibus sanctum, si quis quid de republica a finitimis rumore ac fama acceperit, uti ad magistratum deferat, neve cum quo alio communicet ; quod sæpe homines temerarios atque imperitos falsis rumoribus terreri, et ad facinus impelli, et de summis rebus consilium capere cognitum est. Magistratus, quæ visa sunt, occultant ; quæque esse ex usu judicaverint, multitudini produnt ; de republica, nisi per concilium, loqui non conceditur. »

[9] *Comm.*, VI, 13.

[10] *Comm.*, VI, 19.

de la conquête[1]. Les Romains ne substituèrent pas violemment leurs lois à celles du peuple vaincu. D'autre part, on ne peut pas supposer que les Gaulois se soient empressés d'abandonner volontairement leur droit national pour adopter la législation des conquérants. Cependant, quoique la nationalité gauloise ait mis du temps à s'effacer, sa transformation s'opéra assez facilement[2]. Nous en donnerons plus loin les motifs. L'extinction de son droit s'accomplit graduellement. Mais les peuples qui furent, comme les Arvernes, déclarés *peuples libres,* jouirent, à ce titre, d'une *autonomie* dont nous ferons connaître, dans le second chapitre du titre suivant, les caractères et la durée.

---

[1] Cicéron, *Orat. de provinc. consul.,* VIII (19, Orelli); M. Giraud, t. Iᵉʳ, p. 57.

[2] « Jam moribus, artibus, affinitatibus nostris mixti, » disait l'empereur Claude (Tacite, *Ann.,* XI, 24).

# TITRE II.

## Epoque de la domination romaine.

Nous ne raconterons pas ici les conquêtes de Rome, l'héroïque défense de la Gaule, les hauts faits du jeune héros de l'Arvernie, du fils de Celtill, de Vercingétorix, qui déploya, pour sauver l'honneur et conserver l'indépendance de sa patrie, un patriotisme, un courage et une habileté devant lesquels pâlit un instant la fortune de Rome. Nous ne rappellerons pas la victoire rempor- tée par la vaillante cité Arverne sous les murs de *Gergovia*, la fuite de César, le siége d'*Alesia*, si fatal à l'indépendance gau- loise, la noble et courageuse conduite de Vercingétorix, et les divers événements qui retardèrent seulement la conquête de la Gaule. Epuisée et domptée par César (50 ans avant J.-C.), elle sera désormais attachée à la fortune de Rome. Elle fera partie de ce vaste empire. Après la chûte du gouvernement républicain, elle restera soumise aux empereurs romains, jusqu'à l'invasion des peuples barbares, au cinquième siècle de l'ère chrétienne. L'individualité de la Gaule, devenue province de l'empire ro- main, disparaîtra, sinon comme race, du moins comme nation, sous les formes d'une civilisation étrangère.

Nous ne nous arrêterons pas à ces généralités. Mais nous devons relever une grave erreur commise par plusieurs historiens auvergnats au sujet des conséquences de la conquête. Ces histo- riens soutiennent avec un zèle tout patriotique que l'Arvernie n'a jamais été conquise par les Romains, n'a jamais subi le joug, et qu'elle s'est maintenue, pendant de longs siècles, libre et indépendante[1]. L'un de ces estimables écrivains, qui a enrichi

---

[1] Voy., notamment, *Recherches hist. et polit. sur l'origine et l'organis. des assemblées des États, et en particulier de ceux de l'Auvergne,* ouvrage attribué à de Sistrières, Londres 1789. Cet auteur dit, en parlant de l'Auvergne :

l'histoire locale de plusieurs recherches intéressantes, M. le baron Delzons, avocat à Aurillac, empruntant son récit au continuateur des *Commentaires*, à Hirtius Pansa[1], expose d'abord que César, pour conserver ses conquêtes, établit quatre légions dans la Belgique; en envoya deux chez les Éduens; deux chez les Turons, sur la frontière des Carnutes, pour contenir tous les peuples qui touchaient à l'Océan, et les deux dernières chez les Lémovikes, *tout près des Arvernes*, afin qu'aucune partie de la Gaule ne fût sans troupes[2]. M. Delzons ajoute : « Je pense que César plaça deux légions *près des Arvernes*, parce qu'ils n'auraient pas souffert qu'elles fussent chez eux, et qu'il ne se souciait pas de recommencer la guerre dans un pays où ses armes avaient été au moins malheureuses[3]. » M. Delzons invoque aussi, à l'appui de sa thèse, les difficultés que la nature du sol auvergnat opposait à la conquête[4]. Enfin, plus loin : « Pour occuper un pays et un pays sauvage, dans lequel la civilisation n'a pas encore pénétré, il faut d'abord des routes, puis des villes, des camps, des positions militaires. Les Romains ont-ils tracé des routes en Auvergne? y connaissaient-ils des villes? y avaient-ils des établissements militaires? Je réponds négativement, sans hésiter, à toutes ces questions[5]. »

Nous ne voulons pas insister : M. Delzons reconnaît lui-même « qu'il n'ignore pas que sa conclusion heurte de front une opinion contraire admise depuis des siècles sans contestation, et qui, par une longue prescription, a acquis l'autorité d'un fait historique inattaquable[6]. » Il est, en effet, depuis longtemps

---

« Les montagnes escarpées et de difficile accès, adossées et élevées les unes sur les autres, qui dominent sur le reste des Gaules, furent le germe de sa puissance prépondérante. Ce pays, dirigé par un sénat, jouit pendant plusieurs siècles de cette primatie. *Réuni dans la suite à l'empire romain, non par des conquêtes, car il n'essuya jamais sur ses foyers, même sous César, de pareils revers, ce conquérant le traita, non en vainqueur, mais en allié.* » (Chap. III, p. 46 et suiv.). Voy. aussi M. Delzons, *Histoire du haut-pays d'Alvergne*, dans les *Tablettes hist. de l'Auvergne*, 1843, t. IV, p. 171.

[1] *Comm.*, VIII, 46.

[2] *Tablettes hist. de l'Auv.*, *Loc. cit.*, p. 503.

[3] *Loc. cit.*

[4] *Loc. cit.*, p. 170.

[5] *Loc. cit.*, p. 515.

[6] *Loc. cit.*, p. 171.

reçu que l'Arvernie (l'Auvergne haute et basse) a été, comme le reste de la Gaule, l'objet de la conquête romaine. Sans doute, cette époque fut glorieuse pour cette contrée, qui opposa aux légions de César ses rochers, sa forteresse et ses vaillants soldats. Mais, malgré ses efforts héroïques, elle succomba, comme les autres peuples gaulois, sous la main de la destinée. Parmi les textes qui attestent ce fait, nous rappelons celui dans lequel César dit que les Arvernes vinrent faire leur soumission dans la ville des Eduens : « Eò legati ab Arvernis missi quæ imperaret se facturos pollicentur[1]. »

Pour ce qui a trait aux voies romaines et autres monuments, dont M. Delzons nie l'existence, il faut lire, avec toute l'attention dont elles sont dignes, les dissertations, que M. Bouillet a publiées, dans les *Tablettes historiques de l'Auvergne*[2], sur la statistique monumentale du département du Puy-de-Dôme : voies romaines, pierres, bornes ou colonnes milliaires, pavés en mosaïque, temples, bains, aqueducs, poterie, vases, figurines en terre cuite et en bronze, moulins à bras, cimetières, monnaies et médailles, tous ces vestiges, tous ces monuments, tous ces témoins du passé viennent attester avec éloquence la conquête et l'occupation par les Romains de la partie de l'Arvernie qui fut plus tard la Basse-Auvergne.

On trouve les mêmes témoignages, pour l'autre partie de l'Arvernie (la Haute-Auvergne), dans les monuments découverts à Aurillac, ou dans les environs, tels que les urnes cinéraires, trouvées dans le faubourg de cette ville, et dont plusieurs étaient de verre[3], les vases, poteries, statuettes et autres objets découverts à Arpajon; le *Columbarium* de Fabrègues, renfermant de petits vases de différentes proportions, et de nombreuses médailles depuis César jusqu'à l'empereur Sévère, etc.

M. Delzons nie également que l'Arvernie ait été comprise dans la division de la Gaule effectuée par Auguste[4]. Mais un auteur

---

[1] *Comm.*, VII, 90.

[2] *Voy.* vol. VI, année 1845, p. 1 et suiv., p. 153 et suiv., p. 325 et suiv., p. 489 et suiv.; voy. aussi la note de M. Bertrand sur les antiquités découvertes au Mont-Dore (*Tabl. hist. de l'Auv.*, vol. V, p. 265), et l'article de M. Gonod sur la thèse de M. Delzons (*Tabl. hist. de l'Auv.*, vol. V, p. 283 et suiv.).

[3] *Voy. Vie de S. Géraud*, par le P. Dominique de Jésus, p. 770.

[4] *Loc. cit.*, p. 504 et suiv.

qui écrivait du temps de cet empereur, Strabon, atteste formellement le contraire : « Les peuples situés entre la Garonne et la Loire, et qu'on a réunis à l'Aquitaine, sont les *Helvii*, qui commencent au Rhône ; après eux sont les *Vellaï*, qui autrefois faisaient partie des *Arverni*, mais qui aujourd'hui forment un peuple séparé. Viennent ensuite les *Arverni*, etc.[1] » C'est un point sur lequel nous reviendrons bientôt.

Toutefois, les Arvernes furent compris parmi les peuples *libres*. Mais si l'Arvernie, après l'invasion romaine, entra plus tard que d'autres nations de la Gaule, qui ne jouissaient pas du même privilège, dans une voie juridique nouvelle, si elle mit un peu plus de temps à s'approprier la législation des conquérants, nous la verrons néanmoins admise assez promptement à la complète participation de leur droit civil, de leur régime municipal, administratif et judiciaire. Sa civilisation subit l'influence de la civilisation romaine, qui finit par prédominer ; et l'on peut appliquer aux Arvernes ce qu'un savant historien a dit, en général, des Gaulois : « S'ils avaient cédé si aisément à l'ascendant de Rome, ce n'était ni par faiblesse, ni par inconstance, mais parce qu'ils avaient déjà fait, dans la vie sociale, assez de progrès pour sentir la supériorité de la civilisation romaine sur la leur[2]. »

Quand la Gaule fut conquise par les Romains, sa civilisation était, en effet, très-inférieure à celle de Rome. Deux pouvoirs, — nous l'avons vu, — y prévalaient : d'une part, celui des prêtres, des Druides ; de l'autre, celui des nobles, des grands propriétaires. Rien de régulier, de grand ne s'y était fondé ; tout s'y opposait au développement de l'homme et de la société. Tout y était immobile au milieu des rivalités de famille, de cités, de préjugés de religion, et d'inégalités profondes entre les diverses classes. Quand l'administration impériale fut établie dans la Gaule, il y eut certainement dans la civilisation et la prospérité de ce pays un véritable progrès, qui dut, si non faire oublier, du moins calmer de vives, amères et patriotiques douleurs. Lorsque, quatre ou cinq siècles plus tard, tout progrès

---

[1] Strabon, IV, 2ᵉ édit. de l'imprim. roy., t. II, p. 41 ; D. Bouquet, t. Iᵉʳ, p. 21 ; M. Gonod, *Loc. cit.*, p. 286.

[2] Fauriel, *Gaule méridionale*, vol. 1, p. 441.

social eut cessé, lorsque les symptômes de la décadence écla-
tèrent de toutes parts et que l'Empire fut agonisant, les Arvernes
étaient encore attachés à la civilisation des Romains, à cette
civilisation altérée, comme elle l'était au Ve siècle, quoique
supérieure à la demi-barbarie gauloise, et restaient leurs compagnons fidèles et dévoués, dans leurs immenses désastres.

Nous ferons connaître, dans ce titre, la situation de l'Arvernie
dans les diverses circonscriptions politiques de la Gaule, sous la
domination romaine, les conditions et la durée de son autonomie,
l'état de ses institutions religieuses, les sources et les monuments
du droit qui l'a régie depuis la cessation de son autonomie, la
condition des personnes et des terres, son gouvernement, son
administration, ses juridictions. Ce sera l'objet des six chapitres
suivants.

---

## CHAPITRE Ier.

### Situation de l'Arvernie dans les diverses circons-
### criptions politiques de la Gaule.

Jules César, après avoir dompté la Gaule, avait cherché, par
des ménagements habiles, à se concilier l'esprit des peuples qu'il
avait vaincus. Mais il n'avait pas eu le temps d'organiser sa
conquête. Il en avait cependant formé une grande division
militaire, un seul gouvernement civil, une province romaine sur
laquelle il avait établi un impôt annuel, *stipendii nomine*[1]. Il
avait ménagé les confiscations de territoire, qui n'avaient pas été
épargnées à la Gaule Narbonnaise, vieille conquête des Consuls
républicains[2]. La nouvelle province avait gardé ses terres, ses
villes, ses monuments, ses trophées. Les Arvernes conservèrent
longtemps dans leurs temples l'épée que César avait perdue dans
sa grande bataille en Séquanie contre Vercingétorix. Il la

---

[1] Suétone, *Jul. Cæsar*, § 25.
[2] *Voy.* Cicéron, *Pro fonteio*, IV, 11.

reconnut un jour, et comme ses officiers voulaient l'enlever :
« Laissez-là, dit-il, elle est sacrée [1]. »

Néanmoins, dans l'ivresse de son triomphe, la vanité du conquérant, du vainqueur de Pompée, l'avait emporté sur ses vues politiques, et le grand patriote de l'Arvernie, le défenseur de la liberté et de l'indépendance de sa patrie, l'illustre Vercingétorix, avait péri par la main du bourreau de Rome [2], au moment même où son heureux vainqueur, maître de la Gaule et usurpateur des libertés de son pays, recevait les honneurs du Capitole.

Tout était en Gaule, à la mort du dictateur romain, à peu près dans le même état qu'au temps de son indépendance. Mais Auguste, dès les premiers temps de son règne, régla sur une forme nouvelle l'ordre administratif de la Gaule et s'efforça d'accomplir par l'administration l'œuvre de la conquête.

La Gaule entière fut divisée en six gouvernements ou provinces impériales [3]. L'une de ces provinces, l'*Aquitaine*, reçut une extension considérable. Auguste lui laissa son ancienne région, qui embrassait le pays situé entre la Garonne et l'Océan, touchant au sud les Pyrénées, et l'étendit, en outre, à toute la contrée comprise entre la Loire et l'Océan, depuis la source de la Loire dans les Cévennes, jusqu'à son embouchure non loin de Nantes. L'*Arvernie* se trouvait dans cette nouvelle circonscription, qui ajoutait à l'ancienne Aquitaine douze peuples de la Gaule [4].

Par l'extension donnée à l'Aquitaine, aussi bien que par la création de la province Lyonnaise, Auguste avait pour but de rompre l'unité du centre de la Gaule, et d'y introduire la vie et l'activité romaines. Il voulut aussi effacer tous les souvenirs d'un passé héroïque et d'une vieille gloire. Il dépouilla de leurs noms celles des villes de la Gaule qui se recommandaient le plus aux respects des peuples par leur ancienne illustration et par le rôle qu'elles avaient joué dans la grande lutte de l'indépendance. C'est ainsi que Gergovie, cette vaillante cité arverne, sous les murs de laquelle César avait été vaincu, fut condamnée à dispa-

---

[1] Plut., *In Cœs.*, p. 720.

[2] Dio cass., L. XLIII, p. 223.

[3] La Narbonnaise, l'Aquitaine, la Lyonnaise, la Belgique, la haute et la basse Germanie.

[4] Strabon IV; Dupleix, *Mémoire des Gaules*, I, 28.

raître. Son titre de capitale lui fut enlevé et transféré à
*Nemetum*, obscure bourgade, située au pied de la montagne[1]. On
joignit à son nom celui d'Auguste, et cette ville fut appelée
*Augusto-Nemetum*[2], plus tard Clermont. Elle devint une ville
considérable, tandis que Gergovie fut abandonnée. Cependant,
après avoir perdu sa prééminence officielle, et quoique tous les
établissements de l'Etat fussent transférés à *Augusto-Nemetum*,
Gergovie paraît avoir encore été longtemps de fait la capitale
de l'Arvernie, à en juger par le nombre de débris gallo-romains
trouvés sous son ancien sol.

La divison politique de la Gaule en un plus grand nombre de
provinces qu'au temps d'Auguste fut le résultat de divers démembrements successivement opérés.

D'après la Notice des Gaules, rédigée de l'an 395 à 423, sous
Honorius, le nombre des provinces de la Gaule fut porté à dix-
sept[3], et ce fut leur dernier état.

Chaque province contenait une métropole, résidence du recteur ou président de la province, et plusieurs villes. Le nombre
des cités comprises dans les dix-sept provinces était de cent quinze
environ.

De la grande Aquitaine d'Auguste étaient nées la Novempopulanie, la première et la seconde Aquitaine.

L'Arvernie était comprise dans la première Aquitaine, ainsi
que l'ancien Berry, le Limousin, la Marche, le Bourbonnais, le
Quercy, le Rouergue et le Gévaudan, avec Bourges pour métropole.

Par suite du traité de 417, exécuté en 419, qui abandonnait
aux Visigoths la seconde Aquitaine et quelques parties de la
première Narbonnaise et de la Novempopulanie, la première

---

[1] *Gergovia* était, selon Delarbre, située à une forte lieue de l'ancien
*Nemetum (Notice sur l'Auvergne,* p. 251); *voy.* ce que nous avons dit au
sujet de l'emplacement de Gergovie, *suprà-* chap. III, tit. I.

[2] Strabon, IV, 191. — Cette ville, pendant la domination romaine, était
divisée en deux parties : la *ville* et la *cité*. La cité ou forteresse dominait
toute la ville. Elle fut nommée *Clarus Mons, Clermont,* à cause de son élévation. Ce nom devint celui de toute la ville au IX° siècle. (Voy. Dulaure,
*Loc. cit.,* p. 164.)

[3] *Voy.* D. Bouquet, *Rec.* des *Scriptores,* t. I°ʳ, p. 122.

Aquitaine, dont l'Arvernie faisait partie, était devenue frontière de l'empire du midi, et acquérait ainsi une grande importance politique.

Du reste, les divisions politiques ou administratives des Romains n'avaient point effacé l'existence des peuples indigènes de la Gaule. L'Arvernie, comme la plupart des autres nations gauloises, avait conservé son ancien nom celtique, et communiqué ce nom à son territoire, qui l'a transmis à l'Auvergne, province française.

Un régime uniforme ne fut point établi par les Romains dans la Gaule en ce qui touche le droit civil et l'administration intérieure des cités. La partie de la Gaule méridionale conquise avant Jules César avait été réduite en province. Il en fut à peu près de même de la partie conquise par César et par Auguste : elle fut généralement assujettie à l'organisation provinciale. Mais plusieurs contrées, quoique soumises aux Romains, avaient conservé leur autonomie. L'Arvernie fut de ce nombre. Les Arvernes furent classés parmi les peuples libres, *liberi*. Nous dirons, dans le chapitre suivant, quels furent les caractères, les conséquences et la durée de cette condition.

## CHAPITRE II.

### De l'autonomie du peuple Arverne.

Avant la conquête de la Gaule, les Arvernes vaincus dans plusieurs rencontres n'avaient pas encore été soumis par les Romains qui, les traitant avec clémence, ne les avaient point réunis à la *province*, ni même frappés de contributions de guerre [1]. César s'était attaché à les ménager : il dit qu'il comptait sur eux comme sur les Educns pour lui concilier les autres cités [2]. Pline les énumère parmi les peuples libres de l'Aquitaine : *Arverni liberi* [3].

Pour apprécier la condition particulière de ces peuples, il faut se rappeler quel était l'état général des provinces. Les populations conquises appartenaient à trois classes : Celles que les Romains gouvernaient et exploitaient à leur gré ; celles dont ils s'efforçaient de transformer le plus promptement possible les mœurs, et qu'ils se hâtaient d'incorporer à l'unité romaine, en les colonisant, pour leur servir de point d'appui au milieu de la province ; enfin, celles dont ils respectaient les lois et reconnaissaient l'indépendance. Ces dernières étaient appelées *libres* [4]. Les peuples libres étaient ceux dont les Romains n'avaient pas cru devoir ou pouvoir supprimer l'autonomie, et qui conservaient, en principe, leurs propres lois, *suis legibus et judiciis uti* αυτονομία, αυτοδικία [5], à moins d'adopter volontairement celles de Rome, *fundus fieri*.

---

[1] « Bello superatos esse Arvernos... Quibus pop. Rom. ignovisset, neque in provinciam redegisset, neque stipendium imposuisset.... » (*Comm.*, I, 45.)

[2] « Reservatis Æduis atque Arvernis, si per eas civitates recuperare posset. » (*Comm.*, VII, 89.)

[3] *Hist. nat.*, IV, 19.

[4] Il y avait encore une autre classe exceptée du droit commun, c'étaient les cités alliées, *sociæ* ou *fœderatæ* : « Quibusdam populis sive fœderatis, sive liberis. » (Cicero, *Pro Balbo*, 3.) Cujas s'exprime ainsi sur les peuples fédérés et les peuples libres : « Eadem certe ratio Ciceroni est (ac Proculo D. fr. I, 1°, 49, 15) separandi fœderatos à liberis ; non ergo quod fœderati non sint liberi, sed quod hi qui seorsim à fœderatis dicuntur liberi non sint fœderati. » (*Observ.*, XXVII, 33.)

[5] *Voy.* Cicer., *ad attic.*, VI, 1.

Ces peuples conservaient leur constitution sénatoriale, leurs magistrats, leur juridiction, leur administration, tant sur la ville principale que sur les villes inférieures et les bourgs dépendants de leur territoire. Ils n'étaient pas soumis d'une manière aussi absolue que les cités *provinciales* à l'autorité des gouverneurs, mandataires du Sénat ou suppléants de l'Empereur, seuls chargés, dans les provinces, de pourvoir à tous les besoins de l'administration et du gouvernement. Ce n'est pas que, en fait, les gouverneurs des Césars n'aient pas plus d'une fois excédé les limites de leurs droits vis-à-vis des cités libres : revêtus du pouvoir militaire et du pouvoir civil, il leur arriva souvent d'étendre outre mesure leur autorité, et de fouler aux pieds les priviléges des villes libres ou alliées[1]; mais ces excès de pouvoir ne contredisent pas ce que nous venons d'avancer.

Rome ne dépouillait pas les peuples libres de la propriété de leurs terres : elles étaient laissées ou rendues en tout ou en partie à leurs propriétaires; elles n'entraient pas dans le domaine public, elles ne faisaient pas partie du *sol provincial,* exclu de l'appropriation privée[2]. Ces terres restaient soumises aux lois et usages locaux du peuple libre.

Les cités libres étaient exceptées de la règle générale qui assujettissait le sol provincial à l'impôt[3]. Mais si elles n'étaient pas grevées des mêmes tributs que le reste de la province, elles payaient souvent des contributions extraordinaires[4].

On n'établissait pas de garnisons chez les peuples libres; mais ils étaient obligés de fournir des logements et des vivres aux troupes romaines qui venaient à passer sur leur territoire[5].

[1] *Voy.* sur les privilèges des cités libres, et sur les restrictions apportées à ces privilèges, Beaufort, *Répub. rom.*, t. II, p. 280, 281, 285-290. Il y a cependant des réserves à faire sur les observations de cet auteur.

[2] *Voy.* Gaius, *Comment.*, II, 7.

[3] « Aliæ civitates sunt stipendiariæ, aliæ liberæ.» *Ad orat. pro Scauro,* éd. Henrich, p. 54; M. Giraud, t. Ier, p. 97; *voy.* ce que nous disons *infrà,* ch. VII.

[4] Beaufort fait observer, du reste, que les peuples libres ne jouissaient pas tous de la même immunité et que plusieurs villes libres étaient assujetties à payer le tribut (*Loc. cit.,* p. 285.). Cependant, dans ce dernier cas, selon Beaufort, la cité libre levait elle-même l'impôt sur son territoire, tandis que, dans les autres cités, c'étaient les publicains ou les traitants romains (*Loc. cit.,* p. 287.).

[5] Tit.-Liv., XXXV, 46; Beaufort, *Loc. cit.*, p. 281.

Enfin, il ne leur était pas permis de faire la paix ou la guerre, ni de contracter alliance, sans l'approbation des Romains [1].

Tels étaient les principaux caractères de l'autonomie laissée aux peuples libres, et dont l'Arvernie fut en possession. Mais les historiens du droit les plus autorisés sont en complet désaccord sur sa durée.

Selon M. Giraud, « on ne doit rien conclure des anciennes pratiques de la République à l'égard des peuples *liberi* de l'Italie, pour déterminer la condition des peuples extra-italiens qualifiés de *liberi* sous l'Empire, quoique assujettis au gouvernement romain. A cette dernière époque, aucun peuple n'a pu demeurer libre qu'à la condition de devenir *fundus...* c'est-à-dire identique avec le pays romain pour l'application des lois civiles [2]. » Les peuples libres ont bien pu conserver une autonomie administrative et municipale jusque vers la fin du IIe siècle, où le régime municipal romain fut, selon M. Giraud, le droit commun des cités de la Gaule ; mais il en fut autrement du droit privé, de la compétence judiciaire, du droit politique [3]. Tous les peuples libres et alliés n'aspirèrent qu'à être admis à la complète participation du droit civil des vainqueurs. Ce fait est surtout établi, aux yeux du savant historien, par l'adulatrice prétention des Arvernes à une parenté imaginaire avec les Romains [4].

En somme, suivant M. Giraud, dès le commencement de l'Empire, l'Arvernie, comme les autres cités libres de la Gaule, aurait renoncé à son droit civil, à sa compétence judiciaire, pour adopter le régime civil romain. Elle n'aurait conservé que son régime municipal, qui aurait lui-même cessé d'exister vers le

---

[1] Beaufort, *Loc. cit.*

[2] *Essai sur l'hist. du Dr. franç.*, t. Ier, p. 52 et suiv., et p. 121. Voici comment cet auteur s'explique ailleurs sur cette expression : « La qualité de *fundus* ne constituait pas une condition civile, un état personnel qui par lui-même eût une place marquée dans le droit romain. Il n'en résultait qu'une aptitude générale et préliminaire au droit de cité, et son essence consistait dans l'adoption totale ou partielle que le peuple en question faisait du droit romain pour le régir comme loi municipale. » (*Recherches sur le droit de propriété*, t. Ier, p. 307 et suiv.).

[3] *Loc. cit.*, p. 52 et 125.

[4] *Loc. cit.*, p. 53.

temps de Marc-Aurèle ou de Septime Sévère, pour faire place au régime de la municipalité romaine.

Dans une opinion tout opposée, M. Laferrière a fait de grands efforts pour prouver que les cités libres, comme l'Arvernie, avaient conservé, dans la vie civile, et jusqu'à la veille de la conquête des Francs, les lois de leurs ancêtres; ces cités, autorisées à conserver leurs lois et usages, se seraient aussi maintenues en possession de leur Sénat et de leur juridiction, sauf les droits de *ressort* et de *glaive* réservés au représentant du pouvoir impérial. L'Arvernie aurait gardé, pendant toute l'époque gallo-romaine, son Sénat, qui aurait cependant été privé de l'un de ses éléments, les Druides, et qui serait resté alors un corps héréditaire, composé de nobles, et se recrutant au besoin par l'agrégation des familles que distinguaient les richesses ou les honneurs des charges impériales [1].

Nous regrettons de ne pouvoir admettre ni l'une ni l'autre de ces deux opinions.

Nous ne pensons pas que les cités libres, comme l'Arvernie, aient abandonné leur propre droit dès les premiers temps de l'Empire pour adopter le régime civil romain, ainsi que l'enseigne M. Giraud. Les auteurs de l'époque impériale, qui parlent de la condition des peuples libres, ne la réduisent pas à une simple autonomie municipale. Sous Auguste, et selon Strabon, un peuple est libre quand il obéit à ses lois nationales [2]. Sous Trajan, et suivant Pline le Jeune, le peuple libre est celui qui use de ses propres lois et s'administre avec indépendance [3].

L'Arvernie conserva donc ses lois sous l'Empire, mais pendant un temps moins long que ne le suppose M. Laferrière. Nous citerons plus loin des textes et des faits qui prouvent qu'elle était régie par le code Théodosien peu de temps après la promulgation

---

[1] *Voy.* t. III, p. 485 et suiv.; t. II, p. 609 et suiv.; p. 228 et suiv. — M. Chambellan pense aussi « que la notion de l'*autonomie* des peuples libres s'est maintenue intacte jusqu'aux derniers jours de l'Empire, entretenue et protégée par une pratique constante. » (*Loc. cit* n° 199, p. 710). M. D. Branche dit que l'autonomie des Arvernes dura jusqu'à la conquête des Goths (*L'Auvergne au moyen-âge*, page 18 et suiv.).

[2] Strabon, XVII (Spanh. II. 10).

[3] Plin. jun. ad Traj. Epist. X, 109, 110, 56; *voy.* fr. 37, D. 42.5; Euseb. *ad ann.* Adrian. VI.

de ce code, c'est-à-dire entre l'an 438 et l'année 471. En outre,
nous estimons que, plusieurs années avant le IV⁰ siècle, le droit
romain était en vigueur dans toutes les provinces sans exception
et appliqué à tous les sujets de l'Empire. La constitution de Caracalla (J.-C. 212 environ), qui leur accordait les droits de cité,
n'eut sans doute pas ce résultat immédiat, mais elle dut, selon la
remarque de M. de Savigny, y contribuer puissamment[1]. Il est
très-probable aussi que l'Arvernie ne fut pas la dernière à adopter
la loi romaine, car, bien qu'au témoignage de Sidoine Apollinaire
la majorité des nobles arvernes eût conservé longtemps[2], avec
son antique idiome celtique, ses anciennes mœurs et son ancienne
rudesse[3], l'Arvernie était peut-être, de toutes les contrées de la
Celtique, celle qui s'était refusée le moins aux suites de la
conquête.

C'est à peu près à la même époque que le régime municipal
romain fut substitué au système des cités gauloises : il nous
semble, du moins, que, dès le IV⁰ siècle, l'organisation de la curie
des Arvernes ne différait pas beaucoup de l'organisation des
curies de la Gaule méridionale, qui, sur tous les points essentiels,
et sauf de légères variétés, ne dérivant point d'une inégalité antérieure de droit ou de condition politique, était au fond la même[4].

Cependant, dans l'opinion de M. Laferrière, l'Arvernie, comme
les autres cités libres de la Gaule chevelue, aurait conservé,
pendant toute la durée de l'époque gallo-romaine, et jusqu'à la
veille de la conquête des Francs, son ancienne constitution sénatoriale, son administration, sa juridiction : « Nous savons par
Sidoine-Apollinaire, dit-il, que jusqu'au V⁰ siècle la majorité des
nobles arvernes avait conservé son idiome celtique, ses anciennes
mœurs, et que la noblesse veillait avec jalousie à ce que d'autres
ne partageassent pas dans le Sénat son droit héréditaire. On lit
même dans l'ancienne biographie de Grégoire de Tours, né à
Clermont en 544, que la famille de l'historien des Francs avait
produit des sénateurs, des juges et tout ce que l'on peut dire de

---

[1] *Hist. du dr. romain au moyen-âge*, t. I⁰ʳ, ch. I, § 4.

[2] Jusque dans le V⁰ siècle.

[3] L. III, *Epist.* 3.

[4] *Voy.* Fauriel, *Gaule méridionale*, t. I⁰ʳ, p. 366-367. Nous reviendrons plus
loin sur ce point, *infrà*, ch. VI, sect. 2.

*l'ordre des premiers;* qu'au surplus, la cité des Arvernes était fière de ses sénateurs, autant que la ville Tarpéienne...... Il y a donc une première classe à reconnaître parmi les cités de l'époque gallo-romaine[1]. »

Nous ne croyons pas que l'ancienne organisation des cités gauloises se soit si longtemps perpétuée même chez les peuples libres. Voici comment M. de Savigny s'exprime, pour prouver que cette organisation n'a pas dû persister dans la Gaule : « Il aurait fallu que, dans chaque *cité*, la capitale ayant seule un Sénat et des décurions gouvernât les autres villes ; ou que le Sénat des capitales, supérieur aux curies des villes, fût autrement constitué. La première de ces hypothèses est formellement contredite par le témoignage de Salvien qui, au Ve siècle, donne des décurions aux plus petites localités[2].... Le code Théodosien tout entier dépose contre la seconde hypothèse. En effet, dans les nombreuses constitutions que ce code renferme sur les décurions, ceux des Gaules en particulier, il les considère toujours comme égaux. Or, s'il eût existé une telle inégalité entre les décurions, le code Théodosien n'aurait pas pu en parler sans la faire ressortir. Probablement, l'ancienne noblesse gauloise se conserva, surtout dans les curies des capitales ; et de fait, ces dernières peuvent avoir obtenu jusque dans les temps postérieurs une considération supérieure à celle des autres curies. Mais il n'y avait aucune différence légale entre leurs constitutions ; partout la même dépendance du lieutenant de la province, partout les mêmes priviléges, le même genre d'administration[3]. »

Ce que l'éminent historien dit des cités gauloises, en général, nous semble applicable aux cités libres de la Gaule et à l'Arver-

---

[1] *Hist. du droit français*. t. II, p. 228-230.

[2] Voici le passage de Salvien : « quæ enim sunt non modo urbes, sed etiam municipia atque *vici*, ubi non quot curiales fuerint, tot tyranni sint ?.... Quis ergo, ut dixi, locus est, ubi non à principalibus civitatum viduarum et pupillorum viscera devorentur....? » — Cependant, Roth dit qu'il n'est pas probable que les petites communautés aient eu un régime municipal ; selon lui, les paroles de Salvien : *vici, ubi non quot curiales fuerint, tot tyranni sint,* ne regardent peut-être que *les lieux de résidence des curiales,* qui ne demeuraient pas toujours dans les villes. (*De l'état politique et civ. de la Gaule* etc., *Thémis,* vol. X, p. 105, note Ire).

[3] *Hist. du droit romain au moyen-âge,* t. Ier, chap. II, § 19.

nie en particulier. Les textes de Sidoine Apollinaire cités par M. Laferrière[1] dans le but de prouver que « la noblesse arverne veillait avec jalousie à ce que d'autres ne partageassent pas dans le Sénat son droit héréditaire[2], » ne renferment aucune indication qui, de près ou de loin, soit de nature à confirmer cette proposition. Il est vrai que Grégoire de Tours lui-même donne souvent à l'ancienne noblesse les noms de *sénateurs*, de *race sénatoriale*[3]. Mais ces expressions, aussi bien que les louanges du biographe de l'historien des Francs à l'adresse de la curie de la capitale des Arvernes, nous paraissent insuffisantes pour établir la thèse que nous critiquons[4]. M. Laferrière invoque, pour soutenir cette thèse, à peu près les mêmes arguments que l'abbé Dubos produisait pour faire triompher la sienne[5] : la base de l'auteur de l'*Histoire du droit français* est aussi peu solide, et son opinion ne nous semble pas destinée à plus de succès.

Nous n'insisterons pas sur les institutions du peuple arverne, au temps de son autonomie. La recherche des sources du droit dans la Gaule pendant ces premiers siècles ne procure que de rares documents; on sait que Jules César y rendait la justice en qualité de gouverneur général[6], et que, après la subdivision de la Gaule en un certain nombre de provinces séparées, les proconsuls, les lieutenants de César, les présidents, les préfets ou les recteurs eurent le droit de faire des édits obligatoires pour leurs justiciables, à l'instar des préteurs de Rome[7]. Mais ces édits

---

[1] *Voy.* Sid. Apoll., III, Epist. 3; V, 18; VI, 2.

[2] *Voy.* aussi Roth, (*De l'état polit. et civ. de la Gaule*, etc., *Thémis* X, p. 108), qui cite les mêmes textes.

[3] « Duodecimus Ommatius de *senatoribus* civibusque Arvernis valde dives in prædiis.... » (Greg. Tur., *Hist.*, lib. X, 31; *voy.* encore lib. II, 33; III, 9, 15, et *passim*; Ducange, v° *senatores*).

[4] *Voy.* la note de M. Guizot sur les différentes significations du mot *senator* dans Grégoire de Tours et dans les autres écrivains de cette époque. (*Hist. des Francs, par Grégoire de Tours*, t. I^er, liv. 1^er, p. 24, *Collection des mémoires relatifs à l'Hist. de France*); Mably, *Observ. sur l'Hist. de Fr.*, preuves, liv. I^er, t. I^er, p. 299 et suiv.

[5] On sait que Dubos soutenait que chaque cité de la Gaule avait un *sénat supérieur à la curie*, et composé de ceux à qui leurs dignités ou leur naissance y donnaient entrée. Voy. sur le système de Dubos, *Hist. crit. de la monarchie française*, liv. I^er, ch. II, t. I^er, p. 22 et suiv.; liv. VI, ch. X, t. III, p. 408 et suiv.; liv. VI, ch. XI, t. III, p. 440 et suiv.

[6] *Comm.* VII, 34; VIII, 4, 46.

[7] Fr. 12, D. *de offic. præsid.*; fr. 11 et 10, *ibid.*

particuliers, qui formaient le fond du droit provincial, ne pouvaient, pas plus que l'*Edit provincial*, commenté par Gaius, concerner l'Arvernie, au temps de sa liberté et de son autonomie.

Nous porterons bientôt nos regards sur les sources du droit de cette contrée, alors que sa situation indépendante de cité libre se sera pour ainsi dire effacée, et qu'elle sera soumise aux lois et au régime municipal de Rome. Il nous paraît utile de parler auparavant de l'établissement du christianisme en Arvernie. Là, comme dans plusieurs autres pays de la Gaule, l'assimilation romaine fut puissamment secondée par la religion nouvelle. Nous rappellerons, dans le chapitre suivant, les faits les plus importants de son introduction sur le sol de l'Arvernie, et nous suivrons ses progrès les plus remarquables, dans leurs rapports avec notre sujet, pendant les cinq siècles de la domination romaine.

---

## CHAPITRE III.

### Introduction et progrès du christianisme dans l'Arvernie. — Organisation de l'Église.

Auguste avait interdit le culte druidique à tous ceux qui avaient reçu la qualité de citoyens romains.[1] Claude l'abolit entièrement[2]. Rome ne voulait pas que les druides, que ces représentants de la nationalité gauloise tinssent réveillé le souvenir de la patrie dans le cœur de leurs concitoyens. Elle redoutait leur puissante hiérarchie et leur ancienne autorité. Mais en même temps qu'elle se montrait inflexible pour cet ordre sacerdotal et pour sa théurgie, elle favorisait le polythéisme gaulois. Les rapports nombreux de ce dernier culte avec l'ancienne religion romaine durent en assurer le maintien. Du reste, le moment

---

[1] Pline, *Hist. nat.* XXX, 1.

[2] Suétone, *Claud.* 25.

approchait où toutes ces religions allaient avoir à lutter contre une religion nouvelle, celle du Christ.

L'origine de l'établissement du christianisme dans la Gaule a été l'objet de nombreux travaux, qui n'ont pas encore dissipé complètement l'obscurité qui la couvre. Des historiens ont repris, de nos jours, cette ancienne thèse, et cherché à prouver que cet établissement eut lieu dès le premier siècle de l'ère chrétienne [1]. Nous n'apprécierons pas ces discussions. Nous suivons l'opinion la plus générale, celle qui prévalut en France, surtout depuis la grande controverse du XVIIe siècle [2].

C'est sous le pontificat de S. Fabien, ou durant la vacance du Saint-Siége, qui suivit son martyre (250 J.-C.), sous le second consulat de l'empereur Dèce, que S. Austremoine (*Austremonius, Stremonius*), vint de Rome chez les Arvernes pour leur apporter le flambeau de la foi. Les évêques désignés par S. Fabien, n'atteignirent que successivement les provinces qui leur étaient assignées, et Austremoine paraît être parvenu l'un des derniers au terme de sa mission (253 à 260) [3].

Du reste, l'Arvernie avait déjà quelque connaissance du christianisme. Martial, qui était parti un des premiers de Rome pour évangéliser les Lémovikes, avait converti, dans la cité arverne, plusieurs familles illustres de la curie [4]. Mais Austremoine ne fut pas moins l'apôtre de l'Arvernie. Il envoya prêcher par quelques prêtres l'évangile dans tous les pays de la contrée où le christia-

[1] *Voy.* notamment *Histoire générale de l'Eglise*, par l'abbé Darras, vol. V, chap. II, § X, nos 63 et suiv ; voy. aussi M. Laferrière, t. II, p. 263 et suiv. — Telle était aussi l'opinion du père Longueval, qui reconnaissait cependant que cette religion n'avait fait que peu de progrès dans les Gaules pendant les deux premiers siècles (*Hist. de l'Egl. gall.*, p. 43 et suiv.).

[2] On peut consulter l'*Histoire de l'Eglise d'Auvergne*, par le comte de Resie, t. Ier, p. 11-31. Voy. aussi M. Francisque Mandet, *Hist. du Velay*, t. II, chap. 2, p. 51 et suiv.

[3] Greg. Tur, *Hist.*, Lib. I, c. 28, 31 ; *De glor. conf.*, 30 ; Labbe, *Nova Bibl.*, t. II, p. 482 et suiv. ; *Vita S. Austremonii martyr. et episcop.*, Mss. Biblioth. de Clermont ; *Ann. ord. S. Bened.*, t. IV, p. 722 ; Dufraisse, *Orig. des églises de France*, in-8º, 1688 ; Gonod, *Chronol. des évêques de Clermont*, p. 2 ; Branche, *L'Auvergne au moyen-âge*, p. 23 et suiv. ; p. 29 et suiv. ; voy. aussi Delarbre, *Notice sur l'Auvergne*, p. 168 et suiv.

[4] *Voy.* Dufraisse, *Loc. cit.*, p. 300 ; Delarbre, *Loc. cit.*, p. 170 et suiv. ; Branche, *Loc. cit.*, p. 30.

nisme n'avait pas encore pénétré[1]. Nectarius, auquel étaient échues les montagnes du Mont-Dore et du Puy-de-Dôme, rencontra de grands obstacles dans ces régions, antique sanctuaire du Druidisme. Les autres missionnaires eurent plus de succès. La politique romaine, qui proscrivait ce dernier culte, était pour eux un puissant auxiliaire. Le christianisme fit des progrès dans les hautes classes de la société, qui avaient accueilli la civilisation romaine, mais qui étaient restées incrédules devant le paganisme de Rome. Les populations pauvres et opprimées restaient encore secrètement attachées aux rites mystérieux de leur ancienne religion.

Austremoine, qui s'était réservé la cité et les bourgades du côté du midi jusqu'à Iciodore (Issoire), séjournait souvent dans ce dernier pays, l'un des centres druidiques de l'Arvernie. Il y fonda un monastère[2], et se choisit pour successeur le sénateur Urbicus, qu'il avait converti au christianisme[3]. Il se retira, en 289, dans le monastère d'Iciodore[4], où il chercha à convertir les enfants de quelques Juifs, qui se soulevèrent et lui tranchèrent la tête[5]. Il fut inhumé dans ce monastère, et sa fête se célébra désormais le jour anniversaire de son martyre, le 1er novembre 295[6].

D'autres associations religieuses se fondèrent à l'imitation du

---

[1] Sirenatus eut en partage les pays de Billom, de Thiers et d'Ambert; Nectarius, les montagnes du Mont-Dore et du Puy-de-Dôme; Antoninus, les territoires d'Aigueperse, Montaigut, Cusset et Souvigny; Marius, ceux de Mauriac et de Salers, dans les hautes terres; et Mametus, ceux d'Aurillac, de Vic et de Murat (*Brev. vet. Arvern. lectiones in festo S. Stremonii*; Dufraisse, p. 304; *Act S. Strem.*; Branche, *Loc. cit.*, p. 30). Il existe quelques variantes dans le récit de Delarbre, *Loc. cit.*, p. 176.

[2] *Act. S. Strem.*; Labbe, *Loc. cit.*, p. 488; *Gall. Christian.*, t. II. col 357.

[3] *Act. S. Strem.*;—Urbique était marié et vivait, selon la coutume de l'église, séparé de son épouse. L'histoire raconte que celle-ci vint une nuit frapper à sa porte et lui rappeler le précepte de St-Paul : *Revertimini ad alterutrum ne tentet vos Satanas.* Urbique céda, et se repentant bientôt de sa faiblesse, il alla en faire pénitence dans un monastère de son diocèse, appelé *Cantobenne* (Chantoën), où il mourut vers l'an 312. Il y fut inhumé avec son épouse (Greg. Tur., *Hist.*, I, 44).

[4] *Act. S. Strem.*; Labbe, *Nov. Bibl.*

[5] *Id.* p. 495.

[6] Dufraisse, *Loc. cit.*, p. 316; Gonod, *Loc. cit*, p. 2 et suiv.; Branche, *Loc. cit.*, p. 36.

monastère d'Iciodore. L'existence de celui de Cantobenne, par exemple, devient certaine sous Urbicus, qui occupa le siége épis-copal, de l'an 289 à 312[1].

Les annalistes ne nous ont point conservé les règles et les constitutions de ces anciennes associations de l'Arvernie, dont la Gaule n'avait peut-être offert jusqu'alors aucun modèle.

En effet, ce fut plus tard qu'Athanase, exilé à Trèves avec des moines égyptiens, y écrivit la vie de saint Antoine, et y fonda un monastère; plus tard encore, que saint Martin en fonda un près de Poitiers; Honorat, le monastère de Lérins sur le rivage de la Grèce gauloise, et le moine Cassien, à Marseille, celui de Saint-Victor. Indépendamment de ces grands fondateurs, plusieurs autres cénobites multiplièrent en divers lieux l'institut ascétique de l'Egypte.

Ce n'est donc point de l'Orient que vint à Austremoine la pensée des premières associations religieuses de l'Arvernie. Ces associa-tions n'eurent probablement ni l'extension, ni l'organisation des établissements monastiques qui parurent ensuite [2]. Ce furent des chrétiens fervents et encouragés par Austremoine et ses succes-seurs, dans un but de politique chrétienne, qui s'associèrent pour vivre en commun, combattre et détruire les opinions idolâtres.

Des associations religieuses, autres que celles que nous venons de rappeler, furent encore créées du temps d'Austremoine ou de ses successeurs, par exemple, à Cronome (Cournon), sur les rives de l'Allier, à Randan, à Cambidobre (Combronde), mais dans le bas pays de l'Arvernie seulement. Le christianisme rencontra plus de résistance dans la partie montagneuse de cette contrée, qui était échue à Mametus et à Marius. La seule fondation de ce dernier pays, dans les temps primitifs dont nous parlons, est celle de Mélitense (*Melitum*), probablement Méallet près de Mauriac. Plus tard, un ermite venu en Arvernie du fond de la Thébaïde, Abraham, fonda à Saint-Cyr (vulgairement Saint-Cirgues), un monastère exclusivement consacré à la vie contemplative, et y introduisit les pratiques et les observances de l'Orient[3].

L'histoire de l'église gallicane nous montre la seconde moitié

---

[1] Dufraisse, *Loc. cit.*, p. 427.

[2] Voy. D. Branche, *Loc. cit.*, p. 34 et suiv.

[3] Sid. Apollin., VII, *Epist.* 17.

du troisième siècle comme féconde en miracles, auxquels on croyait alors; ce fut aussi l'époque d'un grand nombre de persécutions, considérées probablement par les magistrats romains comme la répression nécessaire des troubles apportés par les chrétiens à l'*ordre public*.

L'église arverne encore faible et obscure avait échappé à la persécution.

Au IV° siècle, commence une ère nouvelle. Le christianisme comptait déjà de nombreux sectateurs, et les habitants de l'Arvernie, ayant embrassé la foi chrétienne, avaient détruit les autels et les temples, où ils sacrifiaient autrefois à leurs anciennes divinités, pour y construire des églises [1].

Constantin décréta l'abolition des dieux du paganisme et proclama la religion du Christ religion de l'Etat (313-316). Malgré la loi de tolérance universelle proposée par cet empereur, la lutte n'avait pas encore cessé. Ce n'est pas en un instant que s'accomplissent de telles révolutions.

En outre, une doctrine, qui se présente à l'esprit comme une de ces grandes formes passagères sous lesquelles se manifestent les passions individuelles et les révolutions sociales de toute une époque historique, l'arianisme, venait de se produire : Arius avait enseigné que « Jésus-Christ était une créature que Dieu, dans le temps, avait tiré du néant, comme toutes les autres créatures; que, par conséquent, il était inférieur au père qui, à proprement parler, était le vrai Dieu. » Cette doctrine, qui subit dans la suite un grand nombre de métamorphoses, dont on retrouve quelques reflets dans des travaux modernes, servit de point de départ et de base à la secte la plus puissante qui se soit jamais élevée dans le sein du christianisme.

Julien essaya aussi, sous le voile d'une tolérance égale pour les deux cultes, de replacer sur le trône le paganisme déchu, qui ranima ses forces et porta des coups désespérés; mais ce fut pour tomber de nouveau après la mort de son protecteur, et cette fois pour toujours.

---

[1] « Destruebant aras ubi dæmonibus antè sacrificaverant, et ipsis in locis, magno conamine et miro decore, ecclesias construebant. » *(Hist. Mss. S. Austremonii).*

Un des résultats politiques de la révolution chrétienne qui venait de s'accomplir fut d'effacer, en grande partie, dans la Gaule, les traces de l'élément celtique, et de compléter l'assimilation romaine au profit du christianisme. L'Eglise accepta les éléments romains de la société existants, et adopta même les formes de l'administration impériale, en les appropriant à son usage.

L'Eglise, en appliquant la circonscription politique de l'Empire à la division territoriale de la chrétienté, fortifia le catholicisme par une puissante organisation.

Dès le IIIᵉ siècle, s'établit la distinction entre les villes épiscopales et les villes métropolitaines. Les dix-sept métropoles, dont nous avons parlé[1], devinrent successivement autant de siéges métropolitains. Les 115 cités de la Gaule, ayant territoire et curie, devinrent autant de siéges épiscopaux et de diocèses. L'origine du diocèse de Clermont remonte à ce siècle[2].

Outre l'influence exercée sur la discipline par l'organisation, la consolidation de l'unité dogmatique fut favorisée par l'autorité impériale. La protection du pouvoir civil était alors nécessaire à l'Eglise pour assurer son empire sur les âmes. Dans les premiers temps, elle était prudente, et savait se renfermer dans la direction purement spirituelle de l'humanité. Ce fut un père de l'Eglise qui le premier proclama la maxime que *l'Eglise est dans l'Etat et non pas l'Etat dans l'Eglise*[3].

Les évêques étaient élus par le peuple de la ville et des campagnes, qui choisissait entre les candidats présentés par le clergé : Saint-Allyre et plusieurs autres évêques de Clermont furent ainsi nommés[4]. L'histoire rapporte qu'après la mort de Vénérand, il y eut des brigues et de grands débats pour le choix de son successeur. On était réuni pour cette élection, lorsqu'une femme voilée se présenta et dit : « Ecoutez-moi, prêtres du Seigneur, sachez qu'aucun de ceux que le peuple ici présent a choisis n'est agréable

---

[1] *Voy. Suprà,* tit. II, ch. Iᵉʳ.

[2] *Voy.* Gonod, *Chronol. des évêques de Clermont,* p. 2 et suiv.

[3] « Non enim Respublica est in Ecclesia, sed Ecclesia in Republicâ, id est in imperio Romano. » *Voy.* M. Giraud, t. Iᵉʳ, p. 297.

[4] *Voy.* Gonod, *Loc. cit.,* p. 4 et *passim.*

à Dieu; mais le Seigneur désignera lui-même celui qu'il appelle. Ne troublez, ne froissez point le peuple; attendez patiemment; à cette heure le Seigneur dirige ici les pas de celui auquel il veut confier le gouvernement de votre église. » Alors un prêtre du diocèse s'avança, et la même femme prenant de nouveau la parole : « Voilà celui que le Seigneur, dit-elle, a destiné à l'épiscopat. » Et tout le peuple de s'écrier : « Il en est digne, il est juste qu'il le soit[1]. » C'est ainsi que S. Rustique obtint le siége épiscopal.

Cependant, l'élection du peuple était confirmée par le métropolitain.

Malgré la part que les laïques conservèrent dans l'élection des évêques, leur pouvoir grandit et se rendit de plus en plus indépendant, non-seulement des laïques, mais encore du collége des prêtres, grâce à la coalition métropolitaine, grâce aussi à l'établissement du principe que les évêques choisis par le peuple étaient institués par Dieu, et que leur autorité dérivait de la dignité apostolique et du droit divin de l'épiscopat.

Les évêques étaient choisis dans toutes les classes de la société, mais assez souvent dans la classe des grands : par exemple, S. Urbique, S. Vénérand étaient sénateurs; Sidoine Apollinaire était issu d'une famille illustre, etc.

A l'évêque appartenait le gouvernement du diocèse. Il se donnait, pour l'administration de cette circonscription, pour l'exercice de la juridiction et la régie des revenus de l'Eglise, des aides qui prenaient les titres d'archiprêtres, archidiacres, chartulaires, économes.

A la tête de chaque paroisse, l'évêque plaça un curé (*plebanus*, plus tard *parochus*), auquel il délégua l'exercice de plusieurs de ses droits.

L'organisation catholique, outre ses conciles œcuméniques, et les conciles nationaux, eut encore des synodes diocésains, qui réunissaient autour de l'évêque tous les prêtres du diocèse, et des conciles provinciaux, qui devaient s'assembler, sous la présidence du métropolitain, une ou deux fois par an, si les circonstances le permettaient.

3 Greg. Tur., *Hist. Franc.*, II, 13; Gonod, *Loc. cit.*, p 5 et suiv.

Nous parlerons plus loin des conciles de l'Arvernie, dont le premier fut tenu à Clermont, en 535, sous la présidence d'Honorat, archevêque de Bourges, et auquel assistaient quinze évêques des Gaules[1].

Enfin, l'Eglise avait, dès le IVe et le Ve siècle, son code universel, et les églises nationales leurs codes particuliers comme leurs liturgies.

Les évêques obtinrent une grande part d'influence sur les affaires temporelles. Elus par le peuple, il leur fut ensuite facile de prendre place dans l'organisation municipale. Ils furent les protecteurs des villes et des provinces, et luttèrent avec un zèle admirable contre l'immoralité publique. Quelques uns défendirent avec un noble courage leur patrie contre les attaques des barbares. L'histoire nous a transmis le souvenir de la belle conduite, du désintéressement et de la fermeté de Sidoine Apollinaire, lorsque l'Arvernie, en 474, était menacée de l'invasion des Visigoths[2].

Les revenus de l'Eglise, qui ne consistaient d'abord que dans les oblations volontaires des fidèles, furent plus tard augmentés. Les ressources et les richesses du clergé devinrent considérables, quand le christianisme fut la religion de l'Etat. Les évêques s'emparèrent, au IVe siècle, de l'administration exclusive de ces revenus, ce qui dut encore contribuer à l'accroissement de leur puissance.

Néanmoins, le christianisme, malgré ses progrès et la puissante organisation de l'Eglise, malgré le pouvoir et le zèle de ses évêques, parvint difficilement à vaincre les habitudes enracinées chez les peuples qui avaient subi l'influence du paganisme. Nous voudrions pouvoir suivre et apprécier l'action de la nouvelle religion sur les mœurs et les lois romaines. Mais cette appréciation à laquelle de savants écrivains ont, du reste, consacré de brillantes pages, excèderait les limites de notre étude.

[1] Voy., Gonod, Loc. cit., p. 10.

[2] Voy., sur Sidoine Apollinaire, Greg. Tur., Hist. franc., II, 21, 22, 23; Hist. Littér. de la France, par les Bénédictins, t. II, p. 550; D. Ceillier, Hist. gén. des auteurs sacrés, t. XXV, p. 82; Tillemont, Mém. pour servir à l'Hist. ecclés., t. XVI, p. 195 à 284.

# CHAPITRE IV.

## Sources et monuments du droit de l'Arvernie depuis la cessation de son autonomie.

Nous avons essayé, dans un chapitre précédent[1], de déterminer l'époque à laquelle l'Arvernie cessa d'être régie par ses propres lois pour être soumise aux lois romaines. Nous indiquerons, dans celui-ci, les sources et les monuments du droit les plus importants de cette contrée, à partir de cette époque et jusqu'au moment où elle tomba au pouvoir des Visigoths, ou plutôt jusqu'à la publication du code d'Alaric, car nous verrons que, jusqu'à cette publication, ces conquérants barbares n'introduisirent aucun changement notable dans la législation du pays par eux conquis.

## SECTION Ire.

### Droit romain en Arvernie.

L'édit de Caracalla, qui se place entre les années 212 et 217 de J.-C., et qui conférait la qualité de citoyens romains à tous les habitants des provinces[2], n'avait pas changé la constitution municipale des cités de l'Empire, ni détruit d'une manière directe leurs statuts locaux, ni anéanti la différence de condition entre les territoires, ni surtout effacé celle des peuples libres. Ce fut plus tard que les lois et les mœurs romaines s'étendirent, et que les lois municipales elles-mêmes reçurent un caractère presque uniforme sous le niveau de la centralisation impériale.

La constitution de Caracalla eut principalement pour effet d'enlever aux statuts locaux le règlement de l'état, de la capa-

---

[1] Chap. 2, tit. II.

[2] « In orbe romano qui sunt, ex constitutione imperatoris Antonini cives romani effecti sunt. » (Fr. 17, D. I, 5).

cité, et des successions des personnes appelées désormais à jouir du droit de cité romaine.

Mais, après la promulgation de cette constitution, l'Edit provincial ne fut plus le seul monument obligatoire : les lois, les plébiscites, les sénatus-consultes, les constitutions impériales, les réponses des prudents et les livres des jurisconsultes s'étaient répandus et généralisés comme droit et comme science dans les Gaules.

Les *Institutes* de Gaius, qui avait vécu vers la fin du II⁰ siècle, et les *Sentences* de Paul, qui avait écrit dans le siècle suivant, étaient les ouvrages les plus connus. Le Bréviaire d'Alaric, à la suite duquel ils furent insérés textuellement ou en abrégé, atteste leur autorité dans la Gaule.

Après le III⁰ siècle, il n'y eut plus de grands jurisconsultes. Les travaux de ceux qui vinrent ensuite portent l'empreinte de cette décadence universelle où était déjà tombée l'activité intellectuelle. Les écrits des célèbres jurisconsultes du siècle de Caracalla et d'Alexandre Sévère jouirent alors d'une immense autorité.

Nous n'avons pas à rappeler les changements apportés dans l'empire romain, pendant la période qui s'écoula depuis Alexandre Sévère jusqu'à la chute de l'Empire d'Occident, ni l'influence des événements politiques et religieux sur le droit, pendant cette période. Mais nous croyons qu'il est indispensable de placer sous les yeux du lecteur l'état des sources et des monuments du droit à cette époque.

Les empereurs prodiguèrent les épîtres, les rescrits ou réponses interprétatives du droit, et les constitutions nouvelles. Depuis Constantin, les constitutions impériales se multiplièrent et eurent un caractère de généralité qu'elles n'avaient pas auparavant. La législation renferma de nombreuses innovations inspirées le plus souvent par l'esprit du christianisme.

Dans la pratique, les écrits des grands jurisconsultes et les constitutions impériales furent les deux sources les plus importantes, pour ne pas dire les seules, dont on fit réellement usage.

On sait quelles difficultés cette législation fit naître. On sait aussi que pour vaincre celles qu'entraînaient la rareté des livres et l'ignorance des lecteurs, Valentinien III publia, en 426, la fameuse constitution appelée *Loi des citations*, par laquelle il donna force de loi aux écrits de Papinien, Paul, Gaius, Ulpien et Modestin, réduisant à ces cinq jurisconsultes, et à ceux dont l'opinion, sur le cas en litige, se trouverait textuellement rapportée et approuvée dans leurs ouvrages, les autorités qui pourraient être invoquées devant les tribunaux.

Cette célèbre loi avait été rendue pour l'Empire d'Occident[1].

D'un autre côté, le nombre des constitutions impériales s'était considérablement accru. La connaissance en échappait le plus souvent aux personnes qui avaient intérêt à les connaître. Pour y remédier, deux collections se succédèrent en moins de deux siècles : la première fut celle de Grégoire et Hermogène[2], la seconde fut le code de Théodose.

Les codes Grégorien et Hermogénien, qui n'eurent probablement aucun caractère public, renfermaient les constitutions des empereurs païens, à partir d'Adrien.

La deuxième collection publiée par Théodose-le-jeune contenait les constitutions des empereurs chrétiens, rendues depuis Constantin jusqu'à Théodose II lui-même (312-438). Rédigée à Constantinople, elle eut force de loi dans les deux parties de l'Empire. La découverte des *Gesta Senatus* faite, en 1820, à Milan, par M. Clossius, a fourni de précieux renseignements sur cette compilation et sur sa promulgation en Occident. Accomplie en neuf ans de travail, revêtue de la sanction impériale, elle parut sous le nom de *Code Théodosien*. Les *Gesta* constatent la communication qui en fut faite, en 438, au Sénat de Rome, par Valentinien III. La découverte de M. Clossius nous a révélé le procès-verbal de la réception de ce code, qui fut accueilli avec acclamation par le Sénat romain[3].

On ne connaît pas la date précise à laquelle le Code Théodosien commença à être observé dans la Gaule. M. Giraud pense que les

[1] Elle fut, douze ans après, insérée au Code Théodosien (L. *un.*, Cod. Théod., I, 4), et s'étendit ainsi à l'Orient ; Savigny, *Loc. cit.*, ch. I, § 3.

[2] Les Codes Grégorien et Hermogénien ne seraient, selon Godefroy, que la même compilation, commencée par Grégoire, sous Dioclétien, après l'an 296, et continuée, sous Constantin, par Hermogène (*Cod. Theod.* proleg. cap. I ; Pardessus, *Diplomata I*, p. 7).

[3] *Voy.* ce procès-verbal, dans la collection des textes antéjustiniens de M. Blondeau, p. 21 ; voy. aussi les observations de M. Warkœnig, *Thémis*, t. VI, p. 496.

exemplaires n'en sont arrivés dans cette contrée que longtemps après leur publication à Rome[1].

Mais il existe un témoignage certain sur l'époque où ce code eut force de loi dans l'Arvernie : c'est la lettre de Sidoine Apollinaire qui, sous Anthemius, proclamé empereur dans le mois d'août 467, et mort en juillet 472[2], appelle Ecdicius, son beau-frère, au secours du pays contre les envahissements des Visigoths. Cette lettre dépeint avec de vives couleurs un gouverneur de l'Arvernie, qu'il accuse d'oppression, de trahison, et qu'il représente comme s'unissant aux Goths, et foulant aux pieds les lois théodosiennes, *leges theodosianas calcans*[3].

Le Code Théodosien eut, dans l'Arvernie, comme dans toute la Gaule, une influence prédominante. Cependant, cette influence n'excluait pas l'usage des autres monuments du droit romain. A partir de la seconde moitié du Ve siècle, les mots *lex romana* désignent, dans la Gaule, la loi théodosienne elle-même. Mais ils s'appliquent aussi aux écrits des cinq jurisconsultes qui avaient force de loi d'après la constitution de Valentinien. La doctrine de ces jurisconsultes était toujours la base de la pratique du droit ; il est même à remarquer que le Bréviaire d'Alaric, le *Papien*, la *Collatio* et la *Consultatio* n'en citent aucun autre[4].

On sait que le Code Théodosien était divisé en seize livres. Le droit privé, classé dans l'ordre de l'Edit, ne dépassait pas le cinquième. Les autres se rapportaient au droit public, municipal, ecclésiastique.

Les copies du Code Théodosien furent assez répandues dans la Gaule. Publiée à différentes époques d'après des manuscrits incomplets, cette compilation a été enrichie de nos jours par la découverte de plusieurs constitutions[5].

Malgré la publication de la législation de Justinien (J.-C. 528-534), destinée principalement à l'Empire d'Orient, le Code Théo-

---

[1] *Essai sur l'hist. du dr. franç.*, t. I, p. 221.

[2] Cassiod., *Fast.* ad ann. 472.

[3] Sid. Apollin. II, *Epist.* 1.

[4] M. de Savigny, *Loc. cit.*, t. Ier, chap. I, § 3.

[5] Les découvertes de M. Peyron ont été publiées à Turin, en 1824, sous le titre de *Codicis Theodosiani fragmenta inedita*, et réimprimées à Bonn, en 1825, avec celles que M. Clossius avait publiées à Tubingue, en 1824, sous le titre de *Theodosiani codicis genuini fragmenta*.

dosien conserva longtemps son autorité en Occident. Les barbares vainqueurs tirèrent de cette source plusieurs abrégés appropriés à leurs nouveaux besoins[1]. Parmi ces nouvelles compilations, il en est une devant laquelle l'autorité du Code Théodosien s'affaiblit considérablement : c'est le Code d'Alaric, monument de l'an 506 d'une grande importance pour l'histoire du droit, et auquel nous consacrerons quelques pages, lorsque nous étudierons l'époque de la domination des Visigoths en Arvernie.

SECTION II.

Anciennes formules de l'Arvernie.

Les anciennes formules sont des monuments précieux pour l'histoire du droit. Elles servaient de modèles pour la rédaction des actes de la vie civile, et on peut les considérer comme de véritables sources du droit pour la pratique. On y trouve fréquemment la trace des anciens usages conservés par les praticiens, et la mention de ce qu'il y avait de plus persistant dans le droit de l'époque où les formulaires furent rédigés. C'est à ce point de vue qu'il faut se placer pour apprécier les anciennes formules de l'Arvernie (*formulæ arvernenses*).

Ces formules sont peut-être le document le plus ancien que nous possédions en ce genre[2].

Baluze, qui les a publiées pour la première fois[3], dit qu'il a suivi le manuscrit n° 4833 du fonds Colbert. Ce manuscrit, qui existe à la bibliothèque nationale, sous le n° 4697, contient huit formules, les seules qui aient été conservées, ou, du moins, qui soient connues jusqu'à présent. Il finit à ces mots : *tam inquisitum*, au milieu d'une formule. Ce petit recueil se trouve à la suite d'un manuscrit du *Breviarium* d'Alaric, au même n° 4697. Son importance a été signalée par plusieurs érudits. Elle n'a pas échappé à M. de Savigny[4], qui a émis, au sujet de la date de ce monu-

---

[1] L'Edit de Théodoric, le Bréviaire d'Alaric et le Papien, ou loi romaine des Bourguignons.

[2] Voy. l'*Appendice*, n° 1, t. II.

[3] *Miscellan.*, Lib. VI, p. 546 et suiv., éd. in-8°. — Canciani les a aussi publiées (*Antiq. leg. barbar.*, vol. III, p. 464-468).

[4] Voy. de Savigny, *Hist. du dr. rom.*, t. II, ch. IX, § 44.

ment, une opinion, qu'il nous est difficile de partager, mais que l'intérêt, la gravité de la question et l'autorité qui s'attache aux travaux du savant jurisconsulte de Berlin, nous obligent à examiner attentivement.

La première de ces formules contient une date : « Quo ità et fecimus ista principium Honorio et Theodosio consulibus. » Or, on sait que Honorius et Théodose furent consuls ensemble pour la première fois en 407, et pour la dernière, en 422.

Cependant, M. de Savigny pense que, si la mention de ce consulat semble placer la date du recueil au commencement du Vᵉ siècle, la mention d'une invasion des Francs, qui est faite plus loin [1], contredit cette thèse, les Francs n'ayant pénétré, dit-il, dans cette partie des Gaules que vers la fin de ce siècle [2].

M. de Savigny invoque encore le passage suivant des formules : « Quicquid..... *data libertate conferre voluerit secundum legem romanam hoc facere potest, id est, latina dolitia, et cives Romana... ut.... nihil debeant servitio nec letimonium* NEC ONUS PATRONATI. [3] »

Ce passage, dit M. de Savigny, est conforme au dernier état du droit de Justinien. Dans l'ancien droit romain, l'affranchi n'obtenait l'ingénuité que de l'empereur, avec le consentement du patron. Justinien autorisa le patron à faire remise de ses droits sans l'intervention de l'empereur. La remise des droits du patron est formellement exprimée dans le passage précité. D'où il faut conclure que les formules de l'Arvernie, telles que nous les possédons, furent rédigées à une époque où le droit de Justinien était déjà connu dans les Gaules [4].

Le premier argument, que le savant jurisconsulte tire de la mention de l'invasion des Francs et de la date de cette invasion ne nous paraît point concluant. La formule parle d'une *hostilité*

---

1 Voici le passage de la formule auquel M. de Savigny fait allusion : « Dùm non est incognitum qualiter chartulas nostras per *hostilitatem Francorum* in ipsa villa, manso nostro, ubi visi sumus manere, *ibidem perdimus.* » (1ʳᵉ formule).

2 M. Augustin Thierry suit l'opinion de M. de Savigny ; il traduit les mots : « *Quo ità et fecimus ista principium Honorio et Theodosio consulibus,*» par ceux-ci : «Aux termes d'une loi des empereurs Honorius et Théodose.» (*Considér. sur l'hist. de France,* chap. VI, p. 189).

3 Voy. 5ᵉ formule.

4 *Hist. du dr. romain*, vol. II, ch. IX, §§ 44 et 46.

des Francs, d'une incursion, qui avait détruit des titres de possession; or, il y eut des incursions barbares avant la fin du V<sup>e</sup> siècle.
Nous n'apprécierons pas la célèbre controverse à laquelle se sont
livrés plusieurs érudits de l'Auvergne du dix-huitième siècle, au
sujet de la date de l'irruption de Crocus à travers les Gaules, et
l'Arvernie spécialement. Les uns s'appuyant sur le témoignage
de Grégoire de Tours [1], fixent cet événement au temps de Valé-
rien et de Gallien, qui ont régné, conjointement ou séparément,
de l'an 253 à l'an 268 [2]. D'autres le rattachent aux règnes d'Honorius et d'Arcadius, vers la fin de l'année 406 [3]. Ce qui est certain, c'est que, dès le III<sup>e</sup> siècle, l'histoire nous signale l'apparition
d'Allemans [4], de Francs [5], faisant irruption dans toute la Gaule.
D'ailleurs, l'incursion de la fin de l'année 406 n'est point contestée;
par conséquent, l'hostilité des Francs rappelée par la première
formule ne peut affaiblir la mention du consulat d'Honorius et de
Théodose que l'on y trouve.

Le second raisonnement de M. de Savigny paraît plus sérieux.
Néanmoins, il est permis de penser que le passage de la formule,
dont il se prévaut, a été modifié plus tard. Ce qui nous fait croire
à une rédaction primitive, qui aurait été ensuite changée, ce sont
les mots barbares *latina, dolitia et cives Romana*, qui représentent
les trois degrés de la liberté connus dans l'ancien droit romain,
*libertas latina, deditia et civitas Romana*. Ces termes prouvent que
c'est plutôt Gaius que le code et la novelle de Justinien qui avait
été suivi par le rédacteur originaire.

M. de Savigny objecte que ce rédacteur peut avoir suivi Gaius,
d'après le Bréviaire d'Alaric, qui était plus répandu dans l'Arvernie que le droit de Justinien. Mais il faut se rappeler que
Gaius était au nombre des cinq jurisconsultes dont la constitution
de Valentinien III, de 426, confirmait l'autorité, et M. de Savigny

---

[1] *Hist.* I, 30, 31, 32.

[2] Dufraisse de Vernines, *Dissertation sur le temple de Vasso.* (Archives de
l'Académie de Clermont).

[3] Ribaud de la Chapelle, *Dissert. sur l'époque de l'établissement du christianisme en Auvergne* (Archives de l'Académie de Clermont); Dulaure dit
que Crocus entra en Auvergne en 408 (*Descript. de l'Auv.*, p. 168 et suiv.).

[4] Eutrope, qui vivait au IV<sup>e</sup> siècle, parle de cet événement dans son
*Abrégé de l'histoire romaine* : « Alamanni, vastatis Galliis.... ».(Lib. IX).

[5] Francos irruentes quum vagarentur per totam Galliam.» (Vopiscus).

reconnaît lui-même que les écrits de ces jurisconsultes étaient une des sources du droit dans la Gaule.

Au surplus, une date précise nous semble devoir être préférée à des inductions basées sur des faits plus ou moins certains et sur des textes susceptibles de controverse. L'indication du consulat d'Honorius et de Théodose, qui fixe la rédaction des formules de l'Arvernie aux premières années du V⁰ siècle, ne peut pas être effacée par des raisonnements même spécieux. Les modifications que ces formules ont pu subir après plus d'un siècle attestent l'importance de ce précieux monument.

C'est par des formules de différents actes qui s'accomplissaient devant les magistrats municipaux et la *Curia publica* que le recueil commence [1]. Il est facile d'y reconnaître la réunion de divers éléments : d'abord le droit romain et la vieille coutume du pays. Ainsi la troisième formule commence par ces mots : « L'antique coutume a enjoint, les décrets des princes ont sanctionné : *Mos junxit antiqua, principum jura decreta sanxerunt.* » Puis, apparaissent avec éclat l'idée chrétienne et l'influence du christianisme sur plusieurs points, notamment sur l'abolition de l'esclavage.

La cinquième formule commence par l'invocation de Dieu : Les comparants redoutant le terme toujours imprévu de leur fragile existence, et craignant de s'exposer à être surpris sans bonnes œuvres, affranchissent leurs esclaves dans l'église mère, au pied de l'autel. Ils les affranchissent du joug de la servitude pour s'affranchir eux-mêmes de leurs péchés. Et ces anciens esclaves sont investis de tous les droits de cité *secundum legem romanam* [2].

Il est souvent parlé, dans les formules de l'Arvernie, du défenseur, de la Curie, et des *Gesta municipalia* [3]. Mais nous ne pousserons pas plus loin cette analyse. Les documents que ce recueil contient seront utilisés dans le cours de nos explications. Il nous suffit ici d'avoir cherché à en préciser la date, et d'en avoir fait connaître le caractère et l'importance.

---

[1] Voy. les 1ʳᵒ, 2⁰ 5⁰ et 6⁰ formules.
[2] *Voy.* formule 5.
[3] *Voy.* notamment formule 2 et 4.

# CHAPITRE V.

### Condition des personnes et des terres, en Arvernie, dans les IVᵉ et Vᵉ siècles.

Nous indiquerons, dans ce chapitre, les éléments de la société arverne, les divers ordres dont elle était composée, la condition des personnes et des terres en Arvernie, lorsque cette contrée eut perdu son autonomie, et en nous plaçant à l'époque des IVᵉ et Vᵉ siècles. Ce sera l'objet des deux sections suivantes.

## SECTION Iʳᵉ.

### Condition des personnes.

En Arvernie, comme dans les autres régions de la Gaule, la société des IVᵉ et Vᵉ siècles, considérée sous le rapport de la condition des personnes, avait emprunté plusieurs éléments de la société de Rome impériale ; mais elle avait, comme toute la société gallo-romaine de cette époque, un caractère propre et distinct que nous devons expliquer.

La société arverne était divisée en trois classes : le clergé, la noblesse, le peuple [1].

Dès le commencement du IVᵉ siècle, le clergé chrétien formait une classe particulière, ayant une organisation déjà fortement constituée. Il s'éleva peu à peu et finit par exercer une influence considérable sur les affaires et les intérêts matériels du pays. Aux IVᵉ et Vᵉ siècles, il était investi de nombreux priviléges et immunités [2].

On distinguait ensuite la haute noblesse, ou *noblesse impériale* [3],

---

[1] *Voy.* Sid. Apoll., VII, *Epist.* 2 ; Greg. Tur., *passim ;* Dubos, Liv. Iᵉʳ ch. II, t. Iᵉʳ, p. 14 et suiv. ; Liv. VI, ch. X, t. III, p. 408.

[2] *Voy.* Cod. Theod., XVI, 2, 1.

[3] M. Guizot, après avoir dit qu'il serait peut-être excessif de considérer les familles sénatoriales comme formant une classe de citoyens essentiellement distincte, reconnaît cependant « qu'il y avait là une différence réelle de situation sociale, et le principe ou du moins l'apparence d'une aristocratie politique. » *Cours d'hist. moderne,* t. Iᵉʳ, p. 66 et suiv.

et la noblesse d'un rang inférieur, que l'on a appelée *noblesse curiale* ou *municipale*[1].

Le peuple (*plebs*) était composé des hommes libres, de condition inférieure, des villes, artisans et commerçants, organisés en corporations indépendantes[2], ayant chacune ses chefs, ses règlements, et des petits propriétaires cultivateurs ou pasteurs libres, formant la population rurale des cantons[3]. Parmi ces hommes libres, les uns descendaient de parents de condition libre[4], les autres étaient des affranchis ou descendants de parents affranchis.

La masse des personnes libres se composait de ces diverses classes ecclésiastique, noble ou plébéienne, en dehors desquelles il faut encore compter plusieurs autres classes d'individus plus ou moins asservis, plus ou moins dépendants, tels que les *esclaves*, les *colons*, les *clients*[5].

Parmi les esclaves, les uns étaient attachés au service de la personne, de la maison du maître, et faisaient partie des biens mobiliers[6]; les autres étaient attachés à la terre à titre perpétuel[7], et faisaient partie des immeubles. Les esclaves ainsi attachés au sol recevaient la qualification d'esclaves rustiques ou *villici*[8].

Il exista probablement, dans les Gaules, des affranchis *latins-juniens*, qui réunissaient dans leur personne ces deux conditions contradictoires de vivre libres et de mourir esclaves[9]. Mais les

---

[1] Voy. Sidoin. Apoll., *Loc cit.*; Fauriel, *Gaule méridionale*, t. 1er, p. 380.

[2] Dubos, t. Ier, Liv. Ier, ch. II, p. 27 et suiv.; Fauriel, t. Ier, p. 381; M. Guizot, *Loc. cit.*, p. 72.

[3] *Voy.* M. Beugnot, *Rev. Franc.*, 2e série, t. VIII, p. 66. — M. Guizot pense que les petits propriétaires étaient fort peu nombreux *(Loc. cit.,* p. 71).

[4] « Arverni huic patria... parentes.... nihil servile metuentes.... » (Sid. Appol., VII, *Epist.* 2).

[5] « *servi* utiles... *rustici* morigeri. .. non minus pascens hospitem quam *clientem.* » (Sid. Apoll., IV, *Epist.* 9); — « pro *domino* jam *patronus* originali solvas *inquilinatu....* mox *cliens* factus..... plebeiam potius incipiet habere personam quam *colonariam* » (Sid. Apoll , V, *Epist.* 19); — « Dùm *pueri clientesque* » (Sid. Appoll., IV, *Epist.* 24); — « *Clientum puerorumque* comitatu.... » (Sid. Apoll., IV, *epist.* 18).

[6] Paul, *Sent.*, III, VI, § 58.

[7] Voy. D. XX, 1, 32.

[8] Voy. D. *de verb. signif.* fr., 166.

[9] *Voy.* Salv., *de Gubern. Dei*, III.

affranchissements faits selon les *formules de l'Arvernie*, en présence de l'évêque, au pied de l'autel, ne renfermaient plus de restrictions; l'affranchi était investi de tous les droits de cité : il pouvait acheter et vendre, donner, faire un testament; il était libre comme les autres citoyens romains [1].

Le colon était dans une condition intermédiaire entre la liberté et la servitude. Inséparablement attaché à la culture d'un fonds, il en faisait les fruits siens, moyennant une redevance fixe qu'il payait au propriétaire.

Malgré tout l'intérêt qui s'attache à l'histoire de l'*esclavage de la terre*, cette première base posée pour le moyen-âge et la féodalité, nous ne pouvons donner ici que quelques indications sur l'origine et les causes du développement du colonat, ainsi que sur les rapports civils engendrés par cette institution; et nous renvoyons aux travaux de MM. de Savigny [2], Guizot [3], Guérard [4], Giraud [5], Michelet [6], Biot [7], Laboulaye [8], Laferrière [9] et Revillout [10], pour un examen plus approfondi.

Le colonat apparaît clairement dans la législation de Constantin : il est alors répandu dans toutes les parties de l'Empire, et notamment dans les Gaules [11]; il est donc permis de le croire plus ancien. Cujas pensait que de tout temps les Romains avaient eu des colons héréditairement attachés au sol, lesquels auraient été appelés d'abord *operarii*, puis *inquilini* ou *coloni*, et, enfin, *adscriptitii* [12]. Cette opinion est critiquée par M. de Savigny, qui

[1] *Voy.* form. 5.

[2] Voy. Dissertation traduite en français, par M. Pellat (*Thémis*, t. IX, p. 62 et suiv).

[3] *Cours d'hist. moderne,* t. IV, p. 230 et suiv.

[4] *Polyptique d'Irminon*, t. Iᵉʳ, p. 225 et suiv.

[5] *Mémoires de l'Académie des sciences mor. et polit.*, t. IV, p. 44 et suiv,; et *Essai sur l'Hist. du Dr. franç. au moyen-âge*, p. 148 et suiv.

[6] *Rapport*, dans les *Mémoires de l'Acad. des sciences mor. et polit.*, t. III, p. 655.

[7] *De l'abolition de l'esclavage ancien en Occident*, Paris, 1840.

[8] *Hist. du dr. de propriété foncière en Occident*, p. 115 à 119.

[9] *Hist. du Dr. franc.*, t. II, p. 435 et suiv.

[10] *Revue hist. du Dr. franc.*, t. II, p. 417, et t. III, p. 209.

[11] *Voy. Cod. Theod.*, V, 9, 1.

[12] *Voy.* Cujas ad leg. 112, D. *de legat.* et ad leg. 5, tit. 65, Lib. IV, Cod. Justin.

n'estime pas que l'on puisse rattacher historiquement le *colonat* à la *clientèle* antique : « Ces deux institutions, dit le savant juris-consulte historien, sont séparées par un intervalle de plusieurs siècles, pendant lesquels le rapport plus simple et plus rigoureux de l'esclave au maître avait été substitué à presque toute autre espèce de dépendance personnelle [1]. » Toutefois, il est impossible de ne reconnaître le colonat, dans les monuments romains, qu'à partir de Constantin, comme le fait un jurisconsulte qui, par suite de sa haute position politique, autant que par son savoir ou l'exactitude de son érudition, a occupé un rang élevé dans la science [2], et d'expliquer la prétendue transformation des esclaves en colons par l'influence du christianisme. Cette thèse est trop contraire aux textes, qui attestent l'existence de colons avant Constantin, pour ne pas être considérée comme une erreur [3].

De condition libre quant à leur personne, les colons étaient esclaves quant à la terre [4]. Ils étaient, eux et leurs enfants, héréditairement attachés à la culture de la terre de leur patron [5]. Ils cultivaient pour leur compte une certaine étendue de terrain, et, outre l'impôt dû à l'État, ils payaient au propriétaire, pour la jouissance du fonds qu'ils occupaient, une redevance annuelle, *canon* [6], qui consistait en fruits [7], quelquefois en argent, suivant les conventions ou suivant l'usage [8]. Le propriétaire n'avait pas le droit de l'augmenter [9]. Il avait le droit de poursuivre et reven-

---

[1] *Thémis*, t. IX, p. 82 et 83. — M. Laferrière voit, au contraire, l'origine la plus ancienne du colonat dans la clientèle romaine et gauloise (t. II, p. 437 et suiv.). *Voy.* aussi M. Guizot, *Loc. cit.*, p. 247 et suiv., — M. Guizot place l'origine du colonat dans l'organisation de la famille gauloise avant la conquête, et dans l'existence des clans, dont les chefs, dit-il, étaient entou-rés d'une population d'une condition analogue à celle des colons Gallo-Romains (*Loc. cit.*, p. 248).

[2] M. Troplong, préface du *Louage*, p. 43 et suiv.

[3] *Voy.* M. Guérard, *Polypt d'Irminon*, t. 1er, § 111; et M. Giraud, *Loc. cit*, p. 166 et suiv. Ce dernier historien rattache le colonat à l'histoire des popu-lations de l'Italie et de la Grèce (*Loc. cit.*, p. 150 et suiv.) ; — *Voy.* également la note de M. Pellat, dans la *Thémis*, t. IX, p. 84.

[4] « Non Domino prædii serviebant, sed ipsi prædio terræ serviebant » (Cod. Justin. *de agricol.*, XI, 47, L. 23).

[5] L. *unic.* Cod. Just., XI, 51 ; L. 15, Cod. Just., XI, 47.

[6] Cod. Just, XI, 47; L. 20, pr. et 25, § 1; XI, 49, L. 2.

[7] Cod. Just., XI, 47, L. 5.

[8] Cod. Just., XI, 47, L. 20, § 2.

[9] Cod. Just., XI, 47, L. 23, § 1; XI, 49, L. 1 et L. 2.

diquer le colon qui quittait le fonds[1]. Mais lorsqu'il s'était écoulé trente ans depuis sa fuite, le maître était déchu de ses droits; et même, s'il s'agissait d'une colone, *colona*, il suffisait de vingt ans pour qu'il y eût prescription en sa faveur[2].

Le lien étroit qui attachait le colon au sol par lui cultivé ne pouvait être rompu[3]. Si l'on vendait la terre, il était vendu avec elle[4]; mais le propriétaire ne pouvait le vendre séparément[5].

A la différence de l'esclave, le colon avait la faculté de contracter un véritable mariage[6]. Il pouvait aussi avoir des biens propres; seulement, il lui était interdit de les aliéner sans le consentement du maître[7].

On pouvait se trouver soumis à la condition de colon : 1° par la naissance, ce qui était le mode le plus ordinaire[8]; 2° par contrat, notamment lorsqu'on faisait solennellement en justice une déclaration suivie d'un mariage avec une personne appartenant à la condition de colon[9]; 3° enfin, par la prescription, lorsqu'on avait passé trente années dans le colonat[10].

La prescription était aussi un mode d'extinction du colonat : nous avons dit que le colon, qui s'était enfui et qui avait vécu en homme libre, pendant un espace de temps fixé par la loi, acquérait définitivement la liberté[11].

---

[1] Cod. Theod., V, 9, L. 1; V, 10, L. *un*; Cod. Just., XI, 47, L. 6 et L. 23, § 2.

[2] Cod. Theod., V, 10, L. 1; Nov. Valent., tit. IX.

[3] Cod. Theod., XIII, 10, L. 3; C. Just., XI, 47, L. 7 et L. 15; XI, 51, L. *un*.

[4] Cod. Just. XI, 47, L. 7 et L. 21.

[5] Cod. Just., XI, 47, L. 21 et L. 2.

[6] Cod. Just., XI, 47, L. 24; Nov. Valent., tit. 9.

[7] Cod. Theod., V, 3, L. *un.*; XVI, 5, L. 51; Cod. Just., I, 3, L. 20; Cod. Theod., V, 10, L. *un.*; V, 11, L. *un*; Cod. Just. XI, 49, L. 2.

[8] *Voy.* sur ce point, Cod. Just., XI, 47, L. 16, 21 et 24; Nov., 54, pr. et C. 1; Nov. 162, C. 2: Savigny, *Thémis*, t. IX, p. 64 et suiv.

[9] *Voy.* Nov. Valent., tit. IX, de l'an 451, Cod. Theod.; — M. Giraud; *Loc. cit.*, p. 177. Une convention sans mariage, et faite dans les formes exigées par la loi, pouvait probablement produire le même changement d'état (Salv. *Gubern. Dei*, V, 8 et 9; *Voy.* M. Guérard, *Polypt. d'Irm.*, t. Ier, page 227.)

[10] Cod. Just., XI, 47, 18. — Cependant M. Laferrière adopte une autre opinion, en s'appuyant sur le principe de l'imprescriptibilité de la liberté, consacré par le droit romain (t. II, p. 436).

[11] Justinien abrogea cette disposition (Cod. Just., XI, 47, 23, pr.).

Il n'est pas fait mention, dans les constitutions impériales, de l'affranchissement comme mode d'extinction du colonat. La défense de séparer le colon du sol, contenue dans les textes, a conduit la plupart des jurisconsultes historiens à décider que le maître n'avait pas la faculté de détacher le colon de la glèbe pour le gratifier de la liberté [1]. Mais, dans la seconde moitié du V° siècle, Sidoine Apollinaire fournit une preuve irrécusable de l'affranchissement des colons [2]. Cet affranchissement était pour eux, comme pour les esclaves, une amélioration de leur sort, un véritable bienfait.

Nous retrouverons, dans les siècles suivants, le colonat romain, dont nous venons d'esquisser les principaux traits, modifié dans sa forme primitive ; mais les transformations, qu'il aura subies, laisseront cependant toujours reconnaître le fond même de cette antique institution.

A la classe des colons attachés à la glèbe selon les modes ordinaires était venue se joindre celle de ces petits propriétaires de condition ingénue qui, selon les expressions de Salvien, dépouillés de leurs demeures et de leurs petits champs, chassés par les exacteurs, se rendaient sur les terres des grands, des voisins puissants, et se réduisaient à l'état de colons [3].

Cependant la condition de ces malheureux n'était pas toujours la même : leur assujettissement était plus ou moins absolu, selon les circonstances et l'humanité de ceux auxquels ils se confiaient.

Il y en avait un certain nombre qui, réduits à l'impuissance de payer des impôts de plus en plus onéreux, s'étaient mis, eux et leur propriété, sous le patronage de quelque haut personnage, qui les couvrait de son immunité, et vis-à-vis duquel ils étaient dans une sorte de dépendance personnelle, en un mot, dont ils étaient les *clients* [4].

La clientèle, que les écrits de Sidoine Apollinaire signalent

---

[1] Voy. M. de Savigny, *Loc. cit.*, p. 77 et suiv. ; M. Giraud, *Loc cit.*, p. 181. — M. Guérard a adopté l'opinion contraire (*Polypt. d'Irm.*, t. 1er, p. 231 et suiv.)

[2] C'est la célèbre lettre de Sidoine à Pudens : « Pro Domino jam patronus, originali *Solvas* inquilinatu (IV, *Epist.* 19).

[3] « Et coloni divitum fiunt » (*Gubern. Dei*, V, 8 et 9).

[4] Salvien, *loc. cit.* V, 8 ; Fauriel, t. Ier, p. 383.

dans le V<sup>e</sup> siècle [1], se composait aussi des colons qui avaient obtenu le bénéfice de l'affranchissement. De tributaires ils devenaient clients; ils sortaient de la condition des colons pour entrer dans celle des plébéiens [2], mais en restant sous le patronage de leur ancien maître.

Telles étaient, en résumé, la condition des personnes et les différentes classes qui constituaient la société arverne, aux IV<sup>e</sup> et V<sup>e</sup> siècles.

Cependant, il existait encore en Arvernie une population, que nous ne devons pas passer sous silence: nous voulons parler des Lètes (*Lœti*). La *Notitia dignitatum* [3], où sont énumérés leurs divers campements dans la Gaule, mentionne les *Lœti gentiles Suevi* dans le pays des Arvernes.

Les travaux publiés depuis le XVII<sup>e</sup> siècle jusqu'à nos jours, sur l'origine des *Lœti* et sur leur condition légale dans l'Empire [4], nous permettent d'être bref sur cette matière et de ne dire que ce qui est commandé par les nécessités de notre sujet.

A diverses époques, des barbares furent transplantés dans l'intérieur de l'Empire. Leur condition était différente, selon les circonstances qui avaient accompagné leur établissement.

Parmi les barbares ainsi établis, on distingue les *Lœti* [5], dont

---

[1] Voy. *supra*, note 5, p. 72.

[2] Sid. Apoll. V, *Epist.* 19.

[3] P. 122, édit. de Labbe.

[4] *Voy.* notamment Jacques Godefroi, Comm. sur la constit. 10, Code Théod., lib. VII, tit. 20; Valois, *Notitia Galliæ*, p. 259; Perreciot, *de l'état civil des personnes et de la condition des terres*, etc., t. I<sup>er</sup>, liv. IV, ch. I à XI. Le système de cet écrivain, qui veut voir dans les Lètes un peuple qui aurait eu la plus grande influence sur la constitution politique des gouvernements modernes et produit le système féodal, est depuis longtemps rangé au nombre des paradoxes et des thèses insoutenables.
Voy. encore Dubos, *Hist. crit. de la monarchie*, liv. I<sup>er</sup>, ch. X, p. 102 et suiv; M. Guérard, *Polypt. d'Irm.*, t. I<sup>er</sup>, p. 250 et suiv.; M. Giraud, *Essai sur l'hist. du dr. franç.*, t. I<sup>er</sup>, p. 184.

[5] Quelques écrivains font dériver le mot *Lœti* de l'adjectif latin *lœtus*, joyeux, content (Dubos, liv. I<sup>er</sup>, ch. 10, p. 104). *Voy.* sur les autres étymologies proposées, M. Guérard (*loc. cit.* p. 254 et suiv.). M. Giraud pense que le mot *lœtus* n'est que la forme latine du mot germanique *leüte* ou *lyt*, racine commune d'une famille de mots qui indiquent une classe d'hommes soumise à certains devoirs, subordonnée à une classe supérieure, (*loc. cit.*, p. 185 et suiv.).

il est fait mention pour la première fois, vers l'an 320, dans l'historien Zozime, qui en parle comme d'un peuple habitant la Gaule[1]. Ammien Marcellin atteste aussi l'existence des *Lœti*, dans les années 357, 360 et 361. Le Code Théodosien les mentionne d'abord dans une constitution de Valentinien Ier, de l'an 369.[2] ; ensuite dans deux autres constitutions de l'an 399[3] et de l'an 400[4].

Leur établissement dans l'Empire était volontaire : ils s'étaient offerts à suivre la fortune romaine[5]. Des concessions territoriales leur avaient été faites. Ces héritages ainsi concédés recevaient le nom de *terres létiques*[6]. Ils avaient à leur tête un préposé ou préfet pour les régler[7]. Ils étaient tous tenus au service militaire[8].

Leurs noms distinctifs étaient tirés soit des pays où ils étaient fixés, soit de la peuplade d'où ils descendaient. Nous avons vu que ceux de l'Arvernie étaient appelés *Suevi*, probablement parce qu'ils étaient sortis des peuplades Suèves. Leur condition était la même que celle des autres colonies de cette nature. Elle était meilleure que celle des colons : ils n'étaient pas liés, comme eux, au sol qu'ils cultivaient. Elle était bien supérieure aussi à celle des *Lides* (*Lidi, Liti*) du moyen-âge, qui s'y rattachent cependant par plusieurs points. Mais les Lètes étaient des cultivateurs

---

[1] Il dit de Magnence qu'il descendait d'une race barbare, mais qu'ensuite il avait vécu chez les Lètes, peuple gaulois : Μετοιχησας δὲ ἐὶς λετοὺς, εθνος Γαλατικόν, (L. II, § 54). Dubos fait observer que le mot εθνος ne signifie pas toujours un peuple particulier, mais quelquefois aussi une société, une condition, un état, un ordre de citoyens, et que l'historien Zozime l'a sans doute employé avec l'une de ces dernières acceptions, (t. Ier, liv. Ier, ch. X, p. 106 et suiv.)

[2] Cod. Th. VII, 20, const. 10.

[3] Cod. Théod. XIII, 11, constit. 10.

[4] Cod. Théod. VII, 20, constit. 12.

[5] « Quoniam ex multis gentibus sequentes romanam felicitatem se ad nostrum imperium contulerunt.... » (Cod. Th. XIII, 11, constit. 10). —Personne n'a mieux expliqué les causes et le caractère de l'établissement des *Lœti* que Godefroy, en ces quelques mots : « Lœti quippe erant, qui ex gentilibus barbaris *sponte* sequentes Romanorum felicitatem in solum romanum transibant, quibusque terræ desertæ excolendæ dabantur. » (Cod. Th., ad L. I, VII, 15).

[6] « Quibus *terræ læticæ* administrandæ sunt.... » Cod. Th., *loc. cit.*

[7] « Præpositus Lætis... » (Cod. Th., VII, 20, constit. 10).

[8] M. Giraud, *loc. cit.*, p. 191 ; voyez cependant M. Guérard, *Polypt. d'Irm.*, t. Ier, p. 253.

libres, payant des redevances aux empereurs, et faisant le service dans les armées romaines ; tandis que les Lides étaient des cultivateurs assez asservis, et placés sous la dépendance d'un maître, qui leur ayant fait des concessions de terre, avait le droit d'exiger d'eux des tributs et des services. La transformation qui s'opéra fut en harmonie avec les immenses changements apportés par les Germains dans le monde romain.

## SECTION II.

### Conditions des terres.

Rome n'avait pas plus appréhendé les terres de l'Arvernie que celles des autres peuples libres [1]. Elle les avait laissées à leurs possesseurs. Les terres de l'Arvernie n'étaient pas entrées dans le domaine public. Elles n'avaient point fait partie du sol provincial, exclu de l'appropriation privée, parce qu'il était propriété publique. Elles restèrent soumises aux anciennes lois, aux usages de cette contrée, du moins pendant tout le temps qu'elle conserva son autonomie [2].

Puis, lorsque l'Arvernie eut cessé d'être régie par ses propres lois, pour être soumise au droit romain, il s'opéra dans ce droit de grands changements. Il n'exista plus qu'une différence nominale entre le sol provincial et le sol italique. Quoique les immeubles des provinces ne pussent être mancipés ou cédés *in jure*, on les transmettait par la tradition, et déjà, sous Dioclétien et Maximien, le droit des possesseurs était qualifié de *dominium* [3], longtemps avant que, en 531, Justinien, pour qui le *jus quiritium* n'était plus qu'une énigme peu intéressante [4], eût aboli toute différence entre les fonds provinciaux et les fonds italiques, ainsi que les formes de la *mancipatio* et de la *cessio in jure* [5].

Une grande tendance vers l'unité du droit naturel et des gens

1 Sur l'abandon des terres aux peuples libres, voy. Tit. Liv. XXX, 37 ; XLV, 29 ; XXXVIII, 39. Spanheim, *Orb. Rom.*, II. 10, p. 300, 307, 319.

2 Voy. *suprà*, tit. II, ch. 2.

3 *Vatican. fragm.*, nos 315, 316, 283.

4 *Voy.* constit un, cod. Just., VII, 25, *de nudo jure quir. tollendo.*

5 *Voy.* constit. *unic.*, cod. Just., VII, 31 ; *Instit. Just.* II, I, 40 ; cod. Just., VII, 25, constit. précitée.

commençait à se manifester dans l'essence même du droit de
propriété, et dans les modes d'acquérir. Les anciennes distinctions
du droit civil de Rome, relatives au droit de propriété, étaient
sur le point de disparaître. La division des choses de droit privé,
de droit public, de droit divin, allait bientôt demeurer seule
comme une grande classification [1]. La propriété privée allait
aussi être réduite à la notion unique d'un droit absolu, d'un plein
pouvoir sur les choses, quelles qu'en fussent la nature et la situation.

Il y eut cependant un genre particulier de possessions pour
lesquelles le droit de propriété dut recevoir certaines restrictions :
nous voulons parler des *terres létiques*, c'est-à-dire cultivées par
ces barbares appelés *Lètes*, dont nous avons constaté l'existence
en Arvernie [2]. Concédées sous l'affectation du service militaire,
elles ne pouvaient sans doute être conservées par les Lètes qu'à
la condition de faire exactement ce service. Peut-être aussi, ces
possessions eurent-elles un régime spécial de succession, l'hérédité des mâles à l'exclusion des femmes.

On distinguait encore le domaine privé et patrimonial des
cités, qui s'appliquait aux champs, bois, marais, pâturages compris sous la dénomination générale de champ des cités: *agri civitatum*.

Enfin, il y avait en Arvernie, comme dans toutes les autres
contrées de la Gaule, les terres du domaine ecclésiastique. Les
biens ecclésiastiques étaient devenus si considérables, aux IVe
et Ve siècles, que les Pères de l'Eglise en redoutaient la funeste
influence. Ils étaient exempts d'impôts [3], et soumis seulement à
la plus longue prescription, celle de trente ans, par application
de la constitution de Théodose-le-Jeune, insérée au Code Théodosien [4].

[1] Res aut nostri juris sunt, aut divini, aut publici. » (*Epitome Gaii*, II, 1).
[2] *Voy.* section précédente.
[3] Cod. Théod., XVI, 2, 2.
[4] Lib. IV, 14, *de actionibus certo tempore finiendis*. L'administration de
ces biens fut réglée, pour la Gaule, par le concile d'Agde, où se trouvaient
en plus grand nombre les évêques du Midi, et où figuraient aussi des délégués des évêques des autres contrées. Eufraise, évêque de Clermont, y avait
envoyé un de ses prêtres nommé *Paulin*. (Voy. *Concil. galliæ*, ann. 506). La
date de ce concile, qui est de l'an 506, coïncide avec celle du Bréviaire
d'Alaric, dont nous parlerons plus loin.

En examinant la condition des personnes, nous avons vu que les petits domaines étaient cultivés par des propriétaires libres ; ceux d'une grande étendue par des esclaves ou des colons. Nous avons vu aussi que les petits propriétaires avaient été chassés de leurs demeures et de leurs champs par les exactions du fisc. La possession du sol était alors un pesant fardeau. La culture des terres et l'organisation du colonat étaient devenues pour ainsi dire des questions d'ordre public. Les constitutions impériales s'étaient multipliées sur cette matière, sans pouvoir porter remède à un mal qui était trop profond, et que trop de causes diverses contribuaient à enraciner.

Les terres des cités et des églises étaient l'objet d'un système de location perpétuelle, comme les terres du prince, de l'Etat : c'étaient les possessions connues sous les noms de fonds vectigaliens (*fundi vectigales*), de fonds emphythéotiques (*fundi emphyteutici*). De nombreuses constitutions se succédèrent sur ce genre de concessions, aux IV^e et V^e siècles [1]. Plus tard, l'emphythéose fut mise en usage pour les biens du domaine des particuliers : c'est seulement vers la fin du V^e siècle que l'on commence à voir ce contrat usité dans les relations civiles des citoyens [2], et que l'empereur Zénon, par une constitution devenue fameuse, fit de l'emphythéose un contrat *sui generis*, mitoyen entre la vente et le louage. Il est, d'ailleurs, probable que l'emphythéose organisée par cet empereur ne fut connue dans la Gaule qu'à l'époque de la renaissance des études de droit romain.

---

[1] M. Troplong énumère celles qui furent publiées de 317 à 423 (*Louage* t. I^er, p. 152, note 2). *Voy.* Cod. Théod., lib. X, 2, et lib. XI, 19 ; lib. X, 3, 7, et X, 3.

[2] Voy. cod. Just., *de jure emphyteut.*, IV, 66.

## CHAPITRE VI.

### Gouvernement, administration et juridictions.

Nous tracerons, dans la première section de ce chapitre, un aperçu des rapports qui existaient entre l'Arvernie et le gouvernement central, et nous ferons, dans les deux autres, un exposé rapide de l'administration locale et des diverses juridictions. Nous rappelons que ces observations n'ont trait qu'à l'époque où cette contrée eut perdu son autonomie [1].

### SECTION Ire.

#### Rapports entre l'Arvernie et le gouvernement central.

On sait que, lors de la division de l'Empire en quatre grandes préfectures du prétoire (330), la Gaule fut comprise, avec l'Espagne et l'île de Bretagne, dans la préfecture des Gaules.

Cette vaste étendue de pays était alors gouvernée par un seul officier romain, appelé préfet du prétoire des Gaules, et lieutenant immédiat de l'empereur.

La préfecture des Gaules était sous-divisée en trois vicariats [2], ayant chacun à sa tête un officier nommé vicaire, subordonné au préfet.

Le vicaire auquel le département de la Gaule était confié avait sous son inspection les dix-sept gouverneurs des dix-sept provinces [3].

Nous rappelons aussi que, vers la fin du IVe et le commencement du Ve siècle, on distingua les provinces méridionales qui formèrent ce que l'on nomma le corps des *cinq*, puis des *sept provinces*.

Le corps des cinq provinces se composait de la première Aqui-

---

[1] Voy. *Suprà*, tit. II, ch. 2.
[2] Celui de la Gaule, ceux de l'Espagne et de la Grande-Bretagne.
[3] Voy. *Suprà*, chap. Ier.

taine, qui renfermait l'Arvernie, des deux Narbonnaises, de la Viennoise et des Alpes-Maritimes[1]. On y avait joint, avant l'an 417, la deuxième Aquitaine et la Novempopulanie, ce qui fit donner à cette portion de la Gaule le nom de *sept provinces, septem provinciæ* [2].

Le corps des cinq ou sept provinces forma d'abord une vicairie particulière subordonnée au préfet du prétoire des Gaules, dont le siége était à Trèves. Le vicaire avait sous ses ordres les recteurs des provinces soumises à son obéissance [3]. Mais il est probable que cette fonction fut supprimée, pour les sept provinces, lorsqu'à la fin du IVᵉ, et au commencement du Vᵉ siècle, la préfecture du prétoire, pressée par les mouvements des hommes du nord, se replia de Trèves vers l'autre extrémité de la Gaule, et fut transférée dans la cité d'Arles, de l'an 400 à 418.

Cependant, les sept provinces continuèrent à former un corps séparé, et, par le célèbre édit de l'an 418, Honorius et Théodose-le-Jeune, dans le but d'améliorer et de centraliser l'administration de la Gaule du midi, ordonnèrent que tous les ans, des Ides d'août aux Ides de septembre [4], une assemblée composée d'*honorés*, de *possesseurs* [5], de juges, ou recteurs de chaque province, se réunirait dans la cité d'Arles, pour traiter des affaires publiques.

L'édit nous apprend qu'une réunion de ce genre avait été convoquée, quelques années auparavant, par le préfet du prétoire Petronius [6], et que cette institution était tombée en désuétude.

---

[1] Pagi, *Crit. ad annal. Baronii, ad ann.* 374, nᵒˢ 5 et suiv.; et *ad ann.* 401, nᵒˢ 30, 33, 36.

[2] Voy. l'édit d'Honorius au préfet des Gaules de l'an 418, qui a pour objet l'administration de ces sept provinces (Pardessus, *Diplom.*, t. I, p. 8); voy. aussi M. Giraud, t. Iᵉʳ, p. 46.

[3] Voy. M. Naudet, *Des changements opérés dans l'administration de l'Empire romain*, etc., t. Iᵉʳ, p. 293; M. Giraud, p. 47.

[4] Du 15 août au 15 septembre.

[5] Harteserre dit que les *honorés* sont les sénateurs municipaux, et les *possesseurs* ceux qui avaient les terres provinciales (*Rerum Aquit.* IV, 2). Les possesseurs sont aussi désignés sous le nom de *curiales* par l'édit de 418, *in fine*. — M. de Savigny pense que les *honorati* sont ceux qui ont passé par les hautes charges, telles que les lieutenances impériales, et qui forment une classe à part, supérieure aux curiales (*Loc. cit.*, ch. II, § 24).

[6] Probablement l'arverne Petronius, qui était vicaire de l'Espagne en 395 et préfet des Gaules en l'an 408. — Voy. la suscription d'un rescrit des empereurs Arcadius et Honorius (Cod. Th. Lib. V, tit. 20); Lacarry, *Hist. galliarum sub præfectis prætorii* etc.

Le sort de l'édit d'Honorius ne fut guère meilleur, bien qu'il ait été considéré par les hommes les plus érudits du Midi comme la base des États provinciaux et généraux du Languedoc.

Le pouvoir du préfet du prétoire des Gaules s'étendait à toutes les parties de l'administration. Il comprenait les fonctions administratives et judiciaires.

Constantin sépara le pouvoir militaire du pouvoir administratif et judiciaire. Un maître des milices fut créé dans la préfecture des Gaules. Dans le vicariat de la Gaule, comme dans les deux autres vicariats, le maître des milices avait sous ses ordres un officier appelé comte, qui était chargé du commandement des troupes [1].

Chacune des dix-sept provinces de la Gaule était administrée par un gouverneur particulier. L'Aquitaine première, dans laquelle se trouvait l'Arvernie, était l'une des onze provinces gouvernées par des présidents (*præsides*) ou recteurs (*rectores*) [2].

Le gouverneur de chaque province, outre les affaires judiciaires, dont nous dirons plus loin quelques mots, était chargé, dans sa circonscription, des intérêts du gouvernement central, des impôts, du recrutement, en un mot, de tous les rapports de ce gouvernement avec les sujets de la province.

Au-dessous de la province, gouvernée par le président ou recteur, il y avait une sous-division administrative du territoire, la cité, *civitas*, composée d'une ou de plusieurs villes et d'un district rural. Chaque cité s'administrait librement selon des lois et usages, que l'on désigne ordinairement sous le nom de régime municipal, et était gouvernée, comme nous l'expliquerons bientôt, par une espèce de Sénat local nommé *Curie*.

Existait-il un intermédiaire impérial entre la Curie et le président de la province ?

Malgré toutes les prérogatives et toute la puissance que Dubos attribue aux cités gallo-romaines, il n'hésite pas à affirmer que chacune d'elles obéissait à un *comte* impérial : « Chaque cité des Gaules, dit-il, avoit un comte ou gouverneur particulier qui tenoit son

[1] Cod. Justin., III, 13 ; I, 49 ; Cod. Th., XII, I, 128.

[2] Les six autres étaient gouvernées par des *consulaires*. Il n'y avait, du reste, aucune différence importante entre ces deux classes de gouverneurs, qui exerçaient le même pouvoir.

emploi de l'empereur, et qui avoit soin d'obliger le Sénat et les décurions à faire leur devoir. Cet officier étoit subordonné au président ou proconsul de celle des dix-sept provinces où son district était enclavé [1]. » Plus loin, Dubos ajoute que ces comtes veillaient à l'administration de la justice et aux affaires de police et de finances [2]. Mais il est généralement admis que là Curie correspondait immédiatement avec le consulaire ou le président de la province [3].

D'un autre côté, les comtes mentionnés par le Code Théodosien étaient, comme les tribuns et les ducs, des chefs purement militaires, dont la charge ne devait avoir rien de commun avec le gouvernement des curies [4].

Cependant, il paraît [5] qu'il y avait, au Ve siècle, ce que Roth appelle des *comtes de ville*, des comtes de cités, choisis, dit-il, dans la noblesse du pays, et préposés aux districts qui formaient les ressorts des sénats [6]. Mais, durant la période de la domination romaine, les comtes ne prirent point part à l'administration de la cité, aux actes municipaux, qui étaient de la compétence exclusive des magistrats choisis par la Curie [7], dont nous allons nous occuper dans la section suivante.

## SECTION II.

### Régime municipal de l'Arvernie.

Nous avons indiqué plus haut [8] l'époque à laquelle l'ancien système de la Cité gauloise fut remplacé, en Arvernie, par le régime romain. C'est ce dernier régime qui doit fixer notre

---

[1] *Hist. crit. de la monarch. franç.*, [t. Ier, Liv. Ier, ch. 3, p. 35.

[2] *Loc. cit.*, ch. VII, p. 65.

[3] Voy. Fauriel, *Gaule méridionale*, t. Ier, p. 354 ; Savigny, *Loc. cit.*, t. Ier, ch. 2, § 20, note *g*.

[4] « Militaribus viris nihil sit commune cum curiis.... *tribunus, dux ille*, an *comes*, sit... » (Cod. Th., XII, I, 128, constit. *Theod. Arcad. et Honor.*, ann. 392).

[5] *Voy.* Sid. Apoll., V, *Epist.* 18 : « hæduæ *civitati te præsidere*...; » — VII, 2 : « tunc *comiti civitatis*... » *Voy.* aussi Cassiod. *Variar.*, VII, 27 ; VI, 24 et 23.

[6] *Etat polit. et civil de la Gaule, au moment de la conquête par les Francs*, dans la *Thémis*, t. X, p. 108 ; voy. aussi Tillemont, *Mém.*, tom. XVI, p. 206.

[7] *Voy.* Raynouard, *Hist. du dr. municipal*, t. Ier, p. 113.

[8] Tit. II, ch. 2.

attention. Cet examen offre un intérêt bien supérieur à celui que peut offrir l'organisation du gouvernement central, même envisagée dans ses rapports avec la province, ou avec la contrée dont nous étudions les institutions. Cette organisation, en effet, disparaîtra sous la domination des barbares. Le régime municipal, au contraire, persistera sous cette domination, et nous verrons plus tard sortir des vieux débris de la municipalité romaine les germes d'une liberté nouvelle, un affranchissement plus ou moins complet du pouvoir féodal né de la conquête franque.

L'existence de la curie arverne, à l'époque que nous expliquons, ne repose pas, du moins à notre connaissance, comme celle de plusieurs autres curies, sur les témoignages de monuments épigraphiques, mais elle est attestée par le récit des historiens[1], et par les anciennes formules de l'Arvernie, qui renferment sur ce point plusieurs documents d'une grande importance[2].

La constitution de la curie Arverne ne différait guère, aux IVe et Ve siècles, de celle des cités de la Gaule méridionale. Pour la faire connaître, nous retracerons les caractères les plus généraux de l'organisation de la curie romaine en Italie. Il y eut, en effet, des principes communs et de nombreux points de ressemblance entre les curies des cités italiennes et celles des provinces. Elles furent les unes et les autres soumises presque aux mêmes vicissitudes. Ces institutions qui, dans l'origine, ne réveillaient, pour les pays qui en étaient dotés, que des idées d'honneur, de dignité, de liberté et d'indépendance locale, perdirent, à partir de Constantin, leur caractère primitif, devinrent des charges pesantes et un instrument de despotisme et d'oppression[3]. Malgré tous les écrits publiés sur le régime municipal des Romains, il existe encore dans cette matière plusieurs lacunes, surtout en ce qui concerne la Gaule. La spécialité de cet ouvrage nous oblige à ne rappeler que les notions les plus nécessaires à l'explication de notre sujet.

[1] Sid. Apollin., V, *epist.* 20, et *passim* ; — dans une lettre à Avitus, Sidoine dit : « ecclesiam *Arverni Municipioli* cui præpositus et si immeritò videor. » (III, *Epist.* 1).

[2] *Voy.* notamment formules 1, 2, 4. — M. Raynouard range ce document parmi ceux du VIe siècle (*Hist. du dr. municip.*, t. Ier, p. 316); mais nous croyons avoir prouvé que sa rédaction primitive remonte au Ve.

[3] *Voy.* M. Guizot, *Essais sur l'Hist. de Fr.*, Ier essai, *du Régime municip. dans l'empire rom.*, p. 16 et suiv.

Chaque municipe de l'Italie offrait en raccourci une image de la constitution de la ville de Rome. Le pouvoir souverain résidait primitivement dans l'assemblée du peuple; mais lorsque, sous Tibère, ce pouvoir eut passé, à Rome, du peuple au Sénat, la même révolution s'opéra dans les municipes : leur sénat s'attribua peu à peu la connaissance exclusive de toutes les affaires autrefois soumises à la décision de l'assemblée entière des citoyens. Aussi, le titre de *Municeps* qui, dans l'origine, avait appartenu à chacun des membres de la cité, fut-il presque toujours, dans la suite, réservé aux seuls membres du sénat, aux décurions[1].

Il y avait le premier ordre de la cité, *Ordo*, dont faisaient partie ceux qui étaient propriétaires d'une certaine étendue de terrain[2].

Le nom donné au corps ou collège municipal, que chaque ville avait pour son gouvernement particulier, se nommait diversement l'ordre, *ordo*, l'ordre des décurions, *ordo decurionum*, la curie, *curia*, le sénat, *senatus*. Chacun de ses membres prenait le titre de *décurion*, de *curial* ou de *sénateur*[3].

On distinguait les décurions originaires (*originales*), c'est-à-dire ceux qui étaient membres de la curie à titre de fils, de descendants d'anciens décurions, et les élus, *nominati*, c'est-à-dire ceux qui étaient nommés par la curie, quand le nombre des décurions-nés était insuffisant[4].

Sur la liste des décurions (*album*) figuraient d'abord les membres honoraires (*patroni*), ensuite les membres en exercice.

Dans un grand nombre de villes, les premiers sénateurs en exercice, ordinairement les dix premiers (*decem primi*), étaient distingués sur l'*album* de la curie. Les *decem primi* avaient probablement quelques priviléges, peut-être même quelques attri-

---

[1] Savigny, *Hist. du dr. romain*, t. Ier, ch. II, §§ 6 et 8.

[2] Cod. Th., XII, I, 33.

[3] Savigny, *Loc. cit.*, § 7.

[4] *Voy.* L. 46, Cod. Th., *de decur.* On était décurion soit par la naissance, les fonctions étant héréditaires, soit par voie d'élection. Si le nombre prescrit se trouvait incomplet, la curie avait la faculté de s'adjoindre les fils de décurions qui n'étaient point encore entrés dans l'ordre de leur chef, ou même tout plébéien possesseur de biens immobiliers suffisants. (Voy. L. 53, cod. Th., XII, 1; L. 66 et 33, *eod. tit.*)

butions spéciales ; mais ils ne formaient pas un collége distinct,
ni un conseil supérieur ayant la connaissance exclusive d'une
partie des affaires[1].

L'administration intérieure des cités appartenait aux sénats,
concurremment avec les magistrats. Il est difficile de dire quelle
part leur était spécialement dévolue dans l'administration, et de
savoir si le sénat avait la délibération seulement, et les magistrats le pouvoir exécutif. M. de Savigny dit que « l'administration
directe des affaires de la cité était confiée aux magistrats[2]. »
Ailleurs, il fait observer qu'il ne pouvait exister entre ces
derniers et le sénat aucun tiraillement, en raison du double lien
qui les unissait. Les magistrats municipaux devaient, en effet,
être choisis exclusivement parmi les décurions et nommés par le
sénat (creatio) sur la présentation (nominatio) du magistrat sortant, qui demeurait responsable de la gestion du candidat par lui
présenté[3].

Les magistratures municipales étaient assez nombreuses. Il
paraît, du reste, que toutes les cités n'avaient pas, à cet égard,
un régime uniforme.

Au premier rang étaient les duumvirs (duumviri) ou quatuorvirs
(quatuorviri), selon qu'ils étaient au nombre de deux ou de quatre.
Leurs attributions peuvent se comparer à celles du consulat
romain, avant que l'établissement de la préture en eût détaché
l'administration de la justice. Le duumvirat embrassait la présidence du sénat, la direction de toutes les parties de l'administration et, enfin, le pouvoir judiciaire. Les duumvirs étaient
nommés pour un an[4].

Une autre magistrature municipale était celle de censor, curator,
ou quinquennalis, expressions qui sont considérées comme synonymes et désignant une même fonction, dont le titre variait selon
les localités. Cette charge correspondait à celle de censeur à
à Rome, en y ajoutant peut-être quelques-unes des attributions
du questeur[5].

---

[1] Voy. Savigny, Loc. cit., § 24.
[2] Loc. cit., § 9.
[3] Savigny, Loc. cit., § 7.
[4] Savigny, Loc. cit., § 9; L. 16, C. Th., XII, 1; L. 18, C. Just., X, 31; L. 1,
C. Th., XII, 5.
[5] Savigny, Loc. cit., § 15.

Enfin, il y avait encore les *édiles*, que l'on rencontre dans tous les municipes, et qui étaient chargés de l'inspection et de la surveillance des édifices publics, des rues, des poids et mesures, etc. [1], et d'une juridiction de simple police municipale [2].

De toutes les magistratures municipales, celle des duumvirs est sans contredit celle dont il importe le plus de connaître les vicissitudes historiques et d'apprécier les caractères. Ce sujet a fait naître de graves dissidences entre les historiens.

M. de Savigny, dont les travaux ont exercé, en France, une grande influence, a émis sur ce point une opinion qui réduirait, si elle était exacte, le régime municipal dans la Gaule à de minces proportions. Le savant jurisconsulte, après avoir constaté que les cités des provinces avaient un Sénat dont les fonctions et la composition étaient, sous beaucoup de rapports, identiques au Sénat des cités d'Italie, ajoute que, néanmoins, dans les provinces, et spécialement dans les Gaules, il n'existait pas de magistrature qui correspondît à celle des duumvirs, embrassant à la fois le gouvernement de la cité, la présidence du sénat et l'administration de la justice. Dans les provinces, les cités ayant le *jus italicum* avaient seules, selon lui, l'organisation indépendante des cités italiennes, c'est-à-dire des duumvirs, des quinquennales, des édiles, et surtout une juridiction. Si, dans des villes provinciales, on trouve le titre d'une magistrature italique, du duumvirat, par exemple, ce fait doit être considéré comme une trace certaine du *jus italicum,* qui aurait appartenu à ces villes. Ces cités favorisées seraient les seules où l'on voit jusque dans les derniers temps des magistrats ayant une juridiction. En admettant même que, dans quelques villes de la Gaule, on rencontre de véritables magistratures municipales, telle que le consulat de Bordeaux, il faudrait reconnaître que ces cités formaient une exception au régime ordinaire des provinces [3].

Cette thèse a été discutée par M. Giraud avec l'érudition qui

[1] Voy. Roth, *De re municip. rom.*, p. 96-98.

[2] Wasteau, *de jure et jurisd. municip.,* p. 297, t. II, vol. 2 du trésor d'Oelrichs ; Giraud, *Loc. cit.,* p. 135.

[3] *Loc. cit.*, § 17 à 23. Cette opinion est adoptée par plusieurs écrivains français : voy. notamment MM. Guizot, *Hist. de la civilisation en France,* t. Ier, p. 52 ; Klimrath, *Hist. du dr. publ. et privé*, § 32, t. Ier, p. 218 et suiv.; Bonjean, *Traité des actions,* t. Ier, liv. Ier, ch. 2, § 51, p. 117 et suiv.

lui est habituelle ; il prouve par de puissants arguments que l'organisation municipale des provinces ne différait point de celle de l'Italie, et qu'il en était ainsi spécialement dans la Gaule, où les monuments épigraphiques nous montrent souvent le *duumvirat* à côté du *principalat* [1].

L'opinion de M. de Savigny avait déjà été critiquée par M. Fauriel [2]. Mais cet historien considère l'introduction du *principal* dans les curies de la Gaule comme une nouvelle époque, comme une réforme au moins partielle dans le sens des idées du despotisme impérial. Ce serait à partir de la fin du IVe siècle que chaque curie aurait été régie par le premier des *principaux ;* ce nouveau chef aurait été seul à la tête de la curie ; il n'aurait point été élu par les décurions, par le corps dont il était le chef, comme l'était le *duumvir* ; il aurait tiré sa prééminence de son rang d'inscription sur l'*album* curial ; son office, au lieu d'être annuel, aurait duré plusieurs années, d'abord cinq ou dix, puis quinze ans. Le principal d'une curie aurait cependant eu l'exercice de la juridiction.

Cette grande transformation de la curie *duumvirale* en curie *principale*, que M. Fauriel suppose, n'est établie par aucun texte. Elle nous semble même contredite par plusieurs textes positifs qui mettent les principaux et les décurions les uns à côté des autres [3].

L'institution, en Arvernie, d'une magistrature municipale ayant non-seulement des attributions administratives, mais une juridiction, dont nous parlerons plus loin, nous paraît suffisamment établie par suite de l'existence d'un *ordo*, d'une *curia*, laquelle nous est attestée par les anciennes formules arvernes, qui datent du commencement du Ve siècle [4].

Ces formules font aussi mention du *défenseur*, dans la cité arverne [5]. Jusqu'au temps de Constantin, ce mot ne désigna qu'un mandat temporaire donné pour une affaire de la cité. C'est en 365 seulement que le défenseur apparaît comme une charge per-

---

[1] T. Ier, p. 125-132.

[2] *Hist. de la Gaule méridionale*, t. Ier, p. 368 et suiv.

[3] *Voy.* notamment constit. de l'an 381, Cod. Theod., XII, I, 85.

[4] Voy. *Formules* 1, 2, 4.

[5] *Formule* 4.

manente et ayant la mission de défendre le peuple contre l'oppression du lieutenant impérial. « Lorsque la décadence du régime municipal fut évidente, dit M. Guizot, lorsque la ruine des
curiales et l'impuissance de tous ces magistrats municipaux pour
protéger la population des cités contre les vexations de l'administration impériale se firent sentir du despotisme lui-même qui,
portant enfin la peine de ses propres œuvres, voyait la société
lui manquer de toutes parts, il essaya, par la création d'une
magistrature nouvelle, de procurer aux municipes quelque sûreté
et quelque indépendance, Un *defensor* fut donné à chaque cité [1]. »
La personne revêtue de ces fonctions fut appelée *defensor civi-*
*tatis, plebis, loci.* Son élection fut faite par la cité entière. Les
décurions étaient exclus de cette magistrature, qui dura d'abord
cinq ans. Le défenseur devint le rival des magistrats nommés
par la curie. A mesure que le pouvoir impérial s'affaiblit et que le
sort de la curie devint plus précaire, on vit s'accroître l'importance de cet emploi. Plus tard, l'épiscopat hérita d'une grande
partie de ses attributions, ce qui procura au clergé une influence
considérable dans les villes, après l'établissement des barbares.

Les cités les plus importantes de la Gaule Narbonnaise et de
l'Aquitaine avaient joui, soit du droit des Latins, soit du droit
italique. Mais les inégalités qui en résultaient avaient disparu
sous les constitutions impériales. Dès le IVe siècle, il n'en restait
presque plus de vestige dans les institutions locales.

La constitution municipale était presque uniforme dans cette
région. Les cités de la Gaule méridionale avaient leur curie,
leur sénat de décurions, leurs duumvirs, qui prenaient aussi le
titre de consuls, ou de quatuorvirs, leur *curator* ou *quinquennalis*,
enfin leurs édiles.

Les inscriptions recueillies dans les villes du Midi et de l'Aquitaine furent faites en l'honneur des magistrats curiaux désignés
par les titres de *Duumvirs* ou de *Quatuorvirs* ou de *Consuls* [2].

L'organisation des villes de duumvirat et de consulat avait

---

[1] *Essais*, p. 40 et suiv.

[2] *Voy.* sur les inscriptions mentionnant le duumvirat et sur les principaux
monuments relatifs aux magistratures municipales de la Gaule, Orelli, *Inscr.*
*lat.*, t. II, p. 214 et suiv.; M. Giraud, *Loc. cit.*, t. Ier, p. 129 et suiv.; Fauriel,
*Loc. cit.*, p. 367.

franchi la frontière de la Gaule Narbonnaise ; elle s'était étendue à l'Aquitaine et à la cité des Arvernes.

Plus tard, lors de la révolution communale du moyen-âge, l'Auvergne se trouvera comprise dans cette vaste circonscription, dont la forme de constitution municipale a été justement désignée sous le nom de *Régime consulaire*[1], et où la persistance de plusieurs éléments de la municipalité romaine se laissera entrevoir.

Les formules de l'Arvernie font encore mention des *gesta* ou *acta municipalia*. Nous en parlerons dans la section suivante.

Nous passons sous silence tout ce qui concerne la libre administration de la curie, qui était liée à l'administration impériale surtout par la perception et la responsabilité des impôts.

L'administration municipale s'appliquait à tous les intérêts de la cité et de son territoire. Toutefois, quelques historiens disent que les curies se multiplièrent et s'étendirent même à des bourgs (*vici*) compris autrefois dans la circonscription de la cité. Ce fait est cependant contesté[2], et nous renvoyons aux travaux de MM. de Savigny[3], Fauriel[4], et Giraud[5], qui l'ont plus spécialement examiné.

### SECTION III.

#### Juridictions.

Sous l'Empire, la juridiction, soit en Italie, soit dans les provinces, fut partagée entre les magistrats municipaux et les gouverneurs[6].

En Arvernie, comme dans les cités de la Narbonnaise et de l'Aquitaine, la justice municipale appartenait aux Duumvirs ou Consuls. N'ayant à considérer les juridictions de l'Arvernie qu'à partir de l'époque où cette contrée perdit son autonomie[7], nous

---

[1] Aug. Thierry, *Considér. sur l'hist. de France*, 5e édit., p. 163 ; *Tableau de l'ancienne France* dans l'*Histoire du tiers-état*, p. 242 ; *voy.* aussi *infrà*, tit. V, ch. 5.

[2] Roth, *Thémis*, X, p. 105.

[3] *Loc. cit.*, ch. II, § 19.

[4] *Loc. cit.*, p. 379.

[5] *Loc. cit.*, p. 136 et suiv.

[6] Voy. Ferdinand Walter, *Hist. de la proc. civ.*, trad. de M. Laboulaye, ch. VII, p. 67.

[7] *Voy.* tit. II, ch. 2.

ne remonterons pas aux temps antérieurs et à l'origine de la juridiction des Duumvirs, dont nous avons parlé dans la section
précédente, en faisant l'historique du régime municipal. M. de
Savigny[1] a très-bien démontré, contre l'opinion de Roth[2], que
l'importance de cette juridiction, loin de dater du règne des
Empereurs, avait été, au contraire, circonscrite et amoindrie
depuis l'Empire.

Pour les temps postérieurs à Alexandre Sévère, il n'existe
que bien peu de renseignements sur le pouvoir judiciaire et la
compétence des Duumvirs. Toutefois, des constitutions du IVe
siècle[3] représentent toujours leur juridiction comme un pouvoir
de première instance et subordonné. C'est cette juridiction de
premier degré et limitée qui existait alors en Arvernie.

La curie fut-elle aussi, à l'époque qui nous occupe, investie
du droit de rendre la justice? il est impossible d'en fournir une
preuve directe. Cette preuve existe pour la période de la domination des Visigoths[4]; mais c'est seulement par des conjectures
tirées de la participation des décurions à la juridiction volontaire, et des rapports existants entre cette juridiction et la juridiction contentieuse, que l'on a été conduit à résoudre affirmati-
vement cette question[5], sur laquelle nous nous proposons de
revenir.

La juridiction ordinaire, dans l'Arvernie, comme dans toute la
Gaule, appartenait au gouverneur de la province, qui recevait
le titre de *judex ordinarius*[6]. Il avait la connaissance directe de
toutes les affaires civiles et criminelles qui excédaient les limites
de la compétence des magistrats municipaux[7], et il était juge
d'appel par rapport à leur juridiction[8].

[1] *Loc. cit.*, ch. II, §§ 10 et 11.
[2] *De re municip. roman*, p. 23-24.
[3] Constit., 1, 3, C. Theod., XI, 31 ; ces constitutions sont de 364 et 368 ;
voy. Savigny, *Loc. cit.*, § 18.
[4] *Vog.* interpr. L. 1, C. Th., *de denunc.* (II, 4), et *infrà*, tit. III, ch. 3.
[5] M. de Savigny, *Loc. cit.*, § 26.
[6] Nov. T., 23 ; L. 3, C. Th., XI, 31.
[7] Par exemple, il jugeait en premier ressort les questions d'ingénuité,
d'affranchissement et autres questions d'état. (*Voy.* Doneau, XVII, 9 ; L. 1,
Cod. *de ord. cogn.*, et 11, *in fine, de ord. judic.*)
[8] Walter, *Loc. cit.*, ch. IX, p. 97.

Lorsque, après l'édit de Dioclétien, qui changea la procédure provinciale, les procédures extraordinaires (*extrà ordinem cognitio*) furent devenues la règle générale [1], les gouverneurs prononcèrent sur le fait et sur le droit. Néanmoins, il leur fut permis de nommer des juges subalternes et permanents, chargés de l'examen des affaires de moindre importance (*Judices pedanei*)[2].

Les gouverneurs rendaient la justice dans un tribunal sédentaire ou dans des assises tenues périodiquement dans les principales cités [3].

Quand, vers le milieu du IVᵉ siècle, l'institution du *défenseur* fut organisée [4], ce magistrat eut, outre ses autres attributions, une juridiction civile pour les affaires qui ne dépassaient pas 50 *solidi* [5]. L'appel de ses sentences était porté devant le lieutenant impérial [6]. Il était chargé de l'instruction dans les affaires criminelles [7]. Il ne pouvait pas infliger des amendes [8].

Au-dessus de toutes ces juridictions s'élevaient celles de l'Empereur, du préfet du prétoire, et même du Sénat, devant lesquels les appels étaient portés, selon des règles, des formes et des distinctions, qu'il serait trop long de rappeler [9].

Dans les derniers siècles de l'administration romaine, la juridiction volontaire, c'est-à-dire celle qui concernait les actes que les parties voulaient faire revêtir du caractère de l'authenticité, était exercée par la curie. Les donations au-dessus d'une certaine somme, par exemple, devaient être transcrites sur des registres (*gesta* ou *acta*), en présence de l'autorité [10]. On avait aussi recours à cette formalité pour un grand nombre d'autres

[1] Voy. L. 2 de l'année 294, Cod. III, 2; F. Walter, *Loc. cit.*, ch. VII, p. 70.

[2] L. 5 de l'an 362, Cod. III, 3; Walter, *Loc. cit.*, ch. VII, p. 71.

[3] Cod. Theod., I, 7, 4.

[4] Voy. *suprà*, sect. 2, p. 90.

[5] Voy. L. 1, Cod. I, 55. Cette somme fut élevée à 300 *solidi* depuis Justinien (Nov. XV, c. 3, 4); *voy.* Savigny. *Loc. cit.*, ch. II, § 23,

[6] Nov. XV, c. 5; Savigny, *Loc. cit.*

[7] L. 6 et 7, Cod. Just., I, 55.

[8] L. 2, Cod. Th., I, 11.

[9] On peut consulter sur ce point F. Walter, *Loc. cit.*, ch. IX, p. 96 et suiv.; M. Bonjean, *Traité des actions*, t. II, liv. V, § 377 et suiv., p. 514 et suiv.

[10] L. 1, Cod. Th., III, 5; L. 1, C. Th., VIII, 12; — *Voy.* aussi pour les testaments L. 4, C. Th., IV, 4; L. 28, C. Just., VI, 23; L. 19, *eod.*

actes tels que la vente, l'échange, le paiement, afin d'en conserver la mémoire.

C'est par une des formules de ces actes qui s'accomplissaient
devant la curie que commence le recueil des formules de l'Arvernie : deux époux, dont les titres avaient été détruits par
le pillage ou l'incendie, se présentent à la curie, et demandent le
rétablissement de ces titres dans les formes prescrites par la loi.
La curie accorde leur demande, et ordonne l'insertion sur les
registres, après l'affiche de la requête dans le marché public
pendant trois jours [1].

La curie était représentée, pour recevoir ainsi les actes, par
un magistrat de la cité, et trois décurions, assistés d'un *exceptor* [2] :
c'était le nom donné, en général, à tous les secrétaires employés
pour les actes publics.

En dehors des juridictions que nous avons passées en revue,
il existait différents tribunaux d'exception, par exemple, pour les
militaires, pour le clergé. Nous n'entrerons dans aucun détail sur
ces tribunaux [3]. Nous rappellerons seulement que la célèbre loi de
Constantin, de l'année 331, relative à la juridiction épiscopale
en matière civile à l'égard des laïques, et sur l'existence de laquelle se sont élevées tant de controverses, n'était pas plus reçue
en Arvernie que dans le Midi. Dans ces contrées, la juridiction
de l'évêque à l'égard des laïques ne pouvait résulter que d'un
compromis et n'était qu'un arbitrage volontaire [4]. Mais elle s'appliquait, comme juridiction publique, à tout ce qui touchait la
religion, ou les causes ecclésiastiques, et à tous les procès civils
concernant les clercs [5]. Dans les causes qui intéressaient les clers

---

[1] Voy. 1re formule.

[2] D'après une constitution d'Honorius, il fallait trois *principales* outre le
magistrat et l'*exceptor* (L. 151, C. Th., XII, 1). Selon les variantes des manuscrits et l'opinion de plusieurs auteurs, ce serait trois *curiales,* au lieu de
trois *principales ;* voy. M. de Savigny, *Loc. cit.,* chap. II, § 29. — Voy. cependant sur cette constitution J. Godefroi, t. IV, p. 517.

[3] Voy., pour les militaires, Savigny, *Loc. cit.,* ch. II, § 25.

[4] Cod. Th., XVI, II. 1 ; voy. aussi Nov. de Valentinien III, de l'an 452.

[5] Voy. Cod. Just., 1, 4, 7 ; Cod. Th., XVI, 11, 1, *de Religione ;* Leg. novell.,
édit. 1593. Valent., XI, Cod. Th., XVI, 2, 47.

et les laïques, le demandeur laïque avait la faculté de poursuivre devant l'évêque ou devant le juge civil[1]. Le jugement des délits commis par les simples clercs appartenait au juge de la cité dans laquelle la poursuite était exercée[2].

---

## CHAPITRE VII.

### Impôts.

Nous allons esquisser dans ses traits essentiels le régime des impôts, auquel l'Arvernie fut soumise, à l'époque gallo-romaine, et rappeler rapidement ses principales phases historiques[3].

Sous la République, l'assujettissement du sol des provinces à l'impôt était la règle générale. Il n'y avait d'exception que pour quelques cités. Parmi les provinces, les unes, comme les Gaules, étaient assujetties à une contribution en argent, annuelle et d'un chiffre invariable. D'autres étaient soumises à la location censoriale : les anciens possesseurs auxquels le sol avait été rendu après la conquête, non à titre de plein domaine, mais comme à titre de location, payaient un cens comme fermage de la concession. D'autres provinces, enfin, étaient obligées à des prestations de fruits dont la quotité était variable.

La terre d'Italie était, au contraire, affranchie d'impôt foncier en numéraire, du moins à une époque postérieure à la guerre italique.

---

[1] Novell. Valent., III, *de episcopali judicio.*

[2] Voy. Cod. Th., XVI, 2, 23.

[3] On peut consulter, sur les impôts romains, les travaux suivants : 1° *Dissertation sur le système des impôts du temps des Empereurs,* de M. de Savigny, analysée par M. Pellat, (*Thémis,* X, 256); 2° *Des impositions de la Gaule dans les derniers temps de l'Empire romain,* par le chevalier Baudi di Vesme, Turin, 1839; ce mémoire, traduit par M. Laboulaye, avait paru, en 1840, dans la *Revue Bretonne de droit et de jurisprudence;* et il a été reproduit dans la *Revue hist. de dr. franç.,* t. VII, p. 365 et suiv.; 3° Mémoire de M. Guadet; 4° *Economie polit. des Romains,* de M. Dureau de Lamalle, t. II, p. 402 et suiv.; 5° *Essai sur l'hist. du dr. fr.,* par M. Giraud, t. Ier, p. 95; 6° *Hist. du dr. franç.,* de M. Laferrière, t. III, p. 299.

Le produit de la contribution foncière des provinces fut le principal revenu de l'Etat.

Dès le commencement de l'Empire, on chercha à introduire dans les provinces un système uniforme, à y généraliser l'impôt territorial, et à supprimer les prestations en nature.

Dans l'intervalle qui sépare Trajan de Cicéron, ce système avait déjà fait quelques progrès. Ce fut sous Marc-Aurèle qu'il devint général et reçut son entière application [1].

Toutefois, il y avait quelques exceptions à la règle de la soumission du sol provincial à l'impôt : les cités des provinces qui jouissaient du *jus italicum* en étaient exemptes [2]. Une exemption semblable avait été généralement introduite en faveur des cités libres [3].

L'Italie perdit ensuite son ancienne immunité, et fut assimilée aux provinces [4]. Ce changement eut lieu à l'époque de la division de l'Empire entre Dioclétien et son collègue. Ce fut Maximien, auquel l'Italie et l'Afrique étaient échues, qui soumit la première de ces contrées au nouveau régime de l'impôt territorial proprement dit [5].

M. de Savigny pense que, même après l'introduction de l'impôt en Italie, les cités des provinces, qui jouissaient du droit italique, conservèrent leur immunité [6]. L'opinion contraire, enseignée par Spanheim [7], et par plusieurs autres auteurs [8], nous semble préfé-

---

[1] M. de Savigny, *Loc. cit.*, p. 250 et suiv.; *voy.* les textes cités par cet auteur.

[2] Voy. de Savigny, et les textes invoqués par lui, *Loc. cit.*, p. 254 et suiv. Sans pouvoir citer de textes précis, M. de Savigny penche à penser que cette exemption se bornait à la contribution foncière et ne s'étendait pas aux prestations en nature.

[3] De Savigny, *Loc. cit.*, p, 255 et suiv.

[4] M. de Savigny fait observer que la preuve de ce changement résulte de plusieurs constitutions impériales qui diminuent le taux des impôts dans certaines contrées de l'Italie (*voy.* Constit., 2, 4; 7, 12; Cod. Th. *de indulg. debitor.*; Thémis, X, p. 256).

[5] M. de Savigny, *Loc. cit.* Cet auteur cite et explique le passage assez obscur d'Aurélius Victor *de Cæsaribus*, C. 39, qui atteste ce fait.

[6] *Loc. cit.*, p. 258 et suiv. M. de Savigny cite, à l'appui de son opinion, les constitutions 2, 4 et 6, Cod. Theod. *de censu*.

[7] *Orb. rom. exerc.* 2, C. 10.

[8] Schwartz, *de jure italico*, § 12; Baudi di Vesme, ch. II, § 13; *Revue histor.*, vol. VII, p. 372; Giraud, *Loc. cit.*, p. 99.

rable. Nous croyons que les cités provinciales, qui jouissaient du
*jus italicum* perdirent leur franchise en même temps que l'Italie.
Les textes invoqués par M. de Savigny ne se réfèrent qu'à des
des exemptions particulières et exceptionnelles.

Il est aussi, selon nous, probable que les cités libres furent, à
la même époque, privées de leur immunité. Il paraît du moins
certain que, dès le IVe siècle, l'Arvernie était soumise à l'impôt.
Illidius (S. Allyre), qui vivait dans ce siècle, et qui avait guéri
la fille de l'Empereur Maxime, résidant alors à Trèves, obtint
de lui, au lieu de grands présents en or et en argent, qu'il lui
offrait, la faveur pour la cité arverne de payer en numéraire les
tributs en blé et en vin dont elle était tenue [1].

Dans le siècle suivant, nous voyons le jeune arverne Avitus aller
solliciter auprès de Constance la suppression d'un impôt onéreux [2].
Plus tard, et dans le même siècle, le célèbre Séronat ne pensait
qu'à multiplier les tributs [3]. La rigueur dans la perception devint
même telle que, suivant Sidoine Apollinaire, il était passé en
proverbe que ce qui faisait une bonne année c'était moins l'abondance des récoltes que l'humanité des magistrats [4].

L'Italie et les provinces étaient dans un état d'assujettissement
général à l'impôt, lorsque commença l'ère des empereurs chrétiens.

On sait que, sous Constantin et ses successeurs, les impôts qui

---

[1] « Quod miraculum imperator cernens, immensos auri argentique cumu-
los sancto offert sacerdoti, quod ille exsecrans ac refutans hoc obtinuit ut
Arverna civitas quæ tributa in specie tritici ac vinaria dependebat, in auro
dissolveret, quia cum labore penui inferebantur imperiali. » (Greg. Tur.,
*de Vit. Patr.*, cap. 2, p. 1154). S. Allyre mourut en revenant de Trèves,
vers l'an 387 (Gonod, *chron.*, p. 4). — Pendant son épiscopat, Aubert-Ay-
celin procéda à la recherche des reliques de S. Allyre. On trouva un cer-
cueil de plomb, dans lequel existait cette inscription : *A. Imperatoris. Alema-
nici. Filia. Quam. Sc. S. Illidius. Liberavit. Sepulta XVI. K. Aprilis.* Quelques
auteurs ont prétendu que c'était le tombeau de la fille de l'empereur Maxime,
qui avait voulu, après sa mort, reposer dans l'église dédiée à celui qui l'avait
guérie (Voy. *Tab. hist. de l'Auv.*, IV, p. 612).

[2] « Poscatque informe recidi vectigal.... (Sid. Apoll. *Carmen* VII, ℣ 208 et
suiv.).

[3] « Nova tributa perquirit... » (Sid. Apoll. II, *Epist* 1).

[4] « Certe creber provincialium sermo est, annum bonum de magnis non
tam fructibus, quàm potestatibus æstimandum. (Sid. Apoll. III, *Epist.* 6).

eurent le plus d'importance[1] furent deux contributions directes, l'une foncière, l'autre personnelle.

L'impôt foncier se nommait *capitatio*, et quelquefois *jugatio* ou *terrena jugatio*[2]. Pour la répartition de cet impôt, le sol était divisé en un certain nombre de cantons, (*capita*), qui étaient soumis au même chiffre d'impôt[3]. Chacun de ces cantons se nommait *caput*, d'où est venu le nom de *capitatio*, qui désignait la contribution elle-même[4]. Cette opération fut appliquée en Arvernie, comme dans toute la Gaule, où son existence est attestée par plusieurs documents[5].

La valeur uniforme du *caput* ou de l'*unité imposable*, qui contenait, comme mesure ordinaire, 60 jugères (ou 15 hectares)[6], fut fixée à 1,000 *solidi* (environ 15000 francs de notre monnaie), ce qui fit prendre quelquefois au *caput* le nom de millène, *millena*. On peut recourir aux ouvrages qui ont traité plus spécialement la matière, pour savoir si cette valeur était réglée d'après celle de la propriété foncière ou d'après le revenu net du *caput*[7].

Cet impôt foncier remplaça-t-il définitivement les prestations en nature ? Plusieurs historiens pensent que la rareté du numéraire, et les inconvénients du système de l'impôt territorial généralisé depuis Marc-Aurèle, obligèrent le gouvernement impérial à rétablir les impôts en nature. Les textes, que nous avons rapportés, en parlant de l'assujettissement de l'Arvernie à

---

[1] Il y avait encore d'autres sources de revenus publics et d'autres charges, telles que les domaines de l'Empereur, les droits de déshérence et de confiscation, le transport des convois et des fonctionnaires (*cursus publicus*). Les prestations de voitures, bêtes de somme et de trait, s'appelaient *angariæ* et *parangariæ*, *veredi* et *paraveredi* (Voy. Cod. Th., *de cursu publico*, VIII, 6). Il y avait aussi les contributions indirectes, telles que le centième des achats et ventes.

[2] *Voy.* Const., 8, Cod. Th., XIII, 10, et les autres textes cités par M. de Savigny, *Loc. cit.*, p. 228.

[3] Baudi di Vesme, *Loc. cit.*, chap. II, §§ 18 et 19.

[4] De Savigny, *Loc. cit.*, p. 229. *Voy.* cependant J. Godefroi, sur la Constit., 2, Cod. Th., XIII, 10. — *Voy.* sur l'origine du mot *caput* M. de La Malle, *Econ. polit.*, liv. XI, chap. VIII.

[5] Sid. Apollinaire (*Carm.*, XIII, v. 19, 20), Ammien Marcellin (XVI, V, 14), Eumène (*Gratiarum actio*, ch. V, VI, XI, XII), parlent des *capita*.

[6] On réunissait assez souvent les terres de [plusieurs petits possesseurs pour constituer cette unité.

[7] Voy. MM. Baudi di Vesme et de La Malle ; M. Giraud, p. 101 et suiv.

l'impôt, sembleraient confirmer cette opinion. Nous avons vu notamment, au IVᵉ siècle, Illidius solliciter de Maxime, comme une faveur spéciale, la faculté pour cette contrée de payer en numéraire les prestations de fruits, qu'elle trouvait trop onéreuses. Si on se rappelle, en outre, que le traitement des hauts fonction-naires de l'Empire était payé plus souvent en nature qu'en argent, on est enclin à conclure que l'Etat recevait lui-même en nature. Mais cette conclusion ne serait pas exacte : « Indé-pendamment de la *jugatio* ou *copitatio* en argent, dit M. Baudi di Vesme, les propriétaires étaient tenus de payer, dans la pro-portion de leur millène et de l'impôt qui frappait chacun de ces *caput*, une contribution en nature dite *annona*[1]. Cet impôt devait sans doute son origine, partie à l'ancienne organisation financière des provinces au temps de la République, et partie aux *commeati*, ou fournitures faites aux généraux et aux armées, fournitures dont l'usage fut introduit par les premiers empereurs[2]. » Il fut permis, dans l'Empire d'Occident, d'en payer le prix en argent, *adœrare;* mais cette règle n'était pas générale[3].

L'assiette de l'impôt foncier reposait sur un cadastre[4], conte-nant la détermination et description exacte des parcelles de terrain (*capita*) ayant toutes la même valeur estimative, et assu-jetties à la même contribution foncière. La somme totale de la contribution foncière était fixée par l'Empereur pour chaque année fiscale, appelée *Indictio*, et commençant au 1ᵉʳ septembre[5]. En divisant cette somme totale par le nombre des *capita* qui, sinon dans tout l'Empire, du moins dans chaque province, étaient égaux entre eux[6], on obtenait le contingent de chaque *caput* dans

---

[1] L. 15. C. Th., *de annon.*, XI, 1; L. 2. Cod. Théod., *de imm. conc.*, XI, 12; Nov. 128, ch. I, 11.

[2] *Loc. cit.*, ch. III, § 24.

[3] Baudi di Vesme, *Loc. cit.*

[4] Fr. 4 D., L, 15.

[5] La quotité de l'impôt foncier ainsi fixée et chiffrée de la main de l'Em-pereur était adressée au préfet du prétoire, qui en faisait la répartition entre les diverses provinces, et envoyait à chacune en particulier l'extrait du rôle qui la concernait (Voy. Cod. Th., Constit. 8, XI, 16; Constit. 1, XI, 1; Constit. 3 et 4, XI, 5). Le gouverneur de la province le faisait afficher dans les lieux les plus fréquentés de son ressort, au moins quatre mois avant l'ouverture de l'indiction (*Ibid.*, Constit. 3 et 4; Const. 34, XI, 1).

[6] *Voy.* Eumène, *Gratiar. actio ad Constantin.* C. V.

l'impôt de l'année. La somme à percevoir ainsi chaque année s'acquittait par semestre et par paiements égaux[1].

La seconde contribution directe était *l'impôt personnel*, qui s'appelait aussi *capitatio* ou *humana capitatio, capitalis illatio*[2]. Cette contribution était une charge imposée spécialement aux plébéiens, *capitatio plebeia*. Elle pesait sur tous les plébéiens qui ne payaient pas d'impôt foncier, et sur toutes les personnes d'une condition inférieure[3]. Dans l'origine, la capitation personnelle frappait, dans les villes, les personnes libres dont nous venons de parler, et, dans les campagnes, la plèbe rustique et les colons[4]. Au IVe siècle, la plèbe urbaine de toutes les provinces en fut affranchie par Constantin[5]. Les habitants libres de la campagne cessèrent aussi d'y être soumis, mais ils furent grevés de charges dites sordides : par exemple, des corvées pour les travaux publics, de l'obligation de fournir des chevaux pour le *cursus publicus*[6]. Les colons seuls restèrent assujettis à la *capitatio humana*[7]. Il en fut de même des esclaves, qui étaient frappés individuellement par cet impôt, et sans aucun rapport avec l'impôt foncier.

Il y avait aussi un impôt sur les bestiaux, qui était désigné sous le nom de *capitatio animalium*[8].

Il n'existe aucun renseignement précis sur l'assiette de l'impôt personnel. On peut présumer qu'il était l'objet d'un recensement général, qui se liait à la confection du cadastre[9].

On ne sait pas quel était le montant des cotes personnelles. La somme exigée de chaque homme, dans l'origine, s'appelait *simplum*[10]. Les femmes payèrent d'abord la moitié de la somme

---

[1] Constit. 15, Cod. Th., XI, 1.
[2] Voy. les textes cités par M. de Savigny, *Loc. cit.*, p. 230.
[3] M. Baudi di Vesme dit que les *plébéiens* assujettis à cet impôt étaient toutes les personnes d'un rang inférieur à celui de décurion, encore bien qu'elles possédassent des immeubles. (*Loc. cit.*, ch. IV, § 40). Voy. cependant M. de Savigny, *Loc. cit.*, p. 232.
[4] Voy. Constit. 3, Cod. Th. VIII, 1 ; Constit. 2, Cod. Th., XIII, 10 ; Const. 1, Cod. Just., XI, 54.
[5] Voy. Constit. *unic.*, Cod. Just., XI, 48, ann. 313.
[6] Voy. sur le *cursus publicus* et les charges extraordinaires et sordides, M. Baudi di Vesme, *Loc. cit.*, ch. III.
[7] M. Baudi di Vesme, *Loc. cit.*, chap. IV, § 41.
[8] Cod. Th., XI, 20, 6.
[9] M. Giraud, *Loc. cit.*, p. 114.
[10] Placentin présume que le *simplum* était d'un *aureus* (*Summa in tres lib. tit. de annona*) ; M. de Savigny pense qu'il était moins considérable (*Loc. cit.*, p. 230).

imposée aux hommes. A la fin du IV^e siècle, une loi prescrivit une répartition qui amena une notable diminution d'impôt. La capitation qui était payée par un homme le fut par deux ou trois, et celle qui était payée par deux femmes le fût par quatre[1]. C'était un allégement de moitié pour les contribuables.

Il n'appartient pas à notre sujet d'exposer ce qui a trait à l'organisation de l'administration supérieure des finances dans les Gaules.

Nous rappelons, en terminant cet aperçu, que le recouvrement des impôts était une charge des cités municipales, et qu'il était confié aux membres de la curie, pour qui ces fonctions furent une cause de ruine et de misère. Pour lever les impôts, la curie choisissait, chaque année, ou tous les deux ans, deux de ses membres, qui étaient légalement qualifiés d'exacteurs, *exactores*[2]. Elle était responsable de l'insolvabilité des débiteurs de l'impôt, et la responsabilité pesait sur tous ses membres nommés avant l'expiration de l'année fiscale où la dette avait pris naissance. Un officier impérial, connu sous le nom de *compulsor tributi*, était chargé de la poursuite des curiales, responsables solidairement envers l'Empereur de l'insolvabilité des possesseurs[3].

On retrouve le système des impôts romains sous les Mérovingiens, mais avec des modifications, que nous ferons connaître plus tard.

---

[1] Cod. Just., XI, 47, 10. — M. Baudi di Vesme pense que cette imposition ne consistait pas en une somme d'argent fixe et uniforme, puisqu'en ce cas, dit-il, la loi n'aurait pas diminué proportionnellement l'impôt. Elle devait, selon lui, depuis la loi de Théodose, monter environ au dixième du revenu de la personne et des biens meubles du contribuable (*Loc. cit.*, ch. IV, § 45.

[2] Cod. Th., V, 3, 4 ; L. 1, L. 16, XI, 7.

[3] Cod. Th., XI, 23, nov. Major., ann. 458; voy., sur la levée des impôts, M. Baudi di Vesme, *Loc. cit.*, ch. VII, § 76 et suiv.

# TITRE III.

## Période de la domination des Visigoths.

Quand l'Empire, par des concessions et des révoltes successives, eut perdu la majeure partie des Gaules, l'Arvernie resta comme le débris le plus vivace de son ancienne domination, et comme le soutien le plus solide de sa puissance au nord des Alpes. Une lutte, qui forme l'un des grands épisodes de l'histoire des Gaules, au V^e siècle, s'engagea entre les Arvernes et les Visigoths, qui possédaient la Septimanie[1]. Cette guerre commencée dès l'année 471 n'était point encore terminée à la fin de 474. Le roi des Visigoths, Euric, faisait chaque année des irruptions dans l'Arvernie, qu'il parcourait en la ravageant sur tous les points de son territoire, et dont la conquête était l'objet de son ardente convoitise. Plusieurs fois il avait marché sur la capitale de cette contrée et l'avait assiégée. Réduits à leurs propres forces, n'obtenant des Burgondes que des secours intéressés, suspects[2], et ne recevant de l'Empire aucun appui, même moral, les Arvernes n'en supportaient pas moins avec un courage admirable une si pénible guerre. Au pied du puy de Dôme, dans ces plaines de la Limagne, où ils avaient autrefois vaincu César, les petits-fils de Vercingétorix combattaient au nom des lois romaines, au nom de ces lois, qui étaient cependant si oppres-

---

[1] On peut consulter, sur cet évènement, les *lettres* de Sidoine Apollinaire, et spécialement la lettre 3 du III^e livre, à Ecdicius ; Dubos, *Hist. crit. de la monarchie franç.*, Liv. III, chap. XII et XIII, t. II, p. 194 et suiv. ; Dulaure, *Description de l'Auvergne*, p. 16 et suiv.; Fauriel, *Gaule méridionale*, t. I^er, p. 324 et suiv.

[2] Voy. Sid. Apoll., III, *Epist.* 4.

sives et si tyranniques, pour un pouvoir sans prestige, sans
force, pour un gouvernement qui les abandonnait entièrement.
Nous ne rechercherons pas les diverses causes qui ont déterminé
les Arvernes à cette lutte désespérée. Deux hommes, l'évêque
Sidoine Apollinaire et Ecdicius, son beau-frère, furent pour ainsi
dire l'âme de cette opiniâtre résistance contre la conquête des
Visigoths. Pendant que les Arvernes souffraient et combattaient
pour rester Romains, la paix déjà convenue entre l'Empire et
les Visigoths[1] était définitivement conclue à des conditions dont
la principale et la plus connue était la cession de leur pays à
ces derniers. Après plus de cinq cents ans, depuis la conquête
romaine, l'Arvernie, l'une des contrées les plus civilisées de la
Gaule, et chez laquelle le mépris et la haine de la barbarie se
joignaient à un ardent dévouement pour les doctrines catholiques,
était obligée de courber encore une fois la tête sous le joug de
l'étranger, sous le joug des Visigoths barbares et ariens (J. C.
475).

Leur domination fut, du reste, de courte durée. A peine trente-
deux ans se seront écoulés que nous verrons Clovis venir faire
la guerre à Alaric, au midi de la Loire, et les Arvernes, quoique
catholiques fervents, défendre les Visigoths, soutenir leur cause
avec la même ardeur, avec le même courage qu'ils montrèrent
pour les Romains.

D'un autre côté, le régime imposé à l'Arvernie, sous la domination des Visigoths, fut assez doux. Ils ne cherchèrent pas à y faire
triompher leurs idées et leurs mœurs. Ils furent plutôt absorbés
par la civilisation romaine qu'ils ne songèrent à la changer.
Aussi, lorsqu'ils furent obligés d'abandonner leurs conquêtes aux
Francs victorieux, ils ne laissèrent pas, si on en excepte quelques formes d'administration, et la publication du Code d'Alaric,
des traces bien profondes de leur passage dans les montagnes
de l'Arvernie.

---

[1] Lorsqu'il apprit que cette paix était sur le point d'être conclue, Sidoine
Apollinaire écrivit la célèbre lettre à Græcus, qui contient l'expression de sa
douleur et les accents d'une légitime indignation : « Arvernorum, proh dolor !
servitus.... pro iis tot tantisque devotionis experimentis nostri, quantum
audio, facta jactura est. Pudeat vos, precamur, hujus fœderis, nec utilis,
nec decori... » (VII, *Epist.* 7).

Nous allons cependant rechercher, dans les trois chapitres suivants, quelles furent les sources du droit dans cette contrée, par quelle législation elle fut régie, et à quel régime administratif elle fut soumise pendant cette période.

————

## CHAPITRE Ier.

### Législation de l'Arvernie jusqu'à la publication du Code d'Alaric, et gouvernement de ce pays.

Les Visigoths une fois en possession de l'Arvernie respectèrent ses lois, ses coutumes, et laissèrent subsister les différences et les inégalités qu'il y avait entre les vainqueurs et les vaincus. Ils se trouvèrent les dépositaires des lois et des institutions de leurs nouveaux sujets, et rien ne prouve qu'ils aient voulu y porter atteinte.

Cependant le plus célèbre commentateur de la Coutume d'Auvergne, un jurisconsulte praticien, qui sema dans ses Commentaires plusieurs dissertations historiques, Chabrol, confondant les dates et les faits, prétend que « Euric voulut substituer les lois des Goths à celle des Romains. » Il ajoute : « Les habitants de cette province montrèrent de la résistance. » Dans un alinéa précédent, il dit encore : « Apollinaire se plaint, dans une lettre à Hecdicius, de ce que les Goths, qui s'étaient alors rendus maîtres de l'Auvergne, s'efforçaient d'abroger le Code Théodosien, pour y substituer les lois de Théodoric [1]. »

Les Visigoths vainqueurs ne songèrent pas à abolir l'autorité des lois romaines dans l'Arvernie : ces lois étaient entrées profondément dans les mœurs, et, en général, un peuple conquérant n'abroge pas facilement les lois civiles ou les coutumes d'un peuple vaincu. D'ailleurs, on sait qu'aucun des gouvernements barbares qui s'établirent sur le territoire de l'Empire d'Occident

[1] *Coutume d'Auvergne*, t. Ier, p. xj.

n'eut, dans le principe, l'idée de faire des populations conquises et des peuplades conquérantes un seul et même peuple régi par les mêmes institutions. Les Visigoths, loin de vouloir détruire la civilisation romaine, firent tous leurs efforts pour se l'assimiler.

Le seul texte invoqué par Chabrol, pour appuyer son opinion, est un passage de la lettre de Sidoine Apollinaire, dont nous avons cité ailleurs un fragment[1], et dans laquelle il dépeint un gouverneur de l'Arvernie s'unissant aux Goths, insultant aux Romains, foulant aux pieds les lois *Théodosiennes* et proposant d'y substituer les lois *Théodoriciennes* : « Exultans Gothis, insultans Romanis, leges *theodosianas* calcans, *theodoricianasque* proponens[2]. » Or, Séronat, le gouverneur dont parle la lettre de Sidoine Apollinaire, et qu'il nomme le *Catilina* de son siècle[3], était un magistrat romain, qui trahissait les intérêts de l'Empire, pour favoriser ceux des Visigoths, pour faire passer l'Arvernie sous la domination d'Euric. Dans une lettre, que Sidoine écrit après la cession de l'Arvernie aux Visigoths, il dit, pour prouver l'attachement des habitants de cette contrée à l'Empire : « Les Arvernes, par amour pour la République, n'ont pas craint de livrer aux lois Séronat, qui jetait aux barbares les provinces de l'Empire; et ensuite, quand il fut convaincu de son crime, la République hésitait encore à le punir[4]. » D'ailleurs, la lettre, dans laquelle se trouve le passage invoqué par Chabrol, ne peut pas être d'une date postérieure à l'année 472, puisqu'il y est fait mention de l'impuissance d'Anthemius à secourir l'Arvernie[5], et que ce prince est mort dans le mois de juillet de cette même année[6]; or, c'est vers 475 seulement que cette contrée tomba au pouvoir

---

[1] *Suprà*. tit. II, ch. 4.

[2] Sid. Apoll., II, *Epist.* 1. — Par le mot *theodoricianas*, il ne faut pas entendre les lois de Théodoric, mais les lois des Goths; cette expression, loin de s'appliquer à un roi ou à un code particulier, indique d'une manière générale tous les rois Visigoths, généralement appelés *Théodoric,* à cette époque. Le mot *theodoricianas* mis en opposition avec le mot *theodosianas* n'est qu'une puérile antithèse, une paronomase, comme on en trouve assez souvent dans les lettres de Sidoine.

[3] II, *Epist.* 1.

[4] Sid. Apoll., VII, *Epist.* 7.

[5] « ....Si nullæ... Anthemii principis opes.... » (Sid. Apoll., II, *Epist.* 1).

[6] Voy. *Suprà,* tit. II, ch. 4.

des Visigoths. Le récit de Sidoine ne peut donc pas avoir trait à une tentative d'introduction de leur droit, qu'ils auraient faite après leur conquête.

Les Visigoths se sentirent impuissants pour abroger la législation des vaincus, et se contentèrent, comme nous le verrons, d'y faire les réformes ou les modifications, que le temps et les évènements pouvaient rendre nécessaires.

Ils apportèrent dans le gouvernement et l'administration de l'Arvernie les mêmes ménagements que dans les institutions civiles. Après le traité de 475, Euric envoya *Victorius* prendre possession de ce pays, en qualité de *comte* ou de gouverneur particulier. Victorius était déjà depuis quelque temps duc ou gouverneur des sept cités de l'Aquitaine première, que les Visigoths avaient soumises avant la conclusion de ce traité [1].

Ce premier gouverneur de l'Arvernie, sous la domination des Visigoths, était gallo-romain et probablement arverne. Un tel choix annonçait de la part d'Euric la volonté de n'apporter pour ainsi dire aucun changement dans la législation et l'administration du pays.

[1] Sid. Apoll., VII, *Epist.* 17; Greg. Tur. *Hist.*, II, 20; Voy. *Hist. génér. de Languedoc*, L. IV, tit. Iᵉʳ, p. 223; Dubos, *Hist. crit. de la monarchie franç.*, Liv. Iᵉʳ, ch. XIII, p. 214 et suiv.; Dulaure, *Descript. de l'Auv.*, p. 18. — Selon Grégoire de Tours, Victorius aurait été nommé duc ou gouverneur des sept cités de l'Aquitaine première dans la XIVᵉ année du règne d'Euric ( « *Eoricus.... Victorium ducem super septem civitates præposuit anno XIV regni sui* » ), c'est-à-dire en 479, ou 480, Euric ayant commencé à régner après l'assassinat de son frère, en 466. Il ajoute que Victorius demeura neuf ans dans la cité des Arvernes ( « *fuit autem Arvernis novem* » ), ce qui nous reporte à 489 environ ; et qu'Euric, qui régna encore quatre ans après la mort de Victorius ( « *post cujus excessum regnavit Eoricus annos quatuor* » ), aurait régné vingt-sept ans ( « *obiit autem anno XXVII regni sui* » ), et ne serait mort qu'en 493. — Mais, d'une part, il paraît constant que ce règne fut de dix-huit ou dix-sept années seulement ; et, d'autre part, celui de son fils Alaric II date de 484 au plus tard. L'erreur qui s'est glissée dans le texte de Grégoire de Tours est généralement reconnue. Il est probable que les neuf années de séjour, que cet historien attribue à l'Arvernie, doivent s'entendre de la durée du gouvernement de Victorius dans l'Aquitaine première. L'auteur de l'*Histoire de l'ancienne Auvergne* fait observer que, pour mettre d'accord le texte de Grégoire de Tours avec les autres documents historiques, il suffirait de retrancher le chiffre X des nombres XIV et XXVII exprimés dans ce texte (T. Iᵉʳ, p. 300, note 2.).

Selon M. de Pétigny, il résulterait de Grégoire de Tours que Victorius gouverna les sept cités de l'Aquitaine pendant neuf ans, *dont quatre après la mort d'Euric* (*Etudes sur l'époque mérovingienne*, t. II, p. 306).

Nous n'essaierons pas de concilier les récits de Sidoine Apollinaire avec ceux de Grégoire de Tours sur les qualités ou les imperfections de ce gouverneur et de son administration[1]. Ce qui est certain, c'est que le comte Victorius, qui honorait les reliques des Saints, mena cependant une vie scandaleuse, et fut obligé de se réfugier à Rome, où il fut lapidé.

Audigier cite, comme son successeur immédiat dans le gouvernement de l'Arvernie, *Evodius*, issu d'une famille sénatoriale[2]. Il mentionne ensuite *Apollinaire*, comme ayant été placé à la tête de l'administration de cette cité, pendant la domination des Visigoths[3].

Ces conquérants n'eurent pas de divisions de territoire à créer. Ils en trouvèrent de toutes faites qu'ils adoptèrent. Ils laissèrent subsister les principaux rouages de l'administration créés par les Romains. Mais, si la hiérarchie resta à peu près la même, il s'opéra un changement assez remarquable dans la grande magistrature provinciale. Au lieu de la province, il y eut la cité. Un comte, *comes civitatis*, y prit la place qu'occupait le *prœses* ou gouverneur romain dans la province, sans hériter toutefois de toutes ses attributions[4]. Il avait spécialement dans ses attributions ce qui regardait les intérêts du gouvernement central, de la puissance publique, la levée des impôts, le recrutement, et la sanction des jugements criminels.

L'organisation de la cité, et sa juridiction spéciale, le corps des décurions, subsistèrent toujours. La curie acquit même plus d'importance et d'indépendance que sous la domination romaine.

Nous parlerons, dans le troisième chapitre de ce titre, des développements de la curie et de l'agrandissement de la juridiction municipale, tels qu'ils sont établis par la *Lex romana Visi-*

---

[1] *Voy.* Sid. Apoll., VII, *Epist.* 17 ; Greg. Tur., *Hist.*, II, 20.

[2] *Voy.* Documents historiques extraits par Dulaure du Manuscrit d'Audigier, de la Bibliothèque nationale (Mss., n° 241, Bibl. de Clermont). D'autres historiens disent que Victorius eut pour successeur le sénateur *Calminius* fils d'Eucher (voy. l'*Anc. Auvergne*, t. I<sup>er</sup>, p. 299).

[3] *Loc. cit.*

[4] Cette opinion est assez généralement suivie ( *voy.* Bignon, notes sur les formules de Marculfe [Canciani, II, 193]; Savigny, *Hist. du dr. rom.*, ch. IV, § 82, et ch. V, § 90). — *voy.* cependant Hauteserre, qui soutient que les Visigoths ont maintenu la distinction romaine entre les provinces et les ités (*de Ducib. et Comitib. prov.*).

*gothôrum*, qui fut publiée par Alaric II, un an avant la célèbre bataille de Vouillé. Les observations que nous avons à présenter sur ce recueil feront l'objet du chapitre suivant.

Quoi qu'il existe de nombreux rapports entre notre sujet et ce fameux Code, qui reçut une exécution en Arvernie, — car un exemplaire en fut sans doute adressé au comte de cette cité, comme aux autres comtes du royaume Visigoth,—nous nous renfermerons néanmoins dans les plus étroites limites. Les travaux publiés par les jurisconsultes et les historiens sur le *Breviarium* nous permettent de passer rapidement sur tout ce qui est du domaine de l'érudition et de l'archéologie. Plusieurs écrivains ont aussi étudié la partie de ce recueil, qui intéresse plus spécialement l'état de la curie gallo-romaine; d'autres ont porté plus loin leurs investigations; mais ils se sont assez souvent mépris sur le nombre et la réalité des innovations, que cette compilation renferme. Nous exposerons sommairement les notions qui nous paraissent les plus exactes et le mieux rentrer aussi dans le cadre de notre étude.

---

## CHAPITRE II.

### Observations sur la Loi Romaine des Visigoths, ou Bréviaire d'Alaric.

L'Arvernie fut régie par le Code Théodosien, par les autres monuments du droit romain, que nous avons rappelés [1], et par les usages, jusqu'à la publication de la célèbre collection connue sous le nom ancien de *Lex romana*, et désignée aussi par le titre plus moderne de *Bréviaire d'Alaric, Breviarium Alaricianum* [2].

L'ordonnance ou rescrit (*Commonitorium*), qui se trouve en tête

---

[1] *Suprà*, tit. II, ch. 4.

[2] La dénomination de *Breviarium Alaricianum* a été donnée à ce recueil au XVIe siècle seulement. — C'est improprement qu'on lui donne le nom de *Bréviaire d'Anien*. — On l'appelait aussi, au moyen-âge, *lex Theodosii*, à cause du Code Théodosien, qui en forme la première et principale partie.

de plusieurs manuscrits authentiques de ce recueil [1], renferme tous les renseignements que l'on possède sur son origine et sa rédaction.

Sous le règne d'Alaric II, une commission de jurisconsultes, probablement gallo-romains, se réunit, pour élaborer cette compilation, dans la ville d'Aire, sur l'Adour, l'une des cités de la Novempopulanie. Une députation d'évêques et de nobles provinciaux fut consultée sur ce travail, et appelée à lui donner son approbation. Un exemplaire, revêtu du *visa* du référendaire Anien, destiné à lui donner le sceau de l'autorité publique et la force obligatoire, fut adressé au comte de chaque cité [2]. Goiaric était chargé de publier et promulguer ce nouveau Code [3]. Cette publication eut lieu, la vingt-deuxième année du règne d'Alaric, en l'an 506 de l'ère chrétienne.

L'usage exclusif de la nouvelle loi romaine fut prescrit sous les peines les plus sévères. Toutefois, ce Code qui, d'après le *Commonitorium*, abrogeait les autres lois, n'excluait pas les anciens usages qui n'avaient rien de contraire au droit public [4].

Le Bréviaire d'Alaric devait comprendre les deux seules sources du droit en vigueur depuis un grand nombre d'années : les constitutions des Empereurs (*leges*) et les écrits des jurisconsultes (*Jus*). La première partie contient des extraits des seize livres du Code Théodosien et des novelles des empereurs Théodose, Valentinien, Marcien, Majorien et Sévère. Dans l'autre partie, destinée aux ouvrages des jurisconsultes, on voit que, des cinq jurisconsultes dont les écrits avaient été confirmés par Valentinien III, Papinien ne figure en quelque sorte que pour mémoire. Les Codes Grégorien et Hermogénien, œuvre de simples particuliers, remplacent Ulpien et Modestin, complètement omis. On y trouve par

---

[1] Le *Commonitorium* n'existe pas dans tous les manuscrits ; il y est quelquefois abrégé et même défiguré ; Haënel l'a trouvé dans 24 manuscrits.

[2] Le *Commonitorium* porte : « Commonitorium Thimotheo V. S. Comiti. » Timothée est un des comtes auxquels furent adressés les exemplaires officiels.

[3] L'erreur des auteurs qui ont attribué la rédaction du *Breviarium* à Anien est aujourd'hui généralement reconnue.

[4] La constitution de Constantin, *de longâ consuetudine*, y fut insérée avec cette interprétation énergique : Longa consuetudo quæ utilitates publicas non impedit pro lege servabitur. »

extrait les *Institutes* de Gaius réduites à deux livres, les cinq livres des *Sentences* de Paul, treize titres du Code Grégorien, deux du Code Hermogénien, et, enfin, un seul fragment très-court de Papinien (Lib. I, *Responsorum*). Le langage concis et elliptique de ce jurisconsulte ne devait pas être compris dans ces siècles d'ignorance.

Nous n'entrerons pas dans d'autres détails techniques sur cet important monument du droit [1].

Nous ajouterons seulement que les rédacteurs du *Breviarium* devaient faire suivre les passages extraits d'un Commentaire ou *Interprétation*. Cette instruction a été observée assez exactement, excepté pour Gaius, qui n'a point été interprété, mais considérablement altéré.

Les rédacteurs avaient pour mission de mettre le droit romain en rapport avec les besoins actuels des sujets gallo-romains du roi Alaric [2]. L'*Interprétation* était le complément du nouveau Code. Elle avait plutôt pour objet d'expliquer, d'éclairer les textes [3], que de les modifier. Les interprétations purement explicatives sont donc plus nombreuses que celles qui étaient destinées à créer un droit nouveau [4].

Des modifications assez notables furent cependant apportées au droit romain par la nouvelle compilation. Elles résultent principalement de l'*Interprétation*, qui accompagne la plupart des textes du Code Théodosien et des *Sentences* de Paul, insérés dans le Bréviaire, ainsi que des mutilations ou corrections des textes des Commentaires de Gaius, faisant partie du même recueil, sous le nom d'*Epitome*. La plus grande difficulté consiste à distinguer, soit dans les interprétations, soit dans l'*Epitome* de Gaius, les interpolations inintelligentes des dérogations apportées avec intention au droit romain préexistant. M. de Savigny dit au sujet

[1] Nous renvoyons à l'analyse critique du savant Savigny, (t. II, ch. VIII, §§ 13 à 23), et au beau travail dont Gustave Haënel a enrichi la science par son édition de la *lex Romana Visigothorum*, Leipsick, 1847-1848 ; voy. aussi sur les manuscrits, l'état de ce dernier auteur, reproduit par la *Thémis*, t. VIII, p. 209, et t. IX, p. 155.

[2] « Quæ necessaria causis præsentium temporum eligimus. » (Cod. Theod., liv. I, tit. IV, *de respons. prudent. interpretatio.*)

[3] *Voy.* le *Commonitorium*.

[4] Haënel, *Loc. cit.*, introd.

de l'*Interprétation* : « Ce Commentaire mérite toute notre confiance, surtout lorsqu'il contredit le sens et les expressions du texte, changements qui ne sauraient être attribués à l'ignorance des interprètes, du moins s'il s'agit de droit public. En effet, le droit privé exigeait des connaissances techniques peu communes au VI⁰ siècle, et souvent ce qui paraît une opinion particulière aux interprètes, ou un changement dans la législation, n'est qu'une fausse interprétation des auteurs anciens. Mais on ne concevrait pas l'incurie des rédacteurs du *Breviarium*, s'ils s'étaient trompés en parlant du droit public, dont les institutions étaient visibles à tous les yeux, accessibles à tous les esprits [1]. » M. de Savigny fait encore observer que l'on a trop déprécié ce Commentaire, en attribuant à la barbarie ou à l'ignorance des rédacteurs les différences qui existent entre le texte et l'*Interprétation* [2]. Ces modifications, en effet, répondent souvent aux changements introduits dans l'état de la société gallo-romaine, à l'époque de la rédaction du Bréviaire, et s'expliquent soit par les événements politiques accomplis, soit par la décadence des idées purement romaines, à cette époque.

Il serait intéressant d'apprécier les innovations de ce Code, et de signaler les causes qui les produisirent [3]. On en trouve dans l'état des personnes, dans la distinction des biens, et les modes d'acquisition, dans les règles des testaments, dans le régime des successions *ab intestat*, et dans celui des obligations [4].

Parmi les heureux changements consacrés par le Bréviaire, il faut remarquer surtout la facilité accordée aux affranchissements, et l'amélioration du sort des esclaves ; la suppression des modes de transmission de la propriété quiritaire, de la *mancipatio* et de la *cessio in jure*, et de toutes les institutions s'y rattachant. Il faut remarquer aussi la tendance des rédacteurs à affranchir la volonté humaine des liens dans lesquels le vieux formalisme romain

---

[1] *Loc. cit.*, ch. IV, § 90.

[2] *Loc. cit.*, ch. VIII, § 18.

[3] On peut consulter sur ce point le *Mémoire* de M. Benech, intitulé : *La lex Romana Visigothorum, dite Bréviaire d'Alaric, étudiée principalement dans ses rapports avec la civilisation de la Gaule du midi. (Rec. de l'Acad. de législ. de Toulouse*, t. III, p. 150 et suiv.)

[4] Voy. M. Benech, *Loc. cit.*, p. 157 et suiv.; 163, 164, 167 et suiv..

l'avait retenue trop longtemps captive, et à se rapprocher des principes du droit naturel.

L'influence de la noblesse et de l'épiscopat gallo-romain, qui avaient été consultés sur cette compilation, et qui lui avaient donné leur approbation, se fait sentir dans un grand nombre de ses dispositions. Cette influence s'explique par les circonstances politiques, et par les événements qui s'annonçaient déjà, lorsque la rédaction du Bréviaire fut ordonnée par Alaric II, en l'année 506. L'invasion des Francs devenait de plus en plus imminente : Alaric avait le plus grand intérêt à rallier les nobles à sa cause, et à se réconcilier avec le haut clergé.

Un jurisconsulte allemand, Biener, a écrit que le Bréviaire avait été composé dans le but d'introduire les principes du droit des Goths parmi les Romains [1].

M. Haënel dit, au contraire, qu'il n'est entré dans cette compilation aucun élément visigoth [2].

La première opinion n'est pas plus exacte que celle de Chabrol [3], au sujet de la tentative qui aurait été faite par les Visigoths d'introduire leur droit en Arvernie immédiatement après la cession de cette contrée. Ces conquérants montrèrent plus de tolérance et de respect pour la civilisation des peuples vaincus. M. Haënel nous semble être plus près de la vérité. Cependant, malgré toute notre déférence pour les opinions du célèbre érudit de Leipsick, qu'il nous soit permis de dire que sa proposition est trop absolue. L'élément visigoth s'est introduit dans le Bréviaire, dans de minimes proportions, il est vrai, mais il est facile néanmoins d'en constater la présence dans plusieurs dispositions. Nous citons, à titre d'exemple, la prohibition du mariage entre les Romains et les barbares [4]; la condition de l'exécution du contrat de vente par le paiement du prix pour l'admission de la preuve de ce contrat par témoins [5]; la même

[1] *De orig. leg. germ.*, p. 19. M. de Savigny critique cette opinion, tout en reconnaissant que la nouvelle constitution politique a dû nécessairement entraîner des modifications dans les anciennes lois, (t. II, chap. VIII, § 18).

[2] Introduction à la *Lex Romana*, p. 11.

[3] Voy. *suprà*, ch. Ier.

[4] *Voy.* sur la constitution contenant cette prohibition, M. de Savigny, *Loc. cit.*, ch. VIII, § 26 et note *d*.

[5] Paul, *Sent.*, lib. II, tit. XVIII, § 10, DE MODO, *Interpret.*

nécessité de l'*évidence* des pouvoirs du mandataire pour la vali-
dation de ses actes[1]. Ces principes nous semblent tirés des
anciennes lois du *Forum judicum*, dont la première rédaction
remontait au règne d'Euric[2].

L'autorité du *Breviarium* s'est imposée à l'Arvernie, comme
aux autres possessions d'Alaric. Son influence sur la civilisation
de ces contrées a été considérable. Nous verrons plus tard
l'exécution que ce recueil reçut au moyen-âge. Effaçant, pour
ainsi dire, le Code Théodosien de 438, ce nouveau code devint,
au VI^e siècle et dans les siècles suivants, la loi générale du
clergé, auquel la *lex romana* devait d'autant mieux convenir que
la partie principale du recueil était l'œuvre des empereurs
chrétiens[3].

Aussi, le Bréviaire a-t-il été l'objet de nombreuses et immenses
recherches. On sait que, pendant plusieurs années, Haënel
voyagea en Allemagne, en Suisse, en Italie, en France, en
Espagne, en Angleterre, consacrant son zèle infatigable et ses
intelligentes investigations surtout au Bréviaire visigoth et au
Code Théodosien.

Jusqu'à l'édition de la *Lex Romana Visigothorum*, qu'il publia en
1848, la seule édition séparée et complète du *Breviarium* était
celle de Sichard[4].

Outre les nombreux manuscrits du Bréviaire, qui offrent des
variétés et des différences, qui ont été souvent signalées[5], on
rencontre certains travaux dans lesquels règne la plus grande
diversité. Les uns sont des compositions entièrement nouvelles,
d'autres des abrégés, de simples extraits de cette compilation
fameuse.

---

[1] Paul, *Sent.*, lib. I, tit. III, DE PROCURAT. § 2, *Interpret.*

[2] On sait que la loi des Visigoths forme un recueil considérable, qui se
développa et se compléta successivement (*Voy.* Savigny, ch. VIII, § 24 et
suiv.). Les lois et coutumes des Visigoths furent mises pour la première fois
par écrit sous Euric, qui régna de 466 à 484 (Isidore Hisp. in chron. ær.
Hisp. ann. 504).

[3] *Voy.* Montesquieu, *Esprit des Loix*, liv. XXVIII, ch. IV.

[4] Bâle, 1528, petit in-folio. Mais les diverses parties dont il se compose
avaient été comprises dans les éditions du Code Théodosien données par
Cujas.

[5] *Voy.* M. de Savigny, ch. VIII, §§ 20 et suiv., Haënel, *Loc. cit.*

Il existe à la bibliothèque de Clermont[1] un manuscrit intitulé *Liber legis doctorum*, qui a souvent attiré l'attention des savants étrangers, et de Haënel lui-même, bien qu'il n'en ait pas fait mention dans l'*Indication des manuscrits de droit romain*, qu'il a insérée dans la *Thémis*[2]. C'est un volume in-4° vél. de 101 feuillets, d'une écriture du XIᵉ, ou du commencement du XIIᵉ siècle, rédigé à peu près dans l'ordre du Bréviaire. Il commence par une espèce d'*index* ou de table de 11 feuillets, indiquant la série des matières. A la vingt-unième page, on lit ces mots : *Incipit Liber legis doctorum*. Viennent ensuite des extraits des seize livres du Code Théodosien, des novelles de Théodose, Valentinien, Marcien, Majorien, puis de Gaius[3], sur la division des personnes, l'affranchissement des esclaves par testament, le droit des personnes, les adoptions, les modes d'extinction de la puissance paternelle, les tutelles et curatelles ; sur les choses, les testaments, les legs, les hérédités *ab intestat*, les obligations, et leurs modes d'extinction. Après Gaius, sont placés les extraits des cinq livres des *Sentences* de Paul[4], et quelques titres des Codes Grégorien et Hermogénien. Du reste, à l'exception des extraits de Gaius, les textes sont le plus souvent éliminés et l'œuvre réduite aux interprétations. Ce manuscrit n'en offre pas moins un assez grand intérêt historique : c'était le *Livre des hommes de loi* ; on sait que l'expression *legis doctor* s'appliquait aussi bien aux échevins qu'aux professeurs[5].

---

[1] Nᵒ 175, 2ᵉ partie du catalogue de 1839.

[2] Tome VIII, p. 209, et IX, p. 155.

[3] Les extraits de Gaius commencent à la page 142.

[4] Les extraits de Paul commencent à la page 156.

[5] M. de Savigny, vol. I, ch. VI, § 136.

# CHAPITRE III.

## Organisation, attributions et progrès de la curie, d'après le Bréviaire d'Alaric.

La mesure précise des changements, que l'organisation et la juridiction municipale éprouvèrent, sous la domination des Visigoths, en Arvernie, comme dans les autres possessions d'Alaric II, nous est donnée par le *Bréviaire*, et par l'*Interprétation*, dans lesquels le régime municipal occupe une place importante.

Non-seulement ce monument prouve que les Visigoths ne songèrent pas à anéantir ou à réformer profondément l'organisation de la curie, qu'ils trouvèrent établie à l'époque de leur conquête, mais encore il en résulte que la municipalité romaine acquit plus d'extension, de liberté et d'indépendance.

M. de Savigny a le premier constaté ces notables accroissements et progrès de la curie [1]. Ses observations ont servi de fil conducteur aux historiens français, qui ont traité le même sujet [2], et qui ont formulé à peu près la même conclusion que le savant jurisconsulte de Berlin.

Nous avons vu que la grande magistrature provinciale du gouverneur romain avait été remplacée par l'autorité du comte de la cité. Mais toutes les attributions du gouverneur romain ne lui avaient point été transmises. On lui délégua surtout ce qui concernait spécialement les intérêts de la puissance publique, du pouvoir central, et on laissa à la curie, au pouvoir municipal, ce qui avait trait aux actes et aux transactions de la vie privée des citoyens.

Des attributions, en matière de juridiction gracieuse, exercées auparavant par le gouverneur romain, furent transférées au premier magistrat de la curie. On attribua au corps de la curie

---

[1] *Hist. du Dr. romain au moyen-âge*, ch. V, §§ 90, 91, 92.

[2] *Voy.* notamment MM. Guizot, *Hist. de la civilisation en France*, t. Ier, Leçon XI, p. 403 et suiv.; Fauriel, *Gaule méridionale*, t. Ier, p. 450 et suiv.; Aug. Thierry, *Considér. sur l'Hist. de Franc.*, ch. V, p. 149 et suiv., 5e édit.

collectivement, en matière de juridiction civile ou criminelle, des droits ou des prérogatives qui avaient été jusque-là dévolues soit aux présidents, soit aux préteurs romains, soit aux magistrats de la municipalité.

Parmi les dispositions du *Bréviaire* ou de l'*Interprétation*, qui attestent ces divers changements, nous citerons celles qui suivent:

L'affranchissement des esclaves qui, dans les provinces, s'opérait devant le président, se fait, d'après l'*Epitome* de Gaius, devant le premier magistrat de la curie [1].

C'est probablement ce magistrat, que l'*Interprétation* appelle le *judex*, et qui, assisté des premiers de la cité [2], nomme les tuteurs, auparavant nommés par les présidents, dans les provinces. Malgré la difficulté de déterminer la véritable signification du mot *judex*, quand il se trouve seul, nous ne pensons pas que, dans le texte précité, il puisse s'appliquer au comte visigoth.

L'adoption des fils de famille, acte de juridiction gracieuse, conservée avec des modifications, et qualifiée, dans le *Bréviaire*, du nom d'*affiliation*, est transférée des présidents de la province à la curie [3].

C'est aussi en présence de la curie que se fait l'émancipation, qui avait lieu autrefois devant le président [4].

Les testaments ne sont plus ouverts en présence de l'autorité qui les reçoit, c'est-à-dire de l'*Officium censuale*, mais devant les membres de la curie [5].

La curie est substituée au magistrat de la ville pour la formalité de l'insinuation des donations [6].

Le décret nécessaire pour la vente des biens des mineurs est rendu soit par le comte (*judex*), soit par la curie [7].

Le droit de juridiction civile de la curie résulte de l'*Interpré-*

[1] « *Ante consulem* » (*Epitome*, L. I, tit. I, § 1, et tit. II, § 1).
[2] Cod. Th. III, 17, 3, *Interpr.*
[3] « Adoptivum, id est gestis ante curiam adfiliatum » (Cod. Th. V, I, 2, *Interpr.*; Savigny, *Loc. cit.* § 92.)
[4] « quæ tamen emancipatio solebat ante præsidem fieri, *modo ante curiam facienda est* » (Gaius, I, 6 ; Savigny, *Loc. cit.*)
[5] « Apud curiæ viros. » (Cod. Th., IV, 44, *Interpr.*)
[6] Le texte porte : « Apud Judicem vel Magistratus. » (Cod. Th., VIII, 12, 1.)
[7] « Auctoritate judicis aut consensu curiæ muniatur. » (Cod. Th., III, 13, *Interpr.)*

*tation* sur une constitution du Code Théodosien [1], et est assez généralement admis par les historiens [2].

Quant à la juridiction criminelle, l'*Interprétation* sur la constitution 12, livre Ier, tit. 2, du même Code, dispose que l'inculpé sera jugé par cinq nobles, c'est-à-dire cinq membres de la curie tirés au sort [3]. M. de Savigny interprète ce texte en ce sens que chaque citoyen doit être jugé par cinq des principaux d'entre ses pairs [4]. Mais cette interprétation a été justement critiquée : les mots *de reliquis similibus* du texte cité à la note doivent s'entendre des cinq juges tirés au sort entre leurs pareils, et non entre les pairs de l'inculpé [5].

La double juridiction dont nous venons de parler, n'est qu'une juridiction de premier degré; le droit d'appel à un magistrat supérieur est réservé par l'ensemble des dispositions du Bréviaire [6]. Ce magistrat est sans doute le comte visigoth, dont la situation et les fonctions avaient de l'analogie avec celles du gouverneur romain.

Nous ferons aussi remarquer que les pouvoirs de l'ancien préteur, tels que le droit de statuer sur les *restitutiones in integrum*, qui avaient toujours été retenus par lui, et formellement refusés aux magistrats municipaux, sont conférés à la curie [7].

Non-seulement la juridiction de la municipalité s'est agrandie, mais encore elle a passé de l'ancienne magistrature municipale [8]

---

[1] Cod. Th., II, 4, 1, *Interpr.*

[2] Voy. Savigny, *Loc. cit.*, § 92; Haënel, introduction au *Breviarium*, p. 12; Augustin Thierry, *Loc. cit.*, p. 149.

[3] Cod. Th., II, 1, 12; *Interpr.* : « cum pro objecto crimine aliquis audiendus est, quinque nobilissimi viri judices, *de reliquis sibi similibus,* missis sortibus eligantur. »

[4] *Loc. cit.*, ch. V, § 92.

[5] Voy. en ce sens M. Guizot, *Loc. cit.*, p. 406.

[6] Voy. Cod Th., II, I, 6 ; *Interpr.*; Cod. Th., XI, 36, 1, *Interpr.*; Savigny, *Loc. cit.*, ch. V, § 91.

[7] Voy. Paul, I, 7, § 2 ; *Interpr.*; Savigny, *Loc. cit.*, § 91. Cet auteur voit là une preuve irrécusable de l'extension de la juridiction municipale sous la domination des Visigoths ; il en conclut encore que le comte des Goths n'avait pas hérité de toutes les attributions du gouverneur romain.

[8] Les auteurs qui pensent que, dans les provinces, le droit de juridiction appartenait en général au gouverneur romain, et que ce droit n'existait qu'en faveur des magistrats de la curie des colonies des cités latines, ou jouissant du droit italique, voient ici tout un nouveau système opéré par le *Breviarium*. Nous avons adopté une autre opinion.

à la curie elle-même, qui exerce en corps le droit de juger. La juridiction était autrefois un droit personnel au magistrat supérieur de la curie, et non au corps municipal. D'après le *Breviarium*, ce n'est plus en son propre nom, c'est au nom et comme délégué de la curie qu'il exerce ce pouvoir. Aussi, la protection dont jouissait l'*album* du préteur est communiquée par le Bréviaire à l'album de la curie [1]. Enfin, les privilèges appartenant seulement jusque-là à ceux qui étaient désignés sous le nom d'*honorati* sont étendus à tous les curiales [2].

L'ancienne loi, qui prescrivait de ne nommer *curator*, ou *quinquennalis*, que le décurion ayant rempli tous les emplois inférieurs de la curie, est maintenue ; l'*Interprétation* applique cette disposition au *défenseur* [3] : de même que le curateur, le défenseur n'est éligible qu'après avoir passé par tous les grades curiaux. La charge de défenseur, qu'aucun décurion ne pouvait exercer autrefois, est devenue une charge sénatoriale, et s'est élevée en même temps que les attributions du défenseur se sont étendues.

Les modifications, que nous venons d'exposer, les transformations et l'élévation des pouvoirs de la curie, doivent être attribuées surtout à l'influence que la noblesse gallo-romaine exerça sur la rédaction du Bréviaire. La noblesse, qui avait été dépouillée du pouvoir par la domination romaine et la conquête des Visigoths, préférant à l'obscurité absolue de la vie privée les modestes honneurs du municipe, s'était réfugiée dans la curie, et s'était efforcée de faire augmenter les attributions du corps municipal. Cet accroissement et ce déplacement du pouvoir municipal, provoqués par la noblesse, introduisirent, — ce qui mérite d'être remarqué,— l'élément démocratique dans l'organisation de la curie. Cette transformation, opérée contrairement aux anciens principes de la politique romaine, favorisera plus tard la renaissance municipale et la commune du moyen-âge.

Tout ce qui restait de vie et de force dans la société gallo-romaine semblait s'être concentré dans les institutions municipales. La curie de l'Arvernie, comme celles des villes du Midi,

---

[1] Paul, *Sent.*, Lib. I, tit. 13, § 3 ; *Interpr.*

[2] Cod. Th., I, 8, Const. *unic.* ; *Interpr.* (Voy. Savigny, *Loc. cit.*, § 92).

[3] « Nullum curialem... aut curatoris, aut *defensoris* officium debere suscipere. » (Cod. Th., XII, I, 20 ; *Interpr.*)

était devenue plus indépendante, et plus prospère que les municipes de l'Italie sous les Empereurs. Le lustre, dont ces curies
s'entouraient dans les formes et les titres[1], témoigne assez de leur
importance et de la considération qui les environnait. Leur condition offre un contraste remarquable avec les destinées des
municipes de l'Empire d'Orient, qui furent, après une longue
agonie, supprimés par Léon-le-Philosophe, alors que, selon les
expressions de ce législateur[2], toutes choses dépendant uniquement de la sollicitude et de l'administration de la majesté impériale, les anciennes lois sur le régime municipal erraient en
quelque sorte vainement et sans objet autour du sol légal.

[1] Voy. Fauriel, *Gaule méridionale*, I, 453.
[2] *Novell. Leo.*, 46.

# TITRE IV.

## Époque franque.

A la chute de l'Empire, la Gaule était presque tout entière au pouvoir des barbares. Les Visigoths et les Bourguignons s'en partageaient les contrées méridionales. Au nord, les Allemands occupaient la première Germanie, et les Francs avaient pris possession de tout le pays jusqu'à la Somme[1].

Les Visigoths, isolés au milieu des populations vaincues, imbus, d'ailleurs, d'un trop grand respect pour les traditions impériales, et pour une civilisation caduque et désormais impuissante à communiquer aucune vitalité aux peuples qui voulaient se réfugier dans son sein, devaient bientôt disparaître. Les Bourguignons étaient dans une position aussi précaire.

Les Francs, au contraire, avaient jeté les fondements d'une puissance, d'abord moins apparente, mais destinée à une plus longue durée. Un de leurs rois, Clovis, avait battu Syagrius à Soissons (J.-C. 486), étendu sa domination jusqu'à la Seine, puis jusqu'à la Loire, soumis les Allemands de la rive gauche du Rhin (J.-C. 496), et fait la guerre aux Bourguignons, qu'il obligea de prendre part aux combats livrés aux Visigoths, dont il se proposait depuis longtemps d'entamer la monarchie.

Provoqué par les plaintes des évêques, il jugea que le moment était venu. Au printemps de l'année 507, il déclara brusquement la guerre : « Je ne puis souffrir, disait-il à ses Francs rassemblés, que ces Ariens aient la plus belle partie des Gaules. Marchons sur eux, et quand, à l'aide de Dieu, nous les aurons

[1] Greg. Tur., II, 7, 12.

vaincus, nous réduirons leurs terres sous notre domination[1]. »
En peu de jours, il avait atteint les rives de la Loire, s'avançait
rapidement sur Loches[2], traversait la Vienne et faisait battre
en retraite les Visigoths vers le Midi[3]. Enfin, il franchissait le
Clain, et atteignait leur arrière-garde dans les plaines de Vouillé
(ou Vouglé), près Poitiers, où il défit et tua le roi Alaric, qui
s'était élancé au premier rang[4]. Les milices gauloises de l'Arvernie se signalèrent dans le combat. Elles étaient commandées
par le fils de Sidoine Apollinaire, qui s'était franchement rattaché au gouvernement des Visigoths. La plupart de leurs chefs,
nobles Arvernes, restèrent sur le champ de bataille[5]. Ce combat
eut, on le sait, une immense influence sur les destinées de la
Gaule. Les historiens admettent ordinairement que, dès cette
époque, l'Arvernie passa aux Francs. Cependant, les expéditions
postérieures de Thierry et de Childebert peuvent faire naître
quelques doutes. Nous donnerons, sur ce point, des explications
dans le chapitre suivant, où nous nous proposons de faire connaître la situation de l'Arvernie, pendant les périodes mérovingienne et carlovingienne, en la suivant au milieu des vicissitudes
historiques et des événements politiques de l'Aquitaine, dont elle
fit partie, et en continuant notre récit jusqu'à l'époque de ses
comtes héréditaires.

---

[1] Greg. Tur., II, 37.
[2] Greg. Tur., *Loc. cit.*
[3] Greg. Tur., *Loc. cit.*
[4] Greg. Tur., *Loc. cit.*
[5] Greg. Tur., *Loc. cit.*

# CHAPITRE I<sup>er</sup>.

## Situation territoriale et politique de l'Arvernie pendant les périodes mérovingienne et carlovingienne.

Après la bataille de Vouillé, Clovis avait divisé son armée en deux corps ; il s'en était réservé un, et avait confié l'autre à Thierry, l'aîné de ses fils. Thierry se porta dans la partie orientale de l'Aquitaine. Il traversa l'Albigeois, le Rouergue, ou pays des Rutènes, et, de là, remonta dans l'Arvernie, où aucune résistance sérieuse ne paraît avoir été opposée à ses armes[1].

La victoire de Vouillé donna à Clovis tout le pays compris entre la Loire et la Garonne, jusqu'aux frontières de la Septimanie. Ce pays, qui avait été jusque-là divisé en Aquitaine première et en Aquitaine seconde, n'est plus désigné que comme une seule et même contrée, sous le simple nom d'Aquitaine.

A la mort de Clovis (J.-C. 511), ses quatre fils, Thierry (ou Théodoric), Clodomir, Childebert et Clotaire, divisèrent entre eux les pays sur lesquels leur père avait dominé. Thierry obtint, outre la Germanie franque, la portion de la Gaule comprise entre le Rhin et la Meuse. Il eut, en Aquitaine, l'Arvernie, avec le Velay et le Gévaudan, puis le Limousin, en tout ou en partie, et quelques autres pays encore[2].

Thierry donna, à la partie de l'Aquitaine qui lui était échue, pour gouverneur, ou pour duc, *Basolus*, personnage de race gauloise, sous le gouvernement duquel eut lieu, en Arvernie, une révolte générale, dont Basolus était le promoteur, et qui était le signe d'une répugnance certaine de l'Aquitaine à la domination franque.

---

[1] « Chlodoveus filium suum Theodoricum per Albigensem ac Rutenam civitatem ad Arvernos dirigit, qui abiens, urbes illas à finibus Gothorum usque Burgundiorum terminum patris sui ditionibus subjugavit. » (Greg. Tur., II, 87.)

[2] Voy. l'*Ancienne Auvergne*, t. I<sup>er</sup>, p. 345.

Cette révolte, dont le but était de se soustraire à toute seigneurie mérovingienne, fut étouffée. Mais alors les Arvernes
résolurent de se donner un roi de leur choix. Un parti, à la tête
duquel était Arcadius, arverne de famille sénatoriale, s'entendit
avec Childebert, qui avait le Berry dans sa part d'Aquitaine, et
qui était ainsi voisin de l'Arvernie. De l'an 528 à l'an 530,
Thierry se trouva engagé dans une guerre contre les Thurin-
giens, et le bruit se répandit tout-à-coup qu'il avait été tué. Le
moment parut favorable aux Arvernes pour se donner à Childebert, qui s'empressa d'accourir. Mais la nouvelle du retour de
Thierry l'obligea à reprendre en toute hâte la route de ses
Etats[1].

Près de deux années se passèrent sans que Thierry tirât
aucune vengeance de cette espèce d'infidélité des Arvernes. Cependant, en l'année 532, il dit à ses leudes, qui désiraient se
joindre à Clotaire et Childebert pour la conquête de la Burgondie :
« Suivez-moi plutôt en Arvernie, et je vous y mènerai. C'est un
pays où vous trouverez de l'or, de l'argent et des vêtements,
autant que vous pouvez en désirer; c'est un pays d'où vous
emmènerez du bétail et des esclaves sans nombre. Seulement ne
suivez pas ces autres-là[2]. »

Thierry et son armée prirent le chemin de l'Arvernie. Ils
trouvèrent la ville des Arvernes fermée et en état de défense.
Les uns disent que la ville fut prise et saccagée[3]; d'autres, que
Thierry et ses soldats décampèrent après un commencement de
siége[4]. Ce qui est certain, c'est qu'ils se précipitèrent sur le pays
ouvert et y commirent mille dévastations. Ils passèrent ensuite
sur les hautes montagnes du Cantal et se jetèrent dans le bassin
de la Dordogne, où ils renouvelèrent leur pillage et leurs
cruautés. M. Fauriel dit que cette expédition plus que barbare
fut comme une seconde conquête de l'Arvernie[5]. Aucun événement ne produisit plus de sensation dans la Gaule, à cette époque,

[1] Voy. l'*Anc. Auvergne*, t. I$^{er}$, p. 351.

[2] Greg. Tur., III, 11.

[3] Augustin Thierry, *Lettres sur l'Hist. de France* (Lettre VII).

[4] Fauriel, *Gaule méridionale*, t. II, p. 118 ; l'*Anc. Auvergne*, t. I$^{er}$, p. 354
et suiv.

[5] Fauriel, *Loc. cit.*, p. 123.

que le désastre de l'Arvernie, appelé *clades arverna* par les écrivains contemporains [1].

Thierry, avant de quitter l'Arvernie, en confia le gouvernement, avec le titre de duc, à un de ses parents, nommé *Sigewald*, dont l'administration arbitraire et tyrannique n'était pas de nature à réconcilier les Arvernes avec leurs conquérants [2]. Cependant, on voit peu de temps après *Hortensius*, qui appartenait à une famille sénatoriale de la province, occuper le poste de comte dans la capitale du pays, et l'Arvernie gardée par ses seules milices, que Sigebert envoya plus tard, sous la conduite du comte romain Firminus, assiéger la ville d'Arles [3].

Diverses parties de l'Aquitaine, le Rouerge, le Gévaudan et le Velay restaient encore aux Ostrogoths. Thierry, à qui ces pays appartenaient, en vertu du partage fait avec ses frères, résolut de les reprendre. Ce dessein fut exécuté en 533 par son fils Théodebert. A la mort de Thierry, Théodebert entra en possession de tous les Etats de son père. Il mourut lui-même, en 547, laissant, pour lui succéder, Théodebald, son fils unique. Après la mort de Théodebald (J.-C. 553), Clotaire s'appropria tous ses Etats, tant en Gaule qu'en Aquitaine, au préjudice de Childebert. Il envoya, contrairement à l'ordre habituel de l'administration, un de ses fils chez les Arvernes, sans aucun titre spécial, mais en fait, comme son lieutenant, pour gouverner tout le pays, avec des pouvoirs illimités [4]. C'était le fils de Khunsena [5], *Chramne*, dont Grégoire de Tours a raconté la conduite scandaleuse [6].

Chramne, qui avait fixé sa résidence dans la capitale des Arvernes, avait auprès de lui un certain nombre d'officiers, qui remplissaient diverses fonctions civiles ou militaires.

Nous passerons sous silence le projet qu'il conçut de se dégager de toute soumission envers son père, et de se faire reconnaître par les Aquitains roi indépendant de l'Arvernie, du Poitou, du Limousin, et sans doute aussi des autres provinces

---

[1] *Vita S. Quintiani.*

[2] Greg. Tur., III, 13, 16.

[3] *Vita S. Quintiani*; Greg. Tur., IV, 30.

[4] Greg. Tur., IV, 9; Fauriel, *Loc. cit.*, t. II, p. 145 et suiv.

[5] La dernière des trois femmes de Clotaire.

[6] Greg. Tur., IV, 16.

d'outre-Loire, qui étaient échues à Thierry dans le partage de l'Aquitaine entre les enfants de Clovis. Nous ne dirons rien des faits qui suivirent cette conspiration, laquelle ne fut, selon plusieurs historiens, qu'une manœuvre aquitaine [1].

Pendant ce temps, Clotaire restait aux prises avec les Saxons, sans pouvoir opposer de résistance aux hostilités de Childebert son frère et de Chramne son fils. Mais, en 558, Childebert mourut sans enfants ; Clotaire s'empara de ses États, et, pendant quelques années seulement, la monarchie des Francs fut réunie sous un seul chef.

Après la mort de Clotaire Ier, (J.-C. 561), et celle de Charibert, (J.-C. 567), l'un de ses quatre fils, l'Austrasie appartenait à Sigebert, la Neustrie à Chilpéric, et la Burgondie à Gontran.

L'Aquitaine qui était une de ces contrées de la Gaule mises en réserve pour faire l'objet d'un partage séparé, fut alors, pour la première fois, divisée en trois parties à peu près égales, dont chacune forma une petite Aquitaine, l'Aquitaine propre de chacun des trois royaumes principaux.

L'Arvernie entra dans l'Aquitaine austrasienne, avec la Touraine, le Velay, le Gévaudan, le Rouergue, l'Albigeois et le Poitou.

Tel fut le résultat du mémorable partage de 567.

Clotaire II réunit sur sa tête la monarchie entière ; la réunion sous les règnes successifs de Clotaire II et de Dagobert se prolongea pendant vingt-cinq années.

Mais, sous cette unité plus apparente que réelle, existaient de vastes contrées profondément distinctes sous le rapport du territoire et des usages.

En 613, la monarchie mérovingienne possédait, dans les Gaules, six grandes provinces. L'une d'elles, l'Aquitaine, gallo-romaine par les mœurs, et toujours prête à se rendre indépendante, renfermait l'Arvernie, qui ne se soumettait pas non plus facilement à l'influence des races du Nord, et qui était considérée comme étant en dehors de la France [2].

---

[1] Voy. l'Anc. Auvergne, t. Ier, p. 393 et suiv.

[2] Tempore autem Teudechildæ reginæ Nunninus quidam Tribunus ex Arverno de Francia post reddita reginæ tributa revertens. » (Greg. Tur. de Glor. confess., C. 4I.)

En 628, une grande partie de l'Aquitaine, et près de la moitié de la Provence avaient été constituées en royaume indépendant, avec Toulouse pour capitale. Mais Dagobert réunit à la monar- chie franque tout ce qui en avait été un moment détaché pour former le royaume d'Aquitaine. Ce royaume fut transformé en duché relevant des rois Mérovingiens, et assigné en propriété héréditaire à Boggison et à Bertrand, les deux fils survivants de Charibert, frère consanguin de Dagobert. Il ne comprenait guère, en Aquitaine, que la moitié occidentale de cette contrée. L'Ar- vernie, le pays de Bourges, le Velay, le Gévaudan, le Rouergue et l'Albigeois étaient restés sous la dépendance immédiate des rois d'Austrasie ou de Neustrie. Cette portion orientale de l'Aqui- taine formait d'autres gouvernements qui étaient indépendants du grand duché de Toulouse. Celui des Arvernes et du Velay était le plus considérable.

Le lien de vassalité qui rattachait le duché de Toulouse à la monarchie franque fut rompu par l'épée d'un petit-fils de Chari- bert.

Le fils de Boggison, devenu célèbre comme duc d'Aquitaine, Eudon ou Eudes, entra, vers l'année 681, en possession de la Vasconie et de l'Aquitaine : on voit bientôt en son pouvoir non- seulement la Vasconie et le duché de Toulouse, mais toute l'Aqui- taine orientale jusqu'à la Loire. Dans cette dernière région se trouvait l'Arvernie, avec le pays de Bourges, le Velay, le Limousin, le Rouergue, le Gévaudan, l'Uzèges.

Cependant, Charles Martel avait contraint Eudon à le recon- naître pour souverain de tous ses Etats, et à lui jurer fidélité et soumission comme sujet[1]. A ce prix, il avait recouvré la pos- session de l'Aquitaine et de la Vasconie.

Quoique Hunald, l'un des fils d'Eudon, eût, après la mort de son père[2], juré à Charles soumission et fidélité pour le duché d'Aquitaine[3], ce dernier regardait cette contrée comme un Etat distinct de la monarchie franque. Aussi, ne fut-elle point nommée parmi les pays que Charles transmit directement à ses fils.

---

[1] *Annal. Metens.* ad ann. 732.
[2] Eudon mourut en 735 (D. Bouquet, t. II, p. 676).
[3] Voy. L'*Ancienne Auvergne*, t. Ier, p. 438 et suiv.

Plus tard, et après plusieurs expéditions, Pépin, auquel l'Aquitaine, en tant qu'elle était censée dépendre de la monarchie franque, appartenait, reçut la soumission entière de Hunald [1]. Celui-ci avait résolu de se démettre de la souveraineté de ce pays en faveur de Vaïfre, son fils unique, et de se faire moine. Vaïfre devint alors le seigneur unique de l'Aquitaine.

Après une période d'invasions et de guerres, qui commence par l'ambassade solennelle de 760 et finit, en juillet 769, par l'assassinat de Vaïfre, le plus illustre des ducs aquitains du sang de Charibert, période dans laquelle l'Arvernie eut sa part de revers et de désastres, la conquête et la soumission de l'Aquitaine furent achevées. C'était le complément de la révolution qui avait ôté l'Empire franc aux Mérovingiens. « Toute l'Aquitaine, et par conséquent l'Auvergne, dit Dulaure, furent alors réunies à la couronne de France [2]. » Cependant la conquête carlovingienne ne réunit point encore d'une manière définitive l'Aquitaine à la Gaule franque. Elle ne perdit point l'existence séparée qu'elle s'était faite sous ses anciens chefs.

Après son expédition heureuse contre Hunald [3], Charlemagne ne régularisa point le gouvernement de la conquête. Il laissa dans les villes les mêmes comtes, les mêmes juges que Pépin y avait institués.

C'est en 778 seulement qu'il fit de l'Aquitaine un royaume particulier, portion intégrante de l'Empire, mais ayant une existence personnelle et une destination propre [4]. Il venait de faire sacrer son jeune fils Louis roi d'Aquitaine, et il l'envoya prendre possession de ses États. Il avait posé les bases de la nouvelle organisation de ce royaume qui, outre l'Aquitaine proprement dite et la Vasconie, comprit la Septimanie [5]. Chacune de ces trois grandes régions ou provinces demeura, comme auparavant, sous-divisée en comtés, dont la circonscription resta la même.

Par la création du royaume d'Aquitaine, l'importance poli-

---

[1] En 745.

[2] *Description de l'Auvergne*, p. 24.

[3] Hunald mourut en 774.

[4] Voy. *Histoire des Rois et Ducs d'Aquitaine*, par de la Fontenelle de Vaudoré et Dufour, t. Ier, Liv. Ier, § XVII, p. 21 et suiv.

[5] *Hist. des Rois et Ducs d'Aquitaine*, Loc. cit., § XVIII.

tique, que l'Arvernie avait eue jusqu'alors, fut transportée au comté de Poitiers. Ebreuil, *Eborolacum*[1], situé sur le territoire arverne, au bord de la Sioule, fut cependant l'une des quatre résidences royales de l'Aquitaine[2].

Le biographe de Louis-le-Débonnaire nous a conservé les noms de plusieurs des nouveaux comtes institués par Charlemagne. Ithier, qui était probablement déjà comte en Aquitaine avant l'an 778, reçut le comté des Arvernes[3].

Nous passerons sous silence le règne de Louis-le-Débonnaire, ceux de Pépin, le second de ses fils[4], de Pépin II[5], de Charles-le-Chauve, qui eut beaucoup à faire dans les pays d'Outre-Loire pour y régner autrement qu'en apparence et de nom. Les Aquitains ne cessaient de conspirer contre la domination franque. Les chefs du pays se croyaient assez forts pour désobéir impunément aux monarques francs. Les seigneuries grandes ou médiocres de l'Aquitaine aspiraient de plus en plus à atteindre la plénitude de leur indépendance.

Lorsque Louis-le-Bègue fut sacré et couronné roi des Francs[6], il garda, avec ce titre principal, le titre secondaire et nominal de roi des Aquitains. Mais il n'y avait plus de royaume d'Aqui-

---

[1] Sidoine Apollinaire parle d'Ebreuil dans une lettre par laquelle il recommandait à Hypatius de faire restituer à un prêtre originaire de ce pays, nommé Donidius, un héritage qui avait été usurpé, *prædium Eborolacense.* (L. III, *Epist.*, 5.)

[2] Voy. Mabill., *de re dipl.*, III, 56, p. 282; *Hist. des Rois et Ducs d'Aquitaine, Loc. cit.*, § XIX.

[3] Bourges fut donnée à Humbert, Poitiers à Abbon, Périgueux à Widbod; Rulb eut le comté du Velay, Corson celui de Toulouse, Sigwin celui de Bordeaux, Aimon celui d'Alby, Rother (ou Rotger) celui de Limoges (Astron. ann. 778, — *Vita S. Genulfi;* Fauriel, *Gaule méridionale*, t. III, p. 355-356; *Hist. des Rois et Ducs d'Aquitaine, Loc. cit.*, § XX, p. 24, et append., 1$^{re}$ part., Liv. I$^{er}$, p. 527, note 27).

[4] Voy. Fauriel, *Gaule méridionale*, t. IV, p. 40; *Hist. des Rois et Ducs d'Aquitaine*, 1$^{re}$ part., Liv. III, § V, p. 112. Pépin I$^{er}$ mourut en 838 (*Hist. des Rois et Ducs d'Aquitaine, Loc. cit.*, § CXCII, p. 215).

[5] La détention de Pépin II et sa mort laissèrent le fils aîné de Charles le Chauve, Charles, roi d'Aquitaine, sans contradicteur (Voy. *Hist. des Rois et Ducs d'Aquitaine, Loc. cit.*, Liv. V, p. 331 et suiv.). Voy. aussi, sur les résultats de la mort de Pépin II, relativement à la nationalité de l'Aquitaine, l'ouvrage précité, Liv. IV, § CCXXIV, p. 330.

[6] Le 8 décembre 877.

taine [1] ; il y avait à la place une multitude de seigneuries, dont les anciennes relations avec la monarchie franque étaient complètement dénaturées.

Bernard, comte d'Arvernie, le dernier qui ait eu le caractère de fonctionnaire royal, et qui jouissait, à cette époque, d'un grand pouvoir auprès de Louis, dissimulait ses pensées ambitieuses, tandis que d'autres puissants seigneurs du Midi étaient en hostilité ouverte contre ce monarque.

A cette lutte des seigneuries principales de l'Aquitaine succéda celle des seigneuries secondaires.

La mort de Louis-le-Bègue [2] avança la chute de l'Empire carlovingien, et le morcellement du midi de la Gaule.

Dans la même année, Bozon se fit couronner comme roi de Provence [3]. La fondation du royaume de Provence complétait la dislocation de la Gaule méridionale en petits Etats indépendants.

Parmi les seigneuries qui s'étaient formées des débris du royaume d'Aquitaine, se trouvait le comté d'Arvernie, l'une des plus importantes seigneuries du Midi, l'une de celles qui étaient le plus exposées par leur situation aux attaques des successeurs de ces rois Francs, auxquels elles avaient été enlevées.

La monarchie carlovingienne essaya encore longtemps de reconquérir ce qu'elle avait perdu. Mais tous ses efforts furent impuissants.

En l'an 888, Eudes, comte de Paris, venait d'être nommé roi de France par une assemblée de seigneurs réunis à Compiègne. Ni l'Aquitaine, ni les autres contrées méridionales n'avaient pris part à cette élection. Les seigneuries des parties septentrionales du Midi se mirent en état d'hostilité contre le nouveau roi. *Guillaume,* surnommé *le Pieux,* comte d'Arvernie et marquis de Gothie, s'était uni à Rainulfe II, duc d'Aquitaine et comte de

---

[1] Le royaume d'Aquitaine, créé en 778 par Charlemagne, avait duré 99 ans. Voyez, sur l'existence de ce royaume, *Histoire des Rois et Ducs d'Aquitaine, Loc. cit.,* § LVI, p. 361. — Le titre de roi d'Aquitaine survécut au Royaume, et, en 916, Charles-le-Simple s'intitulait encore roi des Francs et des Aquitains. Le titre de duc d'Aquitaine n'avait pas beaucoup plus de réalité. Cependant les hautes seigneuries du pays le maintinrent par intérêt ou vanité. Il dura autant que la féodalité. Il passa successivement des comtes d'Arvernie à ceux de Toulouse et de Poitiers.

[2] Louis-le-Bègue mourut le 10 avril 879.

[3] Voy. *Hist. des Rois et Ducs d'Aquitaine,* 2ᵉ part. Liv. Iᵉʳ, § XIII, p. 372.

Poitiers. La plupart des principaux seigneurs s'étaient ralliés à ces deux chefs. La campagne d'Eudes en Aquitaine, de l'année 889, qui avait commencé par des succès finit par des revers. Dans celle de 892, après avoir traversé le Limousin, il marcha vers l'Arvernie, contre le comte Guillaume-le-Pieux, qui l'attendait avec ses milices et celles de ses alliés. Les deux armées n'étaient plus séparées que par une petite rivière, quand Eudes, au lieu de combattre, se borna à déclarer Guillaume rebelle, et à le dépouiller de toutes ses dignités, qu'il conféra à Hugues, un de ses officiers, « en lui laissant, dit Fauriel, la tâche de conquérir ce qu'il venait de lui donner[1]. » Hugues s'était avancé en armes pour occuper le comté d'Arvernie. Mais Guillaume avait battu et tué l'agresseur[2]. Eudes fit une dernière expédition ; cette fois, en sortant de l'Aquitaine, il y laissa tous les chefs des seigneuries à peu près assurés de leur pouvoir et de leur indépendance.

Nous ne jugeons pas utile, pour notre but, de poursuivre le résumé des faits généraux jusqu'à l'élection de Hugues-Capet, à laquelle les peuples situés au midi de la Loire ne prirent aucune part. Après la déposition de Charles-le-Simple (J.-C. 922), les actes passés en Arvernie avaient continué à être datés des années de ce roi déchu ; lorsqu'il fut mort, on les data du temps de son décès : « Christ régnant, le roi manquant[3]. »

Raoul ne fut qu'imparfaitement reconnu en Aquitaine. Puis, lorsque la révolution qui substitua la dynastie capétienne à celle des Carlovingiens fut faite, les Auvergnats, comme les autres peuples de l'Aquitaine, traitèrent Hugues-Capet en usurpateur, ne reconnaissant d'autre maître que le prétendant Charles de Lorraine.

---

[1] *Gaule méridionale*, t. IV, p. 442.

[2] *Voy. L'Ancienne Auvergne*, t. II, p. 74, et suiv. ; et la chronique en vers du moine Abbon, citée dans cet ouvrage, note 2 de la page 75.

[3] En 989, deux ans après le couronnement de Hugues, Guillaume IV, comte d'Arvernie, datait encore ses actes du règne du roi Charles (*Voy.* Donation faite à l'église de Brioude, dans Baluze, *Maison d'Auvergne*, t. II, p. 44). Un autre titre de la même époque, émané d'Etienne III, évêque de Clermont, est ainsi daté : « Mense decembri, feria III, regnante Domino nostro Jesu-Christo. » (Baluze, *Loc. cit.*, p. 43.) On lit dans la charte par laquelle Ildebert donne ses biens à l'abbaye de Sauxillanges, ces mots : « Data in mense januario, regnante et imperante ubique Domino nostro Jesu-Christo. » (*Cart. de Sauxillanges*, n° 376.)

Avant d'exposer les institutions politiques et civiles de l'Arvernie pendant les périodes mérovingienne et carlovingienne, nous jetterons rapidement un regard sur l'Eglise et l'institut monastique de ce pays, à la même époque.

---

# CHAPITRE II.

## L'Eglise et l'Institut monastique sous les deux premières dynasties.

Nous allons esquisser quelques traits seulement d'un intéressant tableau, en considérant l'Eglise et les établissements monastiques des périodes mérovingienne et carlovingienne, dans leurs rapports avec notre sujet, et en restant dans les limites du cadre que nous nous sommes tracé. Ce sera l'objet des deux sections suivantes.

### SECTION Ire.

#### Coup d'œil général sur l'Eglise.

Nous avons vu le clergé constitué en puissante corporation dès le commencement du IVᵉ siècle [1]; et bien que, dans le siècle suivant, il fût déjà peut-être un peu déchu en sainteté et en lumières, son organisation était encore pleine de force.

L'évêque ne gouvernait pas seul; il agissait avec le concours de son clergé pour les actes de l'administration diocésaine. Mais il en était autrement pour ce qui concernait le gouvernement général de l'Eglise, que tout, à cette époque, tendait à rendre entièrement épiscopal.

Les évêques avaient sur les intérêts matériels une autorité, une influence considérable. Cependant l'arianisme des Visigoths

---

[1] Voy. *suprà*, tit. II, ch. 3 et 5.

était venu leur donner des inquiétudes. Euric avait hautement
déclaré son projet de faire régner sa secte partout où il règne-
rait lui-même. « Le seul nom de catholique, disait Sidoine Apollinaire[1], lui cause une telle horreur, que vous le croiriez le chef
de sa secte, comme il est celui de ses peuples. » Cela suffisait bien
pour rendre la domination des Visigoths odieuse au clergé
catholique.

A l'époque du traité qui leur livra l'Arvernie (J.-C. 475),
Sidoine prévoyait le danger qui menaçait le catholicisme. Il
écrivait au pape Basilius : « Quoique ce roi des Goths soit terrible à cause de ses forces, je crains moins ses coups pour les murs
des Romains que pour les lois chrétiennes. » Il demandait que
l'ordination ne fût point interdite aux évêques catholiques dans
les provinces qui lui seraient livrées : « que les peuples des
Gaules, ajoutait-il, qui seront renfermés dans l'Empire des Goths,
appartiennent à notre foi, s'ils ne doivent plus appartenir à notre
domination[2]. »

Le clergé catholique ne célébra plus avec la même complai-
sance les vertus et la magnanimité de ces barbares devenus
dangereux pour lui et pour sa puissance. Les Francs restés
païens lui faisaient moins d'ombrage. Leur grossier paganisme
lui paraissait moins redoutable et moins contagieux pour les
Gallo-romains. Après le concile d'Agde, qui avait été ouvert et
clos par des vœux et des prières pour Alaric[3], les évêques, à
peine rentrés dans leurs diocèses, se mirent à intriguer contre
lui en faveur des Francs.

Clovis combla le clergé de toute espèce de faveurs et de priviléges. L'Eglise catholique eut une riche part au butin de la
conquête. Un grand nombre d'églises furent fondées, et à toutes
fut attribué le droit d'asile.

Mais il exista bientôt un commencement de discorde entre le
roi et le clergé : la royauté confiante dans son pouvoir, que les
prêtres déclaraient d'origine divine et illimité, se crut autorisée,
non pas à se mêler des dogmes, mais à intervenir dans le gouvernement intérieur de l'Eglise.

---

[1] VII, *Epist.* 6.

[2] VII, *Epist.*, 6.

[3] Labbe, *Concil.*, ann. 506.

Nous avons vu que les évêques, avant la chute de l'Empire, étaient élus par le peuple et le clergé. Sous les descendants de Clovis, cette élection fut soumise à des règles très-variables. En 515, Quintianus était élu évêque de l'Arvernie par le peuple. Apollinaris, *oblatis multis muneribus,* se faisait nommer à sa place par le roi ; à sa mort, Thierry ordonnait d'installer Quintianus[1].

Une autre fois, les évêques, qui étaient venus à Clermont pour ensevelir S. Gal, voulaient lui donner pour successeur Caton, prêtre, qui paraissait avoir pour lui les suffrages du peuple. Mais c'était un gaulois, nommé Cautin, qui avait été promu au siége épiscopal des Arvernes par Théodebald. Quand Cautin avait été installé, son compétiteur Caton n'avait pas voulu le reconnaître. Le clergé et le peuple s'étaient partagés entre les deux compétiteurs. Cautin était un prêtre ignorant, lâche et féroce ; Caton un ecclésiastique de mœurs régulières, mais orgueilleux et dur. L'un était l'évêque du roi, l'autre celui du pays. La guerre entre les deux rivaux fut acharnée. Cautin, appuyé par le roi et par le comte, tenait son siége dans la cathédrale ; Caton, soutenu par le clergé et le peuple, plaça le sien dans l'église de Saint-Pierre. Une peste horrible, qui dévasta la ville des Arvernes, enleva Cautin et Caton, en l'an 571[2].

L'Eglise protestait contre l'intervention des rois dans la nomination des évêques. Il leur était assez indifférent de les nommer directement, ou de les confirmer seulement, pourvu que la confirmation leur fût aussi lucrative que l'élection. On les vit quelquefois prendre l'argent de plusieurs compétiteurs et donner le siége à celui qui ne l'avait pas sollicité. C'est ainsi que fut élu Avitus, évêque de Clermont[3].

Enfin, il fut reçu comme règle qu'après l'élection, la confirmation du roi était nécessaire. L'évêque, qui prenait autrefois possession de son siége, dès qu'il avait été sacré par le métropolitain, ne put plus l'occuper qu'après avoir obtenu cette confirmation.

Les conciles ne durent être convoqués qu'avec l'autorisation du roi. Cette autorisation fut souvent nécessaire même pour la

---

[1] Greg. Tur., Lib. III, 2 ; Gonod, *Chronol.,* p. 79.

[2] Greg. Tur., Lib. IV, 5 à 31 ; Gonod, *Chronol.,* p. 12.

[3] Greg. Tur., Lib. IV, 35 ; Gonod, *Chronol.,* p. 12.

mise en vigueur des canons rendus par ces assemblées. En 535, le premier concile tenu à Clermont s'assembla, du consentement de Théodebert, roi d'Austrasie, *consentiente rege Theodoberto.*

Parmi les décisions rendues par ce concile, nous remarquons celle qui défendait aux clercs de recourir à la protection des grands pour se soustraire à l'autorité des évêques : « que les clercs ne s'élèvent point contre leur évêque au moyen des puissants du siècle [1]. » C'était l'époque de la lutte des prêtres de paroisse contre les évêques. Les prêtres, les clercs inférieurs, non-seulement se liguaient entre eux, mais ils sollicitaient l'appui des hommes puissants pour résister. Malgré les tentatives faites pour remédier au mal, le despotisme épiscopal continua de se développer, et les évêques abusèrent, comme auparavant, de leur immense pouvoir.

La tyrannie épiscopale et l'intervention des rois dans l'organisation et la discipline ecclésiastique sont deux faits remarquables dans l'histoire de l'Église, à cette époque.

Quelques chefs du clergé essayèrent de repousser cette immixtion de la royauté; mais ils ne s'attirèrent que des persécutions. On voit percer dans les paroles et la conduite des descendants de Clovis, envers la puissance ecclésiastique, des sentiments qui ne sont plus aussi bienveillants qu'autrefois, et qui prouvent à quel degré de richesse et de pouvoir le clergé était parvenu : « Voilà

[1] C. 4. — Dès le VIᵉ siècle, les rois faisaient à leurs fidèles des concessions arbitraires des biens des monastères et des églises, contre lesquelles nous trouvons une solennelle protestation dans un des canons du même concile : « qui reiculam ecclesiæ petunt à regibus, et horrendæ cupiditatis impulsu egentium substantiam rapiunt, irrita habeantur quæ obtinent, et à communione ecclesiæ, cujus facultatem auferre cupiunt, excludantur. » (C. 5). — Ce concile rendit quelques autres décisions importantes, notamment sur les noces entre proches parents, sur l'élection et l'ordination des évêques; proscrivit le mariage entre chrétiens et juifs, et s'occupa d'épurer les mœurs du clergé. — Il y avait dans ce concile quinze évêques des Gaules : ceux de la ville des Arvernes, de Langres, Mende, Limoges, Reims, Trèves, Lodéves, Rodez, Châlons, Cologne, Viviers, Metz, Verdun, Windisch, présidés par Honorat, archevêque de Bourges. (*Voy.* Gonod, *Chron.,* p. 10 et suiv.)
Quatorze ans plus tard, en 549, un deuxième concile, tenu dans la même ville, et auquel assistaient dix des quatre-vingts évêques, qui venaient de tenir le concile d'Orléans, confirma seize des vingt-quatre canons du premier concile (*Voy.* Gonod, *Chronol.,* p. 11). Il revenait sur deux points essentiels : les mœurs des prêtres, et la conservation des biens de l'Église, qu'il protégeait par l'excommunication.

que notre fisc, disait souvent Chilpéric, est appauvri, et que nos richesses ont été transférées aux églises. Ce sont les évêques qui régnent aujourd'hui, c'est aux évêques des cités qu'a passé notre dignité [1]. »

Ces richesses devinrent fatales à l'Eglise sous plus d'un rapport.

Dans le cours du VIIe siècle, les métropolitains avaient perdu toute autorité, les prêtres toute influence. La puissance morale s'était retirée de l'épiscopat. L'aristocratie épiscopale était dans la même anarchie qui s'empara de l'aristocratie civile. L'esprit guerrier y avait pénétré. Quelle influence pouvaient avoir ces évêques, sous leurs baudriers d'or et de pierreries, portant éperons, guerroyant, ou accompagnés de leurs chiens et faucons de chasse ? Et quand de tels hommes étaient à la tête du clergé et les gardiens de sa discipline, on se demande ce que devaient être les simples prêtres, les simples clercs, choisis souvent parmi les esclaves, les serfs ou les colons des domaines de l'Eglise.

Cette plaie s'élargit encore au VIIIe siècle; et les diverses tentatives des rois, dans le but de restaurer la discipline ecclésiastique et de soustraire le clergé à l'influence des mœurs et des idées qu'y avaient introduites les hommes de l'ordre guerrier, furent longtemps infructueuses.

Disons cependant que le clergé de l'Arvernie et du Midi, en général, avait conservé, jusque vers la fin du VIIIe siècle, la supériorité d'organisation, de savoir et d'influence qu'il avait eue, dès l'origine, sur celui du Nord. Vers le milieu de ce siècle, il était encore la partie du clergé gallo-romain la moins déchue. Ce fut la conquête de l'Aquitaine par Pépin qui porta dans ce pays le dernier coup à l'ordre ecclésiastique. Alors, dans cette contrée, comme dans le Nord, les terres et les dignités ecclésiastiques devinrent la proie des leudes, des hommes de guerre. Beaucoup d'évêques furent plus occupés de leur importance comme propriétaires que de leur mission comme chefs de l'Église.

Charlemagne, qui avait été frappé de l'abaissement de l'épiscopat, chercha à le relever aux yeux des masses. Le droit d'élec-

[1] Greg. Tur., VI, 46.

tion fut solennellement proclamé : « Instruits de ce que pres-
crivent les saints canons, disait Charlemagne, et afin qu'au nom
de Dieu la sainte Eglise jouisse librement de tous ses priviléges, nous avons donné notre assentiment à ce que désormais
les évêques soient élus, dans le diocèse même et selon les canons,
par le clergé et le peuple, sans aucune considération de personnes ni de présents, et uniquement en raison de la sagesse et
des mérites des candidats. [1] » Cependant cette règle ne fut pas
toujours observée, et Charlemagne lui-même disposa souvent à
son gré des évêchés. La discipline du clergé ne fut que très-
imparfaitement rétablie. Les chefs restèrent généralement,
pendant son règne, ce qu'ils étaient auparavant, des hommes
rudes, violents, plus préoccupés de leurs honneurs temporels que
des soins et devoirs du sacerdoce.

Dans la pensée de Charlemagne, l'Eglise et l'Etat n'étaient
qu'une seule et même institution sous le gouvernement de deux
puissances devant s'unir et se compléter l'une l'autre. Le pouvoir
ecclésiastique devait concourir à l'administration de l'Etat, et,
de leur côté, le roi et ses officiers devaient intervenir dans les
affaires de l'Eglise. Charlemagne avait rétabli les évêques
comme magistrats égaux et même supérieurs aux comtes [2]. Mais
entre ces évêques et ces comtes, que le monarque conviait à
gouverner d'accord entre eux et avec lui, il y avait des intérêts
contraires, des haines invétérées, une lutte obstinée.

Cette lutte se perpétua même sous les règnes suivants. Ainsi,
en 863, Sigon, l'évêque de Clermont, était chassé de son siége et
dépouillé de ses revenus par Etienne, comte d'Arvernie. Il fallut
l'intervention du pape Nicolas pour que Sigon fût rétabli dans
son autorité et ses droits [3].

Toutefois, l'union des deux puissances spirituelle et temporelle
cimentée par Pépin et Charlemagne produisit dans le droit
public une modification profonde.

A partir du concile de Soissons, de l'an 744, les conciles nationaux et provinciaux devinrent des assemblées composées d'évê-

---

[1] *Capit.*, Car. M. a. 803, § 2 (Baluz. t. I, p. 379).

[2] Voy. *Edictum dominicum*, ann. 800 (Baluz. I, 33); *Edictum pro Episcopis*
(Pertz, III, 81).

[3] Gonod, *Chronol. des évêques de Clermont*, p. 20.

ques et de grands. Par exemple, dans le concile tenu à Volvic,
en 762 ou 763, pendant le séjour de Pépin en Arvernie, figurent,
avec des évêques, des comtes et des gouverneurs des provinces [1].

L'élément canonique fut modifié par l'élément aristocratique
dans les conciles provinciaux, comme dans les conciles nationaux.

La confusion des intérêts spirituels et temporels n'avait fait
qu'augmenter. On vit, sous l'épiscopat de S. Avit, un synode
d'évêques et de grands du pays se réunir sur les confins de l'Arvernie, du Velay et du Rouergue, pour prononcer sur la conduite
de Tétradie, qui avait quitté son mari, le comte Eulalius, et qui
avait contracté deux mariages, le premier avec le neveu d'Eulalius, le second avec Didier, duc d'Aquitaine. Le concile décida
que Tétradie restituerait le quadruple des valeurs, qu'elle avait
emportées de la maison, et déclara illégitimes les enfants qu'elle
avait eus de Didier [2].

La confusion des intérêts spirituels et temporels se perpétua
dans les conciles provinciaux jusqu'à leur cessation dans le
XIIe siècle.

L'Eglise obtint, sous les Carlovingiens, d'immenses avantages,
et posa, à cette époque, les plus solides fondements de sa puissance
future.

La dîme devint la source la plus abondante des revenus ecclésiastiques. L'Eglise la réclama de bonne heure comme un droit.
Mais c'est seulement sous Charlemagne qu'elle fut établie comme
institution civile. Ce prince fit de nombreux efforts pour la
maintenir. Les conciles et les synodes ne luttèrent pas avec moins
de persévérance : dès l'année 585, le concile de Mâcon prononçait
l'excommunication perpétuelle contre ceux qui refuseraient de
fournir les dîmes des fruits aux ecclésiastiques qui exerçaient le
saint ministère.

Le synode de Francfort, tenu sous Charlemagne, en 794, assurait
que, dans une année de grande famine (en 779), on avait trouvé
les épis vides et dévorés par les démons, qui avaient fait connaître

---

[1] Gonod, *Loc. cit.*, p. 18.
[2] Gonod, *Loc. cit.*, p. 13.

la cause de cette calamité : des voix sinistres avaient reproché le défaut de paiement de la dîme[1].

Cependant, il y eut, dans tous les temps, des esprits incrédules et même récalcitrants. Les prêtres chargés de recevoir le produit de la dîme devaient tenir note de tous ceux qui la payaient[2]. Les réfractaires étaient successivement punis par l'interdiction de l'entrée à l'église, par une amende de six sols au profit de celle-ci, ce qui ne les exonérait pas de la redevance. Une troisième désobéissance était punie par la clôture de la demeure des coupables, avec défense d'y entrer. S'ils enfreignaient la défense, ils étaient jetés en prison, ce qui ne les dispensait pas de payer la dîme et l'amende de six sols[3].

La dîme était due sur tous les produits de la terre sans distinction, sur tous les animaux, et, dans certains cas, sur les revenus et profits de toute nature[4].

L'établissement de la dîme rencontra un grand obstacle dans la répugnance des populations. Néanmoins, grâce à la persévérance du clergé et de la royauté, ce tribut, qualifié d'institution de droit divin par quelques édits, continua à se percevoir au profit de l'Eglise, et, en partie, au profit des seigneurs, sous le nom de *dîmes inféodées*[5], non-seulement pendant toute la durée du moyen-âge, mais encore jusqu'à la Révolution de 1789.

Les germes d'indépendance et de puissance de l'Eglise, déposés sous les premiers Carlovingiens, se développèrent sous les règnes suivants, où le clergé envahit le pouvoir et continua sa domination jusqu'à l'établissement du régime féodal.

Moins de trois ans avant sa mort, Charlemagne avait émis des doutes sérieux sur l'efficacité des idées théocratiques à l'aide desquelles il avait espéré affermir la société sur sa base[6]. Sous

---

[1] « Omnis homo ex suâ proprietate legitimam decimam ad Ecclesiam conferat. Experimento didicimus in anno quo illa valida famis inrepsit, ebullire vacuas annonas dæmonibus devoratas et voces exprobrationis auditas. » (*Voy.* Syn. Francf., art. 23 ; *Concil. Sirm.*, t. II, can. 25, p. 198.)

[2] *Karol. M. Capit. Aquisgran.,* ann. 801.

[3] *Karol. M. Capit. longob.* ann. 803.

[4] Voy. *Karol. M. Capit. Aquisgr.,* ann. 801; et *Karol. II conventus Ticiniensis*, ann. 876.

[5] Voyez ce que nous disons plus loin sur les dîmes inféodées, tit. V, chap. 15, sect. 6.

[6] Voy. *Capit.* 811, art. 4 (Baluze, I, 478.)

ses successeurs, l'Etat fut conquis par l'Eglise, et le pouvoir temporel vaincu par l'épiscopat au profit de la papauté.

Louis-le-Débonnaire avait fait des efforts pour introduire des améliorations dans le clergé aquitain. C'est surtout vers la réforme de l'ordre monacal qu'il dirigea ses pensées. Nous en constaterons, dans la section suivante, les résultats, à l'égard des établissements monastiques de l'Arvernie.

En 826, ce prince avait fait rédiger, en 145 articles, dans un concile tenu à Aix-la-Chapelle, une règle des chanoines, qui reproduisait et étendait celle de Chrodegand, évêque de Metz. L'institut des chanoines prit, à cette époque, un grand développement. Le 4 juin de l'année précédente, Charles-le-Chauve avait accordé des priviléges importants au fameux chapitre de Brioude[1], sur lequel nous dirons ailleurs quelques mots.

## SECTION II.

### Institut monastique de l'Arvernie.

Nous avons déjà eu occasion de parler de l'établissement des monastères en Arvernie[2]. Nous allons reprendre ce sujet, suivre les monastères arvernes dans leur existence, et exposer l'état de l'institut monastique dans cette contrée, sous les deux premières dynasties.

Dans la dernière moitié du IV⁰ siècle, les monastères étaient encore des associations purement laïques, étrangères aux fonctions et aux droits du clergé. Ces associations étaient peu nombreuses. Ce ne fut guère que dans le commencement du siècle suivant que l'ordre monastique se répandit en Occident. Dans la Gaule méridionale, où furent surtout fondés les principaux monastères, la vie en commun avait pour but la discussion et l'édification religieuse.

L'état général de la société, son abaissement, sa corruption, ses misères, furent la source la plus féconde de l'institut monastique, et les vraies causes de son extension.

---

[1] Voy. *Ann.* de Lecointe, t. VII, p. 748; Baluze, *Capit.*, t. II, col. 1426.
[2] Voy. *suprà*, tit. II, ch. 3.

On voit, au VI⁰ siècle, un grand nombre de personnes de toute condition quitter le monde pour se réfugier dans les monastères. Martius, noble gallo-romain, fondait, entre les années 512 et 525, un asile monastique près de la Cité, au pied d'une montagne appelée aujourd'hui le Puy-du-Châtel [1]. Sa réputation devint si grande qu'on ne le nomma plus que le *Monastère arverne*.

A cette époque, les monastères d'Iciodore, de Cambidobre, de Cronome, et ceux de la Cité recevaient une foule de personnes qui venaient s'y renfermer.

Le célèbre Bracchio bâtissait, en 538, après la mort d'Æmilianus, un monastère, sur l'espace de terre abandonné par la fille de Sigivald, et dépendant de son domaine de *Vindiciacum* (*Vensat*) [2].

Nous mentionnons ici pour mémoire le monastère de Menat, sur la rivière de la Sioule, dans les montagnes occidentales de la Basse-Auvergne, dont quelques historiens fixent la date de fondation à la même année 538 [3], mais dont l'origine est inconnue [4].

A l'époque où Basolus revêtit le froc pour sauver ses jours, on érigea un autre monastère sur les terres données par lui au monastère de Saint-Pierre, dans les montagnes de l'Arvernie, en un lieu nommé aujourd'hui *Mauriac* [5] ; puis, peu de temps après, celui du village de *Pauliac*, dans le district de Brioude [6].

Après ces deux fondations, on trouve celle du monastère que le comte Calminius, troisième gouverneur envoyé en Arvernie par Sigebert, fit construire près de la ville de Riom, en un lieu

---

[1] Greg. Tur., *Vit. Patr.*, cap. XIV; Dufraisse, p. 455; Branche, p. 62.

[2] Bracchio fut ensuite appelé à régir le monastère de Menat (Greg. Tur., *Vit. Patr.*, cap. XII; Branche, p. 62.).

[3] Telle est l'opinion des annotateurs de Prohet, qui, du reste, n'en donnent aucune preuve. Ils ajoutent que S. Menelay rétablit ce monastère en 692.— D'autres écrivains disent que l'abbaye de Menat fut fondée par Charlemagne (Bouchel, Som. bénéf., v⁰ *Eglise*, p. 415.). Mais Menat, comme monastère, remonte à une époque bien plus reculée, puisque Grégoire de Tours en fait mention (*Voy.* la note suivante).

[4] On ne connaît rien de son histoire avant le jour où Bracchio fut appelé à le régir (*Voy.* Greg. Tur., *Vit. Patr.*, cap. XII; Chabrol, IV, 340.). Bracchio mourut en 576.

[5] *Ann. ecclesiæ Senonensis,* Urbain Reversey; Branche, p. 64.

[6] Branche, *Loc. cit.*

appelé *Musiacum*, aujourd'hui Mozat[1] ; enfin, le monastère élevé à côté de la forteresse de Thiers par l'évêque Avitus[2].

Il se fonda, en Arvernie, dans le siècle suivant, de nombreux et célèbres établissements, sous des inspirations diverses, et quelquefois à la suite de circonstances ou d'événements extraordinaires, qualifiés du nom de miracles. C'est à un fait de ce genre qu'est due la fondation de l'abbaye de Manglieu, en l'an 656[3]. La série chronologique des premiers abbés de ce monastère prouve que les populations gauloise et franque commençaient à se fondre en Arvernie[4].

On fonda encore dans le VIIe siècle, deux monastères, dont l'un fut élevé à Braggecte (Brageac), dans le haut pays, où se rendit une colonie de moines du Limousin (J.-C. 675)[5] et l'autre sur la tombe de Préjectus, célèbre évêque arverne, lâchement assassiné. C'est à Préjectus que l'on rapporte l'origine des premiers couvents de femmes qui furent fondés en Arvernie, notamment à Royat, à Marsac et à Chamalières.

Telles furent, dans cette province, les principales fondations monastiques de la période mérovingienne.

Nous avons dit que, dans l'origine, les moines étaient en dehors du clergé, libres et indépendants. Leur influence devenait de jour en jour plus puissante ; mais l'autorité épiscopale ne tarda pas à intervenir pour affirmer et établir sur les monastères sa

---

[1] *Voy.*, sur ce monastère, l'intéressante monographie intitulée : *Histoire de l'abbaye royale de Mozat,* par M. H. Gomot, procureur de la République près le Tribunal civil de Riom, 1 vol. in-8º, 1870. — M. Gomot place vers l'an 672 la date de la fondation du monastère de Mozat, et cependant il semble accepter la version la plus accréditée, qui reconnaît *Calminius* et son épouse *Namadia* comme les fondateurs de ce monastère (*Loc. cit.*, p. 18 et 19. — *Voy.* aussi, dans le même sens, l'*Ancienne Auvergne*, t. Ier, p. 432 et suiv.). La date adoptée par M. D. Branche (J.-C. 570 environ) nous paraît plus probable (Voy. D. Branche, *Loc. cit.*, p. 570 ; Justel, *Maison d'Auvergne*, p. 6), Les mots *Veluti ab antecessoribus Theodorico scilicet ac ejus filio Clodovæo,* contenus dans la charte de Pépin, et dont se prévalent sans doute les partisans de l'opinion contraire, se réfèrent, non pas à l'acte de fondation, mais à la confirmation donnée ensuite par ces rois.

[2] Dufraisse, p. 465 ; *Gall. christ.*, t. II, col. 363 ; Branche, p. 67.

[3] Branche, p. 68 et suiv.

[4] Voy. Branche, p. 71 ; *Gall. christ.*, t. II, col. 361, 362.

[5] Lecointe, *Ann. eccles. franc.*, t. V, p. 385 ; *Gall. christ.*, t. II, col. 382 ; Branche, p. 71. — Voy. aussi *Notice sur l'abbaye et l'église de Brageac,* par M. Delalo (*Tabl. hist. de l'Auv.*, VIII, 259.)

juridiction. Les conciles du Ve et du VIe siècles l'attestent suffisamment. La plupart des moines aspirèrent à entrer dans les
ordres, devinrent des clercs[1], et subirent, comme les prêtres, la
tyrannie des évêques, contre laquelle ils furent obligés de solliciter la protection des rois ou des papes.

Dans le VIe siècle, S. Benoît accomplit la grande révolution
qui réduisait à l'unité de règle et au joug d'une discipline rigoureuse tous les monastères de l'Occident. La règle bénédictine,
importée d'Italie par S. Maur (J.-C. 543), pénétra bientôt en
Arvernie. Elle fut pratiquée au monastère de Manglieu, puis dans
ceux de Mozat, d'Issoire et de Menat.

Mais, tandis que cette règle fortement constituée sur le principe d'obéissance passive, et d'abnégation de soi-même, était
devenue la discipline générale des congrégations monastiques, des
bandes de Sarrasins et de Berbères firent irruption en Arvernie,
et, au milieu de leurs dévastations, disparurent les monastères
d'Issoire, de Thiers, de Mélitense, de Mauriac et de Braggecte.
Plus tard, la guerre entre les princes Carlovingiens et les chefs
de l'Aquitaine détruisit les monastères de Vindiciacum, de Randan,
ceux qu'Abraham et Martius avaient fondés, ainsi que celui de
Cantobenne[2]. Les Normands ravagèrent ensuite les monastères
de Cambidobre, Volvic et Mozat. Nous ne suivrons pas, pendant
la longue période des invasions des Sarrasins, des Francs et des
Normands[3], l'histoire monastique de l'Arvernie, qui n'offre que
des dévastations et des ruines. Menat et Manglieu seuls survé-
curent[4]. Plusieurs vieux monastères, tels que Saint-Cyr, Randan,
Mélitense, ne furent pas réédifiés. Il y eut cependant de nouvelles
fondations, et les anciens établissements furent restaurés en assez
grand nombre. Nous citerons, parmi les plus célèbres restaurations, celle du monastère de Mozat, que plusieurs historiens attri-

---

[1] Cette révolution s'accomplit vers la fin du VIe ou au commencement du
VIIe siècle.

[2] Audigier, hist. Mss., t. V; Dufraisse, p. 447; Reynaud, *Invas. des Sarras.*,
p. 23, 49; Chron. de Moissac; Fredeg., contin., ad ann. 760, 765, 769;
Branche, p. 84 et suiv.

[3] De l'an 725 à 931.

[4] Lecointe, *Ann. eccl. Franc.*, t. V, p. 385; Branche, p. 86.

buent à Pépin, roi d'Aquitaine, fils de Louis-le-Débonnaire [1], et
d'autres plus exactement, selon nous, à Pépin-le-Bref, le père de
Charlemagne [2]. Le monastère de Mauriac fut réédifié en 814, et
de nouveau soumis à l'abbaye de Saint-Pierre-le-Vif [3].

Les princes Carlovingiens exercèrent une influence considérable
sur la destinée des établissements monastiques. Par l'acte célèbre
de 817, Louis-le-Débonnaire divisa ces établissements en trois
classes, à raison de leurs obligations envers le monarque. La
première classe était celle des monastères qui devaient au prince
des présents et un service militaire. La seconde comprenait les
monastères qui ne lui devaient que des présents, et point de
service à la guerre. La troisième était composée de ceux qui n'é-
taient tenus ni à des présents ni à des services, mais seulement à
des prières. Dans cette dernière classe se trouvaient, en Arvernie,
Menat et Manglieu [4].

Manglieu fut soutenu dans ses privilèges par les princes Carlovingiens contre les évêques de Clermont [5]. Ces princes confirmèrent ses franchises et ses immunités. Dans l'un de ses diplômes,
Louis-le-Débonnaire déclare se constituer le défenseur et le gardien de ce monastère. Il est défendu à tout juge public, à tout
officier supérieur ou inférieur d'y pénétrer, et d'y exiger soit une
amende, soit la subsistance due aux officiers royaux, soit la reddi-
tion des serfs étrangers qui se seraient réfugiés sur ses terres [6].

Mais les évêques n'abandonnèrent pas leurs prétentions, malgré la concession des privilèges royaux, et on ne tarda pas à

---

[1] Du Bouchet, *De la véritable origine de la seconde et troisième lignée de la
Maison de France*, preuves; Chabrol, *Cout. d'Auvergne*, t. IV, p. 392; Dulaure, *Descript. de l'Auvergne*, p. 140; Branche, p. 87.

[2] *L'Anc. Auvergne*, t. II, p. 30; M. Gomot, *Loc. cit.*, p. 30 et suiv. — La
charte que Pépin donna pour la dotation et la restauration du monastère de
Mozat, et qui est datée de la 24e année de son règne (763 ou 764), rappelle
plusieurs points importants de la Charte de fondation primitive. Il y est
aussi fait mention de la translation du corps de S. Austremoine par
Pépin (Voy. Secund. S. Strem. translatio *ap. script. rer. fr.*, t. V, p. 433).
Voyez un texte très-correct de cette charte dans le tome III des *Tablettes
Hist. de l'Auvergne*, p. 37 et suiv.

[3] Branche, p. 87.

[4] Baluz., *Capit.*, p. 589, 684; Gonod, *Chron.*, p. 19.

[5] *Gall. Christ*, t. II, col. 364.

[6] *Gall. Christ.*, instr., t. II, col. 117 et suiv.; Chabrol, IV, p. 326 et suiv.

voir les abbés du monastère de Manglieu vaincus par eux, et leur jurer obéissance et fidélité [1].

Menat, peu éloigné d'Ebreuil, résidence royale d'Aquitaine, attira aussi l'attention de Louis-le-Débonnaire, qui lui accorda de nombreux privilèges et appela, pour y rétablir l'observance, le réformateur Benoît d'Aniane, qui séjourna quelque temps dans ce monastère [2]. Les réformes qu'il y introduisit furent peu importantes, et portèrent sans doute l'empreinte de ces puérilités, de ces pratiques minutieuses, de ces ridicules prescriptions, que l'on trouve énoncées dans le grand capitulaire de 817 [3].

Nous ne mentionnons pas ici les nombreuses restaurations monastiques ou les fondations nouvelles qui, du IXe au XIe siècle, se multiplièrent en Auvergne. C'est un point sur lequel nous reviendrons, lorsque nous exposerons l'état monastique de ce pays pendant la période féodale.

Les monastères arvernes des VIe, VIIe et VIIIe siècles possédèrent des écoles florissantes, dont nous parlerons plus loin [4]. Ces foyers intellectuels, dont les monastères avaient le précieux monopole, disparurent sous les ruines des invasions.

D'ailleurs, après la réforme du IXe siècle, l'institut monastique, malgré les tentatives faites pour le ramener vers sa source, perdit son caractère général et son ardeur première. Les écoles monastiques de l'Arvernie se fermèrent, et les monastères restèrent longtemps entourés d'une épaisse couche d'ignorance.

---

[1] *Gall. Christ.*, t. II, col. 362.

[2] *Gall. Christ.*, t. II, col. 367.

[3] Benoît présida, en 817, l'Assemblée tenue spécialement à Aix-la-Chapelle, pour la réforme des ordres monastiques, et d'où sortit le capitulaire ci-dessus cité.

[4] *Infrà*, tit. V, chap. 5.

# CHAPITRE III.

## Législation de l'Arvernie, du sixième siècle à la fin du dixième.

Le Bréviaire d'Alaric, auquel nous avons consacré un chapitre [1], formait, au VIe siècle, le monument le plus important du droit romain, en Arvernie [2]. C'est ce droit antérieur aux compilations de Justinien qui était suivi dans la pratique. Sans doute ces compilations, et, surtout les Novelles de Justinien, ne furent pas ignorées avant la renaissance du droit romain au XIIe siècle : certaines parties du Digeste, du Code, des Novelles, et principalement la traduction abrégée de ces Novelles, faite par Julien, vers l'an 566, étaient connues et quelquefois admises. Cependant les traces du droit Justinien sont peu nombreuses, surtout avant la fin du IXe siècle [3]. Le Code de Théodose et d'Alaric, avec l'appendice de Gaius, de Paul et des Novelles, avait une prépondérance presque exclusive des autres textes du droit romain.

L'autorité du Bréviaire d'Alaric s'était de plus en plus répandue, et celle du vrai Code Théodosien, de l'an 438, s'était singulièrement affaiblie devant ce recueil, si elle n'avait pas été complètement effacée [4].

Il reste peu de chose à dire sur la permanence du droit romain dans l'Empire franc, après le beau travail de M. de Savigny [5].

---

[1] Chap. 2, tit. III.

[2] M. de Savigny (*Hist. du Dr. Rom.*, ch. VIII et IX), et M. Laferrière, (*Hist. du Dr. Franc.*, t. II, Liv. III, ch. V), ont constaté l'exécution que ce recueil reçut au moyen-âge, non-seulement dans l'ancien royaume d'Alaric, dans le royaume Visigoth, réduit pour les Gaules à la Septimanie, après la bataille de Vouillé, mais encore dans la Gaule toute entière, où il était devenu, selon Godefroi, *le fondement du droit civil, pro fundo juris habebatur* (*Cod. Theod.*, introd., c. VIII).

[3] *Voy.* la seconde table, dans l'appendice du t. II de l'*Hist. du Dr. romain* de M. Savigny (t. IV).

[4] Il y a dans les monuments de l'époque barbare des preuves de l'usage direct du Code Théodosien, pour les parties de ce code qui n'avaient point été transcrites dans le Bréviaire (*Voy.* la seconde table, dans l'appendice du t. II de l'*Hist. du Dr. rom.* de Savigny, t. IV).

[5] *Voy.* notamment t. II, ch. IX, *Hist. du Dr. rom. au moyen-âge.*

Il existe plusieurs documents qui attestent la connaissance et l'usage de ce droit en Arvernie, comme dans toute l'Aquitaine.

Le serviteur du sénateur Félix, Andarchius, qui avait été envoyé, au VIᵉ siècle, en Arvernie, avec des dignités par Sigebert Iᵉʳ, connaissait à fond, dit Grégoire de Tours, les œuvres de Virgile, les *livres de la loi Théodosienne* et l'art du calcul[1].

En 634, les quatre fils de Sadregisilus, duc d'Aquitaine, qui avaient négligé de venger la mort de leur père, furent dépouillés de sa succession, *conformément au droit romain*, et Dagobert Iᵉʳ fit donation de ces biens à l'abbaye de Saint-Denis[2].

En 673, Préjectus (S. Prix ou Priest), évêque de Clermont, qui avait étudié à l'école du monastère d'Issoire, refusa, selon son biographe, de plaider, le samedi-saint, la cause de son église, qui réclamait un legs dans une succession, parce que *la loi romaine ne le permettait pas dans la quinzaine de Pâques*[3].

Bonitus (Bonet ou S. Bon), qui était évêque de Clermont vers l'an 689, et qui enseigna au monastère de Manglieu, avait étudié la *loi Théodosienne* dans la ville des Arvernes, où il existait une école célèbre pour le droit, la grammaire et les belles-lettres[4].

Au IXᵉ siècle, S. Géraud, comte d'Aurillac, qui possédait un grand nombre de serfs, s'interdisait d'en affranchir plus de cent, par respect pour la *lex mundialis* ou *mundana*, qui n'était autre que la loi romaine *fusia caninia*, passée comme loi vivante dans le Bréviaire d'Alaric[5].

---

[1] « De operibus Virgilii, *legis Theodosianæ* libris, arteque calculi adplene eruditus est. » (Greg. Tur., IV, 47.) Le Bréviaire était souvent appelé *Lex Theodosiana*, parce que le Code Théodosien en formait l'élément principal.

[2] *Gesta Dagoberti*, c. 35 (D. Bouquet, t. II, p. 589); Aimoin, *de Gest. franc.*, Lib. IV, c. 28 (D. Bouquet, t. III, p. 131); Savigny, *Loc. cit.*, t. II, § 38, note f. — M. de Savigny fait observer que la même règle se trouve dans le Bréviaire d'Alaric, Paulus III, 5, §§ 2, 10, et *Interpr.*, § 1.

[3] *Vita. S. Prejecti*, ap. Duchesne, *Script. rerum franc.*; *Acta S. ord. Benedicti*, Sec. II, p 640 et suiv.

[4] Il mourut vers l'an 707 (*Act. S. ord. Bened.*, sec. III, pars 1, *Vita S. Boniti*; Gonod, *Chronol.*, p. 16).

[5] Altesserra, *Rer. aquit.*, L. III, c. 9, p. 199; Savigny, t. II, ch. IX, § 38, notes L. et M. — Sur le sens des mots *Lex mundana*, voy. Ducange, vᵒ *Lex mundana*, et M. de Savigny, t. Iᵉʳ, ch. III, § 38.

Dans la charte de 927[1], par laquelle Acfred donne des biens immenses à l'église de St-Julien de Brioude, il est dit que celui qui voudra empêcher les effets de cette donation sera contraint, selon la loi romaine, *secundum legem romanam,* et selon la loi salique, *legem salicam,* à payer 15 livres d'or pur[2].

Enfin, la loi Théodosienne était encore invoquée, en Auvergne, dans le XIe siècle. On lit dans une donation inédite de Raoul, abbé, aux chanoines de N.-D. : « *Theodosianus nos instruit codex ut quicumque nobilis persona....* » Cet acte est de l'an 1022[3].

Le Bréviaire d'Alaric servit souvent de base aux canons de l'Eglise, aux formules *secundum legem romanam,* aux capitulaires des rois Carlovingiens.

Charlemagne en publia une édition nouvelle comme roi des Francs, des Lombards, et patrice des Romains[4].

La loi romaine représentée par le Bréviaire avait-elle, en Arvernie, sous l'Empire franc, le caractère de loi réelle et terriloriale? La réponse à cette question nous semble devoir être la même pour ce pays que pour les contrées du Midi.

Selon M. Laferrière, ce serait seulement dans la Septimanie, devenue successivement la Gothie et le bas Languedoc, que la *personnalité* du droit romain aurait passé, avec le Code Visigothique, *Codex legis Wisigothorum;* la loi romaine du Code d'Alaric serait, au contraire, restée à l'état de loi réelle et territoriale dans les autres contrées méridionales.

A l'appui de son sentiment, M. Laferrière rappelle que les institutions de l'empereur Constantin avaient mis la compétence réelle, en matière de domaine et de possession, à la place de la compétence personnelle, et substitué le juge de la situation au

---

[1] Cette charte est ainsi datée : « *quinto idus octobris, anno quarto quo Francidæ inhonestaverunt regem suum Karolum et contrà legem sibi Rodulfum in regem elegerunt.* »

[2] Cartulaire de Brioude, n° 345, édit. Doniol.

[3] Mss Dulaure, Bibl. de Clermont, n° 248.

[4] On lit dans un manuscrit, à la suite du *Commonitorium,* la mention suivante : « Datum... Tolosæ. Et iterum anno XX. Regnante Carolo Rege Francorum et Longobardorum et patricio Romanorum. » Cette addition parut pour la première fois dans l'édition de 1566. M. de Savigny se demande si c'est une véritable confirmation de ce code par Charlemagne. Mais il pense que cette addition *et iterum anno XX* etc. est l'œuvre du copiste et s'applique à la date de la copie (t. II, ch. IX, § 57).

juge du domicile du défendeur[1]. Ce changement dans la compétence aurait donné aux coutumes locales une action permanente sur les questions de propriété foncière et de transmission à titre onéreux ou gratuit. Le juge du lieu, relativement à la chose ou à la transmission de la chose située dans son territoire, aurait jugé selon la loi ou la coutume de ce territoire, d'autant mieux que Constantin avait promulgué une loi qui commandait de respecter les anciennes coutumes[2], loi qui fut insérée dans le Bréviaire d'Alaric. Les rois Mérovingiens auraient proclamé, dès les premiers temps de la conquête, que les anciens habitants du pays et le clergé continueraient à observer les lois romaines, et ces décrets, sanctionnés depuis par les capitulaires, auraient ainsi confirmé, pour la plupart des contrées et des populations de la Gaule, le caractère territorial du droit romain et des traditions qui se confondaient plus ou moins avec ce droit[3].

Nous ne contestons pas ce que dit M. Laferrière au sujet des constitutions de Constantin sur le changement introduit dans la compétence, et sur l'observation des coutumes. Nous n'avons pas à considérer ce qui existait avant l'invasion germanique. Mais après cet événement, les nations qui étaient établies sur le même territoire, et qui avaient conservé des mœurs et des lois distinctes, furent soumises au principe du *droit personnel*, ainsi appelé par opposition au droit territorial. Lorsque les décrets des rois Mérovingiens, sanctionnés ensuite par les capitulaires, parlent du droit romain, ils le mentionnent, comme les autres lois, afin de poser à l'égard des Romains la même règle que pour les autres peuples, et de les soumettre tous au principe du droit personnel.

M. Laferrière ajoute que les Visigoths ne se créèrent pas une situation identique à celle des Francs, qui, n'ayant pas partagé les propriétés privées dans les pays soumis à leur domination, conservèrent une législation reposant essentiellement sur le principe de la personnalité, tandis que les Visigoths, qui avaient partagé le sol avec les propriétaires Gallo-romains, auraient été entraînés par la force de la situation à suivre en plusieurs cas la même loi de la propriété[4].

[1] Constit. 2, Cod. Just., III, 19 : an. 331.
[2] L. ult. Cod. Th., V, *de longâ consuetudine.*
[3] Voy. *Hist. du dr. franç.*, t. II, p. 402 et suiv.; t. III, p. 485 et suiv.
[4] *Loc. cit.*

En effet, sur tout le territoire où dominèrent les Visigoths, il y avait eu un partage des terres entre eux et les Gallo-romains; des lois avaient même été faites pour maintenir strictement le partage primitif[1]. Cet état de choses, qui embrassait toute la Gaule méridionale, dut donner une grande solidité à la propriété romaine. Les domaines romains restèrent aussi, après l'établissement complet de la domination franque, bien plus nombreux au sud de la Loire qu'ils ne l'étaient au nord de ce fleuve[2]. Mais ces faits ne prouvent point que le droit romain ait eu dans ces régions le caractère général, que M. Laferrière lui attribue, et ait formé un droit réel et territorial. M. Augustin Thierry en tire la conséquence que « la durée de la propriété foncière, dans les familles gallo-romaines des contrées méridionales, fut l'une des causes qui dans ces contrées firent reparaître assez promptement le droit romain à l'état de loi territoriale[3]. » Le savant historien ne fait pas remonter cet état à une époque aussi reculée que M. Laferrière; il se borne à dire : « De là vient surtout que, dès le IXᵉ siècle, on faisait la distinction du pays où les jugements avaient lieu selon la loi romaine et du pays où les causes se jugeaient d'après une autre loi[4]. » Puis, il cite les articles 16 et 26 de l'édit de Pistes de 864[5].

Mais il ne résulte pas de cet édit que la loi romaine aurait été territoriale et réelle à l'époque indiquée par M. Laferrière. Le principe de la personnalité, à cette époque, est, au contraire, attesté par plusieurs monuments, et notamment par les formules de Marculfe[6].

---

[1] L. Visig. Lib. X, tit. I, L. 1.

[2] Voy. Aug. Thierry, Considér. sur l'Hist. de Franc., ch. V, p. 136 et suiv., 5ᵉ édit.

[3] Loc. cit., p. 140.

[4] Loc. cit.

[5] « In illâ terrâ in quâ judicia secundum legem romanam terminantur, secundum ipsam legem judicetur. Et in illâ terrâ in quâ judicia secundum legem romanam non judicantur. » (Edict. Pist., c. 16; voy. aussi c. 18, 20, 23, 31.)

[6] « Et omnis populus ibidem commanèntes tam franci, Romani, Burgundiones, quam reliquas nationes sub tuo regimine et gubernatione degant et moderentur, et eos recto tramite secundum legem et consuetudinem eorum regas. » MARCULFI FORM., I, 8, de Ducatu. — Voy. aussi Capit. aquitanic., Pertz. IV, 13.

Aussi, Montesquieu, qui a le premier parlé du caractère territorial de la loi romaine, reconnaît-il lui-même que, « dans les commencements de la monarchie, toutes les lois étoient personnelles[1]. » Il ajoute : « Ainsi, quand l'édit de Pistes distingue les païs du droit romain d'avec ceux qui ne l'étoient pas, cela signifie que dans les païs qui n'étoient point païs de droit romain, tant de gens avoient choisi[2] de vivre sous quelqu'une des loix des peuples barbares, qu'il n'y avoit presque plus personne dans ces contrées qui choisît de vivre sous la loi romaine, et que dans les païs de la loi romaine il y avoit peu de gens qui eussent choisi de vivre sous les loix des peuples barbares[3]. »

L'édit de Pistes lui-même n'avait, en effet, apporté aucune dérogation au principe des lois personnelles. La preuve de ce fait résulte de plusieurs passages de cet édit[4].

Telle est aussi l'opinion de M. de Savigny, qui dit que l'on ne doit pas voir dans l'édit de Charles-le-Chauve le système d'un droit territorial, mais *un état qui s'en rapproche*[5].

Sans doute, à mesure que les diversités nationales furent plus marquées entre les pays, en même temps qu'elles s'effacèrent entre les habitants d'une même contrée, il exista naturellement entre une loi personnelle fréquemment appliquée dans un pays, parce qu'elle était la loi de la plus grande partie de la population, et une loi personnelle appliquée par exception à quelques personnes étrangères, une très-grande différence de fait, et c'est ce qui explique les dispositions de l'édit de Pistes. Ces dispositions, en distinguant déjà les pays où l'on jugeait suivant la loi romaine de ceux où l'on ne jugeait point selon cette loi, se rapportent, comme le remarque M. de Savigny[6], non aux territoires, mais aux

---

[1] *Esprit des Loix*, Liv. XXVIII, ch. IV.

[2] On a longtemps admis, comme Montesquieu, que chacun avait le droit de choisir la loi. Cette hypothèse a été complétement réfutée par Lupi (*Codex Diplom. Bergom.* Diss. 4), et par M. de Savigny (*Loc. cit.*, t. I<sup>er</sup>, ch. 3, §§ 41 et suiv.).

[3] *Loc. cit.*

[4] Le chapitre 28, *in fine*, porte : « De illis autem qui secundum legem romanam vivunt, nihil aliud nisi quod eisdem continetur legibus, definimus. » Et le chapitre 34, *in fine* : « Salva constitutione legis Romanæ in eis qui secundum illam vivunt. »

[5] *Loc. cit.*, t. I<sup>er</sup>, ch. III, § 49.

[6] *Loc. cit.*, t. I<sup>er</sup>, ch. III, § 49.

personnes. La différence qu'elles révèlent ne dérogeait en aucune manière au principe de la personnalité des lois[1]. Ce principe, qui dura autant que l'Empire franc, ne se transforma que plus tard, sous l'influence et l'action du système féodal.

Sous les deux premières dynasties, les Édits et les Capitulaires[2] étaient une autre source du droit, mais une source peu abondante au point de vue du droit privé. Les rois Mérovingiens et Carlovingiens, qui se trouvaient en présence de plusieurs Codes appropriés à l'origine et aux mœurs de peuples si différents, n'eurent pas à promulguer, nous ne disons pas un ensemble de lois civiles, ce qui eut été impossible, mais un grand nombre de lois nouvelles. Leur autorité législative s'exerça à la fois ou successivement sur des matières de morale, de religion, de droit canonique, et sur des objets de droit politique, de législation pénale, de législation civile[3].

Le droit public ou politique est une des parties les plus considérables des capitulaires de Charlemagne. On y trouve en grand nombre des dispositions relatives à la nomination ou à la conduite des divers agents, comtes, ducs, vicaires, centeniers, etc.; d'autres ayant pour objet l'administration de la justice, le service militaire, la police, le clergé, etc.

La législation pénale et la législation civile ont peu d'importance dans les Capitulaires. Le droit canonique y occupe, au contraire, une grande place. C'était l'époque où les évêques siégeaient en majorité dans les assemblées générales, et les décisions y étaient souvent rendues dans l'intérêt de leur pouvoir. Ces assemblées furent considérées comme des Conciles, et leurs lois passèrent dans les recueils de canons.

---

[1] Voy. aussi, en ce sens, M. Klimrath, *Hist. du dr. fr.*, t. I<sup>er</sup>, p. 342.

[2] Les ordonnances rendues par les rois, et qui étaient peu nombreuses sous la première dynastie, portaient les noms de *constitutions, préceptions, décrets, pactes* ou *édits* (*Voy.* Baluze, t. I<sup>er</sup>, p. 5, 7, 9, 11, 15, 17, 19, 141). Depuis Charles Martel, elles prirent le nom de *Capitulaires* (Baluz., t. I<sup>er</sup>, p. 145 et suiv.) M. Guizot a compté jusqu'au règne de Charles-le-Simple inclusivement, d'après le recueil de Baluze, 152 capitulaires de la seconde race, dont 65 émanés de Charlemagne *(Cours d'histoire moderne*, t. II, p. 311). Nous renvoyons à cet auteur pour ce qui concerne les recueils et l'examen des Capitulaires *(Loc. cit.*, p. 313 et suiv.).

[3] Voy. le tableau analytique des capitulaires de Charlemagne, par M. Guizot *(Loc. cit.*, p. 324 et suiv.).

Les Capitulaires avaient un caractère de généralité, que n'avaient ni la loi romaine, ni les lois barbares. Ils étaient obligatoires pour tous les habitants de l'Empire franc.

Les canons de l'Eglise gallicane étaient aussi une source du droit sous les deux premières races. Nous avons signalé, dans le chapitre précédent[1], la confusion des intérêts spirituels et temporels, ainsi que la présence des grands de l'ordre laïque dans les conciles, sous la deuxième dynastie : de là un assez grand nombre de décisions des conciles, qui se rapportaient à l'ordre temporel, au droit civil, et non plus seulement aux questions de mœurs et de discipline.

Enfin, il y avait les usages de l'Arvenie, que le Code d'Alaric, d'après son *Commonitorium,* maintenait, lorsqu'ils n'avaient rien de contraire au droit public[2]. Mais les sources où l'on pourrait en puiser la connaissance sont fort rares.

---

# CHAPITRE IV.

## Condition des personnes et des terres.

Dans le désordre des temps mérovingiens et carlovingiens, l'état des personnes et la condition de la propriété territoriale offrent de nombreuses obscurités. On ne rencontre aucun principe certain pour classer les conditions sociales. Tout en reconnaissant que la propriété et l'estimation légale de la valeur des hommes peuvent être une base sérieuse, M. Guizot la déclare insuffisante : « Il faut renoncer, dit l'éminent historien, à la prétention de classer les conditions et les hommes d'après un principe général et simple, soit qu'on le cherche dans la nature des propriétés ou dans l'appréciation légale de la vie des individus. Toute hypothèse régulière et systématique est trompeuse, parce

---

[1] Chap. II, sect. Ire.
[2] *Voy.* tit. III, ch. 2.

que tout sytème, toute règle permanente étaient étrangers à la
société [1]. » C'est seulement plus tard que nous verrons la condition des personnes se régler étroitement d'après la condition de
la propriété. Pour les périodes mérovingienne et carlovingienne,
l'état de la propriété foncière ne peut jeter qu'une lumière
incomplète et douteuse sur les personnes. C'est surtout par
l'étude des monuments et des dénominations appliquées aux
diverses classes de citoyens, et par la recherche des faits, que
l'on arrive à reconnaître l'existence de ces diverses classes.
D'autre part, la condition des terres n'est pas déterminée par
celle des personnes. Ainsi, une terre libre pouvait être pos-
sédée par une personne qui était dans les liens de la servitude, et
un homme libre pouvait être le maître d'une terre servile.

Nous allons, dans les deux sections de ce chapitre, exposer
les principales notions sur cette matière difficile, en consacrant
la première à la condition des personnes, et la seconde à la
condition des terres, en Arvernie.

## SECTION Iʳᵉ.

### Condition des personnes.

Après la conquête germanique, lorsque la société gallo-romaine
et la société barbare sont en présence et réunies dans une même
agrégation politique, on trouve, dans les régions inférieures de
la société, la servitude personnelle ou domestique, la servitude
de la glèbe, le colonat, des affranchis de diverses classes. Enfin,
il y avait la classe des hommes libres, sur laquelle nous donnerons
quelques explications, après avoir parlé de celles que nous venons
d'énumérer.

Les Germains avaient apporté de leur pays, où la vie était
rude et sans luxe, des habitudes contraires à celles des Romains.
Ces habitudes les portèrent à reléguer l'esclave hors de la maison
et à l'établir comme laboureur ou artisan sur une portion de terre,
à laquelle il se trouvait attaché. Les Gallo-Romains imitèrent en

---

[1] *Essais sur l'hist. de France,* IVᵉ essai, ch. 2, p. 203.

cela les mœurs germaines, et les esclaves attachés au service de la personne passèrent graduellement à la culture servile des terres[1].

Ce passage de la servitude personnelle au servage réel fut le principal caractère du progrès qui se fit dans la Gaule, durant les siècles qui suivirent la conquête, et qui se réalisa sous l'influence du christianisme et du dogme de la fraternité prêché par l'Eglise à tous les fidèles.

Le servage réel, qui se forma sous la domination des Francs, fut un mélange de la servitude romaine et de la servitude germanique. Il réunit les éléments de l'une et de l'autre, c'est-à-dire que les tributs ou les redevances des serfs envers leurs maîtres furent plus ou moins fixes ou limités, conformément aux traditions germaniques[2], tandis que les services et les corvées étaient arbitraires et illimités, selon les traditions romaines, qui, à l'exception d'un pécule assez modique, attribuaient aux maîtres le travail et les profits des esclaves.

Le colonat romain, dont nous avons esquissé ailleurs[3] les principaux caractères, s'altéra sous la même domination. Les colons perdirent généralement leur qualité d'ingénus[4], et furent assujettis à fournir, outre les redevances, des travaux, des services corporels[5]. Leur condition se rapprocha alors un peu plus de celle des serfs casés, casati[6]. Néanmoins, elle était encore très-distincte et avait plus de stabilité. Les serfs étaient transportés par la volonté du maître d'une terre à une autre, et

---

[1] *Voy.* MM. Michelet, *Mémoires de l'Acad. des sciences mor. et polit.*, t. III p. 655; Pardessus, *Rec. des textes de la loi salique*, diss. IVe et VIIe.

[2] Tacite, *Germ.* 25.

[3] Chap. 5, tit. II.

[4] Voy. *Form. veter.*, 1. *notitia de colono evendicato.*

[5] *Edict. Pist.*, c. 29 (Baluz. ann. 864 Pertz, t. III, p. 495); *Polypt. d'Irm.*, prolég., § 116, p. 233. — Les colons libres, *coloni liberi*, payaient des redevances, mais n'étaient pas obligés à des services corporels, ou ces services étaient moins pénibles et moins fréquents que ceux imposés aux autres colons (*Polypt. d'Irm.* prolég., § 124, p. 246).

[6] On distinguait les *servi casati*, ou serfs établis sur un fonds de terre, *casata*, et qui faisaient corps avec les immeubles, de ceux qui n'étaient pas *casati*, et faisaient partie du mobilier. L'état de ces derniers s'éloignait peu de l'esclavage de l'antiquité. (Voy. *Polypt. d'Irm.* prolég., § 144, p. 282 et note 80; et append. V, L. II, c. 17, p. 334; Ducange vo *Casatus*).

passaient souvent du service de la glèbe à celui des personnes. Ils pouvaient être donnés, échangés, vendus[1]. Les cens qui leur étaient imposés étaient plus forts et moins réguliers que ceux des colons. Ils étaient soumis à des corvées plus nombreuses, plus arbitraires, plus pénibles[2]. Leur tenure n'était pas légalement héréditaire, perpétuelle, irrévocable, comme celle des colons[3]. Ces derniers pouvaient acquérir des terres pour leur compte[4]. Cependant, d'après les règles du Code de Théodose et d'Alaric, dont la plupart des dispositions sur les cultivateurs régissaient l'Arvernie[5], il leur était interdit d'aliéner leurs propres domaines sans le consentement de leurs patrons[6]; et Charlemagne leur avait défendu de faire aucune vente ou donation à des personnes d'une seigneurie étrangère[7]. Un colon du comté de Brioude avait laissé, en mourant, à l'église de ce pays, les vignes et les autres biens qu'il avait acquis de ses propres deniers, et Charles-le-Chauve confirma cette disposition[8]. L'intervention du roi avait probablement pour but de la rendre valable. Enfin, les colons succédaient à leurs parents, et pouvaient transmettre leurs biens à leurs descendants ou à leurs neveux[9]. Ils restaient, comme autrefois, attachés à perpétuité aux fonds qu'ils occupaient, et avec lesquels ils étaient légués, donnés ou vendus[10]. Il leur était impossible de se soustraire eux-mêmes à leur condition. Ils pouvaient sortir du colonat par l'affranchissement, ou par le moyen de la prescription. Mais il n'était permis d'invoquer ce dernier mode qu'autant que le maître était un Romain et non un Franc[11].

---

[1] *Polypt. d'Irm.* prolég., § 196, p. 390.

[2] *Polypt. d'Irm.*, prolég., *Loc. cit.* voyez, sur les obligations des colons, le même ouvrage, § 124, p. 244 et suiv.

[3] *Polypt. d'Irm.* prol., § 252, p. 498.

[4] *Polypt. d'Irm.*, prolég., § 122, p. 242.

[5] Voy. *lex romana Visig.*, Lib. V, tit. IX, X, XI.

[6] Voy. *suprà.*, chap. 5, tit. II.

[7] *Capit.* III, an. 803, c. 10.

[8] Dipl. Car. C. an. 874 (Bouquet, VIII, 645 B.)

[9] *Polypt. d'Irm.*, prol., § 122, p. 242 et suiv.

[10] *Idem*, § 117, p. 236.

[11] *Idem*, § 119, p. 237 et suiv.

Outre les esclaves, les serfs attachés à la terre, et les colons, on distinguait plusieurs classes d'affranchis.

Nous n'insisterons pas sur les diverses formes d'affranchissement des esclaves ou des serfs, sur les différentes conditions des affranchis et sur les effets de l'affranchissement[1]. Il existe à cet égard de nombreuses variétés, et une classification rigoureuse nous semble difficile.

Ce qui est certain, c'est que, quelle que fût la forme d'affranchissement, devant le roi, devant l'Eglise, et selon les lois romaines, ou par la simple déclaration de volonté du maître, l'affranchi n'obtenait qu'une liberté incomplète, et l'infériorité de sa condition était toujours marquée par quelques restrictions légales. Ceux qui étaient affranchis devant l'Eglise, par exemple, étaient obligés envers elle à quelques redevances et services. Ils ne pouvaient fréquenter d'autres assemblées publiques que celles des églises où ils avaient reçu la liberté, et, s'ils mouraient sans enfants, l'Eglise héritait de leurs biens[2]. En entrant dans la liberté, les affranchis se trouvaient sous la dépendance d'un patron imposé par la loi, ou de leur choix, dans certains cas. Ils étaient punis de la perte de leur liberté, lorsqu'ils se rendaient coupables de torts graves envers leurs anciens maîtres[3].

Les diverses conditions, que nous venons de passer en revue, existèrent simultanément, pendant les périodes mérovingienne et carlovingienne, en Arvernie, comme dans le reste de la Gaule, mais dans des proportions très-différentes, suivant les temps. Des transformations s'opérèrent graduellement. L'esclavage romain avait diminué, sous la seconde race, dans une notable proportion. Toutefois, des esclaves restèrent encore longtemps attachés à la personne selon les mœurs romaines. Déjà avancée au IXe siècle, la transformation s'acheva dans les siècles suivants[4]. C'est seulement alors que disparut cette classe d'hommes

----

[1] *Voy.* sur ce point, M. Guérard, *Polypt. d'Irm.*, prolég., § 182 à 194.

[2] *Polypt. d'Irm.*, prolég., § 183, p. 369.

[3] *Polypt. d'Irm.*, prol., § 194.

[4] M. Guérard dit que l'esclavage romain était devenu rare au commencement de la troisième race, et, qu'il avait généralement disparu avant la fin du XIIe siècle *(Polypt. d'Irm.*, prolég., § 195, p. 387.)

possédés comme toutes les choses mobilières, et soumis au pouvoir absolu et arbitraire d'un maître, sans jouir d'aucun droit de propriété ou de liberté.

. Vers la fin du VIII<sup>e</sup> siècle, la condition des serfs cultivateurs, du moins dans les terres de l'Eglise, se rapprochait beaucoup de celle des colons. Les diverses classes de personnes non libres tendaient à se confondre [1].

Dans le siècle suivant, le nombre des serfs s'était considérablement affaibli. Cependant l'existence du servage, en Arvernie, à cette époque, est établie par de nombreux documents. Baluze rapporte plusieurs actes de donation de serfs, notamment un acte de 849, par Etienne et Adélaïde sa mère, et un autre de Guillaume-le-Pieux, de l'an 910 [2]. Nous lisons, au n° 318 du *Cartulaire de Brioude* [3], un acte de 860, où la donatrice donne ce qui lui appartient, ou pourra lui appartenir, sur des *casæ, ecclesiæ, mansi,* ou autres possessions formant cinq propriétés différentes, au sujet desquelles se trouve l'énonciation : *cum servis et ancillis.* De semblables mentions se lisent encore, pour les temps postérieurs, dans plusieurs chartes du *Cartulaire de Sauxillanges* [4]. Mais alors, la vente, qu'elles renferment, avait peut-être moins pour objet l'homme lui-même que les redevances et les services fixes auxquels il était soumis [5].

Parmi les nombreux possesseurs qui figurent au Cartulaire de Brioude, dans les IX<sup>e</sup> et X<sup>e</sup> siècles, et qui interviennent pour disposer de leurs biens, il ne s'en trouve qu'un très-petit nombre dont les stipulations portent sur les serfs; d'où l'on peut être tenté de conclure que les hommes de cette condition ne formaient qu'une portion peu importante de la population rurale de la Basse-Auvergne à cette époque [6].

---

[1] *Polypt. d'Irm.*, proleg., § 141, p. 274, et § 252, p. 498.

[2] *Maison d'Auvergne,* t. II, Preuves, p. 2 et 12.

[3] P. 322, édit. Doniol.

[4] *Voy.* notamment n°s 13, 61, 340, 428, 429, 146, 406, 696, 808.

[5] Voy. *Polypt. d'Irm.*, proleg., § 146, p. 292.

[6] Il est vrai que les deux cartulaires de Brioude et de Sauxillanges ne donnent pas, comme d'autres documents de ce genre, soit par suite de mutilation, soit pour une autre cause, de nombreux renseignements sur les tenures, sur leur administration, et sur leurs revenus propres, ce qui ne permet pas d'apprécier aussi facilement l'importance et l'étendue du servage.

On rencontre encore, dans quelques chartes de ce cartulaire et de celui de Sauxillanges, quelques indications sur le colonat, dans la même contrée, et à la même époque [1] ; mais ces indications, et leur rareté, prouvent que le colonat lui-même était pour ainsi dire éteint, vers le déclin du Xe siècle ; le nom de colon ne servait guère qu'à désigner une personne se livrant à la culture de la terre [2].

A la fin de la dynastie Carlovingienne, la distinction des servitudes commençait à disparaître, comme les races, comme les lois nationales. Cette révolution occulte et lente détruisait les classes de colons, de serfs, pour en composer une seule condition intermédiaire entre la servitude et la franchise, condition connue sous le nom de *servage* ou de *main-morte* [3], qui fut pour les serfs un progrès, mais pour les colons une situation moins avantageuse que celle qu'ils avaient autrefois.

A côté de ce mouvement progressif dans l'état des personnes d'une condition inférieure, il y en eut un autre, en sens inverse, dans celui des personnes libres.

Dans les notes, que M. Henri Doniol a publiées en tête du Cartulaire de Brioude, — qui contient principalement les chartes des IXe et Xe siècles, — cet estimable écrivain semble tirer des documents de ce recueil la conclusion que la classe des hommes libres aurait été, sinon la seule, du moins la plus nombreuse dans la Basse-Auvergne, à cette époque. Voici comment il s'exprime :
« Quant aux autres personnes dont les chartes du LIBER indiquent l'existence, on dirait qu'elles n'ont rien de différent, dans leur état juridique et social, de ce qui existe aujourd'hui : on voit des propriétaires qui donnent, qui vendent, qui transigent en toute latitude, après avoir reçu ou acquis eux-mêmes avec liberté et plénitude de droit ; on voit des individus non moins complètement

---

[1] *Voy.* notamment no 172, *Cart. de Brioude*; nos 13, 629 et 695 *Cart. de Sauxillanges.* — Dans la charte, no 13 du cartulaire de Sauxillanges, qui est de l'an 928, le duc Acfred parle de *coloni* appartenant aux possessions qu'il donne. Dans la charte, no 695, du même cartulaire, le mot *colonga* est une traduction patoise du mot *colonia.*

[2] *Polypt. d'Irm.*, prolég., § 122, p. 244.

[3] *Polypt. d'Irm.*, prol., § 252, p. 498. — Les serfs passèrent généralement dans la condition des main-mortables, du IXe au XIe siècle, (*Voy.* Polypt. d'Irm. prol , § 168, p, 339).

libres qui habitent les diverses possessions dénommées, qui en
cultivent, qui en exploitent les terres, qui passent des contrats
pour la mise en valeur des fonds, et qui ne paraissent devoir les
diverses redevances, d'où les actes des cartulaires prennent occasion, qu'au même titre que sont dus tous les tributs ou toutes
les rentes possibles dans toute société régulière...... Assurément
il se pourrait que toutes ces personnes n'eussent pas la même
condition ; mais aucun des textes qu'on trouvera ci-après n'autorise à l'affirmer, pas plus qu'aucun ne laisse voir d'autres
différences que celles résultant de la situation naturelle des
individus dans la société, entre les personnes de l'ordre particulièrement agricole et celles qui donnent ou qui reçoivent les biens
à propos desquels il est question d'elles[1]. »

Les mentions du Cartulaire de Brioude, qui renferme des actes
de vente, de donation, et autres contrats, et le plus souvent les
noms seuls des parties qui les passent, ne peuvent jeter qu'une
faible lumière sur la condition des hommes libres ; on ne peut en
tirer aucune conclusion précise relativement à l'état de liberté
des personnes, à l'époque des IX⁰ et X⁰ siècles.

La question de savoir s'il avait existé en France, pendant les
périodes mérovingienne et carlovingienne, une classe nombreuse et importante d'hommes libres, était un des problèmes les
plus difficiles que présentait l'état des personnes : ce problème
paraît aujourd'hui résolu[2].

Si, dans les premiers temps qui suivirent la conquête, il y eut
une classe spéciale d'hommes libres, affranchis de toute dépendance individuelle, et unis entre eux seulement à titre de
citoyens, cette condition sociale fut ensuite profondément altérée ;
le nombre des hommes libres et indépendants s'affaiblit de plus
en plus : il y eut les bénéficiers, les vassaux. Les propriétés se
subordonnèrent progressivement les unes aux autres. Les hommes
libres, qui constituaient la classe moyenne des propriétaires,

[1] *Cartul. de Brioude*, p. 20 et suiv.

[2] L'opinion de M. de Savigny, qui considère la classe des hommes libres
comme ayant formé, à ce titre seul, le corps de la nation chez les peuples
d'origine germanique (*Hist. du dr. romain*, ch. IV, §§ 4 et suiv.), a été solidement réfutée par M. Guizot (*Essais sur l'hist. de France*, IV⁰ essai, ch. 2,
§ 5.)

entrèrent, aux VIII^e^ et IX^e^ siècles, dans un système général de *recommandation*, de *commendise*, qui les subordonna à un seigneur, à un supérieur. La liberté du vassal, bénéficier ou autre, était évidemment fort incomplète, et n'était plus, du moins, celle du citoyen[1].

Outre les distinctions entre les personnes, que nous avons exposées, exista-t-il, sous les deux premières dynasties, un ordre de la noblesse? Perreciot disait : « Cette question paraîtra bien extraordinaire au gentillâtre qui, placé au centre du large foyer de son château, démontre chaque jour au curé et au maire de son village que ses ancêtres assistèrent en qualité de barons au baptême de Clovis[2]. » Cependant elle est une de celles qui ont le plus divisé les historiens et les publicistes. Elle nécessiterait des développements, auxquels nous ne pouvons nous livrer.

L'ancienne noblesse gallo-romaine conserva assez longtemps son existence en Arvernie. Nous l'avons vue, pendant la période de la domination des Visigoths, se réfugier dans la Curie[3]. Au VI^e^ siècle, Grégoire de Tours parle, dans plusieurs endroits, de la noblesse sénatoriale des Gaules, et de celle de l'Arvernie, en particulier[4]. Son biographe fait aussi mention de l'ordre des premiers, *de ordine primariorum*[5]. On voit encore, sous la première dynastie, cette noblesse à la tête de la Curie. Mais elle se trouva en contact avec le nouveau gouvernement, avec le comte

---

[1] « Si l'on entend par liberté l'état des personnes qui n'étaient ni des vassaux, ni des colons, ni des serfs, les hommes libres qui, dans ce cas, ne sont autres que les hommes indépendants, furent toujours de moins en moins nombreux, et finirent par disparaître à peu près entièrement au X^e^ siècle. Alors, presque tout ce qui habitait en France était l'homme de quelqu'un, quoiqu'à des conditions fort différentes. Mais, si l'on entend généralement par libres, tous ceux qui n'étaient pas serfs, la classe des hommes libres se grossit continuellement. » (M. Guérard, *Polypt. d'Irm.*, prolég., § 110, p. 224).

[2] *De l'état civil des personnes et de la condition des terres dans les Gaules*, t. I^er^, ch. IV. p. 221 et suiv. Cet auteur a consacré le livre III, ch. I à XVII, de son ouvrage, à la noblesse. On y trouve de bons renseignements au milieu de plusieurs erreurs.

[3] *Suprà*, chap. 3, tit. III.

[4] « Senatores urbis (Arvernæ), qui tunc in illo loco nobilitatis romanæ stemmate fulgebant. » *(De glor. confess.*, cap. V). — « Sidonius ex præfecto substituitur, vir secundum sæculi dignitatem nobilissimus, et de primis Galliarum senatoribus. » *(Hist.*, Lib. 2, cap. 21).

[5] *Vita episcop. Turon.*

chargé, au nom des Francs, d'administrer tout le pays, et de
présider à l'administration intérieure de la Cité. Une partie de
cette aristocratie entra dans les fonctions publiques; l'autre, en
restant renfermée dans le cercle de plus en plus restreint de la
curie, perdit chaque jour quelque chose de son ancien lustre;
puis, toute cette ancienne noblesse finit par s'éteindre, en se
fondant avec les familles des clans germaniques[1].

Quant à la noblesse gallo-franque, son origine a fait naître de
célèbres controverses.

Le comte Boulainvilliers, dont l'érudition était assez bornée,
mais qui avait, on le sait, pour son époque, comme pour le passé,
la conviction d'une immense inégalité entre les gentilshommes et
les autres citoyens, voulait que, depuis la conquête, les *Francs
originaires*, c'est-à-dire les *Francs*, eussent été les véritables
nobles, et les seuls capables de l'être; il voulait que la noblesse
eût appartenu à la qualité de barbare libre[2]. Ce système, qui
conduisit longtemps beaucoup de gentilshommes à s'imaginer
qu'ils étaient nobles en vertu de la conquête, et à ne voir dans
leurs concitoyens que des descendants d'esclaves affranchis, était
démenti par tout ce qui nous reste d'anciens monuments.

L'abbé Dubos s'efforça d'établir que les Francs et les Gallo-
Romains vivaient, avec des lois différentes, sur le pied de
l'égalité[3], et qu'il n'y avait pas, dans les premiers temps de la
monarchie, chez les Francs, deux ordres de citoyens[4]. Le savant
de Valois avait aussi émis cette dernière opinion, en ajoutant que
tous les Francs étaient divisés seulement en clercs et laïques[5].

Montesquieu qui, malgré son génie, n'était pas exempt de
préjugés nobiliaires, disait, en cherchant à réfuter l'opinion de
Dubos : « M. l'abbé Dubos soutient que, dans les premiers temps
de notre monarchie, il n'y avoit qu'un seul ordre de citoyens

---

[1] *Voy.* MM. Lehuërou, *Instit. carl.*, t. II, p. 447 ; Pétigny, t. II, p. 307.

[2] *Histoire de l'ancien gouvernement de la France*, Passim.

[3] *Hist. crit. de la monarchie franç.*, Passim.

[4] *Loc. cit.*, Liv. VI, ch. IV.

[5] « In lege Salicâ, nobilium nulla sit mentio: non quòd apud veteres
Francos nulli nobiles viri et honorati essent, sed quia nobilium nullus ordo
erat à populo separatus, nobilitatis nullum in regno Francorum corpus à
plebe distinctum. Franci omnes in duos modò ordines clericorum et laïcorum
vel secularium dividebantur. » (*Notit. Gall.*, p. 485, col. 1.)

parmi les Francs. Cette prétention, injurieuse au sang de nos premières familles, ne le seroit pas moins aux trois grandes maisons qui ont successivement régné sur nous. L'origine de leur grandeur n'iroit donc point se perdre dans l'oubli, la nuit et le temps [1]. » Montesquieu se livrait ensuite à une laborieuse argumentation pour combattre le système de Dubos, et pour faire admettre, sous les deux premières dynasties, l'existence d'une noblesse privilégiée, qui seule aurait eu, jusqu'à Charles Martel, le droit de tenir des bénéfices. Il énumérait, ailleurs, les anciennes prérogatives ayant, selon lui, appartenu exclusivement à cette noblesse « qui, depuis onze siècles, disait-il, est couverte de poussière, de sang et de sueur [2]. » C'est dans la qualité de leudes, de fidèles du roi, d'antrustions, que Montesquieu a cherché l'origine primitive de la noblesse ; c'est dans ces personnes qu'il a vu une classe distincte et investie de priviléges légaux. Il est vrai que si, sous le rapport du droit privé, il n'existait aucune différence entre le simple homme libre et le fidèle, s'ils avaient la même composition, le roi pouvait néanmoins donner à ses fidèles des rangs et des grades ; il pouvait les recevoir dans sa foi toute spéciale (*trustis*), les attacher à sa personne, ou les charger du commandement d'un corps (*arimannia*) ; il pouvait en faire ses antrustions ou convives. Les lites, les Romains eux-mêmes, étaient admis à cet honneur, par suite duquel la composition primitive s'élevait au triple [3]. M. de Savigny, qui admet également l'existence de la noblesse chez les Francs, dit même que les nobles, transformés en antrustions placés sous la dépendance du roi, obtenaient à ce titre la même composition, que leur noblesse leur assurait dans l'ancienne organisation germanique [4].

Ce fut là l'origine d'une espèce d'aristocratie, dans laquelle les membres du haut clergé furent bientôt compris [5]. Mais, si on en excepte l'élévation du *Wehrgeld*, il est difficile de voir dans

---

[1] *Esprit des loix*, liv. XXX, ch. 25.

[2] *Loc. cit.*, Liv. XXX, ch. 25, 17 ; Liv. XXXI, ch. 23 et 8.

[3] Il y eut aussi des affranchis élevés au plus hautes dignités de l'Etat, témoin *Andarchius*, en Arvernie (Greg. Tur. IV, 47).

[4] *Hist. du dr. romain*, t. Iᵉʳ, ch. IV, § 63.

[5] Fredeg., c. 41 ; Greg. Tur., VI, 31.

la position des antrustions autre chose qu'une condition avantageuse, une sorte de supériorité, qui ne fut pas, d'ailleurs, légalement consacrée avant le IX\e siècle. M. Guizot a dit avec son sens habituel : « Il n'existait, du V\e au X\e siècle, aucune noblesse véritable, puisque l'origine des Francs ne leur garantissait point la perpétuité des prééminences réelles sur lesquelles la noblesse se fonde, et que les leudes ne les possédaient encore ni depuis un temps assez long, et d'une manière assez stable pour que leur supériorité de fait fût devenue un droit héréditaire, avoué des peuples et sanctionné par les lois [1]. »

Nous n'essaierons pas de découvrir la relation qui peut exister entre cette sorte d'aristocratie des deux premières races et la noblesse féodale. Pendant la féodalité, la qualité d'homme de guerre (*miles*) et la possession des fiefs furent suffisantes pour acquérir la noblesse. C'est dans le service militaire et les fonctions des armes, par suite de l'engagement dans les liens du fief, que cette dernière noblesse trouva sa cause la plus féconde [2]. Dans les temps où la force dominait, l'homme armé dut évidemment être réputé supérieur à celui qui ne l'était pas. Mais nous nous arrêtons. Toutes les anciennes controverses ont aujourd'hui perdu une grande partie de leur intérêt. Une bataille décisive a été livrée, à la fin du siècle dernier, entre ceux qui se sont longtemps prétendus les descendants des vainqueurs et ceux qu'ils disaient issus des vaincus. Le cours des siècles les a réunis dans une destinée commune par d'innombrables liens, que l'intérêt ou la vanité ne peuvent plus désormais briser.

Enfin, le clergé, au sujet duquel nous sommes entré dans quelques explications [3], formait un ordre puissant, acquérant des

---

[1] *Essais*, IV\e essai, ch. 2, n\o 3, p. 214.

[2] « La noblesse ignorée en France jusqu'au temps des fiefs, dit le président Hénault, commença avec cette nouvelle seigneurie, en sorte que ce fut la possession des terres qui fit les nobles.... » (*Hist. de France*, remarques sur la deuxième race, p. 112, 113, 6\e édit.). Nous lisons aussi dans l'*Histoire de Languedoc* : « L'hérédité des fiefs ayant attaché, dans la suite, plus particulièrement les familles qui les possédaient à l'exercice des armes, et ces familles étant les seules qui furent enfin assujetties au service militaire, on distingua les nobles, dans l'idée que nous en avons aujourd'hui, des personnes libres. » (t. Ier, p. 586).

[3] *Suprà*, chap. 2.

biens immenses, retenant dans ses terres l'usage d'une loi qui lui était très-favorable, la loi romaine, et jouissant de toute sorte d'exemptions et d'immunités.

## SECTION II.

### Condition des Terres.

Une assez grande variété s'introduisit dans la condition des propriétés territoriales, à la suite de la conquête.

Dans l'origine, l'homme libre seul avait le privilége de posséder en *pleine propriété*, selon la loi romaine, ou en *aleu*, d'après les lois barbares [1].

Le nombre de Francs directement propriétaires d'alleux fut d'abord peu considérable. Ce que la plupart convoitaient, c'était surtout le butin, qu'il leur était permis de transporter dans leur pays. C'est aussi la récompense que Thierry promettait aux Austrasiens, lorsqu'il les exhortait à le suivre en Arvernie [2]. Après la bataille de Vouillé, les vainqueurs ne s'étaient pas plus fixés dans cette province que dans toutes les contrées méridionales. Ils avaient fait reconnaître leur domination au-delà de la Loire, mais sans s'établir réellement de ce côté du fleuve. Ils succédaient aux Visigoths, qui avaient partagé les terres avec les habitants [3]. Il paraît aujourd'hui démontré que les Francs n'imposèrent point la loi d'un semblable partage. Le roi conquérant prit les terres du fisc et les terres vacantes. C'est dans ce vaste domaine qu'il trouva à distribuer des bénéfices aux leudes, aux chefs de ses compagnons d'armes.

Le principe romain de la libre propriété du sol était une règle consacrée par l'*Epitome de Gaius*, dans le recueil d'Alaric, et contenue implicitement dans le Code Théodosien [4].

---

[1] L. Sal. em. 43, 7.; Greg. Tur. IX, 38; Klimrath, *Loc. cit.*, t. Ier, p. 417.

[2] Greg. Tur. Lib. III, c. 2; voyez *suprà*, chap. Ier, tit. IV.

[3] Voy. L. Wisig. X, 1, § § 8, 16.

[4] *Lex roman. Visig.*, *Epitom. Gaii*, tit. IX, p. 21, édit. de 1593; Cod. Th. VIII, 18, 1.

Il y eut la propriété libre de la loi romaine à côté des terres dites *allodiales*.

De toutes les opinions auxquelles la signification du mot *aleu* a donné lieu, trois seulement nous paraissent dignes de fixer l'attention.

Suivant Jean Aventin[1] et Bignon[2], ce mot viendrait de deux racines tudesques *alt* (vieux) et *od* (biens). D'après cette étymologie, il signifierait *patrimoine, bien héréditaire*.

Selon Loccenius, le mot *alod* serait formé de deux racines germaniques *all* signifiant *tout*, et *od, propriété*[3]. Cette expression *alod* ou *aleu* désignerait une propriété pleine, indépendante.

La plupart des auteurs modernes font dériver le mot *alod, alodium*, du mot germanique *loos* (sort), répondant à l'expression française *lot*[4]. Les premiers alleux seraient les terres occupées ou reçues en partage par les Francs, au moment de la conquête ou dans leurs conquêtes successives.

Les deux dernières étymologies conviennent également au sens du mot *aleu*. Celle qui est indiquée par Loccenius semble mieux en harmonie avec la condition constante des alleux[5].

Les anciennes formules de l'Arvernie distinguent d'une manière expresse l'*aleu* venant de la parenté, des biens considérés comme acquêts et des terres possédées *en commun* par des consorts : « Et quidquid de *alode* parentum meorum, aut de *atracto*, aut undé mihi consotium competit[6]. »

Plusieurs actes du *Cartulaire de Brioude* distinguent aussi l'*aleu*

---

[1] Glossaire, *hoc verbo*.

[2] Notes sur Marculfe.

[3] « Allodium est vox gotho-saxonica, ab *all* (omni) et *odhe* vel *ode* (possessione), quià est omnimoda proprietas vel possessio alicujus propria.... *odhe* vel *ode* proprietatem.... veteribus Gothis et Saxonibus signasse certum est. » (*Explicatio peregrinarum aliquot dictionum juris feudalis*, dans les *Antiquitates sueo-gothicæ* de cet auteur.)

[4] MM. Guizot (*Essais sur l'hist. de France*, 4e essai, nᵒ 1, p. 92, 3e édit.) ; Lehuërou (*Instit. méroving.*, p. 355) ; Laboulaye (*Hist. du dr. de propriété en Occident*, p. 252) ; Championnière (*De la propriété des eaux courantes*, nᵒ 163*).*

[5] Cette étymologie est admise par Grimm, (p. 492 et 493), qui dit que la première forme du nom est *alodis*, composé de *al*, signifiant *entier, tout*, et de *ód*, qui signifie *bien*. M. Guérard semble aussi l'adopter (*Polypt. d'Irm.*, prol., § 238, note 2, p. 476).

[6] *Formule* 3 ; voy. aussi *form.* 5.

venant de la parenté, des biens considérés comme acquêts : « Ex *alode* parentum meorum *et ex conquestu* justissimé advenit[1]. »

L'aleu n'était alors autre chose que la terre patrimoniale, et, dans ce sens, il était opposé aux acquêts[2].

Le propriétaire d'un aleu n'était soumis à aucune obligation à raison de sa terre : il n'était assujetti ni au cens, ni à l'impôt direct.

Ce genre de propriété se retrouve, aux Xe et XIe siècles, avec le même caractère et les mêmes priviléges. Le *franc-aleu* du régime seigneurial est la même possession que l'*alode* ou la *franchisia* des deux premières races.

Lorsque les rois de la première et de la seconde dynastie eurent donné, à charge de service militaire et de fidélité, à leurs leudes et fidèles, de vastes possessions faisant partie de leur propre domaine, ou de leur part dans le territoire conquis, ces possessions constituèrent une seconde classe de biens appelés *bénéfices*[3], révocables, temporaires, le plus souvent viagers, quelquefois héréditaires[4], mais n'ayant pas les garanties et le principe de libre disposition des biens *allodiaux*, possédés par les Francs, ou *propres*, possédés par les Gallo-romains.

La division des terres en *alleux* et en *bénéfices* fut générale dans la première époque de l'histoire de notre droit[5].

Les concessions de bénéfices avaient d'abord eu lieu sur les alleux primitifs. Les bénéfices, surtout vers la fin de la première race, se subdivisèrent entre les compagnons des bénéficiers, ce

[1] *Voy.* ce Cartulaire, *Passim.*

[2] Ensuite on donna le nom d'*aleu* à tout ce qui fut possédé en propre, par héritage, par achat, ou par donation (*Capit.* an. 860, Baluz., II, 144; *Polypt. d'Irm.*, prolég., § 238, note 5, p. 476; *(Cart. de Sauxillanges*, nos 584, 562, 978, et passim).

[3] *Voy.*, sur la matière des bénéfices, M. Guizot, *Essais sur l'hist. de Fr.*, IVe essai, n[o] 2, p. 120 et suiv.; M. Guérard, *Polypt. d'Irm.*, prolég., §§ 256 à 306.

[4] M. Guizot critique l'opinion des historiens qui ont soutenu que les bénéfices furent d'abord révocables, et toujours à la disposition du donateur, donnés ensuite pour un temps déterminé, plus tard concédés à vie, et enfin héréditaires. Selon lui, ces divers modes de concession ont existé simultanément dès les premiers siècles de la monarchie. (*Loc. cit.* p. 128 et 143. — *Voy.* aussi M. Guérard. *Loc. cit.*, §§ 283 et suiv.)

[5] *Voy.* Marculf. I, form. II, au VIIe siècle.

qui forma peu à peu cette hiérarchie des propriétés et des personnes, qui devait devenir le régime féodal.

Les bénéfices se multiplièrent sous toutes les formes, par les concessions des rois, par celles des grands propriétaires, et par diverses usurpations.

Ils devinrent généralement héréditaires par le fameux capitulaire de l'an 877.

En outre, un grand nombre de biens libres perdirent en partie leur caractère d'*allodialité* par l'effet de la *recommandation*. Beaucoup d'hommes libres, qui constituaient la classe moyenne des propriétaires, accablés par la pauvreté, par les violences et les spoliations des grands, des évêques et des abbés eux-mêmes, par le poids des charges publiques, et les exactions des fonctionnaires, furent contraints de rechercher le patronage laïque ou ecclésiastique des puissants. Il est difficile de préciser l'époque à laquelle la recommandation commença à s'appliquer aux terres. Les alleux de moyenne importance furent donnés par les propriétaires à titre de recommandation et possédés ensuite par eux comme biens de *commendisc*.

Les donations aux églises et aux monastères furent innombrables. Le clergé, qui avait compris l'importance sociale de la propriété, agissait, pour s'enrichir, par tous les moyens en son pouvoir, sur la grossière imagination des habitants ignorants et illettrés comme on l'était à cette époque. Les cartulaires de Brioude et de Sauxillanges renferment un grand nombre de ces donations ainsi faites *pour le salut de son âme et la rémission de ses péchés*. Afin de mieux s'assurer les biens donnés, les moines rédacteurs des actes avaient imaginé des formules de malédiction qui étaient destinées à frapper l'esprit des donateurs et de leur famille; en voici une que l'on trouve dans presque toutes les chartes de ces Cartulaires : « Si un étranger, si quelqu'un de vos parents, si votre fils, si votre fille étaient assez insensés pour attaquer cet acte, pour envahir les biens dédiés à Dieu et consacrés à ses Saints, qu'ils soient frappés comme Hérode d'une atroce blessure, comme Dathan, comme Abiron, comme Judas

qui vendit le Seigneur, qu'ils soient torturés dans les profon-
deurs de l'enfer[1]. »

Les petits propriétaires recherchaient, dans ce temps, où *la
force primait le droit*, la protection des églises, des monastères,
qui presque seuls pouvaient leur procurer quelque sécurité. Les
églises étaient des lieux d'asile. En Arvernie, où Théodebert avait
accordé aux domaines de l'Eglise l'exemption de tout tribut, de
toute redevance envers le roi[2], on donnait ses terres à l'Eglise,
non-seulement pour obtenir sa protection, mais pour participer à
ses immunités.

Le plus souvent, la tradition des biens donnés se faisait sous
forme de *précaire* (*precaria*). Les cartulaires de Brioude et de
Sauxillanges contiennent de nombreux actes de cette nature,
dont quelques-uns datent du VIII° siècle[3]. Par la précaire, qu'il
ne faut pas confondre avec le précaire du droit romain[4], le propriétaire se dépouillait de son immeuble sous la réserve d'en
conserver, ordinairement à la charge d'un cens payable en
nature, ou autrement, la possession et la jouissance viagère[5].
La durée de la précaire, au lieu d'être, comme celle du *precarium*,
laissée à la volonté du cédant, était déterminée, et le plus sou-

---

[1] Voy. *Cart de Brioude*, n° 23, et autres; *Cart. de Sauxillanges*, n° 13 et
autres. Voici une autre formule contenant quelques variantes que nous ne
traduirons pas, mais que nous pouvons citer: « Imprimis iram Dei omni-
potentis incurrat, et reum se sentiat majestatis ejus, et omnium sanctorum
offensionem incurrat, et judicium pœnale in præsenti sæculo ab ipso domino videntibus omnibus recipiat, et immitat Dominus super eum qui hoc
perpetraverit scelus scabiem, atque pruriginem, et tumescere faciat omnia
membra ejus, et sicuti percussit Herodem ita percutiat eum vulnere pessimo
qui prædictas res sancto Juliano et à communi victu canonicorum ejus sub-
straxerit, vel qui consilium dederit facientibus, et cum Dathan et Abiron,
et cum Juda, qui dominum tradidit se sentiat in profundo cruciari. » (*Cart.
Brioude*, n° 315).

[2] Greg. Tur. III, 25.

[3] *Voy.*, pour ces derniers actes, *Cart. de Brioude*, n° 38, *anno primo regnante Odone*; et, n° 25, XII° *anno domno Waifario principe*.

[4] Le précaire romain cessait à la volonté du cédant (D. XIII, 26, 1, pr.)

[5] *Cart. de Brioude*, n°s 127, 131, 132, 139, 160, 163, 170 et autres; *Cart. de
Sauxillanges*, n°s 21, 24, 74, 88, 91, 248, 298, 358 et autres. — Dans l'origine,
la précaire ne concernait que les biens provenant directement de l'Eglise,
et concédés par elle. A partir du VII° siècle, elle porta sur les biens
mêmes donnés par le preneur, en s'étendant à d'autres possessions destinées
à augmenter les ressources du donateur concessionnaire. (*Voy.*, sur les pré-
caires, *Polypt. d'Irm.* prolég., §§ 308 à 313).

vent limitée à la vie du preneur et à celle de sa femme, lorsqu'il était marié. Pour prévenir les plaintes des parents dépouillés par la donation, le troisième Concile de Tours, de l'an 813, avait autorisé l'usage de la transmission de l'usufruit, non-seulement à la femme du donateur, mais à ses enfants et à ses proches[1].

Quelquefois le donateur, qui était célibataire, stipulait qu'en cas de mariage et de survenance d'enfants, la précaire serait résolue, et que les biens rentreraient dans sa propriété[2].

La convention de précaire se répandit de plus en plus; on en rencontre, aux IXe, X[e] et XIe siècles, pour la Basse-Auvergne, de nombreux actes, dans les deux cartulaires de Brioude et de Sauxillanges.

Les propriétaires de petits alleux furent, en général, du VIIe au Xe siècle, peu à peu dépouillés de leurs biens, ou réduits à la condition de tributaires[3]. Il ne resta que peu d'hommes libres possesseurs de petites propriétés de cette nature. Il n'y eut guère que les hommes riches et puissants qui purent conserver leurs alleux à côté de leurs bénéfices.

Les hommes libres qui privés d'alleu, et étrangers aux liens du vasselage, résidaient sur les terres des grands, virent nécessairement leur liberté diminuer. La propriété foncière se concentra, s'accumula progressivement dans les mêmes mains, et la classe des hommes libres et indépendants devint, comme nous l'avons dit dans la section précédente, de moins en moins nombreuse; sa situation fut de plus en plus précaire.

Toutefois, si, à partir de Louis-le-Débonnaire, un grand nombre d'alleux fut converti en bénéfices, d'autre part, un grand nombre de bénéfices fut converti en alleux. Des concessions en alleu, *in alodem*, ou en propre, *ad* ou *in proprium*, furent faites. Les donataires reçurent les biens, avec le pouvoir de les donner, de les

---

[1] Voy. *Cart. de Brioude*, n° 204, au profit de l'épouse; n° 131, au profit d'un fils; n° 114, au profit d'un neveu; voy. aussi, n° 142 et autres; *Cart. Sauxil.*, Passim.

[2] Nous en trouvons un exemple dans la donation faite par Airaud à l'église de Brioude : « Et si ego uxorem duxero, et filios et filias mihi Deus procreaverit, ipsum conscriptum ad me reverti faciatis. Et si hoc non fecero, ipsas res in omnibus sine ullo contradicente possideatis. » *Cart. de Brioude*, n° 110, 6° année du règne de Charles, roi des Aquitains.

[3] Voy. *Capit. Car. M.* ann. 805, § 16, Baluz., I, 427; Edit de Pistes, ann. 864, § 26, Baluz., II, 186.

échanger, de les vendre, en un mot, d'en disposer d'une manière absolue. Les concessions *in jus proprium* s'étendirent aux bénéficiers d'ordre inférieur, aux vassaux des particuliers, et passèrent dans l'usage du X⁰ siècle.

En outre, les colons et les serfs de l'Eglise et du Fisc reçurent assez souvent de leurs supérieurs, pour les manses qu'ils détenaient, une espèce de droit de propriété et d'hérédité. Les serfs des particuliers eux-mêmes, bien qu'ils pussent, dans le droit, être arbitrairement dépossédés de leurs tenures, s'y perpétuaient avec leurs enfants[1].

Mais ce n'était pas la propriété pleine et libre. L'homme, à l'époque que nous parcourons, *s'immobilise* : la féodalité se laisse apercevoir.

Les colons et les serfs de la glèbe vivaient assez souvent en communauté sur les biens qui leur étaient concédés. Les chartes du IX⁰ siècle leur donnaient, dans ce cas, le nom de *consortes*[2]. C'est probablement à cette époque que remonte l'origine de la célèbre communauté des *Guittard-Pinons*, qui exista pendant plusieurs siècles en Auvergne, aux environs de Thiers, et que nous retrouverons, lorsque nous serons arrivés à la période féodale[3].

Le mode de division des propriétés territoriales en *manses* était très-usité dans l'Empire franc. On entendait ordinairement par cette expression une sorte de ferme ou d'habitation rurale, à laquelle était attachée à perpétuité une quantité de terre déterminée et, en principe, invariable. Le manse (*mansus, mansum, mansa*) était l'élément constitutif de la propriété territoriale et de la possession. C'était, comme le dit M. Guérard, une sorte d'*unité censuelle* à l'égard du propriétaire ou seigneur[4].

---

[1] *Polypt d'Irm.*, proleg., § 252.

[2] *Voy. Polypt d'Irmin.*, Append. XIII, p. 348, ann. 882; et *Polypt. d'Irm.*, I. 5. 11. 15; II. 6; V. 9, 10, 28; VI. 47, 48.

[3] Cette communauté, qui attira l'attention de Mᵐᵉ de Genlis et de Chateaubriand, remonterait, selon quelques écrivains, à l'année 780, d'après une charte du prieuré de Sauxillanges, de 962, qui l'indiquerait comme vassale du seigneur Etienne, Vicomte de Thiers (*Tabl. hist. de l'Auvergne,* vol.IV, p. 571; et *l'Anc. Auvergne,* t. III, p. 110).

[4] *Voy. Polyp. d'Irm.*, proleg. §§ 314 et 329, p. 602.—Le *manse* était appelé autrefois, en langue vulgaire, *mas* (voy. art. 484, *Cout. d'Auv.*), ou *meix* (art. 4, ch. IX, *Cout. de Bourgogne*).

Toute propriété foncière d'une certaine étendue se composait habituellement de deux parties : l'une occupée par le maître, par le possesseur, soit à titre allodial, soit à titre bénéficiaire, et qu'il s'était réservée pour en percevoir les fruits; l'autre, distribuée entre des personnes plus ou moins dépendantes, et qui formait ce qu'on appelait des *tenures*.

La première était le manse domanial ou seigneurial (*mansus dominicus* ou *indominicatus*) [1]. Elle était administrée directement par le propriétaire lui-même, par ses gens, ou par un concessionnaire, qu'il s'était substitué avec certaines réserves.

La seconde se composait de manses tributaires, occupés le plus souvent par des tenanciers de condition servile, qui les cultivaient, et en percevaient les revenus, moyennant des redevances et des services envers le propriétaire. Les manses tributaires étaient aussi cultivés par des hommes libres.

Les conditions et obligations des tenures consacrées par l'usage constituaient la loi de la terre, le droit de la *court*.

Le manse seigneurial avait sa maison, *Casa*, ou *Sala dominica*, et chaque manse tributaire une habitation appelée *Sella* ou *Cella*, avec les constructions nécessaires aux travaux de l'agriculture.

La division des propriétés territoriales en manses, qui était très-ancienne [2], existait encore aux VIIIe et IXe siècles. Mais dès le IXe, ce système commençait à décliner. Cette révolution suivit son cours, malgré la défense de Charles-le-Chauve, et l'opposition des anciens propriétaires. Les manses se désorganisèrent [3].

Cependant, on trouve encore, pour la Basse-Auvergne, de nombreuses traces de l'organisation primitive dans les cartulaires de Brioude et de Sauxillanges. Plusieurs chartes du premier de

---

[1] Ce serait, selon M. Guérard, ce qu'on appela *terra salica* pendant plusieurs siècles (*Polypt. d'Irm.*, prolég. § 315 et §§ 242 et suiv.). Voy. aussi Montesquieu, XVIII, 22; voy. cependant M. Laferrière, liv. IV, ch. V, § 5, t. III, p. 178 et suiv.

[2] Le mot *manse* se trouve, en 475, dans le testament de Perpétue, évêque de Tours (Bréquigny, *Dipl.* 3; voy. aussi *charta*, ann. 664, dans Bréquigny, *Dipl.* p. 247).

[3] *Voy.* Edit de Pitres, c. 30, Baluz; II, 188; *Polypt. d'Irm.*, prolég. § 329.

ces recueils mentionnent le *mansus indominicatus* ou *dominicatus* [1].
Il y est aussi fait mention de *mansus proprius* [2], de *mansus duplex,
duplus* [3]. Le *mansus* y est l'objet d'un grand nombre d'actes. On
y trouve cette possession accompagnée souvent de celle qui est
désignée par le mot *appendaria*, et qui semble être une subdivision du *mansus*, mais ayant son individualité propre. On donne,
dans les actes, tantôt une seule de ces possessions, tantôt plusieurs ou une partie de l'une d'elles [4]. On lit, dans quelques
chartes, les expressions *appendaria indominicata* [5].

Dans plusieurs actes, où il est fait mention de *mansi*, ce sont
les tributs ou redevances dus par ces possessions, qui font l'objet
du contrat [6].

On y parle aussi fréquemment de l'habitation seigneuriale,
*casa dominicaria, indominicata* [7], de la *curtis*, avec ses diverses
acceptions, c'est-à-dire comme synonyme de *villa*, de *manse*; de
la *villa*, qui représentait soit une terre comprenant plusieurs
manses, soit un village ou un hameau [8].

On y rencontre encore des donations d'églises, de chapelles,
*ecclesia* [9], *capella* [10]. Les églises étaient elles-mêmes des espèces
de tenures conférées soit à des prêtres, pour y célébrer le service
divin, soit à des bénéficiers ou vassaux. Les laïques possédaient
aussi des églises en toute propriété, et en disposaient comme de
leurs autres biens.

Enfin, quelques chartes du cartulaire de Brioude font mention
de la *colonia* ou *colonica* [11]. On désignait, en général, par cette

---

[1] Nᵒ 210, du mois de juin de la 8ᵉ année du règne de Lothaire; nᵒ 240 du
mois d'avril de la 2ᵉ année du règne de Charles, roi des Aquitains; nᵒˢ
315, 318.

[2] Nᵒˢ 4, 142, 189, 260 et autres.

[3] Nᵒˢ 134, 337.

[4] Voy. *Cart. de Brioude*, nᵒˢ 11, 15, 55, 69, 118, 339, 96, 101, 139, 223, 249
et autres.

[5] *Cart. Brioude*, nᵒˢ 55, 69.

[6] *Idem*, nᵒˢ 343, 135 et autres.

[7] *Id.* nᵒˢ 24, 26, 34, 37, 77, 110, 165, 220, 268, 272, 287.

[8] *Id.* nᵒˢ 62, 65, 112, 117, 130, 144, 145, 158, 196, 225, 231, 286, 287, 294,
317, 331, 335, 271, 293, 304.

[9] *Id.* nᵒˢ 49, 86, 106, 144, 310, 312, 315, 331, 337.

[10] *Id.*, nᵒˢ 77, 324, 327.

[11] *Voy.* notamment nᵒ 172, *Cart. Brioude*.

expression le fonds colonaire, c'est-à-dire l'habitation du colon ou du serf, avec les terres qu'il cultivait et les bâtiments nécessaires à l'exploitation [1]. Une terre comprenait un plus ou moins grand nombre de colonies, selon son étendue. La *colonica* et le manse paraissent souvent se confondre. Par exemple, les colonies envahies par un nommé *Ingenuus,* sur le monastère de Saint-Julien de Brioude, et voisines du champ de l'envahisseur [2], semblent n'être autre chose que des manses occupés par des personnes de condition servile. C'est aussi en ce sens qu'il faut entendre ces expressions de la charte, n° 172, du cartulaire de Brioude : *in Fontanicis villa colonicas quatuor.... in Orciginore colonicas duas.... in Vellimuro quatuor colonicas.... in Casternago colonicas duas.... in Fato-Senglore colonicam unam* [3].

La *colonica* se confond souvent avec la *villa,* notamment lorsqu'elle porte un nom qui lui est propre, par exemple, la *colonia Pontet* du cartulaire de Sauxillanges [4]. Mais il en est autrement dans la charte précitée du cartulaire de Brioude, où les colonies sont indiquées comme étant situées dans les diverses *villas* dénommées.

Un mode d'exploitation qui était assez usuel dans la Basse-Auvergne, et qui est attesté par les énonciations des cartulaires de Brioude et de Sauxillanges, c'est la *medietas,* le métayage, ou mode d'exploitation à part de fruits [5].

Il était né du besoin de mettre le sol en valeur par l'établissement de vignobles un contrat rural, connu sous le nom de *media plantaria,* ou *semi-plantaria,* ou bien encore *medium plantum,* sur lequel le n° 233 du cartulaire de Brioude fournit de précieux renseignements ; c'est un acte concernant le lieu de Cuminiac, et paraissant être de l'an 845.

La convention est faite pour planter à moitié [6]. Elle contient les clauses suivantes : Le Chapitre de Brioude, qui donne à

[1] Ducange, v° *coloniæ.*
[2] Greg. Tur., *Mir., martyr.,* II, 15.
[3] Cette charte est datée de la 8e année du règne de Pépin, roi des Aquitains.
[4] N° 629.
[5] *Voy.* ces deux *Cartulaires, Passim,* et notes de M. Doniol.
[6] « *Ad complantandum medietarié.* »

planter, renonce à toute participation aux fruits et à toute redevance, pendant cinq ans[1]. Après ce délai, les recteurs du chapitre
diviseront la vigne en deux portions égales[2]. Ils choisiront celle
des deux qui leur conviendra[3], et l'autre appartiendra à celui qui
a fait la plantation[4]. Ce cultivateur ne pourra toutefois vendre ou
engager ultérieurement sa portion sans avoir mis le Chapitre en
demeure de l'acheter. A cet effet, il devra faire proclamer à trois
reprises, devant l'assemblée du Chapitre, les conditions auxquelles
il veut vendre ; si, après la troisième *monition,* le Chapitre ou un
de ses clercs n'ont pas déclaré vouloir se rendre acheteurs, la
vente en pourra être consentie à toute autre personne, sous la seule
réserve de la juridiction ecclésiastique[5].

On retrouve plus tard cette même convention dans les actes du
cartulaire de Sauxillanges, mais avec quelques changements[6].

M. Henri Doniol dit que ce contrat rural n'a été signalé nulle
autre part[7]. On en voit cependant de fréquents exemples dans les
chartes du Poitou, du Dauphiné, du Limousin, du Nivernais, aux
IXe et Xe siècles[8]. Ce contrat n'est autre que le *complant,* qui se
rattache aux plus anciennes coutumes, et qui s'est perpétué dans
un grand nombre de provinces jusqu'aux temps modernes, avec
diverses transformations.

Quelques chartes du cartulaire de Sauxillanges mentionnent

---

[1] « Ea scilicet ratione ut usque ad quinquennium ab eis nihil exigatur. »

[2] « Cum verò quinque anni adimpleti fuerint, à rectoribus ecclesiæ beati
Juliani dividantur. »

[3] « Et qualem partem eligere voluerint in opus sancti Juliani recipiant. »

[4] « Alia verò pars ab agricultoribus succedatur. »

[5] « Ita demùm dumtaxat ut nemini vendere nec alienare liceat, donec
partes terminos in Capitulo sancti Juliani nuncient et indicent coram omnibus canonicis ut eam emant ; si autem post tertiam monitionem in
communia fratrum eam emere noluerunt, neque ullus surrexerit clericus
qui eam emerit de prædicta enunciatione vel conjuratione, licentiam habeat
vendendi cuicumque voluerit, salvo jure ecclesiastico, absque ullo contradicente. »

[6] *Voy.* nos 218, 372 de ce Cartulaire. La charte 749 du même recueil
indique une transformation plus importante.

[7] Notes sur le cartulaire de Brioude, p. 24.

[8] *Voy.* Ducange, v° *Complantum.*

aussi la percière (*perceira*)[1], qui, après avoir traversé les siècles et subi les modifications décrétées par les dispositions des lois révolutionnaires, est encore assez usitée aujourd'hui dans la Basse Auvergne[2].

Les énonciations des deux cartulaires de Brioude et de Sauxillanges ne fournissent que des renseignements peu précis et fort insuffisants pour apprécier la valeur des terres dans cette contrée, à l'époque que nous venons d'étudier.

Celui de Sauxillanges, dans les chartes duquel les contenances des diverses possessions sont plus souvent indiquées, permet de recueillir quelques notions sur les mesures territoriales. On y voit, par exemple, mentionnées l'œuvre, *opera, operata*, spécialement pour les vignes[3], mesure variant aujourd'hui, d'un lieu à un autre, entre 400 et 600 mètres superficiels; la septérée, *sextairada*[4], pour les terres d'une autre culture que la vigne, et variant entre 3000 et 7200 mètres superficiels; l'éminée, *eminada*[5], la quartelée, *cartalada, quartalata*[6]. Ces mesures ont été en usage jusqu'à l'établissement du système décimal, et sont encore usitées vulgairement dans le pays.

[1] Nos 659 et 797. — *Voy.* sur la percière avant les lois révolutionnaires, Chabrol, vol. III, p. 23 et suiv.; *Dissertation sur la nature des percières dans la ci-devant province et cout. d'Auvergne* par Andraud, 1808, in-4° de 12 pages (Bibl. Clermont, n° 97 catal. 1849); autre mémoire sur le même sujet par le même auteur (n° 98 même catalogue).

[2] *Voy.* notre article de la *Revue de législation*, année 1869, vol. XXXV p. 193 et suiv.

[3] *Cartulaire de Sauxillanges*, nos 31, 34, 93, 94, 136 et autres.

[4] *Cart. Sauxillanges*, nos 221, 229, 261, 610, 766, 826, 894.

[5] *Idem*, nos 37, 118, 127, 136, 169, 229, 255, 606. — L'éminée vaut la moitié de la septérée.

[6] *Idem*, nos 122, 127, 130, 255, 610, 807, 955. — La quartelée vaut la moitié de l'éminée.

# CHAPITRE V.

## Administration, Régime municipal, et Juridictions de l'Arvernie.

Nous passerons successivement en revue, dans les trois sections de ce chapitre, les circonscriptions administratives et l'administration, le régime municipal, et les juridictions de l'Arvernie, sous les deux premières dynasties. Nous ne scinderons pas nos observations sur ces sujets importants, qui ont entre eux de nombreuses affinités.

## SECTION Iʳᵉ.

### Circonscriptions administratives et administration de l'Arvernie.

L'ancienne division par cités fut maintenue sous l'Empire franc, dans l'ordre civil et territorial, comme dans l'ordre ecclésiastique. Au-dessus de la Cité, ou *pagus major*[1], était la Province.

La division romaine en dix-sept provinces, formant cent quinze cités, ayant été modifiée, la Gaule, sous Charlemagne, se trouva divisée en dix-huit provinces et subdivisée en cent vingt-quatre cités ou diocèses[2]. Mais la province avait cessé d'être une division civile. Elle n'avait été conservée que dans l'ordre ecclésiastique. Chaque province n'était même plus désignée que par le nom de sa métropole. Si le nom d'*Aquitaine* fut conservé, c'était plutôt pour représenter une division politique qu'une division

---

[1] Le *pagus* représentait tantôt le territoire d'une cité, tantôt une partie de ce territoire (voy. *Cart. Sauxillanges*, nᵒˢ 54, 232, 362, 422, 472 et autres). Les *pagi majores* sont les grands pays, les cités, les diocèses. Les *pagi minores* en sont des subdivisions, ou sont simplement des territoires n'appartenant à aucun ordre divisionnaire de la cité.

[2] Vers l'an 844, le nombre des cités ou diocèses fut porté à cent vingt-sept (Guérard, *Essai sur le syst. des divis. territ. de la Gaule*, p. 105-127 ; *Polypt. d'Irmin.*, prolég. § 21).

civile ou ecclésiastique. La division par provinces, qui subsista
dans le gouvernement ecclésiastique, maintint presque invaria-
bles les siéges des anciennes métropoles.

Dans la Gaule franque, le Comté devint une division territoriale sous le rapport administratif et judiciaire. Mais le mot
*comitatus* désigna la dignité de comte longtemps avant de signifier
le territoire où ce magistrat exerçait son autorité. M. Guérard
pense que ce mot ne fut général dans le dernier sens qu'au
moment où l'office de comte devint héréditaire[1].

Le Comté comprenait tantôt le territoire entier de la cité,
c'est-à-dire du diocèse, tantôt une partie seulement de ce
territoire, quelquefois même une contrée qui n'était pas une
division de la cité. Les comtés, dans le temps qui précéda la
chute de la seconde race, n'eurent plus aucune règle fixe dans
leur circonscription; la plupart des pays avaient obtenu le titre
de comté, et on vit ensuite ce titre appliqué à une ville, à un
bourg, à un château[2].

Les Cartulaires de Brioude et de Sauxillanges mentionnent le
*pagus arvernicus*[3]. Ces expressions servaient à nommer la
cité arverne tout entière, c'est-à-dire le pays qu'entouraient
le Lyonnais, le Velay, le Gévaudan, le Rouergue, le Limousin et
le Berry. C'était aussi ce qu'on appelait la *civitas Arvernorum* ou
la *patria arvernica*[4], dans laquelle la Haute-Auvergne était confondue. Rien ne constate que cette dernière contrée ait formé
un *pagus* ou un comté séparé.

Souvent aussi on rencontre dans les deux Cartulaires les mots
*Comitatus arvernicus, arvernensis*[5]. On dit indifféremment le *pays*,

[1] *Polypt. d'Irm.*, pro99g , § 22.

[2] Guérard, *Polypt. d'Irm.*, *Loc. cit.*; *Essai sur les div. territ. de la Gaule.*
p. 53.

[3] *Cart. de Brioude*, nos 1, 26, 75, 76, 77, 78, 85, 92, 94, 95, 100, 102, 103,
104, 114, 115, 117, 118, 123, 124 et autres; le no 7 porte: *pagus arvernensis;*
— *Cart. de Sauxillanges*, nos 13, 26, 33, 39, 41, 43, 44, 50, 56, 60, 68, 70, 71, 76,
79, 80, 91, 92, 99, 101, 106, 108, 115, 119, 124 et autres.

[4] *Cart. de Brioude*, nos 2, 3, 12, 18, 19, 28, 29, 71, 74, 97, 318, 324; le no 15
porte: *patria arvernensis*, et le no 13, *patria arvernia*; — *Cart. de Sauxillanges*, nos 146, 160, 252, 350.

[5] *Cart. de Brioude*, nos 6, 8, 20, 72, 80, 89, 90, 92, 106, 107, 138, 146, 196,
209, 211, 217, 220, 234 et autres; — *Cart. de Sauxillanges*, nos 38, 52, 117,
176, 251, 355, 438 et autres.

la cité, le comté[1]. Le *comitatus arvernicus*, n'est autre, en général, que la cité arverne. On l'appelait aussi *comitatus urbis arvernæ*[2].

Il existait, indépendamment du grand Comté arverne, plusieurs comtés, en Arvernie, à la fin du IX<sup>e</sup> ou au commencement du X<sup>e</sup> siècle. Les Cartulaires précités mentionnent ceux qui suivent :

Le Comté de Brioude (*Comitatus Brivatensis*)[3], celui de Tallende (*Comitatus Telamitensis, Talendensis*)[4], celui de Turluron (*Comitatus Tolornensis*)[5], le Comté de Clermont (*Comitatus Claromontensis*)[6].

Plusieurs écrivains ont essayé de donner les limites de ces différents comtés. Nous renvoyons à leurs travaux les lecteurs désireux de connaître ces limites[7].

A-t-il existé, dans la Haute-Auvergne, un *Comté d'Aurillac*, dont Géraud, qui vivait à la fin du IX<sup>e</sup> siècle, ou au commencement du X<sup>e</sup>, aurait eu le gouvernement? C'est un point sur lequel les historiens de l'Auvergne sont en désaccord[8]. Si ce comté, dont il est impossible de déterminer la circonscription,

---

[1] Voy. Adrien de Valois, *Notice de la Gaule*, préf. et v° *francia*.

[2] *Vita quintiani*; Greg. Tur. IV. 13.

[3] *Cart. de Brioude*, n°s 2, 3, 11, 15, 23, 28, 83, 85, 91, 111, 113, 114, 115, 118, 131, 133, 139, 142, 145, 147, 150, 153, 154, 158, 164, 165, 171, 173, 174 et autres; — *Cart. de Sauxillanges*, n°s 13, 21, 65, 87, 91, 92, 99, 146, et autres.

[4] *Cart. de Brioude*, n°s 4, 13, 16, 19, 22, 26, 70, 74, 99, 120, 121, 132, 134, 137, 140, 143, 151, 309 et autres; — *Cart. de Sauxillanges*, n°s 13, 79, 80, 146, 170, 177, 180, 194 et autres.

[5] *Cart. de Brioude*, n°s 86, 119, 186, 242, 309; — *Cart. de Sauxillanges*, n°s 360, 363, 367.

[6] *Cart. de Brioude*, n° 81; — *Cart. de Sauxillanges*, n°s 232, 233. — Ce dernier cartulaire indique encore les comtés d'Ambron, *Comitatus Ambronensis* (n° 191), de Livradois, *Libratensis* (n°s 437, 518), d'Usson, *Ycionensis* (n° 32). M. Houzé pense que ces indications sont le résultat d'une erreur de copiste, aussi bien que la mention du Comté de Nonette, *Comitatus Nonatensis*, qui est cité par Baluze et par M. Guérard (*Div. territ. de la Gaule*, p. 158); voy. *Appendice sur la géograph. du cart. de Sauxillanges*, par M. Ant. Houzé, p. 664.

[7] Voyez M. Ant. Houzé, *Loc. cit.*, p. 674 et suiv.; *Indications pour servir à une carte géographique de l'Auvergne*, dans les *Mémoires de l'Académie de Clermont-Ferrand*, année 1863.

[8] M. Ad. Michel pense que, bien que S. Géraud portât le titre de comte, il n'exerçait pas l'autorité politique attachée à ce titre (*l'Anc. Auvergne*, t. II, p. 78). M. Delalo défend l'opinion contraire, et soutient qu'Aurillac était le siège d'un comté (*Des limites, des divisions, etc. de la Haute-Auvergne*, p. 11 à 19).

a existé, il n'a dû avoir qu'une durée très-éphémère, car on n'en trouve aucune trace après la mort de saint Géraud.

Le comté était divisé en Centaines ou en Vicairies.

La Centaine (*Centena*), qui existait déjà chez les Francs comme classification numérique appliquée aux personnes, devint aussi une division territoriale sur le sol de la Gaule franque. Chabrol dit qu'il n'a jamais existé une seule centaine en Arvernie [1]. Nous en avons cependant trouvé la mention dans quelques actes, notamment dans la charte, n° 376, du Cartulaire de Sauxillanges, qui parle d'une centaine située dans le comté de Tallende [2].

Du reste, cette circonscription ne différait guère de la *Vicairie, Vicaria;* les noms de *centena* et de *vicaria* ne tardèrent même pas à devenir synonymes, et l'on qualifia de *centaine* ou de *vicairie* toute division administrative du comté. Quelques historiens ont établi une différence, et mis les centaines au-dessus des vicairies, et réciproquement; mais elles sont confondues dans les Capitulaires [3].

Les éditeurs des Cartulaires de Brioude et de Sauxillanges et d'autres écrivains de l'Auvergne ont essayé de donner, d'après ces cartulaires, le tableau et la délimitation des nombreuses vicairies des différents comtés de l'Arvernie, que nous avons énumérés [4].

On trouve notamment, dans le comté de Brioude, les vicairies de Brioude (*vicaria Brivatensis*), de Nonette (*Nonatensis*), de Chanteuges (*vicaria de Cantoiolo* ou *de Cantilio* ou *Cantilianico*), la *vicaria Chiriacensis*, ayant pour chef-lieu St-Beauzire (Haute-Loire), d'Usson (*vicaria Ucionensis*), soit d'après les mentions du

---

[1] *Dissert. histor.*, t. Ier, p. LV, *Cout. d'Auvergne.*

[2] La centaine était quelquefois mentionnée comme une subdivision de la vicairie.

[3] *Voy.* Hincmar, *Ep. ad Episc.*, IV, c. XV; Baluz., *Capit.* I. 19, 473, 497, etc.; *Polypt. d'Irm.*, prolég. § 23.

[4] *Voy.* M. Ant. Houzé, *Loc. cit.*, p. 674 et suiv.; M. Doniol, notes sur le *Cart. de Brioude*, p. 10 et suiv.; notes sur le *Cart. de Sauxill.*, p. 12 et suiv.; voy. aussi *Indicat. pour servir à une carte géograph. de l'Auvergne,* dans les *Mémoires de l'Académie de Clermont,* année 1863. Chabrol avait également recherché quel était le nombre des anciennes vicairies de l'Auvergne, et les lieux où elles étaient situées (*Dissert. hist.*, t. Ier, p. LV et suiv., *Cout. d'Auv.*).

Cartulaire de Brioude, soit d'après celles du Cartulaire de Sau-xillanges[1].

Dans le comté de Tallende, parmi les vicairies énoncées aussi par les deux Cartulaires, on mentionne la vicairie de Tallende (*vicaria Telamitensis, Tallendensis*)[2], d'Ambron, (*vicaria Ambronensis*)[3], d'Antoin, (*vicaria de Antonio*)[4], de St-Germain, (*vicaria de S. Germano*)[5].

Dans le comté de Turluron, il y a la vicairie de Billom (*vicaria Bilonensis* ou *Bilomensis*)[6], du Livradois (*vicaria Libratensis*)[7].

Enfin, on trouve, dans le comté de Clermont, la vicairie de Clermont[8].

Nous ne pouvons pas donner l'énumération de toutes les vicairies, qui sont indiquées dans les deux recueils, ni entrer dans d'autres détails soit sur les délimitations de ces circonscriptions, soit sur les ambiguités ou les inexactitudes des énonciations faites par les chartes : nous excèderions les limites de cet écrit.

---

[1] Vicairie de Brioude, n<sup>os</sup> 82 et autres, *Cart. de Brioude*; n<sup>os</sup> 82, 83, 87, 91, 522 et autres, *Cart. de Sauxillanges*; — vicairie de Nonette, n<sup>os</sup> 85, 131, 284 et autres, *Cart. de Brioude*; n<sup>os</sup> 18, 98, 99, 100, 101, 105, 106, 110, 111, 115, 117, 118, 122, 218 et autres, *Cart. de Sauxillanges*; — vicairie de Chanteuges, n<sup>os</sup> 38, 39, 44, 98, 146, 171, 203, 274, 277, 288, *Cart. de Brioude*; n<sup>os</sup> 493, 494, 729 et autres, *Cart. de Sauxillanges*; — *vicaria Chiriacencis*, n<sup>os</sup> 16, 49, 69, 281, 287, 301, *Cart. de Brioude*; n<sup>o</sup> 603, *Cart. de Sauxillanges*; — vicairie d'Usson, n<sup>o</sup> 85, *Cart. de Brioude*; n<sup>os</sup> 13, 21, 22, 24, 31, 33, 37, 39, 43, 50, 52 et autres, *Cart. de Sauxillanges*.

[2] Vicairie de Tallende, n<sup>os</sup> 181, 124 et autres, *Cart. de Brioude*; n<sup>os</sup> 82, 226, 233, 239, 241, 250, 252, 254 et autres, *Cart. de Sauxillanges*.

[3] Vicairie d'Ambron, n<sup>os</sup> 14, 75, 309 et autres, *Cart. de Brioude*; n<sup>os</sup> 13, 38, 88, 187, 170, 176, 177, 183, 198, 201, 211 et autres, *Cart. de Sauxillanges*.

[4] Vicairie d'Antoin, n<sup>os</sup> 166, 196, *Cart. de Brioude*; n<sup>os</sup> 180, 181, 184, 188, 192, 313 et autres, *Cart. Sauxillanges*.

[5] Vicairie de St-Germain, n<sup>os</sup> 217, 234, 262, *Cart. Brioude*; n<sup>os</sup> 182, 185, 196, 206 et autres, *Cart. Sauxillanges*.

[6] Vicairie de Billom, n<sup>os</sup> 183, 196, 309, *Cart. Brioude*; n<sup>os</sup> 55, 355, 358, 360, 361 et autres, *Cart. Sauxill.*

[7] Vicairie du Livradois, n<sup>os</sup> 86, 119, 242 *Cart. Brioude*; n<sup>os</sup> 438, 759, *Cart. Sauxill.*

[8] Vicairie de Clermont, n<sup>os</sup> 233, 388, *Cart. de Sauxillanges*. C'est sans doute par erreur que la vicairie de Tallende, qui dépendait du comté de ce nom, est placée par la charte, n<sup>o</sup> 81, du cartulaire de Brioude dans le comté de Clermont, à moins qu'on ne se soit servi, comme le fait observer M. Houzé (*Loc. cit.*, p. 674), de l'expression *comitatus Claromontensis* pour désigner l'Auvergne en général. La charte, n<sup>o</sup> 233, précitée, porte aussi : *in comitatu Claromontensis, in vicaria Talamitensi*.

Les documents sur les vicairies de la Haute-Auvergne sont plus rares. Nous citerons, pour cette contrée, la vicairie d'*Arpajon*, la vicairie de la Jordane (*vicaria Jordanensis*), les vicairies de Valeujol (*vicaria Avalojolensis*)[1], de Mauriac (*vicaria Mauriacensis*), de Moissac (*vicaria de Moissiace, Moissiacensis*)[2].

L'*aïcis* est mentionné, dans plusieurs actes du cartulaire de Brioude, avec une signification qui paraît être la même que celle du mot vicairie[3]. Mais l'*aïcis* a reçu aussi des sens plus étendus ou plus restreints : par exemple, dans le cartulaire de Sauxillanges, il n'a plus que par exception le sens de division administrative ; c'était alors une possession fractionnaire de la *villa*[4].

La centaine ou la vicairie formait le dernier terme des divisions territoriales dans l'Empire franc. La décanie (*decania*), que l'on rencontre dans les anciens documents, ne paraît pas avoir constitué, dans la Gaule, une subdivision de la centaine dans l'ordre civil et administratif. Elle n'était que la subdivision d'un district diocésain, ou celle d'un Fisc un peu étendu[5].

Une autre division importante, que nous devons encore signaler, c'est la paroisse (*parochia*). Elle s'établit d'abord dans l'ordre ecclésiastique. Le nom de *paroisse* se confondait quelquefois avec celui de diocèse[6]. Il était aussi employé dans le sens propre de paroisse dépendant d'un diocèse épiscopal[7].

Les paroisses urbaines furent instituées dès les premiers temps

---

[1] Située *in territorio a planeza,* dans la planèze (Baluze, *Maison d'Auvergne,* t. II, preuves, p. 43).

[2] *Voy.* sur ces vicairies, et quelques autres de la Haute-Auvergne, M. Delalo, *Loc. cit.,* p. 21 et suiv.

[3] *Voy.* notamment, nos 5, 10, 16, 17, 18, 33, 56, 100, 102, 119, 90, 112, 258, 172, 239, 176, 191; *voy.* aussi Ducange, vo *aïcis.*

[4] *Voy. Cart. de Sauxillanges,* passim, et notes de M. Doniol, p. 21.

[5] *Voy.* M. Guérard, *Polypt. d'Irm.,* prolég., § 24, p. 44; *voy.* cependant Ducange, vo *centenæ*; M. M. Guizot, *Essais,* p. 257; Klimrath, t. Ier, p. 440.

[6] *Voy.* Sid. Apoll., IX, *Epist.* 16. — « In omnibus *parochie* arvernensis congregationibus » (Bulle du pape Urbain II de 1097).

[7] C'est ce dernier sens que lui donne Grégoire de Tours, dans le passage suivant : «Unde factum est ut... post aliquos annos cunjunctus metropolis (*metropolitanus*) cum suis provincialibus apud urbem arvernam residens, judicium emanaret, scilicet ut *parochias,* quas nunquam Rutena ecclesia tenuisse recolebatur reciperet...» (Greg. Tur., VI, 38). *Voy.* Sid. Apoll., VII, *Epist.* 6. — *Voy.* l'indication de paroisses dans le *Cartulaire de Brioude,* no 163, et dans le *Cartulaire de Sauxillanges,* nos 376, 712, 299, 662, 852, 682, 483 et autres.

de l'établissement du christianisme, et restèrent une division de l'ordre ecclésiastique.

Les paroisses rurales ne s'établirent que vers les Vᵉ et VIᵉ siècles. Ces divisions comprenaient une portion du territoire dont la population disséminée venait se réunir dans la même église pour la prière. Du Vᵉ au Xᵉ siècle, elles se répandirent sur tout le sol de la France.

Les paroisses rurales passèrent de l'ordre ecclésiastique dans l'ordre civil ou administratif. Elles devinrent la base des communes rurales [1].

Nous ne parlerons pas ici des *Vicomtés,* qui appartiennent plus réellement à l'époque féodale [2].

Dans chacune des divisions territoriales, que nous avons indiquées, résidait un magistrat. Le gouvernement du Comté était confié au Comte, et celui des Centaines ou Vicairies aux Centeniers ou Vicaires, qui agissaient à sa place et sous ses ordres.

Plusieurs documents semblent établir que, en Germanie, les comtes étaient électifs, c'est-à-dire les élus des hommes libres du canton. Mais, après la conquête, ils apparaissent avec le caractère d'officiers royaux. Ils tenaient leur pouvoir du roi qui les nommait et les instituait [3].

Les comtes étaient choisis soit parmi les Francs, soit parmi les anciens habitants de la contrée, sans doute parmi les hommes les plus considérables. L'histoire nous a transmis les noms de presque tous les comtes de l'Arvernie, pendant la première moitié du VIᵉ siècle, et il n'en est peut-être pas un seul qui n'ait appartenu aux familles sénatoriales du pays [4]. Mais, à cette époque, il y avait

[1] *Voy.,* sur la formation et le développement des paroisses rurales, M. le comte Beugnot, *Rev. franç.,* année 1839; et ce que nous disons, *infrà,* tit. V, ch. 5, sect. 2.

[2] Le titre de *vicomte* (vice-comes) commence à être en usage à partir du IXᵉ siècle, surtout dans les provinces méridionales (*voy.* Bouquet, t. VIII, p. 473, 474; *Edict. Pist.,* c. 14; Bréquigny, t. I, p. 460, 465, 468, 486; Savigny, t. Iᵉʳ, ch. IV, § 81.)

[3] Savigny, t. Iᵉʳ, ch. IV, § 79; Klimrath, t. Iᵉʳ, p. 438; Guizot, *Essais,* p. 262, édit. 1833.

[4] « *Hortensius* unus ex senatoribus comitatum agens urbis arverniæ » (*Vita quintiani.* — « Chramnus *Firminum* à comitatù urbis arvernæ abegit. » — « *Sallustium* Evodii filium subrogavit. » (Greg. Tur., IV, 13.) *Evodius* avait été comte de Limoges (*Vit. S. Dalmatii*). — « *Nicetius* per omissionem

encore une grande mobilité dans les personnes et dans les fonctions elles-mêmes [1]. Tous les monuments de la première dynastie attestent l'amovibilité des comtes. Ces magistratures étaient l'objet de l'intrigue et de l'ambition de tous les hommes qui par leur position pouvaient y aspirer. Elles devinrent la récompense des services de cour.

Quant aux Centeniers, Vicaires ou autres subordonnés du comte, ils restèrent soumis à l'élection du peuple jusque vers la fin de l'Empire franc [2]. Ils furent ensuite nommés par le Comte seul.

Selon l'ancienne coutume germanique, qui n'admettait point la séparation des pouvoirs, le Comte les cumulait tous, dans l'étendue de son ressort [3] : les pouvoirs militaire et civil, administratif et judiciaire, étaient confondus dans sa personne. C'est lui qui menait les guerriers au combat, qui surveillait la gestion des domaines du roi, et la rentrée des revenus du Fisc dans le trésor royal [4]. Il recevait comme solde une portion des amendes et autres revenus fiscaux [5]. Il jouissait de la plus grande indépendance dans son administration.

La confusion des pouvoirs dans la personne du Comte se perpétua sous les deux premières dynasties, et se maintint même assez longtemps sous la troisième. Nous dirons plus loin quelles restrictions subit son indépendance.

Ses pouvoirs s'étendaient sur tous les habitants d'origine romaine ou barbare [6].

On peut se demander quelles modifications l'établissement

---

*Eulalii* à comitatu arverno summotus ducatum à regé expetiit. » (Greg. Tur., VIII, 18.) *Voy.* aussi Justel, *Maison d'Auvergne*, ch. II, p. 5 et suiv.; *Extrait du manuscrit d'Audigier de la Bibliothèque royale*, par Dulaure (*Tabl. hist. de l'Auv.*, t. Ier, p. 481 et suiv.); Chabrol, *Disc. prélimin.*, p. xij.

[1] Greg. Tur., *Loc. cit.*

[2] *Voy. Capit.* II, ann. 805, c. 12; *Capit.* III, ann. 805, c. 14; *Capit.* I, ann. 809, c. 22; *Ier Capit.*, 803, c. 17; Savigny, t. Ier, ch. IV, § 81; Klimrath, t. Ier, p. 489.

[3] Marculf., *form.* I. 8, *charta de ducatu.*

[4] Marculf., *form.* I. 8, précitée.

[5] *Voy.* Mlle de Lézardière, *Théorie des lois politiques*, part. 3, Liv. 4, ch. 4, p. 2 et suiv., et p. 119, édit. 1844.

[6] Marculf., *Loc. cit.*

d'une telle magistrature apporta dans le régime administratif et municipal de la cité. Mais la réponse à cette question ne peut être donnée avant d'avoir parlé d'un grave problème, c'est-à-dire de la persistance et de la durée de ce régime dans l'Empire franc. Ce sera l'objet de la section suivante.

La centaine ou vicairie, division d'origine purement germanique, disparut de l'ordre administratif. La dénomination de *viguier* (*vicarius*) subsista après l'extinction des *vicairies ;* mais les viguiers n'étaient plus alors que des officiers seigneuriaux [1].

Il y avait encore, parmi les personnes soumises au Comte, pendant la période mérovingienne, les Tribuns (*Tribuni*), dont parle Grégoire de Tours, et sur les attributions desquels les érudits ont élevé de nombreuses controverses. Le mot *Tribunus*, employé pour désigner des fonctions diverses, indiquait le plus souvent celle de subordonnés du Comte, chargés à ce titre d'exécuter tous ses ordres [2].

## SECTION II.

### Du Régime Municipal.

Nous avons exposé, dans un des chapitres du titre précédent [3], l'état de la curie arverne, l'accroissement de ses pouvoirs, et constaté la présence de l'élément démocratique, qui s'était introduit dans son organisation, pendant la courte durée de la domi-

---

[1] Le viguier de Saint-Flour est nommé dans un acte de 1201 ; — en 1279, le prieur de Pleaux associait à la justice de ce pays Bernard, Radulphe, Pierre et Hugues de Pleaux, coseigneurs de la ville, et ils étaient appelés *viguiers* (du Luguet, Mss. *Bibl. nat.*). — En 1284, Géraud Moisset reconnaissait tenir du roi la viguerie (*vigeriam*) du mas de Valette, les vigueries de quatre manses situées à Fabrègues, la viguerie d'un manse situé à *Limagne* (*Arch. nat.*, j. 272).

[2] Greg. Tur., *De glor. confess.*, 41 ; — « In Brivatensem vicum arvernæ civitatis oppidum Dalmatius sanctus advenit : ubi à quodam *tribuno* reus ad patibulum ultimo damnatus supplicio ducebatur. Rogare *tribunum* beatus Antistes pro vitæ hujus indulgentia cœpit instanter : qui omninò negavit... quid multis? Apud Evodium illius urbis comitem, vitæ adhuc pendenti reo longæva securitas obtinetur. « (*Ex vit. S. Dalmatii, Ruth. Episcop.* D. Bouquet, III. p. 420).

[3] Chap. 3, tit. III.

nation des Visigoths. Nous rechercherons ici quelle fut sa destinée, après la conquête et sous la domination des Francs.

La question de la persistance du régime municipal dans l'Empire franc a été, dans le dernier siècle, l'objet de vives discussions.
L'abbé Dubos s'était prononcé en faveur de la continuité de ce
régime, mais en soutenant son système sur l'établissement des
Francs dans les Gaules et sur la nature et l'organisation des
sénats gaulois. Selon Dubos, ces sénats avaient subsisté sous les
rois mérovingiens, et quelques-uns avaient prolongé leur existence non-seulement sous la seconde, mais encore sous la troisième race, avec la même part d'autorité qu'au temps des empereurs romains[1]. Son opinion fut vivement critiquée par Mably et
par Mlle de Lézardière.

Selon Mably, les sénats gaulois ne subsistaient plus depuis
longtemps à l'époque de la conquête des Francs, et le pouvoir,
que Dubos accordait à ces sénats, était incompatible avec la puissance despotique, qu'il attribuait aux rois mérovingiens. Mably
argumentait du silence absolu des ordonnances de ces rois, de
celui des Capitulaires de Charlemagne et de Louis-le-Débonnaire,
qui, disait-il, réglaient les devoirs, les fonctions et les droits de
tous les magistrats, mais ne renfermaient aucune disposition sur
les sénats et les magistrats municipaux[2]. Ailleurs, il s'efforçait
de démontrer, contre l'opinion de Dubos, que les Rachimbourgs
et Scabins étaient de simples officiers des ducs, des comtes et de
leurs conteniers, servant d'assesseurs dans les tribunaux de ces
magistrats. Suivant lui, les mots *Rachinburgius* et *Scabineus* ne pouvaient signifier les magistrats d'une juridiction romaine[3].

Les raisonnements de Mlle de Lézardière paraissent, au premier abord, plus spécieux. Pour démontrer la fausseté du système qui identifiait les placités des comtés et les anciennes
curies romaines, l'auteur les mettait en parallèle, et signalait les
différences qui, dans son opinion, devaient les distinguer : « Tous

---

[1] *Hist. crit. de la monarchie franç.*, Liv. VI, ch. XI, vol. III, p. 441 et
suiv., édit. 1734. — Perreciot partageait l'opinion de Dubos sur la permanence des sénats gaulois qui, selon lui, conservèrent au moins une partie
de leur autorité sous les premières dynasties, (Liv. III, ch. 13, t. Ier, p. 277).

[2] *Observ. sur l'hist. de France*, t. Ier, Liv. Ier, ch. 2, Preuves, p. 299 et
suiv., édit. Guizot.

[3] *Loc. cit.*, Liv. III, ch. 7, Preuves, p. 451 et suiv.

les hommes libres des comtés avaient séance et voix délibérative
au placité des comtés : les seuls habitants des cités romaines,
possesseurs de vingt-cinq arpents de terre, avaient séance à
l'assemblée de la curie. — Le placité se tenait dans tel lieu du
comté qu'il plaisait au comte. L'assemblée de la curie se tenait
toujours dans la ville principale de la cité. — Les placités s'as-
semblaient pour entendre et juger les causes civiles et criminelles : les curies n'exercèrent jamais le pouvoir de juger; — les
rakimbergs étaient élus par le peuple de chaque comté; les
curiales étaient nommés par les autres curiales, qui ne faisaient
qu'une partie des citoyens, et non le peuple des cités. — Sept
rakimbergs étaient suffisants pour former les placités des comtés.
Il fallait les deux tiers des curiales pour former l'assemblée de la
curie. — Enfin les rakimbergs exerçaient, indépendamment des
comtes et des officiers du prince, le pouvoir de juger, tandis que
les comtes et officiers du prince exerçaient, indépendamment des
rakimbergs, la puissance exécutrice et les fonctions fiscales, et
par un contraste frappant, les curiales exerçaient immédiatement
sous le gouvernement romain les fonctions fiscales, tandis que
les officiers des empereurs romains exerçaient indépendamment
des curiales le pouvoir de juger. »

Après ce parallèle, destiné à démontrer l'erreur de ceux qui
admettaient la conservation des curies et des magistratures
romaines, dans la Gaule, sous la monarchie franque, M^lle de
Lézardière cherchait à expliquer le sens des *formules* dans lesquelles il est fait mention du *défensor,* des *curiales,* et qui paraissaient singulièrement militer contre son opinion : « Le droit public
de la monarchie ayant donc rejeté le système des assemblées
municipales romaines, et conservé l'usage de la loi civile romaine
dans la Gaule unie à la monarchie, il se trouva qu'un des statuts
de la loi romaine avait attaché la validité de certains actes particuliers à l'existence des curiales et de la curie. — Les actes
volontaires que passaient entre eux les citoyens ne pouvant être
valables, selon la loi romaine, s'ils n'étaient contractés en présence des curiales et des défenseurs des cités, et déposés dans le
registre public de chaque cité, il fallait conserver pour cet acte
nécessaire à la société civile les témoins et les dépositaires donnés
par la loi romaine : dans le pays régi par cette loi, les noms de
curiales et de défenseurs demeurèrent donc aux témoins des actes

volontaires, et le nom de curie à l'assemblée de ces témoins.
Mais on ne vit point ceux qui portèrent dans les cités gauloises
soumises à la monarchie les noms de curiales, exécuter dans
leurs assemblées aucune fonction d'administration : les duumvirs,
chefs nécessaires des curies romaines, n'y existèrent jamais. —
Bien plus, la loi qui avait confié aux défenseurs et aux curiales la
fonction de recevoir les actes volontaires, n'exigeait point l'existence de tout le corps des curies romaines et le concours des
duumvirs ; cette loi permettait à trois ou quatre curiales, assemblés par le défenseur, de former la curie destinée à recevoir les
actes volontaires, et encore le défenseur élu par le peuple était
un officier étranger à la curie. C'était donc assez pour que la
règle du droit civil romain s'exerçât sous l'Empire franc relativement aux actes volontaires, que les cités régies par la loi
romaine fissent élection parmi les citoyens d'un homme appelé
défenseur, et prissent pour témoins de leurs actes quelques
citoyens d'origine curiale. — C'est cette forme qui nous est rappelée par quelques formules antérieures au VIII⁰ siècle : aucun
acte, ni monument contemporain ne s'y rapporte ; et depuis le
VIII⁰ siècle, toutes notions de l'existence de cette forme dispa-
raissent. — Cette forme, qui rappelait en quelque chose les
usages de l'empire romain, devait s'anéantir dans l'empire franc,
du moment que la puissance législative générale suppléerait les
lois civiles romaines par un autre procédé sur l'objet dont il
s'agit ; ainsi dès que les capitulaires eurent communiqué à tous
les citoyens la faculté de contracter devant de simples hommes
libres, il n'y eut plus de nécessité de choisir pour témoins des
citoyens d'origine curiale, et l'office de défenseur disparut tellement, que les capitulaires obligèrent les comtes de nommer *ad
hoc* des avocats aux pauvres, c'est-à-dire de suppléer et de remplir
la première fonction des défenseurs[1]. »

Telle était l'argumentation de M^lle de Lézardière, sur laquelle
nous reviendrons bientôt.

Il fut longtemps admis, en France, par la plupart des historiens, que l'organisation municipale, base du système administratif des Romains, n'avait pas laissé de traces sur le sol de la

[1] *Théorie des lois politiques de la monarchie française*, 2⁰ époque, part. III,
Liv. IV, ch. XI, Preuves, t. III, p. 153 et suiv., édition de 1844.

Gaule, et que les corporations municipales avaient été ressus-
citées seulement au XIIᵉ siècle par les ordonnances de Louis-le-
Gros[1].

En 1828, et à l'époque des dernières luttes de l'opinion libé-
rale contre la Restauration, alors que les libertés municipales
étaient réclamées avec cette ardeur et cette vive persistance,
que l'on retrouve toutes les fois qu'un gouvernement veut y
porter atteinte, M. Raynouard entreprit de démontrer que les
villes de la Gaule n'avaient jamais perdu entièrement leurs franchises, que l'administration municipale des Romains n'avait point
cessé d'y être en vigueur, et qu'elle s'était conservée pendant
toute la durée du moyen-âge, jusqu'à l'établissement des communes[2].

D'un autre côté, l'ouvrage de M. de Savigny, intitulé : *Histoire du droit romain au moyen-âge*[3], non-seulement avait mis
hors de doute la perpétuité de ce droit, du Vᵉ au XIIᵉ siècle,
mais avait établi sur des bases larges et solides la thèse soutenue
par M. Raynouard au sujet de la permanence de l'élément municipal. Cependant M. de Savigny n'admettait pas, comme cet
auteur, l'existence, dans toute la Gaule, de municipes ayant des
duumvirs[4] et un sénat différant de l'*ordo*. Il signalait les traces
nombreuses de l'organisation qui survécut à la conquête, dans
l'Empire franc, et citait un grand nombre de documents, qui
attestaient la permanence du régime municipal, dans les VIᵉ,
VIIᵉ, VIIIᵉ, IXᵉ siècles, et dans les siècles suivants[5].

Les historiens modernes les plus célèbres[6] adoptèrent le sentiment de MM. de Savigny et Raynouard sur la continuité de ce
régime, en essayant d'indiquer les diverses altérations ou transformations qu'il subit, depuis le VIᵉ siècle jusqu'au XIIᵉ, c'est-

---

[1] *Voy.* cependant Caseneuve, *Du franc-alleu en Languedoc*, 1641.

[2] *Histoire du droit municipal en France*, 2 vol. in-8º, Paris, 1829. — *Voy.*
aussi M. Leber, *Hist. crit. du pouvoir municipal* (1 vol. in-8º, Paris, 1828). Cet
auteur admet la conservation des municipalités romaines, mais il en décrit
l'organisation d'une manière peu exacte.

[3] Le 1ᵉʳ volume parut à Heidelberg, en 1815, et le second en 1816.

[4] *Voy.* sur ce point, nos observations, sect. 2, ch. VI, tit. II.

[5] Chap. V, §§ 95 à 98.

[6] Notamment MM. Guizot, *Cours d'histoire moderne*, t. V, et Aug. Thierry,
*Considér. sur l'hist. de France*, ch. V.

à-dire jusqu'à l'époque où il entra dans le droit politique, dont il se trouvait exclu en fait, sinon en droit, depuis l'établissement de la domination des Francs.

La perpétuité du droit civil romain, dont la jouissance fut laissée par les conquérants aux vaincus, était déjà une grave présomption contre la thèse soutenue par Mably et par M^lle de Lézardière. Il est vrai que les institutions administratives ont, en général, une nature plus variable que les lois civiles proprement dites, et n'ont pas cette stabilité, qui pouvait expliquer la conservation du droit civil après la conquête. Mais la municipalité repose sur un de ces droits primordiaux qui semblent destinés à survivre aux plus graves bouleversements.

Les preuves accumulées par M. de Savigny et par M. Raynouard[1] ne laissaient subsister aucun doute sur l'existence de l'élément municipal, dans la Gaule, pendant les deux premières dynasties.

L'Arvernie offre aussi sa part de documents pour l'époque mérovingienne. Les *formules arvernes*, dont la rédaction primitive remonte, selon nous, au V^e siècle, mais qui furent conservées, avec des modifications, à l'époque suivante, témoignent de la manière la plus positive de la même continuité du régime municipal dans cette contrée[2].

Le biographe de Grégoire de Tours, né à Clermont dans le VI^e siècle, dit qu'à cette époque la cité arverne renfermait des sénateurs, comme la ville de Rome, et que la famille de l'historien des Francs avait produit des *sénateurs*, des juges, et tout ce que l'on peut dire de l'ordre des premiers[3].

Le biographe de S. Genès, qui fut évêque de Clermont, et qui mourut vers l'an 662, dit aussi : « Il était né à Clermont de très nobles parents, et de l'*ordre sénatorial*, comme on lit dans les généalogies rapportées par les chroniques[4]. »

Grégoire de Tours raconte que l'on avait permis à un certain prêtre Eparchius de dire la messe, quoiqu'il ne fût pas à jeun, parce

---

[1] *Voy.* le résumé de différentes preuves dans l'ouvrage de M. Raynouard, t. I^er, note 2 de la page 847.

[2] Voy. notamment *formules* 1, 2, 4.

[3] *Vita Gregorii Episc. turon.*, éd. Ruinart.

[4] Acta SS. 3 junii, t. I^er, p. 233.

qu'il était de race sénatoriale, et distinguée parmi les nobles de la ville de Riom [1].

Bien que le mot *sénateur* n'indique pas exclusivement les membres des sénats ou curies, nous ne pensons pas que, dans les passages ci-dessus cités, cette expression ait un autre sens.

Plusieurs historiens disent que l'existence du régime municipal est encore attestée par l'inscription du nom de la *cité arverne* sur les monnaies [2] ; mais cet argument nous semble peu concluant.

Dès les premiers temps qui suivirent la conquête, il y eut les *Racimburdi* ou *Rachimburgi*, les *Rachimbourgs*, les *boni homines*, les *bons hommes*, dont le titre n'est pas toujours l'indice d'une municipalité romaine, mais est destiné à l'indiquer le plus souvent : « Ce nom vague, dit M. Augustin Thierry, recouvre, dans la plupart des documents originaux, l'administration municipale tout entière ; il faut aller chercher là dessous la curie avec ses magistrats et ses officiers de tout rang [3]. »

Plus tard, se produisit une nouvelle organisation commune à tous les habitants, sans distinction d'origine. Les juges, que les Capitulaires nomment *Scabini*, *Scabinei*, joignent à leur titre le nom de la loi suivant laquelle ils doivent juger : il y en a de Goths, de Romains et de Saliques [4]. Les Scabins romains, ou *Judices*, que l'on voit, dans les procès, à côté des Germains, ne sont autres que les anciens décurions [5], qui étaient choisis parce

---

[1] « Cùm esset *ex genere senatorio* et nullus in vico illo Ricomagensi, juxtà sæculi dignitatem haberetur nobilior. » Il ne faudrait cependant pas en conclure, comme le fait Chabrol, que Riom avait un sénat, (vol. IV, p. 436). Eparchius habitait Riom, parce qu'il y exerçait des fonctions ecclésiastiques ; rien ne prouve qu'il en fût originaire ; il n'est point établi que ses ascendants étaient sénateurs de Riom (Voy. Dulaure, *Descrip. de l'Auvergne*, p. 112.)

[2] Il existe plusieurs pièces de monnaies des périodes mérovingienne et carlovingienne dont la légende est : *urbs arverna*, *civitas Arvernorum*, *arverno cive* (Voy. *infrà*, tit. V, chap. 9).

[3] *Loc. cit.*, p. 155.

[4] « Judices scaphinos et regemburgos, tam Gothos quam Romanos, sed etiam et Salicos. » (Charte de l'an 918, *Hist. génér. de Languedoc*, II, Preuves, p. 56).

[5] Voy. Savigny, *Loc. cit.*, t. Ier, ch. V. § 87. — « Sous le nom de Scabins, depuis Charlemagne, l'historien doit voir dans les villes, sinon la curie tout entière, au moins une portion de la curie, car ce fut sans nul doute parmi

qu'ils étaient plus versés dans la connaissance des lois et des coutumes que les autres citoyens. Ils avaient le double caractère d'administrateurs et de juges [1].

L'existence de ces Scabins romains, qui par transformation devinrent les *Echevins* des villes, sous le régime féodal, milite puissamment contre l'opinion de ceux qui ont nié la continuité de l'élément municipal.

Cependant, nous avons vu que Mably se prévalait du silence gardé par les Capitulaires sur les municipalités et les magistrats municipaux. Ce silence peut s'expliquer par le respect des rois pour la loi romaine, qui protégeait les institutions municipales, et *sur* laquelle ou *contre* laquelle les législateurs ne devaient et ne voulaient faire aucun capitulaire [2]. Au surplus, ces anciens monuments, ces anciennes lois, qui concernent principalement les Francs, peuvent très-bien recéler, dans l'obscurité de leur rédaction, les magistrats municipaux, dont les titres avaient changé avec le temps [3].

Quant à l'argumentation de M^lle de Lézardière, qui prétend, pour expliquer les passages des formules, où il est fait mention du *defensor,* des *curiales,* que, pour la validité de certains actes, le droit romain exigeant impérieusement l'intervention de la curie, des curiales, on aurait encore suivi, après l'anéantissement du régime municipal, dans les pays régis par la loi romaine, la lettre de cette loi, en faisant choix d'un homme appelé *defensor,* et pris pour témoins des actes quelques citoyens d'origine curiale, elle a reçu depuis longtemps sa réfutation : la nécessité de recourir à cette espèce de simulacre, dont parle M^lle de Lézardière, n'existait point, puisque le droit romain n'exigeait pas d'une manière

ses membres les plus notables, que le comte et les habitants désignèrent les juges dont la loi remettait la nomination à leur choix. » (Augustin Thierry, *Loc. cit.,* p. 156.)

[1] Aug. Thierry, *Loc. cit.*

[2] « Quia SUPER illam LEGEM (romanam) nec CONTRA ipsam LEGEM nec ANTECESSORES NOSTRI quodcumque capitulum statuerunt, nec nos aliquid constituimus. » (*Edict. Pist.* Baluze, *Capit.,* I, col. 183).

[3] M. de Savigny cite un document de 804, rapporté par Martène (p. 58, 59), qui parle du *defensor* Wifredus, lequel est qualifié *vicedomus,* dans la souscription. (Voyez Savigny, ch. V, § 96, t. I^er, note D.)

absolue le concours de la Curie pour les actes auxquels cet auteur fait allusion[1].

Toutefois, le régime municipal alla de plus en plus s'altérant dans son organisation et dans ses attributions. La création des ducs et des comtes, chefs militaires, civils et judiciaires, pour représenter le roi en chaque cité, dut introduire dans ce régime de profondes modifications. De jour en jour moins bien compris, il fut aussi de jour en jour moins bien pratiqué. L'altération des pouvoirs était une conséquence de l'ignorance et de la confusion universelle de cette époque.

Le Comte devint le président de la Curie, et la juridiction municipale lui fut subordonnée. Sous Childéric II, le comte Genesius était déjà investi du *Municipat* dans la ville des Arvernes[2].

Il y eut des comtes, non-seulement dans chaque Cité, comme sous la domination des Visigoths, mais encore dans plusieurs divisions territoriales de moindre étendue, dont la réunion formait le territoire de la Cité. Les comtes étaient les intermédiaires entre les nouveaux maîtres de la Gaule et les habitants. Parmi leurs devoirs ou attributions, on remarque l'obligation de faire porter au trésor du prince tous les profits qui lui revenaient dans les limites du Comté[3]. On voit, en Arvernie, le comte *Becco* présider à la répartition et au recouvrement du tribut[4]. L'institution municipale ne fut plus, comme sous les Empereurs, un rouage administratif appliqué surtout au recouvrement de l'impôt. Le Comte en fut seul responsable. Les membres de la Curie furent affranchis de cette lourde responsabilité. On ne chercha plus à être exempt des fonctions municipales. Mais l'autorité des comtes devint de plus en plus envahissante. A la fin de la

---

[1] « Il était permis de faire un testament en présence de sept témoins, d'insinuer les donations devant la curie ou devant le gouverneur de la province, auquel le comte franc avait succédé. » (Savigny, ch. V, § 101, t. Ier.)

[2] « Genesius, eo tempore, in præfata urbe (Arvernorum) *municipatum* obtinebat. » (*Vit. S. Præjecti episcop. Arvernensis,* ap. D. Bouquet, t. III, p. 593.) Dans ce même document, Genesius est appelé *comes.* Dans une autre vie de S. Præjectus (D. Bouquet, *Loc. cit.,* p 596), Genesius est qualifié *vir inclytus et* SENATORIA *dignitate præclarus.* — Voy. Ducange, v° *Municipatus.*

[3] Voy. Marculf., *Form.,* I, 8, *Charta de ducatu, patriciatu, vel comitatu.*

[4] « Hic (Becco comes) cum actiones ageret publicas, et elatus jactantia multos contrà justitiam adgravaret. » (Greg. Tur., *de mirac. S. Julian,* 16.

seconde race, la plupart de ces officiers s'étant attribué tous les pouvoirs dans les villes prirent aussi les titres de la magistrature établie pour l'administration municipale [1]. Sous la féodalité, les mots *comte* et *consul* étaient synonymes. Vers l'an 1076, Robert, comte d'Auvergne, était appelé consul, dans la vie de S. Pierre de Chavanon son contemporain [2].

Si la persistance du régime municipal romain dans un grand nombre de villes, après l'invasion des barbares, est un point aujourd'hui constant, si la municipalité romaine était encore vivante pendant les VIIe et VIIIe siècles, surtout dans les cités de la Gaule méridionale, si on la retrouve dans les trois siècles suivants, si, enfin, on a pu recueillir les traces de l'élément municipal sans interruption du VIIIe au XIIe siècle, il reste néanmoins, malgré les travaux de nos plus savants historiens, beaucoup à faire pour éclairer cette partie obscure et intéressante de l'histoire de nos institutions, et pour pouvoir exposer avec quelque précision les vicissitudes de cette permanence de l'élément municipal, jusqu'à l'époque de la renaissance des municipalités. Lorsque, sous la seconde race, les évêques devinrent souverains dans la cité, à titre de grands feudataires, cette révolution apporta une perturbation profonde dans toute l'organisation municipale, quoiqu'elle n'ait pas anéanti entièrement l'élément romain. Il est difficile de dire quel était, au Xe siècle, dans les cités gallo-franques, le caractère du régime municipal. Du VIIIe à la fin du XIe siècle, l'existence des municipalités romaines apparaît rarement et d'une manière assez confuse dans l'histoire. Plusieurs se perpétuaient cependant, mais c'était au milieu des ténèbres et de l'anarchie féodale. Nous assisterons plus tard à la renaissance des municipalités de l'Auvergne, lorsque nous étudierons ses institutions municipales. Nous verrons les chartes de cette contrée faire remonter à la plus haute antiquité les franchises qu'elles consacrent. Il y a un vieux ressouvenir du régime romain amendé par le Code d'Alaric; mais si

---

[1] Voy. Bonamy, *Observ. sur les villes municipales et en particulier sur le nom de consul donné à leurs magistrats*, dans les *Mémoires tirés des registres de l'Académie des inscriptions et belles lettres* (vol. XVII, p. 30); Savigny, ch. V, § 96.

[2] Baluze, *Maison d'Auvergne*, t. Ier, p. 56.

on y reconnaît plusieurs éléments de ce régime, on remarque aussi une grande transformation, et une organisation fondée sur des principes plus démocratiques que ceux de l'ancienne curie.

## SECTION III.

### Juridictions.

Les mêmes magistrats qui présidaient à l'administration dans le comté étaient investis de l'autorité judiciaire, ou juridiction publique. A côté de cette juridiction ordinaire, existaient celle de la Curie, et la juridiction ecclésiastique ; puis, au-dessus de toutes, celle des *Missi dominici*[1]. Il y avait, enfin, les justices privées.

Le Comte était le président ordinaire des *Malls* ou *Plaids* (*Mallum*, *Placitum*), assemblées où se rendait la justice, et dans lesquelles toutes les affaires intéressant le pays étaient mises en délibération.

Le Centenier, le Vicaire, présidait à la place du comte, lorsqu'il était absent.

Ces assemblées étaient établies non-seulement au chef-lieu de la cité, mais encore dans d'autres localités.

Le Centenier, ou Vicaire, tenait dans la *Centaine* trois plaids par an.

Dans l'origine, tous les hommes libres qui habitaient la circonscription du *Mall* étaient tenus de s'y rendre.

Il est généralement admis que ces hommes libres (*Racimburdi, boni homines*), présents à l'assemblée générale du Comté ou de la Centaine, jugeaient seuls en fait et en droit, et que la mission du Comte ou du Centenier se bornait à convoquer l'assemblée, à la présider, et à faire exécuter les jugements[2]. Cependant le Comte ou son suppléant devaient non-seulement diriger l'ins-

---

[1] Nous n'avons pas à parler ici de la juridiction du roi, ou des plaids du Palais, qui était une justice placée au sommet de l'édifice social. *Voy.*, sur cette juridiction, M. Lehuërou, *Instit. carol.*, t. II, p. 390 et suiv.

[2] *Voy.* M^lle de Lézardière, preuves, 2e époque, 3e part., Liv. IV, ch. XXVII; vol. III, édit. de 1844; Savigny, t. I^er, ch. IV, § 75.

truction, mais encore surveiller l'application des lois[1]. Quelques
historiens pensent même que le pouvoir judiciaire ne resta pas
toujours d'une manière aussi exclusive entre les mains des
Rachimbourgs, et que le Comte ou son suppléant prirent dans la
suite une part plus directe aux jugements[2].

Les Plaids n'avaient pas tous la même compétence. Dans ceux
de la Centaine on pouvait juger toutes sortes de causes; mais il
y avait une exception pour les crimes qui entraînaient la peine
de mort, la perte de la liberté, la confiscation : ces causes étaient
exclusivement attribuées à la cour du Comte[3].

Il n'est guère possible de suivre avec précision, pendant la
période mérovingienne, les institutions judiciaires, dont nous
venons de parler. Il est dificile de penser qu'elles aient pu fonc-
tionner régulièrement dans ces temps de violence et de confusion universelle.

Ce qui paraît certain, c'est qu'à l'avénement de Charlemagne,
toutes les institutions locales étaient dans un désordre complet.
Les hommes libres (*Racimburgi*) ne venaient plus aux assemblées
du Comté ou de la Centaine. Le Plaid restait désert, et, faute de
juges, le cours de la justice se trouvait suspendu. Afin d'y remédier, on créa une classe de magistrats, pour qui l'assistance aux
plaids fut un devoir légal. Ces magistrats, dont nous avons déjà
parlé dans la section précédente, les Scabins (*Scabini*), étaient
distincts des simples hommes libres (*boni homines*), qui cependant conservèrent longtemps encore le droit de concourir aux
jugements; mais c'était pour eux une faculté, et non une obligation. Ce point a été parfaitement mis en lumière par M. de
Savigny[4].

---

[1] Append. capit. III (Baluz., I, p. 396), cité par M. de Savigny, t. Ier,
ch. IV, § 76.

[2] M. Guizot, *Essais sur l'hist. de France*, p. 259, note 1re, édit. 1833 ; M. Laferrière, t. III, p. 416.

[3] Baluz., I, 473; Greg. Tur., X, 5; *Capit.* III, ann. 812, c. 4, cité par
M. de Savigny, t. Ier, ch. IV, § 81 ; Marculf, app. F 3. — M. Guizot hésite
à affirmer que ces restrictions à la compétence des plaids de la centaine
aient déjà existé au commencement de la première dynastie (*Essais*, p. 259,
note 2).

[4] *Hist. du dr. rom. au moyen-âge*, t. Ier, ch. IV, §§ 68, 69, 70, 71, 72,
et les nombreux documents qui y sont cités. — Les vassaux du comte devaient
toujours être présents.

Ainsi, le pouvoir judiciaire fut, en général, exercé par un corps de juges ayant un caractère public et permanent, sous la présidence du Comte ou de son suppléant.

Les opinions sont divisées sur la question de savoir par qui les Scabins étaient nommés. Plusieurs historiens ont pensé qu'ils étaient électifs, c'est-à-dire choisis par le peuple; selon d'autres écrivains, l'élection n'était qu'une désignation faite par le Comte ou le Centenier, dans l'assemblée qu'il présidait, désignation à laquelle les assistants ne concouraient que par une espèce d'approbation. Dans cette opinion, l'initiative et la vraie décision appartenaient aux délégués du roi plutôt qu'à l'assemblée [1].

Il nous semble résulter des textes que la nomination des Scabins appartenait à l'envoyé du roi, au Comte et au peuple réunis [2].

Quelques dispositions des Capitulaires portent qu'ils devaient être choisis parmi les personnes notables, sages et craignant Dieu : *Si nobiles et sapientes et Deum timentes* [3].

Quel était le nombre de Scabins ou de juges nécessaire pour rendre valablement un jugement? Montesquieu dit qu'il était ordinairement adjoint sept Scabins au Comte et que, comme il ne lui fallait pas moins de douze personnes pour juger, il complétait le nombre par des notables [4]. Mais la présence de sept Scabins n'était pas indispensable pour rendre une décision. Le tribunal pouvait se composer de Scabins et de *boni homines*, ou simplement de ces derniers; et il suffisait de sept juges pour décider [5].

---

[1] M. Guizot, *Essais*, p. 274 et suiv.; M. Lehuërou, *Instit. carol.*, p. 384.

[2] « Ut... Scabinei boni et veraces et mansueti *cum comite et populo* eligantur et constituantur » *(Capit.* I, ann. 809, art. 22; Baluz., I, p. 467). — « Ut missi nostri, ubicunque malos Scabineos inveniunt, ejiciant, et *totius populi consensu* in loco eorum bonos eligant. » *(Capit. Wormatiense,* ann. 829, t. II, art. 2 *(L. c.,* p. 665). — *Voy.* aussi *Capit.,* ann. 873, art. 9 (Baluz., II, 232); M. de Savigny, t. Ier, ch. IV, § 68.

[3] *Voy.* notamment *Capit.,* ann. 856.

[4] *Esprit des loix,* Liv. XXX, ch. 18. Montesquieu ajoute en note : « *per bonos homines;* quelquefois il n'y avait que des notables, voyez l'appendice aux formules de Marculfe, chap. 51. »

[5] Un capitulaire de 819, art. 2, prescrivait à chaque comte d'amener douze scabins, mais c'était pour les plaids généraux convoqués par le roi (Baluz., I, 605).

La Curie conservait la juridiction municipale. Elle exerçait une partie de la juridiction contentieuse et la juridiction volontaire. De nombreux témoignages prouvent que, sous les Mérovingiens, les curies recevaient les actes de cette dernière juridiction.

Enfin, la juridiction épiscopale, fondée par les Conciles, reconnue par les lois Théodosiennes, par le Bréviaire d'Alaric, par les Édits et Capitulaires, s'appliquait aux biens et aux personnes des ecclésiastiques [1]. Elle embrassait généralement tous les intérêts civils des clercs. Le droit carlovingien l'étendit aux délits des ecclésiastiques [2].

Au-dessus de ces juridictions s'élevaient les *Missi dominici*, investis par Pépin et surtout par Charlemagne d'un caractère et d'attributions qui en firent une grande institution destinée à porter en tous lieux l'autorité royale, et à dominer celle qui était confiée aux Comtes, ou même aux officiers inférieurs, tels que les Centeniers ou les Vicaires.

Les *Missi dominici* devaient faire exécuter les lois, surveiller l'administration de la justice. Ils présidaient aussi, dans une certaine circonscription, les assises des comtés, pour statuer sur l'appel des jugements rendus en premier ressort [3]. Quoique les officiers placés au-dessous du Comte lui fussent subordonnés, il ne faut pas voir dans celui-ci un juge d'appel, et dans les Centeniers des juges du premier degré [4]. Montesquieu pense même que l'on n'appelait pas du Comte au *Missus dominicus*. Selon lui, le Comte et le *Missus* avaient une juridiction égale et indépendante l'une de l'autre [5]. Mais plusieurs Capitulaires prouvent que les *Missi dominici* avaient une juridiction supérieure et d'appel pour réformer les décisions injustes des Comtes [6].

[1] *Capit.*, ann. 789, c. 29 (Baluz., I, 224).

[2] *Capit.*, ann. 794 (Baluz., I, 274) et *Capit.*, ann. 801.

[3] *Capit.* de 779 (Baluz., I, 198 ; Pertz, III, p. 28, art. 21) ; *Capit.* de 812, §§ VIII et IX (Baluz., I, 498).

[4] Montesquieu, *Espr. des loix*, Liv. XXVIII, ch. 28 ; Savigny, t. Ier, ch. IV, § 81.

[5] *Loc. cit.*

[6] Voy. *Capit.* de 810, art. 4 ; de 811, art. 59 ; de 819, art. 58 ; de 823, art. 26 ; de 829, art. 14. — Il y avait aussi un droit d'appel devant la cour du roi (*Capit.* de 755, art. 29, et de 756, art. 9 [Baluz., I, 180] ; M. Lehuërou, *Instit. carol.*, p. 398 et suiv.). Mais cette cour ne subsistait plus que de nom, au déclin de la seconde race.

Leurs pouvoirs, qui étaient fort étendus, n'embrassaient pas seulement l'administration de la justice : ils avaient inspection sur les autres branches de l'administration, sur les écoles qui se tenaient alors dans les églises et les monastères [1], sur les marchés, les poids et mesures, etc. [2].

Cette institution, dirigée contre l'isolement des pouvoirs locaux, et destinée à centraliser la justice et l'administration, fut un puissant moyen de gouvernement, sous plusieurs rois, et notamment sous Charlemagne ; mais, sous les rois faibles, ce ne fut qu'un prétexte d'abus et de déprédations [3].

Les Comtes, les Centeniers, les Vicaires, possédaient d'immenses domaines dans les contrées qu'ils administraient. Grâce à la puissance que donne la propriété, grâce aussi au pouvoir délégué dont ils étaient les dépositaires, ils se rendirent indépendants. Après l'hérédité des bénéfices, l'hérédité des offices prévalut. Sous Louis-le-Débonnaire, les *Missi dominici* parcouraient encore les provinces. Mais lorsque Charles-le-Chauve eut, par le célèbre Capitulaire de 877, déclaré héréditaires les duchés et comtés, l'institution des envoyés royaux fut gravement atteinte. Elle cessa d'exister vers la fin du IXe siècle. Le titre et la nature des pouvoirs locaux furent changés. L'unité du pouvoir monarchique disparaissant, l'unité de surveillance administrative et judiciaire devait aussi cesser.

Enfin, on distingue, sous les deux premières dynasties, outre la juridiction publique, dont nous venons de parler, la juridiction privée, sur laquelle il nous reste à présenter quelques observations.

Cette distinction résulte de plusieurs textes, dans lesquels il est fait mention soit de *judices publici*, soit spécialement du *judex privatus* : « Ut ab omnibus optimatibus nostris et judicibus publicis ac privatis [4]. » Au commencement du VIIe siècle, un édit de Clotaire II défendait aux évêques et aux grands, qui pos-

---

[1] *Capit.*, ann. 819, n° 57.

[2] *Capit.* Miss. excerpta, art. 44, ann. 802 (Pertz, III, 99) ; *Conc. Sirm.* Lib. IV, c. X.

[3] *Voy.* M. Championnière, *Loc. cit.*, n° 117.

[4] Præceptum Dagoberti pro immunitate S. Dyonysii ; M. Championnière, n° 118.

sédaient des domaines dans divers pays, d'envoyer des juges d'une contrée dans l'autre.[1]. Plusieurs Capitulaires s'occupent de la juridiction privée, du droit et même de l'obligation imposée aux évêques, abbés, comtes et bénéficiers royaux, de rendre la justice à leurs vassaux et aux hommes de leurs domaines [2].

Ces justices privées avaient leur source dans les concessions spéciales des rois des deux premières races, qui accordèrent aux églises épiscopales, aux abbayes ou aux officiers royaux le droit connu sous le nom d'*immunité (immunitas)*. Il était, en général, défendu par la charte de concession aux juges royaux d'entrer dans le domaine qui avait obtenu ce privilège, d'y juger les causes et d'y percevoir les amendes ou les revenus fiscaux. C'était le seigneur privilégié qui avait seul l'exercice ou la jouissance de ces droits. On retrouve ces dispositions dans presque toutes les chartes d'immunité, et notamment dans un diplôme de Louis-le-Débonnaire, par lequel ce prince se constituait le défenseur et le gardien du monastère de Manglieu en Auvergne [3].

Les immunités conservèrent longtemps le même caractère. Toutefois, dans les chartes accordées sous la troisième race, les droits remis à l'immuniste semblent être plus expressément ceux qui constituent les justices seigneuriales [4].

Le seigneur exerçait une juridiction plus ou moins complète, suivant les conditions de la charte de concession, sur les domaines auxquels était accordé le privilège de l'immunité. Sur ceux qui ne l'avaient pas reçu, il n'avait qu'une justice domestique, qui n'était point un obstacle à la juridiction royale [5].

[1] *Voy.* extrait de l'Edit de Clotaire II, de l'an 614, c. 19 (D. Bouquet, IV, p. 119) — sur le sens des expressions *qui justitiam percipiant et aliis reddant,* voy. M. Championnière, n° 119.

[2] *Voy.* les textes cités par Mlle de Lézardière, preuves, 2° époque, part. III, Liv. IV, ch. VI, vol. III, p. 132.

[3] Voy. *Gall. Christ.* instr., t. II, col. 117 et suiv.; et *suprà,* ch. II, sect. 2, tit. IV.

[4] Voici les termes de la charte de Louis-le-Jeune, donnée en 1138, au monastère de Saint-Julien de Brioude : « Ut nullus judex publicus, nulla cujuslibet judiciariæ potestatis persona aliquem distringere..... aut pascuaria accipere, neque mansionaticos sive paratas aut parafredos, vel tonloneum, vel rotaticum vel pontaticum sive cispaticum exigere, seu aliquid quod ad publicam districtionem pertinet, agere aut inferre præsumat. Sed remotá procul, ut diximus, omni seculari vel judiciariá potestate, liceat eis, qualemcumque sibi suá sponte elegerint advocatum, habere. » (Brussel, p. 507.)

[5] Pardessus, *Loi salique,* dissert. IX°.

Le pouvoir domestique des maîtres sur la personne des esclaves, qui existait incontestablement chez les Germains, et que l'on retrouve partout dans l'Empire des Francs[1], sans une concession royale, ne doit pas être confondu avec la juridiction réelle et territoriale résultant de l'immunité, qui s'est développée sous les deux premières races, et qui n'a pas une origine aussi ancienne que l'ont prétendu Montesquieu[2] et les auteurs qui ont suivi son système[3]. Le titre unique de cette juridiction était la concession faite par le prince.

Lorsque les comtés furent devenus héréditaires, lorsque la juridiction des Comtes, qui émanait de la puissance publique, jouit aussi du privilège de l'hérédité, ces officiers concédèrent leurs droits de justice à leurs principaux vassaux. Les juridictions se multiplièrent ainsi à l'infini sur le sol de la France. Dès le IX$^e$ siècle, apparait le jugement par les pairs, principe essentiel de la justice féodale. Les Comtes avaient fait de constants efforts pour se soustraire à la dépendance royale et aux visites des *Missi dominici*. Les possesseurs, de leur côté, s'étaient efforcés de se libérer de l'administration des Comtes et de toute juridiction supérieure, dans l'étendue de leurs possessions et de leurs justices. Lorsque l'autorité centrale se fut écroulée, les immunistes furent à leur tour spoliés par leurs agents. Les *judices privati* produisirent des justiciers seigneuriaux n'ayant, la plupart, que les basses justices. Au X$^e$ siècle, le duel judiciaire devenait la principale procédure. Nous sommes à l'origine des justices seigneuriales, sur lesquelles nous donnerons de plus amples explications, quand nous traiterons des institutions judiciaires de l'Auvergne, à l'époque féodale.

---

[1] Marculf., 27, *append.*, f. 16; Bignon, f. 13, 26.

[2] *Espr. des loix*, Liv. XXX, ch. 20, 21 et 22.

[3] Selon M. Lehuërou, les justices patrimoniales des Francs remontaient aux usages des Germains. Le droit de justice domaniale était inséparable du droit de propriété, et appartenait à chaque propriétaire, indépendamment de toute concession royale. Les chartes d'immunités avaient pour objet, dans ce système, non de conférer un droit de juridiction, mais d'imprimer un caractère de souveraineté et d'indépendance aux justices privées, vis-à-vis du comte seulement (*Instit. carol.*, Liv. I$^{er}$, ch. XXI, p. 218 et suiv.).

# CHAPITRE VI.

### Service militaire.

Pour donner un aperçu des institutions militaires auxquelles l'Auvergne fut soumise, sous les deux premières dynasties, nous esquisserons à grands traits l'organisation militaire de cette époque, en rappelant rapidement les lois ou coutumes qui réglèrent successivement le service des armes, les classes d'hommes auxquelles il fut imposé, et les différentes conditions de ce service [1].

Tous les hommes libres y furent d'abord assujettis. Homme de guerre (*arhiman*) et homme libre étaient deux termes synonymes. Dans l'origine, ce qui soumettait à l'obligation du service militaire, c'était la qualité de franc ou compagnon, et non celle de propriétaire : cette obligation était purement personnelle.

Sous le règne de Charlemagne, le service militaire fut plus régulièrement constitué : il devint un véritable service public, imposé à tous les hommes libres possédant quelque bien [2]. On décréta que chaque possesseur de trois manses serait tenu de faire le service en personne. Ceux qui possédaient moins de trois manses devaient se réunir pour équiper un homme, de telle sorte que cette étendue de terre fournît toujours un combattant. Les possesseurs de biens mobiliers de la valeur de cinq *solidi* étaient tenus de se cotiser au nombre de six, pour équiper et faire marcher un homme [3].

Les alleux, comme les bénéfices, étaient soumis à la charge du service militaire. Les propriétés ecclésiastiques n'en étaient pas non plus exemptes.

L'obligation d'aller à la guerre était imposée expressément

---

[1] *Voy.*, sur le service militaire sous les Carlovingiens, M. Lehuërou, t. II, p. 413 et suiv.

[2] Voy. *Capit.*, ann. 807, c. 2; et *Capit.*, I, ann. 812, c. 12. — *Dipl. Car. M.*, ann. 775; Bouquet, V, 728.

[3] Voy. *Kar. M. Capit. Aquense*, ann. 807, c. 2. — Un Capitulaire de 803, et non de l'an 812, du moins d'après Pertz, réglait le service militaire sur d'autres proportions quant aux manses (*Capit. de exercitu promovendo*, c. I. Dans Pertz, LL., I, 119.)

aux possesseurs de bénéfices[1]. Cependant ils n'y étaient pas soumis parce qu'ils étaient bénéficiers, mais parce qu'ils possédaient en bénéfice un certain nombre de manses. Leur obligation était la même que celle des autres hommes libres[2].

Tout homme libre qui n'avait pas suivi à l'armée son seigneur (*senior*), c'est-à-dire l'officier qui commandait, devait payer *l'hériban*, ou amende, qui varia d'abord selon la fortune de ceux qu'elle devait atteindre[3], et qui fut ensuite d'une somme fixe de 60 sous[4]. Le capitulaire de 811 qui renfermait cette disposition, prouve qu'elle était moins décrétée dans l'intérêt du seigneur que dans celui du souverain, car il ajoute que le seigneur ou le comte, qui exemptait le vassal d'aller à la guerre, devait payer l'amende à sa place[5].

Toutefois, la relation du vassal au seigneur ne tarda pas à prévaloir; la classification féodale prenait possession de la société[6].

Sous Charles-le-Chauve, en cas d'une invasion du pays par l'étranger, tout le monde devait se lever et partir pour la repousser[7].

Dans l'origne, les évêques et abbés allaient à la guerre en personne, à la tête de leurs hommes. Quand Charlemagne, en 803, les en eut dispensés, ils se plaignirent de ce que cette dispense rabaissait leur position sociale. Ce prince fut obligé de

---

[1] « In primis quicumque beneficia habere videntur, omnes in hostem veniant. » *(Capit.*, an. 807, c. 1; *voy.* aussi *Capit.*, II, an. 812, c. 3.)

[2] *Polypt. d'Irm.*, proleg., §§ 293, 294.

[3] *Kar. M. Capit. apud Theodon. Villam.* an. 805, c. 19.

[4] *Copit. Bonon.* oct. 811, c. 9 (Pertz, LL., I, 173); *Capit.*, an. 807, c. 2.

[5] *Voy.* les observations de M. Guérard (*Polypt. d'Irm.*, proleg., § 295), sur la perte du bénéfice en cas de refus de service; le second Capitulaire de l'an 813, c. 20; et sur la leçon : *Et si quis cum fidelibus suis*, adoptée par Pertz en désaccord avec Baluze, qui donne le texte : *Et si quis de fidelibus nostris.*

[6] Tout homme libre devait avoir dans le royaume un seigneur, *seniorem*, qu'il choisissait, en prenant à ce titre soit le roi, soit un de ses fidèles *(Convent. apud Mars.,* an. 847, adnunt. Karol., c. 2 (Baluz., t. II, col. 44).

[7] Nisi talis regni invasio quam *Lantweri* dicunt, quod absit, acciderit, ut omnis populus illius regni ad eam repellendam communiter pergat. » *(Convent. ap. Mars.,* an. 847, adnunt. Karol., c. 5 (Baluz., II, col. 44).

justifier ses intentions et d'expliquer qu'il avait seulement voulu rétablir le respect des convenances [1].

Les ecclésiastiques durent néanmoins fournir à l'armée un contingent composé de leurs vassaux [2]. Les successeurs de Charlemagne exonérèrent de cette dernière charge un grand nombre d'églises et de monastères. Cette exemption fut accordée, en 817, par Louis-le-Débonnaire aux monastères de Menat et de Manglieu, dans la Basse-Auvergne [3].

Les capitulaires ne font aucune distinction, pour le service militaire, entre les Gallo-romains et les Francs. Tous étaient tenus au service des armes. Ils marchaient à la suite du comte de leur province, qui avait dans sa compétence tout ce qui concernait le rassemblement, le départ et la direction des troupes [4].

Quand l'armée était nombreuse, le commandement en chef était ordinairement confié à un ou plusieurs ducs [5].

Nous rappelons, pour terminer ces observations, qu'il existait des prestations de guerre exigées, dans l'origine, aussi bien des terres de l'Église que de celles des laïques.

Le droit de guerre nommé *ad hostem* comprenait les deux espèces de prestations appelées *hostilitium* et *carnaticum*.

L'*hostilitium* consistait ordinairement en bœufs et en chariots [6]. Le nombre de bœufs anciennement fournis à l'armée du roi par les abbayes était considérable. Les bœufs furent successivement remplacés par les chevaux. Nous voyons, par exemple Louis-le-Débonnaire, en retour des concessions par lui faites à l'église de Brioude, imposer à cette église l'obligation de lui donner tous les ans un cheval avec un écu et une lance [7].

Le *carnaticum* consistait dans l'obligation de fournir pour

---

[1] Voy. Montesquieu, *Espr. des Loix*, Liv. XXX, ch. 17.

[2] *Capit. Suess.*, an. 744, c. 3; *Capit.*, I, an. 812, c. 5; *Capit.*, an. 813, c. 10.

[3] Voy. Baluz., *Capit.*, p. 589, 684; Gonod, *Chronol.*, p. 119.

[4] *Capit.*, an. 812, c. 3 et 4 (Baluz., I, 491).

[5] Greg. Tur., VIII, 30; V, 13, et *passim*.

[6] *Dipl.* de Charlemagne et de Louis-le-Débonnaire, de l'an 802 et de l'an 832 (Bouquet, V, 769; VI, 586).

[7] *Dipl. Lud. P.*, an. 825 (Bouquet, VI, 547).

l'armée une certaine quantité de menu bétail ou de payer à la place une somme d'argent[1].

Ces prestations retombaient à la charge des tenanciers d'ordre inférieur. Elles étaient devenues des redevances fixes et rentraient dans le cens régulier dû par les manses, qui payaient ce droit de guerre à l'abbaye, chargée ensuite de répondre aux réquisitions faites par le souverain pour les besoins de l'armée.

Le clergé s'efforça de se faire exempter de cette charge, comme des autres charges publiques. Sous Louis-le-Débonnaire, un grand nombre d'abbayes étaient parvenues à s'y soustraire : nous avons vu[2], en Auvergne, Menat et Manglieu rangés dans la catégorie des monastères, qui devaient seulement à l'Empereur des prières pour lui, pour ses fils et pour la stabilité de l'Empire.

———

## CHAPITRE VII.

### Impôts.

La persistance de l'impôt romain, et spécialement du cens, dans la Gaule franque, a été l'objet de célèbres controverses. Le système qui refusait de reconnaître, même sous les Mérovingiens, l'existence d'impositions publiques perçues au nom du prince, et qui était protégé par le prestige de la haute autorité de Montesquieu[3], paraît aujourd'hui abandonné. Il est démontré que l'organisation et le régime des impôts passèrent de la Gaule romaine à la Gaule mérovingienne[4].

[1] *Voy.*, sur ces prestations de guerre, *Polypt. d'Irm.*, proég., §§ 360 et suiv.

[2] *Supra*, tit. IV, ch. II, sect. 2. — *Voy.*, dans Bouquet (VI, 407-410), la liste dressée dans l'assemblée générale d'Aix-la-Chapelle, en 817.

[3] Voy. *Espr. des Loix*, Liv. XXX, ch. 12 et 13. — La différence des systèmes de Boulainvilliers, Dubos et Montesquieu, sur le paiement de l'impôt, repose presque tout entière sur la définition du mot *census*, dont les significations diverses sont, dans l'état actuel de la science, déterminées d'une manière plus précise.

[4] *Voy.* notamment, Henrion de Pansey, *Dissertations féodales*, v° *alleu*, § 16 ; M. Lehuërou, *Institut. mérovingiennes*, t. Ier, Liv. II, ch. Ier, p. 264 et suiv.

Le maintien en Arvernie de la principale source des revenus publics de l'Empire romain est attesté par plusieurs textes, que nous devons rappeler.

On lit dans Grégoire de Tours :

« Le roi Childebert remit à la même ville (la ville des Arvernes), par une pieuse munificence, la totalité du tribut qui lui était dû, tant par l'Eglise que par les monastères ou les autres clercs attachés à l'Eglise ou par ceux qui cultivaient les biens de l'Eglise. Plusieurs de ceux qui étaient chargés de recueillir ce tribut avaient déjà été ruinés, attendu que, par la longueur du temps et la suite des générations, les propriétés s'étant divisées en un grand nombre de parcelles, ils ne pouvaient qu'à grand peine recueillir l'impôt. Le roi, par l'inspiration de Dieu, remédia à la chose, de manière que ce qui était dû au fisc ne tombât point à la charge des collecteurs, et que les cultivateurs des biens de l'Eglise ne fussent détournés de leur devoir par aucun empêchement[1]. »

Le tribut dont il est ici question paraît être l'impôt territorial, la capitation, *capitatio*, ou *terrena jugatio*[2]. La difficulté de percevoir le tribut, par suite de la division des propriétés, *possessionibus*, prouve qu'il s'agit d'un impôt de cette nature. La remise qui est faite à l'Eglise, soit de tout le tribut de l'année, soit des arrérages, qui n'avaient pu être recueillis, démontre que l'impôt territorial était établi sur toutes les propriétés, et que l'Eglise elle-même y était soumise.

Il résulte encore d'un autre texte que le tribut ainsi payé était un impôt public perçu officiellement au nom du prince, comme chef du gouvernement, et non à titre de propriétaire : des évêques, réunis en synode dans la Cité arverne, écrivent à Théodebert, roi d'Austrasie, et petit-fils de Clovis, pour le prier de

---

[1] « In supradicta vero urbe Childebertus rex omne tributum tam ecclesiis quam monasteriis, vel reliquis clericis, qui ad ecclesiam pertinere videbantur, aut quicumque ecclesiæ officium excolebant, largâ pietate concessit. Multum enim jam exactores hujus tributi exspoliati erant, eo quod per longum tempus et succedentium generationes, ac divisis in multas partes ipsis *possessionibus*, colligi vix poterat hoc tributum. Quod hic, Deo inspirante, itâ præcepit emendari, ut quod super hæc fisco deberetur, nec exactorem damna percuterent, nec ecclesiæ cultorem tarditas de officio aliqua revocaret. » (Greg. Tur., X, 7).

[2] Voy. *Suprà*, tit. II, ch. 7.

laisser la libre et paisible jouissance de leurs biens aux sujets de
Clotaire et Childebert, qui se trouvaient avoir des *possessions*
dans ses Etats, à la condition de payer le tribut dû au prince
dans le lot duquel ces biens étaient situés [1].

Il paraît certain que l'impôt par tête (*humana capitatio*) [2] fut
maintenu en Arvernie, comme dans toute la Gaule, sous les
Mérovingiens. Plus tard, la *capitation* ou le *chevage* (*capaticum*)
était un cens personnel, qui se percevait sur les personnes et non
sur les choses [3]. Il était imposé à des hommes libres [4]; mais le
plus souvent ce cens était payé par les colons, les lides et les serfs.
On se rappelle que la capitation personnelle, sous les empereurs
romains, n'était guère imposée qu'aux colons et aux esclaves
ruraux. La capitation était fréquemment payée par feu et non
par tête. Les capitations carlovingiennes donnèrent, dans la suite
des temps, naissance aux *fouages* [5].

Enfin, Grégoire de Tours, après avoir raconté plusieurs
miracles qui seraient arrivés à Brioude, au tombeau du martyr
saint Julien, sous le règne de Thierry, parle d'un diacre, qui
avait abandonné ses fonctions pour entrer au service du Fisc, et
qui se rendit odieux aux populations par ses abus et ses extor-
sions. Il ajoute que cet agent se transportait dans les montagnes
pour lever sur les pâturages et forêts un droit qui semble être le
même que celui qui était perçu par les empereurs romains [6].

Les rois mérovingiens s'arrogèrent, pour l'établissement de

---

[1] « Ut tam rectores ecclesiarum quàm universi clerici atque etiam
sæculares sub regni vestri conditione manentes nec non ad domnorum
Regum patruum vestrorum dominium pertinentes, de quo in sorte vestra
est extraneos, de quo proprium habere semper visi sunt, non permittatis
existere; ut securus quicunque proprietatem suam possidens, debita tributa
dissolvat Domino in cujus sortem possessio sua pervenit. » (Ap. D. Ruinart,
*in Append. oper. S. Gregorii episcop. Turon.*, p. 1334).

[2] Voy. *Suprà*, tit. II, ch. 7.

[3] *Capit.*, II, an. 805, c. 20 (Baluz., I, 428).

[4] Car. C. *Edict. Pist.*, an. 864, c. 28 (Baluz., II, 187); *idem*, c. 34 (Baluz.,
II, 192.)

[5] Voy. *Polypt. d'Irm.*, prolég., § 370, t. Ier, p. 690 et suiv.

[6] « Fuit etiam quidam Diaconus qui relictam Ecclesiam fisco se publico
junxit, acceptaque à patronis potestate tanta perpetrabat scelera ut vix
posset à vicinis sustineri. Accidit autem quadam vice ut *saltus montenses*
ubi ad æstivandum oves abierant circumiret atque *pascuaria quæ fisco debe-
bantur inquireret* » (Greg. Tur., *De glor. Mart.*, Lib. II, cap. 17).

l'impôt, le pouvoir de ces empereurs. Ils prirent pour base les
livres de recensement ou le cadastre des cités. Ils ordonnèrent,
au commencement ou pendant le cours de leur règne, la révision
ou le renouvellement de ces registres [1]. »

Cependant il n'y eut pas une identité complète de système, en
matière d'impôts, entre l'administration romaine et l'administration mérovingienne. Des modifications assez graves furent introduites.

Nous avons vu que le produit des impôts, en argent, ou en
nature, était remis au Comte, qui était chargé de le diriger vers
le trésor royal [2]. Le comte chargé de ces fonctions avait seul la
responsabilité en matière d'impôts. Cette grave responsabilité
qui, sous l'Empire, avait écrasé les curiales, retombait sur lui
tout entière. Nous avons déjà dit, ailleurs, que l'intervention de
la Curie n'existait plus pour la perception de l'impôt.

Nous ne nous arrêterons pas à apprécier la controverse qui fut
autrefois soulevée sur le point de savoir si les Francs et les
Gallo-romains subirent également la charge de l'impôt. Le système de Dubos [3] est aujourd'hui abandonné par tous les historiens. Il est reconnu que, sous les Mérovingiens, les Gallo-
Romains seuls payaient au fisc royal l'impôt foncier et la capitation (*census publicus*). Ces charges pesaient sur la masse des
propriétaires gallo-romains et des colons.

Il était difficile, à cette époque, de percevoir régulièrement
l'impôt. Un grand nombre de propriétaires gallo-romains, excités
par l'exemple des Francs, répugnaient à payer le tribu au fisc, et
parvenaient à se soustraire à cette obligation.

Sous la seconde dynastie, les impositions publiques, au moins

---

[1] *Voy.*, pour les nouveaux recensements ordonnés par Chilpéric, Greg.
Tur., V, 29.

[2] Greg. Tur., VI, 22; VII, 23; X, 21; Marculf., *Form.*, I, 8 : « per vos met
ipsos, annis singulis, nostris ærariis inferatur. »

[3] *Voy.* Dubos (Liv. VI, ch. 14, t. III, p. 504 et suiv.), soutenant que les
Francs payaient le subside ordinaire; et la réponse de Montesquieu (*Espr.
des Loix*, XXX, 12). M. Lehuërou admet que, dans le principe, les Francs
étaient exempts de l'impôt, mais il dit qu'il arriva un moment où il devint
indispensable de le faire remonter jusqu'à eux (*Loc. cit.*, Liv. II,
ch. VII).

l'impôt foncier et l'impôt personnel, tombèrent en désuétude [1]. On ne retrouve plus ces redevances avec le caractère d'impôt public : elles dégénérèrent en redevances seigneuriales [2]. Si des cens continuent d'être payés au prince par des personnes de toutes conditions, ce n'est plus au roi, c'est au seigneur qu'ils sont dus [3].

Toutefois, en cessant d'être versée dans le trésor royal, en tombant dans le domaine individuel, la redevance, selon la remarque de M. Championnière, n'est pas devenue *convenancière* [4] : il n'y a pas eu contrat entre celui qui paie et celui qui perçoit. A l'égard du débiteur, c'est toujours, comme auparavant, le *tributum*, le *census*, le cens romain, tombé dans le domaine privé ; d'abord mêlé ou confondu avec les redevances domaniales, puis, pris pour l'une d'elles, mais encore reconnaissable, malgré les profondes altérations, qu'il a subies dans sa forme et sa condition première.

[1] M. Augustin Thierry pense qu'il est probable que, lorsque l'impôt cessa d'être payé au fisc, il devint en beaucoup de lieux, sous les rois Francs, une charge municipale (*Considér. sur l'hist. de France*, ch. V, p. 453 et suiv.).

[2] *Voy.* le Rapport fait à l'Académie des inscriptions sur le concours relatif aux impositions publiques chez les Francs (*Bibl. de l'école des chartes*, t. Ier, p. 336).

[3] Voy. *Capit.*, II, ann. 805, c. 20 ; *Edict. Pist.*, ann. 864, c. 28 ; *Polypt. d'Irm.*, prolég., p. 697 et suiv.

[4] *De la propriété des eaux courantes*, nos 184 et suiv.

# TITRE V.

## Époque féodale.

Après avoir présenté quelques observations préliminaires sur la féodalité, et indiqué les principaux monuments ou documents historiques que nous devons explorer, nous nous proposons de passer successivement en revue, sous ce titre, la division territoriale et politique de l'Auvergne, à l'époque féodale, l'Eglise et les monastères de cette province, ses chartes et ses institutions municipales, ses Etats, les institutions militaires, les impositions, le droit de monnaie, l'instruction publique, les institutions de bienfaisance et d'assistance publique, les corporations d'arts et métiers, les foires et marchés, les poids et mesures. Nous esquisserons ensuite à grands traits le droit privé de la féodalité dans cette contrée; puis, nous donnerons quelques explications sur la distinction des pays de droit écrit et de droit coutumier, qui offre en Auvergne des particularités intéressantes. Enfin, nous consacrerons les dernières pages de ce titre au Coutumier et aux institutions judiciaires de cette province. Ces matières feront l'objet des dix-huit chapitres suivants.

L'importance de l'époque que nous allons étudier, l'intérêt et le nombre des documents imprimés ou inédits que nous avons à analyser, nécessiteront des développements plus étendus que ceux que nous avons jugé convenable de donner aux titres précédents. Cependant, tout en entrant dans des détails assez nombreux, nous tâcherons d'observer la mesure, les proportions et l'harmonie qui doivent régner dans toute composition. Il est sans doute inutile de dire qu'en exposant, dans le premier chapitre de ce titre, quelques considérations sur la féodalité, nous n'avons pas la prétention de refaire ni même d'esquisser le tableau d'une époque, qui a été si souvent peinte avec les plus brillantes couleurs. Les observations générales n'auront d'autre but, dans cette partie de notre travail, comme dans les autres, que de guider le lecteur au milieu des recherches qui rentrent spécialement dans le cadre de cette étude.

---

## CHAPITRE I<sup>er</sup>.

### Observations préliminaires sur la Féodalité.

Au X<sup>e</sup> siècle vint aboutir tout le travail social des quatre siècles écoulés depuis la conquête franque. Du triomphe des mœurs germaniques sortit une nouvelle forme, un nouveau système de gouvernement, le *Régime féodal*, qui fut peut-être le seul ordre politique possible entre Charlemagne et le XIV<sup>e</sup> siècle, mais qui n'en est pas moins resté odieux aux populations et l'objet d'une réprobation universelle.

Après Charles-le-Chauve, ce système ne s'était pas encore régularisé ; tout était en proie à la violence, à l'anarchie. C'est plus tard que s'organisa cette « confédération de petits souverains, de petits despotes, inégaux entre eux, et ayant, les uns envers les autres, des devoirs et des droits suivant une hiérarchie plus ou moins rigoureuse, mais investis dans leurs propres domaines, sur leurs sujets personnels et directs, d'un pouvoir arbitraire et absolu [1]. » La souveraineté fut morcelée, enfermée dans chaque grand fief. Les grands seigneurs levèrent des troupes et firent la guerre, battirent monnaie, donnèrent des lois, firent rendre la justice en leur nom, imposèrent et perçurent des taxes de toute sorte sur le territoire soumis à leur domination.

La féodalité existait, en France, vers la fin du X<sup>e</sup> siècle, comme elle existait en Allemagne, en Italie. Mais, pour en trouver l'origine, pour rechercher les causes qui contribuèrent à son établissement, il faut remonter aux siècles précédents. Ce fut surtout pendant la période carlovingienne que ce système se développa. Sa formation fut l'œuvre de plusieurs siècles. A la fin du dixième, un grand nombre de domaines étaient tenus en *bénéfice*.

---

[1] Guizot, *Essais*, 5<sup>e</sup> Essai, Du caractère politique du régime féodal, p. 351 et suiv.

Tous les droits, tous les pouvoirs furent réunis dans la main des propriétaires du sol. Lorsque l'hérédité des bénéfices eut prévalu, une espèce de hiérarchie avait commencé à s'établir entre ceux qui possédaient les terres d'un même seigneur. Ce n'était sans doute pas cette classification hiérarchique, que l'on trouve dans les feudistes d'une époque postérieure, et qui fut inventée dans un temps où la féodalité déclinait pour faire place à la puissance monarchique ; cependant, elle s'étendit de jour en jour, et l'on voit, au X⁰ siècle, un certain nombre de souverainetés hiérarchiquement organisées. Il y avait, à cette époque, un comte d'Auvergne, qui était, comme les comtes d'Anjou, du Maine, de Nevers, d'Angoulême, de la Marche, du Périgord, du Rouergue, de Carcassonne, revêtu d'une très-grande puissance. C'était déjà tout un système d'institutions qui liait entre eux les possesseurs de fiefs.

Le système féodal, considéré dans ses généralités, fut à peu près le même dans toutes les contrées. L'Auvergne, comme les autres provinces, fut sillonnée de seigneuries subordonnées les unes aux autres. On y trouve tous les degrés, toutes les conditions de la féodalité.

On sait que la double qualité de seigneur et de vassal se trouvait constamment réunie sur la même tête chez toutes les personnes de la hiérarchie féodale, excepté chez celle qui était au faîte de cette hiérarchie, chez le *suzerain*. Le seigneur inférieur, celui qui n'avait au-dessous de lui que des roturiers et vilains, et qu'on appela généralement *vavasseur*, devait des services féodaux à son seigneur dominant, que l'on appelait *châtelain* ; celui-ci relevait d'un seigneur dominant appelé *baron*. La seigneurie du baron était elle-même vassale du seigneur supérieur, le *vicomte*, qui, ayant fait hommage à un suzerain comte ou duc, était son vassal immédiat et lui devait, avec tous ses hommes, fidélité et services. Dans ce système, le roi lui-même n'était que le *suzerain éminent*, auquel les seigneurs relevant de lui étaient liés, mais sous la réserve des droits et priviléges de la féodalité[1].

---

[1] « Duc est la première dignité, puis comte, puis vicomte, puis baron, puis châtelain, puis vavasseur, puis citoyen, puis vilain. » De Laurière avait cité ce passage d'un ancien manuscrit, qui donne l'ordre hiérarchique de la féodalité *(Ord. des rois*, vol. I⁰ʳ, p. 277). Ce manuscrit n'est autre que celui du *Livre de justice et de plet.* Voy. Klimrath, *Mémoires sur les monuments inédits de l'hist. du dr. franç. au moyen-âge*, 1835, notice II, p. 55 et 56. Le manuscrit ajoute : « Et tuit sont soz la main au roi. »

Dans le Xᵉ siècle et le suivant, le régime féodal avait atteint son apogée. L'établissement de ce régime fut aussi l'époque où disparut la distinction des races, des vainqueurs et des vaincus, avec ses conséquences légales. Le droit n'était plus personnel : il était local, réel, territorial. Au lieu d'un droit germanique, d'un droit romain, ce fut la loi du seigneur, ce furent les usages préexistants, les traditions, qui régirent, dans chaque terre, les personnes soumises, par le fait de l'habitation, à la souveraineté de celui qui en était le maître [1].

A la distinction des races avait succédé celle des provinces, dont les populations formèrent autant de peuples ayant leurs us et coutumes, leurs usages locaux [2]. Les devoirs féodaux entre les seigneurs dominants et leurs vassaux, ne dérivant d'aucune loi, ne tenaient eux-mêmes leur existence que des usages établis dans chaque province ou district d'un grand fief. Baluze rapporte un hommage rendu, dans le XIIIᵉ siècle [3], au comte Alfonse, frère de Saint-Louis, et apanagiste d'Auvergne, par Robert de Clermont, Béraud de Mercœur, Bernard de la Tour, Robert d'Auvergne, qui réclamaient encore les bons usages et coutumes du pays. Ils ne reconnaissaient le prince Alfonse pour leur seigneur qu'à cette condition : « Et quod nos teneat secundum bona usagia et consuetudines Alverniæ, et vos similiter teneatis nos secundum usagia et consuetudines Alverniæ [4]. »

Lors de l'établissement complet du régime féodal, les populations des provinces étaient soumises à des chefs indépendants du pouvoir royal. Cantonnée dans d'étroites limites par le système féodal, la royauté restait étrangère aux luttes des seigneurs qui combattaient sans cesse les uns contre les autres. La société était alors livrée aux plus grands désordres, à la plus complète anarchie. Sous ce

[1] « Le droit germanique, qui régnait au nord de la France, y composa presque exclusivement le droit des cours des seigneurs, et l'on vit disparaître entièrement les traces du droit romain conservé jusqu'alors par un petit nombre de Romains isolés. Le contraire arriva dans la France méridionale, où les Romains avaient la supériorité du nombre. » (Savigny, *Loc. cit.*, §§ 48 et 49.)

[2] En 1281, sur la demande des habitants de la Haute-Auvergne, le Parlement ordonnait que les montagnes d'Auvergne seraient régies par leurs coutumes : « Secundum morem patriæ consuetudinariæ. » (Dumoulin, *Styl. Parl.*, part. 7, nᵒ 69.)

[3] En 1253.

[4] *Maison d'Auvergne*, t. II, p. 109.

régime, la grande majorité de la nation était en butte à une odieuse tyrannie, et foulée aux pieds par des maîtres orgueilleux et inhumains. Ce caractère de la féodalité n'est que trop attesté par les révoltes fréquentes des populations et par les répressions sanglantes qui les punissaient. Les oppressions du régime féodal avaient arraché aux habitants des campagnes, dans le XIIe siècle, des cris de haine et d'indépendance[1]. A diverses époques, les serfs revendiquèrent leurs droits par de terribles réactions. L'Auvergne eut aussi ses bandes de paysans connues sous le nom de *Tuschins* qui, sous la conduite de *Pierre Brugière,* firent expier aux châtelains leur tyrannie, en commettant elles-mêmes d'horribles cruautés [2].

Cependant, les affranchissements obtenus par les serfs, de gré ou de vive force, en avaient fait passer un grand nombre dans la classe des censitaires[3]. Mais ces concessions ne produisirent qu'un changement partiel et limité dans la condition des populations rurales, qui ne marchèrent que lentement vers la liberté. Il fallait, toutefois, que l'esprit d'émancipation eût pris de grands accroissements pour que, au XIVe siècle, les ordonnances des rois aient proclamé, au nom de la loi naturelle, le droit de liberté pour tous, en réprouvant l'humiliante institution du servage [4].

[1] Voy. M. Aug. Thierry, *Considérations sur l'hist. de France*, p. 18, et le passage du *Roman de Rou,* qu'il cite.

[2] Cela se passait en 1384 : « Tout le pays, Haute et Basse-Auvergne, fit monopole en armes, et s'esmeut contre les gentilshommes et gens d'église dudit pays, on ne sait pourquoy, étant capitaine Pierre Brugère de Limagne; et furent tous prins lesdits insultants et mis à mort par le duc de Berry. » (*Archives manuscrites de Mauriac,* Biblioth. de Clermont. — Voy. aussi le Laboureur, *Hist. de Ch. VI,* t. Ier, p. 87.)

[3] A cette époque, l'usage de concéder des terres, sous des conditions de cens, de redevances et de corvées, tant réelles que personnelles, fut fréquent (voy. La Thaumassière, *Traité du Franc-Aleu,* p. 20, et ses *Coutumes locales du Berry*).

[4] « Comme *selon le droit de nature* chacun doit naistre Franc, et par aucuns usages et coutumes, qui de grant ancienneté ont esté entroduites et gardées jusques-cy en nostre royaume; et par avanture *pour le meffet de leurs prédécesseurs, moult personnes de nostre commun peuple soient enchenées en lien de servitudes, et de diverses conditions, qui moult nous desplait :* nous, considérants que nostre royaume est dit et nommé le royaume des Francs, et voullants que la chose en vérité soit accordant au nom.... » (Ord. de Louis-le-Hutin, 3 juillet 1315, *Rec. des Ord.,* t. Ier, p. 583; — *voy.* encore Ord. de Philippe-le-Bel, de 1311, *Loc. cit.,* t. XII, p. 387; — Ord. de Philippe-le-Long du 23 janvier 1318, *Loc. cit.,* t. Ier, p. 563.) — Cependant les rois vendirent ce droit naturel d'être libre.

Des siècles durent encore s'écouler avant d'obtenir la consécration ou plutôt la reconnaissance de cette grande vérité. Il est
vrai qu'il existait un immense obstacle : « C'était, dit M. Augustin Thierry, tout le régime de la propriété foncière à détruire et
à remplacer [1]. »

Il y eut au sein même de la féodalité, un concours de faits,
de circonstances propices, d'intérêts divers, qui permirent de
lutter contre une si cruelle oppression, et de s'en affranchir pour
toujours.

Nous n'avons pas à parler longuement, dans ce travail spécial,
des grands événements qui contribuèrent à ce résultat : la lutte
des bourgeois contre les seigneurs; la révolution municipale qui
s'accomplit alors avec une variété infinie, selon les diverses
zones du pays; le renouvellement de l'autorité royale, devant
laquelle la puissance féodale recula sans cesse, mais avec len-
teur, depuis la fin du XIIᵉ siècle, jusqu'au règne de Louis XI;
la révolution scientifique qui résulta de la renaissance du droit
romain, et de l'étude des codes impériaux, dans lesquels les
légistes, ces infatigables et imperturbables défenseurs de l'autorité royale, trouvèrent des armes pour faire une royauté souveraine, sans limites [2], et pour soumettre la féodalité au droit
commun; les réformes judiciaires et législatives qui entamèrent
le droit féodal, et inaugurèrent un nouveau droit civil, le *droit
de la bourgeoisie;* l'institution qui fit de cette classe un ordre
politique représenté par ses mandataires dans les grandes assemblées du royaume; la vieille rivalité elle-même du baronnage
et de l'ordre ecclésiastique; l'habileté de la royauté, qui sut
s'appuyer sur le peuple et sur le clergé, dont les traditions
étaient, d'ailleurs, restées purement romaines, et qui n'avait,
sauf de rares exceptions, d'autre doctrine que celle de l'autorité
royale et absolue; tous ces faits, tous ces événements et d'autres
encore, qui font partie de l'histoire générale des institutions, ne
peuvent occuper dans cet ouvrage qu'une place assez restreinte.
Cependant nous aurons à revenir sur les plus importants,

---

[1] *Essai sur l'histoire du Tiers-État*, p. 23.

[2] « Dieu, dit la loi romaine, a soumis les lois même à l'Empereur, qui est
la *loi vivante : cui et ipsas Deus leges subjecit, legem animatam eum mittens*
hominibus. » (Novell. 105, Cap. II.)

notamment lorsque nous exposerons les institutions municipales,
provinciales, judiciaires et militaires de l'Auvergne.

Au XIVᵉ siècle, la royauté n'était plus ce pouvoir nominal et
si souvent méconnu par les grands vassaux pendant les premiers
temps de la troisième dynastie. Ce n'était plus seulement à titre
de souverain féodal que le roi exerçait son autorité. L'administration directe et royale avait pris dans les provinces une grande
extension. L'autorité du roi était à la base, au centre, au sommet,
à tous les degrés de l'édifice. Les progrès et le développement
de cette autorité, ou de celle de son lieutenant, dans la province
d'Auvergne, comme dans plusieurs autres provinces, ne sont
nulle part mieux attestés que par un acte du 19 novembre 1380,
nommant le duc de Berry, qui avait déjà reçu l'Auvergne en
apanage, lieutenant-général en Languedoc, Auvergne et autres
contrées [1]. Cette autorité, qui était considérable, existait en
présence du pouvoir féodal, qui n'était pas encore abattu, mais
qui plus tard finit par se briser contre la volonté irrésistible et la
domination toujours croissante de la royauté.

Des historiens distinguent une seconde et même une troisième
phase de la féodalité, l'une commençant au XVᵉ siècle, pendant
l'existence des maisons apanagées, et l'autre, pendant les troubles religieux de la fin du XVIᵉ siècle, et les agitations de la
Fronde, au XVIIᵉ. Mais toutes les tentatives échouèrent : les
principautés apanagées furent détruites et réunies aux domaines

---

[1] Dans cet acte, Charles VI donne au duc de Berry le pouvoir « 1º de
destituer tous les officiers de justice et de finance, les notaires publics et les
capitaines, et d'en établir d'autres à leur place, de créer de nouveaux officiers ordinaires et extraordinaires, et des réformateurs des finances, d'augmenter et de diminuer les gages de ces officiers; 2º de donner lettres de
justice, d'état, de délai, de sauvegarde et de sauf-conduit; 3º de décerner les
peines pécuniaires ou corporelles, commuer les peines, accorder lettres de
grâce, de rémission, pour les crimes même les plus graves; 4º de donner
lettres de noblesse, de légitimation, de permission aux non-nobles d'acquérir des fiefs, et de leur faire payer les droits d'amortissement; recevoir les
aveux et dénombrements des fiefs; confirmer les privilèges des corps et
communautés; 5º d'obliger la noblesse et autres habitants à servir dans les
armées, de les conduire en guerre; 6º d'assembler les Etats, et de faire avec
eux des conventions; 7º de lever les subsides, et de les employer tant pour
son usage particulier que pour la défense du pays; 8º de traiter avec les
ennemis et de pardonner s'il le veut; 9º de conférer les bénéfices, etc.
Enfin, de faire tout ce que le roi lui-même pourrait faire s'il était présent
avec tout son Conseil. » (Secousse, t. VII, table 138.)

de la couronne; et plus tard, si les gouverneurs et les parlements tentèrent de reconstituer la féodalité et de fonder dans les provinces une puissance presque indépendante de l'autorité centrale, Richelieu, Mazarin et Louis XIV surent briser toutes les résistances, pour ne laisser subsister en France qu'un seul pouvoir souverain.

Le régime féodal avait continuellement décliné depuis le XIIIe siècle. La monarchie, après avoir attaqué et même détruit le régime féodal, en conserva longtemps encore les cérémonies et les grandes dignités. Mais ce n'était, comme on l'a dit, qu'une *parure*, dont elle s'entourait aux jours solennels, et qui rappelait son origine féodale. Nous ajoutons que le régime féodal, après avoir perdu sa puissance politique, conserva son organisation civile. Le droit privé survécut au droit public; et, quoique la révolution de 1789 ait fait table rase de l'ancien système politique et social du moyen-âge, on retrouve encore quelques vestiges de ce droit dans les lois qui nous régissent aujourd'hui.

---

## CHAPITRE II.

### Monuments et documents historiques.

Des documents importants pour l'histoire du droit, en Auvergne, à l'époque féodale, se trouvent dans les deux ouvrages de Justel et de Baluze, intitulés l'un et l'autre : *Histoire généalogique de la Maison d'Auvergne* [1].

Le livre de Justel renferme, dans la partie intitulée *Preuves*, un assez grand nombre d'extraits d'anciennes chroniques, de chartes de différentes églises et abbayes, et d'autres titres contenant de précieuses indications.

L'ouvrage de Baluze, dont le second volume est tout entier consacré aux preuves, est plus important encore, pour l'histoire du droit de la France centrale, et spécialement de l'Auvergne, au

---

[1] L'ouvrage de Justel fut publié en 1645; celui de Baluze, en 1708.

moyen-âge. Ce second volume est un vaste recueil d'actes
anciens, que l'on ne trouverait pas ailleurs[1]. Il est peu d'écrivains
qui aient produit des travaux aussi utiles que Baluze pour cette
partie de l'histoire du droit. Nous n'insistons pas sur ces deux
ouvrages, qui sont entre les mains de toutes les personnes instruites.

D'autres documents non moins utiles ont été publiés, en 1863
et en 1864, par l'Académie de Clermont, et par les soins conscien-
cieux et éclairés de MM. Henri Doniol et Desbouis : ce sont les
*Cartulaires de S. Julien de Brioude* et *de S. Pierre de Sauxil-*
*langes*, dans lesquels nous avons déjà puisé, pour l'époque
précédente, de nombreux renseignements. Ces deux collections
étaient restées jusqu'alors inédites, et par conséquent inconnues
d'un assez grand nombre d'historiens.

Le Cartulaire de Brioude n'st qu'une copie du XVIIe siècle
appartenant, depuis 1839, à la Bibliothèque nationale, et faisant
partie aujourd'hui du Fonds latin, sous le n° 9,086. La première
page porte ces mots : *Liber de honoribus Sancto Juliano collatis*.
La dénomination de *Liber de honoribus* est, selon l'éditeur, celle
qui convient le mieux à ce recueil, parce que, dit-il, la
majeure partie des actes qui le composent a pour objet la nature
de possession qui s'appelait *honor* à l'époque où ils ont été
passés, parce qu'il s'agit surtout dans ces actes de droits à
percevoir, de ces tributs seigneuriaux de divers degrés, qui
constituaient les *honores*[2]. Une autre explication peut être donnée. Quelques écrivains pensent que les terres libres, les alleux
s'appelaient *honneurs*[3]. Mais on donnait aussi ce nom à des fiefs :
l'honneur était la propriété territoriale, soit allodiale, soit féodale, par opposition à la propriété mobilière[4]. Or, les chartes du
Cartulaire de Brioude ont presque toutes trait à des donations ou à

---

[1] On sait qu'après la retraite du cardinal de Bouillon en pays étranger,
Baluze tomba dans la disgrâce de Louis XIV, à cause de son *Histoire généa-*
*logique de la Maison d'Auvergne*.

[2] M. Doniol, Notes sur le *Liber de honoribus*, p. 4.

[3] M. G. Saige, dans le travail intitulé *De l'honor*, principalement de
l'*Honor des Juifs*, ouvrage couronné par l'Académie des inscriptions, et
cité par M. Boutaric.

[4] « L'honneur c'est la terre, dit M. Boutaric. » (*Saint-Louis et Alfonse*
*de Poitiers*, p. 495.)

d'autres actes de disposition de biens immobiliers en faveur de
Saint-Julien.

Il y a, dans ce Cartulaire, 341 chartes, dont les plus anciennes
remontent au commencement du IX⁰ siècle. Les plus récentes
sont de la fin du XI⁰ [1].

Le Cartulaire de Sauxillanges n'est aussi qu'une copie dont
l'original, aujourd'hui perdu ou égaré, existait encore au XVII⁰
siècle. Deux exemplaires de cette copie se trouvent, l'un à la
Bibliothèque nationale, l'autre aux Archives [2]. La copie de la
Bibliothèque nationale lui vient de Baluze [3], qui la tenait lui-
même de du Bouchet. Baluze en a collationné le texte mot à mot,
en indiquant ses corrections dans les interlignes. C'est cette copie
que l'Académie de Clermont a publiée en 1864. Dans une lettre
du 29 août 1697, datée de Paris, Baluze disait au sujet du Cartulaire de Sauxillanges : « C'est un registre où on a copié, il y a
plus de cinq cents ans, en un temps non suspect, les anciens titres
de ce monastère sur les originaux qui se trouvaient au temps qu'il
a été escrit. En ce sens, ce Cartulaire n'est pas un original. Mais
il est véritablement un original en ce que c'est un ancien registre
qui contient les titres de ce monastère copiés sur les originaux.
C'est en ce sens que l'on a coustume de traiter d'originaux les
anciens cartulaires dans lesquels on a transcrit plusieurs anciennes
pièces originales qui ne subsistent plus que dans ces recueils.....
Ces registres ou cartulaires tiennent lieu d'originaux [4]. » Le
Cartulaire de Sauxillanges renferme 979 chartes, offrant une plus
grande variété d'objets que celui de Brioude. Plusieurs chartes
remontent au commencement du X⁰ siècle; d'autres sont d'une
date plus récente; on en trouve aussi de la fin du XII⁰ siècle.

Dans des notes substantielles, placées en tête de l'édition de
chacun de ces Cartulaires, M. Henri Doniol a apprécié leur

---

[1] Un procès-verbal d'enquête et d'acte de notoriété, du 26 février 1626,
constate que, environ cinquante ans auparavant, la chambre capitulaire de
l'église de Brioude, située dans l'enceinte de l'église de St-Julien de
Brioude, avait été incendiée, et tous les papiers brûlés. Il existe à la suite
un second procès-verbal duquel il résulte qu'il y avait autrefois, et avant cet
incendie, deux autres cartulaires, dont l'un plus ancien que celui dont il est
parlé ci-dessus renfermait 467 chartes. (*Armoires de Baluze*, vol. 198.)

[2] La copie des archives est cotée LL. 1014.

[3] Elle est au fonds latin, sous le n⁰ 5454.

[4] *Maison d'Auvergne*, t. 1ᵉʳ, Appendice, p. 24.

caractère respectif, et l'intérêt particulier qu'ils peuvent offrir. Ces notes, comme le dit modestement le savant éditeur, sont des points de repère destinés à faciliter les recherches. M. Doniol nous permettra d'ajouter qu'elles nous ont souvent paru marquées au coin d'une excellente critique et d'une sérieuse érudition. L'Académie de Clermont, en rendant publics de semblables documents, en les mettant à la portée des hommes studieux, leur a rendu un service dont ils doivent lui être reconnaissants.

L'étendue du territoire auquel les énonciations de ces deux recueils se réfèrent en indique assez l'importance et l'utilité [1].

Les nombreux actes qu'ils contiennent sont autant de matériaux offerts non-seulement aux recherches sur les grandes communautés ecclésiastiques, mais sur les diverses possessions territoriales.

On trouve dans ces collections, et surtout dans le Cartulaire de Brioude, — nous l'avons vu [2], — pour la géographie de l'Auvergne, pour les divisions administratives de cette province, au moyen-âge, des indications qui ont besoin d'être étudiées avec soin, mais qui sont dignes de fixer l'attention des historiens.

Nous rappelons aussi les pièces originales conservées aux Archives nationales, dans le *Trésor des chartes*, et dans le *supplément* du même fonds, ainsi que plusieurs registres ou rouleaux qui renferment des documents d'une grande importance sur les institutions administratives et judiciaires de l'Auvergne, à l'époque féodale [3].

Les chartes des communes sont également des sources dont l'utilité est aujourd'hui suffisamment appréciée. Elles sont un des

[1] « Une ligne tracée de l'est à l'ouest, à travers le département du Puy-de-Dôme, qui aurait un de ses points d'attache vers Cunlhat, l'autre à Tauves, en se courbant aux abords de Riom, dessinerait, avec l'arêt des montagnes du Forez et les sommets du Cezallier et de la Margeride jusqu'à leur rencontre dans la Haute-Loire, le périmètre où étaient répan dues les possessions du Chapitre de Brioude et de l'Abbaye de Sauxillanges C'est à ce territoire, à toute date très-peuplé relativement, embrassant un moitié de l'ancienne Basse-Auvergne, et beaucoup de points du Velay et d Gévaudan, que les recueils dont il s'agit se réfèrent. » (M. Henri Doniol Notes sur le *Liber de Honoribus*, p. 2.)

[2] *Voy.* tit. IV, chap. V, sect. Ire.

[3] Notamment Reg. A, côté JJ; — Reg. B, côté JJ; — Reg. J. 190; — Reg. J. 317; — Reg. J. 192; — Reg. J. 314. — Il existe aussi plusieur documents sur le même sujet à la Bibliothèque nationale, no 9019 et autres

éléments importants du droit coutumier. Celles de l'Auvergne datent de la fin du XIIe siècle, et surtout du siècle suivant. Les anciens auteurs en ont recueilli plusieurs. Quelques-unes ont été publiées dans ces derniers temps. Nous passerons en revue ces monuments, lorsque nous exposerons les institutions municipales de cette province, et nous ferons connaître le résultat de nos recherches personnelles.

La quatrième partie de la seconde édition des *Origines de Clairmont*, de Savaron, publiée, en 1662, par Pierre Durand, contient aussi des documents utiles à consulter pour l'histoire de ces institutions, et notamment l'ancienne charte de Clermont [1], qui est suivie d'autres actes concernant les privilèges et franchises de cette ville [2].

A la suite du travail de Bergier sur les *Etats généraux* et sur les *Etats provinciaux d'Auvergne*, publié en 1788, il existe un recueil chronologique de pièces justificatives dû à la collaboration de ce savant jurisconsulte et de Verdier-Latour. Ce recueil renferme des actes d'une grande importance sur l'institution des Etats d'Auvergne, non-seulement pour les temps modernes, mais aussi pour l'époque antérieure [3].

Plusieurs manuscrits recueillis à la bibliothèque de Clermont renferment des indications importantes pour l'étude des institutions de l'Auvergne, à l'époque féodale [4].

Quelques recueils de la même bibliothèque, tels que le *Recueil* Nonette [5], le *Recueil* Bénédictins [6] contiennent aussi plusieurs pièces intéressantes.

Il y a encore le manuscrit de Verdier-Latour, intitulé: *Dissertation historique sur la distribution des siéges de justice de l'Auvergne*

---

[1] P. 369 et suiv.

[2] P. 375 et suiv.

[3] *Voy.*, sur les documents avec lesquels ce recueil a été composé, la note 2 de la page 4 de l'ouvrage de Bergier. Nous y reviendrons plus loin.

[4] Nous citerons : 1o le *Grand Terrier de Mozat* (Mss. no 279); 2o. le *Terrier nominal du chambrier de Mozat* (Mss. no 280); 3o le *Terrier de la vicairie de S. Martin de Mozat* (Mss. no 281). — Ces trois manuscrits sont du XVe siècle.

Il y a encore le *Liève des rantes, droicts et devoirs seigneuriaulx deuz à la lumyneirie de S. Pardoux* (Mss. no 282), qui est du XVIe siècle.

[5] Mss. no 275.

[6] Mss. no 288.

*après le partage de cette province entre le roi Saint-Louis et le Comte
et le Dauphin d'Auvergne* [1]. Nous avons trouvé dans ce manuscrit
d'excellents renseignements sur les institutions judiciaires.

Enfin, les coutumiers sont de précieux monuments pour l'histoire du droit. Non-seulement ils sont la véritable source d'interprétation des coutumes postérieures, qui ont été formées de leurs
débris, mais encore ils contiennent des documents de la plus
haute importance pour l'explication de la période féodale, lors-
qu'ils remontent au XIII<sup>e</sup> siècle et même au XIV<sup>e</sup>. Il est probable que l'Auvergne a eu, comme d'autres contrées, un coutumier
plus ancien que *Masuer*, qui est mort vers 1450 ou 1456. Le
procès-verbal de la rédaction officielle de la Coutume d'Auvergne
semble confirmer cette idée. La *Practica forensis* de Masuer renferme sans doute de nombreux matériaux pour l'étude du droit
de l'Auvergne à l'époque féodale. Mais elle se réfère principalement aux usages de la première moitié du XV<sup>e</sup> siècle. Nous lui
consacrerons un chapitre spécial, dans lequel nous examinerons
le caractère et nous apprécierons le mérite de cette œuvre, qui
jette un grand jour sur la coutume officiellement rédigée, en
même temps qu'elle sert à corriger les applications inexactes que
l'on voudrait faire des dispositions de cette coutume aux temps
qui ont précédé sa rédaction.

Tels sont les principaux documents et les sources spéciales
de l'histoire des institutions de l'Auvergne, dont nous ferons
successivement usage, pour l'époque féodale, et que nous explorerons avec les monuments plus généraux du droit qui s'y rapportent.

---

[1] Mss. n° 283.

# CHAPITRE III.

## Division territoriale et politique de l'Auvergne à l'époque féodale.

Sous la seconde race, les grands seigneurs travaillèrent constamment à rompre les liens qui les attachaient à la couronne, tandis qu'ils s'efforçaient de resserrer ceux qui les unissaient à leurs propres subordonnés. Depuis l'affaiblissement de la seconde dynastie, les Comtes se conduisaient en souverains indépendants.

Dès les IXe et Xe siècles, ceux de l'Auvergne prenaient le titre de *comtes par la grâce de Dieu*[1]. Aux Xe et XIe siècles, ils étaient devenus souverains dans leurs États, et exerçaient tous les droits réservés au pouvoir royal.

En 894, Guillaume-le-Pieux, qui était Comte d'Auvergne et du Velay, Marquis de Gothie, Marquis de Nevers, Comte de Bourges, et qui avait été confirmé dans la possession du duché d'Aquitaine[2], était revêtu d'une grande puissance. Il prenait, dans ses actes officiels, le titre de prince[3]. Sa cour avait un aspect vraiment royal : il avait son chancelier, son sénéchal, son bouteiller, ses chambellans; il était entouré d'un nombreux cortège d'évêques, d'abbés, de seigneurs, ses vassaux du Berry, et de l'Auvergne, dont il était comte particulier, et où il avait établi sa résidence habituelle, à cause de sa situation au milieu du duché d'Aquitaine et du marquisat de Gothie, qui lui étaient aussi soumis[4].

Guillaume-le-Pieux mourut en 918, ou en 919. Son neveu, que

---

[1] *Voyez* la charte de 883, de Bernard, comte d'Auvergne, portant ces mots : « Ego Bernardus, *gratiâ Dei comes.* » (Justel, liv. 1er, ch. V.) Il en fût de même de Guérin, de Guillaume (Voy. Justel, *Loc. cit.*, ch. VI et VII.)

[2] Voy. *Hist. gén. de Languedoc*, t. II, p. 30.

[3] On lit dans les lettres de fondation du monastère de Déols : « *Jussu Willelmi principis.* »

[4] Voy. *Histoire des Rois et des Ducs d'Aquitaine, etc.*, par de la Fontenelle de Vaudoré et Dufour, 2e partie, liv. 2, § 30; *l'Anc. Auvergne*, t. II, p. 87; *Hist. gén. de Languedoc*, t. II, p. 52.

l'on a appelé Guillaume-le-Jeune, lui succéda comme comte d'Auvergne et duc d'Aquitaine[1].

Guillaume-le-Jeune mourut lui-même en l'an 927. Son frère Acfred, déjà comte de Gévaudan, de Brioude et de Tallende en Auvergne, lui succéda dans le duché d'Aquitaine et dans les comtés d'Auvergne et du Velay[2]. La domination d'Acfred fut de courte durée[3]. Il mourut sans enfants, en 928. Charles-le-Simple, sorti un instant de sa prison, avait disposé du duché d'Aquitaine et du comté d'Auvergne en faveur d'Ebles-*Manzer*, comte de Poitou. Mais ces dispositions ne furent pas ratifiées par Raoul[4]. Ce dernier conféra à Raymond-Pons, comte de Toulouse, le titre de duc d'Aquitaine et le gratifia du comté d'Auvergne et du comté du Velay[5].

Selon les savants auteurs de l'*Histoire générale de Languedoc*, le duché d'Aquitaine, aussi bien que les comtés d'Auvergne et du Velay furent, à partir de 932, possédés par Raymond-Pons, comte de Toulouse, qui les conserva jusqu'à sa mort[6].

Cet événement paraît être arrivé vers l'an 950. L'aîné des fils de Raymond-Pons, Guillaume *Taillefer*, lui succéda dans le comté de Toulouse et dans une partie de ses vastes possessions.

Guillaume *Tête-d'Etoupes* reçut, vers 951, de Louis d'Outre-mer, comme prix de sa fidélité et de ses services, le titre de duc d'Aquitaine avec le comté d'Auvergne et le Velay. A dater de cette époque, le duché d'Aquitaine entra dans la maison des comtes de Poitou,

---

[1] *Histoire des Rois et des Ducs d'Aquitaine*, etc., *Loc. cit.*, p. 428 ; *l'Ancienne Auvergne*, t. II, p. 91 ; voy. charte donnée en faveur du prévôt de l'église de Brioude, le 22 décembre 919.

[2] *Hist. des Rois et des Ducs d'Aquitaine*, § LXI, p. 445.

[3] Acfred est surtout connu par des actes de libéralité pieuse résumés dans dans son testament du 10 octobre 927.

[4] *Histoire des Rois et Ducs d'Aquitaine*, *Loc. cit.*, § LXIII, p. 446.

[5] *Hist. des Rois et Ducs d'Aquitaine*, *Loc. cit.*, § LXXIII, p. 451 ; et § XXIII, p. 469; *l'Ancienne Auvergne*, t. II, p. 100 et suiv. — Les auteurs de ces deux ouvrages citent la charte de fondation du monastère de Chanteuge, de l'an 936, pour établir que, à cette époque, Raymond-Pons possédait les contrées d'Auvergne et du Velay. — Voy. cependant Baluze, *Maison d'Auvergne*, t. Ier, p. 21. Baluze cite les termes de cet acte de fondation, qui appellent Raymond *princeps Aquitanorum* (Luitprand, Lib. II, Cap. 14); mais, selon lui, cela veut seulement dire qu'il avait des biens considérables dans l'Aquitaine, où il était comte de Quercy, limitrophe de l'Auvergne.

[6] *Histoire générale de Languedoc*, t. II, p. 70 et 565.

pour n'en plus sortir jusqu'à la reine Aliénor. Poitiers devint, de fait, la capitale de l'Aquitaine, comme étant la résidence des ducs de cette vaste contrée. Les Etats dont Guillaume *Tête-d'Etoupes* était en possession, au commencement de la seconde moitié du Xᵉ siècle, s'étendaient, en partant à peu près des rives de la Loire, et en se dirigeant au sud-est, jusqu'aux montagnes de la Lozère. Ils comprenaient neuf de nos départements actuels [1].

En 979, les deux comtés d'Auvergne et du Velay furent donnés en fief à Guy, vicomte d'Auvergne ou de Clermont, qui se qualifia dès lors comte d'Auvergne et du Velay [2]. Le gouvernement de ces deux provinces rentra ainsi dans la famille de Guillaume-le-Pieux.

Au commencement du XIᵉ siècle, le *Comté d'Auvergne* renfermait toute la province d'Auvergne, avec les limites qu'elle avait à l'époque de la Révolution de 1789, plus la partie du Bourbonnais dépendant du diocèse de Clermont [3], et peut-être une portion du Velay [4] : « Ce vaste territoire, dit M. Amédée Thierry,

---

[1] Ce sont les départements suivants : 1º Vendée ; 2º Charente-Inférieure ; 3º Deux-Sèvres ; 4º Vienne ; 5º Haute-Vienne ; 6º Corrèze ; 7º Puy-de-Dôme ; 8º Cantal ; 9º Haute-Loire (*Hist. des Rois et Ducs d'Aquitaine*, Appendice, IIᵉ partie, Liv. III, note 21, p. 581).

[2] *Hist. gén. de Languedoc*, t. II, p. 98.

[3] Le Bourbonnais n'était pas, dans l'origine, considéré comme une province particulière. Les seigneurs de Bourbon ne prenaient dans les actes que la qualité de Dominus *Borbonii, sive de Borbonio*, dénomination sous laquelle étaient compris tous les seigneurs ordinaires. Le fief de Bourbon, qui appartenait aux premiers seigneurs de Dampierre et des maisons de Bourgogne, qui l'ont possédé successivement, n'avait pas une grande étendue. Mais il s'augmenta dans la suite par différentes acquisitions faites en Berry, en Nivernais, Forez, Bourgogne, et spécialement en Auvergne. Les plus importantes dans cette dernière province datent du XIIIᵉ siècle. — Coquille, dans son histoire du Nivernais, disait, en parlant du Bourbonnais, que, d'après les lettres de ses prédécesseurs, il n'y avait pas encore deux cents ans, — c'est-à-dire vers la fin du XIVᵉ siècle, — que Moulins était appelé *Moulins en Auvergne* (t. Iᵉʳ, p. 413) ; Voy. Chapsal, *Dissert. sur l'allodialité*, p. 284-296 ; Chabrol, *Disc. prél.*, t. Iᵉʳ, p. 1.

[4] Voy. Chabrol, t. Iᵉʳ, *Disc. prélim.*, p. Xj. Les commentaires de César désignent les *Velaunes* comme sujets ou clients des Arvernes (VII, 75). Toutefois, au temps d'Auguste, ils s'étaient déjà constitués en cité indépendante (Strabon, *Géogr.*, IV). Plusieurs auteurs anciens disent néanmoins qu'avant la conquête de Philippe-Auguste, le Velay faisait partie de la province d'Auvergne (Voy. notamment Chapsal, *Dissert. sur l'allodialité*, p. 286, et la note, et p. 287). Mais à partir du XIIIᵉ siècle, et du règne de Saint-Louis, la séparation de l'Auvergne et du Velay n'est point douteuse, quoique

avait deux puissants voisins, avec lesquels les rapports étaient difficiles, et les collisions dangereuses : le roi de France au nord, et, à l'occident le comte de Poitiers, qui, ayant immobilisé dans ses mains le titre de duc d'Aquitaine, prétendait en cette qualité à la suzeraineté de l'Auvergne. La politique des seigneurs de cette province fut de louvoyer entre ces deux écueils, d'opposer toujours le roi de France au duc d'Aquitaine, et le duc d'Aquitaine au roi de France, et de changer de suzerain, suivant le cas [1].

À l'époque des querelles qui eurent lieu, au XIIe siècle, entre Guillaume VI et l'évêque de Clermont, il fut reconnu officiellement que le comté d'Auvergne était fief immédiat du duché de Guyenne [2].

En 1171, Henri II, roi d'Angleterre, prétendait, comme duc de Guyenne, à la suzeraineté de l'Auvergne [3]. Mais le traité intervenu, en 1189, entre Richard, successeur de Henri II, et Philippe II, lequel fut confirmé plus tard, devait avoir pour résultat de mettre fin à ces prétentions des rois d'Angleterre [4].

Cette province, à partir de l'an 1200, releva immédiatement, et sans contestation, de la couronne de France.

Le Comté d'Auvergne avait conservé à peu près son étendue et ses anciennes limites jusque vers l'année 1155. A cette époque, Guillaume VII, dit le *Jeune,* en fut dépouillé par son oncle Guillaume VIII, connu sous le nom de Guillaume-le-Vieux. Une partie de ce comté fut laissée comme indemnité au fils de Guillaume-

la ligne de démarcation des territoires de ces deux comtés soit toujours restée mal définie.

Quelques écrivains contemporains ont soutenu que le Velay avait toujours continué de faire intégralement partie de l'Auvergne (voy. notamment M. D. Branche, *Tablettes hist. de l'Auvergne,* t. Ier, p. 291 et suiv., et les autorités qu'il cite); mais la fusion entière du Velay dans l'Auvergne n'est point prouvée. Le département de la Haute-Loire, dont le Velay est devenu partie intégrante, renferme l'arrondissement de Brioude et une portion de celui du Puy, qui ont appartenu à cette ancienne province.

[1] *Auvergne,* dans l'*Hist. des villes de France,* vol. VI, p. 108.

[2] Voy. Sug., *Vita. Lud. Gross.,* p. 129 et 128; Paul Emil. *Ludov.,* 6, p. 153; Chabrol, IV, p. XVij.

[3] Voy. Baluze, t. II, p. 68 et 69.

[4] Richard Cœur-de-Lion avait cédé à Philippe la suzeraineté de cette province (Baluz., t. Ier, p. 69); cette cession fut confirmée, en 1200, par le roi Jean, à l'occasion du mariage de Blanche de Castille avec Louis, fils ainé du roi de France (Rymer, *fœdera,* ann. 1200).

le-Jeune, qui se contenta du titre de Dauphin d'Auvergne, emprunté aux seigneurs du Viennois. Les terres du *Dauphiné d'Auvergne* se composèrent d'une partie de la Limagne, avec le lieu de Vodable pour capitale[1]. Le dauphiné conserva aussi le titre de comté, et demeura indépendant du véritable *Comté d'Auvergne*, qui était resté aux héritiers ou véritables représentants de l'usurpateur Guillaume-le-Vieux, sauf les modifications ou retranchements dont nous venons de parler.

Ce dernier Comté subit encore, après plusieurs années, un autre démembrement : cette fois, ce fut au profit du roi de France.

Depuis un demi-siècle, l'Auvergne était sans cesse tourmentée, déchirée par les luttes sanglantes et jamais éteintes de ses comtes et de ses évêques. Louis-le-Jeune était déjà venu secourir l'évêque contre les violences du comte. Philippe-Auguste eut aussi à intervenir plusieurs fois pour garantir Robert, évêque de Clermont, contre les persécutions de son frère, le trop turbulent comte Guy d'Auvergne. Les pacifications, les réconciliations des deux frères n'étaient pas de longue durée. En 1209, Philippe-Auguste fut appelé de nouveau dans la lutte. Mais il ne se borna pas à une simple intervention : le comté fut confisqué[2].

Guy II se défendit jusqu'en l'année 1214, époque de sa mort. La conquête de Philippe-Auguste continua à être vivement contestée. Cependant, par son testament, en date du 12 juin 1225, Louis VIII donna, à titre d'apanage, le *Comté d'Auvergne* ou *Terre d'Auvergne* (*terra Alverniæ*), à son fils Alfonse, avec le

[1] *Voy.* Anselme, VIII, 50; Justel, liv. IV, p. 104; ces auteurs donnent l'énumération des terres qui composèrent le Dauphiné.

[2] Les anciens historiens sont divisés sur le point de savoir ce que devint la propriété de la conquête de Philippe-Auguste. Le roi en fit-il don à Guy de Dampierre seigneur de Bourbon, qui avait eu un commandement important dans l'armée envoyée pour réduire le comte Guy d'Auvergne? Le roman de Guillaume Guyart, intitulé *la Branche des Royaux Lignages*, dit: « Le roi donna toute la terre, tost après à Guy de Dampierre. » — Au contraire, le roi ne donna-t-il pas seulement à Guy de Dampierre des terres particulières, et le gouvernement du surplus de l'Auvergne? Cette seconde opinion est adoptée par Justel (*Hist. gén. de la Maison d'Auvergne*, Liv. II, ch. XVII, p. 52), et par Baluze (*Maison d'Auvergne*, t. Ier, p. 78). *Voy.* aussi Chabrol, t. Ier, p. LXV, et t. IV, p. XXij; Balainvilliers, compte-rendu, dans les *Tablettes hist. de l'Auvergne*, t. VII, p. 147.

Poitou [1]. Mais cette disposition ne reçut pas une exécution immédiate. Les enfants de Guy II combattaient encore, en 1229, sous le règne de Saint-Louis, pour conserver leur héritage [2]. Cette longue guerre ne fut terminée que par les traités passés entre Louis IX, le Comte et le Dauphin d'Auvergne, à la fin de cette même année [3]. Louis IX confirma le testament du 12 juin 1225, qui donnait la *Terre d'Auvergne* à Alfonse, son frère, et, après lui avoir conféré, le 24 juin 1241, l'ordre de chevalerie, il résolut de le mettre en possession de son apanage. C'est seulement dans le mois de juillet suivant qu'il l'investit du Poitou et de l'Auvergne, et lui accorda une pension de six mille livres parisis, à charge d'hommage lige, avec la clause que, si Alfonse acquérait par mariage ou autrement des domaines en dehors de son apanage, sa pension serait réduite au prorata de la valeur de ses acquisitions [4]. Il obligea le nouveau comte d'Auvergne à indemniser les descendants de Guillaume-le-Vieux dépossédés par Philippe-Auguste.

Alors, la province se trouva divisée en trois parties: 1° le Dauphiné, sous les successeurs de Guillaume-le-Jeune; 2° le Comté proprement dit, ou *Terre d'Auvergne*, concédé en apanage à Alfonse, comte de Poitou; enfin, un comté, démembré du précédent, et institué par S. Louis en faveur de Guillaume X, fils de Guy II [5]. Ce dernier comté eut pour capitale Vic-le-Comte, et pour dépendance diverses prévôtés environnantes. Il eut à subir,

---

[1] *Trésor des chartes*, J. 403, n° 2, juin 1225.

[2] Baluze, *Maison d'Auvergne*, t. Ier, p. 83.

[3] Mazure, *Tableau hist. de l'Auvergne*, dans les *Annales de l'Auvergne*, année 1844, p. 404.

[4] *Trésor des chartes*, J. 329, n° 4. — *Voy.* sur la cour plénière de Saumur du 24 juin 1241, et la mise en possession de l'apanage, M. Boutaric *(Saint Louis et Alfonse de Poitiers*, p. 43 et suiv.) — Il exista entre le comte Alfonse et Archambaud, sire de Bourbon, des difficultés au sujet de quelques fiefs; par une transaction du mois de mars 1248, le comte fut laissé en possession de la Roche d'Agoult, de Pionsat, de Barrot, des Faies, des Aies, et le sire de Bourbon eut l'honneur de Barrassat et tout ce qui avait été confisqué sur le comte Guy, à la charge par lui d'assigner cinquante livrées de terre à Dorat, et cinquante livrées à Goutières. L'exécution de ce traité eut lieu en 1260 (Archiv. nation., acte de janvier 1259, Chambre des comptes, P. 1369, cote 1684; Huillard-Bréholles, *Titres de la Maison de Bourbon*, t. Ier, p. 74, n° 369.)

[5] Voy. Mazure, *Loc. cit.*, p. 186 et suiv.

pendant un siècle, différentes vicissitudes, que nous passerons sous
silence.

Alfonse mourut à Savone, le 21 août 1271; la Terre d'Auvergne
fut réunie à la couronne, et elle y demeura jusqu'en 1360 [1].

A cette dernière époque, le roi Jean, revenu de captivité,
l'érigea en duché pairie, avec la cité de Riom pour capitale, et
la donna en apanage à son fils Jean, duc de Berry.

Le duc de Berry mourut, en 1416, sans descendants mâles. Le
duché d'Auvergne aurait dû être réuni au domaine de la couronne; mais, par suite de clauses consenties par Charles VI, dans
le contrat de mariage de la princesse Marie, et d'un acte confirmatif de Charles VII, de 1425, Charles, le fils aîné de Jean duc
de Bourbon, mort prisonnier en Angleterre, en 1434, recueillit
ce duché [2].

Ainsi, il y avait, en Auvergne, un Dauphin à Vodable, un Comte
à Vic-le-Comte, et un Duc à Riom.

Quant à la ville de Clermont, elle formait un comté à part
entre les mains de l'évêque de cette ville. A quelle époque cet
autre démembrement du territoire de l'ancien Comté a-t-il eu
lieu ? Suivant une opinion assez répandue, l'origine du comté de
Clermont daterait de l'an 1202 seulement. Lorsque Philippe-
Auguste menaça de confisquer le Comté d'Auvergne, il se serait
opéré entre le comte Guy et l'évêque Robert, son frère, une
réconciliation de courte durée, pendant laquelle le comte Guy
aurait donné, en 1202, le comté de Clermont, à titre de dépôt, à
l'évêque Robert. C'est, en effet, sur cet acte rapporté par Baluze [3],
que repose le célèbre arrêt du 29 avril 1551, qui adjugea la sei-

---

[1] Philippe-le-Hardi, après la mort de son oncle, prit possession de la
terre d'Auvergne sans contestation. Il en jouissait depuis plus de dix ans,
lorsque Charles d'Anjou, roi de Sicile, éleva des prétentions à la succession
d'Alfonse. Ce différend fut terminé par le célèbre arrêt de 1283, qui adjugea
la terre d'Auvergne et les autres seigneuries au roi Philippe à titre de
réversion, en vertu de la loi des apanages, suivant laquelle *défaillans hoirs
mâles du corps,* les apanages retournaient au roi et non au plus prochain
lignager. — Cet arrêt est rapporté par Chabrol (*Cout. d'Auv.;* vol. I, *Dissert.
hist.,* p. Lxviij et suiv.)

[2] Nous verrons, sous la période suivante, qu'il fit de nouveau retour à la
couronne en 1531.

[3] T. II, p. 78 et 79.

gneurie de Clermont à Catherine de Médicis, à l'encontre de
Guillaume Duprat, évêque de cette ville.

Cependant, il existe des documents qui établissent que les
évêques de Clermont avaient la seigneurie de la ville à une époque antérieure à l'année 1202. Ainsi, par exemple, lorsque Louis-
le-Gros, vers l'an 1121, intervint dans la querelle entre le
comte Guillaume VI et Aimeric, évêque de Clermont, le comte
fut réduit à faire un traité en vertu duquel, suivant Suger,
« l'église fut rendue à Dieu, les tours au clergé et la cité à
l'évêque [1]. » *Jean Lucius*, qui soutenait les intérêts de Catherine
de Médicis, et qui a consacré quatorze pages de son livre intitulé
*Placitorum summæ apud Gallos curiæ* [2] au récit de ce fameux
procès, avoue naïvement que le public, après le prononcé de
l'arrêt, s'était écrié : ô placitum ! [3]. Duprat n'avait pas su prouver
que le prétendu acte de dépôt était faux [4]. D'ailleurs, Catherine
de Médicis était reine de France, et Guillaume Duprat en disgrâce. Quoi qu'il en soit, le comté de Clermont était resté, jusqu'à
l'arrêt de 1551, soumis au pouvoir seigneurial de ses évêques,
sous la réserve de l'hommage au roi de France. Alfonse avait
réclamé la suzeraineté sur Clermont, conformément au testament
de Louis VIII. Mais sa demande n'avait pas été accueillie par le
Parlement, qui, en 1255, avait déclaré, en présence du roi,
Clermont inséparable de la couronne [5].

Le Dauphin prenait aussi la qualification de Comte de Cler-

[1] Suger, *Vita Ludovici Grossi*, p. 52. — Voy. Sismondi, *Hist. des Français*,
t. V, p. 163 et suiv.

[2] P. 196-210, édit. in-4° de 1559.

[3] « Sed allatum est mihi extitisse qui exclamarent, ô placitum ! » (p. 200)

[4] Voy. Dufraisse, Hist. de l'église de Clermont, p. 384.

[5] « Judicia coram Domino rege facta. Anno Domini M.CC. quinquagesimo
quarto, in parlamento Candelose, factum fuit istud judicium. Cum Karis-
simus et fidelis frater noster A comes Tolosanus et pictavensis peteret coram
nobis regalia Clarimontis, fidelitatem burgensium ejusdem ville exercitum
et calvacatam ibidem, que dicebat ad ipsum pertinere ratione testamenti
felicis recordationis Ludovici patris sui, qui eidem totam Arverniam in dicto
testamento legaverat, cum omnibus suis pertinentiis, ut dicebat, et dilectus
et fidelis noster episcopus Claromontensis se opponeret ex adverso asserens
quod ad nos omnia pertinebant predicta. Nos auditis rationibus utriusque
partis, lecto et relicto dicto testamento, et habito super hiis prudentium
consilio, judicatum fuit coram nobis ad nos predicta omnia pertinere. »
Reg. XXVI du Trésor des chartes, fol. XIIII.

mont. Mais, ce n'était, comme le dit Justel, qu'un simple titre [1], un titre purement honorifique.

Autour des quatre fiefs principaux, dont nous venons de parler, il existait, dans la Basse et dans la Haute-Auvergne, un grand nombre de seigneuries, sous les conditions ordinaires de la féodalité. Le territoire de cette province avait subi la loi du morcellement féodal. Des seigneuries inférieures s'étaient groupées sous la puissance de sept ou huit grands barons, qui prêtaient foi et hommage aux comtes. Tels étaient les vicomtes de Thiers, et les seigneurs de la Tour, issus de la même souche que les comtes héréditaires d'Auvergne ; les vicomtes de Polignac, qu'on appelait, au XIII⁰ siècle, les *rois de la montagne*, et dont la généalogie paraît remonter jusqu'à la seconde moitié du IX⁰ siècle [2]; les sires ou barons de Mercœur ; les sires de Bourbon, dont le domaine tendait sans cesse à s'agrandir aux dépens des provinces voisines.

Il y avait encore, dans la Haute-Auvergne, les vicomtes de Carlat et de Murat; les vicomtes de Turenne, dont la résidence féodale était dans le Limousin, mais autour desquels se groupaient les *Comptours* d'Apchon, les seigneurs de la Roquebrou, ceux d'Escorailles, de Dienne, de Montclar, de Miremont, etc.

Aux grandes seigneuries laïques il faut ajouter les seigneuries ecclésiastiques ; par exemple, — et sans parler de la seigneurie de Clermont, sous la domination de l'évêque, — il y avait celle de Brioude, ville vassale d'un Chapitre puissant; celle d'Issoire, dont le Comte d'Auvergne et l'abbé de Saint-Austremoine se disputaient la possession, et plusieurs autres dont l'énumération serait trop longue.

---

[1] Liv. II, ch. XVI, p. 48.
[2] Voy. *Hist. génér. de Languedoc*, t. II, p. 568.

# CHAPITRE IV.

## L'Eglise et les Monastères de l'Auvergne pendant la Féodalité.

Dès la fin du IXe siècle, les désordres du clergé, ses funestes entraînements vers les affaires temporelles et les vices du temps étaient signalés par les conciles. La papauté, au Xe siècle, reçut elle-même de graves atteintes, comme pouvoir, aux yeux des peuples, par suite de la conduite de certains pontifes [1]. Sous la seconde race, les évêques étaient devenus comtes souverains de la cité, à titre de grands feudataires, au grand détriment de l'organisation municipale, et de la liberté civile. Les rois avaient consenti à ce pouvoir des dignitaires de l'Eglise pour contrebalancer l'autorité des comtes et ducs temporels. Mais il avait excité dans les villes une vive répugnance. Une lutte sourde s'était établie entre le principe de la municipalité libre et celui de la prépondérance épiscopale. Le progrès des institutions féodales donna une nouvelle forme au pouvoir temporel des évêques et agit de toute sa force au profit du dernier principe. Dans plusieurs cités, la seigneurie de l'évêque s'établit sans partage. Dans d'autres, le pouvoir féodal se divisa entre la puissance ecclésiastique et l'officier royal [2].

La croyance basée sur les obscures prophéties de l'apocalypse [3], qui fixait à l'an 1,000 après Jésus-Christ l'époque du jugement universel, favorisa admirablement les desseins du clergé. Les

[1] Si la *Papesse Jeanne* n'est qu'une fiction, si cette femme impudique n'a pas réellement occupé, vers le milieu du IXe siècle, le siége pontifical, cette fiction nous fait suffisamment connaître les arrêts de l'opinion publique. Voy. *Histoire de la papesse Jeanne, fidèlement tirée de la dissertation latine de Spanheim*, 3e édition, Lahaye, 1736.

[2] Voy. Aug. Thierry, *Considér. sur l'hist. de Fr.*, ch. V, p. 158 et suiv.; *Essai sur l'hist. du Tiers-Etat*, p. 15 et suiv.

[3] « Au bout de mille ans, Satan sortira de sa prison et séduira les peuples qui sont aux quatre angles de la terre.... Le livre de vie sera ouvert; la mer rendra ses morts, l'abîme infernal rendra ses morts; chacun sera jugé selon ses œuvres par celui qui est assis sur un grand trône resplendissant, et il y aura un ciel nouveau et une terre nouvelle. »

pécheurs furent invités au repentir et surtout à l'expiation. D'innombrables donations furent faites à l'Eglise, aux communautés religieuses. L'effroi populaire se dissipa, mais les dons prodigués au clergé restèrent et contribuèrent à consolider l'édifice de son pouvoir.

Au commencement du XIe siècle, l'autorité royale était anéantie, les assemblées générales oubliées. L'Eglise s'efforça alors, en multipliant ses conciles, de s'emparer entièrement d'un pouvoir qui était délaissé. Dans le cours du Xe siècle, les conciles provinciaux et les synodes avaient été fort rares. Dès le commencement du siècle suivant, ils devinrent très-nombreux ; et le clergé put ainsi conserver son esprit de corps au milieu du morcellement de la souveraineté.

Dès l'an 1002, l'évêque de Clermont, Bégon, se réunissait aux évêques du Puy, de Viviers, de Toulouse, de Rodez, de Lodève, etc., pour publier une charte de trève et de paix [1]. Sans parler des conciles tenus dans d'autres provinces que l'Auvergne, nous rappelons que, en 1077, un concile de Clermont confirmait la sentence du pape, qui avait déposé l'évêque Etienne V, pour avoir violé son serment, et l'évêque Guillaume de Chamaillères, comme usurpateur et simoniaque [2]. Un autre concile se réunissait à Brioude, en 1094 [3]. L'année suivante, se tenait le célèbre concile, présidé par Urbain II, dont nous dirons bientôt quelques mots.

C'est surtout en se régénérant que l'Eglise pouvait agir sur l'état de la société et sur les mœurs publiques. Elle fit tous ses efforts pour réformer celles du clergé. Cette réforme fut lente et difficile.

Rappelons ici une des institutions, que l'on peut considérer comme l'un des plus grands services, que l'Eglise, dans ces temps de violences sauvages, ait rendus à l'humanité, la *Trève de Dieu*. Les guerres privées furent suspendues pendant les quatre derniers jours de la semaine. La trève réglée par le concile de Narbonne, de 1054, fut encore l'objet du concile de Clermont de 1095.

[1] Baluze, *Capit.*, II, p. 629. — Voy. Gonod, *Chronol. des évêques de Clermont*, page 23.

[2] Voy. Gonod, *Loc. cit.*, p. 26.

[3] Gonod, *Loc. cit.*

La chevalerie est aussi redevable à l'Eglise de l'un de ses plus beaux principes, la protection des faibles dans la chrétienté. Un concile de Clermont décréta « que toute personne noble, âgée de plus de douze ans, jurerait, devant l'évêque du diocèse, de défendre les faibles, de protéger les veuves, les orphelins, les vierges, les femmes mariées, les voyageurs[1]. » Cette institution formait un contraste remarquable avec l'oppression des guerres privées, et avec les cruautés féodales.

La puissance temporelle de l'Eglise augmenta de plus en plus. La richesse et le pouvoir attachés aux dignités ecclésiastiques avaient tenté l'ambition des grands seigneurs. Ces dignités étaient devenues la proie des fils de famille noble. Ainsi, par exemple, l'évêché de Clermont fut occupé par Etienne IV, fils de Guillaume III, comte d'Auvergne, puis, par Rencon, d'une famille noble du Rouergue ; ensuite, par Etienne V, fils d'Armand, vicomte de Polignac, etc.[2]

Les évêchés, les abbayes étaient d'excellents établissements, que les cadets de famille et même les aînés convoitaient vivement. Tandis que les prélatures étaient réservées aux membres des familles les plus puissantes, les curés et les prêtres inférieurs, pris dans la classe la plus infime, conservaient l'ignorance et la brutalité de leur première condition.

Cependant, Grégoire VII, ce puissant logicien, dont la doctrine a rempli tout le moyen-âge de bruit et de tempêtes[3], avait affermi la hiérarchie à tous ses degrés par une discipline sévère, et épuré les mœurs du clergé, dont l'indépendance fut assurée par les dîmes et les bénéfices. Puis, la papauté se sentant assez puissante s'empara du pouvoir extérieur et de la direction de la société européenne.

Elle conçut la pensée de précipiter sur l'Orient les forces de l'Europe féodale. Une première tentative avait été faite par Grégoire VII, dont la voix se perdit dans le bruit de la querelle des investitures. Victor III n'avait pas été plus heureux. Les prédications d'Urbain II lui-même restèrent sans résultat jusqu'au jour où il se rendit dans la capitale de l'Auvergne. Le pape y fit

---

[1] Voy. conciles de l'an 1025 et 1095, *Concil. gén.*, t. X, p. 506 et suiv.
[2] Voy. Gonod, *Loc. cit.*, p. 24 et suiv.
[3] Voy. M. Henri Martin, vol. III, p. 139, 140.

solennellement son entrée le 14 novembre, 1095. Ce lieu était merveilleusement choisi. Tandis que le réveil de l'esprit public avait engendré dans tout l'Occident de nombreux et hardis réformateurs qui, en cherchant un remède aux maux de l'humanité, avaient par leurs doctrines vivement remué les consciences et profondément ébranlé la foi, l'Auvergne, cette religieuse contrée, dont le sol était sillonné d'églises et de monastères, demeurait fidèle et docile à la voix de ses pasteurs. Ainsi peut s'expliquer le succès que la cause des croisades obtint au concile de Clermont. Aussi, le patricien de Venise Torsellus disait-il que « la semence de la parole du Seigneur était tombée sur une bonne terre [1]. »

Après ce succès, le pape Urbain poursuivait sa mission dans diverses provinces de la France, enflammant les esprits par le récit de l'enthousiasme des populations de l'Auvergne.

Cet enthousiasme avait été grand, en effet. Disons aussi que le discours du pape Urbain, que nous regrettons de ne pouvoir rapporter, ni même analyser ici, fut un modèle d'éloquence et un chef-d'œuvre d'habileté [2].

Avant de parler ainsi au peuple assemblé, dix jours s'étaient écoulés pendant lesquels Urbain II avait soumis à l'examen du Concile les affaires ecclésiastiques et les règlements concernant l'état civil et politique de l'Occident. L'anathème fut renouvelé contre quiconque violerait la Trève de Dieu ; le droit d'asile fut étendu aux croix plantées le long des chemins ; défense fut faite aux clercs de porter des armes ; aux prêtres, diacres et sous-diacres d'avoir des concubines ; il fut également fait défense de recevoir d'un laïque aucune dignité ecclésiastique ; aux rois et aux princes de donner l'investiture des bénéfices ; l'excommunication fut lancée contre le ravisseur de Bertrade, Philippe Ier, roi de France, etc., etc. [3].

[1] Voy. *Concile de Clermont, en* 1095, par le comte Martha-Beker, p. 4.

[2] Il est reproduit *in-extenso* dans la brochure précitée de M. Martha-Beker, p. 12.

[3] Voy. sur les principaux canons de ce concile, M. Gonod, *Loc. cit.*, p. 27 et suiv. — Il y eut encore un concile à Clermont, en 1101, (*Gall. Christ.*, t. II, p. 265), et un autre, en 1124. — Innocent II en tint un en novembre 1130. Voici les principaux canons qui y furent dressés : I. Si quelqu'un a été ordonné par simonie, ou bien a acquis à prix d'argent et par des motifs

Deux ans après, Urbain II confirmait les priviléges et immunités de l'Eglise d'Auvergne [1].

Nous ne dirons rien des conséquences des croisades. Elles ont
été souvent appréciées par les historiens [2]. Nous ferons seulement
observer que la prédication de toutes ces croisades, les missionnaires, les miracles, les prophéties avaient singulièrement frappé
l'imagination des populations et excité dans toutes les provinces
un immense fanatisme. L'Eglise affermissait de plus en plus sa
domination. Ses ministres étaient entourés de puissance, comblés
de richesses. Ils disposaient d'armées nombreuses pour combattre
leurs ennemis; ils avaient des tribunaux redoutables. L'ordre civil
n'en fut pas meilleur, ni l'influence de la religion sur les mœurs
plus salutaire.

Le douzième siècle fut témoin de nombreuses luttes entre les
évêques et les seigneurs. Le comte d'Auvergne, Guillaume VI,
s'était emparé de l'église cathédrale de Clermont. L'évêque
Aimeric alla implorer le secours de Louis-le-Gros, qui vint en
Auvergne à la tête d'une armée et obligea le comte à abandonner

---

d'avarice, une prébende ou une dignité ecclésiastique, qu'il en soit déchu,
et qu'il soit noté d'infamie.... IV. Les sous-diacres, diacres ou prêtres qui,
après leur ordination, se seront mariés, ou auront des concubines, seront
dès lors privés de tout emploi et bénéfice ecclésiastique. V. C'est une coutume pernicieuse et détestable que les moines et chanoines réguliers, au
mépris de la règle de S. Benoît et de S. Augustin, se livrent à l'étude des
lois civiles et de la médecine. L'avarice seule peut engager les uns à négliger le chant et la psalmodie, pour employer la force de leur voix à défendre
les causes publiques, et faire négliger aux autres le soin des âmes, pour se
faire médecins des corps... VI. Les laïques qui tiennent des églises les res-
titueront aux évêques, ou seront excommuniés.... VIII. Pour que les prêtres,
les clercs, les moines, les voyageurs et les marchands puissent être en
sûreté, tout le monde sera également tenu d'observer inviolablement la
Trève de Dieu, depuis le mercredi au soleil couché, jusqu'au lundi au soleil
levé, et depuis l'Avent jusqu'à l'octave de l'Epiphanie, comme depuis la
Quinquagésime jusqu'à l'octave de la Pentecôte. IX. On interdit les foires
et les fêtes auxquelles les gens de guerre se donnent rendez-vous pour se
battre, afin de montrer leurs forces et leur audace, ce qui occasionne la
mort de beaucoup de personnes. X. Anathème contre quiconque portera la
main sur un clerc ou un moine. XI. Les dignités ecclésiastiques ne doivent
pas se transmettre par succession, comme un héritage profane; le mérite
seul doit y faire parvenir. XII. On défend le mariage entre parents. (Labbe,
Conc. X, 972. — Gonod, Loc. cit., p. 31 et suiv.)

[1] Voy. à l'Appendice, vol. II, la bulle d'Urbain II, du 18 avril 1097.

[2] Voy. notamment M. Guizot, Hist. modern., t. VI, 8e leçon; Henri Martin, t. III, p. 192 et suiv.

ses prétentions. Les hostilités recommencèrent en 1131[1]. Quelques années après, Guillaume VII et Guillaume VIII, comtes
d'Auvergne, s'unissaient pour combattre l'évêque Etienne
VI, et commettre des brigandages et des dévastations. Les
foudres de l'Eglise arrêtèrent un instant Guillaume VIII. Le
pape Alexandre III était venu à Clermont. Mais à peine était-il
reparti que Guillaume VIII, son fils Robert, et le comte du Puy
recommencèrent leurs hostilités et leurs ravages. Le pape
excommunia les deux comtes d'Auvergne et le vicomte de Polignac. Mais il fallut l'intervention du roi Louis-le-Jeune et de
son armée pour les dompter[2]. On se rappelle, enfin, les démêlés
de l'évêque Robert avec Guy II, comte d'Auvergne, son frère.
Robert avait levé des troupes (des routiers et des cotereaux), et
mis les terres du comte en interdit. Après une éphémère réconciliation, durant laquelle ils allaient ensemble combattre les
Albigeois, la guerre se rallumait entre les deux frères; le roi de
France intervenait encore une fois, et le comté d'Auvergne était
confisqué.

Du reste, les prélats n'avaient point alors cette dignité d'autant
plus respectable qu'elle est plus dégagée des intérêts temporels
et des choses mondaines. Ils étaient tous guerriers. Au XIIIe siècle
encore, Louis IX, en guerre contre Raymond, comte de Toulouse,
confiait, pour agir sur les frontières de Quercy, un corps d'armée
à l'évêque de Clermont, Hugues de la Tour, et celui-ci recevait
à discrétion plusieurs villes du Languedoc, qui lui étaient remises
par le comte Raymond, obligé de se soumettre[3].

Les évêques étaient tout puissants dans leur diocèse. Guy de la
Tour, évêque de Clermont, qui avait dans sa vassalité de très-
grands fiefs, exerçait dans la province une grande domination.
La plupart des agents du Comte étaient dans sa dépendance. En
1264, ce prélat mettait l'Auvergne en interdit, sous le prétexte
qu'on l'avait injustement dépouillé du château de Beauregard. Le
légat Simon, cardinal de Sainte-Cécile était intervenu, avait suspendu l'effet de cette sentence, et commis Etienne de Mâcon,

[1] Voy. Gonod, *Loc. cit.*, p. 30.
[2] Voy. Gonod, *Loc. cit.*, p. 32.
[3] Voy. Gonod, *Loc. cit.*, p. 36.

chanoine de Beauvais, pour faire une enquête [1]. Nous ne savons quelle fut la suite de cette affaire. Guy de la Tour ne restait pas toujours dans les limites de son droit, et ne respectait pas non plus assez le droit des autres. Ses entreprises sur certaines propriétés lui attirèrent même, en 1267, une lettre très sévère du pape Clément IV [2].

L'Eglise continuait ses envahissements. S. Louis lui-même, malgré sa sainteté et sa vénération pour les prêtres, n'avait pu tout accorder, ni sans doute demeurer étranger aux sentiments que ces envahissements avaient fait naître. L'excommunication était la grande arme dont se servait l'Eglise. D'après le droit public de l'époque, lorsque le tribunal ecclésiastique avait prononcé la sentence, il requérait l'assistance du juge séculier qui devait la faire exécuter contre l'excommunié. Les officiers laïques qui refusaient leur ministère étaient eux-mêmes frappés d'excommunication. Nous lisons dans le rapport des enquêteurs envoyés en Auvergne, en l'an 1261 : « L'évêque de Clermont excommunie indifféremment les baillis et les sergents, parce qu'ils refusent, quoi qu'ils en soient requis, de contraindre les excommuniés, pour quelque cause que ce soit, à rentrer dans le sein de l'Eglise. » La conséquence de ces rigueurs avait été une réaction générale et une désobéissance universelle aux sentences ecclésiastiques. La question fut portée devant le roi Saint-Louis. On connaît la réponse qu'il fit au clergé [3].

---

[1] Trésor des chartes, J., 320, n° 66, 6 des nones de Juillet; Tillemont, *Vie de Saint-Louis*, t. IV, p. 396. — On sait que l'interdit privait de l'administration des sacrements les habitants du territoire dont le seigneur ou le bailli avait encouru les sévérités ecclésiastiques.

[2] Voy. Gonod. *Loc cit.*, p. 37.

[3] « Sire, disait l'évêque Guy d'Auxerre, vous laissez perdre toute la chrétienté : elle se perd en vos mains. — Adonc le bon roi fit le signe de la croix, et dit : Evêque, or me dites comme il se fait, et par quelle raison. — Sire, fit l'évêque, c'est parce qu'on ne tient plus compte des excommuniements; aujourd'hui on aime mieux mourir tout excommunié que de se faire absoudre, et ne veut nul faire satisfaction à l'Eglise. Pourtant vous requièrent tous les prélats ci-présents qu'il vous plaise commander à tous vos baillis, prévôts et autres, que où il sera trouvé quelqu'un en votre royaume qui aura été an et jour excommunié, ils le contraignent à se faire absoudre par la prise de ses biens. — Et le saint homme répondit que très-volontiers le commandéroit faire de ceux qu'on trouveroit *torconniers* (ayant fait tort) à l'Eglise. — Et l'évêque dit qu'il ne leur appartenait (au roi et aux laïques)

Le pouvoir civil refusa de prêter l'appui du bras séculier aux anathèmes fondés sur des motifs purement temporels. Bien plus, il contraignit les ecclésiastiques à révoquer les sentences qui lui paraissaient injustes. Nous en trouvons un exemple dans un fait sur lequel nous reviendrons plus tard : l'évêque de Clermont avait altéré sa monnaie, et lançait l'anathème contre ceux qui ne voulaient pas la recevoir. Cet abus avait été dénoncé par Alfonse à Saint-Louis, qui écrivit à l'évêque une lettre par laquelle il lui ordonnait de lever les excommunications qu'il avait pro- noncées, sous peine de la saisie de son temporel. Saint-Louis mandait en même temps au bailli de Bourges de mettre cet ordre à exécution, si le prélat refusait d'obéir [1].

La noblesse avait entrepris, au XIIIᵉ siècle, de mettre une limite aux empiétements ecclésiastiques, et les rois, qui les avaient d'abord favorisés, les combattirent également. La royauté résolut ensuite d'enlever l'Eglise à la dépendance féodale, pour la placer sous sa propre autorité.

Les légistes, que Louis IX avait appelés dans ses tribunaux, opposèrent une vigoureuse résistance aux empiétements du clergé. La pragmatique sanction de 1268 devint, à l'aide de leurs commentaires, une barrière puissante contre les usurpations de la cour de Rome. On vit éclore de son sein l'appel comme d'abus, avec lequel les parlements ont renversé l'infaillibilité papale, et constitué le *gallicanisme*.

Cependant, les juges royaux eurent encore à lutter souvent contre les envahissements des juges ecclésiastiques, et surtout contre ceux des officiaux des évêques.

Le clergé n'abandonnait pas facilement ses prétentions, et ce qu'il considérait comme son droit. Lorsque, dans l'assemblée de Paris, du 15 décembre 1329, l'avocat du roi, Pierre de Cugnières, eut exposé les griefs des laïques, il avait dit, — on se le rappelle, — que les puissances spirituelle et temporelle étaient représentées

---

à connaître de leurs causes. — Et répondit le bon roi qu'il ne le feroit autrement, et que ce seroit contre Dieu et raison qu'il fît contraindre à soi faire absoudre ceux à qui les clercs feroient tort. » Joinville, vers 1263, cité par M. Henri Martin, t. IV, p. 309.

[1] *Voy.* M. Boutaric, *Saint Louis et Alfonse de Poitiers,* p. 216 et suiv. — Nous citerons les textes qui justifient ces observations, lorsque nous parle- rons du droit de monnaie en Auvergne (*Infrà,* tit. V, chap. 9).

par les deux glaives, et il avait insisté sur ce qu'elles devaient demeurer séparées. Après huit jours de réflexion, l'archevêque de Sens répondait : les deux glaives représentent, en effet, les deux puissances ; mais toutes deux appartiennent au pape.

On verra, sous la période suivante, les barrières qui furent opposées aux prétentions pontificales.

Au XIVᵉ siècle, les prélats d'Auvergne ne faisaient plus aussi souvent la guerre [1] ; mais, s'ils ne prenaient plus part aux combats, ils les dirigeaient encore par leurs conseils. Leur pouvoir était toujours considérable. Ils étaient seigneurs temporels, souverains féodaux, lieutenants, au nom du roi, de princes guerroyants.

On remarque chez quelques-uns le double caractère de l'homme politique et du prélat. Plusieurs aussi soutinrent avec patriotisme et dévouement la cause de l'Auvergne dans sa longue lutte contre les Anglais. Tels furent notamment Jean de Mello [2] et Henri de la Tour [3]. Ce dernier donna un grand exemple de la solidarité des devoirs et des sacrifices dans les malheurs publics, lorsque, après le désastre de 1387, il permit aux consuls de Montferrand de contraindre les ecclésiastiques à faire le guet, et à contribuer aux deniers imposés pour la garde, l'entretien de la ville, la réparation des fortifications, les gages des capitaines [4].

Une profonde modification eut lieu, en 1317, dans l'Eglise d'Auvergne. Elle fut démembrée par l'érection de l'évêché de Saint-Flour. Le pape Jean XXII détacha du diocèse de Clermont un certain nombre de paroisses, pour en former le diocèse de Saint-Flour [5].

Il y eut alors le diocèse de la Basse-Auvergne, avec son siège

[1] Cependant, en 1317, le roi écrivait encore à l'évêque et aux seigneurs d'Auvergne de se tenir prêts en armes, pour le suivre, à la mi-carême, où il voudrait les mener (Gonod, Loc. cit., p. 40).

[2] Nommé évêque de Clermont, en 1357, et mort, en 1375 (Voy. Gonod, p. 42).

[3] Nommé évêque de Clermont, en 1376, et mort, en 1415 (Gonod, Loc. cit.).

[4] Voy. Gonod Loc. cit.

[5] Les cinq archiprêtrés détachés du diocèse de Clermont étaient : ceux de St-Flour, d'Aurillac, dans la haute Auvergne ; ceux de Langeac, de Brioude et de Blesle, dans la haute Limagne et sur la rive gauche de l'Allier. Ces cinq archiprêtrés renfermaient environ 300 paroisses. Le diocèse de Clermont, qui s'étendait alors jusqu'aux portes de Moulins en Bourbonnais, en contenait encore plus de 760.

antique, fondé par Austremoine, Clermont, et le diocèse de la
Haute-Auvergne, avec Saint-Flour pour capitale diocésaine [1].

La juridiction politique entre ces deux diocèses était encore
mal définie en 1356.

En dehors des fondations ecclésiastiques, cures, prébendes,
chapitres fertiles en richesses et en dignités, il y avait, en Auvergne, des abbayes célèbres dans l'Eglise de France, et de nombreux monastères. Les fondations s'étaient multipliées du IXe au
XIe siècle.

Un comte d'Aurillac, Gérauld, avait fondé, en 915, une abbaye
de Bénédictins sous les murs de son château [2]. Cette abbaye,
affiliée à la congrégation Clunisoise, puisa chez elle ses statuts
cénobitiques et ses goûts pour les travaux intellectuels. Ce fut
l'abbaye d'Aurillac qui donna la première instruction au fils d'un
pauvre pâtre de l'Auvergne, à Gerbert, ce moine fameux du
moyen-âge, qui l'un des premiers fit apparaître la lumière, après
la longue nuit qui s'écoula du IXe au Xe siècle, et qui, après
avoir été archevêque de Reims, en 992, devint pape, en 999, sous
le nom de *Sylvestre II*. Gerbert avait tellement étonné le monde
par ses vastes connaissances, qu'il fut accusé de magie [3]. Sa

---

[1] Voici quelle était, selon Audigier, la délimitation de ces deux diocèses :

*Clermont.* — « L'étendue de ce diocèse se prend depuis au-dessus de Souvigny, dans le Bourbonnais, en tirant vers l'orient, le long du Forez jusqu'à Bonneval ; et depuis ce lieu-là, en allant vers le sud-est, sur une ligne
qui passerait à la Chaise-Dieu, à Saint-Germain-Lembron, à Allanche, à
Féniers, à Brassac, à Pleaux et à Relliac, près de la Dordogne ; en remon-
tant vers le nord, on tirerait une ligne qui conduirait jusqu'au-delà de
Souvigny, sur laquelle on trouverait Bort, Château-sur-Cher, Montaigut,
Souvigny, Laprade (Lapresle?), et Neuvy, qui sont en Bourbonnais.»

*St-Flour.* — « Sa longueur est depuis l'abbaye de St-Pierre (ou Ste-Marie)
des Chases, jusqu'au-delà de la ville de Maurs, et sa largeur depuis Blesle
jusqu'à la Roche-Canillac. » (*Manuscrit sur l'histoire de l'Auvergne*, t. 1er).

[2] *Vita S. Geraldi*, Bibl. Clun., p. 80 et suiv.

[3] Gerbert avait conçu un vaste plan d'études, et établi un lien philosophique entre toutes les parties de la science. De la dialectique il passait à
la poésie, de la poésie à la rhétorique, à l'art oratoire, puis à la logique.
Telle était la partie littéraire. La partie scientifique embrassait les mathématiques, l'astronomie, la philosophie. Dans les mathématiques se trouvaient comprises la théorie musicale, la géométrie et une méthode abré-
viative des calculs représentée par une table appelée l'*Abacus* (voy. Richer,
*Hist.*, liv. III, chap. 54). Il divisait la philosophie en sciences pratiques et
sciences théoriques. Il rattachait la philologie à la philosophie et la phy-

renommée plana longtemps sur le monastère d'Aurillac, qui pendant tout le moyen-âge conserva une grande célébrité.

Guillaume-le-Pieux, comte d'Auvergne, avait aussi fondé plusieurs monastères, notamment celui de Meinsac, en 912. La fondation de celui de Sauxillanges, qu'il avait commencée en 910, fut effectuée par Acfred [1]. A Clermont, l'évêque Arnaud et le comte Raymond élevaient le monastère près l'église de Saint-Allyre [2]; Amblard de Thiers, celui de Riz, en 952 [3]. Ademar et Odon de Bourbon en fondaient un à Souvigny et un autre à Bellaigue [4]; Astorgue et Amblard de Brezons, un à Saint-Flour [5]; et les sires de Mercœur, celui de Lavoulte, sur les bords de l'Allier [6]. Tous ces monastères, à l'exception de celui de Bellaigue, furent soumis à la puissante abbaye de Cluny, qui était, au Xe siècle, à son apogée. Quoiqu'elle les eût rangés sous sa loi, les évêques d'Auvergne, les héritiers des fondateurs, les revendiquèrent à titre de supérieurs spirituels ou de propriétaires. Le relâchement de la discipline s'introduisit dans ces monastères. La réforme de S. Benoît d'Aniane était elle-même oubliée. Les moines se mêlèrent aux hommes d'armes et aux seigneurs qui s'emparaient des biens de leurs églises. On vit, à cette époque, régner dans les monastères deux abbés, l'un clerc, l'autre laïque, et pénétrer dans les cloîtres les mœurs farouches et désordonnées de ces années de guerres et de violences. C'est au moment ou l'ordre Bénédictin dépérissait en Auvergne que Robert d'Aurillac fonda la Chaise-Dieu, célèbre abbaye, qui eut comme institution religieuse et comme pouvoir temporel un immense développement [7]. Pendant qu'elle poursuivait sa carrière, la vie bénédictine avait pris en Auvergne un nouvel essor.

siologie à la physique (voy. Richer, liv. III, ch. 43, 60 et 61). On sait que Gerbert fut le premier qui apprit aux chrétiens de l'Occident l'usage du chiffre arabe. Il donna aussi avec précision les instructions nécessaires pour la construction de la sphère (voy. Mabill., *Vet. anal.* I, p. 212, et Richer, liv. III, ch. 43). Ses lettres familières sont fort intéressantes. Gerbert embrasa toutes les sciences connues de son temps.

[1] Baluz., *Maison d'Auvergne*, t. I, p. 11, 12; t. II, Preuves, p. 12.

[2] *Gall. Christ.*, t. II, col. 323.

[3] Prohet, *Cout. d'Auvergne*, p. 34.

[4] Bibl. Clun., p. 288; *Gall. Christ*, t. II, col. 377.

[5] *Ann. bened.*, t. IV, p. 697.

[6] Audigier, *Hist. Mss.*, t. VI, art. *Lavoulte*.

[7] Voy., sur les monastères, et spécialement sur l'abbaye de la Chaise-Dieu, l'*Histoire de l'Auvergne au moyen-âge*, par M. Dominique Branche, p. 109 et suiv.

Les vieilles abbayes de Manglieu, de Menat, d'Ebreuil, d'Issoire, d'Aurillac, et celle de Maurs, récemment fondée dans la
Haute-Auvergne, s'efforçaient de conserver leur indépendance,
et luttaient contre le relâchement que les mœurs féodales intro-
duisaient dans leur sein.

Les adversaires les plus dangereux pour les monastères étaient
les évêques de Clermont. Au Xᵉ siècle, les papes avaient placé
les couvents sous leur suprématie. Les couvents réclamèrent le
droit de ne relever que du Saint-Siége. Mais les évêques n'abandonnèrent pas leurs prérogatives. Ils les défendirent par tous les
moyens, même par les armes. Jaloux d'étendre leur autorité et
leur juridiction sur les monastères, les évêques de Clermont favo-
risaient les révoltes des moines, et exerçaient souvent des violences contre les couvents.

Les luttes des abbés et des évêques continuèrent pendant de
longues années. Plusieurs monastères, Ebreuil, Menat et Issoire
avaient reconnu la suzeraineté spirituelle de l'évêque. D'autres,
tels que Aurillac, Saint-Allyre et la Chaise-Dieu, privilégiés par
les bulles pontificales, avaient conservé toute leur indépendance.
Les évêques avaient même été obligés de la reconnaître. Mais
les monastères agrégés, ou ceux qui n'étaient pas protégés par
les immunités du Saint-Siége furent tous rangés sous la juridiction épiscopale.

Cette lutte de la suprématie des évêques contre l'indépendance
des abbés est un des faits les plus remarquables de l'histoire monastique de l'Auvergne pendant la période du XIIᵉ au XVᵉ siècle.

L'ordre Bénédictin si puissant s'était perpétué dans les vieux
monastères de cette province, et en avait fondé de nouveaux. Sa
règle avait donné naissance, en Europe, à d'autres institutions
monastiques [1], et chacune de ces institutions eut, en Auvergne,
des couvents de son obédience.

Il y eut des fondations monastiques toutes féodales, ce qui ne
les empêcha pas d'être souvent attaquées et dévastées par la
féodalité. L'histoire des couvents de l'Auvergne signale un grand
nombre de conquêtes et de pillages de cette nature. On voit, par
exemple, en 1251, l'abbé de Thiers tellement opprimé par

---

[1] Celles de Cîteaux, de Clairvaux, des Chartreux, des Prémontrés et des
Grandmontains.

les seigneurs de cette ville qu'il abandonne la moitié des droits de son abbaye au comte Alfonse, afin d'obtenir sa protection [1].

Le XIIe siècle fut, en Auvergne, la grande ère monastique, au moyen-âge. Chaque jour voyait s'élever un monastère, et surgir un ordre nouveau. Mais tous les ordres religieux cédèrent le pas aux institutions des moines Mendiants. L'ordre Bénédictin ne suffisait plus aux besoins de l'Eglise attaquée dans ses dogmes, et dans ses membres les plus éminents. La papauté avait compris qu'il fallait opposer d'intrépides soldats aux réformateurs qui battaient en brèche le catholicisme. Carmes, Frères prêcheurs, Franciscains, Dominicains, Minimes, Célestins, etc., se répandirent dans cette province, se propagèrent en tous lieux, et exercèrent dans le pays une immense influence.

Les pères Cordeliers de la Cellette [2] eurent un grand renom. A côté de leur couvent, ils avaient fondé un pénitentiaire pour les repris de justice, et un hospice pour les fous [3]. Les Cordeliers de Vic-le-Comte, de Riom, de Montferrand, avaient imité leur exemple [4]. C'était là une belle institution, que notre civilisation, jusqu'à présent si impuissante à guérir les plaies de la société moderne, pourrait presque envier aux temps du moyen-âge.

Les Franciscains se livrèrent à des idées de réforme. Jehan de Parme, leur général, écrivait son *Introduction à l'Evangile éternel* où il affirmait que les deux testaments avaient fait leur temps, que l'Evangile ne suffisait plus à la perfection [5].

Au XIVe siècle, le concile œcuménique de Vienne condamnai

---

[1] « Nos frater Bertrandus, humilis abbas Tyernensis, totusque ejusdem loci conventus, considerata, et diligenter inspecta utilitate monasterii nostri.. pro bono pacis et observanciæ regularis que fere penitus deperibat, propter vexationes, rapinas, incendia, homicidia et alias maletractationes que diu tissime passi sumus tam a domino Tyernensi, quam ab aliis pravis homini bus immisericorditer et intolerabiliter persequentibus nos et res nostras in Tyernisio consistentes, fere humano penitus et destituti consilio et auxilio.... (Acte de juillet 1251. Trésor des chartes, j. 311, n° 67).

[2] La Cellette est une vallée froide et profonde située à l'extrémité ouest de l'Auvergne.

[3] *Recueil Chantoin*, Mss., dernière pièce, Bibl. Clermont, n° 277.

[4] Branche, *Loc. cit.*, p. 372.

[5] Bulæus, *Hist. univ.*, III, 292 et suiv. — Jehan de Parme mourut en prison (D'argentré, *Collect. judic.*, I, 163 ; S. Thomas d'Aquin, *Opusc.* XIX, c. 24)

les doctrines d'un autre Franciscain, d'Ubertino [1], qui était accusé d'immoler la religion aux œuvres, la foi à la charité. Ses idées enthousiastes et hardies pour l'époque firent de grands progrès dans les couvents auvergnats.

Les Franciscains d'Aurillac accueillaient avec avidité les paroles de Jehan de la Roche-Taillade, *Joannes de Rupe-Scissa*. Généralisant les préceptes d'Ubertino, il voulait obliger le pape à ne rien posséder sur terre, et à mendier pour nourrir son corps. C'était, disait-il, les richesses mêmes du clergé qui devaient le conduire à une extrême pauvreté. Innocent VI le fit enlever d'Aurillac et jeter en prison [2]. Ses écrits agitèrent longtemps les nombreux Franciscains de l'Auvergne.

Leur ordre tomba dans un grand discrédit. Les Dominicains, au contraire, se maintenaient dans les faveurs du clergé, et se soutinrent longtemps, grâce aux souvenirs que St-Thomas avait laissés dans leur couvent de Clermont. En possession des tribunaux d'inquisition répandus dans tout le royaume, les Dominicains veillaient pour ramener les consciences à l'état de crainte et de soumission [3]. Cependant, plus tard, et vers l'an 1389, un docteur en théologie, de leur ordre, Jean de Mouçon, prêchant sur le péché originel, avait affirmé que cette tache étant inhérente à toutes les créatures humaines, dès le moment de leur conception, et n'ayant été lavée que par la rédemption de Jésus-Christ, sa propre mère la Vierge Marie avait été conçue dans le péché. La Sorbonne releva l'affirmation de Jean de Mouçon comme un outrage proféré contre la mère du Christ. Charles VI fit mettre en prison tous ceux qui niaient l'*Immaculée Conception*. Clément VII, qui avait été d'abord hésitant, avait fini par condamner Mouçon et ses adhérents [4].

Tandis que la plus grande partie de l'ordre des Dominicains

[1] D'argentré, *Loc. cit.*, I, 271, 276.
[2] Froiss., vol. III, ch. 24; voy. Chabrol, IV, p. 639.
[3] Le pape Innocent IV avait confié exclusivement aux Dominicains l'exercice de l'inquisition dans les Etats d'Alfonse (Bulle du 5 des ides de mai, 9e année du pontificat; Trésor des chartes, J. 341, n° 26). Les évêques de Toulouse, d'Agen, d'Albi et de Carpentras, réunis en juin 1252, auprès du Comte, à Riom, avaient confirmé à ces religieux le droit de juger les hérétiques dans leur diocèse. (*Hist. génér. de Languedoc*, t. II, p. 491, édit. du Mège).
[4] Voy. Sismondi, vol. XI, p. 549 et suiv.

inclinait, en France, à la doctrine de Jean de Mouçon, les Jacobins de Clermont déclaraient formellement, entre les mains de Henri de la Tour, évêque de cette ville, « qu'ils n'entendaient adhérer en aucune manière aux propositions des frères de leur ordre, contraires à l'opinion de l'université de Paris [1]. »

Il était réservé à notre siècle, à ce siècle de libre examen, de faire taire toutes ces dissidences, et de convertir en dogme cette ancienne thèse de théologie.

Les ordres Mendiants allèrent en décadence, et l'indifférence succéda à l'enthousiasme qu'ils avaient excité dans l'origine.

Les couvents de femmes de leurs ordres s'étaient établis dans un grand nombre de lieux en Auvergne. Mais leurs annales sont plus modestes que celles des grands monastères de Bénédictines, qui s'offrent à l'historien avec toute la puissance de leurs richesses, et avec leur existence toute mondaine.

L'histoire des monastères est un exemple remarquable de la valeur relative des institutions humaines. Ces couvents, dont l'utilité est si contestée aujourd'hui, exercèrent autrefois une grande influence sur la civilisation. Ils ont creusé dans le monde du moyen âge un profond sillon. En Auvergne, peut-être plus encore que dans toute autre contrée, la trace de l'institut monastique est partout visible, dans les mœurs, comme à la surface du sol de cette province, où le voyageur rencontre en maints lieux les vestiges ou le souvenir des vieux monastères, des antiques abbayes. La plupart des villes, bourgs ou villages de l'Auvergne doivent leur origine à une abbaye, à un monastère, ou même à un prieuré [2].

La société civile, comme la société religieuse, n'échappa point à leur action. Leur puissance fut considérable. Les abbayes libres, les monastères qui n'étaient pas soumis à l'abbaye de Cluny, secoururent énergiquement les comtes d'Auvergne dans leurs luttes avec les rois de France ; et, lorsque leurs résistances furent

---

[1] *Gall. Christ.*, t. II, col. 97 ; Le Laboureur, *Hist. de Charles VI, d'après le Man. de S. Denis*, t. I, p. 164.

[2] Par exemple, Augerolles, Beaumont, Bellaigue, Blesle, Brageac, Brioude, Bredon, Combronde, Cournon, Courpière, Cusset, St-Gilbert, Aubepierre, La Chaise-Dieu, Les Chases, Chaumont, Lavoûte, l'Esclache, Manglieu, Mauriac, Maurs, Marsat, Menat, Ménétrol, Mozat, Monsalvy, Moissat, St-Nectaire, Orcival, Randan, Ris, Téchède, Salvyat, Sauxillanges, St-Pourçain, etc., etc.

brisées, ils firent encore tous leurs efforts pour conserver à l'Auvergne ses mœurs, sa langue et sa nationalité.

Enfin, les monastères contribuèrent à perpétuer la loi romaine dans la province. Cette influence, qui donna à l'ancien droit de l'Auvergne une physionomie particulière, sera l'objet de quelques observations, que nous présenterons plus loin [1].

## CHAPITRE V.

### Chartes et Institutions Municipales de l'Auvergne.

L'histoire des communes renferme un des points de vue les plus intéressants du moyen-âge. Cette partie de nos annales, où l'on voit toutes ces aggrégations d'hommes luttant avec un zèle infatigable pour conquérir ces deux grands principes destinés à devenir la base des constitutions modernes, la liberté et l'égalité des citoyens, offre le plus grand attrait et aussi les plus graves enseignements. Cependant, il n'entre pas dans notre plan de traiter d'une manière générale la question de la renaissance des municipalités libres au XIIe siècle. Ce problème important a été l'objet de travaux remarquables, qui ont porté la lumière sur un grand nombre de points [2], bien qu'ils contiennent quelquefois des opinions divergentes et des solutions diverses.

Nous avons vu qu'il existait, sous les deux premières dynasties, des traces assez apparentes de l'organisation municipale, qui prouvent que le régime municipal romain survécut à la conquête, et se conserva sous la domination des Francs [3].

[1] Voy. *Infrà*, tit. V. ch. 16.

[2] Voyez notamment : *Histoire critique du pouvoir municipal*, par M. Leber ; — *Histoire du droit municipal en France*, par M. Raynouard ; — *Histoire de la civilisation en France*, vol. V, par M. Guizot ; — *Considérations sur l'histoire de France*, par M. Aug. Thierry, ch. V et VI, et le *Tableau de l'ancienne France municipale*, à la suite de l'*Histoire de la formation et des progrès du Tiers-État*, p. 237 et suiv. ; — *Le droit municipal au moyen-âge*, par M. Béchard.

[3] Voy. *Suprà*, tit. IV, chap. 3, sect. 2.

Sous la féodalité, les villes, du moins celles d'un ordre important, conservèrent plusieurs débris de ce régime. Leur permanence au milieu des désordres de l'anarchie féodale paraît aujourd'hui suffisamment établie, malgré l'anathème que Mably
avait fulminé contre cette opinion [1]. Puis, vers le XIe siècle, on
voit poindre le principe d'une nouvelle vie dans l'organisation
communale, et commencer un travail de rénovation qui, depuis
cette époque, jusque vers l'année 1380, continua et fit de rapides
progrès.

La révolution des communes eut des caractères d'une grande
variété. Mais la tendance fut sur tous les points la même : « C'est,
dit M. Augustin Thierry, pour toutes les villes où se fait sentir,
dans le cours des XIIe et XIIIe siècles, le besoin de progrès et
de garantie pour la liberté civile, un désir plus ou moins violent
de substituer aux pouvoirs féodaux une magistrature élective [2]. »

Quant à la forme, elle varia selon les diverses zones du territoire. Le savant historien, dont nous venons de rappeler les
expressions, a divisé le sol communal de la France du moyen-
âge d'abord en trois grandes zones : celle du régime consulaire,
la zone du régime communal, et la zone des municipes non
réformés, et des villes de simple bourgeoisie [3]. Il a subdivisé ces
zones en cinq régions : 1° du nord, 2° du midi, 3° du centre, 4°
de l'ouest, 5° de l'est et du sud-est, composées chacune de plusieurs provinces, et offrant des différences essentielles quant aux
origines et à l'orgnisation du régime municipal [4].

C'est dans la région du midi que, selon M. Thierry, se serait pro-
pagée, de ville en ville, une constitution municipale venue d'Italie,
où les magistrats avaient le titre de *consuls* [5], et qu'il désigne sous
le nom de *Régime consulaire*. Nous ne pensons pas cependant que
l'impulsion partie des cités italiennes eût suffi seule pour pro-

---

[1] « Dire que quelques villes ont pu conserver leur liberté pendant les
troubles qui ont donné naissance au gouvernement féodal, c'est avancer la
plus grande des absurdités. » *(Observat. sur l'hist. de France*, t. Ier, Liv. III,
ch. VI, p. 456, édit. Guizot.)

[2] *Tableau de l'anc. France municipale, Loc. cit.*, p. 238.

[3] *Loc. cit.*, p. 239.

[4] *Loc. cit.*

[5] *Considérations sur l'hist. de France*, ch. VI, p. 162 et suiv.

duire ce régime dans toutes les contrées méridionales de la
France, si les traditions de l'ancienne Gaule, qui étaient les
mêmes que celles de l'Italie, n'avaient point été transmises au
moyen-âge. Le mouvement venu d'Italie, en se continuant de ce
côté des Alpes, put bien activer, généraliser la révolution, qui
eut à lutter soit contre le pouvoir temporel de l'évêque, soit
contre les seigneurs laïques [1]; mais l'étude des temps antérieurs [2]
nous conduit à une autre conclusion que M. Thierry, qui ne
fait pas remonter l'institution du consulat dans les villes du Midi
au-delà du XIe ou du XIIe siècle [3]. L'établissement des consuls nous
semble se rattacher à la tradition de l'ancien Duumvirat municipal. Les Duumvirs de plusieurs villes municipales, sans doute
plus ambitieuses que les autres, furent décorés du titre de consuls [4]. On sait que, au IVe siècle, Ausone avait donné ce titre aux
magistrats de la Curie de Bordeaux, dans des vers, que l'on a
souvent cités [5]. Bordeaux, cette ville déjà célèbre, sous les
Romains, par son commerce et sa population, et qui avait un
*Sénat* [6], pouvait bien aussi donner le titre de *consuls* aux premiers
magistrats de la cité, alors que la dignité consulaire avait, d'ailleurs, perdu ses pouvoirs et son prestige [7]. Aux Ve et VIe siècles, les villes des Gaules donnant à leurs curies le nom de
*Sénat* étaient assez nombreuses, et les rédacteurs du Bréviaire

---

[1] Voy. *Considér. sur l'hist. de France*, ch. VI, p. 163.

[2] Voy. *Supra*, tit. II, ch. 6, sect. 2; tit. III, ch. 3; tit. IV, ch. 5, sect. 2.

[3] *Essai sur l'hist. du Tiers-Etat*, ch. Ier, p. 17, et *Considér. sur l'hist. de Fr.*, ch. V, p. 156, note 2, ch. VI, p. 163, 5e édit.

[4] Voy. Cardinal Noris, *Cenotaph. Pisan.*, Diss. 1, c. 3.

[5] « Diligo Burdigalam, Romam colo : civis in illâ,
    Consul in ambabus : cunæ hic, ibi sella curulis. » (*In Burdigalam.*)
Quelques anciens auteurs, tels que Velser, Reinesius et Grævius avaient
cru pouvoir corriger le texte d'Ausone de la manière suivante :
        ...... Consul in hâc sum
        Civis in ambabus.
Cette correction ne devait pas prévaloir. *Voy.*, sur l'interprétation donnée
par Ducange, la *Valesiana*, p. 230; et l'appréciation de la critique de Valois,
par Bonamy (*Mém. de littér. tirés des registr. de l'Acad. des Inscript.*, t. XVII,
p. 18 et suiv.).

[6] « Nisi quis procerum *Senatu*, » expressions d'Ausone.

[7] Voy., sur les consuls, au Bas Empire, le mémoire de M. Humbert, intitulé : *Des consuls sous l'empire romain* (*Rec. de l'Acad. de législ. de Toulouse*,
t. XX, p. 79).

d'Alaric qualifiaient de *consuls* les magistrats de ces cités[1]. Cet ancien titre se conserva particulièrement dans plusieurs villes du Languedoc et de la Guyenne[2]. Enfin, le consulat d'Arles et les municipalités des autres villes du Midi ne furent point empruntés à l'Italie[3].

C'est dans la région du midi, moins abondante en chartes de communes proprement dites, que M. Thierry range la province d'Auvergne[4]. Il fait, en outre, observer que, dans cette province, les attributions des consuls sont à peu près les mêmes que dans les autres pays de cette région, et que leurs pouvoirs sont restreints, à Clermont, par les officiers de l'évêque, à Aurillac, par ceux de l'abbé, et, à Riom, par ceux du comte ou du roi[5].

Il existe encore d'autres traits particuliers, que l'illustre historien ne pouvait pas, malgré leur importance, comprendre dans sa remarquable généralisation. Nous les signalerons, à mesure que nous les rencontrerons, dans l'exposé, que nous nous proposons de faire des chartes et des institutions municipales de l'Auvergne.

Le mouvement qui gagna les villes et les gros bourgs de cette province se liait certainement à l'état général du midi de la France. L'émancipation des principales villes de cette dernière contrée, telles que Béziers, Montpellier, Nîmes, Narbonne, avait eu lieu dans la première moitié du XIIe siècle[6]. Les chartes des villes de l'Auvergne sont d'une date postérieure. Dans cette province, comme dans beaucoup d'autres, les seigneurs ne cédèrent probablement qu'à la force des choses, à la menace des insurrections, à la crainte de voir leurs vassaux déserter leurs villes et leur seigneurie, pour aller chercher ailleurs un refuge contre

---

[1] *Epitome de Gaius*, L. I, tit. I, § 1, et tit. II, § 1 précités; *voy.* aussi Hauteserre, *Rerum Aquit.*, Lib. III, ch. IV.

[2] Vinet, *Not. in Auson.*; Bonamy, *Loc. cit.*, p. 29.

[3] M. Giraud, *Loc. cit.*, p. 131.

[4] Avec la Provence, le Comtat-Vénaissin, le Languedoc, le Limousin et la Marche, la Guyenne et le Périgord, la Gascogne, le Béarn et la Basse-Navarre, le Comté de Foix et le Roussillon (*Tableau de l'ancienne France municipale, Loc. cit.*, p. 242).

[5] *Loc. cit.*, p. 245.

[6] A Béziers, en 1131; à Montpellier, en 1141; à Nîmes, en 1145; à Narbonne, en 1148.

leurs vexations. Les chartes et les franchises qu'ils accordèrent eurent sans doute pour but de conjurer les périls d'une révolution. Ce qui semble prouver que tels furent les motifs de leur détermination, c'est la promesse solennelle qu'ils font, dans ces chartes, de ne plus lever d'impôts arbitraires, de rentrer dans le droit commun, d'observer l'exécution des coutumes, de mettre un terme ou une limite à d'intolérables abus, à des exactions de toutes sortes, qui opprimaient les habitants des villes ou des campagnes, et de respecter le nouveau pacte juré [1].

Nous ajoutons que, lors de l'octroi d'une charte de privilèges, il était stipulé certaines sommes ou redevances en faveur du seigneur, comme indemnité de la perte ou de la diminution de ses droits. La question financière était une autre raison déterminante qui se joignait aux considérations politiques.

Presque toutes les villes ou tous les gros bourgs de l'Auvergne possédèrent des chartes. Le grand nombre de ces franchises obtenues dans le même temps fait voir que les hommes de cette province avaient déjà atteint par le travail un certain degré d'indépendance personnelle. Toutefois, ces actes ne leur donnèrent pas une émancipation entière : nulle part nous ne voyons les cités réellement affranchies de la puissance des seigneurs, comtés, prélats, et abbés. L'affranchissement est moins complet que dans ces *communes jurées* du Nord, où la victoire remportée sur les seigneurs ecclésiastiques ou laïques dicta seule la condition des traités.

En Auvergne, le souvenir des anciennes institutions municipales semble ne s'être jamais effacé; et le Consulat apparaît

---

[1] On peut voir, par les promesses et renonciations faites, dans les chartes, pour l'avenir, par le comte ou les seigneurs, combien le régime du passé dut être arbitraire et oppressif. Ainsi, par exemple, on lit ce qui suit dans l'art. 78 de la charte de Montferrand :

« *Item,* le seigneur et la dame du dict Montferrand, leur baile ne aucun d'eulx, ne autre pour eulx, n'ont et ne peuvent avoir dans le mandement du dict lieu, ne sur les habitans en icelluy, ne aucun d'eulx, aucun albenaige, queste, taille, colte ne achept, ne aucun autre droit, ne service forcé ou contraint, ne aussi en leurs biens, ne autres choses à eulx appartenant, et avec ce ne peuvent et ne doivent les dictz habitans ne aucun d'eulx estre contrainctz bailler aucune chose du leur ni de ce qu'ils ont ou auront en leur garde, ne les leur prester, vandre, louer ou changer, donner ne autrement les bailler ou aliéner, ne recevoir aucune chose d'eulx, ne aussi appuier aucune choses en leurs maisons ou autres choses à eulx appartenant... »
Voyez aussi l'art. 14 de la charte d'Aigueperse.

comme une nouvelle consécration, comme une forme énergique
des vieilles libertés. Les seigneurs laïques consentent plus volontiers que les seigneurs ecclésiastiques à ce changement de constitution. Le principe démocratique n'y domine point. Cependant
les chartes, dont nous allons parler, révèlent une innovation considérable, qui donne au régime municipal un caractère moins
aristocratique que celui de l'ancienne curie, et accroissent, dans
une certaine mesure, la somme des franchises du pays.

Il en est plusieurs qui sont rédigées soit en langue romane, soit
en dialecte auvergnat. Le Roman paraît avoir été, aux douzième
et treizième siècles, la langue littéraire de l'Auvergne [1]. Elle
était en usage parmi les personnes instruites. Mais la langue vulgaire était plus répandue. La diffusion du dialecte auvergnat dans
le reste du peuple obligeait d'y avoir recours et d'en faire pour
ainsi dire la langue politique et administrative [2]. Les chartes qui
semblent, au premier abord, purement romanes, telles que le
serment de Robert de la Tour, de 1198, dont nous parlerons
bientôt, laissent apercevoir quelque mélange. Celle de Besse,
de 1270, appartient plutôt au dialecte auvergnat qu'à la langue

---

[1] Nous empruntons les observations suivantes à l'ouvrage de M. Baret,
intitulé : *Les troubadours et leur influence sur la littérature du midi de l'Europe :* « La langue romane, aux douzième et treizième siècles, régnait à peu
près dans les mêmes contrées où elle est encore parlée aujourd'hui.... Seulement, il est probable que dans les hautes classes, pour lesquelles chantaient les troubadours, cette langue avait alors plus d'élégance et d'unité
qu'elle n'en a maintenant dans le peuple.... Peut-être, à une époque reculée,
les récits, les pérégrinations assidues des jongleurs contribuèrent-ils à établir et à maintenir quelque unité dans la langue romane, même parmi les
classes inférieures de la société. Mais quand eurent disparu ces poëtes du
peuple, qui du moins alors fournissaient à son esprit un aliment dont il a
été trop privé depuis, la langue romane, privée en même temps de l'action
et du concours des classes féodales, ruinées par Simon de Montfort et ses
partisans, se partagea en un nombre infini de dialectes qui varient de province à province, quelquefois de canton à canton, renfermant tous un certain
nombre de locutions et de mots inconnus au dialecte voisin. Il est même
certain que ces nuances existaient à l'époque des troubadours, puisque
Raimbaud de Vaqueiras écrivit une pièce *(Descort)* en cinq dialectes différents. »— Voyez aussi *Histoire de la poésie provençale,* par Fauriel; et *Histoire de la langue romane,* par M. Francisque Mandet, aujourd'hui conseiller
à la cour d'appel de Riom. Nous renvoyons aux observations de ce dernier
écrivain sur les dialectes ou patois de la Haute et de la Basse-Auvergne,
chap. X, p. 303 et suiv.

[2] Cet usage s'est maintenu jusque dans le XV⁰ siècle pour les actes administratifs.

romane. Il en est de même de la *première paix* de 1280, et de la *deuxième paix* d'Aurillac de 1298. La charte de Riom de 1270 paraît écrite en roman plus pur.

## SECTION I<sup>re</sup>.

### Chartes de l'Auvergne.

Nous lisons, dans un ouvrage, du reste, très-remarquable et couronné par l'Institut, que les institutions municipales étaient peu développées en Auvergne. L'auteur ajoute que l'*Alfonsine* ou charte de Riom de 1270 fut, pour ainsi dire, la charte générale de cette province, en ce sens qu'elle aurait été étendue plus tard aux autres villes ou communautés de l'Auvergne, qui auraient payé pour l'obtenir, et qu'elle serait devenue comme le code du droit public de cette contrée pendant tout le moyen-âge [1]. Les explications qui vont suivre prouveront suffisamment que ces observations ne sont pas exactes. La charte de Riom de 1270 a pu être la source des dispositions de plusieurs chartes octroyées après cette époque; mais nous en rencontrerons un certain nombre contenant des éléments propres, des statuts particuliers, qui ne se trouvent pas dans celle de Riom. Il en existe aussi d'une date antérieure, auxquelles elle paraît elle-même avoir emprunté plusieurs règles importantes.

Le premier témoignage écrit des privilèges de la Basse-Auvergne est le serment prêté par l'évêque Robert, en sa qualité de seigneur temporel, l'an de l'incarnation 1198, du mois de mai, dans l'octave de l'Ascension, et découvert par M. Gonod, bibliothécaire de la ville de Clermont, qui l'a publié, en 1839, dans sa *Notice de la cathédrale* [2]. Ce document est resté inconnu à Savaron, à Durand et à Chabrol. M. Gonod l'a transcrit sur le *Vidimus* donné, en 1284, à la demande des habitants de Clermont, par Guill. Alamela, qui tenait alors le sceau du roi en Auvergne [3].

---

[1] M. Boutaric, *Saint-Louis et Alfonse de Poitiers*, p. 506 et 507.

[2] Voy. *Annales de l'Auvergne*, 1839, p. 89.

[3] Ce *Vidimus* est conservé aux *Archives départementales* de la préfecture du Puy-de-Dôme, G 9, *armoire* XVIII, sac B, cote 10. Voy. notre *Appendice*, vol. II.

Robert y reconnait l'ancienneté des franchises de cette ville : « Promete fielment a totz los omes et a totas las femnas de Clarmont que i sont aora o que i serant que, eu lor tenrai *aquelas bonas costumas que mei ancessors tengront als lors ancessors.* »

Le texte de cette charte est aussi intéressant comme monument de la langue du pays, à cette époque, que pour l'histoire des institutions. Les privilèges qui y sont accordés sont peu nombreux. L'évêque promet, sous serment aux habitants, de les respecter dans leurs personnes et leurs biens, de ne les saisir et s'en emparer que dans le cas d'homicide, de meurtre ou d'adultère. Il renvoie pour les vols à l'application des bonnes coutumes de Montferrand. Il s'engage à juger de bonne foi et à ne pas donner asile ou protection à ceux qui auront fait insulte ou préjudice à un habitant de la ville. Telles sont, en substance, les principales dispositions de cette première charte de la ville de Clermont[1], dans laquelle Robert termine en demandant l'oubli du passé et le pardon des torts et dommages qu'il a pu faire.

[1] Pour tout ce qui concerne la commune de Clermont, on peut consulter l'édition *Des origines de Clairmont* de Savaron, par Durand, aux pièces, p. 369 et suiv.

Au commencement du XIVᵉ siècle, les chartes et priviléges de la ville de Clermont étaient divisés en deux parties : l'une était en la possession des habitants, l'autre conservée dans une tour, dont le bailli de l'évêque avait la clé (Mazure, *Inventaire des Arch. municip. de Clermont*).

Le 17 décembre 1483, par suite d'une délibération municipale, le coffre des archives concernant les *priviléges* du pays fut ouvert, et un inventaire fut dressé par les deux notaires Sudre et de Moutor.

Un second inventaire des Archives municipales de Clermont fut commencé en 1498. Cet inventaire, terminé le 22 avril 1499, consiste en un petit registre in-4° de 269 feuillets, portant ce titre : *Inventaire des lettres, titres, enseignements de la cité de Clermont, fait par nous, Etienne Merchadier, Jacques de Riom, Cibaudon Curier, Antoine Mandonnier et Vincent Pelut, commis par assemblée générale à charcher et faire inventaire des dits titres et enseignements qui sont en la maison de ladite ville, commencé par nous dessus dits au meys de juing, l'an mil quatre cent quatre-vingt dix-huit.* »

Ce registre existe aux Archives municipales de la ville de Clermont.

Un nouvel inventaire fut dressé par Georges Bunyer, avocat. Il fut commencé au mois de novembre 1616, et arrêté le 8 juillet 1617. C'est un in-folio de 297 feuillets.

Enfin, M. Mazure, inspecteur d'Académie, consacra les deux années 1848, 1849, à inventorier de nouveau les richesses des Archives municipales de Clermont. Son travail se compose de 192 feuillets petit *in-folio*, non compris la table alphabétique.

Il existe, dans ces mêmes Archives, un précieux inventaire des Archives de Montferrand, dressé vers l'année 1550 ; 1 vol. gr. in-8° sur beau papier vélin.

Cependant, les animosités et les prétentions réciproques des habitants et des évêques seigneurs de la ville ne furent pas éteintes. Dans la première moitié du siècle suivant, les bourgeois se constituèrent en confrérie appelée de l'Hôpital-Juré, nommèrent huit d'entre eux pour administrer, sous le nom de procureurs, les affaires de la ville et exercer les fonctions de consuls. L'évêque les excommunia, et l'affaire fut portée devant le Parlement. Un arrêt de novembre 1251 ordonna la suppression des procureurs élus, et la dissolution de la confrérie de l'Hôpital-Juré, décida que les bourgeois prêteraient serment de fidélité à l'évêque, leur permit de conserver leur sceau, mais avec défense d'en faire usage dans des actes contraires à la juridiction épiscopale. Il fut, en outre, décidé qu'aucune levée de deniers n'aurait lieu que du consentement de l'évêque et par le ministère de quatre prud'hommes élus pour cette opération ; qu'il ne pourrait être placé dans la cité ni sentinelles ni gardes sans la permission de l'évêque ; enfin, que les clefs de la ville resteraient en la possession des habitants, qui cependant ne devraient pas empêcher l'évêque ou ses gens d'entrer ou de sortir librement. Cet arrêt fut exécuté le 1<sup>er</sup> janvier 1252 : une députation des notables de Clermont y acquiesça au nom de tous les citoyens. Les bourgeois prêtèrent le serment de fidélité prescrit par l'arrêt. L'évêque les releva de l'excommunication, et promit sous serment de maintenir les bons usages de la ville[1].

Dans le mois de juin 1253, le Conseil de régence, établi par saint Louis, statuait sur un débat relatif aux concessions contenues dans la charte de 1198. Cette décision, qui a été publiée par M. Gonod[2], expliquait quelques articles obscurs, sans accorder aucun privilége nouveau[3].

A son retour de la croisade, saint Louis confirmait la décision du Conseil de régence[4]. Mais, dès l'année 1254, les bourgeois de Clermont étaient cités devant le Parlement, où l'évêque se plai-

---

[1] Voy. *Histoire de la commune de Clermont*, par M. Renaud, p. 46 et suiv., broch. in-12 de 136 pages, Clermont-Ferrand, 1873 ; résumé historique très substantiel.

[2] *Loc. cit.*, p. 92 et suiv.

[3] Voy. notre *Appendice*, vol. II.

[4] Louis IX séjourna à Clermont depuis le 14 jusqu'au 17 août 1254.

gnait de ce qu'ils avaient arraché des mains d'un de ses sergents, et entraîné dans le lieu habituel de leur réunion, des témoins qu'il conduisait à l'évêché pour y être procédé à une enquête sur le meurtre d'un autre sergent de l'évêque[1].

Dans le mois d'août 1255, les habitants, pour se soustraire à sa domination, faisaient acte de reconnaissance féodale vis-à-vis du comte Alfonse, qui avait l'Auvergne en apanage, et que le Parlement, dans la même année, débouta de ses prétentions sur Clermont[2].

Par un acte du mois d'octobre 1255, la commune de cette ville s'engageait à payer à l'évêque une amende considérable (7,000 livres), pour les torts qu'elle avait faits à l'évêque. Afin d'en garantir le paiement, la ville lui donnait 270 otages. L'évêque ratifiait les usages et coutumes reconnus par la charte de 1198, interprétée par le Conseil de régence de 1253, et reconnaissait aux bourgeois de Clermont le droit de posséder les clefs de la ville et des faubourgs[3].

En 1260, on voit ces clefs, avec le sceau de la ville, entre les mains du roi, par suite de la saisie qui en avait été faite par son bailli, Nicolas de Menet, alors bailli de Bourges. Les habitants les réclamèrent auprès du Parlement. Ils exposaient qu'ils en avaient toujours eu la paisible possession; qu'étant les fidèles du roi, et ayant juré de lui remettre la ville de Clermont, *ad magnam vim et parvam*, ils ne pouvaient le faire sans être possesseurs des clefs. Le procureur de l'évêque répondait qu'elles devaient être restituées à l'évêque, qui était le seigneur de la ville, et que, si les bourgeois en avaient eu la saisine, ce n'était qu'en son nom. Il gardait le silence au sujet du sceau. Le Parlement fit rendre aux bourgeois le sceau et les clefs[4].

En 1262, le Parlement était encore appelé à se prononcer entre l'évêque et les habitants de Clermont; mais, cette fois, il s'agissait d'une révolte. Voici les griefs articulés par l'évêque: Les bourgeois avaient tenu, pendant plusieurs jours et plusieurs nuits, les portes de la ville closes, empêchant les gens de l'évêque,

---

1 Voy. Rec. des *Olim*, t. 1er, p. 417 et suiv.

2 Voy. *Suprà*, tit. V, chap. 3, p. 230.

3 Voy. *Archives départ. du Puy-de-Dôme*, fonds de l'évêché, sac 1er, cote 11; M. Renaud, *Loc. cit.*, p. 11.

4 « Reddita fuerit ipsis civibus saysina clavium et sigilli. » Arrêt de 1260, Rec. des *Olim*, t. 1er, p. 471-472.

tels que son maréchal ou son panetier, et même l'official et le bailli, d'entrer ou de sortir. Pendant la nuit, et à des heures indues, *extrà horam*, ils avaient placé, sur les murs et les tours, des gardes et des sentinelles, qui n'avaient cessé de troubler le repos par des clameurs et le son de leurs trompettes. Pendant plusieurs nuits, une foule de citoyens armés avait parcouru la ville, avec grand bruit, et s'était rendue jusqu'aux portes du palais épiscopal; des pierres avaient été lancées aux fenêtres de ce palais par la foule ameutée. Un jour, les citoyens avaient fait publier dans la ville, *ex parte communis*, sans ordre de l'évêque, des proclamations, par des hérauts suivis d'une nombreuse multitude. Le bailli de l'évêque ayant cité les gardes des tours et des murs, qui avaient pris part à la rébellion, quelques-uns s'étaient présentés, et lorsque le bailli eut prononcé sa sentence, la foule les avait empêchés d'y obéir en les entraînant avec elle. Ensuite les bourgeois s'étaient rendus dans leur chapelle, et là ils avaient constitué des représentants pour administrer les affaires de la ville, formé une conjuration et tramé une conspiration contre l'évêque. Tous ces faits, à l'exception de la conspiration, furent prouvés par l'enquête, et les habitants de Clermont furent condamnés à cinq cents livres tournois d'amende. Mais ils conservèrent la garde des murs et des tours, avec le droit d'y placer des gardes et sentinelles, ainsi que la possession des clefs de Clermont[1].

A la fin de la même année 1262, le Parlement décidait que les procureurs de la ville n'avaient pas le droit de lever des tailles sans en rendre compte à l'évêque[2].

N'est-ce pas après tous ces troubles, après tous ces procès, qu'il faut placer la date de la charte, publiée par Durand[3], qui accordait des franchises assez étendues à la ville de Clermont? Durand attribue cette charte au comte Guy II, et suppose qu'elle a été donnée vers l'an 1220. L'erreur de cet écrivain sur le

---

[1] Voyez l'arrêt de 1262, dans le Recueil des *Olim*, t. Iᵉʳ, p. 154-155; cet arrêt est aussi rapporté dans Savaron-Durand, p. 375; voy. M. Renaud, *Loc. cit.*, p. 55 et suiv.

[2] « Probatum est quod episcopus Claromontensis est in saisina audiendi compotum tallie vel collecte, quando fit apud Claromontem; remaneat episcopus in saisina sua. » (Rec. des *Olim*, t. Iᵉʳ, p. 168-169).

[3] Savaron-Durand, p. 369 et suiv. — Le texte de cette charte se trouve dans une copie conservée aux Archives de la ville de Clermont.

premier point a été démontrée par Chabrol[1] et par M. Bayle-Mouillard[2]. Le texte de la charte parle toujours, en effet, de l'évêque, et non du comte. Quant à la date, il n'existe dans ce document aucune mention, aucune indication qui puisse la faire connaître d'une manière directe et positive.

Cependant, dans un ouvrage publié récemment, M. Ambroise Tardieu n'hésite pas à soutenir que cette charte est du mois de septembre 1219. A l'appui de cette opinion, il invoque l'autorité de *Bunyer*, qui a fait, en 1616-1617, l'inventaire des archives municipales de Clermont; il s'appuie aussi sur l'inventaire des mêmes archives (p. 146 et 149) rédigé, en 1498, par *Etienne Merchadier*[3].

Il existe plusieurs raisons pour ne pas adopter la date proposée par M. Tardieu. Le premier article de cette charte reproduit l'article 1er du serment de l'évêque Robert, mais avec l'addition que le Conseil de régence y avait faite *en l'année* 1253. D'ailleurs, si la charte publiée par Durand eût existé en 1219 ou 1220, l'acte de 1253, émané du Conseil de régence, n'aurait pas eu lieu : on n'aurait pas demandé à ce Conseil d'interpréter la charte de 1198, mais celle de 1219 ou 1220, qui était bien plus étendue, et qui aurait été en vigueur en 1253. Dans les procès de 1251 et de 1262, le droit d'avoir des représentants et celui de s'assembler pour délibérer sur les affaires de la ville n'étaient pas reconnus aux bourgeois de Clermont par le Parlement; et cependant ces droits sont accordés formellement par la charte qui nous occupe. Il nous paraît donc certain qu'elle est postérieure, non-seulement aux années 1219 ou 1220, mais au procès de 1251 et même de 1262. Nous pensons aussi qu'elle est antérieure à 1270, car l'*Alfonsine*, ou charte de Riom, qui est de cette dernière année, lui a emprunté de nombreuses dispositions[4].

On peut donc placer entre les années 1262 et 1270 la date incertaine de ces franchises[5].

---

[1] T. Ier, p. 56.—Chabrol émet des doutes sur l'authenticité de cette charte.

[2] *Loc. cit.*, p. 38 et suiv.

[3] *Histoire de la ville de Clermont-Ferrand*, t. Ier, p. 507.

[4] Voy. M. Renaud, *Loc. cit.*, p. 60 à 64.

[5] M. Bayle-Mouillard pense qu'elles furent octroyées vers la fin de l'année 1262, lorsque saint Louis eut célébré à Clermont le mariage de Philippe-le-Hardi avec Isabelle d'Aragon (*Loc. cit.*, p. 39). M. Renaud place cette date entre les années 1266 et 1270 (*Loc. cit.*, p. 64.)

Malgré les concessions que cette charte renferme, la lutte entre l'évêque et les habitants de Clermont ne cessa pas. Pour des motifs dont nous n'avons pas le détail, mais qui devaient être assez graves, le roi saint Louis avait mis la main sur le sceau, les clefs, les trompettes et les armes de la ville. En 1284, les bourgeois de Clermont, représentés par des mandataires, promettaient de payer à Philippe-le-Hardi 3000 livres pour obtenir main-levée de cette saisie, ainsi que le rachat des franchises et privilèges de la cité[1].

Mais, dans la même année, le roi mandait au bailli d'Auvergne de reprendre tout ce qui venait d'être restitué à la ville, en manifestant l'intention d'évoquer à son Parlement les difficultés entre l'évêque et les habitants[2].

Pendant la mainmise du roi, ceux-ci n'étaient pas moins obligés, en 1287, par un arrêt du Parlement, à rendre compte à l'évêque des levées de tailles, et cet arrêt ordonnait que les deux parties prêteraient réciproquement le serment[3]. En 1294, c'était entre le roi et l'évêque que le conflit existait au sujet des murs, tours et fossés de la ville. Le Parlement maintenait au pouvoir du roi les fortifications, et condamnait l'évêque à 6000 livres tournois, pour avoir comblé les fossés, percé les murs et vendu les matériaux qui en provenaient[4]. La mainmise du roi ne cessa que par l'arrêt de 1295, qui remettait la cité en la possession de l'évêque[5].

C'est probablement à cet arrêt que Pierre Jacobi, d'Aurillac, qui écrivait de 1311 à 1329, faisait allusion dans sa *Pratique dorée*, lorsqu'il disait que la ville de Clermont en Auvergne avait été privée de ses droits de commune et de consulat par sentence du Parlement[6].

---

[1] Voy. cet acte dans Savaron-Durand, *Origines de Clairmont*, p. 375 et suiv.

[2] Voy. la requête présentée au roi par les habitants de Clermont, dans Savaron-Durand, *Loc. cit.*, p. 379 et suiv.

[3] Recueil des *Olim*, t. II, p. 264-265.

[4] *Olim*, t. II, p. 372; M. Renaud, p. 71 et suiv.

[5] Cet arrêt porte : « Claves portarum civitatis Claromontensis, sigillum, privilegia ab episcopis concessa, carte et arma restituentur episcopo, tanquam commissa, manu Regis amota. Item amovebitur manus Regis de muris et fossatis... » (Rec. des *Olim*, t. II, p. 386.)

[6] « Nisi ex aliquâ causâ amittat communionem et consulatum, *sicut amisit civitas Claromontensis in Alverniâ* et civitas aviciencis in Vallaniâ, quæ illa amiserunt per sententiam parisiensem in Parlamento. » (*Practica aurea*, fol. 106, édition de 1492).

En 1296, Philippe-le-Hardi ordonnait au bailli d'Auvergne de mettre l'évêque en possession des clefs, des portes, du sceau, des armes, chartes et privilèges de la ville [1].

Cependant, en 1379, Charles V accordait aux habitants de Clermont le privilège de s'assembler pour les *affaires communes* et de nommer un capitaine sans la permission de l'évêque [2].

Néanmoins, l'évêque continua à présider l'Assemblée des habitants, et mit plus d'un obstacle à leurs reunions [3]. Malgré les promesses faites sous serment, en 1446, par l'évêque Jacques de Combort [4], et, en 1479, par Charles, Cardinal de Bourbon, de respecter les franchises et libertés des habitants de Clermont [5], de graves atteintes étaient journellement portées par ces prélats aux droits des citoyens. Louis XI fit cesser un instant ces résistances, qui recommencèrent aussitôt qu'il fut décédé. Nous reviendrons plus loin sur ce point; il faut continuer cette revue des chartes de l'Auvergne.

[1] Voici le texte de ces lettres :
« A tous ceux que ces lettres verront, Guillaume de Langest, garde de la prévôté de Paris, salut. Sache tous que nous l'an de grâce Milccɪɪɪxxxvɪ, le vendredi après pasques veismes une lectre scellée du scel de notre Seigneur le Roi de France, qui s'ensuit : « Ph. Dei gratia Francorum rex Baillivo Byturic, vel ejus locum tenenti, in Arvernia, salutem. Mandamus tibi quòd *claves, portas villæ Claromontensis, sigillum, armaturas, cartas et privilegia* que per curia nostra judicium pronunciatum est, dilecto et fidelio nostro episcopo. Claromontensis fore reddenda eidem, vel ejus mandato reddas, absque difficultates quacumque ac de muris, turribus, tornellis et facias ejusdem villæ manum in eam. Actum parisiis, die jovis, post pasqua, anno domini millesimo cc° nonagesimo sexto. » Et sur le transcript de ces lettres, avons scellé du scel de la prévosté de Paris, l'an et le jour dessuz dict. » *Archives départ. du Puy-de-Dôme,* Fonds de l'évêché, sac Iᵉʳ, cotes 14 et 17.

[2] *Voy.* Lettres patentes du 17 mai 1379, dans Savaron-Durand, *Loc. cit.,* p. 383-385.

[3] *Voy.* sur les nouvelles discussions entre l'évêque et les bourgeois de Clermont, en 1386 et 1387, les documents des *Archives départ. du Puy-de-Dôme,* fonds de l'évêché, liasse 9, cote 10.

[4] Jacques de Combort fit, en 1460, avec les trois élus représentant la ville, un traité par lequel il octroyait aux habitants de Clermont une modération des taxes de justice; les élus, au nom des habitants, s'engageaient à ne point s'assembler ailleurs que dans la chapelle St-Barthélemy *(Archives municipales;* M. Renaud, *Loc. cit.,* p. 74).

[5] Voy. *Inventaire des archives municipales,* par Bunyer; *Inventaire* de Merchadier, p. 158, *verso;* M. Renaud, p. 79.

En 1205, l'abbesse de Cusset confirmait les privilèges de cette ville [1].

La ville de Maringues recevait, dans le mois de mai 1225, sa charte de Falcon, seigneur de Montgacon. Elle permettait aux habitants de Maringues d'élire et d'établir à perpétuité quatre consuls, qui devaient, en entrant en fonctions, jurer sur les saints Evangiles de respecter les droits du seigneur et ceux des habitants. Cette charte, qui renfermait des concessions assez sérieuses, et qui précéda de quarante-cinq ans l'*Alfonsine* de Riom, fut renouvelée et ratifiée, en 1372, par Godefroy de Boulogne, seigneur de Montgacon et de Roche-Savine. Godefroy de Boulogne n'augmenta pas les franchises, et imposa aux habitants de Maringues quelques obligations nouvelles. Il les dispensa seulement du guet (*logayt et rayregayt*) à son château de Montgacon [2]. Cette ratification fut donnée le 15 septembre 1372, et les lettres qui la contenaient ne furent rendues exécutoires que cinq ans après, le mardi avant la fête de la Nativité de Saint-Jean-Baptiste, de l'année 1377.

En 1239, la ville d'Ambert avait aussi son droit de corps commun et de consulat, qui lui était octroyé par Guillaume, seigneur de Baffie et du Livradois. Guillaume accordait ces privilèges, pour se conformer, disait-il, aux bonnes et louables coutumes qui commençaient à s'établir. Les membres de la communauté et le seigneur lui-même s'obligeaient par serment à se secourir, à se défendre contre toute injuste agression. Les habitants d'Ambert étaient autorisés à construire des murs autour de la ville, à y faire des portes, des tours et des fortifications pour la défense commune. Guillaume se réservait le droit de construire des tours et des forteresses dans l'intérieur de la cité, et s'engageait, dans le cas où, pour les établir, il occuperait le terrain d'autrui, à en payer le juste prix, suivant estimation faite par deux hommes probes. Il était permis aux habitants d'Ambert de se choisir quatre consuls, chargés de pourvoir à toutes les nécessités de la communauté. Ces consuls devaient jurer au seigneur fidélité, et

[1] Chabrol, IV, 227.
[2] M. Cohendy a publié, avec des observations, le *Vidimus* de la charte de 1225, donné en 1372, dans la 9ᵉ livraison du mois de juillet 1858, de l'*Art en province, Revue du Centre*, p. 191 et suiv. Nous reproduirons ce document important dans notre *appendice*, vol. II.

promettre de s'opposer à toute entreprise, à toute attaque dirigées contre son droit et son domaine, en conciliant cette défense avec les droits et les privilèges de la ville. Toutes tailles, tous charrois, manœuvres d'hommes, de bœufs, d'ânes et autres, étaient supprimés. Le 18 juillet 1239, le seigneur de Baffie se rendait en grande pompe à l'église d'Ambert, pour sanctionner sous la foi du serment les concessions qu'il venait de faire. Afin de donner toute notoriété à cette charte, Guillaume ordonnait d'en faire autant d'exemplaires qu'il y avait de *méniées* dans la seigneurie [1].

En 1256, Bernard de la Tour et Bertrand, chanoine de Brioude, son frère, octroyaient les privilèges de la ville de Saint-Amant [2]. Bernard de la Tour confirmait cette charte, en 1308 [3].

Alfonse, frère de Saint-Louis, qui avait reçu l'Auvergne en apanage, octroyait, dans le mois de juillet 1270, les coutumes et privilèges de la ville de Riom. Cette célèbre charte, appelée l'*Alfonsine*, est rédigée en langue romane et en langue latine [4]. Elle est datée d'Armezargues, près d'Aigues-Mortes. Elle fut rédigée à l'époque où le Comte se trouvait dans cette contrée, prêt à suivre Saint-Louis à la croisade fixée au commencement de l'été 1270 [5].

Il en existe une autre moins connue qui fut donnée par

[1] Voy. *Chroniques du Livradois*, par l'abbé Grivel, p. 130 et suiv.

[2] Baluze, *Maison d'Auvergne*, II, 510.

[3] Baluze, *Loc. cit.*, II, 781.

[4] Cette charte se trouve dans la Thaumassière, p. 457-463, et dans le spicilège de Dom Luc d'Achery, à la suite des assises de Jérusalem. Chabrol a publié les deux textes roman et latin, vol IV, p. 501. — Nous les reproduirons à l'*Appendice*, vol. II.

[5] Alfonse s'était occupé avec activité des préparatifs de cette expédition. Parmi les ordres donnés à ses Sénéchaux, nous remarquons celui qui prescrit au Connétable d'Auvergne de faire des chasses dans ses forêts et de prendre une centaine de sangliers dont il devra faire préparer la chair pour cette expédition en Terre-Sainte. Il lui recommande d'employer pour cette chasse les filets existants à Roche-d'Agout ou déposés au château de Riom, et de les faire réparer, si cela est nécessaire : « Mandamus vobis quatenus a quindena festivitatis Omnium Sanctorum proxime venture in antea in forestis nostris alvernie venari faciatis ad apros et leas tamdiu quod capiantur quadraginta vel sexaginta vel centum ex ipsis, et apud Rupem Dagulphi ve apud turrim nostram Ryomi capiatis nostra rethia ad dictas feras capiendas et dicta retia faciatis si opus fuerit repparari, apros et leas captas salsar et parari prout condecet faciatis ad defferendum in partibus transmarinis. » Datum die lune post Exaltationem sancte Crucis 1269. » (16 septembre 1269). Arch. nat., Reg. B., fol. 52. — Alfonse, qui était parti de Paris au commencement de février 1270, était arrivé à Aymargues à la fin de mai.

par le même comte à la ville de Riom dans le mois de mars de l'année 1248. Cette charte, qui n'a pas encore été publiée, et que l'on trouvera dans les pièces justificatives de cet ouvrage [1], renferme de nombreuses dispositions. Il y est parlé du consulat comme d'une institution déjà établie. Le comte Alfonse déclare qu'il a consulté pour la rédaction de cet acte les chartes et franchises de plusieurs villes, telles que Montpellier, Montferrand.

L'année suivante, c'est-à-dire en 1249, Alfonse, pour répondre aux désirs des habitants de Riom, concédait à cette ville les coutumes de Saint-Pierre-le-Moutier, mais sans les reproduire.

On peut s'étonner de voir le comte, par un renvoi général à une autre charte, donner à cette partie de la province d'Auvergne, qui en possédait déjà une très-détaillée, des lois faites pour une autre province. Cependant, le document qui constate ce fait est incontestable [2]. C'est probablement pour parer aux inconvénients qui devaient en résulter, que fut publiée la charte de 1270. Elle renfermait, d'ailleurs, de notables améliorations.

Alfonse donnait aussi, en 1270, la charte de Pont-du-Château, qui fut confirmée par le prince Jean, en 1318, et ensuite, en 1331, par des lettres de Philippe de Valois [3].

Dans la même année, Imbert de Beaujeu, seigneur de Montpensier et d'Herment, accordait les privilèges de la ville de Clerevaux [4].

---

[1] Appendice, vol. II. — Nous publions ce document, d'après l'expédition qui nous en a été délivrée, aux *Archives nationales*, J., 273, n° 2. Il en existe une copie assez incorrecte à la Bibliothèque de la ville de Clermont (Mss., n° 288). Nous avons remarqué de nombreuses variantes entre cette copie et notre expédition.

[2] « Alfonsus... nos burgensibus nostris de villa Ryomi dedimus et concessimus franchisias ad usus et consuetudines franchisie de Sancto Petro Monasterio tenendas ab ipsis in perpetuum et habendas, excepto hoc quod non tenebuntur solvere censam quam burgenses de Sancto Petro solvunt... tenebuntur tamen ad solutionem censuum, reddituum, vendarum et aliorum que hactenus solvere consueverunt. » (Trésor des Chartes, J. 190, n° 93).

[3] *Ordonnances des rois de Fr.*, t. XII, p. 508; voy. Chapsal, *Disc. hist. sur l'allodialité et la féodalité*, p. 129 et suiv. — Pont-du-Château avait reçu, comme Riom, en 1249, une charte qui renvoyait aux coutumes de Saint-Pierre-le-Moutier. (Trésor des chartes, J. 190, n° 91.)

[4] Chabrol, qui ne connaissait pas la teneur de cette charte, dit que Imbert de Beaujeu donna conjointement avec Rampan Delpeut, en 1170 (?), des privilèges aux habitants de Clerevaux, et que ces privilèges furent confirmés, le 6 août 1364, par Aymar, seigneur de Barmont (IV, 170). Il est dit, dans la

Une charte, en dialecte auvergnat, octroyée par Bernard de la Tour et Bertrand, chanoine de Brioude, son frère, en 1270 [1], aux habitants de Besse, petite ville de la Basse-Auvergne, sur la même ligne que Saint-Bonnet-le-Château, en Forez, en tirant de l'est à l'ouest, est conçue, dans plusieurs de ses dispositions, à peu près dans les mêmes termes que la charte de privilèges donnée à Saint-Bonnet, également en dialecte auvergnat, vers 1224, par Robert, seigneur de cette ville, confirmée, en 1270, par Jean de Châtillon, et, en novembre 1372, par Pierre de la Roue [2]. La charte de Besse commence ainsi : « En B. de la Tore Bertran de la Tor, fraire, donneront a la villa de Bessa e jureront sobre sans à toz los hommes e a totas las femnas que maisos y peuriont e i auriont, bos utzages e bonas condumnhas las melhors que hum trobaria a ops de borses a Montpeleir, ni al poy, ni a Salvanhec, ni en altras bonas vilas. » On voit, d'après ce passage, que c'était sur les coutumes des bonnes villes du midi, comme Montpellier, que le seigneur de Besse, de même que le comte Alfonse, se guidait pour la rédaction de la charte accordée à ses vassaux. Le seigneur de la ville de Saint-Bonnet, où l'on parlait à peu près le même dialecte qu'en Auvergne, c'est-à-dire s'écartant fort peu du languedocien [3], prenait aussi pour modèle les

charte de 1270, que « lorsque le prévôt du seigneur recevra dans la franchise de Clerevaux des étrangers, il devra appeler les bourgeois de la ville. » Imbert de Beaujeu ordonne que, dans le cas où soit lui soit son prévôt voudraient « mettre aucunes choses contre les bourgeois ou autres, ni lui ni son prévôt ne pourront les mettre par leurs serments, mais seulement par celui de tous les bourgeois. » Par le dernier article, il est défendu au seigneur « de faire de nouvelles lois sans le consentement de ceux-ci, et il leur est permis d'en faire de nouvelles, d'ôter les anciennes, d'augmenter ou améliorer celles qui leur sont données, suivant qu'ils le jugeront plus avantageux et plus profitable au bien commun de la franchise. » Verdier-Latour, qui rapporte ainsi la tenenr de la charte de Clerevaux, dans le troisième paragraphe de son manuscrit sur la *Distribution des sièges de justice de l'Auvergne*, ajoute en marge : « Actes perdus par cause de révolution. » Cette charte était sans doute au nombre des précieux documents, que le savant Bénédictin avait recueillis, et qu'il fit disparaître à la suite de la visite domiciliaire faite chez lui (Voy. la note qui précède les preuves de la *Dissertation historique* de Verdier-Latour.)

[1] Cette charte a été publiée par Baluze, *Maison d'Auvergne*, II, p. 511 et suiv.

[2] Voyez la charte de Saint-Bonnet dans le 3e volume de la Mure, *Hist. des ducs de Bourbon et des comtes de Forez*, pièces supplémentaires, p. 71 et suiv.

[3] Le dialecte auvergnat est encore parlé dans les parties du Forez qui avoisinent l'Auvergne.

mêmes coutumes. Il y avait donc avec le Midi, pour cette partie de l'Auvergne, et pour celle du Forez, une grande analogie dans les institutions locales, comme il y avait, à quelques nuances près, communauté de langue.

Chabrol avait promis[1] de publier la charte donnée, en 1271, par Alfonse aux habitants de Sabazat. Mais il paraît que le manuscrit de cette charte fut adiré depuis qu'il avait fait cette promesse[2].

Au mois de mai 1272, Guy VIII, seigneur de Thiers, et son fils Guillaume, émancipé, et dûment autorisé par son père, octroyaient des priviléges aux habitants de la ville et du château de Thiers. Cette charte, qui est inédite, et que nous publions dans notre appendice[3], contient plusieurs dispositions intéressantes, notamment sur les bans de vendanges, sur la banalité des moulins, qu'elle abolit, sur le service militaire et le guet, sur les Juifs, les Lombards, les Cahorsins. Elle reconnaît l'existence d'une communauté; mais elle n'établit point expressément de consulat, comme plusieurs autres chartes de l'Auvergne. Guy VIII et son fils autorisent seulement les habitants de Thiers à élire parmi eux, et non parmi les nobles, trois ou quatre hommes chargés du maintien des franchises et de l'observation des dispositions de la charte octroyée, avec la mission d'en solliciter et requérir l'exécution du seigneur, en cas d'infraction. Ils reconnaissent avoir reçu des habitants la somme de 460 livres tournois pour prix de la concession de ces priviléges. En 1301, le mercredi avant l'Ascension, Guy VIII et son fils les augmentaient et les ratifiaient moyennant une autre somme de 300 livres tournois payée par les habitants, plus une somme de 20 livres *nomine joellorum*. Ils furent de nouveau ratifiés, en 1463, par Jean duc de Bourbonnais et d'Auvergne[4], et, en 1572, par Louis de Bourbon, duc de Montpensier, prince de la Roche-sur-Yon[5].

En 1272, Robert Dauphin donnait les priviléges de Solignat[6].

---

[1] T. I<sup>er</sup>, p. 56.

[2] Voy. Chabrol, vol. IV, p. 525.

[3] Voy. l'*Appendice*, vol. II; nous publions ce document d'après l'expédition qui nous en a été délivrée, aux *Archives nationales*, P. 1380. 2. 3296.

[4] Chabrol, IV, 583.

[5] Dulaure, *Description de l'Auvergne*, p. 481-482; Chabrol, *Loc. cit.*, p. 584.

[6] Ducange, v° *Gasterius*; Chabrol, IV, 603-604.

Ces priviléges furent confirmés par Beraud Dauphin, en 1356, et par Louis de Bourbon, le 22 février 1427.

Les privilèges de la ville d'Orcet, de 1280, furent insérés dans une sentence du 11 mars 1406. Ils contenaient 15 articles, et furent confirmés par une transaction du 1er octobre 1455[1].

Guy, évêque de Clermont, confirmait, dans le mois de septembre 1281, les priviléges de la ville de Billom, qu'il disait avoir été accordés ou confirmés par ses quatre prédécesseurs Ponce, Gilbert, Robert et Hugues, ce qui ferait remonter ces priviléges à une époque antérieure à 1189, date de la fin de l'épiscopat de Ponce. Ils avaient été ensuite ratifiés, en 1202, par Odil, archevêque de Bourges, et confirmés dans le mois de mai 1340. Chabrol a publié cette charte[2], mais en la tronquant. Nous l'insérerons en son entier dans les pièces justificatives de cet ouvrage[3], d'après la copie qui en fut faite et collationnée, le 6 mars 1706, par plusieurs notaires royaux, sur le titre déposé aux archives de l'évêché de Clermont[4]. Cette charte reconnaissait l'existence du consulat à Billom, et permettait aux habitants d'élire six consuls, qui devaient, selon l'usage, être présentés au bailli de l'évêque, et lui prêter le serment de fidélité. De toutes ses dispositions, nous mentionnons seulement ici celle qui porte que les cas non prévus par cet acte devront être décidés d'après le droit écrit, *secundum jus scriptum terminentur et decidantur.*

Les priviléges d'Issoire étaient augmentés par lettres-patentes du 13 août 1281, puis de mars 1290, et confirmés en 1384[5].

En 1288, Philippe-le-Bel octroyait les coutumes de la ville de Nonette. Elles sont datées du Puy. Jean duc de Berry et d'Auvergne les confirma par lettres données, au château de Nonette, le 15 mai 1365[6].

En 1290, Chatard de Cholet, seigneur de Belime, et en partie

---

[1] Voy, *Bibliothèque des coutumes,* p, 83 ; Chabrol, I, 57.

[2] *Voy.* Chabrol, vol. IV, p. 98.

[3] Voy. *Appendice,* vol. II.

[4] Ce document, qui existe aux Archives départementales du Puy-de-Dôme, nous a été gracieusement indiqué et communiqué par M. l'archiviste Cohendy.

[5] Voy. Chabrol, IV, 620. L'acte confirmatif de 1384 est rappelé par Secousse, vol. VII, p. 113.

[6] Il existe aux Archives nationales plusieurs pièces importantes sur les franchises des habitants de Nonette et sur les réclamations faites au roi par les bourgeois contre le prévôt du lieu et le Chapitre de Brioude. La Bi-

d'Auterive, accordait aux habitants de Belime droit de commune et de consulat [1].

Le 29 octobre 1291, le comte Louis de Beaujeu octroyait à Montferrand une charte qui renferme des priviléges plus étendus que celles de Clermont et de Riom. Elle contient 159 articles. Elle fut traduite du latin par Jehan Pradal, *licencié en chascun droit,* consul, avec le concours d'autres consuls, le 25 août 1496 [2].

Dans la même année 1291, il intervenait entre les habitants et le seigneur de Laroche, village situé entre Lempdes et Brioude, une transaction qui avait pour but principal de régler des contestations sur la taille aux quatre cas, et d'obliger notamment le seigneur à payer à raison d'un prix fixé la volaille, les bestiaux et les fruits qu'il prenait aux habitants, et à ne jamais augmenter de volume ou de poids la mesure usitée pour le cens ; preuve irrécusable de ses exactions antérieures.

Le 18 septembre 1312, Louis de Thiers, seigneur de Vollore, renouvelait les anciens priviléges de cette dernière ville, lesquels porte la charte, étaient tombés en oubli, faute d'avoir été rédigés par écrit. Outre les dispositions sur le consulat, cette charte, que nous publions, et que l'on trouvera dans l'appendice [3], renferme plusieurs articles sur la justice, les cens, les droits seigneuriaux, les banalités, les délits ruraux, etc.

En 1324, Bompart de Montmorin confirmait les priviléges des habitants de Montmorin [4].

La ville d'Aigueperse jouissait depuis un temps immémorial de plusieurs franchises et priviléges [5], lorsque Bernard de Ven-

---

bliothèque de Clermont possède des copies de ces pièces (*Voy.* Mss., n° 275, *Recueil Nonette,* pièces 6, 9, 10, 17, 18).

Une ordonnance de Philippe-le-Bel, rendue en 1290, concerne les obligations imposées aux bourgeois nouvellement établis dans le château de Nonette, et la conduite qu'ils doivent tenir (voyez le texte de cette ordonnance, à l'Appendice, vol. II).

[1] Chabrol, IV, 90.

[2] Voy. *Ordonn. du Louvre,* XIX, p. 206-213. Nous la publierons dans l'Appendice du deuxième volume.

[3] Voy. Appendice, vol. II.

[4] Chabrol, IV, 374.

[5] Les lettres patentes adressées au Sénéchal d'Auvergne par le duc de Berry rappellent que, avant l'occupation d'Aigueperse par Robert de Ventadour, les habitants de cette ville avaient *corps complet, arche, scel, maison commune, plusieurs autres priviléges, libertés et franchises.*

tadour, comte de Montpensier et seigneur d'Aigueperse, pour
tirer vengeance du refus des habitants de payer la taille aux
quatre cas, leur envoya son fils aîné, le chevalier Robert, qui,
accompagné d'une escorte armée, s'empara de la ville, la livra
au pillage, et enleva les anciens titres constatant ses privilèges. Bernard de Ventadour et son fils Robert furent, par
arrêt du Parlement, dépouillés du comté de Montpensier et de la
seigneurie d'Aigueperse, qui furent confisqués au profit du roi, et
ensuite concédés à Jean duc de Berry et d'Auvergne. Le duc de
Berry confirmait les privilèges d'Aigueperse dans le mois de janvier 1374. Cette charte, publiée par Chabrol[1], avait été analysée
avec beaucoup de soin par Jean-Baptiste Culhat, dans l'inventaire
manuscrit des archives municipales de cette ville[2].

Ces mêmes privilèges furent successivement confirmés, dans le
mois de mai 1440, par Charles VII, et, le 8 juin 1452, par Louis
de Bourbon, dans des lettres datées d'Aigueperse, qui reprodui-
sent littéralement celles du duc de Berry, de janvier 1374[3].

Une transaction entre Gilbert de Bourbon et les habitants
d'Aigueperse les confirmait, et était homologuée par arrêt du
23 mars 1485[4]. Cet arrêt d'homologation était, à la date du
6 avril 1486, suivi d'une autre confirmation de ces franchises par
le même seigneur[5].

Des lettres patentes du mois de mars 1387 confirmaient un

---

[1] Cout. d'Auv., vol. IV, p. 9 et suiv. Elle renferme 108 articles.

[2] Voy. Inventaire des titres et papiers qui sont dans les archives de la ville
d'Aigueperse, Ire partie, Ier sac, fol. 4 à 14,. — Jean-Baptiste Culhat, prêtre
et Chanoine de l'église collégiale d'Aigueperse, termina cet inventaire en
1772. Il en existe une copie dans les Archives de la Société du Musée de Riom.

[3] Les lettres du 8 juin 1452 se trouvent aux Archives municipales d'Aigueperse en un rouleau de parchemin (voy. l'Inventaire Mss. de J.-B. Culhat,
Ire part., Ier sac, no 2, fol. 14).

[4] Voy. Inventaire Mss. de J.-B. Culhat, Ire partie, Ier sac, no 3, fol. 14, vo.

[5] Voy. l'Inventaire précité, Ire partie, Ier sac, no 4, fol. 14, vo. — Elles
furent de nouveau confirmées par François de Bourbon, duc de Montpensier,
le 29 juin 1583 (voy. Inventaire de Culhat, no 5, fol. 15, ro). — En 1733, les
habitants d'Aigueperse suppliaient encore Louis d'Orléans, duc de Montpensier, de confirmer leurs privilèges, et l'intendant des domaines du Duc,
Langeois, envoyait, le 29 juillet de la même année, à François Montanier,
avocat et procureur général du baillage de Montpensier, une expédition
originale de ces privilèges, pour être remise aux Archives du Duché, après
en avoir délivré des copies collationnées aux habitants de la ville et à l'hôpital (voy. Inventaire précité, Ire part., Ier sac., no 6, fol. 15, ro).

jugement rendu par l'évêque de Clermont sur les privilèges de la ville de Lezoux, et un traité fait avec les habitants [1].

Les privilèges de Moissat-le-Haut étaient donnés, en 1406, par François de Vaubecours, seigneur de Rochefort, et l'Hermite de la Faye [2]. Cette charte contient des dispositions singulières sur le retrait lignager et sur le retrait censuel. Nous y reviendrons plus tard.

Etienne Aubert octroyait les priviléges du Montel-de-Gelat, en 1408; et Beraud, ceux de la ville de Champeix, le 20 juillet 1423 [3].

En 1438, Alyre de Mezel, seigneur de Dallet, (près Pont-du Château), accordait des lettres de corps commun et consulat à ses habitants, à la condition qu'ils lui payeraient un marc d'or de prestation annuelle, et chacun quatre corvées ou trois charrois [4].

Par des lettres du mois de mars 1480, Louis XI accordait à St-Pourçain, l'une des treize anciennes bonnes villes de la Basse-Auvergne, le droit de consulat et de maison commune [5].

Enfin, des lettres patentes de 1487 érigeaient un corps municipal et consulat à Langeac, en accordant le droit de scel et de maison commune, et, pour armes, un coq surmonté d'une fleur de lis [6].

Jusqu'à présent, nous n'avons parlé que des chartes de la Basse-Auvergne. La Haute-Auvergne eut aussi ses franchises.

Les privilèges de la ville d'Aurillac étaient très-anciens. L'existence du consulat de cette ville est attestée par deux actes, l'un du 8 octobre 1202 [7], l'autre du 9 août 1232 [8], qui prouvent que le consulat n'était déjà plus, à ces dates, une institution nouvelle. Un arrêt du Parlement de Paris, de l'octave de la Chandeleur, 1258, reconnaissait, après enquête, le droit des

---

[1] *Ordonn. de la 3ᵉ race*, t. VIII, p. 188 et 197; Chabrol, IV, 318.

[2] Chabrol, IV, 337-338.

[3] Chabrol, IV, 788 et 756.

[4] Chabrol, IV, 230.

[5] Elles furent confirmées au mois d'octobre 1578.

[6] Voyez ces lettres patentes dans Chabrol, IV, p. 287 et suiv.

[7] Cet acte est un accord entre les consuls d'Aurillac et les chanoines de Provins (voy. *Dict. statist. du Cantal*, vᵒ Aurillac, t. Iᵉʳ, p. 174).

[8] Cet acte est scellé du sceau des consuls, *loc cit.*, p. 172.

consuls, contre une faction soutenue par l'abbé Aymar, laquelle, contrairement aux anciennes franchises de la ville et du consulat d'Aurillac, *contrà antiquum statum et franchisiam consulatus*, avait déposé les consuls en exercice, et en avait nommé d'autres[1]. Le Parlement condamnait l'abbé à l'amende, et ordonnait que l'on suivrait à l'avenir les usages anciens pour les élections du consulat. D'autres actes, procès et accords, constituaient une reconnaissance formelle du consulat et de ses prérogatives[2].

Cependant, en 1277, un grave différend s'était élevé entre l'abbé d'Aurillac et les consuls. L'abbé refusait, contrairement à ce qui avait été observé jusqu'alors, d'autoriser les consuls à assister aux enquêtes faites devant sa cour. Les consuls se déclaraient vassaux du roi et lui faisaient hommage du consulat, des murs, portes et fossés de la ville, le reconnaissant pour leur seigneur. L'abbé niait l'existence du droit de consulat. Le 30 août 1277, mandement de Philippe-le-Hardi à Elie Galtier, chanoine de Périgueux, et à Guillaume Ruphi, clerc de Clermont, pour procéder à des enquêtes, avec ordre de les renvoyer, sous bon cachet, au prochain parlement[3]. Toutefois, l'abbé et les consuls consentaient à prendre pour arbitre Eustache de Beaumarchais, Sénéchal de Toulouse et d'Alby, qui rendait, le 15 juillet 1280, une sentence arbitrale, appelée la *Première paix*, parce qu'elle était l'accord le plus ancien entre les parties. Cette sentence réglait les priviléges de la ville d'Aurillac : la ville devait avoir des consuls, des conseillers, un trésor commun, un sceau, des armes, au nom de la communauté. Tout ce qui concernait le sceau des consuls, la police des murs, fossés, portes et clefs, le guet, la taille, les criées, la reconnaissance du consulat, les enquêtes, la police de la boulangerie, de la draperie, la poursuite des délinquants, la seigneurie de la ville, était l'objet de dispositions précises[4]. La seigneurie de l'abbé était reconnue, mais

---

[1] Voy. Rec. des *Olim*, vol. Ier, p. 74.

[2] Voyez notamment le mandement de Saint-Louis, du 29 juin 1266, à Raoul de Trapis, Sénéchal de Périgord ; l'arrêt du Parlement du mois de novembre 1271; *Dict. stat. du Cantal*, Loc. cit., p. 175.

[3] Voy., dans le *Dictionnaire statistique du Cantal*, Loc. cit., p. 176 et suiv., les dires soit de l'abbé, soit des consuls et de la communauté.

[4] Il existe, à la bibliothèque d'Aurillac, deux copies de la sentence d'Eustache de Beaumarchais, l'une en langue romane ou en dialecte se rapprochant plus de l'Espagnol que du patois auvergnat de nos jours, l'autre en latin.

amoindrie par les prérogatives accordées aux consuls. Aussi, les difficultés ne tardèrent pas à renaître. Les consuls demandaient le maintien de la sentence d'Eustache de Beaumarchais. L'abbé cherchait à s'en affranchir. Le parlement de Paris ordonna deux fois qu'elle serait observée en son entier, proclama que le consulat d'Aurillac existait de toute ancienneté, et qu'il était absolument indépendant de la seigneurie féodale de l'abbé. Les abbés d'Aurillac, condamnés par le Parlement et le Conseil du roi, en appelèrent au Pape. Le 16 avril 1296, une sentence de Boniface VIII relevait l'abbé et le monastère d'Aurillac des déchéances qu'ils auraient pu encourir en n'usant pas des priviléges à eux accordés par les papes ses prédécesseurs. Enfin, le neuvième jour avant la fin d'août 1298, une nouvelle sentence arbitrale rendue par Guillaume d'Achillosas, bailli des montagnes, entre l'abbé et les consuls d'Aurillac, statuait sur tous leurs différends. Cette sentence, appelée la *Deuxième paix*, réglait de nouveau, et avec plus de détails, la situation des parties et tout ce qui concernait leurs droits ou priviléges et le consulat de la ville[1]. Elles s'engageaient à faire confirmer par le roi cette seconde paix qui ratifiait la première. Elle fut, en effet, confirmée dans le mois de décembre 1305.

La première, qui paraît être du commencement du XIV<sup>e</sup> siècle, est plus ancienne que la seconde.

Nous avons jugé nécessaire de les mettre en regard, afin que les lecteurs puissent comparer et apprécier les variantes qui s'y rencontrent. (Voy. *Appendice,* vol. II.)

En 1789, Chapsal, à la suite de ses *Discours historiques sur l'allodialité et la féodalité* (p. 365 et suiv.), publia le texte latin de la sentence de 1280, sur une copie collationnée qui lui avait été remise par Delzons, avocat et ancien échevin de la ville d'Aurillac. — Voyez, à l'*Appendice*, vol. II, les lettres-patentes de Philippe-le-Bel, du mois de février 1288, qui confirment la *Première paix.*

[1] Voyez la *Deuxième paix,* à l'*Appendice,* vol. II. — Dans les documents historiques publiés, en 1842, par M. le baron Delzons, avocat à Aurillac, se trouvent d'autres accords entre l'abbé et les consuls de cette ville, savoir : deux sentences arbitrales du 9<sup>e</sup> et 7<sup>e</sup> jour avant la fin d'août 1298, faisant suite à la seconde paix, texte latin, collationné sur les originaux déposés à la bibliothèque d'Aurillac (p. 104-119 des documents); enfin, un traité, en texte latin, du 3 mai 1347, entre Aymeric, abbé d'Aurillac, et les consuls de la ville, comprenant divers règlements de police pour les peseurs publics, les meuniers, les boulangers, fourniers, et autres articles concernant l'administration municipale (p. 122-195 des documents). Voy. aussi l'inventaire des titres de la ville d'Aurillac, dressé par M. le baron Delzons (*Tablettes historiques de l'Auvergne,* t. II, p. 247 et suiv.).

Au mois de juin 1248, Geoffroi, abbé de Saint-Pierre-le-Vif-de-Sens, choisi pour arbitre par les bourgeois de Mauriac et par le doyen du monastère, rendait une sentence par laquelle il déclarait que, prenant en considération les avantages du monastère et ceux de la ville, il ordonnait qu'à l'avenir les habitants de Mauriac éliraient, ainsi qu'il leur plairait, douze d'entre eux, qu'ils présenteraient au Doyen dans la huitaine. Le Doyen devait nommer quatre recteurs ou gardiens (*custodes*) pris parmi les douze personnes présentées. Il leur était adjoint le cellérier ou un autre moine. Leur pouvoir devait durer pendant onze mois. Ils avaient dans leurs attributions les édifices, les tailles, les prises d'armes, les guerres, la poursuite des affaires de la ville. Si le Doyen différait de nommer les quatre recteurs dans la huitaine, les habitants avaient le droit de les choisir eux-mêmes. Le Doyen ou le moine adjoint aux recteurs ne pouvaient garder aucune somme provenant de la taille, si ce n'est du consentement des habitants[1]. Cet acte n'accordait pas aux bourgeois de Mauriac le droit d'administrer seuls la ville. Il constituait une sorte de pouvoir municipal, qui n'était pas complètement indépendant, mais qui donnait cependant aux habitants une part d'influence dans l'administration de la cité[2].

En 1263, la ville de Murat recevait ses priviléges et le droit de consulat du vicomte Pierre IV, qui avait succédé à son père, en 1260, dans la vicomté de Murat[3]. Ces priviléges et franchises

---

[1] Voy. *Dict. stat. du Cantal*, v° Mauriac, t. IV, p. 251 et suiv.

[2] Le 17 février 1418, Henri de Beaumont, doyen, nommait un religieux de son monastère et deux bourgeois auxquels il donnait pouvoir de régir et gouverner pendant un an les affaires de la ville, faire entretenir les murs et les fossés, imposer les tailles, poursuivre les procès, condamner les délinquants à certaines amendes.

En 1442, Guillaume de St-Exupery, doyen, renouvelait cette institution (Extraits des titres de Mauriac, Bibl. nat., C. *Correspondance d'Auvergne*; *Dict. stat. du Cantal*, Loc. cit., p. 256).

C'est en l'année 1554 seulement que le roi Henri II accorda à la ville de Mauriac le droit de nommer des consuls avec tous les priviléges et prérogatives dont jouissaient les consuls d'Aurillac.

[3] Ces priviléges furent accordés avec le consentement de Pierre, le père de Pierre IV, d'Astorg, son oncle, de Gaillarde, sa mère, et d'Astorg de Peyre, son beau-père. Ce titre porte les souscriptions suivantes : Bernard du Vernet, archiprêtre de St-Flour; Albert de Peyre, clerc; Armand de Peyre, damoiseau; Bernard Bayle, chapelain de l'hôpital de Murat, et Robert de Quintiniac, damoiseau. Dans le cas où le vicomte n'aurait pas le droit d'ac-

furent ratifiés et même augmentés par Guillaume III, qui succéda à Pierre en 1283.

Par une sentence arbitrale du 13 février 1281, Durand de Montal, seigneur de la Roquebrou, accordait des priviléges aux habitants de la châtellenie de la Roquebrou. Cette charte n'érige point de consulat, mais elle consacre en faveur des habitants des droits assez étendus [1].

On remarque les premières traces d'institutions municipales, pour la ville de Maurs, dans une charte du mois de février 1238 (1239), contenant une décision arbitrale rendue par les abbés d'Aurillac et de Figeac, sur des démêlés existant entre l'abbé de Maurs et les prud'hommes. Par un traité passé en 1281 il était convenu : « que l'évêque et l'abbé exerceraient alternativement le droit de confirmer les consuls de Maurs et de recevoir les serments, après la nomination faite par les notables; de garder les clefs de la ville, d'imposer la taille, créer des officiers publics, instituer un crieur et des personnes pour la garde des prés, vignes, blés et arbres, suivant la coutume.... [2]. »

Dans le traité, concernant la ville de Pleaux, pour l'établissement d'une bastide, intervenu, dans le mois de février 1289, entre Philippe-le-Bel et l'abbé de Charroux, il était stipulé qu'il serait créé et établi, dans ladite bastide, par le bailli royal et par le prieur de Pleaux, des consuls qui seraient tenus, chaque année, en entrant en fonctions, de jurer devant le bailli et le

corder cette charte, il s'engage à la faire ratifier et sceller par le comte de Rodez. Il ajoute qu'il ne pourra y être contraint qu'après qu'il aura fait la paix avec lui. Enfin, pour plus de garantie de cette transaction, elle fut scellée du sceau du pape, de celui de l'évêque de Clermont, revêtue du sceau du roi, le 24 octobre 1266, sur la requête qui lui fut présentée par le vicomte Pierre et par Geraud de Chazelles, consul de Murat.

[1] Elle a été publiée par M. le baron Delzons, dans le tome VI, année 1845, des *Tablettes hist. de l'Auvergne*, p. 441 et suiv. — Nous la reproduirons dans notre *Appendice*, vol. II.

[2] *Dict. stat. du Cantal*, vᵒ Maurs, t. IV, p. 310. — Le sceau des consuls de Maurs se trouve au bas d'un hommage rendu au roi par Raynald et Francia, sa femme, d'un territoire situé dans la commune de Quézac. L'acte est du samedi avant la Pentecôte, 1284. L'hommage est reçu par Jacques Lemoine, bailli des montagnes pour le roi, en présence des consuls de Maurs. (Arch. nationales, carton J., 272). Ce sceau est inexactement indiqué comme étant celui des consuls de Mauriac, dans *la Paléographie* de M. de Wailli, t. II, p. 204. — Voy. M. Delalo, *Dict. stat. du Cantal*, vᵒ Mauriac, t. IV, p. 257.

prieur de conserver fidèlement les droits du roi, ceux de l'abbé de Charroux, du prieur, et de juger suivant le droit et les coutumes concédées ou à concéder à la ville[1].

Quoique la justice appartînt à l'évêque de Saint-Flour, ce furent les rois qui octroyèrent des priviléges à cette ville. Charles V lui accorda, en 1372, le droit d'avoir trois consuls, avec sceau et archives[2]. L'exécution de cette charte fut remise au bailli des montagnes[3]. D'après un arrêt du Parlement, de 1378, l'élection des consuls devait avoir lieu tous les deux ans en temps de paix. Ils étaient assistés par trente conseillers jurés, pris parmi les notables de la ville, et devant prêter serment entre les mains des consuls[4].

Allanche jouissait d'anciens priviléges, confirmés et augmentés en 1438 et en 1460. Le seigneur Robert, Dauphin, accorda aux habitants de cette ville le droit d'élire trois consuls portant robes et chaperons plissés de noir et de rouge, comme les consuls de Blesle, avec maison commune, valets de ville, faculté d'imposer et de taxer les marchandises à leur entrée. Ces priviléges furent de nouveau confirmés par Jean d'Escars, commissaire du roi, en 1461, et, en 1490, par Gilbert, comte de Montpensier[5].

La ville de Salers avait aussi ses priviléges. Quoique les premiers titres concernant cette ville soient postérieurs à l'année 1250, il paraît certain qu'elle formait à cette époque un bourg déjà important[6]. Après différents hommages rendus ou renou-

---

[1] Voy. *Dict. stat. du Cantal*, vº Pleaux, t. V, p. 34.

[2] Philippe-Auguste avait déjà accordé à St-Flour plusieurs priviléges, par lettres patentes de 1215. — Charles VII, à son passage, renouvela les anciens priviléges et en accorda de nouveaux.

[3] Secousse, t. V, p. 582; Chabrol, IV, 711.

[4] Voy. *Dict. stat. du Cantal*, vº St-Flour, t. III, p. 406. — M. Gardissal, dans sa *Notice sur St-Flour*, a publié des extraits du *Relevé des comptes des consuls de St-Flour*, qu'il a trouvé dans les archives de cette ville. Ce travail donne les noms des capitaines et des consuls de 1376 à 1467; voyez *Tablettes hist. de l'Auvergne*, t. IV, p. 31 et suiv.; voy. aussi l'édit de Louis XI, du 17 juin 1475, qui destitue les consuls pour malversation et intelligence avec le duc de Nemours et Jean d'Armagnac. L'original existe aux Archives de la préfecture de Clermont.

[5] Voy. *Dict. stat. du Cantal*, vº *Allanche*, t. Iᵉʳ, p. 16 et suiv.

[6] Voy. l'accord de 1273, passé entre le seigneur de Salers et le seigneur de Scorailles, d'une part, et la communauté de Salers, de l'autre, *Archiv. de Mazerolles, Invent. des hommages.*

velés, en 1300, 1357, 1386, 1396 et 1444, il fut passé, le 7 avril 1508, un traité entre messire Charles, seigneur de Salern, et les luminiers, bourgeois, marchands, manants et habitants de la ville, qui fait connaître les franchises dont ils jouissaient [1]. Ce traité reconnaissait que les habitants de Salers étaient francs et libres, et n'étaient ni *taillables* ni *guestables* [2]. Il contenait sur la nomination des *luminiers* et sur les assemblées des dispositions que nous expliquerons plus loin. Louis XII, par des lettres du mois d'avril 1509, datées de Grenoble, accorda à Salers le droit de consulat [3]. Mais ce fut en 1516 seulement que les habitants jouirent paisiblement de cette institution [4].

Deux ordonnances de 1319 complètent les privilèges généraux de la province. Elles sont connues sous le nom de *Charte aux Auvergnats*. Celle qui est recueillie par Isambert [5] s'applique aux deux parties du pays, à la Haute comme à la Basse-Auvergne. Elle rappelle d'anciennes franchises accordées par les prédécesseurs de Philippe V. Celle qui a été insérée dans les preuves

[1] Ce traité est rapporté dans le *Dictionnaire statistique du Cantal*, vᵒ *Salers*, t. V, p. 232 et suiv.

[2] « *Item*, les habitants de Salern ont liberté et franchise que sont tous de libere et franche condition et liberté, que ne doyvent ne sont taillables à taille à quatre cas, mercenaire ne autre, ne guestables, si n'est pour la garde de leur ville, tuition de leurs biens et deffense de leurs personnes, ainssi que par les dits luminiers et habitans est ourdonné, et que le cas requiert quand il en est besoing. Sauf que si aucun se retiroit au chasteau dudit sieur de Salern, en temps de émynent périlh, fera le gayt au dit chasteau. »

[3] « Octroyons qu'ils (les habitants de Salers) se puissent assembler par chacun an, en ladite ville, à tel lieu que bon leur semblera, et toutefois et quantes que leur sera necessere, et de pouvoir eslire et instituer, un chacun an, trois consuls et conseillers avec eulx dudit corps commun de ladite ville qui auront puissance et auctorité, laquelle leur avons octroyé et octroyons, par ces présentes, de pouvoir assembler ledit corps commun de ladite ville, traiter des affaires d'icelle, imposer nos dits deniers, ainssi que leur sera ordonné de par nous et autres nécessaires pour l'entretenement d'icelui corps commun, ordonner et disposer des réparations, garde, défense et affaires d'icelle ville, oyr et clorre les comptes de la distribution de leurs deniers venans de leurs propres seulement, et généralement de faire et exercer toutes chouses que les autres villes de notre dit pays haut et bas d'Auvergne ayans semblable consulat ont accoustumé de faire et exercer... »

[4] C'est à cette époque que commence la liste des consuls de Salers, insérée au livre de la ville, depuis 1516 jusqu'en 1742. On la trouve dans le *Dict. stat. du Cantal*, vᵒ Salers, t. V, p. 242 et suiv.

[5] T. III, p. 210. Voy. notre *Appendice*, vol. II.

de l'*Histoire de la Maison d'Auvergne* de Baluze [1] n'a trait qu'au pays des montagnes [2].

Vers la fin du XIV<sup>e</sup> siècle, plusieurs lettres patentes confirmèrent des franchises depuis longtemps reconnues, mais dont l'origine n'était pas rappelée. On lit, dans un acte de 1384, confirmatif des privilèges d'Issoire, cette recommandation faite aux baillis et officiers du roi : « Et istam civitatem in suas consuetudines teneant, quas ab antiquo tenuit [3]. » On confirme les vieilles coutumes, les anciennes franchises, d'une manière générale, sans se préoccuper du titre qui peut les avoir établies. Des villes s'érigeaient quelquefois en communes de leur propre autorité, et lorsque les seigneurs contestaient et cherchaient à faire rentrer sous leur domination les cités ainsi émancipées, elles alléguaient l'usage et la possession [4]. Les rois le plus souvent les confirmaient dans leurs privilèges d'après cette déclaration [5].

Il fut établi en principe qu'au roi seul appartenait le droit de faire ou de déclarer des communes [6]. Une ordonnance de novembre 1358 porte : « Hinc est quod, cum ad dominum nostrum et nos in solidum pertineat creare et constituere consulatus et communitates [7]. » C'était une habile politique de présenter ainsi la royauté comme la source des libertés municipales et de l'émancipation du peuple. Nous verrons ce que ces libertés devinrent plus tard, lorsque la féodalité fut domptée, et la royauté triomphante.

Nous avons essayé d'esquisser, dans un ordre chronologique, l'inventaire des chartes de l'Auvergne, sans pouvoir le donner complet. Parmi celles que nous avons énumérées, il en est plu-

---

[1] T. II, p. 150. Voy. notre *Appendice*, vol. II.

[2] Nous en parlerons plus spécialement, en exposant les institutions judiciaires de l'Auvergne.

[3] Secousse, t. VII, p. 113.

[4] Basmaison disait : « La multitude d'un peuple ramassé par la conjonction des édifices et des maisons, ne fait et n'establit pas un corps et communauté, si elle n'est approuvée par les loix, par le souverain, par les seigneurs, ou *que l'invétéré et immémorial usage ne luy ait donné privilège de corps.* » Sur l'art. VII. Tit. II, Cout. d'Auvergne.

[5] Voy. Dulaure, *Description de l'Auvergne,* note des pages 463 et suiv.

[6] Voy. de Laurière, *Ordonn.*, t. I<sup>er</sup>, p. 82.

[7] *Rec. des Ord. des rois de France,* t. III, p. 305.

sieurs qui sont encore dans la poussière des archives. D'autres ont été perdues ou détruites [1]. Il en est quelques-unes dont la date ou l'existence même est inconnue. Ce n'est pas à dire toutefois que chaque pays ait eu ses privilèges. Des localités en ont été privées, soit parce qu'elles n'étaient pas en état de les acheter, soit parce que les seigneurs étaient assez puissants pour les refuser.

En général, le clergé fut toujours opposé à ces franchises. On connaît les résistances des archevêques de Rheims [2], et les paroles de Guibert de Nogent, qui appelait les communes une chose exécrable, *execrabilibus communiis illis* [3]. On se rappelle quels obstacles les évêques de Clermont apportèrent à l'établissement du consulat de cette ville [4]. On se rappelle aussi les démêlés qui existèrent entre le doyen du monastère et les bourgeois de Mauriac [5]. Les luttes et les querelles incessantes entre les consuls et l'abbé d'Aurillac, les infractions commises par ce dernier à la *première* et à la *deuxième paix*, témoignent suffisamment de ses dispositions au sujet des privilèges de la ville et de la liberté de ses habitants [6]. Ceux de St-Flour, sujets de leur évêque, multiplièrent longtemps et vainement leurs réclamations. C'est de la royauté qu'ils obtinrent leurs franchises. Enfin, Brioude, cette ville *riche, opulente et forte* [7], dont la seigneurie, qui avait le titre de comté, appartenait au célèbre Chapitre [8], lutta sans cesse, depuis le

[1] La charte d'Ambert existait encore dans les Archives de cette ville à l'époque où l'abbé Grivel écrivit ses *Chroniques du Livradois* (en 1852). Il dit même qu'il avait cette charte en sa possession *(Loc. cit.,* p. 124.)

Celle de Murat a disparu lors de la rédaction du *Dictionnaire statistique du Cantal*. Les archives civiles et ecclésiastiques de l'arrondissement de Murat restèrent à la merci du public jusqu'en 1863, époque à laquelle elles furent réintégrées aux archives de la préfecture.

Toutes nos recherches, soit dans les Archives municipales, soit aux Archives nationales, pour trouver ces deux chartes et celle d'Issoire, ont été infructueuses.

[2] Voy. *Hist. de Rheims*, t. I<sup>er</sup>, p. 287.

[3] Ducange, v° *Communia*.

[4] *Suprà*, p. 255 à 260.

[5] *Suprà*, p. 272.

[6] *Suprà*, p. 270 et suiv. — Voy. aussi les différents actes énumérés par M. Delzons, dans l'inventaire des titres de la ville d'Aurillac, *Tablettes hist. de l'Auvergne*, t. II, p. 247 et suiv.

[7] Expressions de Basmaison sur l'art. 7, tit. 2, *Cout. d'Auvergne*.

[8] Chaque membre du chapitre, et le chapitre lui-même, avaient le droit de prendre le titre de comte, (Chopin, *De sacrâ polit.*, Lib. II, tit. I, n° 10).

treizième siècle, et sans succès, pour obtenir le droit de consulat. En 1272, le parlement accordait, au Chapitre, contre la prétention des habitants, la saisine des murs, tours, clefs, et la garde des portes de la ville ; il mettait en son pouvoir tout ce qui concernait le sceau, le coffre commun, la taille et autres prérogatives, dont les habitants devaient être privés jusqu'à ce qu'ils eussent fait la preuve de leurs droits [1]. En 1276, la ville de Brioude reconnaissait, par transaction, qu'elle ne pouvait avoir ni *consuls* ni *recteurs*, mais seulement deux procureurs pour les affaires de peu d'importance. Elle renouvelait ses réclamations en 1282, et des lettres patentes du 12 mars de la même année les rejetaient [2]. Elle n'était pas plus heureuse vers la fin du XVe siècle. Elle avait cependant obtenu de Charles VIII des lettres de consulat. Mais le Chapitre tout puissant s'opposa à l'enregistrement, et il réussit. Envain s'adressa-t-elle aux Grands-Jours de Montferrand, envain, sous le règne de Henri IV, le Tiers-Etat de la province fit-il des remontrances pour obtenir le privilège si désiré, toutes ces tentatives échouèrent. Le gouverneur et le lieutenant-général de l'Auvergne avaient favorisé ces efforts, sous Louis XIII, et la ville de Brioude croyait avoir triomphé ; mais le parlement lui fut encore contraire. Cependant elle obtint, sous Louis XV, le privilège de commune. Chabrol dit que l'un des membres du Chapitre présidait les assemblées, et qu'il se retirait, au moment de la délibération, après avoir fait affirmer par le secrétaire qu'il ne serait agité d'autres questions que celles intéressant le corps commun [3].

Ce qui précède démontre jusqu'à l'évidence que, dans les seigneuries ecclésiastiques, la condition des villes fut encore plus dure que sous les seigneurs laïques.

[1] Voy. Rec. des *Olim*, t. Ier, p. 885, et 897—898.
[2] Ordonn. de la 3e race, t. IV, p. 713.
[3] Chabrol, IV, 134.

## SECTION II.

### Institutions Municipales.

Maintenant, il convient de jeter un regard rapide sur l'ensemble des monuments rappelés dans la section précédente, et d'apprécier le caractère de ces institutions, de ce droit municipal de la province d'Auvergne.

La plupart des chartes, que nous avons mentionnées, attestent l'existence du régime consulaire dans cette province. Ce qui distingue les droits de ces consulats, c'est l'ancienneté de leur origine, c'est leur existence antérieure à la législation qui les réglemente. Quand des chartes sont accordées à certaines villes, il semble presque toujours qu'elles ont déjà joui de la plupart des franchises et privilèges dont on leur permet l'usage. Nous avons vu que l'existence des anciennes franchises de Clermont était attestée par le serment de l'évêque Robert de 1198, et celle du consulat, à Aurillac, par les actes du 8 octobre 1202 et du 9 août 1232. Baluze rapporte la lettre des consuls et corps commun de Montferrand, du mois de février 1225, scellée du sceau de la communauté, et écrite au roi, par laquelle ils le remercient de les avoir pris en sa garde, et lui jurent fidélité. Cette lettre rappelle les termes de l'acte royal. Dans cet acte, le roi ne mentionne aucune charte accordée antérieurement aux habitants de Montferrand ; mais il suppose l'établissement du consulat dans cette ville, et il en parle comme d'un droit qui lui est depuis longtemps acquis [1]. La charte octroyée par Alfonse à la ville de Riom, en 1248, considère aussi le consulat comme une ancienne institu-

---

[1] Baluze, *Maison d'Auvergne*, t. II, p. 260. — Voici le texte de cette lettre :

*Litteræ communitatis Montisferrandi.*

*Excellentissimo domino suo Ludovico Dei gratia Regi Franciæ illustri consules et universi homines Montisferrandi in Alvernia salutem et devotum animum semper fideliter serviendi. Serenitatis vestræ litteras recepimus sub hac forma. Ludovicus Dei gratia Francorum rex dilectis et fidelibus suis universis burgensibus Montisferrandi in alvernia salutem et dilectionem. Noverit universitas vestra quòd si sacramentum fidelitatis nobis feceritis vel mandato nostro, et munitionem nostram infra villam vestram receperitis et fueritis nobis fideliter adjuvantes erga omnes homines et feminas qui possunt vivere et mori, salvo tamen jure GUILLELMI COMITIS MONTISFERRANDI domini*

tion[1]. Il en est de même de la charte de Billom et des lettres d'Alfonse, de juillet 1270, écrites en réponse aux consuls de la ville d'Issoire[2].

La sentence arbitrale d'Aurillac de 1280 confirme pleinement ces observations. Après avoir dit que le corps commun d'Aurillac aura consulat, consuls et conseillers, archives, sceau et armes, l'article 6 de cette sentence parle de ces droits, franchises et libertés, que toute communauté doit avoir; puis, la sentence reconnaît et consacre de nouveau tous ces droits dont cette ville avait joui *de toute antiquité*[3]. On retrouve, dans l'art. 14, la même idée avec des expressions presque identiques[4].

La contestation soulevée, en 1271, entre les comtes de Brioude et les habitants de cette ville fournit aussi de fortes présomptions en faveur de l'ancienneté de l'élément municipal[5]. Les habitants

vestri quandiù ipsum pro homine nostro tenebimus vel tenere debebimus per judicium curiæ nostræ, et salvis usibus et consuetudinibus quas hactenùs tenuistis, ità quòd unoquoque anno nobis serviatis de una marca auri in purificatione beatæ Mariæ, recipiemus vos bona fide in custodia, tuitione, et defensione nostra sicut alios burgenses nostros, nec servitium istud mittemus extra manum nostram. Et super hoc tenendo per Petrum de Roceyo Ballivum nostrum Bituricensem latorem præsentium vestras nobis patentes litteras transmittatis. Actum Lorriaci anno Domini MCCXXV mense februario. *Hujus modi igitur vestræ serenitatis litteras læti suscipientes et jocundi in præsentia Petri de Roceio Ballivi vestri Biturencis juravimus communiter bona fide facere et observare quicquid in vestris prædictis litteris vidimus contineri. In cujus rei memoriam et testimonium præsentes litteras sigilli communitatis Montisferrandi munimine fecimus roborari. Actum apud Montisferrandum anno domini MCCXXV. mense februario. (Maison d'Auvergne,* II, 260.)

[1] *Voy.* cette charte à l'*Appendice*, vol. II.

[2] Voy. *suprà*, p. 266, et Chapsal, *Discours sur l'allodialité et la féodalité*, p. 131.

[3] « *Item,* dicimus, præcipimus et arbitrando pronunciamus quòd communitas dictæ villæ Aureliaci habeat perpetuò et liberè consulatum et consules, qui consules habeant consiliarios et arcam communem, sigillum et arma communia, nomine communitatis, et quod prædicti consules ab hominibus dictæ communitatis recipiant sacramentum et *alia jura franquesias et libertates habeant quas communitatem habere decet,* UT EST ANTIQUITUS OBSERVATUM. »

[4] « *Cum omnibus suis libertatibus, usibus, franchesiis quas habent* ET QUIBUS USI SUNT AB ANTIQUO. » Chapsal tire de cette disposition et des précédentes la conséquence que les municipalités de l'Auvergne se rattachaient aux municipalités antérieures à l'anarchie féodale. *(Loc. cit.,* p. 138 et suiv. Voy. aussi M. le baron Delzons *(Dict. stat. du Cantal,* vᵒ Aurillac, t. Iᵉʳ p. 169 et suiv.).

[5] Voy. *Ordonn.,* t. VII, p. 416.

de Brioude réclamaient la commune et tous ses droits conformément, disaient-ils, à l'usage universel et notoire des autres villes de la province d'Auvergne et des provinces voisines, qui en avaient toujours joui sans aucune concession. Le Chapitre ne contesta point cet ancien usage, ni le droit des villes de l'Auvergne. Il se borna à répondre que la jouissance de la ville de Brioude était fondée sur la tolérance, et qu'étant seigneur haut-justicier, la commune ne pouvait exister sans son autorisation. « Il n'est pas étonnant, dit Chapsal, que dans un siècle d'ignorance, où l'on avait entièrement oublié les anciennes formes et l'ancienne constitution, les seigneurs regardassent comme un principe certain que le droit de commune ne pouvait exister sans leur aveu et leur concession. Mais toujours est-il vrai que le procès qui eut lieu, en 1271, entre les habitants de Brioude et le Chapitre noble de cette ville, contient un aveu, tant de la part du Chapitre, que de la part des habitants, qu'à cette époque toutes les villes d'Auvergne et des provinces voisines jouissaient comme d'un droit ancien, de toutes les libertés et prérogatives dénommées dans la sentence arbitrale d'Aurillac, et cela sans aucune concession ni création [1]. »

Quelque grande et générale qu'ait été l'oppression féodale, plusieurs historiens anciens hésitaient à croire qu'il ne fût resté, pendant l'anarchie de cette époque, aucuns vestiges des lois municipales. Leur opinion est aujourd'hui confirmée par les titres, documents et inscriptions des IX$^e$ et X$^e$ siècles, publiés par M. Raynouard, et par l'histoire de Richer, qui écrivait au X$^e$ siècle. Les documents formels et précis sur l'organisation municipale manquaient lors de la rédaction des chartes de l'Auvergne; elle n'était point écrite dans cette contrée. Il en était de même dans toutes les villes d'origine romaine. C'était un fait ancien, qui avait survécu à l'invasion, aux changements, aux révolutions, mais que l'on n'avait pas senti le besoin de constater. Aujourd'hui encore, ces monuments sont fort rares, et cependant la persistance de l'élément municipal est facilement reconnaissable au milieu des vicissitudes et des transformations démocratiques, que l'ancienne curie a subies, et qui laissent apercevoir plus d'une analogie entre le droit municipal romain et celui du moyen-âge.

[1] *Loc. cit.*, p. 141 et suiv.

L'élément le plus essentiel et le plus naturel des institutions communales est le droit pour les habitants de la communauté d'élire leurs magistrats. Mais il y eut, on le sait, de grandes variétés dans l'exercice de ce droit.

Les chartes de l'Auvergne, qui le consacrent, ne sont pas non plus uniformes. Le mode le plus usité est celui qui consiste à faire nommer les consuls nouveaux par les consuls sortants, seuls[1], ou avec le concours des conseillers[2].

Le nombre des consuls varie aussi selon les localités. Des chartes permettent d'en élire huit[3]; d'autres, six[4]; d'autres, quatre[5]; plusieurs n'en fixent pas le nombre[6].

Dans plusieurs villes, les conseillers sont nommés par tous les habitants[7]. Dans quelques-unes, le conseil se compose de seize membres[8]; dans d'autres, de trente[9]. Quelques chartes permettent aux consuls de se faire assister d'un conseil choisi par eux, et composé d'autant de conseillers qu'il leur plaira[10].

Les personnes élues pour le consulat ne peuvent refuser cet office. Le seigneur ou son bailli ont le droit de les contraindre à accepter et exercer ces fonctions. Cette règle paraît générale[11]. Elle est d'autant plus remarquable qu'elle faisait revivre ce principe de la législation romaine que les offices municipaux sont une charge obligatoire[12].

---

[1] Voy. notamment Riom, art. 7; Salmeranges (*Ord. des rois de Fr.*, 1331, t. XII, p. 518); ch. Vollore, art. 2. La charte de Maringues permet aux habitants de nommer les consuls directement.

[2] Montferrand, art. 5; Aigueperse, art. 1er.

[3] Montferrand, art. 3.

[4] Billom, alin. 3; Aurillac, *Première paix, in fine.*

[5] Aigueperse, art. 1er; charte de Vollore, art. 2; charte de Maringues.

[6] Clermont (Appendice, vol. II); Riom; il y avait d'abord plus de quatre consuls à Riom; ce fut Charles, duc d'Auvergne, qui les réduisit à ce nombre (Chabrol, IV, 448).

[7] Aigueperse, art. 4.

[8] Riom, art. 10; la charte d'Aigueperse (art. 4) porte: *seize plus ou moins.*

[9] St-Flour.

[10] Montferrand, art. 4.

[11] Voy. notamment Riom, art. 4; Montferrand, art. 3; Vollore, art. 2; Aigueperse, art. 4 et 5; ce dernier article dit qu'ils peuvent y être contraints par *prise de biens, arrest et détention de leurs personnes.* Toutefois, selon l'art. 6 de la même charte, les consuls sortants ne peuvent être forcés à accepter qu'après un intervalle de sept années.

[12] Voy. Cod. Theod., lib. XII, tit. I, et D. lib. I, tit. IV.

D'après une autre règle non moins générale, les consuls élus doivent être présentés au seigneur ou à son bailli et prêter devant eux le serment de remplir loyalement leurs fonctions soit à l'égard du seigneur, soit à l'égard des habitants[1].

Le seigneur ou son bailli sont obligés de recevoir les élus qui leur sont présentés[2]. S'ils refusent ou tardent de recevoir leur serment, les consuls peuvent, selon quelques chartes, exercer leurs fonctions sans le prêter[3], ou, selon d'autres, après l'avoir prêté entre les mains de leurs électeurs[4].

Les consuls étaient ordinairement nommés pour une année[5]. Munis d'une espèce de pouvoir exécutif, ils avaient des attributions assez nombreuses :

Ils étaient chargés de la garde des portes et des clefs, murs, murailles, tours, fossés de la ville, de l'entretien et de la surveillance des rues, places et chemins publics[6], des fontaines, abreuvoirs, lavoirs et conduits des eaux[7]. Ils avaient la surveillance et l'administration des offices et métiers[8]. Ils nommaient et révoquaient les gardes, ou *gastiers*, ou *bladiers*, chargés de la surveillance des héritages[9], les sergents du consulat[10], les *huches* ou *cryés*[11]. Ils présentaient le capitaine de la ville à la nomination du seigneur[12]. Ils avaient la garde et l'usage du sceau de la ville[13]. Ils échantillonnaient les poids et mesures[14].

---

[1] Billom, alin. 3; Riom, art. 10; Montferrand, art. 3 et 5; Aigueperse, art. 1er; Aurillac, *Première paix* de 1280 et *Deuxième paix* de 1298.

[2] Notamment Montferrand, art. 3.

[3] Aigueperse, art. 1er.

[4] Montferrand, art. 6.

[5] Notamment Riom, art. 9; Montferrand, art. 5; Vollore, art. 2; Aigueperse, art. 1er.

[6] Montferrand, art. 16; *Première paix* d'Aurillac; voy. l'article *Dels murs e dels valatz e dels portals e dels las claus dels portals d'a Orlhac*; Aigueperse.

[7] Charte d'Aigueperse.

[8] Montferrand, art. 19.

[9] Clermont (*Append.*, vol. II); Montferrand, art. 7, 8, 9, 10; Aigueperse, art. 8 et 9; Maringues.

[10] Montferrand, art. 11.

[11] Montferrand, art. 12.

[12] Aigueperse, Chabrol, IV, 30.

[13] Montferrand, art. 10. — A Aurillac, les consuls pouvaient recevoir et rendre authentiques, par l'apposition de leur sceau, tous contrats en matière réelle ou personnelle, (*Première paix* de 1280).

[14] Aigueperse, Chabrol, IV, 29.

Ils avaient encore d'autres attributions importantes : ils recevaient le serment, que le bailli du seigneur et ses officiers, à Montferrand, et le juge royal, à Riom, étaient obligés de prêter entre leurs mains[1] ; dispositions remarquables, qui montrent le degré d'autorité des consuls et qui révèlent une certaine tendance vers la liberté.

On se rappelle sans doute que, au XIII° siècle, Alexandre IV, parlant des immunités de l'Eglise, se plaignait de ce que, en France, les communes, les échevins et les consuls exerçaient la juridiction temporelle des communes, cités, villes et bourgs[2]. La plupart des chartes de communes accordaient, en effet, aux maires, jurés, échevins, la juridiction civile et criminelle. Cette importante attribution des institutions communales fut modifiée par l'art. 71 de l'ordonnance de Moulins quant à la juridiction civile[3]. Mais, en Auvergne, elle ne fut jamais aussi complète que dans plusieurs contrées du Nord.

A Clermont, il ne pouvait être informé contre les bourgeois qu'en la présence des consuls. Ils étaient adjoints à la cour de l'évêque en tout jugement d'affaires capitales[4].

A Aigueperse, les consuls devaient être appelés aux informations contre les criminels, et pouvaient assister, si bon leur semblait, à l'information et au jugement[5].

A Aurillac, toutes les fois que la cour de l'abbé devait faire une enquête, elle était tenue de prévenir les consuls et de leur faire connaître le jour, l'heure et les motifs de cette enquête, afin qu'ils pussent y assister. Les consuls avaient voix consultative seulement, comme prud'hommes, et, pour écarter tout soupçon. Ils assistaient aussi au prononcé de la sentence[6].

A Riom, les consuls devaient se joindre au bailli, pour juger, quand il se présentait un cas non prévu par la charte[7].

A Montferrand, ce n'était pas seulement dans le silence de la

---

[1] Montferrand, art. 47, 48 ; Riom, art. 8.
[2] *Hist. cons. de Lyon*, p. 536.
[3] Voy. *Rec. gén. des anc. lois françaises* de M. Isambert, vol. XIV, p. 208.
[4] Clermont (*Appendice*, vol. II ).
[5] Charte d'Aigueperse.
[6] Voy. *Première paix* de 1280.
[7] Riom, 1270, art. 25.

charte, mais à toutes les sentences rendues par le seigneur ou
le bailli, que les consuls devaient concourir, soit en matière civile,
soit en matière criminelle[1]. S'il y avait désaccord entre les consuls
de Montferrand et le bailli, les consuls en conféraient avec leurs
conseillers, et si la dissidence continuait, on avait recours au
conseil de l'assise la plus voisine[2].

Enfin, les consuls de la ville de Maurs avaient le droit de siéger
avec les juges des seigneurs dans toutes les causes criminelles[3].

Les biens des individus condamnés à la mort naturelle ou
civile, ou au bannissement, ne pouvaient être saisis par le seigneur ou son bailli qu'en présence des consuls[4].

Ils assistaient, avec le bailli, aux redditions des comptes de
tutelle et curatelle[5].

Ils avaient le droit de faire saisir et vendre par les sergents du
consulat les biens des débiteurs de la communauté[6].

Quand une question possessoire s'élevait, et que la preuve de
la possession n'était pas faite, la chose était mise *ès mains* du
seigneur, mais incontinent remise en garde aux consuls[7].

Les consuls avaient aussi la garde provisoire des biens des
personnes décédées sans héritiers ou successeurs[8].

Les consuls de Montferrand pouvaient accorder la bourgeoisie
à toutes personnes[9]. Le seigneur n'avait, au contraire, le droit
d'introduire aucun forain dans la ville sans leur consentement[10].

La faculté d'imposer des tailles et des taxes sur les habitants

---

[1] Art. 23, 24, 130, charte de Montferrand ; Aigueperse, Chabrol, IV, 16-17.

[2] Montferrand, art. 140.

[3] « Item fuit declaratum, quo supra nomine, quòd dicti consules et eorum
successores, in futurum sint, et esse debeant, in omnibus causis criminalibus
motis et movendis, in curiâ dictorum delatorum dominorum, et in omnibus
executionibus, quæstionibus dictorum etiamsi... condemnarentur. » — Transaction entre les consuls de la ville de Maurs et les seigneurs dudit lieu,
*Chartrier des Bénédictins de Mauriac* ; manuscrit de Verdier-Latour, § 3.

[4] Montferrand, art. 26.

[5] Montferrand, art. 76.

[6] Aigueperse, art. 7.

[7] Montferrand, art. 33.

[8] Montferrand, art. 42 ; Aigueperse, Chabrol, IV, 15. — Voy. pour Clermont, *Append.*, vol. II.

[9] Montferrand, art. 153.

[10] Montferrand, art. 81.

pour les besoins communs, pour les intérêts de la communauté, peut être considérée comme inhérente aux institutions communales. Mais les personnes auxquelles l'exercice de ce droit appartenait n'étaient pas partout les mêmes. En Auvergne, les consuls l'exerçaient avec le concours de leurs conseillers[1]. Quand les consuls et les conseillers imposaient quelque taille pour les besoins publics, le bailli était tenu de fournir un sergent pour contraindre au payement ceux qui le refusaient[2].

Les consuls et leurs collecteurs étaient exempts de toutes charges et impositions[3].

Ils rendaient compte de leurs recettes, de leurs dépenses et de leur administration, à la fin de leur exercice, aux nouveaux consuls, en présence de leurs conseillers[4].

Les chartes de l'Auvergne consacrent d'autres règles des institutions communales, que l'on retrouve soit dans les chartes de commune, soit dans celles de consulat.

On sait que les droits ou avantages du consulat consistaient pour la communauté à posséder une maison commune, une caisse commune, un seau communal, le droit de convoquer les habitants au son de la cloche[5] etc.

Le droit de s'assembler pour les affaires communales était une des plus précieuses prérogatives des consulats. Dans les lieux qui n'avaient point de charte de *corps commun et consulat*, il n'était pas permis de se réunir sans la permission du seigneur ou de ses officiers[6]. Ainsi, par exemple, les habitants de Brioude,

---

[1] Aigueperse, art. 2; Billom, alin. 4; Montferrand, art. 14.

[2] Montferrand, et Aigueperse, *Loc. cit.*

[3] Montferrand, art. 15.

[4] Aigueperse, art. 3, Billom, alin. 4; Lettres patentes du 17 avril 1367; voy., pour Clermont, *Appendice*, vol. II — A Aurillac, les consuls rendaient compte des tailles à trois receveurs et au consul spécialement désignés pour cela, *première paix de* 1280.

[5] Voy. *Première paix d'Aurillac*, et autres chartes, *passim.* L'art. 2 de la charte de Montferrand porte : « Ont et peuvent avoir lesdits consuls, bourghois et habitants... corps, commune, communnité, convocacion et assemblée, arche, maison et scel communs, et toutes autres choses que toute autre communauté de quelconque lieu, ha et peut plus amplement avoir. » Voy. l'art. 152, même charte, sur le droit de sonner les cloches, et Aigueperse, Chabrol, IV, 29, 30.

[6] Cette disposition était encore consacrée par l'art. 6, ch. II, de la Coutume d'Auvergne; voy. aussi Masuer, tit. IV, *de Proc.*, n. 2 et 4.

qui cependant était une ville importante de la Basse-Auvergne,
luttèrent longtemps pour obtenir le droit de s'assembler. Basmaison dit que, de son temps, ils ne pouvaient pas encore se
réunir sans la permission des comtes, qui étaient seigneurs de
cette ville, et sans la présence de leurs députés[1]. Il en était de-
même à Langeac, en 1513[2].

Le droit d'assemblée est mentionné par la plupart des chartes
que nous avons rappelées. Celle de Clermont autorise les assemblées[3], où les bourgeois pourront s'imposer, établir des droits de
tailles, corvées et prestations de guerre[4]. Ces assemblées peuvent être convoquées toutes les fois que les consuls, ou la
majorité des consuls, le jugent nécessaire[5]. La charte de Montferrand permet les assemblées sans restriction[6]. Il en est de
même de celle d'Aigueperse: les consuls peuvent « appeler et
convoquer leurs conseillers commune et habitants dedans leur
maison dudit consulat, ou ailleurs, toutefois que bon leur semblera, *par campane ou sainsonnant ou autrement*[7]. » A Pont-du-
Château, les habitants peuvent aussi se réunir sans demander
aucune permission[8].

Le régime des consulats conserva longtemps ses vieux fondements et son principe de liberté par l'élection des magistrats. Au
XVe siècle, il n'avait encore éprouvé aucune altération.

Louis XI eut pour les institutions municipales des égards assez
constants, et on a pu dire de ce prince que les priviléges municipaux étaient la seule chose ancienne qu'il eût ménagée[9]. Il confirma la forme d'élection populaire, dans les villes où il la trouva
établie, et il l'accorda même quand il institua des consulats. Par
lettres-patentes du mois d'août 1480, il permettait à Clermont

[1] Basmaison, sur l'art. 7, tit. 2, Cout. d'Auvergne.
[2] Chabrol, IV, 283; voyez aussi ce que nous disons plus loin sur les communautés rurales.
[3] « Habeant universitatem assemblatam, » (*Append.*, vol. II.)
[4] Voy. *Append.*, vol. II.
[5] Voy. *Append.*, vol. II.
[6] Voy. art. 2 et 152.
[7] Voy. Aigueperse, Chabrol, IV, 29-30.
[8] Lettres d'Alfonse, de 1270; ord. de Philippe VI, (t. XII, p. 509).
[9] Aug. Thiérry, *Hist. des progrès du Tiers-État*, p. 67.

d'avoir « corps commun, consulat et maison commune..... ainsi
que se fait en plusieurs autres villes dudit pays, ayans de toute
ancienneté consulat et maison commune [1]. » Il confirmait, pour
Aigueperse, le droit qu'avaient les anciens magistrats de nommer
ceux qui devaient leur succéder [2]. Dans ses lettres-patentes de
1480, il reconnaissait aux consuls de Clermont le droit de « par
l'advis et conseil desdits conseillers..... faire statuts et ordonnances, tout ainsi que font les autres consuls des autres bonnes
villes du pays d'Auvergne... [3]. » Ce droit de faire des règlements
était, en effet, de l'essence des institutions municipales [4].
Louis XI confirmait encore, pour Aigueperse, le droit de lever
des taxes sur les habitants du pays afin de subvenir aux besoins
de la communauté [5]. Enfin, dans l'ordonnance concernant le consulat de Clermont, il autorisait les assemblées en ces termes :
« Voulons, statuons et ordonnons... que lesdits consuls puissent
et leur loise mander leur consulat et assemblée générale, par
tant de fois que bon leur semblera par cry publique et autrement
ainsi qu'il est accoustumé de faire ès autres consuls desdits pays
d'Auvergne et Languedoc... sans ce qu'ils soient tenus d'en obtenir ne mander aucun congié ne licence à la justice temporelle
dudit lieu de Clermont [6]. » Cependant, il paraît que c'est seulement dans le cours de l'année 1481 que les lettres-patentes furent
expédiées [7]. Le haut prix auquel on mettait le sceau du mandement (50 écus d'or) et les intrigues du Cardinal de Bourbon,
évêque de Clermont, en retardèrent l'expédition. C'est en 1481
que le gouverneur du Haut et Bas pays d'Auvergne, Jean de
Doyat, à qui les présents n'avaient pas été ménagés, vint mettre

---

[1] *Ord. des rois de Fr.*, 1480, t. XVIII, p. 566.

[2] *Ord. des rois de Fr.*, 1462, t. XV, p. 511. — Par lettres patentes du 21 mai
1465, Louis XI permettait aux consuls et habitants d'Aigueperse « que, aux
armes de la ville qui sont gironnées d'argent et de gueules, à un chef de
France dentelé d'azur à un écu d'argent, ils puissent mettre, avoir et porter
un écu d'azur dedans les girons, et dans ledit écu, une fleur de lis couron-
née. » *Inventaire Mss.*, des Archives d'Aigueperse, par Culhat, I<sup>re</sup> part., 5<sup>e</sup>
sac, *fol.* 22).

[3] *Ordonn. des rois de Fr.*, 1480, t. XVIII, p. 568.

[4] Voy. notamment la charte inédite de Clerevaux, de 1270, citée *suprà*, p. 264.

[5] *Ord. des rois de Fr.*, t. XV, p. 511.

[6] *Ibid.*, 1480, t. XVIII, p. 568.

[7] Savaron-Durand, p. 391.

les consuls en possession des tours et murailles de la ville, en
leur enjoignant, sous peine de la vie, et d'être rebelles et désobéissants au roi, d'en faire bonne garde, et de les tenir en bon
état de défense [1]. A peine trois années s'étaient écoulées que
l'évêque de Clermont avait déjà ressaisi les clefs de la ville, et
était rentré dans l'exercice de son pouvoir. Il fallut encore, pendant soixante-huit ans environ, que les habitants obtinssent sa
permission pour s'assembler [2].

Ces faits se passaient dans la Basse-Auvergne. Des difficultés
d'un autre genre étaient nées dans quelques consulats du Haut
pays. Le 15 mars 1462, plusieurs habitants d'Aurillac se réunissaient pour lutter contre la coalition de quelques notables qui,
depuis plus de douze ans, s'étaient perpétués dans le consulat.
Des syndics furent nommés pour faire destituer les consuls et
leur faire rendre compte. Cette lutte fut suivie de longs procès
qui furent terminés par l'intervention de Louis XI [3]. On retrouve
dans le règlement fait à cette occasion, et soumis, le 18 juin 1463,
à l'approbation de l'abbé d'Aurillac, les différentes bases du régime consulaire, que nous avons exposées, mais avec des modifications, que nous devons faire connaître [4].

On dut appeler, pour l'élection des consuls et des conseillers,
quinze personnages notables [5]. Tous les ans, ces quinze person-

[1] Voy. *Reg. des consulats* de la ville de Clermont, année 1481, f. iiiixx
et iiiixxj.

[2] Voy. Savaron-Durand, p. 411 et suiv.; Gonod, *Trois mois de l'histoire
civile de Clermont, en 1481*, dans les *Annales de l'Auvergne*, 1831, p. 385 et
suiv. — Malgré les priviléges accordés par Louis XI, le Cardinal de Bourbon,
après la mort de ce prince, obtint, le 11 juin 1484, un arrêt du Parlement
qui supprimait le consulat de Clermont et qui substituait le nom d'*élu* à celui
de *consul*. Les bourgeois ne pouvaient plus se réunir qu'avec la permission
de l'évêque et en présence de ses officiers. Un nouvel arrêt du 7 septembre
1485 confirma le précédent. Voy. encore arrêt du 26 juillet 1485, et l'arrêt
définitif de 1487 (*Inventaire des archives municipales*, par Merchadier, p. 202;
M. Tardieu, *Loc. cit.*, p. 521).

[3] Voy. sur ce point les documents historiques publiés par M. le baron
Delzons dans les *Tablettes hist. de l'Auvergne*, t. III, p. 252 et suiv.

[4] Voy. ce règlement, collationné sur l'original, en octobre 1516, par Pa-
lach, notaire, *Loc. cit.*, p. 266 et suiv.

[5] Le règlement porte : « Deux bailles de la confrerye de Saint-Géraud,
deux bailles de St-Jacques, ung baille du Corps de Dieu, un baille de Sainct-
Blaize, ung baille de St-Martin, un baille de Notre-Dame, ung baille de
St-Jean, deux bailles de St-Marsal, deux nobles ou bourgeois, deux clercs
ou notaires » (art. 2).

nages, réunis aux vingt-quatre conseillers sortant de charge et aux six consuls dont les pouvoirs expiraient, élisaient tous ensemble dix-huit nouveaux conseillers pour l'année qui allait commencer. Enfin, les dix-huit nouveaux conseillers, auxquels s'adjoignaient les six consuls sortant de charge pour former le nombre de vingt-quatre conseillers de l'année nouvelle, nommaient les six nouveaux consuls. Les six consuls sortants étaient, de droit, conseillers l'année suivante, pour *remonstrer aux nouveaux consuls et conseillers les affaires de la ville*[1]. Les consuls et les conseillers nouvellement nommés prêtaient serment, les premiers entre les mains des anciens consuls, et les seconds entre les mains des nouveaux[2]. Les consuls et conseillers nommés étaient tenus, à peine de dix livres d'amende, d'accepter les fonctions qui leur étaient conférées[3]. C'était la reproduction de l'ancienne règle des consulats. Les consuls ne devaient plus être exempts des tailles et autres charges, dont ils étaient exemptés autrefois[4]. Des limites et restrictions nombreuses étaient aussi apportées à l'exercice de leur pouvoir. Ils ne pouvaient ni commencer un procès, ni imposer aucune taille ou taxe sans le consentement des quinze personnages, dont nous avons parlé, et de celui de cent autres personnes notables de la ville[5]. Après l'octroi des tailles, un comité était nommé pour la répartition ; après la répartition, et avant la perception, les consuls étaient tenus de lire le rôle devant le Conseil et les quinze personnages, qui pouvaient y introduire toutes rectifications[6]. C'était en la présence de ces quinze personnages que les consuls et les conseillers devaient procéder quand il s'agissait de certains actes d'administration prévus par le règlement, et notamment de la réception mensuelle du compte du receveur[7]. Enfin, les consuls et le receveur étaient tenus, sous peine d'une amende de cent livres au profit de la communauté, et de la privation du droit d'éligibilité, de rendre

---

[1] Art. 2 et 3 du règlement précité.
[2] Art. 4 du même règlement.
[3] Art. 5.
[4] Art. 6.
[5] Art. 8.
[6] Art. 9.
[7] Art. 11.

compte de leurs recettes et dépenses, dans les trois mois de la cessation de leurs fonctions, aux consuls et conseillers nouveaux, auxquels étaient adjoints les quinze personnages[1].

Nous avons retracé les principaux caractères de l'organisation et des attributions municipales, en Auvergne, pendant la période féodale. Nous verrons, dans la période suivante, les changements qu'elles ont subis.

La révolution communale ne s'accomplit généralement dans cette province, comme dans les autres contrées de la France, qu'au profit des villes ; et, quoique leur action sur les campagnes soit l'un des grands faits sociaux du XII⁰ et du XIII⁰ siècle, ces dernières ne profitèrent point d'abord de ce mouvement. On a bien pu voir, dans le Nord, la nouvelle constitution urbaine appliquée à de simples villages, et même, dans le Midi, plusieurs bourgades confondues sous le consulat d'une ville ; mais c'était une exception. La révolution des communes, qui reposait sur des principes de droit naturel, unis à des souvenirs d'ancienne liberté civile, produisit sans doute dans la société un grand ébranlement, qui atteignit les campagnes, les populations agricoles elles-mêmes, et leur inspira un vif désir d'émancipation, et même de violentes résolutions. Les affranchissements des serfs, les concessions de terres sous des conditions de cens et redevances, qui se multiplièrent au XII⁰ et au XIII⁰ siècle, et qui grossirent le nombre des tenanciers et censitaires, contribuèrent aussi à la formation de nouveaux villages, à l'extension de la circonscription des paroisses rurales. Mais les municipalités ou communautés rurales ne datent réellement que de la fin du XIV⁰ siècle[2]. Les lettres-patentes de 1380, déjà citées[3], nous semblent être le premier monument qui se rattache à leur institution. Elles contiennent le pouvoir conféré par Charles VI au duc de Berry d'accorder des assemblées aux gens de la campagne. Mais les paroisses devenues communautés n'eurent aucune des prérogatives, aucun des caractères des communes urbaines. Les seigneurs avaient tout intérêt à renfermer la révolution communale dans

---

[1] Art. 19.

[2] Voy. M. Beugnot, sur les communautés rurales, *Revue française*, t. IX, p. 81.

[3] Voy. *Ord. du Louvre*, t. VI, p. 529.

les villes, dans les cités, et à l'empêcher de se répandre dans les campagnes, où elle aurait anéanti les droits seigneuriaux. Les franchises, l'état de communauté qui, à partir de la fin du XIV<sup>e</sup> siècle, furent accordés aux villageois ne constituaient pas la vie libre de la commune.

Les habitants des villes, des bourgs ou villages de la Basse et de la Haute-Auvergne, qui n'avaient pas le droit de consulat, ne pouvaient nommer des administrateurs ni s'assembler, comme nous l'avons déjà dit, sans l'autorisation du seigneur [1].

Dans le XIV<sup>e</sup> siècle, les habitants de Salers (ville de la Haute-Auvergne), avaient des *luminiers*. La requête du 15 juin 1504, adressée par les luminiers de cette localité au lieutenant-général du bailli des montagnes, et la transaction du 7 avril 1508 en constatent l'existence antérieure. Mais les habitants ne pouvaient les nommer qu'avec la permission du seigneur. La transaction de 1508 les dispensa de demander cette autorisation [2]. L'art. 8 du chapitre II de la coutume d'Auvergne, rédigée en 1510, consacra la même règle, en la généralisant, et en permettant aux habitants des villages ou paroisses du Haut pays de s'assembler pour élire des luminiers [3].

La transaction du 7 avril 1508 accordait aux habitants de Salers

---

[1] Les délibérations consignées au livre de la ville de Salers prouvent que les habitants ne pouvaient, avant l'année 1508, s'assembler sans autorisation. Le 5 juin 1504, les *luminiers* exposent au lieutenant général du bailli des montagnes d'Auvergne pour M<sup>me</sup> la duchesse de Bourbon et d'Auvergne, que la ville de Salers avait « des procès et négoces pour lesquieulx donner conduite estoit nécessaire eulx assembler, mais pour le devoir de justice, et pour ce que non avoient consulat ne autre auctorité de eulx mesmes assembler, ont requis congé et licence de eulx assembler. » — La coutume d'Auvergne de 1510 contenait encore les dispositions suivantes : « Les habitants d'aucune justice qui n'ont corps, commune, ne consulat, ne se peuvent assembler pour leurs affaires communes, sans demander licence à leur seigneur justicier, ou aux officiers du lieu dont ils sont sujets, sur peine d'amende qui doit être attribuée par le juge, selon l'exigence du cas. » (Art. 6, chap. II.)

[2] « *Item*, veult et consent le dit sieur de Salern que les dits habitans doresnavant puissent élire deux *luminiers* chacun an, lesquels auront charge desdites réparations, desdites portes, murailles, fontaines, arloge et autres lieux... » Nous avons vu *suprà*, sect. I<sup>re</sup>, p. 275, que le droit de consulat fut accordé à Salers en 1509.

[3] « Au Haut, les habitants en icelui se peuvent assembler sans autorité de justice, pour faire luminiers ou jurés qui ont l'administration commune des lieux, villages ou paroisses du pays. »

même le droit de s'assembler sans la permission du seigneur [1]. Mais l'art. 8 du chapitre II de la coutume ne dispense de cette permission les habitants des villages et paroisses du Haut pays que pour la nomination des luminiers. Pour tout autre objet, ils ne pouvaient pas plus que ceux de la Basse-Auvergne se réunir sans autorisation [2].

Les populations agricoles n'eurent pas cette unité d'état civil dont la bourgeoisie était en possession, et il y eut, suivant les contrées, une grande inégalité dans la condition des habitants de la campagne. La *commune rurale*, c'est-à-dire la communauté avec conseil, juridiction et administration, ne pouvait naître qu'après l'émancipation des classes agricoles, et sur les ruines de la féodalité.

## SECTION III.

### Législation des Chartes de l'Auvergne.

Outre les règles sur l'organisation et les attributions municipales, les chartes de l'Auvergne renferment plusieurs dispositions de droit privé, de procédure civile, de droit pénal, de police et de procédure criminelle.

Les dispositions de *droit privé* ont principalement trait à la validité des testaments et donations, aux successions ab intestat, aux transactions et compromis, à la rescision des contrats, à l'expropriation, à la possession et à la prescription.

Ainsi, selon la charte de Riom, le testament fait en présence de témoins dignes de foi est valable, pourvu que ceux auxquels une portion des biens est due n'en soient pas privés sans cause [3].

La charte de Montferrand déclare valables les donations et les testaments faits verbalement ou par écrit. Les héritiers institués sont préférés, tant en la propriété qu'*en la possession et saisine*

---

[1] « ... Et se porront assembler lesdits luminiers et habitans ensemble pour avoir l'advis, opinion, conseil et délibération, et traiter de leurs afferes et negoices communs, toutes et quante fois que bon leur semblera et qu'il en sera besoing. » Nous rappelons que le droit de consulat fut accordé à Salers en 1509.

[2] Telle est aussi l'opinion de Chabrol, t. I<sup>er</sup>, p. 58.

[3] Art. 6, ch. 1270.

des biens et successions, aux héritiers ab intestat, sauf la légitime des descendants, calculée d'après les règles du droit écrit[1].

Selon la même charte, lorsqu'une succession ab intestat s'ouvre et qu'il n'existe ni enfants, ni frères ou sœurs germains, les biens retournent *à l'estoc et à ceux dudit estoc* dont ils sont provenus, et, à défaut, aux parents qui ont le droit de succéder d'après les principes du droit écrit[2].

Les filles mariées par leurs père et mère, ou autre ascendant, et leurs enfants, ne peuvent succéder à leurs père, mère et ascendants, qui laissent des enfants mâles; elles doivent, ainsi que leurs enfants, se contenter de leur *douaire et chancelle*[3]. Elles ont le droit de conserver les dons et legs à elles faits.

Si les père, mère ou ascendants n'ont laissé aucun enfant mâle, les filles mariées par eux, et leurs enfants, leur succèdent par égales portions avec les autres filles, sauf à rapporter leurs douaires et chancelles[4].

Les sœurs mariées par leurs frères sont réduites à leur douaire en ce qui concerne les biens communs entre eux. Si l'un des frères meurt *ab intestat* sans enfants, les autres frères et leurs enfants excluent lesdites sœurs, qui ne peuvent prendre aucune part des biens du frère décédé[5].

Lorsque la femme mariée meurt sans enfants, le mari a droit à la moitié des biens meubles dotaux[6].

A défauts d'héritiers, les biens d'une personne décédée sont confiés par le bailli et les consuls à la garde de deux hommes probes, et y restent, soit pendant un an et un jour, selon plusieurs chartes, soit pendant quarante jours seulement, selon d'autres. Si aucun héritier ne se présente dans ce délai, les biens sont remis au seigneur[7].

La charte de Montferrand déclare les transactions et les com-

---

[1] Art. 43.
[2] Art. 43 précité.
[3] On entend par *chancelle* la chambre de l'épousée, ses meubles et habits.
[4] Montferrand, art. 44.
[5] Montferrand, art. 45.
[6] Montferrand, art. 46.
[7] Charte de Clermont (*Appendice,* vol. II); Riom, 1270, art. 4; Montferrand, art. 42; Aigueperse, Chabrol, IV, 15.

promis valables, quoique faits en dehors de la cour de Montferrand et sans l'intervention du seigneur ou de son bailli [1].

A Aurillac, les arbitrages prononcés par les consuls avec ou sans le serment des parties doivent être déclarés exécutoires par la cour de l'abbé, sans épices [2].

La charte de Montferrand admet la rescision pour lésion de plus du tiers dans les contrats [3].

Celle de Moissat-le-Haut contient des dispositions sur le retrait lignager et le retrait censuel ; mais les mineurs et les personnes étrangères à la province ne peuvent pas en user ; disposition qui semble assez singulière.

Plusieurs chartes disposent que, lorsque les meubles d'un débiteur ne suffisent pas pour payer son créancier, ce dernier est tenu de prendre des immeubles de ce débiteur en payement, suivant l'estimation faite par les consuls, auxquels se joignent, à Riom, des hommes probes. Le débiteur est obligé de consentir la vente. Le créancier peut, d'après la charte de Montferrand, se refuser à cette dation en payement, en accordant au débiteur du temps pour se libérer [4].

Les chartes de Riom et de Montferrand renferment sur la prescription de dix ans des dispositions qui méritent d'être rapportées [5].

---

[1] Art. 77.

[2] *Deuxième paix de* 1298 (*Appendice*, vol. II).

[3] Art. 86.

[4] Riom, 1270, art. 33 ; Montferrand, art. 61 ; Aigueperse, Chabrol, IV, 25-26.

[5] « *Item*, si aliquis tenuerit aliquas res edicto vel aliquo bono modo acquisitas infrà fines dictæ villæ moventes de dominio nostro per spatium X annorum inter præsentes pacifice et quiete, petitor nulla tenus audiatur, secundum consuetudinem dictæ villæ » (Riom, 1270, art. 28). « *Item*, quiconque dudit mandement aura joy et usé paisiblement et par bonne foy aucune chose ou heritaige dans ledict mandement de Monferrand l'espace de dix ans entiers et continuelz, comme sienne, sans avoir fally d'obeyr et ester à droit sur iceluy en la court du dict Montferrand, dès lors en anvant luy doit demeurer sauf le cens et direct dudit seigneur. Et si après le dict temps il est mis en procès par aucun pour raison dudict heritaige, le demandeur ne peut et ne doit estre aucunement oy, ains luy doit estre imposé scillance apperpectuel, si n'est que le dict demandeur fust dans le dict temps mineur de quatorze ans, ou absent du pays, ou tel que par l'empeschement de son corps ou par la subjection d'autruy ou autrement fust tellement enpesché qu'il ne l'ait peu demander : car lors il doit estre oy et luy doit estre faict droit selon l'usaige dudict lieu. Et ainsi est et doit estre faict entre

Enfin, la *Deuxième paix* d'Aurillac, de 1298, contient plusieurs règles intéressantes sur la dénonciation de nouvel œuvre[1].

Du reste, les dispositions de droit privé étaient peu nombreuses. Les chartes garantissaient d'une manière générale la sûreté des personnes et des biens; elles apportaient aux coutumes le tribut de leurs réformes, de leurs améliorations; mais elles étaient loin de régler tous les rapports des citoyens. Aussi, déclaraient-elles, comme celle de Riom de 1270, par exemple[2], que les cas imprévus devaient être jugés par le droit écrit, *secundum jus*, ou par la coutume, *vel secundum consuetudines*. La charte de Riom ajoute : *vel propè jus*, expression que l'on traduit ordinairement ainsi : *ou à peu près par le droit écrit*[3]. Quelques écrivains[4] insistent même sur la bizarrerie ou la naïveté de cette disposition, en faisant observer qu'elle témoigne de l'ignorance de l'époque en matière de droit romain. Nous n'admettons pas cette version. Nous croyons que les mots *vel propè jus* signifient simplement que l'on décidera par analogie, et en se rapprochant autant que possible des règles du droit écrit, quand les textes formels

---

frères et sœurs et autres quelzconques de ligniaige qui vouldront demander partaige des biens communs et autres, quant ils auront demeuré séparés les ungs des autres à part l'espace de dix ans paisiblement; car à ce ne seront et ne doivent point estre oys, combien qu'ilz allèguent n'avoir parti ne faict partaige entre eulx » (Montferrand, art. 88). Voy. aussi, sur la possession, l'art. 33 de la charte de Montferrand (*Append.*, vol. II.).

[1] Quand une personne de cette ville fait une dénonciation de nouvel œuvre, en la manière et la forme établie par le droit, elle doit avant tout jurer, devant le juge, qu'elle n'agit ni par haine, ni par colère, ni par envie de nuire. Puis, le jour même de la dénonciation, ou le lendemain au plus tard, elle doit proposer et exprimer, devant la cour, un motif raisonnable de dénonciation, sinon, et faute de ce faire dans ledit délai, celui qui bâtit est autorisé à continuer sans caution. Si un motif raisonnable est proposé, le constructeur est tenu de suspendre ses travaux pendant huit jours, et, pendant ce second délai, le dénonçant est obligé de prouver le motif raisonnable par lui proposé... S'il fait cette preuve, il est défendu de continuer, et ce qui est déjà édifié est enlevé et détruit. Dans le cas contraire, la continuation des ouvrages est autorisée moyennant caution de les enlever au cas où il serait plus tard démontré qu'ils n'auraient pas dû être faits. Voy. l'article de *la forma de la annunciacio de noela obra*, *Deuxième paix de* 1298.

[2] Art. 35.

[3] Voy. M. Bayle-Mouillard, *Discours du 5 novembre* 1842, p. 38; M. Mazure, *Tableau hist. de l'Auvergne*, p. 433; M. Carmantrand de la Roussille, *Discours du 3 novembre* 1869, p. 15.

[4] MM. Mazure et de la Roussille, *Loc. cit.*

feront défaut. Sans doute, le treizième siècle ne fut pas celui d'Alciat ou de Cujas; mais, dans le siècle précédent, la science du droit avait déjà reçu des développements dans les écrits et les leçons des glossateurs; au treizième siècle, Accurse avait aussi rassemblé comme en un faisceau les richesses du douzième, et, c'est par la propagation du droit romain que l'influence et les lumières des légistes appelés auprès des rois s'étaient accrues.

Quoiqu'il en puisse être, en renvoyant au droit écrit où à la coutume, la charte de Riom de 1270 prouve que, dans cette partie de la province d'Auvergne, l'ancienne distinction du droit écrit et du droit coutumier était déjà officiellement constatée[1].

La *Première paix* d'Aurillac, de 1280, distingue aussi le droit écrit, la coutume générale et la coutume particulière[2].

La charte de Clermont, en s'occupant des cas imprévus, porte seulement qu'ils seront jugés *secundum jus scriptum vel propè jus.* Elle n'ajoute pas, comme celle de Riom, *vel secundum consuetudines*[3].

Les chartes d'Auvergne contiennent aussi quelques dispositions de *procédure civile.*

Selon la charte de Montferrand, on ne peut être forcé de porter un témoignage contre son père, contre sa mère, ou ses enfants, ni contre les autres personnes indiquées par le droit écrit[4].

Dans tout procès civil, la partie qui succombe doit au seigneur, selon la charte de Riom[5], une amende de trois sous; mais le débiteur, qui reconnaît immédiatement sa dette et la paie dans la huitaine, ou dans la quinzaine, selon l'importance de la somme et la qualité de la personne, n'est pas tenu de l'amende[6].

[1] Voy. aussi Montferrand, art. 133. — M. Bayle-Mouillard (*Loc. cit.,* p. 41), commet une erreur, lorsqu'il dit que, selon la charte de Riom, de 1270, les cas imprévus doivent être jugés, non pas suivant le droit romain, comme à Clermont, mais suivant la coutume. Le texte de la charte de Riom est très-précis.

[2] « Quod cum aliquis casus acciderit, in villa Auriliaci, in quo *de jure scripto, vel consuetudine generali, vel speciali* inquiri debeat dominus abbas, vel ejus curia. » (Art. 1er).

[3] Voy. *Appendice,* vol. II. Nous avons vu que la charte de Billom renvoie aussi pour les cas imprévus au droit écrit seulement.

[4] Art. 72.

[5] Art. 25, ch. 1270.

[6] Voy. aussi Montferrand, art. 56.

La même charte défend de saisir le vêtement journalier du
débiteur, son lit, ceux de sa famille, ses instruments de labou-
rage et autres avec lesquels il gagne sa vie[1]; disposition humaine
que l'on retrouve dans nos codes modernes[2]. La charte de
Montferrand renferme la même disposition pour les instruments
de travail, et elle ajoute : « pareillement, nul habitant de Montferrand ne peut être gaigé en sa maison où il aura femme gisant
d'enfant, ou qu'il sera malade détenu en griesve maladie[3]. »

Selon la *Deuxième paix* d'Aurillac, les publications des biens
des mineurs, ou autres meubles et immeubles qui devaient être
vendus en justice, étaient faites par un sergent de l'abbé, en
l'église de Sainte-Marie d'Aurillac, ou au monastère St-Géraud,
les jours de dimanche ou de fête, en présence du peuple, et en ces
termes : « La maison de tel homme se vend par l'autorité de la
cour de Mgr l'abbé; qui la voudra acheter vienne tel jour, on la
lui vendra[4]. » Après l'offre d'un prix on disait : « La maison de tel
homme se vend par l'autorité de la cour de Mgr l'abbé; on en
veut donner tant; qui voudra en donner davantage n'a qu'à
venir tel jour devant ladite cour[5]. »

Le duel judiciaire est aboli en matière criminelle par les chartes de Clermont, de Riom, de 1270; d'Aigueperse et de Billom[6].
Celle de la Roquebrou, dans la Haute-Auvergne, le permet[7]. La
charte de Montferrand prohibe le gage de bataille en toutes matières, civiles et criminelles. Mais elle le permet aux habitants
de la ville vis-à-vis des forains[8].

[1] Art. 17.
[2] Art. 592, *C. proc. civ.*
[3] Art. 83.
[4] « La maijos ditals home si ven per la actoritat de la cort de mosenho
labat, qui la volria crompar venha aital iorn que hom lalh vendra. » Voyez
l'article *de las cridas et de las subastacios* de la *deuxième paix de* 1298.
[5] « Aitals maijos daital home si ven per la actoritat de la cort de mosenho
labat, e hom vol i donar aitan; qui mai i dara, venia aital iorn davan l
dicha cort. » Article précité de la *deuxième paix de* 1298.
[6] Voy. Clermont (*Appendice*, vol. II); Riom, art. 5 (*Appendice*, vol. II)
Aigueperse (Chabrol, IV, 19).; Billom, (*Append.*, vol. II).
[7] La Roquebrou, alin. 11 (*Appendice*, vol. II).
[8] Art. 20 et 21. — On fait remonter à l'année 1260 l'ordonnance par laquelle S. Louis défendit les batailles dans ses domaines (voy. art. 1er). Cett
interdiction fut renouvelée en 1270 par les *Etablissements* : « Nous deffen
dons les batailles partout nostre domaine en toute querelles. » Voy. *Olim*
t. Ier, p. 491.

Les dispositions *de droit pénal, de police et de procédure crimi-nelle* sont plus nombreuses.

Le meurtre et d'autres crimes sont punis de mort, de mutila-tion, de bannissement[1].

Les coups, les blessures, les injures, les outrages sont punis d'une amende[2].

Les chartes règlent avec soin le tarif des amendes, qui consti-tuaient une partie du revenu des seigneurs justiciers. L'amende la plus forte n'excède pas, en général, 60 sous.

Selon une disposition de la *Première paix* d'Aurillac, l'abbé et sa cour n'ont pas le droit de poursuivre d'office ceux qui ont fait des blessures avec la main, le pied ou le poing, même quand il y a effusion de sang. La plainte du blessé est nécessaire pour saisir la cour. Lorsque les blessures ont été faites avec une arme ou un corps contondant, comme une pierre, un bâton, le délin-quant peut être poursuivi d'office et condamné à l'amende, sauf pourtant le cas où les blessures auraient été faites par un père, un mari, ou un maître, à son enfant, à sa femme, ou à son domes-tique, en administrant une *légère correction*; alors, *y eût-il un peu de sang*, la cour n'a pas le droit d'intervenir[3].

Selon la charte de Murat, tout homme qui en a frappé un autre avec un couteau, et occasionné une effusion de sang ou la mort, est à la discrétion du seigneur ou de sa cour. Celui qui a tiré son couteau contre quelqu'un paye 60 sols du Puy au seigneur. Celui qui a frappé avec le poing paye 7 sols, et si le coup a occasionné une effusion de sang, 15 sols de même monnaie.

D'après la charte d'Ambert, lorsque le coup paraît mortel, le coupable doit donner caution ou demeurer prisonnier jusqu'à la mort ou à la guérison de la victime. Telle est aussi la disposition de la charte de Billom.

La vente à faux poids ou fausse mesure est punie d'une amende par plusieurs chartes. Celle de Maringues punit même ceux qui ignoraient que les poids ou mesures étaient faux (*inscienter*).

Le vol est aussi, d'après les chartes de Clermont et d'Ambert,

---

[1] Voy. Clermont *(Append.,* vol. II); Montferrand, art. 26.
[2] Riom, 1270, art. 12, 14; Murat, Billom et autres.
[3] *Première paix* d'Aurillac de 1280, *article del sanc (Appendice,* vol. II). — Voy. aussi charte de la Roquebrou, alin. 5 et 6.

puni d'une amende plus ou moins forte, selon la valeur de l'objet volé. Mais lorsque le délinquant est un récidiviste, il est passible d'une peine plus sévère [1].

L'adultère est puni d'une amende de 60 sous, dont les deux coupables peuvent s'exonérer en subissant une promenade indécente qui était un nouveau scandale : *Nu corunt la villa* [2]. Si les deux accusés ne sont pas habitants de la ville, si l'un d'eux est étranger, et que l'autre ait pu ignorer qu'il était marié, le fait n'est pas poursuivi [3]. La charte de Clermont porte : « Non curratur, nec capiatur, sed solum deum habeat ultorem. » Selon la charte de Murat, l'homme et la femme surpris en adultère sont conduits autour de la ville et fustigés, à moins qu'ils n'en obtiennent la dispense du seigneur [4]. L'adultère est puni suivant l'arbitrage du juge, d'après la charte d'Ambert.

A Aigueperse, la commune et les consuls ne sont pas responsables des délits et des dommages causés par des attroupements séditieux [5].

On suit, à Montferrand, les formes du droit écrit pour les accusations [6]. Aucun habitant de cette ville ne peut être arrêté, s'il peut donner caution, ou s'il a des immeubles dans le ressort de la justice de Montferrand, à moins qu'il n'y ait preuve ou aveu d'un grand crime entraînant la mort, la mutilation ou le bannissement [7].

A Aigueperse, le seigneur ne peut faire arrêter et emprisonner les habitants que dans trois cas seulement, c'est-à-dire pour cause de meurtre, de larcin ou de vol [8]; et, à Maringues, pour homicide,

---

[1] Clermont (*Append.*, vol. II); Riom, 1270, art. 24; Aigueperse (Chabrol, IV, 15).

[2] Clermont, *Loc. cit.*; Riom, 1270, art. 21; Montferrand, art. 34; Aigueperse (Chabrol, IV, 16); charte de Maringues; Billom.

[3] Clermont (*Append.*, vol. II); Montferrand, art. 35.

[4] Selon la charte de Vollore, ils doivent être fustigés, ou faire le tour de la ville, tout nus, *more solito*, ou payer au seigneur de Vollore soixante sols, et cinq sols tournois pour le gage des sergents (art. 9).

[5] Aigueperse (Chabrol, IV, 28).

[6] Art. 23, 24.

[7] Art. 136.

[8] Charte d'Aigueperse.

adultère, vol et violation des droits seigneuriaux, ou dans un des cas criminels emportant prise de corps [1].

A Aurillac, lorsqu'une personne est arrêtée pour un délit entraînant la prison, elle n'est pas placée de suite dans le fond de la tour du château ou de la ville, mais, selon la nature du délit et la condition du prisonnier, elle est déposée et gardée dans une maison convenable de la ville, dans le château, ou dans tout autre lieu. La cour de l'abbé fait, en présence des consuls, et dans le plus bref délai, une instruction sommaire, d'après laquelle on décide si le prévenu doit être renfermé et gardé au fond de la tour du château, ou ailleurs, selon la nature du délit, la condition, les facultés ou la réputation de la personne inculpée. Il en est ainsi, du moins, lorsqu'elle n'a pas été arrêtée pour un fait qui notoirement doit être puni corporellement [2].

Lorsque la cour de l'abbé fait une enquête contre un prévenu, on lui notifie par écrit le fait qui lui est imputé; si celui-ci demande à répondre d'une manière précise et sous serment, il lui est accordé un délai de dix jours ou un délai plus court, s'il le désire; au jour fixé, il est tenu de répondre. S'il y a matière à discussion, deux autres délais, de huit jours chacun, lui sont accordés pour proposer ses défenses. Ensuite, on lui donne, s'il y a lieu, trois délais de quinze jours chacun, pour fournir la preuve de ces défenses. Aucun autre sursis ne lui est accordé, à moins qu'il ne jure que le fait qu'il demande à prouver est venu depuis peu de temps à sa connaissance, ou qu'il n'a pu se procurer plus tôt les témoins qu'il veut produire [3].

Voici comment on doit procéder, d'après une disposition de la *Deuxième paix* d'Aurillac, contre les individus prévenus d'un crime entraînant une peine corporelle, lorsqu'ils ont pris la fuite ou sont absents:

Par la citation qui leur est donnée, un jour leur est assigné pour comparaître devant la cour de l'abbé, et répondre en personne à l'accusation. Après deux citations semblables, le juge ou le *baile* de la cour, en présence des consuls, ou eux dûment

---

[1] Charte de Maringues (*Appendice*, vol. II).

[2] *Deuxième paix* de 1298, article de *la forma darestar e de penre*.

[3] *Deuxième paix* de 1298, article *dels proces gardadors e las enquestas fazedoyras*.

appelés, fait crier dans l'auditoire par un des *curials* : « Si tel
homme est ici et qu'il comparaisse, il sera procédé avec lui et
contre lui comme avec présent et contre présent [1]. » S'il ne com-
paraît pas, la cour donne défaut. Ensuite, le juge ou la cour
ordonne au sergent de le citer trois fois publiquement en ces
termes : « Tel homme, soupçonné de tel fait, était cité pour
aujourd'hui, afin de procéder comme de raison sur ledit fait ; il
n'est pas venu, la cour l'a mis en défaut ; je le cite à cette heure
péremptoirement; qu'il vienne en personne, tel jour, pour procéder sur ce même fait, il aura sûreté [2]. » Le sergent répète cela
trois fois. Il cite, en outre, le prévenu à son domicile. Après quoi,
toujours en présence des consuls, ou eux dûment appelés, la cour
ordonne aux trompettes de publier ce premier défaut, et de citer
le prévenu publiquement dans les carrefours de la ville, en ces
termes : « Ecoutez ce que nous faisons savoir communément à tous,
de par Mgr l'abbé et les consuls : un tel était soupçonné d'être
l'auteur de tel crime, on le dit du moins ; il a été cité personnellement à comparoir tel jour devant la cour de Mgr l'abbé pour
assister à l'instruction sur ledit crime, comme il est juste et raisonnable de le faire ; il n'est pas venu, ni personne pour lui avec
pouvoirs suffisants ; la cour l'a mis en défaut et lui a fixé tel jour
pour comparoir personnellement devant elle ; s'il ne vient pas, la
cour prononcera contre lui, comme de raison sera [3]. » On publie
deux autres défauts de la même manière. Après un quatrième
défaut et une quatrième citation publique à son de trompes, il
est tenu pour averti, et la poursuite continue. Le délai entre
chaque citation est de quinze jours.

Toutes ces procédures préliminaires terminées, la cour, en

---

[1] « Si es aissi aitals hom e si comparesca, sia procézit am lui e contra
lui, en aissi coma prezen e contra prezen. »

[2] « Aitals hom que era dihs sospechos daital fah era citaz ahuey saius,
per procezir el dih fah, aitan quan razos seria ; quar el non vengutz, la cortz
la mes en defalha, hora lo sito aissi peremptoriamen que venha saius aital
dia personalmen procezir sobrel dih fah. »

[3] « Auiatz queus fahom a saber a totz comunalmen, de part mosenhor
labat els cossols, que aitals hom que era sospechos daital crim, segon queh
om ditz, es estatz citatz personalmen que vengues aital dia davan la cort de
mosenhor labat, per procezir sobrel dih crim, aitan coma seria de razo ;
quar el non es vengutz, ni altre per lui sufficienmen, la cortz la mes en
defalha, e lha donat aital iorn que venha personalmen davan la cort; e si
nou ve, la cortz procezira contra lui, aitan quan de razo sera. »

présence des consuls, ou eux dûment appelés, examine les défauts, l'instruction sommaire faite dans le principe, et ordonne une enquête plus solennelle, plus exacte, plus régulière. Si, d'après le résultat de cette enquête, le prévenu doit être absous, la cour, après avoir entendu ou requis le conseil des consuls, prononce l'absolution avant l'expiration du délai de huit mois. Si, au contraire, d'après l'enquête, l'absent doit être banni, elle prononce le bannissement, ouï ou requis pareillement l'avis des consuls. Les trompettes publient le bannissement dans les carrefours de la ville. Si cependant, après l'enquête solennelle, il y a doute entre l'absolution et le bannissement, il est sursis par la cour, toujours en présence des consuls [1].

La torture, la gêne et la question sont abolies par la charte de Montferrand [2].

En cas de forfait ou crime, la confiscation est prononcée par cette charte, au profit du seigneur, dans les cas prévus par le droit écrit; pour les cas prévus par la coutume, la confiscation n'a lieu que jusqu'à concurrence de la moitié des biens seulement [3].

Les chartes communales furent un élément important du droit coutumier de l'Auvergne, qui fut recueilli au XVe siècle, avec ses développements, par Masuer, en sa *Pratique du barreau* (*Practica forensis*), dont nous parlerons plus tard [4].

L'influence des *Etablissements* de Saint-Louis sur les chartes de cette province est incontestable. M. Bayle-Mouillard a rappelé cette influence, dans l'excellent discours prononcé à l'audience de rentrée de la cour royale de Riom, le 5 novembre 1842 [5]. Il semble la limiter à la charte de Montferrand. C'est, en effet, dans cette charte que l'empreinte des *Etablissements* paraît plus profonde [6]. L'abolition du duel judiciaire, la procédure par

---

[1] *Deuxième paix de* 1298, article de *La forma de procezir contra los sospechos absens.*

[2] Art. 27.

[3] Art. 133.

[4] Masuer est mort vers 1450 ou 1456.

[5] P. 44; voy. aussi M. Mazure, *Loc. cit.*, p. 437.

[6] Lorsque la charte de Montferrand fut octroyée, cette ville n'était cependant pas encore dans le domaine du roi, ou du prince apanagiste. C'est seulement au mois de juillet 1292 que Philippe-le-Bel l'acquit de Louis de Beaujeu.

témoins, là disposition qui proscrit la torture, celle qui autorise le testament, l'inviolabilité de la légitime des enfants, le retour de la succession des propres à la ligne paternelle et maternelle, toutes ces dispositions, et quelques autres encore, sont des traces irrécusables. Mais ce n'est pas à cette charte seule que l'influence des *Etablissements* doit être bornée. Que ce recueil ait été sanctionné par Louis IX, en 1270, comme le pensent de Laurière[1], le président Bouhier[2], M. Beugnot[3], ou qu'il ne soit qu'une œuvre anonyme placée sous le patronage de Saint-Louis, comme MM. Pardessus[4] et Klimrath[5] le supposent, il n'en est pas moins certain que son action a rayonné, à divers degrés, sur le droit coutumier de l'Auvergne, aussi bien que sur celui de plusieurs provinces du centre de la France. En 1315, les habitants de la baillie d'Auvergne témoignaient encore de toute la confiance, de tout le respect que leur inspiraient les *Etablissements,* dans une requête adressée au roi Louis-le-Hutin, et rappelée dans l'ordonnance de la même année : « Considérant que les habitants se plaignent que leurs bonnes coustumes anciennes, leurs franchises et leurs usages ont été corrompuz et despointez en plusieurs manières, requérant que ces choses nous vousissions ramener à l'estat ancien du temps de M. Saint-Loys notre besayeul, et faire garder les ordonnances et Establissements de notre cher seigneur et père, ordonnons que les franchises, coustumes et usages soient ramenez et gardez à l'encien temps et que les griefs diz soient corrigiez et adreciez[6]. » C'est que, en effet, les *Etablissements,* œuvre de transaction avec la féodalité, dont elle laissait souvent subsister les usages, mélange d'éléments germaniques et féodaux, de droit romain et ecclésiastique, devaient convenir à la province d'Auvergne, à cette contrée resserrée entre les deux zones du Nord et du Midi, qui, par suite de cette position géographique

[1] Préface du I^er vol. des *Ordonnances.*

[2] *Coutume de Bourgogne,* ch. XV, n° 33, t. I^er, p. 389.

[3] *Institutions de saint Louis,* p. 308.

[4] *Institutions judiciaires,* p. 26.

[5] T. II, p. 42.

[6] *Ord. du Louvre,* I, 613 *bis;* M. Bayle-Mouillard, *Loc. cit.,* p. 44.

et des événements, réunissait depuis longtemps déjà sur son territoire ces éléments divers et opposés[1].

Mais si l'action des *Établissements* sur le droit de l'Auvergne, au moyen-âge, n'est point douteuse, leur application fut considérablement restreinte par les coutumes locales, qui s'établirent dans cette province, et dont le très-grand nombre faisait dire à Prohet qu'il y avait plus de coutumes locales en la province d'Auvergne qu'il n'y en avait en aucune autre du royaume[2]. Chabrol a reproduit cette observation[3], mais sans aller jusqu'à l'hyperbole, que n'avait pas su éviter Prohet, lorsqu'il ajoutait : « Et l'on pourrait même dire qu'il y en a plus en la seule coutume d'Auvergne que dans toutes les autres ensemble[4] ! »

---

[1] M. Bayle-Mouillard s'exprime ainsi sur ce point : « Notre province s'était dès longtemps habituée à ce mélange; placée au centre de la France, au point où venaient se combattre les traditions antiques des Francs et des Romains, elle avait concilié ces deux droits d'origine diverse. » *Loc. cit.*, p. 44. — Nous verrons plus loin ce qu'il faut penser de cette conciliation, dont parle le savant magistrat.

[2] *Les Coutumes du haut et bas pays d'Auvergne conférées avec le droit civil*, part. 2, Coutumes locales, p. 3.

[3] Vol. IV, Avertissement.

[4] *Loc. cit.*

# CHAPITRE VI.

### Origine, Organisation et Attributions des Etats de la province d'Auvergne.

L'histoire nous a transmis le souvenir d'assemblées de province antérieures ou postérieures à l'édit de 418, par lequel l'Empire romain, au moment de sa décadence, faisait un appel aux provinces du sud de la Gaule, et convoquait à Arles une assemblée de leurs députés. Les habitants du midi de la France conservèrent longtemps la tradition de ces assemblées. Quand Alaric voulut, en 506, publier le code qui porte son nom, il appela aussi une assemblée composée des évêques et des élus des provinces de son royaume [1]. S'il faut en croire Savaron, Raimond, comte de Clermont, et Arnaud, évêque, qui vivaient dans le Xe siècle, convoquèrent une assemblée des ecclésiastiques, barons et députés des villes, pour aviser aux moyens de rétablir le monastère de St-Allyre, ruiné par les Normands [2]. On cite même, vers la fin du XIe, et pendant les XIIe et XIIIe siècles, plusieurs assemblées du Midi, qui auraient été composées du clergé, de la noblesse, d'habitants de la province, et qui auraient été appelées à délibérer sur un intérêt commun [3].

Toutefois, on s'accorde à reconnaître que les véritables Etats provinciaux, les Etats de l'Auvergne, comme ceux des autres provinces, dans lesquels furent appelés non-seulement le clergé et la noblesse, mais encore les bourgeois des bonnes villes ou les gens du Tiers, sont d'une date plus récente. Leur origine est la même que celle des Etats Généraux du royaume.

Autrefois, les grandes assemblées, dont la tradition avait passé

[1] On lit en tête de ce code : « Adhibitis sacerdotibus ac nobilibus viris... » et plus loin : « Venerabilium episcoporum vel electorum provincialium nostrorum roboravit adsensus. » Baronius, an 506.

[2] *Origines de Clairmont*, p. 96.

[3] Assemblée de Narbonne, en 1080; assemblée du comté de Barcelone, en 1126, Raynouard, *Hist. du dr. municipal*, t. II, p. 171; Ord. de Louis IX, en faveur des habitants de Beaucaire et de Nîmes, pour l'Assemblée de 1254, D. Vaissete, t. III, Preuves, col. 508.

des coutumes germaniques dans le régime de la monarchie féodale, se composaient exclusivement de députés de la noblesse et du clergé. Mais lorsque les municipes furent rétablis, le tiers-Etat, sorti de la révolution des communes, comme une conséquence de son principe, participa, dans sa sphère, aux droits politiques des anciens ordres : il fut appelé à donner son avis sur les affaires les plus importantes, et à délibérer sur les nouvelles taxes. « La participation aux affaires politiques des hommes qui n'étaient ni nobles, ni clercs, devait être, dit M. Picot, le dernier terme de l'affranchissement des communes. Dans toute l'Europe, avec des formes diverses, un fait analogue s'était produit : tandis que dans les pays le plus longtemps soumis à la domination romaine, le régime municipal reprenait tout naturellement son empire, ailleurs la lutte empruntait au régime seigneurial qu'il s'agissait de modifier un caractère de violence belliqueuse. Ainsi, au midi, l'idéal était ces cités républicaines qui devaient préparer le morcellement de l'Italie ; au nord, on organisait fortement des remparts contre l'oppression féodale.

» De cette profonde différence devait naître l'organisation plus parfaite des municipalités méridionales et la vigueur plus rude des bourgeois de Flandre. Quels que fussent les contrastes, ces progrès témoignent incontestablement du mouvement irrésistible qui caractérise la fin du XIIIe siècle. Partout la classe bourgeoise veut participer à la conduite des affaires : en Espagne dans les Cortès, en Allemagne dans les Diètes, en Italie dans les Républiques, en Angleterre dans le Parlement, en France dans les Etats Généraux ; le but est le même dans toute la partie occidentale de l'Europe, et, sous des noms divers, les institutions portent la trace d'un besoin général.

» Il y a là un de ces courants singuliers que l'histoire nous montre parfois, sans que rien puisse nous en expliquer l'universalité et surtout la concordance [1]. »

La convocation par le roi des représentants des bonnes villes fut d'abord peu fréquente et limitée à des cas spéciaux. On voit encore, au commencement du XIVe siècle, le prince ne consulter que les prélats et les barons pour l'établissement des sub-

[1] *Histoire des Etats Généraux*, introduction, t. Ier, p. 20.

sides [1]. A cette époque, un surcroît de besoins et de dépenses amena des appels plus nombreux et plus réguliers des bourgeois mandataires des cités et des communes. Lors de la lutte du pape Boniface VIII et du roi Philippe-le-Bel, une assemblée générale de députés des trois Etats, clergé, noblesse et bourgeoisie, fut convoquée à Notre-Dame de Paris, le 10 avril 1302, et la voix du *commun peuple* y fut recueillie au même titre que celle des barons et prélats [2].

Dans l'assemblée de Tours, de 1308, toutes les villes de quelque importance furent représentées ainsi que tous les prélats et les nobles du royaume [3]. Quelques années après, c'est-à-dire en 1314, les gens des bonnes villes, au nombre desquels on voit figurer ceux de Clermont en Auvergne, furent mandés à Paris pour le *fait des monnaies*. Ils y délibérèrent sur certaines affaires de l'Etat et sur le vote des subsides [4].

Les trois assemblées du règne de Philippe-le-Bel sont les premières qui aient présenté le caractère d'Etats Généraux [5].

Dans les Etats qui eurent lieu sous ses successeurs, la présence des députés de toutes les villes n'est pas clairement mentionnée ; aux prélats et aux barons régulièrement appelés ne se joignent souvent que les bourgeois de Paris ou les membres de l'Université [6]. Le rôle de la bourgeoisie dans les Etats Généraux fut, jusqu'au milieu du XIVᵉ siècle, assez effacé. Mais l'énergie et la prépondérance du Tiers-Etat ne tardèrent pas à s'y manifester [7].

---

[1] « Philippus... de fidelium PRELATORUM BARONUM et aliorum consiliariorum nostrorum ad hoc præsentium, *consilio et assensu*, duximus ordinandum. » (Ord. de Philippe-le-Bel, de 1302; *Ord. du Louvre*, t. Iᵉʳ). — Dans les instructions données aux commissaires députés dans les provinces pour faire agréer l'impôt, il est recommandé : « premièrement, d'appeler *les plus souffisans* d'une ville, ou de plusieurs ensemble selon le pays, et de leur faire diligeaument entendre l'ordonnance. » — Une ordonnance de 1303 porte aussi : « Philippus... cum dilecti et fideles nostri *Barones et alii nobiles Arverniæ* nobis pro defensione Regni nostri.... certam subventionem.... (*Ord. du Louvre*, t. 1ᵉʳ, p. 408, 409).

[2] M. Aug. Thierry, *Hist. des progrès du Tiers-État*, p. 32 et suiv.; M. Picot, *Hist. des Etats Généraux*, t. Iᵉʳ, p. 21 et suiv.

[3] Voy. M. Picot, *Loc. cit.*, t. Iᵉʳ, p. 25.

[4] *Ordonn. du Louvre*, t. Iᵉʳ, p. 548.

[5] M. Picot, *Loc. cit.*, p. 26.

[6] M. Picot, *Loc. cit.*, p. 26 et suiv.

[7] *Voy.* M. Aug. Thierry, *Loc. cit.*, p. 35 et suiv.

Nous ne pouvons pas insister davantage sur les commencements de ces grandes assemblées nationales.

Quant à l'origine et à l'institution des Etats particuliers des provinces, elles doivent être attribuées à des causes multiples et à des événements divers.

Quelques écrivains ont pensé que les Etats provinciaux n'étaient que les anciens conseils de gouvernement de chaque grand feudataire, conseils composés de prélats et de barons, auxquels on aurait adjoint quelques représentants de la bourgeoisie, dans les premières années du XIVe siècle [1]. Il est vrai qu'après la ruine de l'empire Carlovingien, il n'y eut plus que des gouvernements et des intérêts locaux, et que les assemblées générales avaient disparu. Il est vrai qu'il y avait un conseil auprès de chaque grand feudataire. Mais, outre que toutes les attributions étaient alors confondues, ces notions sont insuffisantes pour expliquer l'établissement régulier d'Etats provinciaux.

Dans son *Histoire du Velay*, écrite avec le goût et l'élégance qui distinguent ses publications, notre honorable collègue M. Francisque Mandet adopte cette idée que les invasions des provinces par les compagnies furent la cause déterminante d'une organisation plus centralisatrice que l'autorité communale : « Il fallait s'entendre, dit-il, réunir toutes les ressources locales en une seule armée, de façon à organiser une force assez puissante pour opposer une énergique résistance. La nécessité contribua donc presque irrésistiblement à constituer la centralisation provinciale [2]. »

Ce point de vue nous semble trop restreint et trop exclusif. L'institution des Etats provinciaux doit surtout être attribuée, selon nous, aux besoins de la royauté, à l'accroissement, aux progrès des communes et du Tiers-Etat. Quand il fallut réparer de grands désastres publics, subvenir aux dépenses d'une guerre malheureuse, la royauté ne pouvait obtenir toutes les ressources nécessaires du clergé et de la noblesse seuls, qui ne contribuaient que dans des proportions limitées aux charges de la patrie. La part des communes aux contributions publiques n'était pas la

---

[1] M. Dareste, *Hist. de l'administration en France*, t. Ier, p. 79.

[2] T. IV, p. 220 et suiv.

moins considérable. Pendant le XIVᵉ siècle, où tant de guerres et d'incursions désolèrent le midi de la France, le prince fut, par la force des choses, souvent obligé de s'adresser directement aux communes et de se concerter avec le Tiers Etat. D'autre part, de nombreuses années s'étaient écoulées depuis la renaissance des libertés municipales. Les bourgeois des villes avaient appris à connaître les bons résultats de l'ordre, de l'économie, d'une surveillance continuelle sur la gestion des fonctionnaires ou comptables, et d'un contrôle immédiat. Ils avaient pu comparer l'administration urbaine, locale, expéditive, scrupuleuse, équitable, à l'administration centrale, si lente, si prodigue, si fertile en ressources frauduleuses et en abus de toute sorte. Ils durent se demander pourquoi chaque province ne ferait pas chez elle, à moins de frais, et sans dérangement, les sacrifices que l'on sollicitait de son patriotisme. Ils pensèrent sans doute aussi que, dans ces assemblées de province, les esprits moins accessibles aux influences, aux passions étrangères, apprécieraient mieux les exigences de l'intérêt général, qui, d'ailleurs, vient ordinairement se réfléchir dans les intérêts locaux. Les vues de la royauté, dont les dépenses étaient au-dessus des revenus, et le trésor épuisé, s'accordèrent d'autant mieux avec ces idées de la bourgeoisie des villes, qu'elle pensait éprouver dans les assemblées provinciales, qui se bornaient à proposer des griefs locaux, moins de résistance que dans les grandes assemblées. C'est ainsi qu'elle fut amenée à convoquer les Etats provinciaux plus souvent que les Etats Généraux, à demander séparément à chaque province les subsides qui lui étaient si nécessaires, et même à lui accorder la réformation des abus signalés, ou le rétablissement de ses coutumes [1].

En mai 1304, une ordonnance de Philippe-le-Bel, adressée aux barons, nobles, et *autres habitants* de la *baillée* d'Auvergne, reconnaissait que la dernière subvention qu'ils avaient faite, avait été fournie de *pure grâce,* de leur propre concession, et sans aucune contrainte [2]. Depuis cette époque, Philippe-le-Bel et ses

---

[1] L'octroi des subsides était le plus souvent, en raison de la quotité ou de la durée du subside, accompagné ou suivi d'ordonnances destinées à réformer des abus ou à rétablir des privilèges.

[2] *Ordonn. du Louvre,* t. Iᵉʳ, p. 419.

successeurs recoururent plus d'une fois, dans leurs embarras, à l'appui des États provinciaux.

L'histoire atteste que les rois ne comptaient pas en vain sur le dévouement et le patriotisme de ces assemblées.

Après le désastre de Poitiers, il fallait pourvoir aux besoins de la monarchie aux abois. Depuis la dissolution des États Généraux, le Dauphin avait fait auprès des échevins de Paris et de leur chef, pour obtenir des ressources, des tentatives inutiles. Les bourgeois de cette ville s'étaient refusés à tout arrangement, si on ne revenait aux conditions posées par les États, et s'ils n'étaient pas de nouveau convoqués. Le duc de Normandie conçut le dessein de s'adresser séparément aux bonnes villes, espérant qu'il trouverait plus de dévouement dans les provinces attachées à la royauté, ou émues de ses malheurs[1]. Un grand nombre d'États provinciaux se tinrent à l'entrée de l'hiver. Les États d'Auvergne se réunirent à Clermont le 29 décembre 1356. Cette assemblée est d'autant plus intéressante que le procès-verbal des États de Clermont est le seul qui soit parvenu jusqu'à nous[2].

Les trois États composés des gens d'église, nobles et communes, tinrent chaque jour leur séance depuis le jeudi 29 décembre jusqu'au mardi suivant[3], dans le couvent des Jacobins de Clermont, en présence du comte *de Montfort*, lieutenant du roi dans la province, et de *Guillaume Deseris*, bailli d'Auvergne. Comme l'assemblée était nombreuse, on résolut d'abord d'élire 21 personnes, sept de chaque ordre, qui devraient se réunir en comité séparé, délibérer en présence du bailli ou de son lieutenant, et faire un rapport à l'assemblée des trois États.

Après plusieurs délibérations, les Élus prirent les résolutions suivantes :

1° Jean de Boulogne, comte de Montfort, Lieutenant du roi en Auvergne, fut prié d'accepter le titre de Capitaine et Gouverneur du pays et des troupes qui seraient levées par l'ordre des États ; 2° le bailli d'Auvergne dut remplir provisoirement les fonctions de Capitaine ; 3° six personnes, deux de chaque ordre,

---

[1] Voy. *Histoire des États Généraux*, par M. Picot, t. Ier, p. 58 et suiv.

[2] Compte de Robert de Riom, receveur général du subside, dans Secousse, préf., p. LVI et suiv.

[3] Commencée le 29 décembre, la session fut close le 3 janvier.

furent nommées pour assister le capitaine et l'aider de leurs conseils[1] ; 4° On fixa provisoirement le nombre des troupes à lever ;
5° Les gens d'Eglise, prélats, abbés, prieurs, chapitres, hospi-
taliers et autres, sans aucune exception, furent obligés à payer la
moitié d'un dixième et demi des revenus de leurs bénéfices et de
leurs biens patrimoniaux ; 6° Les Ducs, Comtes, Barons, Chevaliers et autres nobles, furent également soumis à la taxe de la
moitié du dixième et demi de leurs revenus ; 7° Il fut décidé que
le subside se lèverait par paroisses sans avoir égard à la juridiction dont dépendaient les habitants de chacune d'elles ; 8° Il ne
devait y avoir aucune solidarité entre chaque paroisse pour le
paiement, si ce n'est dans les villes où il existait plusieurs
paroisses ; 9° Les hommes taillables à volonté ne devaient payer
que la moitié de la taxe des hommes francs ; 10° Robert de Riom,
bourgeois de Clermont, fut élu receveur général du subside ;
11° On nomma trois Généraux, Gouverneurs du subside, un de
chaque ordre[2] ; 12° Il fut arrêté que l'on élirait des députés des
trois Etats, qui seraient chargés de faire l'estimation des biens
des gens d'Eglise et des nobles, et de déterminer le subside que
chaque personne devrait payer dans la paroisse de sa résidence,
eu égard aux biens qu'elle aurait dans les autres paroisses de
l'Auvergne ; 13° Enfin, le Receveur général et les Receveurs particuliers devaient rendre leurs comptes, à Clermont, devant les
vingt-un élus des Etats, ou à quelques-uns d'entre eux, pourvu
qu'il y en eût trois de chaque ordre.

Telles étaient, en résumé, les principales dispositions de ce fameux
règlement, conservé en entier dans les comptes de Robert de Riom[3].

Les demandes du Dauphin (un double subside et un double
décime) avaient paru exorbitantes ; les députés les refusèrent en
partie, et accordèrent un impôt plus modéré[4].

---

[1] Les personnes ainsi nommées étaient : pour le *clergé*, le commandeur
de Tortebesse, Ebrant de Chalenco, chanoine de Clermont ; pour la *noblesse*,
Roberst Vichier, Guillaume Talhac, chevaliers ; pour le *tiers-état*, Raynard
Balbet, Hugues de Daniel, bourgeois.

[2] Les Généraux élus furent : l'Abbé de St-Allyre, Haston de St-Flour,
chevalier, et Jean Daurade, bourgeois de Riom.

[3] *Voy.* préface des *Ordonnances du Louvre*, t. III, p. 57-62.

[4] Cet impôt était voté pour un an, mais il ne fut perçu que pendant deux
mois, les Etats de février ayant établi à la place un impôt général. D'après
le compte de Robert de Riom, on leva en Auvergne 30,791 livres 9 sous
6 deniers. — Voy. les lettres de janvier 1357 à l'*Appendice*, vol. II.

Tous les ordres, nous l'avons vu, furent atteints par l'impôt voté, et l'Assemblée se réserva de surveiller l'exécution des mesures par elle ordonnées. Tout en faisant de grands sacrifices pour la cause du roi, *pour la tuition du royavme*, elle se montra animée de cet esprit de sagesse et d'indépendance qui accompagne presque toujours les résolutions dictées par un patriotisme sincère.

Le 8 février 1357, une nouvelle assemblée d'Etats de l'Auvergne avait lieu à Clermont « pour ouïr le rapport de ceux qui avaient été en France[1]. »

Dans les années suivantes, les efforts des Etats défendaient l'Auvergne qui était en proie aux partisans, et qui se débattait vainement avec les armes. En 1359, les Etats de Clermont contribuaient grandement à soulager le pays, après la fuite de Knowles[2]. Les Etats tenus en 1363, et ceux du Haut pays réunis à St-Flour, en 1365, renouvelèrent aussi les efforts communs pour remédier à des maux trop prolongés. En 1374, sous le règne de Charles V, les Etats assemblés faisaient directement un traité avec les Anglais pour les faire retirer de l'Auvergne[3].

Les Etats des provinces envahies par l'étranger se réunissaient pour délibérer sur les questions que faisaient naître les progrès de l'invasion. Les assemblées de plusieurs provinces s'associaient quelquefois aussi dans l'intérêt de la défense. C'est ainsi que les Etats de la Haute-Auvergne[4] votèrent, avec les Etats du Querci et du Rouergue, divers impôts spécialement affectés soit au rachat des châteaux pris par l'ennemi, soit à l'entretien des moyens de défense[5].

Rappelons aussi cette assemblée des Etats, tenue à Clermont, le 9 avril 1377, laquelle, après avoir imposé au plat pays un tribut pour la délivrance de deux châteaux, fit entendre une solennelle protestation contre les nouvelles exactions du duc de Berry[6]. Dans une autre tenue des mêmes Etats, en 1373, les

[1] *Compte de Robert de Riom.*
[2] Le subside appelé *nouvelle aide* avait été accordé en 1358 (Savaron, *Orig. de Clairmont*, p. 96.).
[3] Savaron, *Loc. cit.*
[4] Années 1375, 1376, 1377.
[5] Bosc, *Mémoires pour servir à l'histoire du Rouergue*, t. I, p. 200-203.
[6] En voici la teneur, telle qu'elle est consignée dans un acte trouvé par Verdier-Latour aux archives de la ville : « Acte dressé par Pierre Marchand,

prétentions du Duc avaient déjà été repoussées par une opposition aussi ferme[1]. Il essaya plus d'une fois d'établir des impôts, sans demander le consentement des États de la province. La résistance qu'il éprouva l'obligea à suivre une marche moins arbitraire et plus régulière. Les trois États du Haut et du Bas pays furent souvent assemblés sur les lettres de convocation de ce prince, notamment en 1397, 1398, 1401, 1402, 1403 et 1406. A chacune de ces époques, des subsides considérables lui furent octroyés[2].

A la mort de Charles VI, alors que l'héritier du trône était réduit à la possession de quelques provinces, l'Auvergne était l'une de ses plus fidèles. On retrouve dans les délibérations émanées de ses États le même dévouement, les mêmes sentiments énergiques, les mêmes efforts que dans le passé, pour l'affranchissement, pour le bonheur de la patrie, et la défense du trône.

Plus tard, ces bonnes dispositions ne se démentirent pas ; et Martial d'Auvergne, qui était contemporain, nous fait connaître, avec de naïves expressions, les sentiments que manifestèrent, en 1440, les États assemblés à Clermont, au sujet de la guerre de la Praguerie :

Pour le Roy tindrent fermement
Ylà les gens des trois estaz
Lui vindrent faire révérence....
Ce fait après au roi offrirent
Luy aider de corps et chevance
Et leur devoir grandement firent
Luy présentant don de finance[3].

notaire, portant opposition à l'exécution des rôles arrêtés pour la perception d'un fouage de cinq livres par feu en ville close, qui avait été établi par Jean duc de Berry et d'Auvergne, *sans assembler les bonnes villes, pour en obtenir l'octroi.* » (D. Verdier-Latour, Recueil faisant suite aux *Recherches hist. sur les États Généraux,* etc., de Bergier, p. 36.)

[1] Nous rappelons encore la tenue des États du 6 juillet 1387 et du 13 octobre 1392 (Savaron, *Loc. cit.*, p. 471, et *Archives de la cathédrale de Clermont,* Mss. B. C.; Mazure, p. 327.).

[2] Le compte de Berthon Sennadre, Receveur des subventions accordées par les États, renferme les lettres d'assiette, ou commissions pour imposer, délivrées à la suite de chaque octroi, le tableau de la répartition tant entre le Haut et le Bas pays qu'entre les bonnes villes et le plat pays de la Basse-Auvergne; enfin, le *département* entre les paroisses du plat pays de la portion à la charge de ces paroisses, par ordre de prévôtés. Les lettres d'assiette de 1398, 1401, 1402, 1403 et 1406 sont transcrites en tête des comptes de recette et dépense de chacune de ces cinq années. Nous en donnerons des extraits dans notre *Appendice,* vol. II.

[3] *Vig. de Charles VII,* t. Ier, p. 176.

Dix ans auparavant, c'est-à-dire le 27 mai 1430, les trois Etats d'Auvergne s'étaient réunis en la ville d'Issoire, et avaient pris des mesures pour pourvoir à la sûreté des pays d'Auvergne, Bourbonnais, Forez et Beaujolais[1].

En 1452, les Etats d'Auvergne faisaient avec ceux du pays de Combraille, du Bourbonnais, du Forez, du Beaujolais et du Velay, un traité de confédération, auquel le Gévaudan s'associait l'année suivante, dans le but d'assurer la tranquillité et la sécurité des contrées[2].

Les traités les plus importants furent soumis aux Etats d'Auvergne. En 1482, ils furent au nombre de ceux que l'on assembla pour donner leur approbation au traité de paix conclu, la même année, entre le roi de France et le duc d'Autriche, et aux conditions stipulées pour le mariage de sa fille avec le Dauphin[3].

A cette époque, la royauté ménageait encore les Etats provinciaux. Elle semblait même leur témoigner une certaine confiance. Elle avait compris tous les avantages que ces assemblées pouvaient lui procurer. Elle savait aussi que, si elles étaient assez puissantes pour se défendre contre les excès de pouvoir, elle n'avait rien à redouter pour son autorité.

Les Etats d'Auvergne concoururent, en 1510, à un autre acte solennel : nous voulons parler de la rédaction des coutumes de cette province.

Ces Etats furent encore réunis, le 4 novembre 1529, pour la ratification du traité de Madrid et de Cambrai, intervenu quatre ans après le désastre de Pavie[4].

Enfin, dans toutes les circonstances solennelles et difficiles, les Etats d'Auvergne se montrèrent à la hauteur de leur mission, inquiets du bien public, et toujours prêts à prévenir ou à réparer les malheurs et les désastres du pays.

---

[1] *Archives nationales*, P. 1359; voy. *Appendice*, vol. II.

[2] Cet acte d'union porte : « On doit se secourir mutuellement, s'aider l'un l'autre desdits pays, toutes fois et quantes que sera nécessaire, pour résister à ceux qui lesdits pays voudroient grever, piller, rouber ou y faire dommage... » (Jouilleton, *Hist. de la Marche et du pays de Combraille*, t. Ier, p. 405.)

[3] Commynes, t. IV, p. 126.— Savaron dit que les consuls de Clermont furent appelés à la célébration des fiançailles, *Loc. cit.*, p. 98.

[4] Voy. actes de l'assemblée des Etats de Montferrand et Bas-pays d'Auvergne, *Manuscrits de la bibliothèque du roi, du règne de François Ier*, 1er volume, 149, fo 198.

Malgré l'importance de l'institution des Etats provinciaux, les rois ne prodiguèrent pas les règlements sur l'organisation, la tenue et les attributions de ces assemblées [1]. Nous allons tâcher, en rapprochant les documents ou les faits, et en restant dans les limites de la province d'Auvergne, d'exposer les notions les plus essentielles sur ce sujet intéressant.

Les Etats de l'Auvergne, comme ceux des autres provinces, se composaient de la noblesse et du clergé, prélats, abbés, prieurs, chapitres propriétaires de terres en haute justice, et, enfin, des gens des *bonnes villes* [2], représentant seules le tiers-Etat de la province.

---

[1] Parmi les vœux exprimés, en 1830, par le savant Augustin Thierry, se trouve celui-ci : « Que les Etats particuliers aient leur collection de pièces pour chaque province, et que, dans toutes les parties de la France, un travail si désirable attire le zèle des hommes studieux qu'anime à la fois l'amour de la science historique et l'amour de la contrée natale. » *(Plan d'une collection générale des monuments inédits de l'histoire du Tiers-Etat,* formant l'*avant-propos* du 1er volume du recueil de ces monuments.)

Avant la révolution, Bergier et Verdier-Latour firent de nombreuses recherches dans les archives des trois ordres qui étaient conservées, depuis 1484, à l'hôtel-de-ville de Clermont. — Ces archives se composaient alors : 1° de 60 volumes, partant du XVIe siècle et s'arrêtant à l'an 1672 ; 2° de 400 sacs de papiers et documents divers ; 3° de comptes, parmi lesquels on remarquait celui qui fut rendu par *Berthon Sennadre,* Receveur du pays d'Auvergne, de 1397 à 1406, en un volume in-4° écrit sur vélin.

Etienne Arnoux, avocat en la sénéchaussée de Riom, et François de Preux, procureur en la cour des aides de Montferrand, firent, en 1596, l'inventaire de tous les *Titres, chartes et documents du Tiers-Etat du Bas-pays d'Auvergne.* En 1617, Jean Savaron copia en entier cet inventaire, et y ajouta celui qui venait d'être terminé dans cette même année par Georges Bunyer. Ce dernier registre, petit *in-folio,* existe dans la salle des archives municipales de la ville de Clermont, où sont déposées les archives du Tiers-Etat de la province d'Auvergne, mais sans aucun classement. Ces dernières archives, d'après l'inventaire sommaire fait par M. Mazure, consistent en 54 cahiers ou registres, dont le plus ancien est de 1505 et le plus récent de 1672. — On peut encore consulter le recueil manuscrit intitulé : *Etats provinciaux d'Auvergne,* in-4°, n° 75 des manuscrits de la bibliothèque de Clermont. Ce recueil contient : 1° des extraits du Recueil d'actes relatifs aux Etats provinciaux de France, colligés par Amans-Alexis Monteil ; 2° des Remontrances des marchands du pays d'Auvergne aux députés dudit pays, 1575 ; 3° diverses assemblées en la ville de Clermont et autres lieux. Enfin, le *Procès-verbal de M. Binct,* lieutenant-général de la sénéchaussée d'Auvergne, du 23 août 1588, renferme plusieurs documents intéressants sur les Etats de la province ; Riom, 1789, 68 pages in-4°.

[2] On sait que l'on comprenait sous ce nom les villes closes, ayant leur municipalité, leur milice, leurs privilèges, sous la protection immédiate du roi. A partir du règne de St-Louis, les ordonnances reconnurent le titre de

Les bonnes villes étaient au nombre de dix-neuf : treize pour la Basse-Auvergne : Clermont, Montferrand, Riom, Billom, Issoire, St Germain-Lembron, Brioude, Ozun, Ebreuil, Aigueperse, St-Pourçain, Cusset, Langeac ; six pour la Haute-Auvergne : St-Flour, Aurillac, Mauriac, Salers, Chaudesaigues, Maurs [1].

Il y eut une ligne de démarcation profonde entre les bonnes villes et la partie de la province appelée le *plat pays*. On sait que l'on donnait ce dernier nom aux villes sans défense, aux bourgs et villages ouverts, à toutes les localités de la campagne [2].

Le plat pays n'eut point le privilège des bonnes villes. Il était resté sous la protection immédiate, ou plutôt sous la dépendance des seigneurs, qui se maintinrent dans le droit de consentir l'impôt au nom de leurs sujets, de leurs justiciables.

Les gens d'Eglise et les nobles essayèrent quelquefois d'accorder des impôts sans le concours des bonnes villes ; mais elles s'y opposèrent avec la plus grande énergie [3].

A mesure que le régime féodal s'affaiblit, et que les seigneurs perdirent de leur autorité, les bonnes villes leur enlevèrent même la prérogative de consentir l'impôt au nom de leurs justiciables du plat pays. Cette révolution s'accomplit graduellement dans le courant du XVe siècle [4]. Les bonnes villes conservèrent longtemps le privilège exclusif de représenter le tiers-État de la province. Les seigneurs, vers la fin du XVIe siècle, cherchèrent encore à reconquérir leur ancien pouvoir ; mais des lettres patentes du 7 octobre 1578 maintinrent les treize bonnes villes de la Basse-Auvergne dans le droit de représenter « le tiers et commun Etat du Bas pays, lorsqu'il s'agirait de délibérer des affaires concer-

*bonnes villes* aux communes qui se placeraient sous le patronage direct et la protection du roi ; et il fut établi que les bourgeois des bonnes villes devaient fidélité au roi contre tous ceux qui *peuvent vivre et mourir*. (Voy. ord. de 1256, et de Laurière, t. Ier, p. 82.)

[1] Cette liste des bonnes villes existe dans tous les procès-verbaux, depuis le XIIIe siècle. On la retrouve dans le procès-verbal de 1510. Voy. Bergier, *Recherches hist. sur les Etats-généraux*, etc., p. 12, et pièces justificatives citées à la note 11, même page. Cet auteur indique aussi treize bonnes villes pour la Basse-Auvergne, mais il a omis Brioude dans le tableau qu'il a donné.

[2] Voy. Bergier, *Loc. cit.*, p. 10 et p. 9 ; pièces, nos 38 bis, 40, 41 et 42.

[3] Voy. l'acte du 14 juillet 1409, à l'*Appendice*, vol. II.

[4] Voy. Bergier, *Loc. cit.*, p. 14, et pièces citées à la note 13, même page.

nant le Tiers-État comme par ci-devant[1]. » Les treize bonnes villes de la Basse-Auvergne continuèrent donc, du moins jusqu'à une époque que nous déterminerons plus tard, à représenter seules le tiers-État de cette partie de la province. Il en fut de même pour les bonnes villes de la Haute-Auvergne.

Aux XIII^e et XIV^e siècles, le Bas pays était connu sous le nom de *baillie* ou *bailliage d'Auvergne*, et le Haut pays sous celui de *bailliage des montagnes d'Auvergne*. Mais la division politique en *Haut* et *Bas pays* fut toujours conservée, malgré les changements apportés dans les ressorts et circonscriptions judiciaires[2].

Ces deux parties de l'Auvergne se réunissaient à Clermont pour ne former qu'une seule assemblée, lorsqu'il s'agissait d'arrêter une dépense à la charge de la Basse et de la Haute-Auvergne, ou de délibérer sur des intérêts généraux. Cette réunion était prescrite par l'intérêt commun. L'usage l'avait consacrée. C'est aussi dans ces assemblées du Haut et du Bas pays que les subsides étaient votés, que l'impôt était accordé, et que la somme ou la quotité en était déterminée[3].

Quand il s'agissait des intérêts particuliers de la Basse ou de la Haute-Auvergne, de dépenses ou de charges locales, chacune des deux contrées avait ses réunions dans sa capitale : le Bas pays, à Clermont, le Haut pays, à St-Flour[4]. Chacune d'elles avait ses assemblées particulières, pour la surveillance de ses intérêts, pour l'administration ordinaire, dont le Tiers-État était spécialement chargé[5]. Cette administration nécessitait un grand nombre d'assemblées de cet ordre, dans l'année, pour chaque contrée.

L'octroi des subsides, lorsqu'ils étaient accordés annuellement, rendait fréquentes aussi les assemblées générales du Haut et du Bas pays réunis. Mais elles furent très-rares, lorsque, vers le

---

[1] Voy. Bergier, *Loc. cit.*, p. 18 à 22, et pièces justificatives.

[2] Bergier, *Loc. cit.*, p. 47 et suiv., et pièces justificatives.

[3] Bergier, *Loc. cit.*, p. 48 et suiv.; et pièces justificatives. — Voyez ce que nous disons, tit. V, ch. 8, sur les opérations successives qui avaient lieu, lorsqu'il s'agissait, dans le XV^e siècle, d'établir un impôt et de le mettre en perception.

[4] Voy. Bergier, *Loc. cit.*, p. 49 et suiv., et pièces citées à la note 67, même page. Il y avait cependant des exceptions : lorsque les affaires du pays l'exigeaient, les États se tenaient ailleurs.

[5] Bergier, *Loc. cit.*, p. 50; et pièces, notes 48 et 49, même page.

milieu du XV$^e$ siècle, les subsides furent devenus des impôts permanents[1].

Quant à la convocation et à la tenue des États de la province
pour l'envoi des représentants aux États Généraux, il est nécessaire de distinguer les époques. La représentation des provinces
aux États Généraux par des députés élus de chacun des trois ordres
ne s'introduisit qu'en 1484, sous le règne de Charles VIII. Auparavant, ni le clergé, ni la noblesse, ni le tiers-État n'étaient représentés aux États Généraux par des députés de ces divers ordres,
choisis dans des assemblées particulières des provinces. Quand les
rois avaient résolu de convoquer une assemblée des États Généraux, ils le faisaient savoir par des lettres particulières adressées
à ceux qui devaient y assister, et aux bonnes villes, qui étaient
invitées à choisir des députés pour les représenter[2]. Chaque
membre du clergé ou de la noblesse qui avait reçu une semblable
lettre et les députés du corps municipal de chaque bonne ville
spécialement convoquée se rendaient au mandement du prince[3].

En 1484, apparaît un nouveau mode plus propre à généraliser
la représentation de la nation[4] : on voit les trois ordres de chaque province ou de chaque bailliage représentés par des députés,
que chacun de ces ordres a élus[5].

---

[1] Parmi les documents égarés, qui auraient fait connaître diverses assemblées des États, il faut regretter neuf volumes du compte des subsides
levés en Auvergne, de 1355 à 1360, rédigé en dix volumes, dont il ne reste
que le second (Voy. Secousse, préf. du t. III des *Ordonn. des rois de France,*
p. LVI).

[2] Préface du VIII$^e$ vol. des *Ordonnances de la 3$^e$ race,* § 2.

[3] Voy. Bergier, *Loc. cit.*, p. 66, et pièces citées à la note 70, même page. —
Le royaume, jusqu'au XVI$^e$ siècle, fut partagé en deux régions administratives,
l'une pour la France du nord et du centre, pour le pays de langue d'*oïl* et
de droit coutumier, l'autre pour la France méridionale, pour le pays de
langue d'*oc* et de droit écrit.
Quoique cette division répondît, en général, à celle des dialectes romans
du nord et du midi, l'Auvergne, qui était pays de langue méridionale, faisait
partie des États Généraux de langue d'*oïl* (voy. notamment Ord. de mars
1356; Ord. du *Louvre*, t. III, p. 127 et 128; de janvier 1357, *Loc. cit.*, t. IV,
p. 181).

[4] Bergier fait observer que l'on se borna longtemps à convoquer les principaux prélats, les grands vassaux et les seules villes capitales (*Loc. cit.*,
p. 68, et pièces citées à la note 71, même page).

[5] Voy. M. Thibaudeau, *Histoire des États Généraux,* t. 1$^{er}$, p. 282; Bergier,
*Loc. cit.*, p. 68 et suiv. — Le Bas pays d'Auvergne s'était déjà fait représenter
aux États de 1357 par des députés munis de procurations de chacun des

Le procès-verbal de l'assemblée des Etats de Tours, en 1484, nous apprend qu'il s'y trouvait trois députés, — un de chaque ordre, — pour le Bas pays d'Auvergne, et trois autres pour le Haut pays [1].

Plusieurs historiens enseignent que les élections des députés du Tiers-Etat, bornées aux bonnes villes, durant le XIVe siècle, et une grande partie du XVe, furent, vers la fin de ce dernier siècle, étendues aux villes non murées, et aux simples villages. Ils ajoutent que l'élection pour les trois ordres, lors de la convocation des Etats Généraux de 1484, fut faite au chef-lieu de chaque bailliage. Les élections auraient eu lieu d'après un règlement uniforme, par bailliages et sénéchaussées [2], par divisions purement administratives. Les paysans, du moins ceux qui étaient libres, prenant part aux opérations du premier degré, auraient envoyé des délégués de village aux bailliages inférieurs, aux prévôtés, où l'on aurait nommé les électeurs, qui seraient allés au chef-lieu du bailliage choisir les députés du Tiers [3].

trois ordres, conformément à l'article 5 de l'ordonnance de mars 1356 (*Ord. du Louvre*, t. II, p. 127 et 128); mais ces députés n'avaient reçu leurs pouvoirs que des membres soit de la noblesse ou du clergé, soit des communautés des bonnes villes, qui avaient été spécialement mandés de se rendre en personne, ou *d'envoyer des procureurs soufisamment fondés.*

[1] Les députés du Bas pays étaient : Mre Antoine de Langhac, pour le clergé; Mre Jacques de la Queuilhe, pour la noblesse; Mre Barthélemy Denesson, pour le Tiers-Etat.

Les députés du pays des montagnes d'Auvergne étaient : Frère Pierre Vieilsac, abbé de Vezelay, pour le clergé; Mre Pierre Dejuon, chevalier, pour la noblesse; Me Jacques Demas, pour le Tiers-Etat (Verdier, *Rec. précité*, p. 71).

[2] Dans un écrit publié à Riom, en 1789, et intitulé : *Mémoire pour le Sénéchal d'Auvergne contre la ville de Clermont*, on soutenait que la députation aux Etats Généraux devait être faite par bailliages et sénéchaussées, et *que c'était une règle invariablement observée depuis l'institution même des premiers bailliages* (p. 1re). Mais dans une lettre antérieure, les officiers municipaux de Clermont avaient exposé, de leur côté, que *depuis que les Etats Généraux existaient, c'était par Haut et Bas pays que cette province avait été appelée aux Etats.* Ils citaient à l'appui de leurs dires, les Etats de 1357, 1483 (1484), 1560, 1576, 1588, 1614. — L'auteur du mémoire répondait que, pour les Etats de Tours (1483) de Blois, (1576), de Paris (1614), la convocation avait été faite par bailliages, et qu'il en était de même des autres (p. 5). Du reste, à l'époque de cette discussion, suscitée par la vieille rivalité entre Riom et Clermont, il y avait longtemps que les Etats d'Auvergne n'existaient plus.

[3] Voy. M. Thierry, *Hist. des progrès du Tiers-Etat*, p. 34, note 1re, et p. 69; M. Henri Martin, *Histoire de France*, t. VII, p. 170.

Il n'en fut pas ainsi en Auvergne : les bonnes villes seules de cette province nommèrent les députés chargés de représenter le Tiers Etat aux Etats Généraux de Tours de 1484[1]; seules aussi, elles furent appelées pour représenter le Tiers dans la solennelle assemblée convoquée pour la rédaction des coutumes du Haut et du Bas pays, en 1510[2]. Rien ne constate, du moins à l'égard de l'Auvergne, et à l'époque qui nous occupe, la transformation toute démocratique, dont parlent MM. Augustin Thierry et Henri Martin.

Suivant plusieurs écrivains[3], chaque élection de député, à quelque ordre qu'il appartînt, se serait faite par les électeurs des trois ordres réunis. Dans la plupart des villes, les trois ordres auraient procédé en commun au choix de leurs députés. « Les clercs, les nobles et les bourgeois qui arrivaient à Tours n'étaient pas, dit M. Picot, les représentants exclusifs du clergé, de la noblesse ou du Tiers; ils confondaient en leur personne un triple mandat. » Nous ne voulons pas examiner ici le mérite de cette opinion[4].

Dès que les seigneurs ecclésiastiques et laïques, ainsi que les bonnes villes, nommèrent des députés pour les représenter, il n'y eut plus de convocation directe et personnelle pour les Etats Généraux[5]. Les députés délégués à ces Etats recevaient une indemnité[6].

Les trois ordres réunis dans les Etats provinciaux conféraient

---

[1] M. Thibaudeau, *Loc. cit.*, p. 283 ; Bergier, *Loc. cit.*, p. 14 et suiv. et p. 72.

[2] Voy. Bergier, *Loc. cit.*, p. 15 et note 15, même page.

[3] M. Boullée, *Histoire des Etats Généraux de la France*, t. 1er, p. 132 ; M. Viollet (*Bibliothèque de l'Ecole des Chartes*, année 1866, p. 31) ; M. Picot, *Histoire des Etats Généraux*, vol 1er, p. 358.

[4] M. Boullée invoque le passage suivant du journal des opérations des Etats de 1484, par Jehan Masselin : « Singuli legati ab omnibus simul cujusque status electoribus, non singuli tantum à suis, censentur habere potestatem : nec aliud jubet regium mandatum, quam ut de tribus hominum statibus singuli eliguntur, qui unà res regni communes agerent. »

[5] Voy. M. Thibaudeau, *Loc. cit.*, p. 282 et 367.

[6] Il existe une quittance de 1484, ainsi conçue : payement de « six vingts une livre cinq solz neuf deniers tournois pour vacations pour le dit hault pays à l'assemblée géneralle des trois Estat dernièrement tenue en la ville de Tours.» *Voy.*, sur la discussion relative à l'indemnité des députés aux Etats de Tours, Masselin, p. 497-511.

ensemble, mais ils délibéraient séparément. Dans chaque ordre, les résolutions étaient prises à la majorité des suffrages. Mais il y avait entre les trois ordres une entière indépendance. Les résolutions de deux ordres ne faisaient point la loi au troisième. L'unanimité dans les décisions des trois Etats pouvait seule les engager, du moins dans les cas où leurs intérêts étaient différents ou opposés, comme en matière d'impôts, de privilèges, d'immunités [1].

Telles sont les notions et les règles les plus générales que nous avons cru devoir résumer sur les Etats de la province d'Auvergne, sur ces mémorables assemblées, dont le patriotisme et le dévouement égalèrent souvent l'énergie et le courage, au milieu des détresses du pays, et des cruelles épreuves que l'Auvergne eut à supporter. Les nombreux sacrifices, les nobles efforts faits par les Etats d'Auvergne pour prévenir les contrecoups des secousses nationales, les protestations énergiques du Tiers Etat contre l'oppression et les exactions de ceux qui étaient chargés du gouvernement de la province, sont autant de souvenirs que l'Auvergne peut évoquer avec un légitime orgueil. Ils sont pleins de grandeur et d'utiles enseignements. Si quelques sentiments moins généreux, si des défaillances, si certains abus même peuvent être signalés, surtout dans les temps qui suivirent ceux que nous venons d'étudier, il faut les imputer à l'imperfection de la nature humaine, et à l'inégalité qui était à la base des institutions.

Nous suivrons les Etats de cette province dans leurs phases ultérieures, lorsque nous serons arrivés à la période des temps modernes.

---

[1] « Les personnes des trois Etats dessus dits, s'assembleront.... ils pourvoiront de nous faire ayde convenable; de la quelle se ils n'étoient tous ensemble d'accord, la chose demeurerait sans détermination. » Ord. du 28 déc. 1355, art. 7 (Ord. du Louvre, t. III, p. 21 et suiv.). — « Senz ce que les deux Estatz, posé qu'ils fussent d'un accord, peussent lier le tiers. » Ord. de mars 1356, art. 5 (Ordonn. du Louvre, tome III, p. 127 et suiv.). Voy. aussi Bergier, Loc. cit., p. 64 et suiv. — L'arrêt de règlement du 7 octobre 1568, rendu pour la province d'Auvergne consacra plus tard la même règle. Voy. Bergier, Loc. cit., p. 64 et suiv.

# CHAPITRE VII.

## Institutions Militaires.

L'obligation de suivre son seigneur à l'armée, et de prendre part à toutes ses guerres privées, était une des bases principales de l'institution essentiellement guerrière du Séniorat. A côté du service féodal existait le service public. Le seigneur, tout en conservant le droit d'exiger le service de ses vassaux, dans ses querelles particulières, était obligé de les faire marcher avec lui pour la défense du pays contre l'ennemi commun. Les seigneurs, réunissant le fief et la justice, exigeaient le service militaire non seulement de leurs vassaux possesseurs de fiefs, mais encore des roturiers soumis à leur juridiction. Les premiers y étaient obligés comme feudataires, les seconds comme sujets. Dans les dixième et onzième siècles, le service militaire se fit pour les Comtes, qui continuaient de représenter le *profit commun,* et tous les justiciers eurent le droit de l'exiger de leurs sujets. Ils conservèrent ce droit longtemps. Plusieurs chartes de l'Auvergne font mention de cette obligation imposée par le seigneur aux habitants, et en règlent les conditions. Ainsi, la charte de Montferrand renferme sur ce point les dispositions suivantes : « *Item,* les hommes dudict mandement de Montferrand, pour chacun feu où il y aura homme et non autrement, sont tenuz suyure leur dict seigneur ès armes et en la guerre par ung jour a leurs despens, pour la garde et tuicion de son corps s'il en a crainte vraisemblablement, et pour cas de fellonie et exheredacion dudict seigneur, et aussi toutes et quantes fois vraisemblablement il en aura a fere pour chascun desdicts cas; mais oultre ung jour, ledict seigneur leur est tenu fere les despens. Et qui ne y voudra aller avec lui, il est tenu y envoyer pour lui ung homme armé ydoine et souffisant; et si ledict seigneur a affaire vraisemblablement de l'ayde d'aucuns hommes armés pour la garde et tuicion de sa terre, de sa femme ou d'autre en Auvergne, lesdicts habitants lui sont tenus envoyer soixante hommes armés et habillez, ès despens dudict seigneur tant pour leur demeurance que pour leur aller et venir. Toutefois une seule pouure femme, tenant feu et lieu audict Montferrand, n'est point tenue ès choses dessus dictes en aucune manière[1]. »

Les seigneurs exercèrent pendant des siècles le droit de guerre privée. Ce droit était un apanage de la puissance seigneuriale. L'Eglise et la royauté firent des efforts énergiques pour combattre et extirper cet usage barbare[2]. Le droit d'élever des forteresses, suite naturelle des guerres privées, était patrimonial. Les sujets étaient tenus non-seulement de faire la *chevauchée,* mais encore de venir faire le *guet*[3].

La monarchie féodale avait accepté les anciennes institutions militaires, sans y introduire de modifications importantes. Les *Etablissements de Saint-Louis* les confirmaient. On continua de distinguer la *chevauchée,* obligatoire pour la défense du seigneur, et l'*ost,* obligatoire pour la défense du pays. Dans le dernier cas, le roi avait le droit d'appeler aux armes tous les grands vassaux ; mais, dans la pratique, il y avait bien des manquements et des refus. Les barons et les hommes du roi étaient tenus de le servir, à leurs dépens, soixante jours et soixante nuits, avec les chevaliers qui devaient les accompagner. Les hommes *coutumiers* n'étaient obligés d'être en l'*ost* du roi que quarante jours et quarante nuits. Cette obligation leur était imposée, sous peine d'une amende de 60 sous[4].

---

[1] Art. LXXIX. — Selon l'article *La mostra de las armas,* de la *Deuxième paix* d'Aurillac, de 1298, la *montre* des armes était faite à l'abbé seigneur de la ville, ou à son lieutenant et aux consuls d'Aurillac. Ceux qui ne se présentaient pas à la *montre* étaient punis d'une amende payable aux consuls. L'abbé était chargé de la défense dans les bailliages des montagnes ; mais il n'était tenu de fournir aux besoins des hommes que lorsque ceux-ci étaient conduits hors des limites de ces bailliages (*Appendice,* vol. II).— *Voy.* encore, pour la Haute-Auvergne, l'art. 16 de la sentence arbitrale de la Roquebrou, du 13 février 1281 (*Appendice,* vol. II). *Voy.* aussi, pour la Basse-Auvergne, charte de Thiers (*Appendice,* vol. II), charte d'Aigueperse, et autres.

[2] En 1245, la *Quarantaine le Roy* soumettait à la cour du roi tous les différends entre seigneurs, et rendait obligatoire la paix publique (*Ordonn.,* t. Ier, p. 57).
Une ordonnance du 17 janvier 1303 défendait les guerres privées dans toute l'étendue du royaume (*Ordonn.,* I, 390) ; mais elle fut mal observée. *Voy.* aussi les art. 34 et 57 de l'ord. de mars 1356.

[3] *Voy.* ce que nous disons sur le *guet,* tit. V, ch. 15, sect. 5.

[4] *Voy. Etablissements de Saint-Louis,* chap. 61.

Au commencement du XIV⁰ siècle, le roi convoquait encore les principaux feudataires, qui mandaient à leur tour les personnes obligées de les suivre à la guerre[1]. Dans le ban de 1304, pour la guerre de Flandre, dix-neuf seigneurs de l'Auvergne furent seuls appelés, et leurs contingents réunis formèrent cependant un corps de cavalerie de 3,060 hommes[2].

Toutefois, vers la fin du XIII⁰ siècle, un arrêt renvoya absous un chevalier qui avait refusé de se rendre au ban de son seigneur[3]. L'art. 32 de l'ordonnance du 3 mars 1356 portait que nul autre que le roi et son fils ne pourrait dorénavant *faire arierebans*. Il fut ensuite fait défense à toute personne de se rendre en armes aux mandemens des seigneurs, barons ou chevaliers, et il fut prescrit de n'obéir qu'aux mandements royaux[4]. Déjà, en 1367, Charles V avait décidé que le bailli d'Auvergne, comme les baillis des provinces de Champagne, de Berry, de Bourgogne, de Bourbonnais et de Nivernais, visiterait, avec deux chevaliers, les forteresses de son bailliage, et mettrait des garnisons, aux frais des seigneurs propriétaires, dans celles qui pourraient être défendues, mais que ces garnisons seraient composées de gens d'armes levés et commandés par les capitaines royaux.

Toutes ces dispositions prouvent qu'une révolution s'était opérée dans les institutions militaires et que l'armée monarchique allait remplacer l'armée féodale.

A mesure que l'autorité royale se fortifia, les *milices communales* perdirent de leur importance[5]. On sait que, dans plusieurs circonstances, elles avaient défendu énergiquement la royauté.

[1] *Voyez* les rôles des années 1304, 1318 et 1350, *Nobiliaire d'Auvergne*, vol. VII, p. 262, 263 et 275.

[2] Voy. de la Roque, *Traité du ban et arrière-ban*, p. 251, édit. de 1676.—Selon M. de Sartiges, ce chiffre de 3060, comparé à celui de 3314, auquel s'est élevé le contingent de la classe de 1862, pour les trois départements de la 20⁰ division militaire, ne donnerait que la légère différence de 154 hommes en faveur de l'époque actuelle (*Notice hist. sur les ban et arrière-ban de la province d'Auvergne*, dans les *Mémoires de l'Académie de Clermont*, t. VI, 1864, p. 492).

[3] Arrêt de 1277 (Voy. *Olim*, t. II, p. 101, n⁰ 12).

[4] Voy. ordonn. de 1412, Guenois, liv. XII, t. 5, § 19.

[5] Dans l'origine, toutes les communes devaient le service militaire. Une charte de Philippe-Auguste porte : « Et ipsi nobis debent exercitus et equitationes, *sicut aliæ communia nostræ*. » (Ord. du Louvre, t. II, p. 308.)

Ces milices qui, du reste, avaient surtout pour mission la défense de la cité [1], et dont les rois ne cherchèrent point à former une armée nationale, ne restèrent plus chargées que de la garde et de la police intérieure des villes.

Les archives municipales de Clermont possèdent un petit registre in-4°, daté de 1484, et intitulé : « *C'est le papier du guet.* » D'après ce document, chaque tour de l'enceinte, en temps de guerre, était gardée par l'un des principaux bourgeois de la ville. Une sentinelle, placée au sommet de la tour de la cathédrale, était, le jour et la nuit, en observation. Celui qui faisait, en 1491, le guet à Clermont, criait : « Qui vive. » On devait lui répondre : « Vive le roi [2] ! »

L'administration militaire de la ville était confiée à un capitaine-général, qui avait la haute surveillance, dirigeait la défense, commandait le guet, prenait soin de la réparation des fortifications, de l'artillerie [3]. Cet officier militaire était nommé par les

[1] Voy., sur la milice d'Aurillac, l'article du *guet à cheval* (larticle *de les quirgah*) de la *Première paix* d'Aurillac, de 1280 (*Appendice*, vol. II).

[2] *Registres consulaires de Clermont.*

[3] Voici l'inventaire de l'arsenal de Clermont, en 1498 :

« Dans *la grande salle basse* (de l'hôtel-de-ville) est l'artillerie qui s'en suit :
» 4 *vieglères* (veugliéres) de fer; il y en a trois enchassées en boix et
» l'autre non, et y en a une qui n'a point de boicte ;
» Une *bombarde* de fer, enchassée en boix, laquelle a deux boictes ;
» Une *bombardelle* enchassée en bois, avec sa boicte le tout de fer ;
» Un *gros canon* de fer, enchassé en bois ;
» Un *petit canon* de la longueur d'un pied, enchassé en boix ;
» 2 *serpentines* de cuyvre, aux armes de la ville, enchassées sur deux cha-
» riots de boix, garnies de leur fer neuf ;
» La *grosse bombarde,* qui est dessoubz la chambre dessus la galerie, près
» de l'entrée de ladite maison, devers la croix de Clermont, avec une grosse
» pierre dedans ;
» Dans la chambre haulte, au-dessus de celle du conseil :
» 27 *arbalestes* d'acier, lesquelles n'a que douze *noix* de corne de cerf, et
» huit bandages de fer appelés martines ;
» Un *crenequin* avec sa noix ;
» 8 grands *arbalestes* de bois, et deux grands *arbriers* ausquels a sept noix
» de cuivre ;
» 2 grands *heaumes* ;
» Le bas d'une cuirasse ;
» 7 sallades d'archier ;
» L'une des *grandes boucles* de la *grosse bombarde* et un grand *rouellet* de fer;
» Une douzaine de traits neufs, ferrés ;
» Six vingt onze douzènes de traits en liasse, tel quel. »
Cet inventaire se trouve à la suite de l'inventaire des archives de la ville
fait, en 1498, par Merchadier (Voy. M. Tardieu, *Loc. cit.*, t. Ier, p. 495).

habitants de la ville. Ce droit d'élection leur fut contesté par les évêques de Clermont. Mais des lettres du 17 mai 1379 leur maintinrent cette prérogative [1]. Une ordonnance du 28 mars 1395 supprima les capitaines des villes dont les gages étaient à la charge des habitants [2].

Quand les rois se furent attribué le droit exclusif de convoquer le ban et l'arrière-ban, ils ne firent cette convocation que dans des cas très graves. En temps ordinaire, leur armée fut composée de troupes soldées. Ils avaient, dès le XIIIe siècle, des troupes mercenaires, qui furent désignées sous les noms de *Routiers, Cotereaux, Malandrins, Tard-venus,* et que l'on confondit plus tard sous le nom de *Grandes compagnies.* Ce fut surtout dans le XIVe siècle que les troupes mercenaires se multiplièrent [3]. Pendant les longues guerres du XIVe et du XVe siècles, ces troupes dévastèrent la France. C'est ainsi qu'après la trève de Bordeaux, les Routiers, sous le prétexte de soutenir la cause anglaise, se jetèrent sur l'Auvergne. En 1357, ces incursions violentes embrassèrent la Basse et la Haute-Auvergne, depuis les Marches du Languedoc jusqu'à celles du Bourbonnais [4]. Cette province fut en proie au même genre d'adversaires pendant les trente années qui suivirent le traité de Bretigny.

Sous le règne de Charles VII, des changements importants furent introduits dans l'organisation de l'armée. Charles VII institua, en 1439, la cavalerie des *gens d'armes,* qu'on appelait aussi *compagnies d'ordonnance,* et, en 1445, l'infanterie des *francs-archers* ou *francs-taupins.*

Les compagnies des gens d'armes étaient, en général, composées de nobles.

[1] Voy. Savaron-Durand, *Origines de Clairmont,* p. 384 et suiv.
[2] *Rec.* Isambert, VI, 761.
[3] En 1303, tous les nobles et tous les roturiers ayant un revenu de vingt livres en terre durent servir en personne pendant quatre mois, ou se racheter, le noble en payant la moitié de son revenu, le roturier le cinquantième de ses biens (Voy. ord. du 20 janvier 1303, *Ord.* t. Ier, p. 370). C'est surtout de cette époque que date l'usage de plus en plus fréquent des troupes soldées. Philippe-le-Bel, en rendant générale l'obligation du service militaire et en autorisant le rachat individuel, créait pour l'Etat une source de revenu dont ses successeurs abusèrent.
[4] Savaron, *Loc. cit.,* p. 96; M. Mazure, *Loc. cit.,* p. 200 et suiv.

Les francs-archers furent la première infanterie régulière. Les Elus choisissaient parmi les habitants de chaque paroisse ceux qu'ils trouvaient les plus propres au maniement des armes. Les francs-archers étaient obligés de s'équiper. S'ils n'étaient pas assez riches pour faire les frais de leur équipement, leur paroisse en était chargée[1]. Les francs-archers étaient exempts des tailles et autres charges, à l'exception des aides ordonnées pour la guerre et de la gabelle du sel. Ils prêtaient serment devant les Elus[2]. Ils furent divisés en capitaineries territoriales. Il devait y avoir un franc-archer par 50 feux environ[3]. Les capitaines des francs-archers furent nommés par le roi, et reçurent toutes les attributions qui avaient appartenu aux capitaines des anciennes compagnies[4].

Par la création des compagnies d'ordonnance, qui furent long-temps composées de nobles seulement, Charles VII mit la noblesse à sa solde et sous sa dépendance. D'un autre côté, le mode de recrutement des francs-archers établit des rapports directs entre la royauté et le peuple. L'intermédiaire des seigneurs fut écarté. Il fut permis aux gens du peuple de porter les armes et de con-courir avec les nobles au maintien de l'ordre et à la défense du royaume. Cependant Louis XI et ses successeurs retirèrent peu d'avantages de la création des francs-archers. C'était une troupe sans cohésion et mal disciplinée.

[1] Les lettres du 28 avril 1448 portent : « Voulons et ordonnons... que en chascune paroisse de nostre dit royaume, aura ung archer qui sera et se tiendra continuellement en habillement suffisant et armé de sallade, dague, espée, arc, trousse, et jaques ou huques de brigandines, et seront appellez les francs-archers, lesquelz seront esleuz et choisiz par vous esdictes prévosté et élection, les plus duys et aisez pour le fait et exercice déclairé qu'ils se pourront trouver en chascune paroisse sans autre regard ne faveur à la richesse ne aulx requestes que on pourroit vous faire sur ce ; et seront tenuz de eulx entretenir en l'habillement dessus dit et de tirer de l'arc et aller en leur habillement toutes les festes et jours non-ovrables, afin qu'ils soient plus habiles et usitez au dict faict et exercice, pour nous servir touttefois qu'ilz seront par nous mandez..., et leur ferons païer quatre francs pour homme par chacun moys qu'ilz nous serviront. » (Voy. cette ordonnance et les instructions du même jour, *Rec.* Isambert, t. IX, p. 169 et suiv. — Voy. aussi lettre du 3 avril 1459.)

[2] Voy. lettres de 1448 précitées.

[3] Instructions du 10 novembre 1451.

[4] Ord. de 1451. — *Voy.*, dans l'ouvrage de M. Boutaric, *Institutions militaires de la France*, p. 221 et suiv., des détails intéressants sur l'organisation des francs-archers.

Après plusieurs tentatives infructueuses pour organiser une infanterie nationale, on institua, sous François Ier, les *légions provinciales* [1]. Il fut créé sept légions, chacune de 6,000 hommes. L'Auvergne formait, avec le Dauphiné, la Provence et le Lyonnais, une de ces légions [2]. Chaque légion se composait de six compagnies. Les enrôlements étaient volontaires. Le roi nommait dans chaque légion les six capitaines qui commandaient chacun mille hommes. Il fut ensuite créé un colonel-général de l'infanterie française, auquel on soumit les 42,000 hommes des légions et les vieilles bandes désignées sous le nom d'*aventuriers*.

L'institution des légions provinciales a été diversement appréciée. Selon Montluc, cette institution aurait été *une très-belle invention, si elle eut été bien suivie.* L'ambassadeur vénitien, Fr. Giustiniano, après avoir constaté son insuccès, et critiqué cette tentative d'infanterie nationale, disait : « Les gentilshommes de France se sont plusieurs fois plaints à sa Majesté de ce qu'en mettant les armes aux mains des paysans et en les affranchissant des anciennes charges, elle les avait rendus désobéissants et rétifs ; elle avait dépouillé la noblesse de ses privilèges, en sorte que les paysans, dans peu de temps, deviendraient gentilshommes et les nobles deviendraient vilains [3]. »

Il serait intéressant de suivre les institutions militaires dans leurs développements successifs. Mais l'ordre des matières et les limites de notre cadre nous imposent l'obligation de nous borner à ce simple aperçu.

Pendant les temps que nous venons de parcourir rapidement, le ban et l'arrière-ban furent encore réunis plusieurs fois. Ainsi, ceux de l'Auvergne furent convoqués notamment en 1472, 1475, 1479, 1480 et 1512 [4]. Mais, si cette institution resta longtemps en vigueur, les convocations, depuis l'établissement des forces

---

[1] On nous permettra d'anticiper un peu sur les époques, en ce qui touche les institutions militaires, pour n'avoir plus à y revenir.

[2] Les autres étaient fournies par les provinces suivantes : 1º la Bretagne ; 2º la Normandie ; 3º la Picardie ; 4º la Bourgogne, la Champagne et le Nivernais ; 5º le Languedoc ; 6º la Guyenne.

[3] *Relations des ambassadeurs vénitiens*, t. Ier, p. 185-187.

[4] *Voy.* encore les rôles publiés par M. de Sartiges, à la suite de sa *Notice sur le ban et l'arrière-ban d'Auvergne, Loc. cit.,* p. 498 et suiv.

réglées, n'eurent lieu que dans les plus grandes extrémités. Cependant, on trouve encore plusieurs ordonnances du XVIᵉ siècle qui rappelaient aux feudataires royaux l'obligation de répondre au ban et à l'arrière-ban, et de se présenter aux *montres* faites par ordre du roi[1]. Le ban et l'arrière-ban eurent même pendant quelque temps un colonel-général. Sous le règne de François Iᵉʳ, il devait être fait une revue annuelle, où chacun des nobles était obligé de comparaître en personne, armé et équipé comme l'exigeait le devoir de son fief. Les biens de tout gentilhomme qui ne se rendait pas à la convocation étaient mis sous la main du roi[2]. Pendant le XVᵉ siècle et dans les siècles suivants, les exemptions du service se multiplièrent. Il y eut d'abord de nombreuses exemptions particulières, puis des exemptions générales accordées à certaines catégories[3]. La charge du colonel-général qui commandait l'arrière-ban fut supprimée par l'ordonnance de Blois[4], et l'arrière-ban finit par être réduit à un petit nombre de corps de volontaires.

A la fin du XVIᵉ siècle, l'arrière-ban était, comme le pouvoir féodal, en pleine décadence. Si la noblesse tenait à conserver le droit de diriger l'armée féodale, sa situation de fortune lui faisait redouter les convocations trop fréquentes du ban et de l'arrière-ban. Elle aurait bien désiré conserver sa suprématie, le monopole des armes, mais à la condition que ses services

---

[1] Voy. notamment ordonn. de 1533, 1540, 1547, 1554, 1557, Guenois, liv. XII, tit. 7, et les pièces publiées par M. de Sartiges, *Loc. cit.*

[2] Ord. de janvier 1548; voy. aussi Basmaison, *Discours des fiefs*, p. 54.

[3] Voy. Ferrière, *Dict. de dr.*, vº *Ban et arrière-ban* ; Denizart, *eod. verb.*; M. de Sartiges cite une exemption particulière du 20 novembre 1479, accordée à des gentilshommes de la maison du comte d'Auvergne et de Lauragais (*Loc. cit.*, p. 498). Nous en rappellerons une autre, du 27 avril 1475, donnée par lettres du roi Louis XI, accordées à la prière de Jacques d'Armagnac, duc de Nemours, pour 31 gentilshommes, presque tous de la province d'Auvergne, qui étaient au service ou à la suite du duc : « Avons... quitté, exempté et excusé, quittons, exemptons et excusons, de grâce spéciale, par ces présentes, de venir en remostre autres personnes pour eux en armes aux mostre qui par nos mandements seront faites des nobles et autres gens de nos dits ban et arrière-ban des baillages et sénéchaussées dessus dits et autres lieux de notre dit royaume ni en nos armées que faisons présentement, tant es marche de Picardie que autres contrées de notre dit royaume, et feront ou pourront faire durant cette présente année. » (*Tabl. hist. de l'Auvergne*, t. III, p. 96 et suiv.)

[4] Voy. art. 317.

fussent largement payés. Les gentilshommes, qui étaient déjà exempts des impôts, ne voulaient *servir que pour de l'argent*[1]. De son côté, la royauté ne cherchait pas à empêcher la décadence de cette vieille institution féodale.

Il ne fut plus fait aucune convocation du ban et de l'arrière-ban depuis l'an 1688 ou 1689[2]. Entre le XVIe et le XVIIIe siècle, une révolution s'était opérée dans l'art de la guerre. L'état de la société aussi bien que la manière de combattre avaient nécessité une nouvelle organisation de l'armée, et fait délaisser entièrement le service militaire du fief. Au XVIe siècle, Dumoulin avait posé en principe que le droit de guerre n'appartenait qu'au roi; que les vassaux des seigneurs n'étaient pas tenus de les suivre dans leurs guerres privées, mais qu'ils étaient obligés de servir le roi dans l'intérêt public, même contre leur propre seigneur[3]. Le vieux droit féodal, battu en brèche par les légistes et les ordonnances, fut abandonné. Louis XI et Richelieu firent raser et démanteler un grand nombre de forteresses privées, que la cessation des guerres féodales rendait, d'ailleurs, inutiles. Les châteaux forts qui existaient encore, en France, au XVIIe siècle, n'étaient plus guère que le repaire de quelques brigands féodaux en lutte avec la loi et bravant la puissance monarchique.

---

[1] *Journal de Guillaume de Taix*, p. 373; M. Picot, *Hist. des États Généraux*, vol. III, p. 62 et suiv.

[2] Voy. lettres de Mme de Sévigné à Bussy-Rabutin, du 13 avril 1689 (t. IX, p. 15, édit. Monmerqué); à Mme de Grignan, du 24 juillet 1689 (*Loc. cit.*, p. 130); et lettre de Bussy-Rabutin à Mme de Sévigné, du 13 mai 1689 (*Loc. cit.*, p. 48).

[3] *Traité des fiefs*, § 1, glos. 6, no 12; § 3, glos. 4, no 8.

# CHAPITRE VIII.

### Impositions de l'Auvergne pendant la féodalité, et spécialement des Tailles et des Aides.

A l'époque de la dissolution de l'empire Carlovingien, certains tributs, notamment l'impôt foncier, étaient changés en redevances seigneuriales, et tombés dans le domaine des Comtes. L'impôt personnel, ou *capitation*, devint aussi une redevance féodale. Sous le règne de la féodalité absolue, diverses contributions étaient perçues par un grand nombre de seigneurs, et faisaient partie des attributs de leur souveraineté. Les seigneurs avaient le droit de lever des impôts extraordinaires sur leurs tenanciers. Le plus remarquable était la *taille aux quatre cas*, sur l'origine et les caractères de laquelle nous donnerons ailleurs quelques explications [1]. Alfonse leva un impôt de cette nature en Auvergne, quand il prit part à la première croisade de Saint Louis. Il est certain qu'il lui fut accordé par les villes de cette province, et qu'il y fut recueilli par un des clercs du Comte, nommé Thibaud de Neuvy [2].

Le roi, en sa qualité de seigneur, prélevait dans ses domaines un impôt qui s'appelait *taille du roi* [3]. Il fallait, dans l'origine, le

---

[1] Chap. 15, sect. 5.

[2] Alfonse ayant, en 1268, demandé à Thibaud de Neuvy des renseignements sur le produit de ce subside, celui-ci lui écrivit : « Sire, comme vous m'avez mandé que l'aide que les villes d'Auverne vous firent, quant vous alates en la sainte terre d'outre-mer, que je vous en faisse certain de chacune ville par soi... Je n'en retins nul escrit, mès il me soviant bien que la ville de Paluiau vous donna LX livres de tournois et la ville de Riom IIII mille livres de tournois, et Chetiau-Guion LXX livres, et Mont-Boissier, dont vous tenoiz l'er en vostre bail, LX livres, et la Nonete LX livres... La somme de l'aide que la terre d'Auverne vous fit monta VII mille livres et V cens au plus. » (*Archiv. nat.*, Reg. A, fol. 121); M. Boutaric, *Saint-Louis et Alfonse de Poitiers*, p. 279.

[3] Ferrière dit que les premières tailles levées en France furent appelées *fouages*, et que c'est seulement sous Charles VII qu'elles reçurent le nom de *tailles* (*Dict. de dr.*, vº taille). Mais ce dernier nom appliqué aux impôts dus au fisc royal est plus ancien : il existe un titre d'une ordonnance de saint Louis ainsi conçu : « Comment on doit asseoir *tailles* ès villes notre sire le Roi. » (Voy. *Nouveau Code des tailles*, t. Iᵉʳ, p. 2.)

consentement des barons pour étendre cette taille aux provinces de leur dépendance [1]. La taille royale se levait sur les gens du peuple, sur les clercs mariés, sur les maisons roturières; le clergé et la noblesse en étaient exempts [2]. De graves modifications furent introduites en cette matière. La taille du roi devint dans la suite un impôt fixé par le roi seul, et applicable à tout le royaume, sans distinction entre les terres du domaine royal et celles du domaine des seigneurs [3].

Au XIVe siècle, le *fouage, fogacium,* ou impôt établi par *feu,* dont nous avons indiqué ailleurs l'origine [4], était, en Auvergne, le mode le plus ordinaire de l'imposition des roturiers. C'était une sorte de contribution proportionnée aux facultés des chefs de famille. Dans le commencement, on prenait en considération le nombre réel des feux pour asseoir l'impôt [5]. Plus tard, le nombre des feux, uniquement destiné à déterminer la masse proportionnelle de la contribution de chaque collecte, ne répondait point au nombre réel des feux existant dans chaque paroisse [6]. Le chiffre qui devait être supporté par chaque feu variait avec celui du subside octroyé. Tantôt il était de six francs, tantôt de douze, etc. Mais quelque fût ce chiffre, le nombre de feux pour lequel chaque communauté devait contribuer était fixé. C'était, comme le dit Verdier-Latour, un tarif de proportion entre les paroisses plutôt qu'un dénombrement [7]. Une fois l'impôt ainsi déterminé pour chaque paroisse, la distribution en était faite sur les habitants au *prorata* de leurs facultés, *le fort portant le faible* [8]. Quand l'impôt à répartir était d'une somme fixe, l'inexactitude dans la déclaration des feux importait peu au

---

[1] Voy. *Etablissements de Saint-Louis,* art. 24.

[2] *Etablissements de Saint-Louis,* art. 24 et 95.

[3] M. Laferrière, *Revue crit. de législation,* t. III, p. 4, nouvelle série.

[4] *Suprà,* tit. IV, ch. 7.

[5] Voy. le résumé officiel du subside levé pour la guerre de Flandre, en 1328 (*Biblioth. de l'Ecole des chartes,* t. 2, p. 173).

[6] Ainsi, dans les comptes de Berthon-Sennadre, de 1398, 1401, 1402, 1403, 1406, les plus fortes paroisses du plat pays étaient imposées, les unes pour cinq, les autres pour six feux; les moins importantes pour un feu, ou même un demi-feu (Voy. *Recueil* de Bergier et Verdier-Latour, p. 33 et suiv.).

[7] Recueil précité, p. 33.

[8] Bergier et Verdier-Latour, *Loc. cit.,* p. 34.

fisc. Mais il en était autrement quand le chiffre n'était pas déterminé[1]. Pour parer aux inconvénients qui en résultaient, et afin de rendre l'impôt plus effectif, Charles V ordonna un recensement nouveau des feux, dans le Haut et Bas pays d'Auvergne, pour la perception d'un fouage de quatre francs, en ville fermée, et de deux livres deux sous par feu, en plat pays, *selon le vrai nombre des feux qui, par nouvelle recherche, y seraient trouvés.* Les commissaires devaient comprendre dans leurs relevés tous les chefs de famille, sans distinction de riche et de pauvre. Les ordres du roi furent modifiés, sur la plainte des Etats, et des lettres-patentes du 11 mai 1370 ordonnèrent la continuation du dénombrement, mais *sans y comprendre pauvres et misérables personnes, pain quérant*[2].

L'opération de la répartition de la taille par paroisses fut alors fort simple : il ne s'agissait plus que de savoir quel était le tarif pour chaque feu, et d'en faire supporter le montant par chaque paroisse autant de fois qu'elle se trouvait avoir de feux dans l'échelle contributoire[3].

Cependant, comme les habitants étaient tenus de verser une somme égale à celle du produit des feux indiqués, et que la révision des feux n'avait lieu qu'à de longs intervalles, ils étaient exposés, par suite de l'appauvrissement ou de la diminution de

---

[1] Dans le fouage de 1356, les communautés furent taxées *à 19 écus par an pour chaque deux cents feux* (Voy. Bergier et Verdier-Latour, *Loc. cit.*, p. 23.) — La guerre de Flandre, à l'avénement de Philippe de Valois, en 1328, occasionna la levée d'un subside. Un manuscrit de la bibliothèque nationale, dans lequel on en trouve la répartition par bailliage et sénéchaussée, a fourni à M. Dureau de la Malle la possibilité de déterminer le chiffre de la population en France au XIVe siècle (Voy. *Biblioth. de l'Ecole des chartes*, t. 2, p. 169). La baillie d'Auvergne, c'est-à-dire le bailliage de la Basse-Auvergne, avait 727 paroisses et 90462 feux, déduction faite de 159 feux, qui faisaient partie du bailliage de Bourges; le bailliage des montagnes, la Haute-Auvergne, avait 215 paroisses et 27382 feux.

En 1328, la population de la Basse-Auvergne devait atteindre à peu près le chiffre de 452310, et la Haute-Auvergne celui de 136910 (*Tabl. hist. de l'Auvergne*, t. II, p. 624).

[2] La ville de Clermont, qui contribuait sur le pied de 492 feux, obtint, dans cette même année, et à des époques subséquentes, diverses réductions. Ces réductions frayèrent à cette ville la voie de l'abonnement fixe et de la subvention qui, dans la suite, remplaça pour elle la taille. Voy. Bergier et Verdier-Latour, *Loc. cit.*, p. 35.

[3] Cette opération était confiée à un petit nombre de commissaires.

la population, à payer plus que la part qui avait été d'abord prévue. Ils réclamaient souvent, et leurs plaintes étaient quelquefois admises.

Ainsi, par lettres-patentes du 31 décembre 1378, Jean, duc de Berry et d'Auvergne, seigneur de Montpensier, nommait des commissaires, chargés de réduire les fouages de la ville d'Aigueperse, en considération des pertes essuyées par cette ville, par suite de la guerre et du pillage auquel Robert de Ventadour et ses soldats s'étaient livrés en 1373. Ces lettres portaient qu'il restait à peine cent feux en état de contribuer aux fouages [1].

Après une information faite en 1379, les commissaires réduisirent à 145 le nombre de 230 feux, pour lequel la ville contribuait [2].

Il existe, aux archives municipales d'Aigueperse, une autre lettre du duc de Berry, adressée, le 29 mars 1385, à la Chambre des comptes, à Bourges, et portant qu'il avait été fait par ses ordres un dénombrement des habitants d'Aigueperse, suivant lequel le nombre des feux de cette ville s'élevait à 126, mais que lesdits habitants étant dans l'impossibilité, par suite de leur pauvreté, de contribuer à raison de ce nombre, il le réduisait à celui de 90, et qu'ils contribueraient aux aides et subsides d'après cette proportion [3].

En 1388, les habitants d'Aigueperse sollicitaient une nouvelle réduction, exposant que, depuis la dernière modération, plusieurs riches bourgeois étaient décédés, que d'autres avaient quitté la ville, et que, malgré cette diminution de la population, ils avaient payé 32 francs par feu, sans compter d'autres tailles et aides levées à cause de la guerre. Une information faite par les Elus de Clermont constate qu'il n'y avait que quatorze habitants en état de payer les fouages, que les autres gagnaient difficilement leur vie en travaillant ou mendiaient, et que les gens d'Eglise et les monnayeurs étaient exempts des fouages. Le 3 février 1388, les commissaires réduisirent les feux

---

[1] Arch. d'Aigueperse, 1re part., 2e sac; voy. *Inventaire Mss des arch. d'Aigueperse*, par J.-B. Culhat, fol. 16, r°

[2] *Inventaire Mss* précité, *fol.* 16, r° et v°.

[3] *Loc. cit., fol.* 16, v°.

à 58, sous le bon plaisir de la Chambre des comptes. Le 1er avril suivant, la Chambre des comptes de Bourges les réduisait à soixante [1].

Enfin, le 18 août 1391, des lettres de Charles VI, prenant en considération la triste situation dans laquelle la guerre et les autres calamités avait mis le pays d'Auvergne, et la ville d'Aigueperse, en particulier, ordonnèrent, après information, que cette ville serait imposée sur le pied de trente feux seulement, jusqu'à ce qu'elle eût recouvré quelque prospérité [2].

La bourgeoisie auvergnate fut toujours très décidée à ne pas se laisser accabler par les charges publiques, et à réclamer contre les inégalités de l'impôt. Nous voyons, au *manuscrit de Montferrand*, à la date de 1385, les gens de la commune se plaindre vivement des deux premiers ordres : « Le pays était grandement endommagé par les seigneurs et les nobles qui s'efforçaient de mettre sus et de faire payer audit pays, sous ombre de lettres du duc de Berry, les fouages et finances que bon leur semblait; » et plus loin : « Les bonnes villes ayant voté trente mille francs pour payer mille lances, on voulait assigner douze francs par feu, par la mauvaise volonté des seigneurs et gens d'Église [3]. »

Il y avait, en Auvergne, au XVe siècle, trois opérations successives pour établir un impôt et le mettre en perception : 1o les trois Etats du Haut et du Bas pays accordaient l'impôt et en déterminaient la somme ou la quotité ; 2o lorsque l'impôt octroyé était d'une somme fixe, la répartition générale était arrêtée par les Etats immédiatement après l'octroi, entre la Haute-Auvergne, d'une part, les bonnes villes et le plat pays de la Basse-Auvergne, d'autre part [4] ; 3o quand la portion à la charge du plat

[1] *Archives d'Aigueperse*, 1re part., 2e sac; *Inventaire Mss.* de J.-B. Culhat, *fol.* 16, vo.

[2] *Archiv. d'Aigueperse*, 1re part., 2e sac; *Inventaire Mss.* de J.-B. Culhat, *fol.* 17, vo.

[3] *Mss. de Montferrand*, copié par Dulaure.

[4] La Haute-Auvergne ne supportait que le quart de la somme entière à laquelle s'élevait l'impôt; les bonnes villes de la Basse-Auvergne le sixième, et le plat pays le surplus. Plus tard, et dans le même siècle, le taux proportionnel des bonnes villes reçut une grave modification, au détriment du plat pays de la Basse-Auvergne; mais la part contributive de la Haute-Auvergne resta la même. C'est seulement lorsque les impôts furent devenus arbitraires que la proportion contributoire entre le Haut et le Bas pays fut changée. (Voy. Bergier, Verdier-Latour, *Loc. cit.*, p. 58).

pays était déterminée, on faisait la répartition particulière entre les différentes paroisses. L'octroi et la répartition générale étaient sanctionnés par l'autorité royale. La répartition entre les paroisses du plat pays et les bonnes villes était précédée, à l'égard du plat pays, d'un mandement des commissaires du clergé et de la noblesse [1]. Ensuite s'opérait, comme nous l'avons dit, la répartition entre les paroisses du plat pays [2]. Cette dernière assiette était arrêtée et signée par les commissaires du clergé et de la noblesse, et par les commissaires élus du roi ou du duc d'Auvergne [3].

Après avoir été accordés de pure grâce, dans des circonstances et à des époques diverses, les subsides étaient devenus annuels. On peut faire remonter au moins à l'année 1337 l'époque à partir de laquelle ils furent accordés annuellement en Auvergne [4]. Toutefois, ils devaient être octroyés par les Etats. Le clergé et la noblesse continuèrent aussi, jusqu'en l'année 1494, à concourir seuls par leurs commissaires à la répartition qui se faisait sur le plat pays. A cette dernière époque, les tailles étaient devenues permanentes; depuis l'an 1444, elles étaient levées comme telles, c'est-à-dire sans interruption et sans vote préalable. Cependant, Masuer, qui mourut vers le milieu du XVe siècle, disait que le souverain pouvait imposer la taille pour urgente nécessité, et peut-être du consentement des trois Etats, parce que tel avait toujours été l'usage [5]. Il n'y avait plus

---

[1] Ce mandement rappelait le chiffre total de l'impôt, l'époque de la réunion des trois Etats qui l'avaient octroyé, et donnait le tableau de distribution entre le Haut pays, d'une part, les bonnes villes du Bas pays et le plat pays, d'autre part, etc. Le protocole en était ainsi conçu : « Instructions et ordonnances faites et accordées par les gens d'Eglise et nobles sur le fait de l'ayde de.... octroyé par les gens des trois Etats assemblés à..... le.,.... »

[2] Le protocole était ainsi conçu : « C'est le taux, assiette et impôt de la portion appartenante au plat pays du Bas Auvergne, à cause d'une ayde de.... octroyée, etc. »

[3] Voy. Bergier et Verdier-Latour, Loc. cit., p. 59 et suiv.

[4] Nous lisons dans un extrait du rôle qui suit un mandement de l'an 1353 : « L'en doit au Roi, pour le démourant du subside octroyé en la ville de Clermont en Auvergne, l'an 1337, que Me Jean Picot y fut envoyé pour commissaire, 406 livres 13 s. 3 d.; pour semblable demeuré de l'année 1338, que Me Jean Degré fut commissaire au pays, la somme de 414 l. 19 s. 6 d.; » et ainsi de suite jusqu'à l'année 1347 inclusivement (Recueil de Bergier et Verdier-Latour, p. 16.)

[5] « Rex pro urgenti necessitate potest talliam imponere, et, hoc forte de consensu trium civitatum, nobilium virorum, ecclesiasticorum, et habitantium civitates et villas, quia ita est fieri consuetum » (tit. 39, de Talliis, no 2).

qu'une seule répartition générale sur toutes les communautés.
Les bonnes villes eurent alors intérêt à prendre part à cette
répartition. Un règlement du duc de Bourbonnais et d'Auvergne,
du 10 novembre 1494, portait ce qui suit : « Dors en avant, deux
personnes eleues par les d. villes, assisteront à l'assiette des
deniers, tant de mondit Seigneur Roi, que desd. affaires communes... avec les *Elus* et les *commissaires*... selon et suivant le
tour et ordre qui s'ensuit ; c'est à savoir : pour la première
année, deux personnes de Clermont et Auzon assisteront ; Riom
et Langeac, pour la seconde année ; Montferrand et Ebreuille,
pour la troisième année ; Billom et Saint-Germain-Lembron,
pour la quatrième année ; Aigueperse et Brioude, pour la cinquième année ; Issoire, Saint-Pourçain et Cusset, pour la sixième
année ; et ainsi à l'avenir. » Ce règlement fut confirmé par celui
du 29 novembre 1588, n° 65, qui admit les six villes nouvellement agrégées à concourir avec les anciennes ; et cet ordre de
choses dura pendant tout le temps que les Etats restèrent en
activité. Mais au commencement du XVIᵉ siècle, les trois Etats
avaient cessé de se réunir pour voter l'impôt ordinaire. Ils s'as-
semblaient seulement pour arrêter les contributions nécessitées
par les dépenses locales, accidentelles et extraordinaires.

Charles V avait révisé toutes les ordonnances constitutives de
l'administration des impôts. Il avait nommé lui-même les élus et
leur avait enlevé le droit qu'ils avaient jusqu'alors exercé de
désigner les asséeurs et collecteurs des fouages. Les asséeurs
étaient choisis par les habitants de chaque paroisse. Le cumul des
fonctions d'élu et de receveur, d'administrateur et de comptable,
avait été expressément interdit [1]. Enfin, des réformateurs étaient
envoyés dans les provinces pour inspecter le service [2].

Vers la fin du XIVᵉ siècle, le privilége de l'impôt foncier était
déjà un fait accompli ; étaient exempts de la taille : 1° les nobles
de noble lignée, vivant noblement ; 2° les gens d'Eglise, les bénéficiers et les pauvres mendiants [3]. Le nombre des privilégiés en

---

[1] Voy. ord. du 21 novembre 1379.
[2] Voy. ord. du 13 novembre 1372.
[3] Voy. l'édit de 1388. — Voyez, sur l'exemption des nobles et des gens
d'Eglise, Jehan Combes, conseiller et avocat du Roi au siége présidial et sénéchaussée d'Auvergne, *Traicté des tailles*, f. 75 et suiv.; f. 69 et suiv.; 2ᵉ édition
de 1584.

matière de tailles tendait à s'accroître. Les exemptions ne se bornèrent pas à la noblesse et au clergé, elles furent étendues aux officiers des cours souveraines et à un grand nombre d'officiers royaux. Tandis que les exemptions se multipliaient, les charges devenaient de plus en plus lourdes. Aussi les Etats Généraux de 1484 firent-ils entendre, sous la minorité de Charles VII, d'énergiques remontrances. Le résultat le plus remarquable de ces réclamations fut une tentative faite, en 1491, pour la formation d'un *compoix terrien*, c'est-à-dire d'un nouveau cadastre, afin d'arriver à une répartition plus équitable de la taille. Mais ce projet fut bientôt abandonné [1]. Cependant la permanence des tailles avait nécessité le renouvellement de tous les règlements du service. Les attributions administratives et contentieuses des Elus avaient été déterminées d'une manière précise [2].

Les *aides* furent dans l'origine un secours temporaire accordé à la royauté par les seigneurs et les provinces [3]. La plupart des aides accordées par diverses provinces vers le milieu du XIVe siècle avaient pris la forme indirecte. Vers la fin de ce même siècle, cet impôt commença à devenir une des ressources habituelles, quoique extraordinaires, de la monarchie, et le nom d'*aide* lui fut plus spécialement réservé. Depuis le règne de Charles VI, les aides furent presque toujours établies par de simples ordonnances royales, sans vote préalable, dans les pays d'Elections.

Dès qu'elles cessèrent d'être établies par les députés des trois ordres pour l'être par le roi, elles tendirent à devenir permanentes. Elles le devinrent, en effet, vers les premières années du

---

[1] Voy. les lettres de Charles VIII de 1494.

[2] Voy. ordon. de 1452 et du 3 avril 1460.

[3] Voici comment Jehan Combes s'exprime sur l'origine des *aides* et le sens de cette expression : « ayde donques estoit dès son commencement, certaine imposition de douze deniers pour livre qui se prenoit sur tous les fruicts, et autres choses mobiliaires qui se vendoient. Desquelles choses aucune-fois lon en prenoit un huictième, quelquefois un quart..... Et parce que ceste ayde a esté payée aux Roys de france par le peuple, comme un subside nouveau, aiant esgard que les tailles et autres charges susdites, ny mesmes leur propre domaine et patrimoine ne pouvoit suffire à l'urgence et nécessité de leurs affaires : à ceste cause ce subside a esté dit et appellé ayde » (*Traicté des tailles etc.*, 2e édition de 1584, f. 106).

XV<sup>e</sup> siècle, et avant la taille. Depuis ce temps, elles s'accrurent dans une forte proportion. Quoique dans l'origine, cet impôt dût porter sur toutes les classes indistinctement, les nobles, les ecclésiastiques, et plus tard les officiers de justice et de finances, parvinrent à s'en faire exempter. On en adjugea la ferme avec des formalités qui étaient une garantie pour le peuple, quand elles étaient observées. Il existe, à la fin du règne de Charles VI, des exemples assez nombreux de suppression des aides. En 1417, Isabelle de Bavière donnait à plusieurs commissaires le pouvoir d'abolir, dans les villes de l'Auvergne [1], qui se mettraient sous son obéissance, tous les impôts ayant cours, excepté celui de la gabelle du sel. L'exemption fut prononcée le 3 avril 1418.

Les limites de notre travail ne nous permettent pas de parler d'autres impositions que les *tailles* et les *aides,* qui étaient, sans contredit, les deux impôts les plus importants dans l'ancienne monarchie. Nous aurons, du reste, à revenir sur ce sujet dans la période des temps modernes.

---

[1] Et aussi du Languedoc ou de la Guyenne.

# CHAPITRE IX.

## Du droit de monnaie en Auvergne, au moyen-âge.

Sous l'empire romain, le droit de battre *monnaie* appartenait exclusivement à l'Empereur. Des *procuratores monetæ*, appelés aussi *maîtres des monnaies, magistri*, ou *præpositi*, et placés sous l'autorité du *Comes sacrarum largitionum*, surveillaient la fabrication. Il y en avait trois dans la Gaule. Ils résidaient, l'un au centre, à Lyon, et les deux autres aux extrémités, à Arles, et à Trèves.

Après la conquête franque, le système monétaire fut altéré, corrompu, faussé, comme les autres institutions romaines. Sous les Mérovingiens, l'administration des *monnaies* perdit l'unité et la simplicité qui l'avait caractérisée du temps des Romains. Rien n'est plus désordonné, plus obscur que les principes du système monétaire de cette époque.

Les principales espèces de monnaies en usage chez les Francs, pendant les deux premières races, étaient : la livre d'or, le sou d'or (*solidus aureus*), et le tiers de sou d'or (*triens, tremissis*), la livre d'argent, le sou d'argent (*solidus*), le tiers de sou d'argent (*tremissis*), et, enfin, le denier (*denarius*) [1].

Les collections numismatiques de l'Auvergne renferment d'assez nombreuses pièces de la période mérovingienne portant des noms de cités et bourgs de cette contrée. Il en existe plusieurs appartenant à la cité Arverne (*Urbs Arverna, Civitas Ar-*

---

[1] La livre d'or, la livre d'argent et le sou d'argent étaient seulement des monnaies de *compte ;* le sou d'or, le tiers de sou d'or et le denier étaient des monnaies *réelles*. Le sou d'or valait 40 deniers ; le tiers de sou d'or en valait 13 1/3, et le sou d'argent 12 (Voy. M. Guérard, *Polypt. d'Irm.*, proľég., § 57). — Dans plusieurs circonstances, on a découvert, en Auvergne, des deniers et des demi-deniers d'argent, portant, du côté de la croix, la légende CARLUS REX, et de l'autre, autour du monogramme, CLAROMUNT. Ces pièces sont attribuées à Charles-le-Chauve ou à Charles-le-Gros. (*Tablettes hist. de l'Auv.*, VI, 563.)

*vernorum, Arverno cive*) [1], d'autres, au bourg de Vollore (*Vorolio vico*) [2], à Tallende (*Telemate*) [3], au bourg de Lezoux (*Leodeso vico*) [4], à Brioude (*Brivate*), à Marcillac [5], à Blot [6].

La monnaie du commencement de la seconde race fut la même que celle de la fin de la première [7].

Dans un capitulaire, intitulé *de Moneta*, assez mutilé, et attribué par Pertz à Charlemagne, il est dit que la monnaie devait être fabriquée publiquement sous la garde du comte. Les *monétaires* étaient tenus de battre monnaie au lieu même qui leur avait été fixé. Dans les villes dépourvues d'hôtels des monnaies, le comte devait également exercer sa surveillance sur les monnaies courantes, et s'assurer de la qualité du numéraire etc. [8]

[1] Parmi ces pièces de monnaie, on remarque les suivantes :

1º *Tiers de sou d'or*, tête à droite, avec la légende ARVERNO ; au revers on lit, autour du monogramme, A. R. (*Arvernus*) EODICIUS, qui est le nom du monétaire ;

2º *Tiers de sou d'or*, tête à droite, avec la légende ARVERNUS CIVIS ;

3º *Tiers de sou d'or*, tête à droite, avec la légende ARE IOCIVE ; au revers, une croix cantonnée du monogramme A. R., et, autour, *Eodicius*, le nom du monétaire ;

4º *Tiers de sou d'or*, portant du côté droit l'effigie de Théodebert Ier ou de Théodebert II, avec le monogramme de l'Auvergne, A. R., dans le champ, au revers (Voy. *Tabl. hist. de l'Auv.*, vol. VI, p. 561 et suiv.) ;

5º Un autre *tiers de sou d'or*, portant l'effigie du même roi mérovingien, avec les mots ARVERNO CIVE en légende, et, au revers, le monogramme A. R. dans le champ, avec le nom de ꞶICOLEN, monétaire.

(Voy. M. Cohendy, *Mémoire hist. sur les modes succ. de l'admin. dans la prov. d'Auvergne*, p. 149.)

[2] Notamment *tiers de sou d'or*, tête à droite, avec la légende VOROLIO VICO ; au revers, le monogramme A. R., et, autour, EBROALO, MO. (*Tabl. hist. de l'Auvergne, Loc. cit.*)

[3] Parmi les variétés de pièces appartenant à Tallende, on cite un *tiers de sou d'or*, tête à droite, avec la légende TELEMATE FIT ; au revers, le monogramme A. R., et, autour, SIGOFREDUS, MO. (*Tabl. hist. de l'Auv., Loc. cit.*)

[4] On cite un *tiers de sou d'or*, avec la légende LEDESO VICO ; au revers, le monogramme A. R.. et, autour, MONEA. (*Loc. cit.*)

[5] Parmi les variétés appartenant à Marcillac, près de Montaigut, on cite un *tiers de sou d'or*, avec la légende MARCILIACO ; au revers, le monogramme A. R.; autour, ODUS MO CAVNOB. (*Loc. cit.*)

[6] On cite un *tiers de sou d'or*, portant la légende : BLOT E FIT. Une espèce de vase avec ornements occupe le champ ; au revers est une croix, et, autour, VALDOLENO, M. (*Tabl. hist. de l'Auv., Loc. cit.*)

[7] Le roi Pépin abolit la monnaie d'or ; les sous de 40 deniers, c'est-à-dire les sous d'or, cessèrent d'avoir cours du temps de Charlemagne. Ils étaient encore en usage, dans les actes publics, en 782, et même vers l'an 800.

[8] Pertz, LL, t. I, p. 159.

En 805, Charlemagne voulant s'opposer aux désordres du régime monétaire, et aussi à l'altération des monnaies qui était pratiquée en beaucoup de pays, interdisait, jusqu'à nouvel ordre, tous les ateliers monétaires établis ailleurs que dans son palais. En 808, il renouvelait cette défense, et ordonnait que les deniers palatins eussent cours partout dans ses Etats [1].

Ses successeurs éprouvèrent des résistances quand ils voulurent faire adopter des deniers de nouvelle fabrication. Par l'édit de Pitres de 864, Charles-le-Chauve fixait un terme, après lequel la monnaie nouvelle, qu'il avait fait frapper, devait seule avoir cours [2], et édictait diverses dispositions concernant la fabrication de la fausse monnaie, et les établissements monétaires qui devaient rester autorisés [3].

Bientôt le système féodal prévalut, et le droit de battre monnaie fut un de ceux que les seigneurs exercèrent. Déjà les rois Francs avaient accordé ce privilége à plusieurs églises. On trouve des concessions de ce genre, à plusieurs époques, notamment au IX$^e$ et au commencement du X$^e$ siècle. Mais c'est surtout par les usurpations que le droit de monnaie fut de plus en plus généralisé.

Après la dissolution de l'empire Carlovingien, et pendant la période féodale, il y eut une multitude de monnaies diverses de nom, de poids et de valeur, ce qui devait singulièrement favoriser les fraudes et entraver les relations commerciales.

Dès la fin du IX$^e$ siècle, ou au commencement du X$^e$, Guillaume-le-Pieux, comte d'Auvergne et duc d'Aquitaine, faisait frapper, à Bourges, des deniers d'argent portant en légende son nom, au lieu de celui du Roi [4].

En 1043, sous l'épiscopat de Rencon, Guillaume V, comte d'Auvergne, donnait à l'église d'Auvergne de Sainte-Marie la

---

[1] *Capit.* II, an. 805, c. 18 (Baluz., t. I, col. 427); *Capit.* II, an. 808, c. 7 (Baluz., t. I, col. 464).

[2] *Edict. Pist.*, c. 10 et 15 (Baluz., t. II, col. 178 et 179).

[3] *Edict. Pist.*, c. 11-14 et 16-23 (Baluz., t. II, col. 178-185).

[4] Voy., sur le denier d'argent de la monnaie de Bourges, portant le nom de VLELMO COMS, d'un côté, et, de l'autre, celui de la ville de Bourges, *l'Ancienne Auvergne*, t. II, p. 149, et p. 85, 94 note 3. — *Voy.* cependant M. Adr. de Longpérier, *Revue numismatique*, IV, p. 366 et suiv.

Monnaie, avec les Monétaires eux-mêmes, et toutes ses appar-
tenances dans la communauté des frères et chanoines[1].

Les pièces de la Monnaie du Chapitre de Clermont portaient, d'un
côté, une image de la Vierge, avec cette légende : Sᶜᵗᵃ MARIA, et, au
revers, une croix latine, entourée de la légende VRBS ARVERNA[2].

En 1269, un des évêques de Clermont avait tellement altéré
et affaibli la monnaie que 25 sous de la nouvelle monnaie ne
valaient que 20 sous de l'ancienne. Le comte Alfonse porta ses
plaintes au roi, dont l'évêque de Clermont relevait directement.
Abusant de sa puissance spirituelle, ce prélat anathématisait ceux
qui refusaient de recevoir cette monnaie ainsi altérée. Ordre lui
fut donné par Saint Louis d'annuler les anathèmes qu'il avait
prononcés[3]. Le roi ordonna en même temps au bailli de Bourges
de saisir le temporel de l'évêque, s'il refusait d'obéir à ses ordres,
et lui enjoignit de défendre à tous les habitants de l'Auvergne de
recevoir la nouvelle monnaie[4].

[1] *Arch. départ. du Puy-de-Dôme*, G. 9, armoire 7, sac A, cote 2 ; M. Cohendy,
*Loc. cit.*, p. 151 ; *voy.* aussi Justel, liv. II, Preuves, p. 21. L'acte de donation
rapporté par cet auteur porte la date de l'an 1030.

[2] *Voy.* des types de cette monnaie dans les *Tablettes historiques de l'Auvergne* (vol. VI, p. 565) et dans *l'Anc. Auvergne* (t. II, p. 150), d'après l'ouvrage
de Tobiésen Duby. — Aux XIᵉ et XIIᵉ siècles, les deniers de la monnaie de
Clermont s'appelaient *Durantins (Durantingi, Durantini)*, du nom de Durand,
évêque de cette ville, de l'an 1077 à 1095. Le denier de Clermont avait le
double de la valeur de celui du Puy : une charte de Philippe-Auguste, de
l'an 1219, porte : *Levabuntur XV Claromontenses, qui valent XXX Podienses.*

[3] « Ludovicus... episcopo Claromontensi... cum ex parte karissimi fratris
et fidelis nostri Alfonsi, comitis Pictavensis et Tholose, nobis extiterit inti-
matum quod vos monetam antiquam in Alvernia currentem de novo mutari
fecistis, ita quod vinginti solidi antique monete faciunt viginti quinque vel
circa, de nova ; et sic jus fratris nostri et aliorum baronum illius terre leditur
per mutacionem predictam, mandamus vobis quatenus, si est ita, hoc, sine
more dispendio, revocetur ; et si quas excommunicationis sentencias promul-
gastis in gentes predicti fratris nostri, eo quod nolunt seu recusant recipere
predictam novam monetam, predictas sentencias relaxetis, scientes quod,
nisi hoc feceritis, nos baillivo nostro Bituricensi mandamus ut ad premissa
facienda vos absque dilacione compellet et nichil ominus inhiberi publice
faciat ne quis in Alvernia recipere audeat dictam monetam. Datum apud
Sanctum Germanum in Laya, die veneris post Circumcisionem Domini 1269. »
(Archiv. nat., Reg. B, fol. 58) ; M. Boutaric, *Loc. cit.*, p. 216, note 3.

[4] « Alia littera dirigitur senescallo Bituricensi pro eodem super eo quod
si dictus episcopus hoc facere noluerit, quod, per captionem bonorum suo-
rum ad hoc, si opus fuerit, compellat et inhiberi faciat ne aliquis in Alvernia
recipere audeat dictam monetam. » *(Loc. cit.)* M. Boutaric, *Loc. cit.*, p. 217,
note 1.

Le chapitre de Clermont conserva longtemps le droit de battre monnaie. Ce droit fut cependant soumis à quelques restrictions. D'après une ordonnance attribuée à Louis-le-Hutin [1], le chapitre pouvait seulement frapper : 1º de la monnaie d'argent [2]; 2º des deniers et des oboles. Le denier devait renfermer trois parties deux tiers d'argent, sur huit parties un tiers de cuivre, de sorte qu'il fallait treize deniers de Clermont pour douze deniers tournois de la monnaie du roi [3].

Le chapitre de Brioude eut aussi le droit de battre monnaie. Avant la Révolution de 1789, il conservait précieusement dans ses archives plusieurs pièces frappées à son nom. Louis-le-Hutin avait confirmé, en 1314, ce privilége, mais, néanmoins, sous cette condition : *Si his jus cudendi monetam competit* [4].

Le comte Alfonse frappa monnaie en Auvergne pendant la durée de son apanage. Son atelier monétaire était établi à Riom. Il est probable que cet atelier était en activité avant l'année 1250 [5]. Il existe des riomois d'Alfonse frappés d'après le système et au type tournois. A la face, un châtel; au revers, une croix. Les uns portent le nom d'Alfonse en langue romane; les autres *Alfunsus*. Il existe aussi des riomois à un type différent du type tournois. Les anciens riomois avaient une valeur inférieure à celle du tournois. Dans un compte de 1256, 200 livres de riomois sont

---

[1] On conservait, à la Chambre des comptes, à Paris, le registre des monnaies coté 123, intitulé : *Ce sont les monnaies des barons et des prélats du royaume de France, etc.*, daté de l'an 1313 (*Voy*. Ducange, vº *Moneta*, et Leblanc, p. 198). C'est dans ce registre que se trouvait cette ordonnance.

[2] En 1427, Charles VII donnait à Martin Gouge, évêque de Clermont, le droit de battre monnaie d'or et d'argent (*Gall. Christ.*, t. II, instr. 98). — Dans les priviléges de la ville de Billom (voy. notre *Appendice*, vol. II), confirmés, en 1450, par le même prince, on lit ces mots : « Volumus et concedimus dictis hominibus quod nos non possumus illos compellere ad recipiendam monetam nostram. » Comme la souveraineté des évêques de Clermont s'étendait sur Billom, cette disposition fait présumer que les habitants de cette ville avaient réclamé la libre circulation de la monnaie des évêques et du Chapitre de Clermont.

[3] « Claromontensis episcopi et capituli denarii debent esse 3 den. 16 gr. legis argenti regis, et 20 sol 6 den. ponderis ad marcam. par. Malliæ eorumdem denariorum 4 den. legis argenti regis, et 16 sol. 9 den. obol. ponderis ad marcam parisiensem. » (Ducange, vº *Moneta*.)

[4] Chabrol, IV, 130.

[5] Compte du produit de la monnaie d'Auvergne en 1250 et 1254, J. 317, nº 61, fol. 4 et 9; M. Boutaric, p. 183.

évaluées 160 livres tournois [1]. La monnaie de Riom forgea des espèces, de l'an 1250 à 1254 [2]. On ne trouve plus d'émissions faites par elle après l'année 1260.

Lorsque la royauté eut affermi son autorité, elle cessa bientôt de reconnaître aux grands feudataires le plein exercice du droit de battre monnaie, que chacun d'eux exerçait comme attaché à sa seigneurie. Elle travailla à s'en emparer entièrement. Saint-Louis proclama le droit du roi de faire circuler sa monnaie dans tout le royaume, et, en même temps, il défendit aux seigneurs de frapper des pièces d'or [3]. Dès 1262, il avait rendu une ordonnance portant : « que nuls ne puisse faire monnoie semblant à la monnoie le Roy, que il n'y ait dissemblance aperte et devers croix et devers pilles, et que elles cessent dès ores en avant. » Une ordonnance de Philippe III portait : « Voulons que nulle monnoye ne coure en nostre Royaume, fors les nostres propres, lesquelles ont accoustumé d'y courre [4]. » La monnaie des barons ne put être reçue que dans les limites de la seigneurie où elle avait été frappée.

Le comte Alfonse avait, depuis 1249 ou 1250, changé le type des poitevins et substitué à celui qui était en usage, dès le règne de Richard Cœur-de-Lion, le type tournois de la monnaie royale. Ce dernier type, nous l'avons vu, avait été adopté par lui sur les monnaies de Riom. Saint-Louis, en 1263, avait intimé à son frère l'ordre de cesser la fabrication des poitevins. Il renouvela plus tard sa défense et ordonna à Alfonse de cesser immédiatement de battre monnaie en Poitou. Le motif de cette interdiction était que la monnaie du comte était semblable à celle du roi. Défense expresse fut faite à Alfonse de frapper désormais aucune monnaie pareille à la monnaie royale, soit du côté de la croix, soit

[1] « Henricus de Poncellis (debet) IIᶜ libras Ryomensium veterum valentes circa VIII.XX.I. Tur. » Compte de la Toussaint, 1256, J. 317, n° 64, fol. 46, et J. 190, n° 58; M. Boutaric, p. 184.

[2] « De moneta Alvernie, CCCXXXVII. VII s. VI d. » Compte de l'Ascension, 1250. Archiv, nat., J. 317, n° 61, fol. 4, v°. — En 1254, elle produisit 400 livres « per dominum regem. » Loc. cit., fol. 9; M. Boutaric, p. 211.

[3] Cependant, en fait, les grands feudataires continuèrent de frapper de la monnaie d'or et d'argent, jusqu'à l'annexion de leurs fiefs au domaine.

[4] Voy. ord. de 1273, art. 1 (Guenois, liv. XI, tit. VI, t. II, p. 724).

du côté de la pile [1]. Cette défense de Saint-Louis avait pour but
d'empêcher le comte de continuer l'usage du type tournois, dans
la crainte que ses monnaies ne fussent confondues avec les
monnaies royales, et n'eussent cours en dehors des fiefs où elles
avaient été frappées. Alfonse modifia ses types. Il en adopta un
différent pour chacune des grandes divisions territoriales de ses
Etats. Pour les espèces frappées en Auvergne, entre 1263 et 1271,
la face présente une croix avec la légende *Alfunsus comes*. La
croix est accompagnée d'un croissant et d'une étoile. Le revers
représente un château accompagné de deux croissants [2].

La monnaie royale eut cours forcé dans les Etats d'Alfonse
comme dans les fiefs des autres feudataires.

On trouve, en l'année 1295, la monnaie du roi établie à Montferrand, que Philippe-le-Bel avait acquis de Louis de Beaujeu
quelque temps auparavant. Par lettres adressées, en cette même
année, à l'évêque et au chapitre de Clermont, qui s'étaient
opposés à cet établissement, il leur déclarait que, bien qu'il eût
fait et fît frapper de la monnaie dans cette ville, il n'entendait
pas porter atteinte à la leur ou à son cours, ni constituer, à leur
préjudice, un droit pour lui et pour ses successeurs [3].

Cependant, le même prince, en 1313, suspendait le droit des
barons de battre monnaie, et l'enlevait même à beaucoup d'entre
eux. Les monnaies de chaque seigneur durent porter des deux
côtés une empreinte différente de celle que portaient les monnaies du roi ou des autres seigneurs [4].

Philippe-le-Long projetait déjà d'établir en France une seule
monnaie [5]. Les ordonnances de Philippe de Valois et du roi Jean
proclamèrent qu'au roi seul appartenait le droit de battre monnaie [6].

---

[1] Voy. M. Boutaric, p. 189 et suiv., et la lettre de S. Louis à Alfonse,
datée de Royaumont le jeudi avant la Nativité de S. Jean-Baptiste, citée par
cet auteur, p. 190.

[2] Voy. M. Boutaric, p. 191, et les auteurs qu'il cite.

[3] *Archiv. départ.*, G. 9, arm. 2, sac A, cote 16. — M. Cohendy, *Loc. cit.*,
p. 152.

[4] Ord. de janvier 1316.

[5] Chron. de Nangis, ann. 1321 : « Idem rex ut in toto regno omnes monetæ
ad unicam redigerentur. »

[6] Ord. du 16 janvier 1346 (*Ord. des rois de Fr.*, II, 254), et ord. du 20 mars
1361 (*Ord. des rois de Fr.*, III, 555).

La fabrication monétaire fut considérée comme un des droits de la couronne, et, en même temps, comme un des principaux revenus du domaine royal. Nous ne parlerons pas ici de l'usage que la royauté fit de cette prérogative, ni des désordres et de la misère, qui, sous plusieurs rois, résultèrent de la mauvaise administration des monnaies; nous ne dirons rien des variations perpétuelles et des altérations des espèces d'or et d'argent. Dans un traité spécial, que Nicolas Oresme, précepteur de Charles V, publia pour combattre l'abus des variations des monnaies sous les règnes précédents [1], il disait, en flétrissant le gain retiré par certains princes de l'altération des espèces; « Je ne sais si je dois l'appeler un brigandage criminel ou une exaction frauduleuse. » On a de la peine, en effet, à comprendre aujourd'hui la patience des peuples à supporter ces sophistications royales, qui avaient, du reste, leur principale cause dans l'ignorance de l'époque sur la qualité essentielle et sur la véritable propriété de la monnaie, à laquelle on supposait un caractère de fixité qu'elle n'a point.

Quand les rois eurent enlevé à tous leurs vassaux le droit de battre monnaie, la fabrication et l'administration des monnaies royales furent l'objet d'une foule d'ordonnances, que nous n'analyserons pas. Chacun des hôtels de monnaies était confié à un maître particulier, chargé à la fois de l'administration du service et de la répression des délits monétaires. L'administration et la juridiction supérieure appartenaient à un certain nombre de *maîtres généraux des monnaies*, qui, les uns résidaient à Paris, pour relever les comptes, les autres allaient visiter les hôtels de monnaies dans les provinces, et en surveillaient la fabrication. Ils formèrent, dès le règne de Charles VI, une cour distincte, la *Cour des monnaies*, dont le personnel augmenta sous Charles VII et sous François Ier [2]. Nous expliquerons plus tard son organisation et ses attributions, lorsque nous parlerons de la *juridiction des monnaies* de Riom.

Des hôtels des monnaies furent établis dans un grand nombre de villes, au nombre desquelles se trouvait Riom, qui posséda

---

[1] Voy. *Bibliothèque des Pères*, édit. de Lyon, t. XXVI, p. 278.
[2] En 1454 et en 1523.

un établissement de ce genre à la fin du XVII<sup>e</sup> siècle, et qui avait déjà eu un siége de monnaie royale avant le XV<sup>e</sup>. La lettre O était la marque distinctive de son atelier.

---

## CHAPITRE X.

### Instruction publique en Auvergne, au moyen-âge.

Avant la conquête des Francs, il existait, aux IV<sup>e</sup> et V<sup>e</sup> siècles, dans les principales cités gallo-romaines, des écoles [1], qui étaient fréquemment l'objet des constitutions impériales. On y enseignait la grammaire et la rhétorique, la philosophie, la médecine, et même la jurisprudence. L'école de Clermont était une des plus florissantes, et l'enseignement du droit y avait pris de grands développements, du temps de Sidoine Apollinaire [2]. Le célèbre orateur Fronton, le précepteur de Marc-Aurèle, y avait été professeur d'éloquence.

Nous passerons sous silence les dispositions des lois des Empereurs qui réglèrent successivement l'instruction publique, les droits et les obligations des villes par rapport à l'enseignement. Toutes les écoles gallo-romaines avaient des professeurs institués par le pouvoir temporel, et enseignant les sciences profanes. Les doctrines religieuses n'étaient pas encore régulièrement et officiellement enseignées.

Mais, après la conquête franque, les anciennes écoles disparurent, et, à leur place, s'élevèrent des écoles épiscopales, monastiques ou ecclésiastiques. Celles des cathédrales devinrent principalement des écoles de théologie. L'école épiscopale de Clermont fut

---

[1] Les principales étaient celles de Trèves, Vienne, Lyon, Arles, Narbonne, Bordeaux, Autun, Marseille, Besançon, Clermont. L'école d'Autun était une des plus anciennes.

[2] *Voy.* le biographe de S. Bonnet, dans Savaron, notes sur Sidoine, p. 98. — Sidoine dit aussi qu'au V<sup>e</sup> siècle, dans la ville d'Arles, un professeur, Léon de Narbonne, enseignait le *droit des XII tables* (*Carm.*, XXIII, v. 446 et suiv.)

une des plus remarquables. Dans les écoles des monastères, il y avait un enseignement direct, soit pour les membres de la congrégation, soit pour les jeunes gens qu'on y faisait élever. L'enseignement y embrassait à divers degrés des objets très variés de culture intellectuelle : on y étudiait la grammaire, la rhétorique, la loi romaine, les canons de l'Eglise.

Parmi les plus célèbres écoles des monastères arvernes des VIᵉ, VIIᵉ et VIIIᵉ siècles, nous citerons d'abord celle du monastère de Manglieu, où l'évêque Bonet (*Bonitus*), se retira [1], lorsque, vers l'an 698, il se démit de l'épiscopat. Elle était alors la plus renommée de toute l'Arvernie. On y enseignait le calcul, la grammaire, les Ecritures, et le Code théodosien. Bonet, célèbre par son savoir, et par la connaissance des lois théodosiennes, qu'il avait acquise à l'école de la cité des Arvernes, favorisa au monastère de Manglieu les hautes études. C'est de ce monastère que sortit une réfutation publique des hérésies de Jovinien et de Novatien qui, depuis la fin du VIᵉ siècle, s'étaient renouvelées en Arvernie [2].

L'école du monastère d'Iciodore était réputée pour l'enseignement de la dialectique et de la théologie. Les évêques St-Genès et Prejectus y avaient été élevés [3].

On enseignait avec succès à Menat, à Cronome (ou Cournon), les Ecritures, la grammaire, la musique et le chant. C'est dans ce dernier monastère que Gallus, fils de Georgius, avait fait ses études. L'évêque Quintianus l'avait attaché à son église, et il s'y distingua tellement dans les exercices de la prédication et du chant que le roi Theuderik, qui l'entendit un jour, l'emmena dans sa ville de Trèves, afin qu'il y établît une école où les Ecritures et la musique y seraient enseignées comme chez les moines de Cronome [4].

Mais la prospérité de ces écoles monastiques fut sujette à de grandes vicissitudes. Elles brillaient sous un abbé distingué, et dépérissaient sous son successeur.

---

[1] Act. s. s. Bened., sect. III, part. I, p. 92, *Vit. S. Boniti.*

[2] *Hist. littér. de la Fr.*, t. IV, p. 43; *Gall. christ.*, t. II, col. 249.

[3] Greg. Tur., *Vit. patr.*, cap. VI; Dufraisse, p. 457; *Ann. Bened.*, t. I, p. 481; Mabill., *Act. S. ord. Bened.*, sec. II, p. 647.

[4] Greg. Tur., *Vita patr.*, cap. VI; Dufraisse, *Loc. cit.*; *Ann. Bened., Loc. cit.*

Les diverses sciences, jadis enseignées dans les écoles gallo-romaines, furent surtout professées, à l'époque qui nous occupe, dans leurs rapports avec la théologie : le but unique de l'enseignement était de former des clercs.

Sous Charlemagne, qui s'efforça de faire revivre les traditions de l'empire romain, une grande organisation avait été conçue et réalisée en vue de l'enseignement national. Outre l'*Ecole Palatine* et l'*Ecole de Tours,* ses capitulaires ordonnèrent, à diverses reprises, l'établissement et l'entretien d'écoles dans tous les évêchés et toutes les abbayes. Par un capitulaire de 789, Charlemagne ordonna qu'on établît, sur le territoire des évêchés et les possessions des monastères, des écoles de lecture et d'écriture, dans lesquelles on apprendrait aux enfants la grammaire, le calcul, le chant d'église. Il était recommandé aux prêtres de tenir des écoles dans les bourgs : « ils ne devaient pas refuser d'instruire les enfants des fidèles, mais le faire avec une grande charité, ne rien exiger d'eux pour ce service, et ne recevoir que ce que les parents offriraient volontairement[1]. »

Louis-le-Débonnaire avait, comme roi d'Aquitaine, appliqué dans le Midi la pensée conçue par son père pour l'instruction générale. Devenu empereur, il suivit la voie ouverte par Charlemagne[2]. Sous Charles-le-Chauve, les dispositions des capitulaires relatives à l'établissement et à l'entretien des écoles dans chaque évêché et chaque monastère furent remises en vigueur. Mais, à partir de la fin du IX<sup>e</sup> siècle, toutes les écoles eurent beaucoup à souffrir des incursions et des désordres qui précédèrent l'établissement de la troisième dynastie.

L'enseignement public, tel qu'il fut constitué par Charlemagne et ses successeurs, appartenait tout entier à l'Eglise. A cette époque, tout acte d'enseignement en dehors d'elle était considéré comme un acte d'hérésie. De nos jours, c'est l'Eglise qui réclame la liberté d'enseigner.

---

[1] *Capit. aquisgran.*, ann. 789, art. 70 (Baluze, 1, 237; Ansegis., lib. I, art. 78; Baluze, I, 714); *Capit. Herardi,* ann. 858, art. 27; *Concil. Gall.* (Sirm., tit. III, p. 112, et Baluze, I, 1283); de Launoi, Traité des écoles célèbres, *De scholis celebrioribus.*

[2] Dans le sixième concile de Paris, tenu en 829, les évêques réclamaient des écoles publiques fondées par l'autorité royale, *Scholæ publicæ ex vestrâ auctoritate fiant. (Concil. Gall.,* III, c. 12; Sirmond, II, p. 549.)

Avec la féodalité, toute impulsion centrale disparut; il n'y eu
que des écoles dispersées auprès des cathédrales et dans les mo
nastères. Cependant, la tradition d'un enseignement public de
lettres, des arts libéraux et de la théologie, ne fut point entière
ment interrompue, depuis la fin du VIIIe siècle jusqu'au milie
du XIIe, depuis Alcuin jusqu'à Pierre Lombard.

Parmi les écoles monastiques de l'Auvergne, à l'époque féo
dale, brilla la célèbre école de l'abbaye d'Aurillac. Elle étai
gouvernée, au commencement du Xe siècle, par saint Odon d
Cluny. Il eut pour successeurs Arnulfe, Géraud Ier de Sain
Séré, Raymond de Vaur, et le moine Gérard. Ce fut Géraud d
Saint-Séré qui dirigea les premières études de *Gerbert*, ce moin
fameux, dont la science [1] contribua à donner un si grand renor
à l'école d'Aurillac qu'elle fut considérée par plusieurs historien
comme le berceau du principal rétablissement des lettres, à l
fin du Xe siècle [2]. Cette école conserva, pendant toute la périod
féodale, son immense réputation. Il en sortit un grand nombr
d'hommes qui devinrent célèbres, des évêques, des légistes, de
médecins, d'habiles artistes [3]. Jehan de Salisbury, évêque d
Chartres, vers la fin du XIIe siècle, disait, dans une de se
épîtres [4], que, de toutes les écoles monastiques de la France,
préférait celle d'Aurillac pour l'érudition, et celle de Luxeu
pour l'art de bien dire.

On connaît la fameuse distinction du *trivium* et du *quadrivium*
existant dans les écoles du moyen-âge, et qui partageait l'ensei
gnement des lettres ou des arts libéraux en deux parties : l
*trivium*, comprenant la grammaire, la rhétorique, la logique ; l
*quadrivium*, l'arithmétique, la géométrie, la musique, l'astro
nomie. Le *trivium* et le *quadrivium* représentaient les *sept ar*
libéraux enseignés dans les écoles romaines et gallo-romaines.
l'époque d'Alcuin, les sept arts étaient les sept degrés qu'il falla

1 Voy. *suprà*, tit. V, ch. 4, ce que nous avons dit de la science de Gerber
2 *Hist. littér. de Fr. Bened.*, t. VI, p. 559 et suiv.

3 Nous citerons le moine Théodard, Pierre de Limagne, Guillaume d'A
vergne et Guillaume Beauféti, Pierre Bertrand, ce dernier devenu célèb
par sa défense du clergé contre Pierre de Cugnières, Pierre Fortet, etc.
L'italien Pierre des Vignes étudia aussi à l'école d'Aurillac.

4 Epist., 60.

franchir pour arriver à la science divine, à la théologie, que Gerbert appela par son nom propre, en la distinguant des autres branches de connaissances, et en la plaçant dans un ordre supérieur. Elle était spécialement enseignée dans l'école d'Aurillac, dès le commencement du X⁰ siècle.

Cette école monastique eut plus de renommée que celles d'Issoire, de Brioude et de Mozat. Elle lutta de science et de zèle avec celle des Jacobins et avec l'école de Saint-Allyre, dont l'enseignement était en rivalité avec celui des Dominicains de Clermont, qui virent un très-grand nombre d'élèves autour de leurs chaires de théologie [1].

Il y avait encore les deux écoles de Riom et de Billom, dans la Basse-Auvergne.

Chabrol dit que, de tout temps, il avait existé à Riom une école publique ou *université* [2]. En 1168, Guillaume Dauphin, comte de Clermont, confirma la donation que Aimeric, évêque de cette ville, avait faite à l'église de Saint-Amable de Riom, et en même temps il reconnut les droits de l'abbé de Saint-Amable et de ses religieux sur l'école de la ville : *scholam Riomi, quæ ad jus illius ecclesiæ pertinere dicitur*. Au mois de septembre 1281, Pierre de *Lemovices* ou de *Limoges* y enseignait le droit civil et canonique. En 1292, l'official de Clermont confirmait une permission donnée par l'abbé à Jean Colombier et à Etienne Roger pour l'enseignement de la grammaire et de la logique. Cette école n'était point une université, comme le dit Chabrol. Le mot *universitas* s'appliquait, au moyen-âge, à toute corporation dont les membres avaient des privilèges communs; mais le mot français *université* resta spécialement attaché à une des principales corporations, à celle que formèrent, vers la fin du XII⁰ siècle, les maîtres et élèves des écoles de Paris. C'est à cette époque, ou au commencement du XIII⁰ siècle, que l'origine de l'université de Paris comme corporation prend date dans l'histoire [3]. Il y eut, en outre,

---

[1] Branche, p. 393 et suiv.

[2] Chabrol, *Cout. d'Auvergne*, IV, 462.

[3] Voyez, sur l'histoire de l'Université de Paris, Crevier, *Hist. de l'Univ. de Paris*, Paris, 1761, 7 vol. in-12, — Abrégé du grand ouvrage de Du Boulay; Dubarle, *Hist. de l'Université*, Paris, 1829, 2 vol. in-8°; Savigny, *Hist. du dr. romain au moyen-âge*, t. III, ch. XXI, §§ 126 et suiv.; M. Laferrière, t. IV, p. 251 et suiv. — Voy. aussi, sur les universités françaises, Pasquier, *Recherches*, III, 29 et IX, 3-28, 36.

les *universités provinciales*, fondées à différentes époques, et présentant de grandes diversités dans leur constitution et leur enseignement [1]. Mais l'école de Riom ne fut jamais comptée au nombre de ces universités, ni investie de leurs priviléges. Il exista, en France, au XIII⁰ siècle, plusieurs écoles de droit, qui, depuis, disparurent complètement. Tel fut le sort de celle de Riom. Les universités provinciales, au contraire, existaient encore en 1789.

L'école de Billom avait aussi une origine très-ancienne. Le pape Eugène IV lui avait accordé, par une bulle du 4 juin 1415, la permission d'enseigner le droit civil [2] et canonique. Le Chapitre avait la direction de cette école, et conservait dans ses archives deux lettres de Louis XI, qui lui demandait des places de professeurs pour deux de ses protégés. Guillaume Duprat, évêque de Clermont, organisa de nouveau l'école de Billom, et, par suite d'une transaction, passée le 26 janvier 1555, il y installa les Jésuites [3].

Tel était, dans ses traits les plus généraux, l'état de l'enseignement public, en Auvergne, au moyen-âge. Nous reviendrons sur ce sujet, à l'époque suivante, alors que la royauté continuera de faire ses efforts pour enlever les universités et l'enseignement à l'autorité des papes par des concessions de priviléges, par l'affermissement de son patronage, et par des établissements scientifiques séculiers, qui recevront ensuite une organisation plus large et plus uniforme.

[1] Outre les universités de Paris, d'Orléans, de Montpellier et de Toulouse, il y eut celles d'Avignon, de Cahors, de Perpignan, d'Orange, d'Aix, de Poitiers, d'Angers, de Caen, de Valence, de Nantes et Rennes, de Bourges, de Bordeaux, de Reims, de Douai, de Pont-à-Mousson, transportée à Nancy, de Strasbourg, de Besançon avec réunion de celle de Dôle, enfin de Dijon.

[2] L'enseignement du droit romain dans l'Université de Paris avait été interrompu au XII⁰ siècle, et au commencement du XIII⁰, par l'effet de la fameuse décrétale d'Honorius III, de l'an 1220. Cette Université fut restreinte au droit canon. Cette interdiction du droit romain ne concernait que Paris et non les provinces. On avait eu le projet, en 1568, de rétablir à l'Université de Paris l'étude du droit civil; mais des universités provinciales obtinrent, en 1572, un arrêt du Parlement qui renouvelait la défense du pape Honorius.

[3] Voy. Chabrol, IV, 100.

# CHAPITRE XI.

## Institutions de Bienfaisance et d'Assistance publique, en Auvergne, au Moyen-Age.

Les hôpitaux occupent, par l'ancienneté de leur origine, et par leur importance, le premier rang parmi les établissements destinés à secourir ou assister les personnes atteintes par la souffrance, la vieillesse ou la pauvreté.

Dans l'origine, le clergé était spécialement chargé du soin des pauvres, en santé ou en maladie, des veuves, des orphelins et des étrangers. La bienfaisance qu'il exerça fut un puissant moyen d'influence et d'action sur la société. Lorsque l'Eglise eut des revenus fixes et assurés, un quart fut réservé au soulagement des malheureux. On construisit, auprès des églises et des monastères, des hôpitaux, *domus religiosæ*, où l'on recevait les pauvres, les pélerins et les malades.

L'indication la plus ancienne sur les établissements de ce genre, en Auvergne, est celle qui concerne l'hôpital réuni à la basilique de Saint-Julien de Brioude, pillée, en 525, par les soldats de Thierry [1].

Dans le cours du VIIe siècle [2], eut lieu, à Clermont, la fondation de l'*hôpital de Saint-Genès*, sous l'épiscopat du prélat de ce nom. Saint Genès le fit construire pour recevoir les malades indigents et les pélerins [3]. Il existait encore en l'an 1560.

Quelques années après [4], fut fondé, dans la même ville, l'*hôpital de Saint-Priet* [5], « dans lequel, dit Savaron, vingt pauvres malades estoient continuellement traitlez par des habiles medecins gagés pour ce faire. »

---

[1] *Voy.* Greg. Tur., *Hist. franc.*, III, 12 ; et *de Mirac. S. Julian,* cap. XIII.

[2] De 656 à 662.

[3] Savaron, *Orig. de la ville de Clairmont*, p. 55, 2e édit.; M. Peghoux, *Recherches sur les hôpitaux de la ville de Clermont-Ferrand*, p. 50 et suiv.

[4] De 665 à 670.

[5] Savaron, *Loc. cit.*, p. 57 ; M. Peghoux, *Loc. cit.*, p. 54 et suiv.

On recevait dans les anciens hôpitaux non-seulement des personnes malades, mais des pauvres, des indigents, ce qui justifie le nom d'*hospitale pauperum*, qui leur était donné[1]. C'est ainsi que l'on appelait l'ancien hôpital de Riom, connu aussi sous le nom d'*hôpital Saint-Acassy*, et dont Guy II, comte d'Auvergne fit donation, en 1096, à l'abbé et aux religieux de Saint-Amable[2]. Il en était de même de l'*hôpital de Saint-Géraud* d'Aurillac, établi auprès du monastère de ce nom, probablement depuis l'époque de sa fondation[3].

C'était souvent dans les passages dangereux des montagnes[4] ou près des ponts jetés sur les rivières[5], que les hôpitaux étaient établis.

Dans le moyen-âge, des circonstances et des causes diverses au nombre desquelles figure en première ligne l'apparition de la lèpre, firent prendre aux hôpitaux une forme nouvelle et de nouveaux développements[6]. Il existait, en Auvergne, un grand nombre de *léproseries, maladreries* ou *maladeries*[7], et les anciens

[1] Le testament de 1302 du comte dauphin, Robert III, porte : « Item legamus hospitali majori villæ Claromontis pauperibus que prope in dicto hospitali ægrotantibus, morantibus, et habitantibus... » (Baluze, t. II, p. 306 M. Peghoux, *Loc. cit.*, p. 21).

[2] « Cùm monasterium Riomense plurimùm diligam, *hospitale pauperum* quod est Riomi, et ordinationem ipsius... Riomensi monasterio dono et concedo in perpetuum... » (Baluze, t. II, p. 76 et 306.)

[3] Le codicille de S. Géraud exprime formellement sa volonté par ces mots *In substantiam pauperum* (Voy. *Dict. stat. du Cantal*, vº *Aurillac*, t. Ier p. 161. — Voy. l'art. 9 de la sentence d'Eustache de Beaumarchais de 1280 l'art. 27 de la sentence arbitrale de 1298 mentionne aussi la *maison de valetz* servant, est-il dit, aujourd'hui à l'hôpital de S. Géraud.).

[4] Par exemple, l'hôpital qui existait, aux XIIe, XIIIe et XIVe siècles, près de la *Mort-Rayno*, à la réunion des paroisses d'Allagnat, de Laschamps et de Nébouzat. Il est parlé de la *Reclusa de Mont-Rayno*, dans le testament de G., comtesse de Montferrand, en 1199 (Baluze, t. II, p. 256 et 257 M. Peghoux, *Loc. cit.*, p. 22 et suiv.).

[5] Telle était l'*infirmerie de la Bajasse*, près de Vieille-Brioude (testament de G., comtesse de Montferrand; Baluze, t. II, p. 257; M. Peghoux, *Loc. cit.* p. 23.).

[6] Les croisades et la dispersion des Juifs, souvent atteints de cette maladie contribuèrent à la répandre en Europe.

[7] Les délibérations de la ville de Clermont rappellent l'existence d'une ancienne léproserie située dans le faubourg de Fontgiève, au-dessous du pont jeté sur la Tiretaine (Délibération du 4 février 1487).
L'existence de la léproserie d'Herbet, au XIIe siècle, est attestée par le

chartes de la Basse et de la Haute-Auvergne prouvent que les mesures à prendre contre les lépreux étaient l'objet d'une vive sollicitude de la part des administrateurs [1]. Les *accords et sentences arbitrales* joints à la *deuxième paix* d'Aurillac, de 1298, nous font connaître les formalités suivies contre les personnes soupçonnées d'être atteintes de cette maladie, et les moyens employés pour arriver à la découverte de la vérité, avant de prononcer contre elles une sentence [2]. Au XV<sup>e</sup> siècle, on voit les Elus de

testament de G., comtesse de Montferrand (Baluze, t. II, p. 257); au commencement du XIII<sup>e</sup>, par le testament de Guy II, comte d'Auvergne (Baluze, t. II, p. 82). Voy. encore l'acte royal de 1339 (Extrait des archives de Montferrand par Dulaure, Mss. n° 249, Bibl. Clermont). — Par son testament de l'an 1314, Robert VI, après avoir institué son fils, Robert VII, son héritier universel en ses comtés d'Auvergne et de Boulogne, et en ses terres du Livradois, et fait d'autres dispositions particulières, lègue aux léproseries de sa terre d'Auvergne soixante chemises, soixante brayes et autant de tuniques (Baluze, *Extrait du Trésor des chartes de Turenne*, t. II, p. 144).

[1] L'art. 157 de la charte de Montferrand, de 1291, porte : « *Item* ont aussi privilliège lesdits consulz de Montferrand de cognoistre et estre juges pour le roy au faict de la purge touchant la maladie de la lèpre sur tout le pays d'Auvergne, hault et bas, et autres pays circonvoisins; tellement que la cognoissance de la dicte matière leur a esté autrefois ranvoyée par le chastellain du dict Montferrand, et par plusieurs autres juges du dict pays, duquel privilliège ilz ont toujours joy par cy devant et font encores. »
La sentence arbitrale d'Aurillac de 1298 s'exprime aussi, au sujet de la manière d'enquérir et de procéder contre les personnes soupçonnées d'être atteintes de la lèpre : « Item sobre la forma et manieira d'enquérir et de procesir, e la dicha vila, contra aicels que so dihs sospechos de lebrozia e la dicha vila... las dichas partidas s'accordero entre lor amigablamen. »
Selon l'ordonnance de 1322, les lépreux devaient être enfermés dans les ladréries.

[2] « Quod si aliquis de villâ Aureliaci dicatur suspectus de leprâ, quod antequam de hiis solennis fiat inquisitio seu informatio, ne contrà sanum aliqua fiant quæ ad infamiam ejus cedant; judex domini abbatis, vocatis consulibus aut duobus ex ipsis, et aliis bonis viris, qui de talibus habeant experientiam, vel habere dicantur ; se informet secrete ab eis, an de leprâ sit et præsumatur suspectus. Qui omnes jurent quod fideliter consultent, quod id nemini revelabunt, nisi hic suspectus de leprâ leprosus post modum apparuerit evidenter. Et si, factâ hujusmodi informatione seu *aprisiâ*, concordent qui ad hoc adhibiti fuerint, aut major pars eorum, illum esse, vel verisimiliter apparere de leprâ suspectum, judex domini abbatis, vocatis ad hoc et præsentibus duobus clericis de villâ Aureliaci, juratis et non suspectis, non tamen de familiâ aut de raubis domini abbatis, ac etiam aliis viris, in arte medicinâ expertis, procedat ulterius ad inveniendam veritatem, sitve leprosus necne. Et ulterius prout fiat rationi, in sententiâ petat, et petere teneatur consilium ab eisdem clericis, ut fit de consiliis in inquestis. Et si sentencia aut execucio fiat, fiat hoc in præsentiâ eorumdem, si voluerunt adesse. Et consules dictum dominum abbatem aut ejus curiam non impediant de præmissis. »

Clermont se préoccuper et se plaindre de l'abandon dans lequel les *bailles de la cherite* laissent les pauvres lépreux [1].

Les guerres et les fléaux qui en sont le cortége inséparable, les maladies épidémiques produites par les privations et la misère, obligèrent aussi à fonder un grand nombre d'hôpitaux. Ces fondations furent assez multipliées en Auvergne. Nous citerons notamment l'*hôpital de la Trinité,* fondé, à Aurillac, par Guillaume d'Auvergne, évêque de Paris, de 1228 à 1248; l'*hôpital Saint-Jean,* fondé dans la même ville par Guillaume Beaufeti, autre évêque de Paris, qui en avait obtenu l'autorisation par une bulle du pape Jean XXII, de l'année 1319 [2]; les hôpitaux des pauvres de Montpensier, de Cébazat [3]; ceux de Champeix, de Rochefort [4]; ceux d'Aigueperse, le *Saint-Esprit (Saint-Sperit),* et le *grand hôpital,* dont la fondation remonte au moins au commencement du XIV° siècle [5].

Est-ce à cette même époque que l'on doit fixer la fondation de l'ancien Hôtel-Dieu de Clermont? Les écrivains de l'Auvergne sont en dissidence sur ce point. Les uns font remonter la création de cet hôpital à l'année 1560, d'autres, à la fin du XIVe siècle. Dans ses *Recherches sur les hôpitaux de Clermont-Ferrand,* M. Peghoux, s'appuyant sur un titre cité par le chanoine *Majour* [6], avait cru devoir considérer l'année 1305 comme étant la date de l'établissement de l'*Hôtel-Dieu,* sous le titre de *St-Barthélemy.* Mais,

[1] « Plus ont exposé (les Elus) qu'il leur plaise de donner provision aux pouures ladres qui meurent de faim et que aucuns se plaignent des bailles de la cherite que ne leur veullent secourir de riens. Et aussi de ceulx de Montferrand, que ne leur veulent bailher de la queste mais des troys ausmones une. » (Délibération de la ville du 3 juillet 1481.)

[2] Voy. *Dict. stat. du Cantal,* v° *Aurillac,* t. Ier, p. 161. — Une bulle de Grégoire XI autorisa, en 1373, la réunion de l'hospice de la Trinité et de l'hospice St-Jean. En unissant leurs ressources, on fonda une nouvelle maison des pauvres dans la rue St-Jacques; elle fut détruite en 1569 (*Dict. stat. du Cantal, Loc. cit.,* p. 162).

[3] Ces hôpitaux reçurent un don de Robert VI, comte d'Auvergne, en 1314 (Baluze, II, 144).

[4] En 1281, Robert II, dauphin d'Auvergne, légua une somme à l'hôpital de Champeix (Baluze, II, 279); et, en 1302, Robert III fit certains legs aux hôpitaux de cette ville, de Rochefort et de Riom (Baluze, *Loc. cit.,* p. 303, 306).

[5] En 1374, Jean duc d'Auvergne donnait des lettres patentes pour l'administration de cet établissement (Voy. Chabrol, IV, 3; M. Peghoux, p. 31).

[6] *Réfutation des deux impostures de l'abbé Faydit,* p. 21.

après un nouvel examen, il reconnut que l'acte de 1305, indiqué par *Majour*, devait se rapporter, non à la construction de cet hôpital, mais à son agrandissement [1]. Le serment transcrit dans la *canone*, manuscrit de l'an 1291, et la sentence de Guillaume de Cébazat, de 1242, cités par M. Peghoux, prouvent que la date de la fondation est, en effet, antérieure à l'époque qu'il avait d'abord adoptée [2].

L'Eglise avait eu l'initiative de la fondation des hôpitaux : ces établissements se trouvaient naturellement soumis à sa direction spéciale. Les évêques dirigeaient les anciens hôpitaux. Le Chapitre de la cathédrale de Clermont administrait l'Hôtel-Dieu de Saint-Barthélemy. Outre l'économe (*præceptor*), et les frères servants (*fratres hospitales*), il y avait un maître d'hôpital (*magister hospitalis*)[3], qui en avait le gouvernement temporel et spirituel. Ce gouvernement était délégué à un chanoine dans l'assemblée générale du vendredi avant la Pentecôte [4].

Quelques chartes municipales [5] donnèrent aux consuls de la ville à laquelle les hôpitaux appartenaient le droit de nommer et de révoquer le maître d'hôpital, de recevoir les dons, et de se faire rendre compte de l'administration.

Quelquefois, la gestion d'une maison de charité appartenait à de simples particuliers, qui l'avaient établie.

Parmi les hôpitaux de fondation ecclésiastique, ou confiés à des ecclésiastiques, il y en avait qui étaient en titre de bénéfice avec administration perpétuelle. Cependant, selon la disposition d'une bulle du pape Urbain V, un hôpital n'était ainsi conféré à titre de bénéfice qu'autant que l'acte de fondation le portait ex-

---

[1] Voy. M. Peghoux, *Loc. cit.*, p. 64-66.

[2] On peut aussi consulter sur ce point l'*Histoire de la ville de Clermont-Ferrand*, par M. Tardieu, t. Ier, p. 439. — A la fin du XIIIe siècle, ou au commencement du XIVe, cet hôpital est désigné soit par ses anciens noms, soit par le titre suivant : hospitale *Sancti Bartholomæi B. Mariæ Claromoniensis.* Il reçoit quelquefois le nom d'*hospitale Ecclesiæ.* Un acte capitulaire du 13 janvier 1495 l'appelle *hospitale Graduum* ou *hôpital des Gras* (M. Peghoux, *Loc. cit.*, p. 66).

[3] Voy. délibération capitulaire du 11 septembre 1448.

[4] Voy. délibération précitée ; M. Peghoux, *Loc. cit.*, p. 120.

[5] Par exemple, celle d'Aigueperse (Voy. les dispositions de cette charte dans Chabrol, IV, 28 et 29).

pressément. Cette bulle annulait toutes les collations faites des hôpitaux à titre perpétuel depuis le pape Clément V.

Dès le XIVᵉ siècle, l'administration du clergé avait provoqué des plaintes : « Dans le relâchement de la discipline, dit Fleury, la plupart des clercs qui avaient l'administration des hôpitaux, l'avaient tournée en titres de bénéfices, dont ils ne rendaient point de compte. Ainsi plusieurs appliquaient à leur profit la plus grande partie du revenu, laissant périr les bâtiments et dissiper les biens, en sorte que les intentions des fondateurs étaient frustrées. C'est pourquoi le concile de Vienne (1311) défendit, à la honte du clergé, de donner les hôpitaux en titre de bénéfices à des clercs séculiers, et ordonna que l'administration en fût confiée à des laïques, gens de bien, capables et solvables, qui prêteraient serment comme des tuteurs, feraient inventaire des biens et rendraient compte tous les ans pardevant les ordinaires (les évêques). Ce décret a eu son exécution, et a été confirmé par le concile de Trente[1] . » Nous verrons, sous la période suivante, que cette sécularisation des hôpitaux, appelée par les conciles, fut établie en France par les ordonnances des rois.

Des pauvres étaient quelquefois attachés à certains hôpitaux dont ils recevaient des secours, sans y résider [2].

En dehors des hôpitaux, la charité était encore exercée par les *confréries* des villes, dont le but principal était de se cotiser, de s'imposer volontairement pour des œuvres de bienfaisance. Des dons, des cens et rentes augmentaient les ressources de ces confréries ou *charités*. Elles étaient administrées par des gouverneurs ou *bailes*, qui faisaient des quêtes pour les indigents [3].

Les pauvres recevaient encore l'aumône et l'hospitalité dans les couvents. L'aumônier pourvoyait à leurs besoins et leur donnait les vivres desservis de la table des moines. Outre les charités, que ceux-ci pratiquaient comme hommes religieux, ils étaient

---

[1] *Instit. au droit ecclésiastique*, 2ᵉ partie, ch. XXX.

[2] Il existe, aux archives de la ville d'Aigueperse, une quittance des aumônes faites par les administrateurs du grand hôpital, sur les mandements et délibérations des consuls, aux pauvres et orphelins externes (*Archiv. d'Aigueperse*, 2ᵉ partie, sac H, 4 ; M. Peghoux, *Loc. cit.*, p. 39.).

[3] Voy. charte d'Aigueperse rapportée par Chabrol, IV, p. 28 ; *Archiv. d'Aigueperse*, 2ᵉ part., S. K, 3 ; délibération de la ville de Clermont du 3 juillet 1481 précitée.

tenus par leur règle d'abandonner aux pauvres une portion de leurs bénéfices. Chaque année, au premier jour des rogations, les religieux de Saint-Allyre faisaient, dans la chapelle de Neyrac, une aumône en pain et en argent s'élevant à la somme de 70 livres.

Nous avons déjà parlé [1] des pénitentiaires pour les repris de justice, et des hospices pour les fous, fondés, à côté de leurs couvents, par les Cordeliers de la Cellette, et par ceux de Vic-le-Comte, de Riom et de Montferrand.

Nous mentionnerons aussi les donations ou fondations pieuses, consignées dans les testaments des riches barons [2], et les actes d'hospitalité et de charité des communautés agricoles de l'Auvergne [3].

---

[1] *Suprà*, tit. V, ch. 4.

[2] Selon le testament du comte dauphin, Robert III, tous ceux qui, pendant l'espace d'un an, à dater de son décès, se présenteraient au monastère de St-André, devaient recevoir deux deniers tournois (Baluze, II, 305, 306).
En 1314, Robert, comte de Boulogne, après avoir doté les hôpitaux et les infirmeries, léguait cent livres tournois pour vêtir les pauvres, et 60 livres pour les lépreux de la terre d'Auvergne ; cent livres pour marier les femmes pauvres de ses terres d'Auvergne, de Combraille et de Baffie (Baluze, II, 144).
Son épouse Béatrix, qui avait fondé un hôpital, ordonnait, par son testament, que « les pauvres en Jésus-Christ, séculiers ou ecclésiastiques, gens du pays ou des contrées éloignées, passagers pour n'importe quel pays, pussent y recevoir l'aumône : « *Pauperes Jesuchristi seculares et religiosi, advenæ et propinqui, alienigenæ et indigenæ, et undecunque transeuntes ibidem eleemosynam accipere volentes et indigentes ibidem recipiantur....»* (Baluze, II, 146.)
Une comtesse surnommée *Braière* donnait, vers la fin du XIIIe siècle, ou au commencement du XIVe, aux pauvres de Clermont, pour les chauffer pendant l'hiver, un bois appelé à cause de cette destination le *Bois de l'aumône*. (Voy. M. Peghoux, *Loc. cit.*, p. 37 et suiv.).

[3] M. Doniol s'exprime ainsi, au sujet de la communauté des *Pinons :* « Dans la cour de l'habitation centrale, se voit encore maintenant une partie de la maison fort ancienne ; c'était la *ladrerie*, hospice toujours ouvert, dans lequel les malheureux trouvaient des lits, du pain, du vin, la nourriture habituelle des parsonniers, et où furent souvent rassemblés plus de cent pauvres, auxquels les femmes de la communauté donnaient les soins qu'eussent obtenus leurs maris ou leurs fils. — Cette aumône considérable s'entretenait de deux façons : par un abandon que faisait chaque parsonnier de la portion de sa nourriture quotidienne et par un prélèvement fixe sur les revenus annuels. Ainsi, à chaque repas, avant que l'on commençât de manger, la portion du pauvre était prise sur la table même et portée à la ladrerie ; et, au moment de chaque récolte, on mettait à part, pour constituer le fonds de l'aumône, une dîme d'un huitième du produit brut. » (*L'ancienne Auvergne et le Velay,* vol. III, p. 113). Voy. aussi Dulaure, *Description de l'Auvergne,* p. 501.

Les institutions et les actes d'assistance ou de charité, que nous avons rappelés, ne suffisaient point à secourir toutes les misères et toutes les infortunes. A côté de la liberté qui commençait à s'établir, et des bienfaits qu'elle produisait, la mendicité, cette plaie qui, dans tous les temps, a affligé l'humanité, avait fait des progrès, que les dispositions draconiennes des ordonnances royales étaient impuissantes à conjurer [1]. Au XVᵉ siècle, les pauvres affluaient en grand nombre dans les villes de l'Auvergne, et, pour se garantir contre leurs désordres, on ne trouvait d'autre moyen que de les chasser de l'enceinte des cités, et d'employer contre eux la force et la violence [2]. Il y avait à Clermont un grand nombre de malheureux qui n'avaient d'autre asile que les tours des remparts de la ville, d'où l'autorité les expulsait, quand elle croyait devoir redoubler de vigilance [3].

Cependant, nous verrons, en étudiant la période des temps modernes, que le soin de la charité et des établissements de bienfaisance ou d'assistance publique, commença, vers le XVIᵉ siècle, à éveiller la sollicitude du pouvoir central. Dans ce siècle, et

---

[1] Voy. notamment *Etablissements de St-Louis*, ch. 34; *Ordonn. des rois de France*, par de Laurière, t. Iᵉʳ, p. 133; ord. de 1351, du roi Jean; — pour les temps postérieurs, ord. de 1536, 1539, l'édit de 1547, etc. Voy. cependant l'édit de 1545.

[2] On lit ce qui suit dans une délibération de la ville de Clermont, du 15 octobre 1481 : « Et premièrement ont expose mesd. srs les consuls ausd existens à lad. assemblée que il y a ung grant nombre de pouures gens qui s'en viennent ycy mendient leurs vies et destruysent la ville pour ce qu'ils robent les leignes et tout ce qu'il y a et affament la ville et que ceulx de Montferrend et les autres villes ont faict ung edit et ordonnance que homme ne demeurera en leur ville qu'il ne paye xls de tailhe ou de composition et pour ce ont requis qu'il y fust advise. »

Une autre délibération du 11 décembre 1481 s'exprime ainsi : « *Item* plus ont expose que aujourd'huy des poures gens *sont mors par les rues de faim* et des autres que l'on a trouves *demy mors*. Et veut-on dire que lon les a trouves *mordant leurs bras* et que ly a ung grant tast dospitaux en ceste ville que ne vallent rien et ne servent de riens et ny arrive on que paillards quoquins yvrongnes et non pas ceux que ont besoing de service.... »

[3] Une délibération de la ville de Clermont du 19 décembre 1481 porte ce qui suit : « *Item* plus ont expose mesd. srs les consuls que par commandement de monsr le gouverneur et aussi par acte des conseilhers a este faicte reveue et visitacion des tours et murailles de lad ville ou ont este vacque eulx et plusieurs autres gens de lad ville et de ceulx de dehors et que la mercy Dieu lon a mis au delivre le bas et hault desd tours et en a on sorty ceulx qui estoient dedans pour ce que ceulx qui les tenoient les avoyent mises toutes hors de deffense..., »

dans les siècles suivants, les édits et les ordonnances sur la mendicité furent toujours empreints d'une cruelle rigueur, mais des efforts furent faits pour donner à ces établissements, sous le patronage royal, une organisation régulière.

---

## CHAPITRE XII.

### Corporations d'arts et métiers.

Les marchands et artisans étaient, dans l'ancienne France, divisés en corporations, dont l'histoire se confond avec celle de notre industrie nationale.

Selon M. Adolphe Blanqui, les corporations auraient pris naissance dans les monastères : « Je ne doute pas, dit-il, que ce ne soit la véritable source des corporations industrielles, dont l'organisation a été attribuée à Saint Louis. Saint Louis a discipliné les communautés d'arts; mais il ne les a point créées. Leur origine se confond avec celle des couvents. C'est de là que l'industrie est sortie libre, pour s'établir ensuite au sein des villes du moyen-âge, sous la protection du principe d'association[1]. »

Les corporations d'arts et métiers ont une autre origine que celle qui est indiquée par le brillant historien de l'économie politique. Les corporations naquirent d'une application de la ghilde aux collèges d'ouvriers qui étaient d'origine romaine. Les corporations d'ouvriers libres ou affranchis furent constituées sous le gouvernement d'Alexandre Sévère[2]. Elles devinrent une grande institution, qui se perpétua dans les cités gallo-romaines[3]. La forte constitution qu'elles avaient reçue des lois de Constantin et de ses successeurs leur permit de survivre à l'invasion

---

[1] *Hist. de l'économie polit.*, t. 1er, p. 102, et suiv.; 3e édit.

[2] Lampridius, *Alex. Sever. vita.*

[3] Voy. sur l'existence des *collegia opificum* dans la Gaule méridionale, M. Raynouard, *Hist. du droit municipal*, t. Ier, p. 126 et suiv.

des Germains, et à la chûte de l'Empire, en subissant plusieurs transformations. Elles perdirent leur caractère d'aggrégations héréditaires et obligatoires, leurs patrimoines, leur priviléges, mais elles continuèrent toujours à vivre sous le patronage des possesseurs du sol. Puis, elles se fortifièrent des règles de la société de la ghilde, que les Germains conservèrent même après leur conversion au christianisme, et qu'ils portèrent avec eux dans leurs migrations.

Les confréries et associations éveillèrent souvent les inquiétudes du pouvoir. Les capitulaires et les conciles les interdirent[1]. Elles se maintinrent malgré ces défenses de la Royauté et de l'Eglise. Elles étaient une nécessité, au moyen-âge, dans ces temps où les individus, privés de la protection de la loi, étaient obligés de s'unir pour la défense de leurs droits. A mesure que les besoins d'une civilisation renaissante donnèrent plus de développements à l'industrie, les corporations d'arts et métiers prirent une plus grande importance, et l'on voit, du XIIᵉ au XIIIᵉ siècle, leur destinée liée à celles des institutions municipales. Les différentes professions devinrent, selon la remarque de Turgot[2], comme autant de communautés particulières dont la communauté générale était composée. Les confréries religieuses, en resserrant encore les liens qui unissaient entre elles les personnes d'une même profession, leur donnèrent des occasions plus fréquentes de s'assembler, et de s'occuper, dans ces assemblées, de l'intérêt commun de chaque société. Les membres des confréries avaient adopté une bannière sous laquelle ils se rassemblaient; et, dans un temps où les cérémonies extérieures du culte paraissaient si essentielles, chaque corporation avait formé une confrérie, ayant sa bannière particulière.

Depuis les XIIᵉ et XIIIᵉ siècles, époque où la plupart des

---

[1] Un synode, tenu à Rouen, en 1189, porte : « Il y a des clercs et des laïques qui forment des associations pour se secourir mutuellement, dans toute espèce d'affaires et spécialement dans leur négoce, portant une peine contre ceux qui s'opposent à leurs statuts. La Sainte écriture a horreur de pareilles associations ou confréries de laïques ou d'ecclésiastiques, parce qu'en les observant on est exposé à se parjurer. En conséquence, nous défendons, sous peine d'excommunication, qu'on fasse de semblables associations ou qu'on observe celles qui auront été faites. »

[2] Préambule de l'édit de février 1776.

métiers s'organisèrent, les corporations devaient être autorisées par le seigneur, sur le territoire duquel elles étaient établies[1]. Cette autorisation leur était ordinairement concédée moyennant finance.

Au XIIIe siècle, les métiers, dans certaines villes de l'Auvergne, étaient sous la surveillance et l'administration des consuls. On lit dans la charte de Montferrand : « *Item* ont lesdicts consulz presens et advenir la cure et le gouvernement de tous les offices et mestiers qui sont en lad. ville, pourveuque à cause desd. offices et mestiers ilz ne touchent ne usurpent en autres choses la juridiction du dict seigneur, laquelle cure leur appartient ores et apperpetuel[2]. » A Aurillac, cette police appartenait concurremment à l'abbé seigneur et aux consuls. Ainsi, par exemple, ils nommaient deux prud'hommes chargés de l'inspection de la fabrication des draps. En cas de contravention aux usages ou règlements sur le poids, la longueur ou la largeur de ces étoffes, l'amende qui était prononcée appartenait pour moitié à l'abbé, et pour l'autre moitié aux consuls[3].

Depuis le XIIIe siècle, le pouvoir royal ne cessa d'intervenir dans l'organisation des corporations. On sait que, sous le règne de Saint Louis, Etienne Boileau, prévôt de Paris, rédigea le célèbre *livre des métiers* contenant les statuts de la plupart des corporations industrielles de Paris[4]. S. Louis confirma ce livre d'autant plus intéressant qu'il est en grande partie l'œuvre des corporations elles-mêmes. Chaque métier, dans les villes du Domaine, fut organisé en une corporation ou jurande, qui reçut du roi ses règlements. Les corporations perdirent leur liberté et tombèrent sous la dépendance royale. Ensuite les rois intervinrent avec plus de hardiesse encore, et portèrent une atteinte certaine au système primitif. En 1313, Philippe-le-Bel promul-

---

[1] Celles du Domaine étaient autorisées par le Roi.

[2] Art. 19, charte de Montferrand de 1291.

[3] Voy. l'article de la draperie d'Aurillac, dans la *Première paix*, de 1280, et l'art. VIII de la *Deuxième paix*, de 1298, *Appendice*, vol. II; Voy. aussi, sur l'inspection des prud'hommes relativement à la fabrication de la chaux, des tuiles ou carreaux, chandelles et tortillons de cire, l'accord du 8 mai 1347, (*Doc. hist.* publiés par M. Delzons, p. 7, 63, 167-177).

[4] Ce recueil a été publié par M. Depping, dans les *Documents inédits de l'histoire de France.*

guait, à l'occasion du changement des monnaies, une ordonnance portant ce qui suit : « En chascune bonne ville de nostre royaume les mestres des mestiers fassent assembler touttes les personnes des mestiers, et de chascun mestier à part, et euz assemblez, que il dé chascun mestier élisent deuz preud'hommes, et que iceux deuz preud'hommes fassent jurer seur saints évangiles, chascun du mestier, que il en touttes choses garderont bien et loyalement.... nos dittes ordennances[1]. »

Les corporations, d'après une règle presque générale, ne purent s'assembler qu'avec l'autorisation des officiers du roi et même en présence d'un délégué, d'un sergent[2].

On ne pouvait exercer un art ou un métier, sans être reçu maître et sans avoir rempli les conditions exigées par les réglements, les statuts et les ordonnances. Les rois, à leur avénement, avaient le droit de créer dans toutes les villes et cités du royaume un maître de chaque corporation d'arts et métiers. La capacité de celui qui sollicitait la maîtrise était examinée par les gardes jurés, qui la lui accordaient, s'ils l'en trouvaient capable. Une taxe était réglée pour chaque maîtrise. Les fils de maître obtenaient une remise sur la taxe imposée aux aspirants étrangers à la corporation. Des maîtres-jurés gardes du métier visitaient les fabriques, les ateliers, les boutiques, afin de constater les infractions à la police et aux règlements ; ils saisissaient les matières et les ouvrages qu'ils trouvaient en contravention ; ils déféraient ces contraventions à la justice, mettaient et levaient des taxes sur les membres des corporations, pour les dépenses communes. Tous les corps exerçaient par leurs jurés une juridiction plus ou moins étendue sur leurs membres. En général, l'usage et la loi ne permettaient au chef de métier de n'avoir qu'un seul apprenti. Mais, indépendamment de l'apprenti, le chef de métier conservait avec lui son fils. Avant de devenir maître, il était généralement prescrit de passer plusieurs années chez un maître de la corporation. La durée de l'apprentissage était très-variable, et fort longue pour plusieurs métiers. On exigeait, dans la plupart des métiers, que l'aspirant à la maîtrise fît son *chef-d'œuvre* pour

[1] *Ord. des rois de Fr.*, t. Ier, p. 521.
[2] Voy. notamment, *Ordonn. des rois de France*, t. III, p. 590 ; t. VIII, p. 385 ; t. IX, p. 631 ; t. XIII, p. 382 et 532.

être reçu maître. Cette œuvre importante était soumise à l'examen des gardes du métier.

Mais nous ne devons pas insister sur cette ancienne organisation des corporations, qui a présenté des variétés infinies, selon les pays et les métiers. Nous rappellerons seulement la fameuse institution connue sous le titre de *Roi des merciers*. Des lettres accordées par Charles VII, en 1448, à un roi des merciers, et contenant un règlement relatif à ses attributions, permettent de penser que cette charge était très-ancienne[1]. On appelait *rois des merciers* ceux que le grand chambrier du roi nommait dans les divers pays de la France pour exercer leur autorité sur les merciers[2]. Ils avaient des lieutenants, des officiers, des chevaliers. Leurs attributions, et celles de leurs officiers, consistaient à visiter les marchands, dans les foires et marchés, à vérifier les poids et mesures, etc. En cas de contravention, ils prononçaient des amendes, ils faisaient des saisies. Dans les villes où il y avait des jurés de métier, le roi des merciers était le principal maître et garde du métier[3]. Un édit de Henri IV, du mois d'avril 1597, abolit, dans toute la France, l'institution des rois des merciers[4].

La lutte de l'esprit de concurrence contre l'esprit de monopole résume presque toute l'histoire des corporations. Les ordonnances des rois, qui ne confirmèrent guère les anciens statuts sans les réformer[5], contribuèrent à neutraliser la prépondérance des maîtres dans chaque corps de métier, et à restreindre les profits du monopole.

[1] Ces lettres portent : « Selon ce que les coutumes et usaiges du dit métier et fait de mercerie le veulent et contiennent de raison, et tout ainsi comme saint Charles le Grant et saint Loys, roys de France noz prédécesseurs l'ont aus diz roys des merciers et ses diz compaignons donné et octroyé d'ancienneté. » (*Ord. des rois de France*, t. XIV, p. 34-35).

[2] De Laurière, *Gloss. du dr. franç.*, t. II, p. 329.

[3] *Ord. des rois de France*, Charles VII, 1448, t. XIV, p. 33. — Un document publié par Baluze constate qu'au nom du duc de Bourbon, comte de Clermont, grand chambrier de France, le lieutenant général Bernard Abzat, écuyer, seigneur de la Rue, créa un roi des merciers à Tulle (Baluz., *Hist. Tutelensis, App. actorum veterum*, col. 787-788).

[4] Voy. Guenois, t. II, p. 151.

[5] « Ces règlements, disait Charles V, pendant sa régence, en 1358, en greigneur partie sont faits plus en faveur et profit des personnes de chaque métier que pour le bien commun. » (*Ordonn.*, III, p. 262.)

Mais Louis XI fortifia le système des communautés d'artisans. Loin de restreindre les priviléges particuliers des corporations, il maintint toutes les dispositions favorables, renfermées dans les ordonnances de ses prédécesseurs. Il s'appuya, dans ses luttes contre les seigneurs, sur les métiers des bonnes villes. Il sut mettre les corporations sous l'influence et l'action directe du gouvernement. La célèbre ordonnance de 1467, sur les corporations de Paris, qui rangea les métiers de cette ville sous soixante et onze bannières ou compagnies, est à juste titre considérée comme un des actes les plus habiles de son règne[1].

Ce fut vers cette époque que les règlements prirent un caractère plus exclusif. Ce fait peut s'expliquer par l'espèce d'alliance politique contractée par la royauté avec une certaine partie du Tiers-Etat, c'est-à-dire avec les chefs et maîtres des métiers. Dans un grand nombre de bonnes villes, les maîtres des métiers étaient seuls électeurs municipaux, et les maîtres exerçant depuis dix ans, éligibles. A Aurillac, la confrérie de Saint-Géraud[2], celles de Saint-Jacques[3] et de Saint-Martial[4], nommaient chacune, tous les ans, deux *bailes* pour les gouverner et représenter ; les confréries du Corps de Dieu[5], de Saint-Blayse[6], de Saint-Martin[7], de Notre-Dame[8], de Saint-Jean[9], en nommaient chacune un annuellement. Ces bailes, nous l'avons vu[10], réunis à deux nobles ou bourgeois, et à deux clercs ou notaires, ainsi qu'aux vingt-quatre conseillers sortant de charge, et aux

[1] Voy. Ord. 1467, *Ordonn. des rois de France*, t. XVI, p. 671-674.

[2] Celle des Pélissiers, selon M. Delzons *(Dict. stat. du Cantal*, v° Aurillac, p. 195).

[3] Confrérie qui, outre les pélerins, comprenait peut-être les marchands ambulants, colporteurs et émigrants, selon M. Delzons *(Loc. cit.)*.

[4] Celle des marchands (Voy. M. Delzons, *Loc. cit.)*.

[5] Confrérie qui probablement réunissait les forgerons, armuriers, et gens à marteau (M. Delzons, *Loc. cit.)*.

[6] Pour les tisserands (M. Delzons, *Loc. cit.)*.

[7] Pour les meuniers, boulangers, marchands de grains (M. Delzons, *Loc. cit.)*.

[8] Pour les tailleurs et gens d'aiguille (M. Delzons, *Loc. cit.)*.

[9] Pour les maçons, chaufourniers, etc. (M. Delzons, *Loc. cit.)*.

[10] *Suprà*, tit. V, ch. 5, sect. 2.

six consuls, dont les pouvoirs expiraient, élisaient les conseillers du consulat pour l'année qui allait commencer [1].

Depuis Louis XI, jusqu'à l'édit de 1581, la constitution des corporations demeura à peu près stationnaire. Cet édit opéra une révolution, dont nous dirons quelques mots, lorsque nous étudierons l'époque suivante. La royauté, dans la période que nous venons d'esquisser, ne détruisit pas le monopole ; elle le tempéra. Elle ne réprima pas les exactions, surtout quand elle en profitait. Nous verrons plus tard quel fut son rôle dans la police et la protection du travail.

## CHAPITRE XIII.

### Foires et Marchés.

Les foires et marchés remontent à une haute antiquité [2]. Le peuple de la campagne venait à Rome, tous les neuf jours, acheter ses provisions et vendre ses denrées [3]. Il y avait plusieurs *forum* où marchés, pour certaines ventes : le marché aux bœufs (*forum boarium*), le marché du poisson (*piscarium*), celui des herbes potagères (*olitorium*), etc. Tous étaient contigus et situés le long du Tibre. L'ensemble de ces marchés recevait le nom de *Macellum* [4].

Il existe, sur cette matière, dans la législation romaine, plusieurs dispositions, que nous passerons sous silence. Nous dirons seulement que la permission de tenir des foires et marchés (*nundinæ*) était accordée par l'autorité supérieure [5].

---

[1] Voyez le règlement pour l'élection des consuls d'Aurillac et leurs fonctions, approuvé par l'abbé d'Aurillac, le 18 juin 1463, dans les documents historiques publiés par M. le baron Delzons, p. 2.

[2] *Voy.* sur leur origine, Chopin, *du Domaine*, liv. III, tit. XII, n° 9.

[3] Tit.-Liv., III, 35 ; Dyonys., II, 28 ; VII, 58 ; Varr. *de Re rustic.*, præf. II.

[4] Varr. de *Ling. lat.* IV, 32 ; voy. Ter. *Eun.* III, 2, 25.

[5] Voy. Cod. Just., tit. *de nundinis* ; D. L. 1, eod. tit. ; Pline, *Epist.* 4, V : « A senatu petiit ut sibi instituere in agris suis nundinas permitteretur. »

Les marchés existaient aussi à l'époque gallo-romaine, surtout dans les villes et bourgs qui jouissaient d'une certaine indépendance municipale [1]. Les formules de l'Arvernie mentionnent le marché public de Clermont, où l'on publiait les requêtes adressées à la curie [2].

Nous avons vu que, sous les rois francs, les marchés étaient soumis à l'inspection et à la surveillance des *Missi dominici* [3].

Au moyen-âge, où les pélerinages occupèrent une si large place dans les habitudes et la vie des peuples, ces pieux voyages fondèrent le plus souvent des foires dans les lieux où se rendaient les pélerins. Plusieurs foires portèrent le nom du saint ou de la sainte qui avaient été la cause de leur création [4].

Pendant la féodalité, les foires et marchés étaient tombés sous la dépendance complète du pouvoir féodal.

Les chartes de l'Auvergne contiennent un grand nombre de dispositions sur les marchés, et la police de ces réunions, sur les garanties accordées aux marchands, et surtout sur les droits de *leyde* et autres droits exigés par les seigneurs [5].

Au déclin de la féodalité, le pouvoir royal se fit le protecteur des foires et marchés. Dès l'année 1269, le Parlement décidait qu'au Roi seul appartenait le droit de les octroyer [6]. Les légistes, invoquant la loi romaine [7], proclamèrent le même principe.

Les seigneurs justiciers ou féodaux ne purent établir de foires ou marchés dans leurs terres, ni y percevoir aucun droit sur les marchandises, sans la permission ou la concession royale.

Il y eut des oppositions de la part des seigneurs qui se voyaient ainsi dépouillés de prérogatives importantes et fructueuses. Au nombre de ceux qui résistèrent, nous remarquons l'évêque de

---

[1] « Ibi nundinæ aguntur negotii gerendi causâ. » (Festus, v° *Vici*).

[2] *Form.* 1ro.

[3] Voy. *Suprà*, tit. IV, ch. 5, sect. 3.

[4] Plusieurs auteurs font dériver le mot foires de *feriæ*, d'autres de *forum*.

[5] Voy. chartes de Maringues, de Riom, de Besse, de Montferrand, d'Aigueperse, et autres, *Passim*. Nous donnerons plus loin des explications sur le droit de leyde; voy. sect. V.

[6] « Quia feriam fecit, sine auctoritate domini Regis : cum nullus in regno talia possit facere, absque consensu vel mandato domini Regis. » (Bacquet, *Traité des droits de justice*, chap. XXXI, p. 409, n° 1).

[7] L. *unic.*, Cod. Just., *de nundinis*, et L. 1, D. eod. tit.

Clermont. Mais il dut se soumettre à l'arrêt du 1er mars 1347, qui condamnait ses prétentions[1].

Il fut, en outre, admis que le roi pouvait octroyer des foires et marchés dans ses terres, sans aucune restriction, et quelque préjudiciable que fût la concurrence pour les seigneurs voisins[2].

La royauté multiplia les garanties en faveur des étrangers, qu'elle désirait attirer dans les marchés français. Elle assura la police des grandes foires, dont l'importance est révélée par plusieurs actes de la fin du XIIIe et du commencement du XIVe siècle, c'est-à-dire de l'époque où la royauté put protéger le commerce sur toute l'étendue du territoire. Philippe-le-Bel et ses successeurs rendirent dans ce but de nombreuses ordonnances, qu'il serait trop long d'analyser.

Après la guerre de cent ans, le commerce intérieur avait pris une activité nouvelle. Les ordonnances de Charles VII réglèrent la police des grandes foires de Champagne et de Brie, de Lyon. Sous les règnes de Louis XI et de Charles VIII, les villes et même les seigneurs s'empressèrent d'obtenir des concessions. Le nombre des foires privilégiées augmenta d'année en année. Il en fut établi dans plusieurs pays de l'Auvergne, par exemple, à St-Ulpise, près Brioude, en 1467, à Pinhols, en 1476, et dans plusieurs autres bourgs ou villes, en 1480; une à Gannat, en 1481. Les concessions se succédèrent en plus grand nombre encore sous le règne suivant.

Mais de toutes ces foires, les plus importantes étaient celles de Clermont. Cette ville, considérée comme l'entrepôt du commerce de toute la province, avait déjà obtenu des prédécesseurs de Louis XI quatre foires privilégiées, chaque année. Ce monarque, prenant en considération la fidélité constante de ses habitants, confirma ces privilèges, en fixant à d'autres époques la tenue de ces foires : la première au lundi après Pâques, la seconde au lendemain de la saint Nicolas, en mai, la troisième au 1er août, et la quatrième au 3 novembre[3].

Les XVIe et XVIIe siècles n'offrent guère que le renouvellement des mêmes faits. Les concessions nouvelles se multiplient à l'in-

[1] Voy. Guenois, liv. IV, tit. XIII, notes du § 2.
[2] Arrêt de 1272 (Bacquet, *Loc. cit.*).
[3] Voy. *Origines de Clairmont*, Savaron-Durand, p. 403 et suiv.

fini en faveur des villes et même des bourgs de la province [1]. On
en compte près de six cents, pour chaque année, dans l'*Etat de
l'Auvergne*, présenté, en l'année 1765, par l'intendant de Ballainvilliers [2].

Les foires avaient, au moyen-âge, une importance qu'elles ne
purent conserver dans les temps modernes. A une époque où les
communications étaient si difficiles, les foires avaient une grande
utilité : comme centres commerciaux, elles étaient fréquentées
par les marchands qui venaient y régler leurs comptes, liquider
et compenser leurs créances et leurs dettes, faire leurs com-
mandes et leurs offres de service jusqu'à la nouvelle foire. Sous
ce rapport, ces réunions ont perdu toute leur utilité, depuis l'établissement des modes de communication et de circulation dont
dispose l'industrie au XIX siècle. Mais ce qui les a fait tomber
comme centres commerciaux n'a pu leur nuire comme lieux
d'achat et de vente des productions d'un pays. Sous cet autre
rapport, les foires seront toujours utiles et fréquentées. Ce sont
les localités qui font les foires, comme les marchés. Les uns et
les autres naissent des ressources et des besoins locaux. L'administration peut les constater lorsqu'ils existent ; les faire naître
est hors de sa puissance. Et cependant, combien n'a-t-il pas existé
de foires par *ordonnances* dans les temps modernes ! C'est encore
là un legs du passé, aussi bien que certaines dispositions de notre
législation qui réglementent les marchés, et que l'on retrouve
dans les chartes de l'Auvergne du XIII siècle.

[1] Une charte de février 1580, donnée par Henri, roi de France, en faveur
du marquis d'Apchon, baron de Tournoëlle, établit quatre foires à Volvic
et un marché tous les jeudis (Voy. *Canevas*, 1825, *de la Sénéchaussée d'Auvergne*, Reg. de 1580 à 1583, fol. 1).

[2] *Voy.* cet état dans les *Tablettes historiques de l'Auvergne*, t. VII, p. 174
et suiv.

# CHAPITRE XIV.

### Poids et Mesures.

Les documents sur les poids et mesures usités en Auvergne, sous l'Empire franc, sont fort rares. Les mesures germaniques et les mesures romaines furent sans doute les plus usitées à cette époque ; elles s'altérèrent de plus en plus jusqu'au règne de Charlemagne. Ce monarque avait tenté de faire triompher l'unité des poids et mesures dans toute la France [1]. Malgré ses efforts et ceux de ses successeurs, l'uniformité ne put être établie ; chaque province, chaque ville eut les siens ; la confusion était déjà à son comble sous le règne de Charles-le-Chauve ; ce fut un véritable chaos sous le régime féodal, où chaque seigneur devint le maître d'établir à son gré les poids et mesures dans l'étendue de sa seigneurie.

Nous nous bornerons à exposer quelques notions générales sur cette matière obscure et compliquée, en résumant les indications qui nous sont fournies par quelques chartes, par les cartulaires de Brioude ou de Sauxillanges, pour la Basse-Auvergne [2], et par la charte d'Aurillac, pour la Haute-Auvergne.

Il est fait mention dans la charte de Besse, de 1270 [3], de l'*aune* (*alna*), du *setier* (*sesteir*), de la *quarte* (*carta*), de la *coupe* (*copa*).

Les cartulaires précités énoncent, parmi les mesures de capacité, le *muid* (*modius*) [4], et sa subdivision, le *scmodius* [5], le *setier* (*sextarius, sestarius*) [6]. Ces mesures étaient employées pour le vin,

---

[1] Voy. *Capit. aquisgr.*, an. 789, c. 2 ; *Capit.* III, an. 803, c. 8 ; *Capit.* I, ann. incerti, c. 44 ; *Capit. de villis*, c. 9 ; *Concil. Paris*, an. 829, c. 51.

[2] Nous avons dit quelques mots des mesures de superficie, *suprà*, tit. IV, chap. IV, sect. 2, p. 176.

[3] *Voy.* aussi les chartes de Maringues, d'Aigueperse, de Montferrand et autres.

[4] *Cart. de Brioude*, nos 175, 108 ; *Cart. de Sauxillanges*, nos 458 et autres.

[5] *Cart. de Sauxill.*, nos 50, 157 et autres.

[6] *Cart. de Brioude*, nos 139, 99, 75, 112, 144 et autres ; *Cart. de Sauxill.*, nos 41, 42, 136, 698, 49, 957, 881.

et pour les autres liquides, comme pour les grains[1]. On trouve encore énoncée l'*émine* (*emina*), pour les grains et le vin[2].

D'autres mesures de capacité sont énumérées par une charte patoise : le *seil*, le *mei-seil* et la *channa* de vin[3]. Une charte, moitié latine, moitié patoise, énonce le *frances*, comme mesure du grain[4]. Ces dernières mesures paraissent avoir été usitées dans certaines localités seulement, et déterminées par l'usage de vases d'une capacité qui était toujours la même, ou à peu près[5].

Le Cartulaire de Sauxillanges énonce les mesures de poids suivantes, qui étaient aussi purement locales : la *trossa*, le *fais*, l'*onus*[6] ; elles étaient employées généralement pour le foin et avaient une grande analogie avec la *charge*, usitée dans la Provence et le Languedoc. Enfin, ce Cartulaire mentionne encore, parmi les mesures de poids, la *livre* (*libra*)[7], qui était aussi le nom d'une monnaie.

La *Deuxième paix* d'Aurillac, de 1298, contient, sur les poids et mesures, des renseignements plus nombreux et plus précis.

Il y avait dans cette ville un établissement de poids public ou communal (*Lestablimen del pes*), dont la garde appartenait à l'abbé d'Aurillac, ou du monastère, et aux consuls. Tous les poids en usage étaient poinçonnés par eux. Ils étaient vérifiés deux fois par an par le *baile*, et confiés aux soins d'un prud'homme préposé au pesage.

Dans l'énumération de ces poids, faite par la charte de 1298, on lit : le *quintal* (*quintal*), le *demi-quintal* (*miech quintal*), le *quart de quintal* (*quarto de quintal*), la *pesée* (*peza*), la *demi-pesée* (*micia peza*), le *quart de pesée* (*quarto de peza*), la *livre* (*libre*), la *demi-livre* (*micia libre*), le *quart de livre* (*quarto de libre*), le *demi-quart de livre* (*mieh quarto de libre*), l'*once* (*una onsa*), la *demi-once*

[1] *Voy.* les chartes précitées.

[2] *Cart. de Sauxill.*, n^os 657, 658, 664, 957, 962, 979 ; pour l'*émine* de Brioude, n^os 664, 974.

[3] *Cart. de Sauxillanges*, n° 951.

[4] *Id.*, n° 962.

[5] *Voy.* M. Doniol, notes sur le Cart. de Sauxillanges, p. 38.

[6] *Una trossa de feno* (ch. 979); *unum fais de feno* (ch. 781); *equum onustum feni* (ch. 941); voy. M. Doniol, *Loc. cit.*, p. 39; voy. charte de Maringues énonçant la *saumata*, l'*honus*, le *fays*, pour les fruits.

[7] N° 969, édit. Doniol.

(*mieia onsa*), le *quart d'once* (*quarto de lonsa*), le *demi-marc* (*mieh marc*), le *quart de marc* (*quarto de marc*).

Il y avait sans doute d'autres poids usités dans la Haute-Auvergne ; mais ceux que nous venons d'indiquer étaient les seuls dont les parties pouvaient faire usage dans les transactions. S'il existait entre elles un désaccord sur le poids de la marchandise, et si elle pesait au moins un quart de quintal, elles devaient avoir recours au peseur public [1].

On trouve encore dans la même charte l'énonciation de quelques mesures de capacité ou de poids, telles que l'*émine*, pour les grains, la *coupe* (*la copa*), pour le vin, la *charge* (*summada*), pour le même liquide.

Il ne serait pas sans intérêt d'étendre ces observations et d'essayer d'évaluer tous ces poids, toutes ces mesures. Mais cette recherche difficile nous conduirait trop loin et dépasserait sans doute aussi la limite de nos forces.

La royauté fit de constants efforts pour établir l'unité dans cette matière, comme dans le régime des monnaies. On voit, d'après la chronique de Nangis, que Philippe-le-Long avait formé ce projet. D'autres rois, et notamment Louis XI, eurent la même pensée ; mais toutes leurs tentatives échouèrent contre les résistances locales.

De nombreuses ordonnances furent publiées pour mettre quelque ordre dans les poids et mesures. Louis XII avait ordonné, par des lettres-patentes du mois de septembre 1510, que les mesures pour le blé, dans la Basse-Auvergne, seraient réduites à celle de Clermont ; à celle de Saint-Flour, dans la Haute-Auvergne ; à celle de Brioude, pour les prévôtés de Brioude et de Langeac. Cette même ordonnance prescrivait aussi de se conformer à la mesure de Paris, pour le vin et les autres marchandises. Elle ordonnait la réduction des poids. Un arrêt des commissaires des Grands-Jours, du 9 janvier 1666, décidait qu'il y aurait une nouvelle réduction. Tous ces règlements restèrent sans exécution. Tous ces projets d'amélioration ne purent aboutir à raison des difficultés qui paraissaient insurmontables.

---

[1] Voy. la *Deuxième paix d'Aurillac*, de 1298, art. de *Lestablimen del pes* et de *la forma del pezar*, à l'*Appendice*, vol. II.

L'Auvergne était une des provinces où les mesures étaient les plus diverses et les plus variables d'un pays à un autre.

Au XVIII° siècle, le *poids de marc* était le principal poids dont on faisait usage dans toute cette province. On se servait, dans certains pays, du *poids de roi* ou *de ville,* qui était plus fort que celui de marc; dans d'autres, du *poids de Languedoc,* qui était plus faible.

Les mesures d'étendue étaient le *pied, l'aune,* qui avait 3 pieds, 7 pouces, 8 lignes. A Latour, l'*aiguillon,* dont on se servait pour mesurer les toiles, avait 5 pieds, 6 lignes; celui d'Auzance, 5 pieds, 5 pouces, 6 lignes.

A Clermont, on mesurait le bois à brûler, coupé en bûches de la longueur de 1 pied et 1/2, avec une corde de 7 pieds, 8 pouces d'étendue. Ce que cette corde ramenée en cercle pouvait contenir de bûches était appelé une *corde de bois.*

La principale mesure de contenance pour les grains était le *setier.* Cette mesure, quoique portant la même dénomination, différait de contenance dans presque toutes les localités de la province.

Le vin se vendait à différentes mesures. Celle qui servait à en fixer le prix dans tous les vignobles de la Limagne se nommait *pot ;* elle est encore vulgairement usitée aujourd'hui[1]. Elle était composée de plus ou moins de *chopines* avant ou après la Saint-Martin[2].

Il fallut arriver jusqu'à l'Assemblée constituante pour voir succéder des résolutions efficaces aux volontés impuissantes de la royauté; et ce n'est qu'en 1799 que la grande et utile réforme des poids et mesures fut adoptée pour toute la France.

---

[1] Elle est de 15 litres.

[2] Voy. *Etat de l'Auvergne,* en 1765, par de Ballainvilliers (*Tabl. hist. de l'Auv.,* t. VII, p. 182 et suiv.).

# CHAPITRE XV.

## Esquisse du Droit féodal de l'Auvergne.

Nous nous proposons d'exposer brièvement les principes généraux du *Droit privé* de la féodalité en Auvergne[1]. Il faut distinguer les époques : la féodalité, on le sait, a eu ses vicissitudes. Elle eut sa période d'accroissement, elle fut absolue, du Xe siècle à la première moitié du siècle suivant. Elle eut sa période de décroissance, de la seconde moitié du XIe siècle à la fin du XIIIe. Puis, elle s'affaiblit de plus en plus, jusqu'au XVIe siècle. Elle perdit sa puissance politique, mais en conservant son organisation et ses institutions civiles, auxquelles les légistes continuèrent à porter de rudes coups.

La première période n'offre à l'historien que des données incertaines. C'est le désordre, c'est la guerre, l'anarchie, le chaos. Il n'y a guère d'autre droit que la volonté, le pouvoir violent et tyrannique du seigneur.

Des hommes libres placent leurs alleux sous le patronage des puissants par l'usage de la *recommandation*, l'un des procédés qui contribuèrent le plus à organiser le pouvoir féodal. L'histoire de la Haute-Auvergne nous fournit un souvenir précieux au sujet de la recommandation, et de la contrainte exercée par les puissants seigneurs envers d'autres seigneurs : c'est celui de la résistance de Géraud, comte d'Aurillac, qui ne voulut jamais, malgré les menaces de ses redoutables voisins, leur recommander ses domaines. Son biographe[2] donne une explication qui révèle la cause de la soumission des autres propriétaires : les domaines du comte, dit-il, étant contigus, il suffisait à les défendre contre les attaques et l'oppression; mais, comme il possédait un pré, appelé *Taladiac*, séparé de ses autres domaines, il céda à la nécessité de se recommander pour ce pré, dont il n'aurait pu assurer la défense[3].

---

[1] *Voy.* nos observations préliminaires sur la féodalité, *suprà*, tit. V, chap. 1er.

[2] Vita S. Geraldi aureliensis comitis, Lib. I; Bibl. cluniac, col. 83 et 85.

[3] « Tamen non indigebat ut aliquam villam cuilibet potenti ad custodiendam commendasset, nisi unum solum prædium quod dicitur *Taladiacus*. Erat enim semotim, inter pessimos vicinos, longè à cæteris disparatum. » (*Loc. cit.*)

Des hommes libres offrent leurs alleux aux puissants pour les reprendre à titre de fiefs [1]. C'est l'*inféodation par reprise*. D'hommes libres, ils deviennent vassaux.

La convention de *précaire* se répand de plus en plus [2].

Entraînés par un excès de piété, des propriétaires donnent leurs biens aux églises et aux monastères, en se faisant serfs avec leurs familles. Pour obtenir le salut de l'âme de son seigneur Guillaume-le-Pieux, et inspirée par le *divin amour*, *Lilia* donne tous ses biens à l'Eglise, et *se donne elle-même pour être toute sa vie la servante de Dieu* [3]. Ces exemples de servitude volontaire se renouvellent souvent [4].

C'est aussi dans cette première période que le duel judiciaire reçoit sa plus grande extension.

Dans la seconde, et à partir des croisades, les affranchissements devinrent plus fréquents. On les accorda ou on les vendit aux serfs des villes et des campagnes. Une nouvelle classe d'hommes libres apparut sur les vastes possessions des seigneurs. Des concessions de terrains leur furent faites à charge de redevances, de cens, de corvées [5].

Dans les XIIe et XIIIe siècles, on remarque un grand nombre d'actes ayant pour objet des droits de justice, des établissements de communes ou de consulats, des abandons de tailles ou de corvées, toutes conventions étrangères à l'association féodale.

Au XIIIe siècle, la royauté s'élevait; l'association féodale se dissolvait; sa justice s'évanouissait. La hiérarchie des possessions persistait; mais c'est aux siècles, aux événements antérieurs, et déjà éloignés, qu'il faut se reporter pour en avoir l'intelligence.

---

[1] Voy. *infrà*, sect. Ire de l'Alleu.

[2] *Voy.* Cartulaires de Brioude et de Sauxillange, *Passim.*

[3] *Lilia* divino inspirata amore memetipsam cum omnibus facultatibus meis.... tradere cupio in Dei servitio. » (Baluze, *Maison d'Auvergne*, Preuves, t. II, p. 15.)

[4] Voyez, dans le *Polypt. d'Irminon*, les *votivi homines*, prolég., § 214; de Laurière, *du Droit d'amortissement*, p. 10. — En 1181, on vit encore Héracle de Polignac, qui avait pillé et incendié les villes de Brioude et de St-Germain, après s'être humilié à la porte de l'église de St-Julien, *se donner lui et ses terres* à cette église « Se ipsum reddidit universitati canonicorum. » (*Maison d'Auvergne*, t. II, p. 63 et 64).

[5] *Voy.* Cart. de Brioude et de Sauxillanges, *Passim.*

*L'inféodation* des droits de justice, qui ne remontait pas au-delà du XIe siècle, devenait commune dans le siècle suivant.

Lorsque la royauté eut mis fin aux guerres privées, la puissance féodale dut périr avec son droit de commandement et de supériorité.

Après que la concession féodale eut cessé d'avoir son but primitif, elle consista toujours dans un démembrement de la propriété, qui réservait une partie des droits à un supérieur et qui conférait l'autre partie à un inférieur, la tenant du premier, à charge de certains devoirs, services ou redevances, mais à titre de propriétaire. La première partie constituait le *domaine direct,* la seconde le *domaine utile.* Cette première base du droit féodal existe, en Auvergne, comme dans tous les autres pays.

Il y a aussi la constitution territoriale et aristocratique de la famille féodale qui se rencontre partout.

Autour de ces deux principes fondamentaux viennent se grouper plusieurs institutions qui presque toutes en sont des conséquences directes.

On trouve, en pays de droit écrit, comme en pays coutumier, la distinction capitale du *fief* et de la *censive,* à laquelle se rattachent toutes les institutions féodales [1]. Deux lois y correspondent : la *loi noble,* qui est celle des seigneurs et des vassaux possédant fiefs, et la *loi roturière,* qui est celle des censitaires, des roturiers. Les principes de succession qui régissent les fiefs sont différents de ceux qui s'appliquent aux héritages roturiers.

Quoique la convention féodale fût réduite à une simple division du droit de propriété, quoique le fief opérât seulement un *cizaillement de la dominité,* néanmoins la concession conserva de nombreuses traces de son origine.

La terre imposait sa loi à la condition et à la capacité des personnes.

On distinguait plusieurs classes de personnes : les nobles, les roturiers, les serfs, les mainmortables.

Dans la hiérarchie féodale, la noblesse était exclusivement le

---

[1] Cette distinction est nettement établie dans plusieurs chartes et notamment dans la charte de Clermont : « *Immobilia quæ.... in feudum vel in censivam,....* tenebuntur. » Voyez cette charte à l'Appendice, vol. II.

partage des possesseurs de fiefs, des militaires[1]. Au XII⁰ siècle, le serf lui-même pouvait recevoir l'investiture : « Personam verò investituram accipientis non distinguimus, *nam etiam servus investiri potuit*[2]. » Vers la fin du XIII⁰ siècle, les rois conférèrent la noblesse comme les autres dignités. Les premières lettres de noblesse datent du règne de Philippe-le-Hardi, qui succéda à Saint-Louis, en 1270, et furent accordées à son argentier Raoul. Il fut posé en principe que le Roi seul pouvait anoblir[3].

Les censitaires ou tenanciers, qui rompent la terre, sont les *roturiers* (*ruptuarii*). Sous cette dénomination, sont compris le bourgeois, habitant des villes, et le *vilain*[4], habitant des campagnes[5]. Les uns et les autres, de *basse et vile condition*, sont confondus dans leur assujettissement et leur infériorité.

Enfin, il y a les serfs, les mainmortables, dont nous essaierons de faire connaître les diverses conditions.

Il existe une correspondance, une corrélation étroite entre la condition des personnes et celle des terres. On distingue quatre classes de possessions : l'alleu, le fief, les censives et héritages roturiers, enfin la tenure servile.

Les possesseurs d'alleux formaient autrefois la classe des hommes libres. Beaucoup de propriétaires de petits alleux ont disparu depuis longtemps. Cependant, en Auvergne, il est un grand nombre de possessions de cette nature qui ont résisté à l'action de la féodalité[6].

---

[1] Montesquieu a nié que la possession d'un fief ait originairement donné la noblesse, mais son opinion n'a pas prévalu. (Voy. Perreciot, t. I⁰ʳ, Liv. III, ch. XI, p. 263).

[2] *Livre des fiefs*, Liv. 2, tit. 4.

[3] *Grand Coutumier*, Liv. III, ch. 3. — Voy. cependant Perreciot, t. I⁰ʳ, Liv. III, ch. X, p. 248 et suiv.).

[4] Au temps de Beaumanoir, on distinguait le vilain, *homme de fief*, et le vilain, *homme de poeste* : l'un vassal du seigneur féodal, l'autre sujet du justicier. C'est, du reste, la même personne considérée sous des rapports différents. Parmi les vilains il y eut des hommes francs et des hommes de condition servile. (Voy. Beaumanoir, ch. 45, n⁰ 30, et P. de Fontaines, ch. 31).

[5] Loisel disait : « Les roturiers sont *bourgeois* ou *vilains* (*Instit. cout.* I.8). —Dans son commentaire sur les *Institutes* de Loisel, Delaunay fait l'observation suivante : « Il y a deux sortes de roturiers en France : ceux demeurant dans les villes et bourgs, ce sont les *bourgeois* ; et ceux demeurant dans les villages, ce sont les roturiers proprement dits (*ruptuarii*) qui rompent la terre. »

[6] Voy. ce que nous disons, section I⁰ de l'*alleu*.

Quoiqu'il existe dans les coutumes féodales une grande variété dérivant de causes multiples, il y a des principes généraux que l'on retrouve dans tous les pays, en Auvergne, comme dans les autres contrées. Nous exposerons rapidement ces principes, et nous insisterons surtout sur ceux qui appartiennent plus spécialement à cette province. Ce chapitre sera divisé en six sections consacrées la première à l'alleu, la seconde au fief, la troisième aux censives et héritages roturiers, la quatrième aux tenures serviles, et les deux dernières aux droits seigneuriaux et aux biens de l'Eglise dans leurs rapports avec le droit féodal.

## SECTION Iʳᵉ.

### De l'Alleu[1].

Le principe romain de la libre propriété du sol résista à la féodalité dans les provinces méridionales. Il en fut de même en Auvergne où l'alleu persista, et où la coutume retint le caractère d'allodialité[2]. Cependant Chabrol a pensé que l'ancienne allodialité avait été entièrement anéantie par la féodalité, et que l'origine des francs-alleux était d'une date postérieure aux Xᵉ, XIᵉ et XIIᵉ siècles[3]. Le nouvel alleu, dans ce système, dériverait uniquement des concessions plus ou moins générales faites par les seigneurs. Nous pensons, au contraire, que l'alleu se maintint en Auvergne, et que l'allodialité n'y disparut pas, comme dans d'autres contrées, sous la domination progressive de la féodalité[4].

On retrouve, sous le régime seigneurial, l'alleu ou le *franc-alleu*. Cette dernière expression se compose de deux mots qui, dans les temps précédents, exprimaient la même chose, c'est-à-dire la terre affranchie, *franchisia, alode*[5].

---

1 Voy. sur l'étymologie du mot *alleu*, supra, tit. IV, ch. 4, sect. 2.

2 Voy. Andraud, 1ʳᵉ *Dissert. sur le franc-alleu de la province d'Auvergne*, et Chapsal, *discours hist. sur la féodalité et l'allodialité*, 1789.

3 Vol. II, chap. XXVII, art. 19, p. 874 et suiv.; et p. 887 et suiv.

4 Voy. Furgole, du *franc-alleu*, chap. VII, sect. III, p. 172, édit. in-12.

5 Selon Lefèvre de la Planche, on aurait joint le mot *franc* au mot *alleu* après que les fiefs furent devenus héréditaires, et pour empêcher de les

Les textes des Xe, XIe et XIIe siècles mentionnent assez souvent des terres tenues en alleu ou en franchise, *in franchisia*, c'est-à-dire exemptes de tout service féodal, soit dans le nord, soit dans le centre ou le midi de la France [1].

Baluze rapporte un acte de l'an 926 par lequel le comte Acfred donne à l'église de Brioude des *alleux* et propriétés situés en Auvergne [2]. Dans le même siècle, Raymond Pons, comte de Toulouse et de Rodez, disposait par testament de son *alleu* de Langeac en faveur d'Etienne, son fils [3]. Par le même testament, il disposait de son *alleu* de Brassac en faveur de Raymond et de Hugues, ses autres fils [4]. En 1058, Robert, comte de Clermont, donnait à l'abbaye de Lavaudieu son *alleu* de Pauliaguet, et quelques autres possessions de cette nature [5]. Dans le même siècle, Géraud de Latour donnait à l'église de Sauxillanges ses *alleux* de Saint-Pardoux. Bernard de la Tour ajoutait à ce don celui de la moitié de l'église du même lieu [6]. En 1096, Guy de Scorailles et son frère Raoul, avant de partir pour la croisade prêchée à Clermont, prenaient, à titre de fief, de la cathédrale de cette ville, leur *alleu* et château de Scorailles, dans la Haute-Auvergne [7]. Les chartes du Cartulaire de Sauxillanges mentionnent aussi fréquemment l'alleu comme existant aux Xe, XIe et XIIe siècles dans la province d'Auvergne [8]. Héracle de Polignac

confondre, selon la matière que l'on traitait, avec les alleux, auxquels ils ressemblaient sous le rapport de la successibilité, mais dont ils différaient au point de vue du principe de la libre propriété. Le mot *francum*, ajouté au mot *allodium*, aurait eu pour but de signaler cette différence (*Traité du domaine*, Liv. III, ch. 1er, no 8).

[1] Voy. diplôme du Xe siècle, cité par M. Championnière, no 162; charte de l'an 1078, du cart. de Vendôme, citée par le même auteur, no 164; charte de Laon, 1128, c. 2, *Rec. des ordonn.*, t. XI, p. 185; D. Vaissete, *Hist. génér. de Languedoc*, t. II, preuves, dipl. 31, 63, 91, 97, 111 ; autre texte cité, par M. Championnière, nos 170 et suiv.

[2] *Maison d'Auvergne*, t. II, p. 19 et suiv.

[3] Voy. ce testament dans Mabillon, *de Re diplom.*, Lib. VI, p. 572 et suiv.

[4] Mabillon, *Loc. cit.*, p. 573.

[5] Voy. *Gallia christiana*, t. II, p. 107.

[6] Baluze, *Maison d'Auvergne*, II, 482, 485.

[7] Voy. M. Michel Cohendy, *Inventaire des chartes des archives du Puy-de-Dôme antérieures au XIII siècle*, p. 72.

[8] Voy. notamment no 99, et no 400 ; — cette dernière charte est rapportée par Baluze, *Maison d'Auvergne*, vol. II, p. 481 ;— no 584, et no 614, — charte aussi recueillie par Baluze, *Loc. cit.*, vol. II, p. 482 ; — no 948 et autres.

donnait, en 1181, au chapitre de Brioude, Cusse et Berbezy, avec tout ce qu'il possédait à Sallezuit, et reprenait du Chapitre ces possessions en fief[1].

Néanmoins, Chabrol s'exprime ainsi : « Il est probable que les fiefs détruisirent les alleux : ce fut un nouvel ordre de possession ; et il s'opéra alors une révolution subite dans les propriétés particulières, comme dans l'administration publique. La maxime fameuse, *nulle terre sans seigneur*, dut se former avec les fiefs, et se rapporte sans doute à la même origine... Tout à dû devenir fief, et les propriétaires de fiefs ont dû concéder des terres en arrière-fiefs ou en roture [2]. »

Les faits que nous avons rappelés prouvent suffisamment, sans qu'il soit besoin de multiplier les citations, que l'établissement des fiefs et le gouvernement féodal laissèrent subsister les alleux en Auvergne. Le fisc des rois francs avait eu moins de domaines à y recueillir que dans les provinces septentrionales, car les Francs y succédèrent, nous l'avons déjà dit, aux Visigoths, qui avaient fait un partage avec les habitants du pays. Les bénéfices concédés et, par suite, les fiefs et les arrière-fiefs y furent, comme dans toutes les provinces du Midi, moins nombreux que dans le Nord. Le principe de la propriété libre ou allodiale put s'y maintenir à côté de la nouvelle propriété des fiefs, et même s'y perpétuer comme règle générale [3].

La maxime *nulle terre sans seigneur* n'avait pas, pendant la période féodale, le sens et l'étendue que Chabrol lui attribue, et qui lui furent donnés plus tard. Elle signifiait seulement que toute terre, à moins d'une concession spéciale, était assujettie à la juridiction du seigneur justicier dans le ressort duquel elle se trouvait située. Au commencement du XVIᵉ siècle, Dumoulin décidait encore que cette maxime n'était vraie que lorsqu'on l'appliquait à la juridiction, mais qu'elle était fausse, si on lui faisait signifier que toute terre était soumise au domaine direct d'un seigneur [4]. Cependant, au XVIIᵉ siècle, la théorie de la

---

[1] Baluze, *Loc. cit.*, vol. II, p. 63, 64.

[2] *Loc. cit.*, p. 873 et suiv.

[3] Voy. 1ʳᵉ *dissertation sur le franc-alleu de la province d'Auvergne*, par Andraud, p. 6 et suiv.

[4] *Traité des fiefs*, § 67, glos. 2, nᵒˢ 11 et 12.

*directe royale universelle* prévalut. Les auteurs l'enseignèrent, les ordonnances la consacrèrent[1]. La maxime *nulle terre sans seigneur* fut posée comme un principe absolu. Alors, cette maxime s'appliqua, non plus, comme autrefois, à la juridiction, mais au domaine.

Pour compléter sa démonstration, Chabrol[2] invoque les termes du préambule de l'édit de 1692 ainsi conçu : « Il y a un grand nombre de terres, tant nobles que roturières, qui sont possédées en franc-alleu ; ce qui n'est provenu que des concessions accordées par les rois, des affranchissements qui ont été accordés par les seigneurs suzerains, ou de la négligence qu'ils ont eue à faire rendre les hommages ou passer les reconnaissances qui leur étaient dues par leurs vassaux et censitaires qui, au moyen de ce, ont prétendu avoir prescrit leur liberté. »

Cet édit, en déclarant dans son préambule que le franc-alleu provenait nécessairement des affranchissements accordés par les seigneurs ou de leur négligence à se faire rendre les devoirs féodaux, avait pour but de tirer de ces prémisses la conclusion que les seigneurs n'avaient pu par là préjudicier aux droits du roi, en affranchissant les terres de leurs vassaux, ni ceux-ci prescrire contre le roi. D'ailleurs, les termes de cet édit ne semblent se rapporter qu'aux coutumes qui avaient adopté la maxime *nulle terre sans seigneur* : « Ce n'est que pour ces coutumes, disait Andraud, qu'a été fait l'édit de 1692, qui impose des taxes pour la confirmation du franc-alleu ; et la preuve en est dans le dispositif même de cet édit..., qui excepte des recherches qui y sont ordonnées, *les possesseurs de terres en franc-aleu roturier dans les pays de droit écrit ou de coutume, dans lesquels il se trouve établi et autorisé par les coutumes et par une jurisprudence constante :* l'exception indique donc nécessairement la différence. Dans les pays où la recherche est ordonnée, tous francs-alleux sont réputés de concession : dans les pays exceptés de la recherche, l'exception ne peut avoir de cause que le franc-alleu naturel[3]. »

---

[1] Voy. Boutaric, *Traité des droits seigneuriaux*, liv. II, ch. IV ; Bacquet, *Traité du droit de nouveaux acquêts*, ch. XXVI ; ord. de 1629, art. 382 ; Edit de 1641.

[2] *Loc. cit.*, p. 887.

[3] *Loc. cit.*, p. 54.

Les jurisconsultes du Midi protestèrent toujours en faveur du principe de la libre propriété[1]. Les arrêts des parlements de cette contrée consacrèrent la même doctrine.

Deux jurisconsultes de l'Auvergne, Andraud et Chapsal, critiquèrent vivement l'opinion émise par Chabrol. Le premier allait même jusqu'à lui reprocher de vouloir *faire sa cour aux seigneurs*[2]. Ce qui nous paraît certain, c'est que la thèse soutenue par le savant commentateur de la coutume était contraire à la vérité historique, et que le principe de la liberté des héritages avait continué d'exister en Auvergne, même à l'époque féodale. La franchise des terres, l'allodialité, y fut toujours de droit commun. Aymon, le plus ancien des commentateurs de la coutume de cette province, en expliquant l'art. 19 du titre XVII de cette coutume, rattachait sans hésitation le principe d'allodialité qui la domine à l'ancien alleu : « Omnia præsumuntur libera et allodialia prout fuerunt *primævo jure*. »

La terre tenue en alleu ou en franchise ne relevait d'aucun seigneur laïque ou ecclésiastique, à titre féodal ou foncier.

On distinguait, en France, sous le régime seigneurial, deux sortes d'alleux : quelques-uns étaient de véritables seigneuries ayant droit de justice sur un certain territoire, et dont relevaient des fiefs ou des censives[3] ; les alleux de la seconde espèce n'avaient ni juridiction, ni fiefs, ni censives relevant d'eux.

Ils étaient exempts des charges fiscales[4]. Cependant, ils étaient souvent assujettis à certaines redevances. Cela provenait de ce que ces domaines étaient soumis à la juridiction ordinaire du seigneur dans le ressort duquel ils étaient situés, ce qui entraînait comme conséquence le payement de quelques droits utiles. Mais ces charges, généralement légères, n'empêchaient pas

---

[1] Voy. notamment Furgole, du *Franc-alleu.*

[2] *Loc. cit.*, p. 50 ; — voy. Chapsal, *Loc. cit.*, p. 234 et suiv.

[3] Dumoulin, § 68, gl. 1, n° 3.

[4] Voy. Lettres patentes de Philippe de Valois, du 25 septembre 1328 (*Ord. de la* 3^e *race*, t. II, p. 22), et lettres de Louis-le-Hutin, du 1^er avril 1315. La distinction entre les deux espèces d'alleux était faite d'une manière précise dans l'art. 4 de ces dernières lettres : « De allodiis liberis in emphytheosim, vel acapitum datis seu alias translatis, non dabitur financia, dùm tamen non sit allodium magnæ rei cum jurisdictione et districtu, cujus alienationem de nobili in innobilem fieri nolumus nisi de nostrà licentiâ, aut gratiâ speciali. » (*Ord. de la* 3^e *race*, t. I, p. 553).

l'*alleutier* d'avoir la propriété pleine et entière de son domaine, et la libre disposition. Il n'y eut, en Auvergne, que des alleux de la seconde espèce. On n'y connut point de franc-alleu ayant juridiction, fief ou censive dépendant de lui. La coutume ne distingua pas le franc-alleu noble et le franc-alleu roturier. Elle n'admit que le dernier [1].

L'alleu pouvait être possédé par les personnes roturières, comme par les personnes nobles. La coutume rédigée en 1510, qui n'était en ce point que la constatation officielle des usages préexistants, portait : « Toute personne, soit noble ou roturière, peut tenir audit pays Haut et Bas héritages francs et quittes et allodiaux, de tous cens, charges, fiefs et autres servitudes quelconques [2]. »

Enfin, le propriétaire d'un héritage allodial avait le droit de le concéder à cens. Mais le cens ainsi imposé n'était qu'un franc-alleu roturier, comme l'héritage lui-même [3].


## SECTION II.

### Du Fief.


Lorsque les barbares se furent établis sur le sol romain, lorsqu'ils y furent devenus propriétaires, les terres, nous l'avons vu, se divisèrent en *alleux* et en *bénéfices*. La condition expresse du bénéfice était le service militaire imposé au donataire vis-à-vis du donateur. Cette concession était temporaire, précaire, révocable au gré du donateur. En fait, les bénéficiers gardèrent souvent les bénéfices pendant leur vie. Puis, à l'époque de l'affaiblissement du pouvoir royal, vers la fin du règne de Charles-le-Chauve, une grande transformation commença à s'opérer dans les possessions bénéficiaires : les bénéfices se transformèrent en fiefs héréditaires.

Le mot fief, *feodum,* fut d'abord synonyme de bénéfice, *beneficium.* Selon l'opinion la plus générale, le mot *fief* vient de *fe-od,*

---

[1] Chabrol, *Loc. cit.,* p. 889.
[2] Art. 235, Cout. d'Auvergne.
[3] Voy. Chabrol, *Loc. cit.,* p. 890.

(*propriété-solde*), expression d'origine germanique[1]; de sorte que *feodum* désigne une propriété donnée à titre de solde, de salaire. Cette étymologie s'accorde assez bien avec le sens du mot *beneficium*, tel qu'il était entendu sous les deux premières dynasties.

Le fief était le domaine tenu d'un seigneur *à foi et hommage*. C'est en cela, selon Charondas, que consistait la *vraie substance et nature* du fief[2]. Celui qui avait reçu d'un supérieur une terre à titre de bienfait était obligé envers lui à la fidélité, au service militaire et à d'autres devoirs. Le donateur, de son côté, lui devait protection et justice. La constitution de fief, l'*inféodation*, résultait d'un contrat qui produisait à l'égard de chacune des parties des droits et des obligations.

Comme le service militaire était, dans l'origine, la base du fief, il ne pouvait rigoureusement être constitué qu'en faveur des personnes du sexe masculin et propres à ce service. Cependant celles du sexe féminin furent d'abord admises à succéder aux fiefs paternels. Ensuite, il fut reçu qu'elles pouvaient tenir le fief, en le faisant servir par leur mari, ou par un chevalier, si elles étaient filles. On distingua dès lors les fiefs *masculins* et les fiefs *féminins*. Le fief était exclusivement masculin dans la plus grande partie de la France avant la première croisade. L'usage favorable aux femmes semble s'y être généralement établi vers la fin du XIIe siècle[3].

Le motif qui avait fait exclure les femmes avait également fait considérer, dans les premiers temps, les clercs, les moines, les

---

[1] *Od* signifie « propriété, possession » et *fe* « solde, récompense. » Les mots *feum* et *fevum* se trouvent dans les actes publics et privés du Xe siècle (voy. pièces justificatives de l'*Essai sur l'hist. du dr. fr.* de M. Giraud, t. II, p. 510, art. 3, 9, 41; et Cartulaire de Brioude, *Passim*); puis, en latin, *feodum*, *feudum*. — Voy. M. Aug. Thierry, *Considérations sur l'hist. de Fr.*, note de la page 141, 5e édition.

[2] Mémorial, v[o] *fief.* — Voici comment Basmaison s'exprimait sur ce point : « Pour marque, et de rétention au bailleur, de la directe seigneurie, il réserve foi, fidélité, hommage et service personnel : car s'il y avait autre imposition de charges et conditions, que du simple hommage, ce seroit dégénérer de la propre nature du fief : et transférer le négoce du bail ainsi conditionné en autre espèce de contract, censuel, linellaire, emphitéocaire, ou innominé. Car le bail en fiefs ne doit contenir qu'une simple retention d'hommage et fidélité qui est inséparable du fiefs... » (*Sommaire discours des fiefs et rièrefiefs*, édit. de 1579, p. 8).

[3] Voy. *Assises Jérus.*, ch. CLXXXVII; Hotman, *Disput. de feudis*, cap. XV; Brussel, I, ch. VII, p. 88; — Odier, *Revue historique*, vol. VII, p. 414.

communautés ecclésiastiques comme inhabiles à posséder un fief. Mais le clergé sut bientôt s'affranchir de cette incapacité, et ne tarda pas à posséder en fief de nombreux et immenses domaines, en faisant acquitter par des soudoyers le service militaire [1].

Enfin, les roturiers étaient aussi, dans les principes du droit féodal des premiers siècles, atteints d'une incapacité personnelle [2]. Mais, malgré la prohibition, et grâce aux progrès de la bourgeoisie et des richesses, la transmission des fiefs par vente à des possesseurs non nobles, à des roturiers, s'était multipliée, pendant les XIIe et XIIIe siècles, au point de faire craindre une confusion des ordres de la noblesse et de la bourgeoisie. On avait imposé d'abord aux non nobles, qui voulaient acquérir par achat des fiefs, la condition de se racheter à prix d'argent de l'obligation du service militaire auprès des trois seigneurs supérieurs dans l'ordre hiérarchique du fief [3].

Les grands vassaux avaient, dans l'origine, considéré leur autorisation comme suffisante pour valider les acquisitions faites sur leurs terres. Mais au XIIIe siècle, les officiers royaux saisissaient déjà les fiefs acquis sans l'autorisation royale. L'impôt nommé *droit de franc-fief,* exigé de tout roturier, qui voulait acquérir un fief, pour être relevé de son incapacité, cessa d'être regardé comme un droit féodal, et fut converti en un droit domanial, ayant une autre base que par le passé.

Le droit de franc-fief reçut des exceptions. Des villes, des provinces s'en firent exempter à prix d'argent ou autrement. L'Auvergne avait été affranchie de ce droit, et des lettres-patentes de Charles VII, Louis XI et François Ier avaient confirmé cette exemption [4].

Dans le principe, il n'y avait que les immeubles, les terres, qui

---

[1] Voy. Odier, *Rev. historique,* vol. VII, p. 415 et suiv.

[2] Voy. notamment *Assises de la haute cour,* ch. CLXXXVII; Odier, *Loc. cit.,* p. 418.

[3] Ordonn. de 1275.

[4] Voy. Basmaison, tit. XXII, art. 16, *Cout. d'Auvergne.* — Ce privilége fut renouvelé en 1623 et 1654, après avoir cessé pendant plusieurs années; enfin, la province fut de nouveau soumise au franc-fief à partir de 1703. (Voy. Chabrol, II, 897; voyez aussi « Mémoire du 2 décembre 1672 touchant les priviléges et exemptions des francs-fiefs et nouveaux acquêts dont la province d'Auvergne prétend devoir jouir soubs le bon plaisir de sa majesté. » *(Mémoires de l'Académie de Clermont,* vol. IV, p. 502).

pouvaient être donnés à titre de fief. De nombreuses dérogations furent dans la suite des temps apportées à cette règle.

L'*hommage* était le premier acte que devait faire celui auquel un fief était concédé. Brussel compte trois sortes d'hommages : l'hommage *ordinaire* qui obligeait le vassal au service d'*ost* ou de guerre et à celui de cour ou de justice (*in campo* et *in curte*); l'hommage *plane* ou *simple,* qui n'obligeait le vassal qu'à la fidélité sans aucun service; et, enfin, l'hommage *lige,* par lequel le vassal était tenu au service de guerre, en tout temps et à ses frais, tandis que l'hommage ordinaire ne l'obligeait qu'à un service pour un temps limité. L'hommage ordinaire et l'hommage plane se seraient confondus, vers le XIIIᵉ siècle [1].

Nous préférons comme plus précise et plus exacte la classification de Chantereau-Lefebvre, qui ne distingue que l'hommage *simple* et l'hommage *lige* [2].

L'hommage *simple* n'imposait au vassal, outre la *foi* à son seigneur, que l'obligation de lui fournir un certain nombre d'hommes d'armes, et les prestations féodales, mais point de service personnel [3]. Il n'était obligé qu'à raison du fief; son obligation était réelle, et il pouvait s'exonérer du service féodal en délaissant le fief.

Pour cet hommage, le vassal se présentait au seigneur et lui disait : « Sire, je deviens votre homme, et vous promets féauté dorénavant comme à mon seigneur, en telle redevance comme mon fief le porte, vous payant le rachat comme à mon seigneur.» Le seigneur répondait : « Je vous reçois et prends à homme, et vous baise en nom foi, sauf mon droit et celui d'autrui [4]. »

Les obligations résultant de l'hommage *lige* étaient plus directes et plus étroites. Sans parler de la *foi* qui était essentielle comme dans l'hommage simple, l'hommage-lige entraînait pour le vassal le devoir du service personnel envers son seigneur, toutes les fois qu'il réclamait ce service. L'homme-lige était tenu d'une manière absolue, et il ne pouvait s'affranchir de son obligation par l'abandon du fief.

---

[1] *Usage des fiefs,* liv. I, ch. 9 à 13.

[2] Liv. Iᵉʳ, ch. XII.

[3] Chantereau-Lefebvre, *Traité des fiefs et de leur origine,* p. 77.

[4] Littleton, sect. LXCI, LXCIII, De féauté; Houard, *Anc. lois,* t. 1, p. 123 et suiv.; Odier, *Loc. cit.,* p. 421.

La formule de cet hommage était autre que celle de l'hommage simple. Le vassal, à genoux devant son seigneur, et mettant ses mains jointes entre les siennes, lui disait : « Sire, je deviens votre homme-lige de tel fief, et vous promets à garder et à sauver contre tous riens qui vivre et mourir puissent. » Et le seigneur répondait : « Je vous reçois en Dieu foi et en la meie, sauve mes droits. » Puis il baisait le vassal sur la bouche en signe de foi [1].

L'hommage simple et l'hommage lige furent plus tard confondus par presque toutes les coutumes.

Après l'hommage, le vassal engageait vis-à-vis du seigneur sa foi par un serment ordinairement prêté la main étendue sur les saintes Écritures [2]. Le *serment de fidélité* qui était, dans l'origine, un acte à part, se prêta plus tard en même temps que l'hommage. Dans plusieurs provinces, on ne le mentionna même plus dans les formalités de la foi et de l'hommage [3].

Il y avait ensuite l'*investiture*, ou la mise en possession du fief par le seigneur. On sait que, d'après un ancien principe, antérieur à l'établissement du droit féodal, un acte extérieur et public était exigé pour transférer le droit réel sur les biens, pour en *saisir* le possesseur, pour l'*investir* de ce droit [4]. Ce principe fut appliqué aux fiefs [5]. Le vassal n'était nanti de son droit, n'était propriétaire du fief, que lorsqu'il avait été *ensaisiné réellement*, lorsqu'il avait été mis en possession de l'immeuble inféodé, par une formalité extérieure. Les chartes des XIe, XIIe et XIIIe siècles renferment de nombreux exemples de ces formalités, de ces cérémonies symboliques empruntées aux vieux usages saliques [6]. Voici comment un savant jurisconsulte de l'Auvergne, Basmaison,

---

[1] Assises de la haute cour, livre de Jean d'Ibelin, chap. CLXCV, p. 313 ; Odier, *Loc. cit.*, p. 422.

[2] Voy. Salvaing, *Usage des fiefs*, p. 22 ; voy. encore *Etablissements de saint Louis*, liv. II, ch. 18, Bouteillier, *Somme rurale*, I, 81 ; Basmaison, *Loc. cit.*, p. 28. — Sur la formule du serment, *voy.* Ducange, vo *Fidelitas*.

[3] Salvaing, *Loc. cit.*, p. 26 ; de Laurière, *Inst. cout.*, t. II, p. 132 ; Hervé, *Des matières féodales*, t. I, p. 352 et 357 ; Odier, *Loc. cit.*, p. 425.

[4] Voy. Klimrath, *Revue de législation*, t. II, p. 356 et 400.

[5] Voy. le *Grand coutumier*, rédigé sous Charles VI ; les décisions de Jean Desmares ; les *Anciennes coutumes notoires du parlement de Paris*, citées par Loisel dans ses *Institutes coutumières* ; Loisel, notes de de Laurière, II, 264 ; Odier, *Loc. cit.*, p. 426.

[6] Voy. Galland, ch. 20.

résumait, dans son vieux langage, ces règles de l'investiture :
« Ce mot investir estoit anciennement entendu pour une ficte
tradition de possession de chevance [1], en tiltre de fief par actes
extérieurs, qui demonstrent et signifient reelle delivrance de
chose feodalle ; en signe de quoy le feodal seigneur du fief dominant baillait à son vassal l'espee, la lance, l'esperon, le chapeau,
la verge, ou la picque [2]. »

Ces formalités de l'investiture étaient remplies en présence des
*pairs* du nouveau vassal [3]. Un acte destiné à la certifier était souvent rédigé au moment de la mise en possession. Plus tard, l'inféodation fut constatée par le tabellion ou notaire [4].

Le vassal une fois mis en possession était tenu de présenter à
son seigneur la description de son fief, de lui fournir *aveu* et
*dénombrement*, ou *dénombrée*. Cet acte, que l'on appelait aussi
*nommée* en Auvergne, était une précaution prise dans l'intérêt du
seigneur contre le vassal. Le vassal qui recélait la moindre
partie de son fief le perdait tout entier. Cette formalité devait

---

[1] On entendait par *chevance* féodale la matière du fief, les droits et les
devoirs qui le composaient et qui s'appelaient aussi le *fief*. Mais ce dernier mot désignait encore la foi, la fidélité, l'hommage, le *nexus cliente-
laris* (Chabrol, III, p. 210).

[2] *Loc. cit.*, p. 35.

[3] « Et ce, ajoutait Basmaison, en présence du magistrat qui estoit anciennement appellé pair de court qui octroye acte de telle investiture. » (*Loc.
cit.*).

[4] Basmaison, *Loc. cit.*, p. 35. — Voici une ancienne *formule d'inféodation* recueillie par cet auteur : « Nous Marc etc., considérant l'ancienne
amytié que noz devanciers ont porté à la maison de etc. Mesmes à la
personne de noble etc. et l'espérance de retirer plaisir et service à la
manutention et conservation de l'estat de noz maisons. Pour ces causes
avons franchement, liberallement, et gratuitement, baillé en fief et tiltre de
fiefs au dit etc. present et acceptant pour luy ses masles (ou filles) le lieu,
terre ou seigneurie de etc. composée de etc. qui se confine jouxte etc. fran-
che-quitte d'autres charges que de foy, hommage et service personnel envers
nous contre toutes personnes, le souverain excepté et en ceste qualité, nous
sommes constituez possesseurs au nom de précaire sans jamais revoquer
la presente concession en fief que nous promettons d'avoir à jamais agréable et garantir sous l'ypothèque de noz biens : et en signe de tradition
réelle, lui avons présentement mis l'espée nue en ses mains pour la défence
qu'il sera tenu faire de nous contre toutes personnes, le souverain excepté.
Ce que moy tel etc. promets jure foy, loyauté me rends votre homme de
fief et d'accomplir les chappitres de feauté selon les formes anciennes. »
*(Loc. cit.*, p. 37, édit. 1579).

être remplie dans un délai déterminé qui était ordinairement de 40 jours depuis l'hommage [1].

La concession et l'acceptation du fief engendraient, avons-nous dit, des obligations et des droits réciproques. Si le vassal ne remplissait pas ses devoirs, il y avait *commise*, résolution du contrat, et la terre devait être restituée. De même, si le seigneur manquait à son devoir de justice et de protection, le vassal pouvait, en rendant le domaine, s'affranchir de la vassalité. En cas de déni de justice, par exemple, le seigneur perdait tout droit sur le vassal, et l'hommage remontait au seigneur supérieur [2]. En Auvergne, la commise avait lieu, en cas de *félonie* envers le seigneur, et en cas de *faux aveu* [3]. Les règles de la commise à l'égard du seigneur étaient les mêmes que dans les autres contrées. Elles reposaient sur les mêmes bases de justice et de protection [4].

La fidélité était l'obligation principale du feudataire envers le seigneur. Comme conséquence, il devait l'assister à l'*ost* et au *plaid*.

Le service militaire était le but primitif de l'inféodation. Dans le principe, cette obligation était si rigoureuse que le vassal était tenu de suivre son seigneur à la guerre contre quelque personne que ce fût. Aux XVe et XVIe siècles, on demandait si le vassal était obligé de suivre son seigneur, même lorsqu'il guerroyait contre le Roi. La question était résolue dans le sens de la négative par les feudistes. Mais aux Xe et XIe siècles, lorsque les rois n'avaient une seigneurie suprême que dans les limites de leurs domaines privés, il n'existait aucune exception en leur faveur [5]. Le principe contraire prévalut lorsque la féodalité fut vaincue par la royauté.

Nous avons parlé de la durée, de la nature, et de la forme de

[1] Voy. Masuer, tit. *de feudis*, nos 2, 3 et 5.

[2] Voy. *Etablissements de Saint-Louis*, liv. I, ch. 52.

[3] Voy. Masuer, tit. *de feudis*, nos 8 et 11; art. 292 et 287 *Cout. d'Auv.*; Basmaison, *Loc. cit.*, p. 95 et suiv.

[4] Chabrol, III, 186.

[5] Voy. *Etablissements de St-Louis*, art. 49, p. 417 de l'édition Isambert; Chantereau-Lefèbvre, *Traité des fiefs*, p. 13, 16 et 26; Odier, *Loc. cit.*, p. 446.

ce service, lorsque nous avons expliqué les institutions militaires.

Nous n'insisterons pas non plus ici sur le service de *cour et justice*. Cette obligation consistait à servir le suzerain dans sa cour, dans ses plaids, toutes les fois qu'il convoquait ses vassaux, soit pour prendre leurs conseils, soit pour le jugement des contestations portées devant lui [1].

Enfin, nous passerons sous silence un autre service féodal connu sous le nom de *plégerie*, et consistant dans l'obligation contractée par les vassaux de cautionner le chef ou seigneur dans ses revers de fortune. Cette obligation qui était rigoureuse dans le temps où la féodalité triomphait [2], ne fut plus dans la suite que le résultat de la stipulation entre les seigneurs et les vassaux [3].

Une des prérogatives les plus remarquables du seigneur suzerain, c'est le droit qu'il avait d'offrir un mari à l'héritière du fief, et de l'obliger à choisir entre ceux qu'il lui offrait. Ce droit de mariage, *maritagium*, qui est attesté par plusieurs anciens monuments [4], ne fut pas admis en France dans toute sa rigueur primitive. Seulement, quand l'hérédité des personnes du sexe féminin fut consacrée par le droit féodal, les filles héritières des fiefs ne purent se marier que de l'agrément du suzerain [5]. L'époux devenant, pendant la durée de l'union conjugale, le seigneur du fief, on avait voulu garantir au suzerain le service militaire par la nécessité imposée à l'héritière d'obtenir le consentement seigneurial pour le choix de son mari. La raison féodale fut bientôt remplacée par les idées de fiscalité, et le seigneur perçut un droit en argent pour son consentement [6].

Il faut encore compter parmi les prérogatives du suzerain le

[1] Voy. *Petri exceptiones*, lib. V, c. 46.

[2] Voy. *Assises Jérus.*, chap. CXVII à CXXX; Salvaing, *Usage des fiefs*, p. 380.

[3] Pierre Defontaines, ch. VII, VIII, IX; Beaumanoir, *Cout. de Beauvoisis*, ch. XLIII; Bouteiller, *Somme rurale*, tit. CI; la Thaumassière sur le chapitre CXCVI *des Assises*; Odier, *Loc. cit.*, p. 449.

[4] *Assises Jérus.*, chap. CCXXVII, p. 359; voy. aussi *Etablissement de St-Louis*, ch. LXIII.

[5] Voy. notamment ord. de Louis IX de 1246, c. 2; *Rec. des ordonn.*, t. Ier, p. 58.

[6] Voy. Ducange, v° *Maritagium*; Odier, *Loc. cit.*, p. 450.

droit résultant d'une institution, que la féodalité introduisit dans le régime de la tutelle, c'est-à-dire le *bail féodal*, qui s'appliquait aux fiefs possédés, soit par des nobles, soit même par des roturiers, mais non aux autres tenures[1]. Dans l'origine, quand un fief, par suite du décès du vassal, passait à un héritier mineur, le seigneur prenait le fief et en jouissait, pourvoyait à l'éducation militaire du mineur, avait soin de sa personne, administrait ses biens, et conservait les revenus du fief, dont il avait joui pendant toute la minorité de son vassal. C'était une espèce d'indemnité qui lui était accordée pour la privation du service du fief causée par la jeunesse de ce dernier. Plus tard, le bail féodal fut, en général, confié à la famille. L'usage s'établit que les plus proches parents, le père, la mère, exerceraient la *garde* des enfants mineurs, et le *bail* de leurs fiefs[2]. Pendant la vie, soit du père, soit de la mère du jeune feudataire, la garde de celui-ci et le bail du fief étaient réunis et duraient jusqu'à sa majorité, ou jusqu'au mariage, s'il s'agissait d'une fille[3].

Si le mineur n'avait ni père ni mère, le *bail* de la terre et la *garde* ne pouvaient plus être confiés à la même personne. Le bail appartenait à l'héritier présomptif, au plus proche parent de la ligne d'où le bien provenait, et la garde au plus proche parent non héritier du fief[4].

Dans ces temps de mœurs brutales et sauvages, on ne confiait pas le soin de la personne à l'héritier présomptif par ce que l'on craignait que celui qui devait hériter du fief ne fût porté à donner la mort à l'enfant pour rester maître de son bien. C'est ce que les vers suivants exprimaient d'une manière pittoresque et énergique:

> *Ne doit mie garder l'aignel*
> *Qui en deit aver la pel*[5].

---

[1] Voy. *Etablissements de St-Louis*, liv. II, ch. 18; Beaumanoir, XV, 2, 23.

[2] Il ne faut pas confondre le *bail féodal* avec la *garde*. Le bail a pour objet d'assurer le service du fief, et la garde a pour but de protéger la personne du mineur. Son origne ne dérive pas, comme le bail, du régime féodal.

[3] Jean d'Ibelin, ch. 170. — Voy. *Etablissements de St-Louis*, liv. I, ch. 1; *Assises de Jérusalem*, ch. CLXXII.

[4] *Assises de Jérusalem*, p. 261, note 6, édit. Beugnot, et ch. CLXX; voy. *Etablissements de St-Louis*, chap. CXVII, p. 280, édit. Beugnot; Déclaration de St-Louis de mai 1249, art. 5; Odier, *Loc. cit.*, p. 452 et suiv.

[5] Voy. Philippe de Navarre, ch. XX. — Les *Assises de Jérusalem* portaient aussi que *le baillistre ne doit mie garder mermiau* (chap. CLXX).

Les coutumes, lors de la rédaction officielle, consacrèrent plusieurs systèmes, au sujet du bail féodal, et le confondirent souvent avec la garde, pour les nobles, sous le nom de *garde-noble*.

En Auvergne, longtemps avant la rédaction de la coutume de cette province, le père était *administrateur légitime et seul usufruitier* des biens féodaux ou autres de ses enfants, non-seulement pendant leur minorité, mais pendant toute sa vie[1]. On admettait, outre la tutelle testamentaire, une tutelle légitime autre que la garde ou bail[2]. C'est un point sur lequel nous reviendrons en analysant les dispositions de la coutume.

Il nous reste à exposer les principes qui régissaient les mutations du fief soit par aliénation entre vifs, soit par succession.

Dans l'ancien droit féodal, lorsque les personnes du suzerain ou du vassal venaient à changer, les services et la protection ne pouvaient pas continuer sans un nouvel engagement réciproque. Ainsi, le fief ne pouvait pas être vendu sans le consentement du seigneur, qui recevait l'hommage de l'acquéreur, et lui donnait l'investiture. Dans les successions, le fils ne devenait pas le vassal du seigneur de son père sans un nouvel hommage, sans une nouvelle investiture.

Dans le cas d'aliénation entre-vifs, les seigneurs accordaient leur autorisation quelquefois gratuitement, mais souvent aussi moyennant un droit qu'on leur payait pour permettre à l'acquéreur de *relever* le fief, que l'aliénation faisait tomber de plein droit. Ce dernier système passa en usage[3].

En France, à la différence d'autres Etats, il fut généralement reçu que le vassal avait le droit de vendre le fief sans la permission préalable du seigneur, mais seulement avec son intervention pour recevoir la foi et l'hommage du nouveau vassal[4], et sauf

---

[1] Voy. Masuer, tit. *de tutor. et curat.*, nos 1 et 10, et tit. *de usufr.*, no 11.

[2] Masuer, *Loc. cit.*, nos 4 et 23.

[3] Voy. Gallaud, p. 56 et suiv.; *Etablissements de St-Louis*, liv. II, ch. 18; Beaumanoir, *Cout. de Beauvoisis*, ch. XXVII, nos 5, 6, 7.

[4] Voy. Gui Pape, décis. 59, 297; Cujas, sur liv. I, tit. 1, *de feudis*; Loisel a donné comme règle de l'ancien droit français le principe suivant : « Tous fiefs sont patrimoniaux, et se peuvent vendre et engager sans le consentement du seigneur. » (Edit. Laurière, t. II, p. 129); Odier, *Loc. cit.*, p. 435. — Voy. aussi, sur le principe de la patrimonialité des fiefs étendu successivement à leur aliénation et à leur transmission héréditaire, du XIIe au XIVe siècle, Jean Faber, *Cod. Just.*, I, 2, no 24, et Pierre Jacobi d'Aurillac, *Pract. aurea*, tit. *de Succ. feud.*, col. 8.

le paiement des droits qui étaient dus [1]. Masuer y mettait cependant cette condition que l'aliénation fût consentie à une personne noble et non roturière [2]. La Coutume d'Auvergne ne reproduisit pas cette exception [3].

Mais le vassal ne pouvait transmettre, comme nous l'avons dit, la propriété du fief à un tiers acquéreur, sans l'accomplissement de la formalité de l'investiture. Ce n'était pas le vassal vendeur, mais le seigneur lui-même qui transférait la propriété à l'acheteur [4].

Le seigneur pouvait refuser l'hommage, ne pas donner l'investiture, briser le contrat de vente, pour ressaisir la terre vendue et la réunir à son domaine au prix du contrat. C'est le *retrait féodal* qui fut introduit dans la pratique par imitation du droit de *prélation* de la loi romaine en matière d'emphythéose [5].

Quoique toute mutation, soit du côté du vassal, soit du côté du seigneur suzerain, donnât ouverture au *renouvellement* du fief sous le rapport de la foi, de l'hommage, de l'aveu et dénombrement, la condition commune des fiefs en Auvergne était de ne devoir que *la bouche et les mains*. Les droits de *quint*, de *relief*, de *rachat*, y étaient généralement inconnus.

La coutume de cette province, rédigée en 1510, consacra formellement ces principes [6].

Dans les provinces où il était dû des droits, en cas de mutation, la fiction connue sous le nom de *jeu de fief* [7] était fréquente, et on mit des bornes à son exercice. En Auvergne, où ces droits n'étaient pas dus, le jeu de fief fut peu usité [8].

---

[1] Selon Beaumanoir, en cas de vente d'un fief, le seigneur a droit au cinquième du prix de la vente : « Li sires a le *quint* denier de la vente. » (*Loc. cit.*)

[2] Tit. *de feudis*, nº 9.

[3] Voy. art. 307 *Cout. d'Auvergne*.

[4] Voy. les anciennes formules pour la tradition du fief vendu, dans le *Grand coutumier*, au titre *de la saisine en fief*, fº 177.

[5] L. 3, Cod. Just., *de jure emphyteutico*; voy. Masuer, tit. *de feudis*, nº 4; *Coutume d'Auvergne*, art. 254, 255; Basmaison, *Loc. cit.*, p. 89.

[6] Voy. art. 291.

[7] Le vassal, par exemple, en aliénant tout ou partie du fief, retenait la foi entière, c'est-à-dire que c'était lui, et non l'acheteur, qui restait chargé des devoirs féodaux, pour la propriété aliénée, qui était toujours censée lui appartenir au moyen de quelque redevance qu'il stipulait.

[8] Chabrol, III, 197.

Les prérogatives des seigneurs étaient garanties par la prohibition de *l'abrégement* de fief et du *démembrement*.

Il était interdit au vassal, qui vendait, *d'abréger*, de diminuer son fief, sous peine de voir la partie frauduleusement *abrégée* rentrer dans le domaine du suzerain.

Il lui était aussi défendu de *démembrer* son fief, de faire d'un seul fief plusieurs. En cas d'infraction à cette règle, le seigneur avait le droit de saisir la partie démembrée, et de contraindre le vassal à remettre les choses dans leur ancien état. Le fief pouvait être vendu sans le consentement du seigneur, mais tel qu'il avait été reçu, c'est-à-dire en entier et non par parties. Il n'était pas permis au vassal de changer les conditions du contrat, et de la concession primitive du fief.

Mais la faculté de *sous-inféoder* lui appartenait d'une manière absolue. Cette faculté remontait à une époque très-reculée. La même terre pouvait appartenir par suite de *sous-inféodations* à plusieurs seigneurs à la fois. Malgré les sous-inféodations, il n'y avait jamais qu'une seule possession : le vassal inférieur possédait pour le suzerain et maintenait son droit [1]. La sous-inféodation n'était pas une aliénation. Elle donnait au vassal des subordonnés, mais elle ne diminuait ni sa tenure ni ses devoirs envers le suzerain. Voici comment Basmaison s'exprimait sur ce point : « Sous ce mot (*subinféoder*) sont comprins tous autres degrés de subinféodation, qui se doit faire par le vassal moien, avec réservation de foy : autrement si le vassal se demettoit entièrement de son fief sans retention de foy ou charges, ce seroit une pure aliénation et simple aliénation du fief, et un nouveau vassal, et non rière-vassal : ou s'il transportoit une partie de son fief sans réservation de foy, ce seroit démembrement de fief, et non sub-inféodation, qui est toute différente de l'aliénation pure et absolue [2]. » Du reste, la faculté de sous-inféoder n'était pas générale en France : cela dépendait des contrées et même de la nature des fiefs.

Dans l'ancien droit féodal, le fief, en cas de décès du vassal, retournait au seigneur, et les héritiers n'avaient la *saisine*

---

[1] Voy. *Antiq. Libell. de benef.*, c. 39.

[2] *Loc. cit.*, p. 18.

qu'après avoir rendu hommage à celui-ci et reçu de lui l'investiture [1].

Dans la plupart des provinces, à la mort du vassal, lorsque l'héritier prenait sa place, le *relief, relevium, relevamentum*, était dû au seigneur. Le décès du vassal faisait tomber le fief; le successeur payait pour le *relever*. Pour conserver le fief, il devait acheter le droit de succéder. Le droit de relief fut ensuite modifié. Dans plusieurs provinces, il cessa d'être perçu en ligne directe. Nous avons déjà dit que ce droit n'existait pas en Auvergne, où les fiefs ne devaient que *la bouche et les mains*.

La *succession féodale* n'eut pas, surtout dans les premiers temps, d'autre loi que la charte de concession. La loi de l'investiture était sa seule règle [2].

La loi féodale admit le *droit de masculinité*. Jusqu'au XIIe siècle, les fils et les descendants mâles des fils excluaient les filles. Celles-ci n'étaient admises qu'à défaut de fils, et lorsque la charte de concession le permettait [3]. Ensuite, elles furent reçues à succéder, même dans le cas où la charte d'investiture ne les appelait pas d'une manière expresse [4]. En général, le fils était préféré à la fille du défunt; mais celle-ci passait avant les collatéraux [5]. Le droit de masculinité ne prit pas dans le Midi une aussi grande extension que dans les pays de coutumes. La féodalité n'y fut jamais aussi fortement constituée, et le droit romain, qui était en usage dans cette contrée, admettait le partage égal entre les fils et les filles.

Le *droit d'aînesse* fut cependant reçu dans les provinces méridionales, comme dans les contrées du nord. Il eut son origine dans l'indivisibilité du fief, et du service féodal; puis, dans la nécessité de maintenir l'unité dans les diverses souverainetés féodales.

---

[1] Dumoulin, *Traité des fiefs*, § 1, glos. 4, n° 48; Loisel, liv. V, tit. 4, regl. 6 et 8. Cependant, on ne tarda pas à dispenser les *enfants* d'une nouvelle investiture et à n'exiger d'eux que l'hommage et le serment de fidélité dans un certain délai (*Feud.*, l. IV, c. 9; voy. aussi de Laurière, *Instit.* de Loisel, II, 130; *Grand coutumier*, liv. II, ch. XXI; *Assises Jérus.*, chap. CLI; Odier, *Loc. cit.*, p. 430.).

[2] Voy. *Lib. feud.*, lib. I, tit. VI; tit. VIII, c. 2; lib. II, tit. XI et XXX; Dumoulin, *Loc. cit.*, § 8, glos. I, n°s 100, 101 et 102.

[3] *Liber feudorum*, lib. I, t. 1, c. 3; lib. II, tit. 11, t. 30 et 50.

[4] *Liber feudorum*, lib. I, t. 8, c. 2.

[5] Voy. *Epist. Ludov.*, VII; Duchesne, t. IV, *Script.*, p. 482.

Plus tard, il eut pour but la conservation des biens dans les familles nobles.

Les coutumes des pays de droit écrit abandonnèrent, à l'égard de la succession des biens nobles, le principe romain du partage égal entre tous les enfants, pour adopter le droit d'aînesse combiné avec le droit de masculinité.

Quoique la province d'Auvergne renfermât un grand nombre de maisons nobles, le droit d'aînesse n'y fut admis que dans des proportions assez restreintes. L'aîné, dit Masuer, prend le nom, les armes et le manoir principal[1], surtout si ce manoir est celui dont la famille porte le nom[2]. Mais il ne l'a point en préciput[3]. Ainsi, il est obligé d'indemniser les puînés. Enfin, ce droit n'a lieu ni entre roturiers, ni en faveur des filles, ni en ligne collatérale[4]. Les mêmes principes furent plus tard consacrés par la coutume[5].

Au droit d'aînesse se rattache le *parage*, qui fut usité dans toutes les provinces au moyen-âge. Lorsque les cadets furent reçus à prendre une part du fief, bien que le fief fût partagé entre l'aîné et les puînés, ces derniers, pour leur portion, relevèrent, dans l'origine, *directement* de leur frère aîné et non du chef seigneur[6]. L'aîné restait seul chargé du service féodal, et les cadets tenaient le fief de lui, comme des arrière-vassaux ordinaires.

---

[1] « Primogenitus propter jus primogenituræ, quod vocatur *droict d'aînesse,* habet nomen et arma et locum principaliorem. » (Tit. *de successionibus,* nº 22.)

[2] « Et maximè si ab eo loco deriventur nomen et arma. » *(Loc. cit.)*

[3] « Non tamen in præcipuitatem. » *(Loc. cit.)*

[4] « Inter populares, filias et collaterales. » *(Loc. cit.)*

[5] « En succession de nobles, le fils aisné emporte le nom et armes du défunt, et la principale place, ou manoir, avec le vol du chappon, qui comprend motte, fosses ou douve, s'aucuns en y a, sinon une sexterée de terre à l'entour de la maison, en récompensant les puisnés et cohéritiers de la valeur de leur part et portion de la dicte place, ou manoir et vol de chappon; et non autrement, posé ores qu'il n'y eût qu'une place en la dite succession. » (Art. 131 *Cout. d'Auvergne*.) L'article suivant ajoutait : « Et n'a lieu, le dict droict d'aînesse, entre filles, ne aussi en succession collatérale. »

[6] Voy. Mlle de Lézardière, 3e époque, part. I, liv. IV, ch. VII, t. IV, p. 10, et Preuves, p. 163. L'auteur cite le passage d'Othon de Frésingue qui prouve qu'au XIIe siècle, dans la plupart des provinces, les puînés, pour leur portion, relevaient directement de leur frère aîné.

Cependant, la royauté, dont la politique tendit constamment à affaiblir la féodalité, apporta dans le parage, institution toute féodale, une profonde modification. L'ordonnance du 1er mai 1209 statua que, lorsqu'un fief serait démembré soit par succession ou par toute autre cause, chacune des parties démembrées *serait tenue directement et sans intermédiaire* du chef seigneur de qui relevait le fief avant la division [1]. Quoique l'aîné demeurât chargé de la foi et de l'hommage, néanmoins il ne pouvait plus prétendre que la portion des puînés devait relever de la sienne. Il cessa d'être leur seigneur dominant. Une convention même expresse à cet égard n'était valable que si le roi ou tout autre seigneur suzerain y donnait son consentement. Ainsi, par exemple, Guillaume d'Auvergne, comte de Boulogne, avait partagé, en 1326, avec ses frères, divers héritages, situés en Auvergne, et mouvants du roi : il avait été convenu que les puînés entreraient en hommage de Guillaume pour leurs portions; Charles-le-Bel, par affection pour celui-ci, avait approuvé cette convention, par lettres-patentes du mois d'avril 1326, et consenti à ce que ses frères puînés relevassent de lui. Mais, au mois d'avril 1330, Philippe-de-Valois révoqua ces lettres, et ordonna que la totalité de ces fiefs serait rétablie dans sa mouvance, immédiatement et à perpétuité *sans jamais alongner de la couronne* [2].

Le droit féodal ne fut pas favorable aux ascendants. Le père ne succéda pas au fief de son fils, ni les ascendants à celui de leurs descendants [3]. Le vassal étant obligé, pour prendre possession de son fief, de demander au seigneur une nouvelle investiture, chaque mutation était considérée comme une nouvelle concession à laquelle le père du concessionnaire était étranger. A la

---

[1] *Rec. des ordonnances*, t. Ier, p. 29.

[2] Baluze, *Maison d'Auvergne*, t. II, liv. Ier, chap. XXVII, p. 185. — L'art. 312 de la coutume d'Auvergne portait : « Quand la chose feudale est divisée entre aucuns frères ou cohéritiers, le frère, ou cohéritier aîné, en cas de partage, demeure chargé des foy et hommage et des services requis, à cause de tout ledict fief, sauf son recours contre celui ou ceux qui tiendront l'autre partie de la chose feudale.... » L'art. 313 ajoutait : « Aussi sauf le recours des dicts frères ou cohéritiers contre l'aîné, frère ou cohéritier, de leurs intérêts et dommages, à faute de faire par lui les dicts foy et hommage... » *Voy.* aussi Basmaison, *Loc. cit.*, p. 29.

[3] *Liber feudorum*, lib. II, t. 50, 84.

mort du vassal sans descendants, le fief remontait au seigneur, qui passait avant le père[1].

La règle *propres ne remontent*[2] est d'origine purement féodale, et en opposition formelle avec les principes du droit romain[3]. Aussi, dans le Midi, où l'influence de la féodalité fut moins grande que dans le Nord, cette règle ne fut pas reçue, du moins en général. Mais elle fut consacrée par les anciennes coutumes de l'Auvergne. Masuer disait que le père et la mère ne succédaient point aux enfants morts *ab intestat*, et que la succession des ascendants avait été abolie[4]. L'exclusion prononcée contre les ascendants était si absolue qu'en cas de défaillance des lignes, ils étaient exclus même par le fisc[5]. Chose étrange, ajoutait Masuer, surtout par rapport au père[6]. Cependant, il terminait en faisant observer que, si les ascendants ne succédaient pas aux fiefs, cela tenait à la nature même du fief[7].

La coutume rédigée en 1510 portait également : « Les père et mère, et autres ascendants, ne succèdent aux descendants[8]. » Mais elle ne laissait pas subsister la disposition rigoureuse qui les faisait exclure par le fisc[9].

Les caractères de la succession en ligne collatérale furent les mêmes que ceux de la succession en ligne directe. En matière de fiefs, le droit successoral était contractuel, et réglé par la charte d'investiture. A défaut d'enfants ou descendants, le fief retournait au seigneur concédant.

Le célèbre arrêt du Parlement de 1283 appliqua ces principes en matière d'apanage. Il adjugea l'Auvergne et le Poitou au roi de France, neveu d'Alfonse, comte de Poitiers, mort sans

---

[1] Voy. M. Laboulaye, *De la condition civ. et polit. des femmes*, p. 225.

[2] Voy. *Lib. feud.*, II, fr. 26, § 5 ; Loisel et de Laurière, *Instit. cout.*, liv. II, tit. 5.

[3] Voy. nov. 118, c. 2, et 127, c. 1.

[4] « De consuetudine pater et mater non succedunt liberis ab intestato, ità quod abolita est successio ascendentium. » (Tit. *de success.*, nº 8.)

[5] « Immo deficientibus hæredibus in recta linea et transversali bona pertinent ad fiscum. » *(Loc. cit.)*

[6] « Quod est mirabile et potissimè in patre. » *(Loc. cit.)*

[7] *Loc. cit.*

[8] Art. 84 *Cout. d'Auvergne.*

[9] Voy. Basmaison et Prohet sur l'art. 84 précité.

enfants, au préjudice de Charles, roi de Sicile, frère du Comte. Comme il n'y avait pas d'héritiers directs, nés de l'apanagiste, l'apanage revenait au roi, seigneur concédant.

Enfin, la règle *paterna paternis materna maternis* est encore un des principes les plus remarquables du droit féodal. Cette règle n'a sa source ni dans le droit romain, ce qui est bien évident, car ce droit n'a jamais tenu compte de l'origine des biens pour en régler la succession, ni dans le droit germanique, malgré l'opinion contraire de Dumoulin. L'opinion qui la fait remonter aux coutumes celtiques[1] ne nous paraît pas non plus appuyée de preuves suffisantes. Nous croyons mieux fondé le sentiment qui rattache son origine au droit féodal[2]. Masuer nous apprend que cette règle existait dans les anciennes coutumes de l'Auvergne[3]. Si une ligne venait à défaillir, l'autre ligne ne succédait pas; c'était le fisc[4].

La règle *paterna paternis* etc. avait été, comme la précédente, étendue des fiefs aux successions roturières. Nous avons vu que la charte de Montferrand, de 1291, l'avait consacrée[5]. Elle fut admise avec diverses modifications par presque toutes les coutumes. Elle passa du nord et du centre dans les provinces méridionales de la France. Nous la retrouverons plus tard dans la coutume d'Auvergne de 1510[6].

---

[1] M. Laferrière, liv. II, ch. 3, p. 94; M. Benech, *Rec. de l'Académie de législation*, t. II, p. 9 et suiv.

[2] Voy. de Laurière, sur Loisel, liv. II, tit. 5, règl. 16. Voyez ce qui est dit sur ce point par Loger, dans les *Conjectures sur l'origine du droit français*, placées en tête de la *Bibliothèque des Coutumes*, p. 27.

[3] « Quum quis decedit sine liberis sibi succedunt hæredes collatereales, videlicet de bonis paternis illi qui sunt de ejus genere vel parentela ex latere paterno. Et similiter in bonis maternis illi qui sunt ex latere materno. » (Tit. *de success.*, nᵒ 1.)

[4] « Et si ex latere paterno nulli supersint agnati, vel de genere ipsius defuncti qui velint sibi succedere bona pertinent ad fiscum vel dominum justiciarium, ità quòd illi qui sunt ex latere materno non possunt venire ad dictam successionem, nec è converso. Et tunc fiscus loco hæredis habetur. » (*Loc. cit.*)

[5] Art. 43; voy. *suprà*, tit. V, ch. 5, sect. 3.

[6] Voy. art. 83 *Cout. d'Auvergne*.

## SECTION III.

### Des Censives et Héritages Roturiers.

A la classe des roturiers ou vilains correspondait, en France, dans l'ordre de la propriété féodale, la classe des *censives*[1]. Il y avait pour les vassaux deux manières de relever du même seigneur; les uns relevaient à foi et hommage : c'était le fief[2]; les autres, à titre de cens. La censive avait sa loi, comme le fief avait la sienne. Cependant, l'usage établit peu à peu entre ces deux classes de droits une certaine analogie. Sous la féodalité, un nombre considérable d'héritages roturiers étaient tenus à titre de cens. Le cens était dû au seigneur du lieu par une foule de propriétés. Ces cens et autres redevances ne provenaient peut-être pas tous de concessions seigneuriales. Mais on finit par considérer toutes les censives comme des concessions terriennes.

La censive, comme le fief, divisait le domaine en deux parties : il y avait le domaine *direct* réservé au seigneur, et le domaine *utile* appartenant au possesseur de la censive.

Pour bailler à cens, il fallait posséder noblement, en franc-alleu noble[3], ou en fief.

Conformément à la maxime « cens sur cens n'a point de lieu[4], » le censitaire ne pouvait pas céder lui-même la terre grevée à titre de cens, parce qu'il n'était pas seigneur de fief. Il pouvait céder sa terre à rente foncière, mais la directe appartenait toujours au seigneur *tréfoncier*[5].

Le cens représentait à la fois une portion des revenus du terrain concédé et l'autorité seigneuriale ou le domaine direct de l'ancien propriétaire. C'était un droit essentiellement réel, auquel le censitaire pouvait se soustraire par l'abandon de l'immeuble.

La convention n'était parfaite que par la tradition réelle de l'objet concédé. Le concessionnaire n'était réellement proprié-

---

[1] Voy. *suprà*, tit. V, ch. 15.

[2] Voy. la section précédente.

[3] Nous avons vu qu'il n'y avait pas de franc-alleu noble en Auvergne, *suprà*, tit. V, ch. 15, sect. 1re.

[4] Ce principe fut consacré par les art. 257 et 233 de la Coutume d'Auvergne.

[5] Voy. Dumoulin, sur l'art. 131 de l'ancienne Cout. d'Orléans.

taire que lorsqu'il avait été saisi ou *ensaisiné* de l'immeuble, lorsqu'il avait la saisine de droit et de fait.

Outre le cens, qui était fixe et annuel, on payait des droits particuliers quand la terre changeait de mains; par exemple, les droits de *saisine* et de *lods et ventes*. Le droit de lods et ventes était payé, lors de la vente d'une terre tenue en censive, au seigneur duquel elle relevait, et qui en avait le domaine direct. Il était une sorte d'indemnité pour le seigneur dominant, qui n'exerçait pas le droit de reprendre le domaine utile de la terre par lui primitivement concédée. Ce droit de lods et ventes, sur lequel nous donnerons plus loin des explications, existait, au moyen-âge, en Auvergne, comme dans toutes les autres provinces de la France[1]. La coutume d'Auvergne l'admit comme les autres coutumes[2].

Dans l'ancien droit féodal, le tenancier ne pouvait disposer de sa tenure sans le consentement du seigneur, et sans la lui offrir préalablement. Ce fut là l'origine du *retrait censuel*, du droit accordé au seigneur de racheter l'immeuble aliéné par son vassal. Ce droit fut consacré pour les terres roturières, comme le *retrait féodal* pour les fiefs, par l'ancienne coutume d'Auvergne[3], et par plusieurs autres coutumes de France.

Il y avait encore, en Auvergne, un droit qui avait la même origine et la même base que le précédent, c'est le *surjet*.

Ce droit existait dans un certain nombre de seigneuries de cette province, notamment dans celles qui relevaient en fief du duché de Mercœur. C'était une faculté qu'avait le seigneur direct de faire mettre aux enchères l'héritage dépendant de sa censive, lorsqu'il avait été vendu par le censitaire, et de profiter de l'excédant du prix[4].

---

[1] Voy. l'analyse des chartes de l'Auvergne, *infrà*, sect. V, et Masuer, tit. *de retractu*, nº 11; tit. *de empt. et vendit.*, nᵒˢ 16 et 17.

[2] Voy. art. 195 Cout. d'Auvergne.

[3] Voy. Mazuer, tit. *de retractu*, nº 11. — Voy. aussi art. 254, 255, 264 *Cout. d'Auvergne*.

[4] Ragueau, vᵒ *Droit de surjet*, définit le *surjet* une augmentation du prix, et de Laurière, dans ses notes sur Ragueau, dit que le *droit de surjet* est « le pouvoir qu'a le seigneur de faire augmenter le prix du fonds vendu par son emphythéote en le faisant enchérir. » De Laurière ajoute : « Selon Basmaison, l'acquéreur d'un tel héritage est tenu de s'en faire investir, et il est au choix du seigneur de l'investir ou de retenir la chose, ou s'il ne veut pas la retenir, et s'il trouve qu'elle n'a pas été vendue ce qu'elle vaut, de la *mettre en surjet* pour chercher des enchérisseurs qui en donnent davantage.

L'origine et la nature des censives influèrent sur le régime des successions concernant cette classe de biens.

Cependant, dès le XIIIe siècle, le principe de la saisine héréditaire était admis par plusieurs coutumiers [1], et, par quelques-uns spécialement pour les biens roturiers [2]. La règle le *mort saisit le vif* s'appliqua aux ténures roturières plus complètement qu'aux fiefs, parce qu'il n'y avait pas pour les rotures à rendre hommage [3]. Cette règle qui formait le droit commun de la France coutumière fut reçue en Auvergne [4], malgré l'existence de la tradition romaine dans cette contrée.

Les privilèges d'aînesse et de masculinité n'y furent point admis dans les successions roturières. Ils ne formèrent pas en France le droit ordinaire de ces successions. Quoiqu'ils aient existé dans un assez grand nombre de contrées, ils ne furent que des dispositions exceptionnelles.

Il faut en dire autant de l'exclusion prononcée contre les filles mariées. Nous avons vu [5] qu'en Auvergne la charte de Montferrand de 1291 excluait les filles dotées, mais seulement lorsqu'il y avait des enfants mâles; s'il n'existait que des filles, elles succédaient toutes par portions égales, qu'elles fussent mariées ou non; seulement, celles qui avaient reçu une dot étaient obligées de la rapporter. La même exclusion s'étendait aux enfants des filles mariées [6]. Cet ancien usage se perpétua, et Masuer le mentionnait en termes très-précis [7]. L'art. 104 de la coutume d'Au-

---

Quand il se trouve un surjettant, le seigneur l'investit, le véritable prix de la vente est aussitôt rendu au premier acquéreur, et le surplus ou le surjet en appartient au seigneur. » Voyez sur ce droit, art. 39, chap. 23 *Cout. d'Auv.;* et sur cet article, Basmaison, Prohet et Chabrol.

[1] Voy. P. Defontaines, *Conseil à un ami,* ch. 33, no 16; *Etablissements de St-Louis,* liv. II, ch. 4.

[2] Coust. notoires du Chastelet de Paris, art. 30; Desmares, décis. 234.

[3] Voy. Beaumanoir, *Coust. de Beauvoisis,* ch. 6, no 4.

[4] Voy. art. 80 *Cout. d'Auvergne.*

[5] *Suprà,* tit. V, ch. 15, sect. 3.

[6] Art. 43 charte de Montferrand.

[7] « Filia maritata per patrem et matrem, aut per patrem vel avum maternum, vivente matre, et maximè si dos fuerit, et constituta non potest succedere ab intestato patri, nec matri, avo, nec alteri sibi attingente in linea descendente vel collaterali, quamdiù stabunt masculi et hæredes aut descendentes, an ipsis etiam dato quam supersit filia ex masculo. Et hoc nisi filia sine dote sit uxorata in domo patris. Et ibi moretur, quia intelligitur dotata de portione bonorum sibi ab intestato spectantium. » (Tit. *de success.;* no 10.)

vergne n'était guère que la reproduction de ce passage de l'ancien coutumier [1].

Sous l'influence de la féodalité, la règle *propres ne remontent pas* fut appliquée aux immeubles roturiers, comme aux biens nobles [2].

Le principe *paterna paternis*, etc., qui avait pris naissance dans le régime des succesions féodales, était en pleine vigueur, vers la fin du XIIIᵉ siècle, pour les successions roturières, comme pour les successions nobles [3]. Quelques écrivains, qui ont considéré l'Auvergne non-seulement comme un lieu de rapprochement entre l'élément germanique et l'élément romain, mais encore comme un théâtre de conciliation et même de complète fusion de ces deux éléments [4], ont cité pour exemples, à l'appui de leur thèse, plusieurs principes tels que la règle *propres ne remontent*, et la règle *paterna paternis* etc., qui furent, en effet, admis par la coutume, en même temps qu'elle empruntait d'autres dispositions à la tradition romaine. Mais c'est au droit féodal et non au droit germanique que ces principes appartiennent réellement. Le premier est entièrement étranger au droit germanique [5]. Quant à la règle *paterna paternis* etc., si Dumoulin a pu, par une fausse interprétation de la loi des Bourguignons, l'attribuer à ce droit, son erreur est aujourd'hui reconnue, et son système complètement abandonné. Le droit barbare appelait les parents par mâles, de préférence aux autres, mais sans égard à l'origine des biens [6].

Une institution très-ancienne, et bien antérieure au droit féodal, le *retrait lignager*, que Montesquieu appelait un mystère de notre ancienne jurisprudence [7], se trouve dans les plus an-

---

[1] « Fille mariée par le père, ou par l'ayeul paternel, ou par un tiers, ou d'elle-même, les dicts père ou ayeul paternel et mère vivans, douée, ou non, ait quitté, ou non, elle ni ses descendans ne peuvent venir à succession de père, mère, frère, sœur, ne autre quelconque, directe ou collatérale, tant qu'il y a masle ou femelle, sinon qu'elle fût mariée en premières nopces en la maison de ses dicts père, ou ayeul, où l'un d'eux, sans constitution de dot, auquel cas n'est forclose des dites successions. »

[2] Voy. Masuer, tit. *de success.*, nᵒ 8, et art. 81 *Cout. d'Auvergne.*

[3] Voy. art. 43 charte de Montferrand et autres; Masuer, *Loc. cit.*, nᵒ 1; art. 88 *Cout. d'Auvergne.*

[4] Voy. M. Bayle-Mouillard, *Loc. cit.*, p. 55.

[5] Voy. *suprà*, tit. V, ch. 15, sect. 2.

[6] Voy. Lex salica emendata, t. 62, c. 5, *de alode; Lex Werinorum*, t. 6.

[7] *Espr. des lois*, liv. XXXI, ch. 2.

ciennes coutumes de l'Auvergne [1]. Cette institution laissait aux parents lignagers, c'est-à-dire à ceux de la ligne d'où provenait le bien vendu, le droit de racheter l'immeuble aliéné, pendant un délai déterminé. Le retrait lignager s'appliquait aux fiefs, comme aux biens roturiers; il était fondé sur le seul intérêt de la famille : il avait pour but de conserver les biens dans la famille du vendeur. La coutume d'Auvergne, rédigée en 1510, renfermait sur ce retrait plusieurs dispositions [2].

La plupart des statuts locaux, surtout dans le Midi, confirmèrent ou donnèrent aux bourgeois le droit de tester. Nous avons vu que la charte de Montferrand contenait à cet égard une disposition expresse [3].

Dans les provinces du Midi, dont le droit romain était en quelque sorte la coutume générale, on admettait l'*institution d'héritier*, qui était repoussée dans le Nord. La disposition de la charte de Montferrand la permettait [4]. Mais cette règle ne prévalut pas. Masuer atteste que, dans l'ancienne coutume de l'Auvergne, l'institution testamentaire n'a que la force d'un legs, et que l'institué n'est considéré que comme un légataire [5]. La coutume rédigée en 1510 reproduisit les mêmes principes [6]. L'institution d'héritier

---

[1] Voici comment Masuer s'exprime sur ce retrait : « Ille tamen admittitur ad habendum retractum qui in re vendita debebat succedere ab intestato, ut si res pervenerit ad venditorem ex latere paterno admittitur proximior ex illo latere. Et idem de latere materno : in bonis maternis. » (Tit. *de retractu*, n° 1.)

[2] Art. 326 et suiv. *Cout. d'Auvergne.*

[3] Art. 43 charte de Montferrand; voy. aussi charte de Riom, art. 6, et autres.

[4] L'art. 43 précité porte : « Celluy ou ceulx qui sont *institués* ou *faicts héritiers* esdict testament seront préférés *tant en la propriété que en la possession et saisine des biens et successions* des dicts testateurs desquieulx partout sera question à tous autres venant ou voulant venir *ab intestat.* »

[5] « Institutio testamentaria habet tantum vim legati, et non valet nisi ad quartam partem, ità quod comprehensis omnibus legatis unà cum institutione totum reducendum est ad quartam partem bonorum hæreditatis, deducto ære alieno et funeris impensa. » (Tit. *de success.*, n°s 6 et 7.) Masuer ajoute : « Advertendum est quod in patriâ Arverniæ consuetudinaria non est locus successioni ex testamento, quia institutus habetur loco legatarii. » (*Loc. cit.*, n° 7.)

[6] L'art. 120 porte : « Institution d'héritier testamentaire n'a point de lieu, et est réputé icelui institué légataire. » L'art. 121 ajoute : « Et ne peut aucun par testament, codicille, ne autre disposition de dernière volonté, disposer de ses biens à pies causes, ne autrement, au préjudice de l'héritier *ab intestat*, que d'un quart chargé de tous légats, et de la quarte partie des dettes, et de la quarte partie des funérailles. »

par testament ne fut pas prohibée, mais elle ne valut que comme simple legs.

Enfin, une institution, dont l'origine n'est pas connue d'une manière précise, mais qui nous semble née du droit féodal[1], *l'institution contractuelle*, prit un grand développement à l'époque de la féodalité. La nécessité d'assurer le service du fief et la conservation de la richesse des maisons nobles la maintinrent pendant toute la durée du moyen-âge dans les contrats de mariage des seigneurs et des possesseurs de fiefs. Cependant elle ne fut pas exclusivement renfermée dans ces contrats, et on trouve, à cette époque, des institutions contractuelles émanant de personnes de toute condition. Cette institution d'héritier par contrat a été pratiquée très-anciennement dans la coutume d'Auvergne. Masuer en indique avec précision les éléments. C'est la faveur du mariage qui rend valable pour le tout l'institution conventionnelle d'héritier[2]. La coutume d'Auvergne de 1510 renfermait sur ce genre de donation plusieurs dispositions remarquables[3]. L'institution contractuelle se répandit, du reste, dans le droit général de la France.


## SECTION IV.

### Des Tenures Serviles, De la Main-morte, et Des Communautés Agricoles.


Pendant la féodalité, les terres des seigneurs et de leurs vassaux n'étaient pas exploitées seulement par des censitaires, elles l'étaient encore par des serfs, dont la condition était aussi dure que dans la période précédente. Cependant, pour le plus grand nombre, elle s'était améliorée. Ces derniers étaient dans cette situation intermédiaire, dont nous avons déjà parlé, et qui

---

[1] Voy. Montesquieu, *Esprit des lois,* liv. XXXI, chap. 34.

[2] « Institutio hæredis conventionalis facta in contractu matrimonii... valet in solidum, » (Tit. *de success.*, n° 57.) Masuer dit ailleurs : « Si fiat in contractu matrimonii : quia illa *favore contractus* valet in solidum. » (*Loc. cit.*, n° 6.)

[3] Voy. notamment art. 163, 166.

était connue sous le nom de *main-morte* [1]. Ce sont les *main-mortables*.

Il est, du reste, difficile d'établir une classification nette et précise des personnes possédant des tenures serviles. Les noms variaient souvent avec les contrées, et même avec les seigneuries.

La main-morte a existé en Auvergne, comme dans la plupart des autres provinces de la France. On a rapporté son origine à l'état des colons romains ou gallo-romains, attachés à la glèbe *glebæ adscripti* [2]. Ce qui nous paraît certain, c'est que, lorsque les colons, après la conquête germanique, eurent à subir des services corporels, des corvées, au lieu d'avoir des redevances à payer, lorsqu'ils eurent perdu, du moins en général, leur qualité d'*ingénus*, il exista entre eux et les mainmortables une assez grande ressemblance. Les affranchissements, qui s'étaient opérés en masse, du IX$^e$ au X$^e$ siècle, n'avaient pas tous conféré aux serfs une pleine et entière liberté : il en est un très-grand nombre qui avaient reçu des fonds de terre à charge de prestations et de services corporels. Ducange appelle les mainmortables *serfs de la glèbe* : « homines manus mortuæ sunt *scrvi glebæ* [3]. » Ils pouvaient, cependant, à la différence des anciens serfs, dont les enfants n'héritaient qu'en achetant du seigneur cette faculté [4], transmettre par succession leur tenure à leurs enfants ou descendants. A défaut d'enfants, ou de descendants, leur hérédité retournait au seigneur, dans la main-morte duquel ils se trouvaient lors de leur décès. Ils n'avaient pas le droit d'en disposer par testament [5]. Dans quelques pays, les collatéraux vivant avec le défunt étaient préférés au seigneur. Le droit du mainmortable n'était pas un véritable droit de propriété ; et sa succession n'était qu'une hérédité imparfaite. Au surplus, les règles de la main-morte

---

[1] Voy. *supra*, tit. IV, ch. 4, sect. 1$^{re}$, ce que nous avons dit sur l'époque précédente.

[2] Voy. Dunod, *Prescriptions*, p. 387, et *Traité de la main-morte.*

[3] V$^o$ *Manus-mortua.*

[4] « Et s'il muert, il n'a nul oir fors que son segneur, ne li enfant du serf n'i ont riens, s'ils ne le racatent au segneur, aussi comme feroient estrange. » (Beaumanoir, ch. 45, n$^o$ 31.)

[5] Voy. Ducange, *Loc. cit.*

n'étaient pas les mêmes partout. Dans plusieurs contrées, le mainmortable, tant qu'il détenait sa tenure, était de condition mainmortable, *taillable de haut et bas;* mais s'il y renonçait, s'il l'abandonnait, il acquérait la franchise et liberté pour lui et sa descendance [1]. Dans d'autres, les mainmortables étaient attachés à la glèbe; s'ils quittaient leur tenure, le seigneur avait le droit de les contraindre à y revenir. Toutefois, c'était l'exception, et la main-morte *réelle* était plus générale [2].

M. Delalo dit que, lorsque le XIIIe siècle commença, la main-morte avait entièrement disparu de l'Auvergne [3]. Nous ne croyons pas que l'abolition ait été si complète, ni si tôt opérée, soit dans la Haute, soit dans la Basse Auvergne [4]. Il faut d'ailleurs s'entendre sur le sens de ce mot, et sur les divers caractères de la main-morte, que l'honorable président du tribunal de Mauriac ne nous semble pas avoir suffisamment approfondis. Il est vrai que dans les XIIe et XIIIe siècles, les affranchissements avaient amélioré la condition des serfs, des mainmortables. Les chartes abolirent, dans un grand nombre de pays, les droits de main-morte et de formariage. Les hommes ainsi affranchis devinrent libres de disposer de leurs personnes et de leurs terres. Mais la main-morte fut maintenue dans plusieurs contrées, en Auvergne, comme dans d'autres provinces.

Dans une transaction du mois de mai 1403, intervenue entre Louis seigneur de Montboissier et les habitants des châtellenies

---

[1] Voy. Dunod, *Main-morte,* ch. VI, p. 204, et chap. II, p. 14.

[2] Basmaison s'exprimait ainsi au sujet de la mainmorte : « Les droits de mainmorte sont receus, et en usage dans les nations estrangères, comme dans les provinces de ce royaume... Et ces droits sont divers et distincts, en ce que quelquefois la personne est conditionnée, quelquefois le fonds est conditionné, d'autrefois l'un et l'autre sont conjointements sujets à la condition de mainmorte et de suite, auquel cas le seigneur suit son emphyteote, quelque part qu'il se retire, et en quelque lieu qu'il constitue nouveau domicile hors la province ou hors le royaume, et lui succède universellement en toüs biens quand il décède sans enfans, séparé et divis d'avec ses autres lignagiers. » (Sur l'art. 7, chap. XXVII, Cout. d'Auvergne, p. 369, 4e édition de 1667.) — Pothier distinguait trois espèces de *serfs :* les serfs *de corps ou de poursuite,* les serfs *d'héritages* et les serfs *de meubles* (Voy. *Traité des personnes,* tit. Ier, art. VI, sect. IV).

[3] *Limites et divis. territ. de la Haute-Auvergne,* p. 24.

[4] En 1281, Robert, comte d'Auvergne, faisait remise du droit de mortaille ou de main-morte qu'il avait sur plusieurs hommes de son comté (Chabrol, III, 494).

d'Aubusson, Boissonelle, le Montel, et Vaux-Méaude[1], ce seigneur prétendait encore avoir le droit de succéder à tous ses emphytéotes et tenanciers, par préférence à tous leurs agnats et cognats; il n'exceptait que les fils en puissance paternelle, et les frères et sœurs du défunt, lorsqu'il s'agissait, pour ces derniers, des biens qui avaient été communs entre eux. C'est seulement à titre de transaction qu'il abandonnait ses droits, et qu'il consentait à ce que les descendants, ascendants et collatéraux succédassent, soit ab intestat, soit par testament, aux meubles, créances et immeubles, mais conformément à la coutume la plus générale de l'Auvergne, *secundum generaliorem consuetudinem Arverniæ et observantiam communiorem*. Il était stipulé que, à défaut de parents, les successions appartiendraient au seigneur de Montboissier, sans qu'il pût en être privé par des dispositions de dernière volonté faites en faveur de personnes étrangères. Les legs, pour causes pies, et jusqu'à concurrence du quart des biens de l'hérédité, étaient seuls valables.

Le coutumier Masuer, qui écrivait au commencement du XVe siècle, indique encore les *servi adscriptitii* comme immeubles à raison de leur adhérence au fonds[2]. Masuer parle ailleurs de la main-morte dans les termes suivants : « Quidam tamen sunt conditionati et de manu mortua[3]. » Il explique ensuite que, lorsqu'il s'agit de mainmortables, le frère ne succède pas au frère, à moins qu'ils ne soient communs en biens et vivant sous le même toit : « Nisi fuerint communes in bonis et ejusdem domicilii[4]; » et il cite l'ancienne maxime . « *car le chanteau part le villain.* » Dans ce cas, les meubles du mainmortable, selon Masuer, appartiennent au seigneur qui a le droit de main-morte, dans quelque lieu qu'ils soient situés : « Et in casu isto, bona mobilia spectant ad dominum ubicunque existant[5]. » Ainsi, le

---

[1] Cet ancien titre inédit, dont notre honorable collègue M. Andrieu a eu l'obligeance de nous communiquer une expédition authentique, contient des dispositions très-intéressantes sur la taille aux quatre cas, la double taille, les manœuvres et corvées, la banalité des moulins, la pêche, la chasse, le guet, les amendes, les lods et ventes, etc.; nous l'insérerons dans notre *Appendice*, vol. II.

[2] Tit. *de execut.*, n° 32.

[3] Tit. *de success.*, n° 20.

[4] *Loc. cit.*

[5] *Loc. cit.*

seigneur était préféré aux collatéraux les plus proches du main-mortable, même pour le mobilier, dès qu'ils n'étaient pas en communauté et n'avaient pas la même résidence.

Ces principes furent conservés par la coutume rédigée en 1510, qui permit au seigneur direct ayant droit de main-morte de succéder à son *emphiteute conditionné*, lorsqu'il mourait sans descendants, et divis et séparé de ses parents lignagers [1]. Toutefois, le seigneur, à cette époque, ne succédait plus aux meubles, mais à *l'héritage conditionné tant seulement* [2]. Le main-mortable pouvait aliéner cet héritage par acte entre-vifs, et sans la permission du seigneur; mais il ne pouvait pas en disposer par testament [3].

Bien plus, sans parler des droits réservés aux seigneurs par l'art. 478 de la coutume d'Auvergne, il y eut une certaine contrée régie par cette coutume où la mainmorte conserva, même après la rédaction officielle, tous ses effets odieux. L'art. 470 porte : « Au pays de Combraille y en a aucuns de serve condition de mainmorte et de suite [4]. » Ces droits de suite et poursuite ne furent abrogés que par l'édit du mois d'août 1779.

Nous avons vu, sous les périodes mérovingienne et carlovingienne [5], des terres cultivées par des serfs ou colons vivant en communauté. Souvent un seul manse était exploité par tous les membres d'une même famille, et même quelquefois par plusieurs ménages vivant et travaillant ensemble [6]. A la mort de l'un des membres de cette petite association, les survivants ne faisaient que continuer la possession de la tenure, dont ils avaient jusque-là joui en commun.

Ces communautés subsistèrent dans un grand nombre de contrées, durant la période féodale. On les rencontre, pendant cette période, en Auvergne, comme dans plusieurs autres provinces. Elles ont éveillé la curiosité des historiens, et exercé

[1] Art. 471 *Cout. d'Auvergne.*
[2] Art. précité.
[3] Art. 472, 473 *Cout. d'Auvergne.*
[4] Voy. aussi art. 479 *Cout. d'Auvergne.*
[5] *Suprà,* tit. IV, ch. 4, sect. 2.
[6] Voy. *Polypt. d'Irminon,* I, 5, 14, 15; II, 6; V, 9, 10, 28; VI, 47, 48; XIII, 39.

leur sagacité. Doit-on faire remonter ces communautés à l'ancien clan celtique, ou leur attribuer une origine germanique[1] ? La communauté agricole n'est-elle pas plutôt un principe de droit féodal[2] ? Sans chercher à approfondir cette question, nous ferons observer que, dès que la barbarie se fut assise et consolidée, les serfs ou colons se constituèrent en associations, réunirent leurs bras pour cultiver ensemble la terre et partager les fruits du travail commun. Antérieure à la période féodale, la communauté protégea les serfs et survécut à leur affranchissement. Serfs, ou mainmortables, vivant sous le même toit et à même *chanteau*, étaient réputés communiers. Cette qualité s'acquérait en partageant les travaux et le pain de la communauté mainmortable pendant l'an et jour[3].

En règle générale, l'état de communauté cessait lorsque ceux qui étaient communiers vivaient séparément, bien qu'ils habitassent encore le même logis : « *Le feu, le sel et le pain partent l'homme morte-main*[4]. » La terre faisait retour au seigneur, qui succédait seul, au préjudice même de la ligne directe. Si un seul de ces *pooures parsonniers* se retirait de la société mainmortable, ou mangeait *son pain à part*, la société se trouvait dissoute pour tous, et l'immeuble retournait au seigneur. La maxime rigoureuse du droit féodal était : « *un parti, tout est parti, et le chanteau part le vilain*[5]. »

---

[1] « Les magistrats et les chefs, disait César, assignent, tous les ans, dans l'endroit où ils veulent, et dans la mesure qui leur convient, une certaine étendue de terrain aux peuplades et aux familles vivant en société : *Magistratus ac principes in annos singulos gentibus cognationibusque hominum, qui una coierunt, quantum, et quo loco visum est, agri attribuunt.* » (*Comm.*, VI, 22.) — On retrouve ces *familiæ*, ces *cognationes hominum* dans les lois barbares, sous les noms de *genealogiæ*, *faramini*, *faræ*. (Wachter, glos. v°, fasc. L. Bajuw., t. II, c. 20 ; L. Burg., t. LIV, 2. L. Roth, 177.)

[2] Perreciot parle de la nécessité de la communion entre les serfs comme étant d'origine féodale. (*État civ. des personnes et condit. des terres*, t. I, p. 386 et suiv., édit. de 1845). Voy. M. Doniol, *Hist. des classes rurales en France*, liv. 2, ch. 2, § 3, p. 74 et suiv., 2e édition ; M. Beugnot, *Revue française*, t. VIII, p. 293 et suiv.

[3] Beaumanoir, *Cout. de Beauvoisis*, chap. XXI.

[4] Loisel, liv. I, tit. I, n° 76 ; de Laurière, *Glossaire*, v° Partage divisé.

[5] Loisel, liv. I, tit. I, n° 78 ; Masuer, tit. *de success.*, n° 20 ; Gloss. de Ragueau et de de Laurière, v° *chanteau*, I, p. 222, et v° *celle*, p. 208. La Coutume d'Auvergne rédigée en 1510 portait : « La demeure séparée des

Lorsque le droit féodal se fut adouci, quelques coutumes, et notamment celle de l'Auvergne, firent une exception en faveur des enfants. Masuer n'imposait plus la communauté pour condition d'hérédité qu'aux collatéraux [1].

L'association mitigea la dureté de la main-morte et rendit la possession moins précaire pour le serf ou le mainmortable, qui furent assurés de pouvoir transmettre à leur famille cette terre, qu'ils avaient arrosée de leur sueur. L'agriculture devint plus florissante entre les mains de ces travailleurs attachés au sol par un lien plus intime, et par l'attrait d'une possession permanente.

Les seigneurs reconnurent d'autant plus volontiers l'existence de ces communautés qu'elles facilitaient et assuraient mieux le paiement des redevances, ce qui compensait amplement pour eux la perte du droit d'hérédité.

Outre les communautés agricoles, dont nous venons d'esquisser quelques traits, il existait, en Auvergne, comme dans toute la France féodale, principalement dans les campagnes, des sociétés d'hommes libres, connues sous le nom de *sociétés tacites* ou *taisibles* [2].

Suivant Masuer, la société tacite se formait lorsque plusieurs cohéritiers, tous majeurs, demeuraient et négociaient ensemble, se communiquaient leurs profits respectifs et les revenus des biens qui n'étaient ni communs dans le principe, ni achetés en commun [3].

Plusieurs écrivains ont recherché l'origine et les causes de ces sociétés tacites qui couvrirent autrefois le sol de la France, et favorisèrent le développement de l'aisance dans les classes inférieures. Ils ont attribué cette institution à l'esprit de famille et à l'esprit d'association qui jouèrent, en effet, un rôle important dans le moyen-âge. Nous serions assez enclin à penser que les classes affranchies conservèrent, lorsqu'elles furent libres, les anciennes habitudes d'association qui avaient jadis amélioré leur

---

conditionés ne fait point le partage, et il faut, outre la demeure séparée, qu'il y ayt partage formel, ou commencement de partage par le partement du chanteau, pour donner ouverture à la main-morte. » (Art. 7, tit. XXVII.)

[1] Voy. Masuer, *Loc. cit.*
[2] Masuer, tit. *de societate,* nos 14 et 15.
[3] Masuer, *Loc. cit.*

situation. C'est ainsi que la communauté des Guittard-Pinons, près de Thiers[1], établie comme communauté serve dans l'origine, traversa les temps les plus tourmentés de notre histoire, et se continua jusqu'à notre époque, après avoir subi diverses transformations. On sait qu'en 1780, l'intendant général de la province d'Auvergne, de Chazerat, avait obtenu pour elle, de Louis XVI, une ceinture d'honneur, dont les chefs se paraient aux grands jours de fête, et sur laquelle on avait gravé le quatrain suivant, que nous citons à titre de document historique seulement :

> Chazerat, de l'Etat obtint cette ceinture ;
> Les Guittard en sont revêtus.
> Elle honore l'agriculture ;
> Elle est le prix de leur vertu.

Il exista encore, soit dans la Haute, soit dans la Basse-Auvergne, d'autres sociétés ou communautés, qui eurent peut-être moins de célébrité, mais dont le souvenir n'est point effacé. Telles étaient notamment les *Dunaud*, les *Courty*, les *Bourgades*, les *Troisvil*, les *Magnol*, les *Tarentey*[2].

Circonscrites d'abord dans le sein de la famille, les associations agricoles embrassèrent ensuite des familles étrangères ou alliées. Lorsque les conditions sociales se furent modifiées, lorsque l'esprit d'*individualisme* se fut posé en face des institutions, la communauté dut perdre faveur. Quand, par le progrès des mœurs et du droit, l'individu fut initié au sentiment de sa force et de sa liberté, il ne tarda pas à préférer l'existence particulière, le travail en propre, à la vie commune et au travail en commun. Les communiers subirent l'irrésistible attrait de la possession individuelle, et abandonnèrent la possession indivise ou collective.

---

[1] Nous en avons déjà parlé *suprà*, tit. IV, ch. 4, sect. 2.

[2] Voyez, sur toutes ces communautés, M. Henri Doniol, *Anc. Auvergne*, t. III, p. 109 et suiv. Cet écrivain disait en 1847 : « De Lezoux à la Dore, en tirant vers le confluent de cette rivière, il n'y a peut-être pas, à cette heure, une seule famille de paysans dont les titres de propriété ne remontent à une communauté. » (*Loc. cit.*, p. 109.)

## SECTION V.

### Des Droits Seigneuriaux.

La plupart des historiens font dériver du fief tous les droits tombés avec la féodalité. Cependant, si de nombreux droits seigneuriaux se rattachent à la concession féodale, il en est un grand nombre aussi qui n'ont rien de commun avec cette convention.

Les auteurs qui professent un autre système ne tiennent aucun compte d'une distinction fondamentale, qui jette un grand jour sur les institutions seigneuriales, de deux éléments profondément séparés dès l'origine : le *fief* et la *justice*[1].

La qualité de seigneur féodal, et celle de seigneur justicier, quoique réunies parfois sur la même tête, étaient ou demeuraient très-distinctes, avec leur caractère propre, et leurs prérogatives particulières. Le seigneur justicier avait, comme le seigneur féodal, des droits sur la terre ; au premier comme au second étaient dûs des services personnels, des corvées; et les prérogatives des justiciers, les droits de justice ne furent pas les moins tyranniques ni les moins odieux.

La théorie historique de la conquête et de l'asservissement de tous les gallo-romains, qui avait été adoptée par la plupart des jurisconsultes du XVIIIe siècle, les avait conduits à considérer toutes les libertés des vilains comme un bienfait de leurs conquérants, comme un octroi gracieux des seigneurs.

Dans ce système, les chartes des communes étaient autant de titres que les seigneurs possédaient à la reconnaissance des habitants affranchis. Tous les droits seigneuriaux étaient représentés comme les conditions naturelles et justes d'un affranchissement. Les oppressions sous lesquelles les populations avaient gémi pendant des siècles étaient ainsi rattachées à une cause généreuse, et les plus affreuses exactions devenaient pour ceux qui en étaient victimes *des devoirs légitimes*[2].

---

[1] M. Championnière a solidement établi cette distinction dans son remarquable ouvrage *De la propriété des eaux courantes*.

[2] Voici comment s'exprimait Lapoix-Fréminville : «Quelques auteurs ont prétendu que la plupart des droits des seigneurs sur leurs justiciables étaient

Sans doute, plusieurs droits seigneuriaux, certaines corvées, par exemple, pouvaient se rattacher à une convention, à une concession de tenure ; mais il en est un très-grand nombre qui ne dérivaient ni du servage, ni de la tenure ou du fief. Ils avaient une autre source, qui était celle de tous les droits de justice, l'impôt romain [1]. D'autres droits n'avaient aucune cause connue, et on ne peut leur assigner d'autre origine que l'abus du pouvoir, la force, la violence, le brigandage. C'est aussi du fait, de l'abus, et non du droit, que dérivaient tous ces usages absurdes et immoraux qui disparurent, grâce à l'autorité des parlements et aux progrès de la raison.

Il y avait, en Auvergne, une foule de droits seigneuriaux dûs, soit aux seigneurs *justiciers*, soit aux seigneurs *directs*.

On distinguait d'abord deux espèces de tailles : la *taille aux quatre cas*, et la *taille à merci et volonté*.

La taille dite *aux quatre cas* était une aide accordée aux besoins du seigneur dans certains cas déterminés. Les anciens auteurs ne sont pas d'accord sur son origine : les uns la font remonter à la première des croisades [2], les autres à un temps plus reculé [3]. Quelques-uns lui donnent une origine plus moderne [4]. La *taille* est d'origine romaine. On comprenait par cette expression ces exactions irrégulières, illégitimes, et n'ayant pas de nom particulier, qui venaient s'ajouter aux perceptions nommées, et que les seigneurs comprirent dans leurs profits de justice [5]. Elles étaient réclamées

des exactions plutôt que *des devoirs légitimes ;* et, entre autres, M<sup>e</sup> Charles Dumoulin, dont les sentiments seront toujours respectés et les opinions suivies ; mais *cette idée singulière* ne peut être admise sans preuves... » (*Pratique des droits seigneuriaux,* ch. *des corvées,* t. II, p. 595.)

[1] Les droits abolis en 1789, sous le nom de *droits de justice,* sont les tributs établis par le fisc romain, accrus par ses exactions et par celles de la domination qui l'a remplacé, lesquels étaient perçus sous le nom de *justitiæ.* Voy. M. Championnière, *Loc. cit.*

[2] Voy. Coquille, Quest. 34 ; Bretonnier sur Henrys, t. II, liv. 3, Quest. 24.

[3] Chabrol, t. III, ch. XXV, art. 2, p. 399.

[4] Dumoulin disait que « ces exactions que l'on nomme *tailles* avaient été inventées plusieurs siècles après le règne de Charlemagne. » (*Des fiefs,* tit. I, § 3, gl. 8, n<sup>o</sup> 4 ; voy. aussi de Laurière, sur Loisel, liv. VI, tit. 6, *Pr.*)

[5] Selon M. Championnière, le mot *taille* viendrait du mot *talia.* Dans les textes des capitulaires, l'énumération des abus reprochés aux justiciers est ordinairement suivie d'une expression générale, comprenant dans la mesure prohibitive les exactions de même nature que celles qui viennent d'être

et perçues, dans l'origine, à titre de libéralité, malgré les défenses des capitulaires et des ordonnances. Ces dons forcés, comme la plupart des abus de ces temps de misère et d'oppression, passèrent de bonne heure en coutumes légales, et furent inscrits au nombre des droits de justice.

Quand les redevances justicières furent soumises à des règles communes, les tailles extraordinaires furent supprimées et remplacées par les tailles ordinaires, restreintes généralement à quatre circonstances [1].

Lorsqu'une expédition fut définitivement résolue, en 1267, le comte Alfonse fit tous ses préparatifs pour pouvoir s'embarquer à Brindisi, au mois de mai 1270. Dès 1267, il avait envoyé en Auvergne des commissaires chargés de solliciter une aide volontaire. Ces commissaires durent s'enquérir auprès des principaux habitants de la somme que chaque ville pouvait accorder. Dans la requête adressée à chaque cité, ils rappelaient la coutume générale du royaume, qui ordonnait aux sujets de donner une aide au seigneur lorsqu'il partait pour la croisade [2]. Ils faisaient savoir aux habitants que, suivant cette coutume, il lui était dû une aide, quand il se croisait, quand il était fait prisonnier, pour sa rançon, lorsqu'il mariait sa fille, ou armait son fils chevalier, et même dans plusieurs lieux, quand il achetait ou échangeait un fief dans le district de sa baronnie. On ne pouvait se soustraire à cette obligation, disait Alfonse, que dans le cas d'une exemption octroyée et dont on aurait joui paisiblement [3]. Guillaume de la Roche et Eustache de Mézy avaient été chargés de la levée de l'aide [4].

nominativement condamnées, et ces exactions sont désignées par les mots *his similia*, souvent aussi par les expressions *alia talia*, ou simplement *talia*. « L'expression *talia*, dit M. Championnière, a fini par prévaloir ; longtemps on la trouve comme complément d'une énumération ; puis on la rencontre seule pour désigner les mêmes objets ; enfin les traducteurs praticiens en ont fait le mot *taille*. » *Loc. cit.*, nᵒˢ 296, 297.

[1] Voy. M. Championnière, *Loc. cit.*, nᵒˢ 297 à 300.

[2] *Voy.* lettre du jeudi après la Nativité de la Vierge, 1268, adressée au connétable d'Auvergne et à G. de la Roche, sur les subsides qu'ils doivent demander aux villes et autres communautés de cette province (*Archiv. nat.*, Reg. A, fol. 120) ; M. Boutaric, *Loc. cit.*, p. 287.

[3] *Archiv. nat.*, 1268, Reg. A, fol. 120 ; M. Boutaric, *Loc. cit.*, p. 289.

[4] Reg. A, fol. 117 ; M. Boutaric, *Loc. cit.*

Leurs vives instances n'avaient eu aucun succès. Alfonse fut obligé d'intervenir et de menacer les habitants de Riom, s'ils persistaient dans leur refus, de les priver de certaines coutumes, dont ils jouissaient, et qu'il n'avait pas confirmées[1]. Les Riomois craignirent de voir mettre cette menace à exécution, et, pour obtenir la confirmation de leurs coutumes, ils accordèrent la finance demandée.

Les habitants de Montferrand ne furent pas moins réfractaires que ceux de Riom. La ville de Montferrand avait été condamnée à une amende dont le taux n'avait pas été fixé. Dans le but d'obtenir des habitants le paiement d'une forte somme, soit pour l'amende, soit pour l'aide, le Connétable avait imaginé de faire jeter en prison les consuls et les notables, et d'établir des garnisaires chez plusieurs citoyens. Alfonse n'avait pas approuvé ce procédé, et les prisonniers avaient été mis en liberté sous caution[2]. Mais ordre fut donné au Connétable de réitérer la demande de l'aide, et même de la lever d'office, en cas de refus[3]. Les habitants de Montferrand offrirent tant pour l'amende que pour le subside une somme de 2,000 livres, qui ne fut pas refusée.

La plupart des chartes de l'Auvergne renfermaient des dispositions sur la taille aux quatre cas.

Celle de Maringues, de 1225, ordonnait de la fournir suivant les facultés des consuls et des habitants[4]. La charte de Thiers en fixait le chiffre à deux cent cinquante livres de monnaie usuelle ou de monnaie courante[5]. Presque toutes les chartes énuméraient les cas dans lesquels la taille était due. Ces cas étaient à peu près partout les mêmes : c'était, selon la charte de Montferrand, quand le seigneur allait en terre sainte ; quand il était fait chevalier ; quand il mariait une fille ; enfin, lorsqu'il était fait prisonnier dans une *guerre ouverte* et *notoire*,

---

[1] *Archiv. nat.*, Reg. A. fol. 117. — Voy. cette pièce à l'*Appendice*, vol. II.

[2] *Archiv. nat.*, Reg. B, fol. 49. — Voy. cette pièce à l'*Appendice*, vol. II.

[3] Instruction au connétable d'Auvergne renfermée dans une lettre du vendredi après Noël 1269 (*Archiv. nat.*, Reg. B, fol. 57. — Voy. cette pièce à l'*Appendice*, vol. II).

[4] « Præstare talhias racionabiles secundum dictorum consulum et habitantium facultates. » (Voy. ch. de Maringues, à l'*Appendice*, vol. II.)

[5] Voy. ch. de Thiers, à l'*Appendice*, vol. II.

et qu'il fallait le racheter[1]. Cette taille n'était due, suivant les chartes, qu'une seule fois pour chaque cas. Masuer faisait aussi observer que ces cas ne pouvaient pas se renouveler[2]; mais il ajoutait que le droit pouvait être demandé pour le mariage de toutes les filles du seigneur[3]. Ce cas était le plus fréquent et évidemment le plus onéreux. Selon Masuer, la taille aux quatre cas n'appartenait qu'au seigneur haut-justicier, et elle ne pouvait être exigée que des sujets du seigneur, de ceux qui avaient leur domicile dans l'étendue de sa justice, parce que, disait-il, cette taille était personnelle[4]. Le taux de la taille ne fut pas d'abord uniforme. Au XVe siècle, il était ordinairement de 30 à 40 sous par feu[5]; et la totalité de la somme due se répartissait sur les justiciables *au prorata* de leurs facultés[6]. Lorsque le seigneur voulait obtenir la taille, il devait assembler les habitants, ou la majeure et la plus saine partie, dit Masuer, et leur exposer le cas pour lequel il prétendait exercer ce droit. Si les habitants demandaient un délai pour répondre, il devait être accordé. Ce délai

---

[1] Voy. art. 145 ch. de Montferrand. La charte ajoute : « *Item* quant une fois il sera pris et détenu des infidèles et qu'il conviendra le rachapter. » Mais ce cas fut confondu avec le précédent. — Les *Assises de Jérusalem*, chap. CCXLIX, portaient : « S'il advient que le seigneur chevauchant à la guerre fût pris en telle déconfiture, ou en forteresse rejeté et mis en prison... et que la rançon fût si grande que l'on ne la pût trouver en son trésor, ses hommes sont tenus de *foncer* sur leurs fiefs chacun 1 besant pour 100. » (Beugnot, p. 397.)

[2] « Non sunt reiterabiles. » (Tit. *de talliis,* no 6.)

[3] « Pro filiâ maritandâ potest reiterari in personis plurimarum filiarum; *sed non in personâ unius.* » *(Loc. cit.).* L'art. 2, ch. XXV de la Coutume d'Auvergne, qui énumère les quatre cas, porte aussi à l'égard du dernier : « Quand il marie ses filles *en premières noces.* »

[4] « Item dominus altæ justitiæ cui competit tallia in quatuor casibus non potest exigere, nisi à subditis suis, et qui fovent domicilium in terrâ suâ, quia ista tallia est merè personalis. » (Tit. *de talliis,* no 3.) La transaction de 1403, entre le seigneur de Montboissier et les habitants de différentes châtellenies, porte: « Hoc salvo quod si homines prædicti subditi et justiciabiles dicti domini et non tenementarii seu amphiteotæ ejusdem aut eorum aliqui reperiantur in dictis quatuor casibus, forte aliorum dominorum tailliabiles ad dictas taillias hujusmodi domino persolvendas minimè teneantur. » (Voy. *Appendice,* vol. II.)

[5] Masuer, *Loc. cit.,* no 4; voy. aussi arrêt du 14 août 1476, Baluze, t. II, p. 657. — La Coutume d'Auvergne le fixa à 30 sous par feu (Voy. art. 5, ch. XXV Cout. d'Auv.; Chabrol, III, 427).

[6] Masuer, *Loc. cit.*

expiré sans réponse, la taille était imposée [1]. Dans la partie de l'Auvergne qui était de droit coutumier, le seigneur haut-justicier n'avait pas besoin d'un titre pour l'exiger. Il en était autrement dans celle qui était régie par le droit écrit. La coutume d'Auvergne publiée en 1510 renferme de nombreuses dispositions sur ce droit, que les seigneurs exercèrent toujours avec rigueur et souvent sans bonne foi [2]. L'art. 21 du règlement des Grands Jours de Clermont, de 1665, leur fit défense d'exiger la taille *casuelle* [3] à un taux plus élevé que celui qui était prescrit par la coutume, et même autrement qu'en argent, ou de changer les cas qu'elle avait réglés, à peine de nullité de tous contrats passés en opposition avec ces prescriptions [4].

Il ne faut pas confondre avec la taille, dont nous venons de parler, celle qui était appelée *à merci et volonté*. Ce droit seigneurial avait sa principale origine dans l'affranchissement des serfs. C'est à cette dernière taille que les anciennes chartes faisaient allusion, lorsqu'elles promettaient qu'il ne serait point levé de taille dans la ville [5]. La taille *à merci* était très-fréquente en Auvergne. Elle devint par la suite des temps moins arbitraire. Elle fut réglée par des transactions ou par des usages, et réduite à une prestation annuelle [6].

Il y avait encore les *corvées*, *charrois* et *manœuvres* qui, primitivement, étaient aussi *à merci et volonté*. Ces droits étaient généralement dûs au seigneur haut-justicier.

---

[1] Voy. Masuer, *Loc. cit.*, n^os 4 et 5.

[2] Voy. art. 1 à 15, ch. XXV Cout. d'Auvergne.— Dans une transaction du 1er mars 1485, faite avec les consuls et habitants d'Aigueperse, Gilbert de Bourbon, comte de Montpensier, déclarait qu'il n'avait jamais eu droit à la taille aux quatre cas, et qu'il ne l'exercerait plus à l'avenir vis-à-vis des consuls, manants et habitants d'Aigueperse (Archiv. d'Aigueperse, 1re part., 6e sac. Voy. *Inventaire* Mss de J.-B. Culhat, fol. 22, v°.)

[3] C'est ainsi que l'on appelait encore la taille aux quatre cas.

[4] Sur l'abolition de la taille aux quatre cas, voy. loi du 4 août 1789, et art. 1 et 8, tit. 2, de la loi du 15 mars 1790.

[5] Voy. notamment charte de Maringues de 1225; charte de Riom de 1270; charte de Montferrand de 1291; charte d'Aigueperse de 1374.

[6] C'est de cette taille qu'il est question dans les art. 231 et 594 de la Coutume d'Auvergne (voy. Chabrol, t. II, p. 280, et t. III, p. 679 et suiv.).— D'après la transaction intervenue, en 1403, entre le seigneur de Montboissier et différentes châtellenies, il était dû double taille de six en six ans en deniers seulement (Voy. *Appendice*, vol. II).

Les corvées justicières avaient, comme tous les droits de justice, leur origine dans l'impôt romain ou les abus qu'il avait engendrés. Cependant un assez grand nombre de corvées *à merci et volonté* étaient dûs, en Auvergne, au seigneur direct[1]. Plusieurs terriers du pays de Combraille attribuaient aux seigneurs une corvée à bras, un *arban* de huit en huit jours, et une charrette de quinzaine en quinzaine[2]. La coutume d'Auvergne de 1510 fixa à douze par année le nombre des corvées à merci et volonté, et les règlementa par plusieurs dispositions[3].

Les redevables étaient divisés en *charriables, corvéables* et *manœuvrables*. Le *charroi* était dû par ceux qui avaient des bœufs, la *corvée* par ceux qui avaient des bêtes portant bât, la *manœuvre* par les hommes qui ne possédaient que leurs bras[4]. La *bohade* ou *vinade* était une corvée très-usitée dans la Haute-Auvergne. Elle était due au seigneur pour aller chercher dans les vignobles sa provision de vin[5]. C'était une corvée reconnue à l'occasion de la concession originaire des tènements sur lesquels elle était assise.

Une autre espèce de corvée, qui avait pris naissance dans ces temps où la force et la violence dominaient exclusivement, c'est le *guet*[6].

Plusieurs chartes de l'Auvergne, notamment celle de Thiers[7], contenaient sur le guet des dispositions précises. La charte de Maringues en dispensait les habitants, sous la réserve de tous les autres droits et redevances[8]. Suivant celle de Vollore, une personne de chaque feu devait se présenter, au premier son de trompe, pour le service du château, sous peine d'une amende de cinq sous; en cas d'attaque ou de commencement d'occupation

[1] Voy. Masuer, tit. *de possessorio,* n° 19.

[2] Voy. Chabrol, t. III, p. 453.

[3] Voy. art. 456 et suiv. *Cout. d'Auvergne;* Chabrol, t. III, p. 450 et suiv.

[4] Voy. charte de Vollore (*Appendice,* vol. II); transaction de Montboissier (*Appendice,* vol. II); ratification de la charte de Maringues, de 1372 (*Append.,* vol. II); art. 457, 458 *Cout. d'Auvergne.*

[5] Art. 459 *Cout. d'Auvergne.*

[6] Voy., sur le service militaire que les justiciers avaient le droit d'exiger de leurs sujets, le chapitre V, tit. VII.

[7] Voy. *Appendice,* vol. II.

[8] Voy. *Appendice,* vol. II.

par l'ennemi, l'amende s'élevait à la somme de 60 sous, sans préjudice du service auquel la partie condamnée pouvait être contrainte par le seigneur [1].

Masuer dit que le seigneur avait non-seulement le droit de contraindre, en temps de guerre, ses justiciables à faire le guet, à son
château, mais encore les réparations, pourvu qu'il fût assez vaste et
fort pour la garde des habitants et de leurs biens, et que, dans un
péril imminent, ceux-ci pussent s'y rendre facilement ; sinon,
ils pouvaient se retirer dans le château le plus voisin. Les réparations, auxquelles ils étaient obligés, comprenaient, selon ce
coutumier, la *basse-court,* les *eschanguettes,* les *barbacanes,* les
*paliz* et le *pont-levis.* Le seigneur devait néanmoins y contribuer,
car, dit-il, il en retirait le principal avantage [2].

Les habitants du village de Chatuzat refusaient de faire le
guet et la garde à Aigueperse, où cependant ils avaient coutume
de se retirer avec leurs provisions et leurs richesses en temps de
guerre. Ils disaient qu'ils étaient justiciables de Jean, comte de
Montpensier, fils du duc de Berry, et que, par traité passé avec
Bernard de Ventadour, ancien comte de Montpensier, ils étaient,
moyennant certaines corvées, exempts de ce service dans la châtellenie de ce lieu. Des lettres-patentes du duc de Berry et d'Auvergne, du 23 avril 1388, considérant les périls dont la ville
d'Aigueperse était menacée, condamna les habitants de Chatuzat
à faire le guet pendant un an, leur réservant de jouir ensuite de
la faculté qui leur avait été accordée par le traité précité [3].

Le droit de guet était un droit de justice. Cependant les forains
qui, en temps de guerre, avaient leur retraite au château, étaient
tenus de la réparation des murs et des fossés, quoiqu'ils ne fussent pas de la justice du seigneur [4].

---

[1] Voy. *Appendice,* vol. II. — Voy. aussi les dispositions de la transaction
de Montboissier de 1403 (*Appendice,* vol. II).

[2] Tit. *de talliis,* n° 22.

[3] *Archives d'Aigueperse,* 1<sup>re</sup> partie, 2<sup>e</sup> sac ; voy. *Inventaire Mss* précité, *fol.* 17.
D'autres lettres patentes du duc de Berry, du 20 septembre 1411, ordonnaient
aux habitants des villages du comté de Montpensier, qui avaient coutume de
se retirer en temps de guerre à Aigueperse, de venir garder et défendre cette
ville (*Arch. d'Aigueperse,* 1<sup>re</sup> part., 3<sup>e</sup> sac ; voy. *Invent. Mss* précité, *fol.* 18, v°.)

[4] Masuer, *Loc. cit.,* n° 23. — La Coutume d'Auvergne reproduisit à peu
près les mêmes principes, chap. XXV, art. 17 et suiv.

La plupart des justiciers convertirent leur droit de guet en rentes qu'ils qualifièrent féodales. Une ordonnance de 1479 fixa les droits de guet à 5 sous par an[1].

Un des droits les plus remarquables des seigneurs est celui qu'ils eurent ou qui leur fut attribué sur les *vacants*. La propriété des vacants donna lieu, on le sait, à des luttes de toute sorte entre les seigneurs et les vassaux, entre les justiciers et leurs sujets, entre les seigneurs justiciers et les seigneurs féodaux. Il n'est pas une matière qui ait engendré plus de controverses. Il n'en est pas une non plus où les doctrines sur la nature et l'origine des institutions féodales aient exercé une aussi grande influence. Quelques chartes de l'Auvergne renferment des dispositions qui sont la conséquence de la propriété des seigneurs sur certains vacants[2]. On les voit dans plusieurs chartes disposer des pacages en propriétaires absolus[3].

Le bénéfice des *épaves*, c'est-à-dire des choses mobilières perdues, abandonnées, ou sans maître connu, fut aussi attribué aux seigneurs hauts-justiciers[4].

Ces seigneurs eurent, en outre, un grand nombre de droits utiles, tels que ceux d'*aubaine*, de *bâtardise*, de *déshérence*, d'*amende*, de *confiscation*, de *péage*, de *garenne*.

Les historiens sont loin d'être d'accord sur l'origine du mot *aubain*, et sur les personnes désignées primitivement par cette expression. Au XIIIᵉ siècle, les aubains étaient considérés comme étant de condition serve, ou, du moins, le seigneur justicier pouvait s'emparer de leur personne. C'était un odieux abus de la force, une appropriation inique, dans laquelle le fisc royal

---

[1] Un arrêt des Grands-Jours de Clermont, du 27 octobre 1665, régla le droit de guet à 3 sous pour la terre de Montvallat.

[2] Voy. chartes de Riom 1248, Besse, Montferrand et autres. La charte de Montferrand porte : « *Item* les vaccans ou *peazos....* qui seront hors le chemin doivent avoir chascune d'elle douze brasses de longueur et six brasses de largeur, et en chascune d'icelles le seigneur doit avoir, ung chacun an, une quarte de froment de cens. »

[3] Par une ancienne charte du mois de juin 1233, Guillaume, vicomte de Murat, concédait en ces termes les pacages aux habitants du château et de la ville de Murat : « *Volo et concedo omnibus habitantibus castri et villæ Murati quod ipsi possint depescere animalia sua, et habeant et sint pascua sua infra confinata.* »

[4] Voy. Bacquet, *Traité des droits de justice*, chap. 32 et 33.

prit sa part. De nombreuses chartes, coutumes et ordonnances constatent ce droit [1]. Les aubains étaient incapables de disposer par testament, et leur succession était appréhendée par les seigneurs justiciers.

Les *Établissements de Saint-Louis* reconnaissaient aussi aux seigneurs le droit de déshérence dans les successions des bâtards [2]. Masuer, après avoir dit que les bâtards étaient exclus de la succession de leur père et mère et de tous autres parents *ab intestat*, ajoutait que c'était contraire au texte de la loi romaine [3]. Aucun lien ne rattachait le bâtard aux parents de ses auteurs. Il ne pouvait transmettre sa succession qu'à ses enfants légitimes [4]. A défaut de ces enfants, sa succession était déférée au seigneur haut-justicier.

Ce seigneur succédait, en effet, à ceux de ses sujets qui mouraient sans héritiers. Ce droit *de déshérence* se trouve dans tous les anciens coutumiers [5]. Les chartes et les coutumes de l'Auvergne le consacrent également [6].

Quand c'était un fief qui restait en déshérence, le seigneur reprenait l'exercice de son droit primitif de propriété en succédant au vassal qui ne laissait personne pour le remplacer. La maxime attributive des terres féodales en déshérence aux seigneurs justiciers n'a pu se produire que par suite de l'oubli ou de la désuétude des principes fondamentaux du fief. Elle ne s'est établie que dans le seizième siècle.

Les chartes de l'Auvergne renferment aussi de nombreuses dispositions sur les droits *d'amende* et de *confiscation*, qui appartenaient aux seigneurs justiciers [7].

Les amendes étaient très-multipliées dans la législation des

---

[1] Le seigneur de Montferrand renonçait au droit d'aubaine dans la charte concédée à cette ville en 1291 (art. 78).

[2] « Quand bastard meurt sans hoir de sa femme, toutes les choses sont à ses seigneurs, à chacun ce qui sera en son fié. » (Chap. 95.)

[3] Tit. *de success.*, nº 23. — Voy. aussi art. 89 *Cout. d'Auvergne.*

[4] Masuer, *Loc. cit.* — Voy. art. 90 *Cout. d'Auvergne.*

[5] Voy. notamment *Assises de la cour des bourgeois*, ch. 89, 96.

[6] Voy. art. 42 charte de Montferrand, charte d'Aigueperse et autres; Masuer, tit. *de success.*, nºs 1 et 20.

[7] Voy. chartes de Montferrand, Billom, Aigueperse et autres, *passim.*; spécialement pour la confiscation, art. 133 charte de Montferrand.

deux premières races; elles le furent autant dans la législation coutumière. Sous l'empire des règles coutumières, les amendes furent, comme dans les temps antérieurs, un droit de justice, confondu avec tous ceux qui étaient perçus par le justicier.

Les dispositions sur la confication furent très-variées; mais, d'après un principe général, et presque sans exception, le bénéfice de la confiscation, toutes les fois qu'il avait pour effet de dépouiller le coupable et sa famille, profitait au seigneur haut-justicier du lieu de la situation des biens. Dans les temps féodaux, de même qu'aux époques antérieures, c'est le justicier qui a le bénéfice de la confiscation, comme il a celui des amendes.

Les *droits de péage* étaient perçus autrefois dans leurs domaines par les seigneurs qui jouissaient du privilége de l'immunité[1]. Plusieurs concessions des rois permirent aux seigneurs d'en percevoir; mais souvent aussi ils établirent ces droits sans aucune permission, et le temps consacra ces usurpations. Toutefois, les seigneurs *péagers* furent obligés de *tenir en sûreté* les voyageurs. Ragueau et de Laurière[2] font connaître plusieurs arrêts du XIII<sup>e</sup> siècle qui constatent le principe de cette responsabilité[3]. Boucheul rapporte aussi un arrêt de 1254, rendu contre le seigneur de Crévecœur, qui l'aurait condamné à indemniser des voyageurs dépouillés pendant le jour dans un chemin où le péage était dû[4]. Mais le texte de cet arrêt semble reposer sur un autre principe, car il paraît supposer que le voleur était le sieur de Crévecœur lui-même : « Condemnatus fuit dominus ad *restituendum* ipsis mercatoribus sibi ablata. »

Enfin, le *droit de garenne,* qui était aussi un droit de justice, fut l'un des droits seigneuriaux les plus oppressifs. Dans tous les lieux où il existait une *garenne,* le seigneur seul pouvait chasser ou pêcher[5]. Aucun droit ne souleva de plus nombreuses et de plus vives réclamations. Les seigneurs de Montferrand avaient

---

[1] Voy. capit. *de villis,* c. 63 ; 13<sup>e</sup> capit. de 811, c. 4 ; capit. de 820, c. 3.

[2] V<sup>o</sup> *Péage.*

[3] Voy. aussi art. 454 *Cout. d'Auvergne.*

[4] Boucheul, v<sup>o</sup> *Péage,* t. II, p. 996.

[5] Voy. sur l'origine, la nature et les vicissitudes de ce droit, les excellentes pages de M. Championnière, *Loc. cit.,* n<sup>os</sup> 30 à 44.

rénoncé à ce droit par la charte octroyée à cette ville, en 1291[1]. Les Etats de 1356, qui tentèrent plusieurs réformes importantes, attaquèrent les garennes et en ordonnèrent la suppression. Mais l'abus persista[2].

Les *banalités*, parmi lesquelles il faut ranger le droit de garenne, dont nous venons de parler, doivent aussi être considérées comme l'un des abus les plus odieux du pouvoir seigneurial. Tous les anciens monuments présentent les banalités comme appartenant à la puissance justicière, comme étant des droits de justice. Parmi ces droits, le nom de *banalité* fut spécialement consacré à certaines prohibitions, faites au profit du seigneur, qui ne pouvaient s'établir que par une publication.

Les banalités furent moins nombreuses en Auvergne que dans d'autres provinces. On y connaissait le *droit de banvin*. Suivant la charte de Maringues, ceux des habitants qui demeuraient dans les censives du seigneur, appelées la *franchise*, pouvaient vendre leur vin pendant tout le mois d'août, excepté le dimanche jusqu'après vêpres et le lundi à partir de cette heure jusqu'au lendemain. Les fermiers du seigneur avaient seuls le droit de vendre dans cet intervalle. Quant à ceux qui n'habitaient point dans les censives du seigneur, il leur était interdit de vendre du vin pendant tout le mois d'août, s'ils n'avaient pas l'autorisation des fermiers[3]. A Vollore, le seigneur s'était réservé le ban d'août chaque année pour vendre son vin, et personne n'avait le droit d'en vendre pendant ce temps[4]. La charte de Thiers accordait, au contraire, expressément le droit de vendre le vin dans le mois d'août, comme dans les autres mois de l'année[5]. Celle de Billom laissait aux habitants la même liberté[6].

---

[1] Art. 80. — La charte d'Aigueperse accordait aux habitants la liberté de pêcher et de chasser dans certaines limites indiquées et sur tout le territoire de la justice d'Aigueperse, excepté les bois, forêts et garennes du seigneur. Voy. aussi la transaction de Montboissier (*Appendice*, vol. II), et charte de la Roquebrou, art. 1er (*Append.*, vol. II).

[2] Au XVIe siècle, les Coutumes ne contenaient plus la définition exacte des garennes. Voyez cependant *Cout. d'Auvergne*, tit. XXVIII, art. 22.

[3] Charte de Maringues de 1225 (*Appendice*, vol. II).

[4] Charte de Vollore de 1312 (*Appendice*, vol. II).

[5] Charte de Thiers de 1272 (*Appendice*, vol. II.)

[6] Charte de Billom de 1281 (*Appendice*, vol. II).

Le seigneur de Montferrand avait aussi renoncé au droit de banvin dans la charte octroyée à cette ville en l'an 1291 [1].

Une banalité dont l'origine est incertaine, et qui ne paraît pas remonter au-delà du XI⁰ siècle, est celle des fours et moulins. Quelques chartes de l'Auvergne renferment des dispositions sur la banalité des fours. L'article 36 de la charte de Riom de 1270 en parle pour maintenir l'ancienne coutume. La charte de Vollore porte que le seigneur de Vollore tiendra deux fours banaux et que les autres fours subsisteront comme par le passé. Celle d'Aigueperse dispose que les habitants de cette ville et franchise sont libres de cuire à celui des fours banaux de la ville qu'il leur plaira de choisir, en payant le droit de banalité de ce four, selon l'ancien usage, par chaque setier. La charte ajoute que si, par la faute des fourniers ou autres employés du seigneur, le pain était détérioré et mal apprêté, ils seraient tenus de dédommager le propriétaire, et que, si le préjudice excédait douze deniers, ils payeraient sept sous d'amende au seigneur.

Suivant la charte de Maringues, pour faire cuire le pain dans le four de la ville, il fallait payer quatre deniers par setier de blé. La charte de Riom de 1248 renferme la même disposition.

Il existait, en Auvergne, un droit connu sous le nom de *fournage, furnagium*, qui était payé dans certaines localités par les habitants pour obtenir la permission d'avoir des fours particuliers, quand le seigneur avait le droit de banalité [2].

La charte de Thiers, confirmée en 1301, abolit la banalité des moulins, et permet aux habitants de faire moudre leur blé où bon leur semblera, malgré toute défense et publication contraire.

L'article 36 de la charte de Riom la conserve avec d'autres anciennes coutumes.

Selon la charte de Besse, on doit donner une coupe pour faire moudre un setier au moulin de la ville.

La transaction intervenue, en 1403, entre le seigneur de Montboissier et les habitants de différentes châtellenies, contient plu-

---

[1] Charte de Montferrand, art. 80 (*Appendice*, vol. II).

[2] Dans le Forez, le *fournage* était le droit payé au seigneur pour l'usage du four banal (Glossaire de Pierre Gras, v⁰ *Fournage*, dans le 3⁰ vol. de l'*Hist. des ducs de Bourbon et des comtes du Forez*, par de la Mure, pièces supplém., p. 113 et suiv.)

sieurs clauses qui maintiennent la banalité. Elle permet d'aller faire moudre, n'importe dans quel moulin, les blés achetés au dehors; mais elle enjoint de les faire moudre aux moulins banaux, dès qu'ils sont introduits dans le district de ces châtellenies[1].

Il existe plusieurs dispositions sur les bans de vendanges dans les chartes de l'Auvergne. Selon la charte de Thiers, le seigneur, ou son bailli, arrête, chaque année, le ban des vendanges, avec le conseil des chevaliers, des chanoines, et d'autres hommes probes; ce ban est publié, suivant l'usage, sur la place du château ou de la ville. Pendant les deux jours qui précèdent l'ouverture de la vendange, le seigneur a le droit de faire vendanger les vignes qu'il possède en pleine propriété, et même celles dans lesquelles il n'a droit qu'à la moitié, au tiers ou au quart de la récolte.

La charte de Vollore renferme une disposition à peu près semblable : au moment de la vendange, les consuls adressent une requête au seigneur, ou à son bailli, pour avoir l'autorisation de vendanger. Le seigneur est tenu d'obtempérer à cette réquisition, mais sous la réserve du droit de vendanger deux jours avant les habitants.

La charte de Billom, au contraire, abolit les bans de vendanges, et laisse toute liberté aux consuls, qui ne sont tenus de solliciter et d'obtenir aucune autorisation du seigneur ou de son bailli.

La plupart des chartes, notamment celles de Maringues, de Riom (1248), de Besse, de Montferrand, d'Aigueperse, contenaient de nombreuses dispositions sur la *leyde*, ou droit perçu par le seigneur sur la vente des denrées et marchandises de toute nature dans les foires et les marchés.

La leyde la plus importante était celle du blé et des autres grains. Suivant la charte de Maringues, le droit de leyde est d'une quarte sur cinq[2]. La charte de Riom (1248) porte que ce droit est, par setier, d'un coupe (*copa*), dont huit font

---

[1] Voy. ce titre, à l'*Appendice*, vol. II.

[2] « *Item* de omnibus bladis venditis...... debetur nobis pro leydâ, pro quinque una quarta bladi... »

une quarte [1]. Celle de Billom dit qu'il sera payé, par setier, une coupe, dont trente-deux font une quarte [2]. C'était la trente-deuxième partie du blé vendu. La charte de Montferrand s'exprime ainsi : « D'un chascun sextier froment, avoyne, orge et autre semblable grain une coupe de leyde, laquelle doit estre telle que les huit facent la quarte de la grandeur qu'est la quarte de piarre estant auprez la chapelle dudict Montferrand. »

Plusieurs chartes renferment une longue énumération des marchandises et denrées payant le droit de leyde, et fixent la quotité de ce droit.

On y trouve le tarif auquel sont soumis les marchands de bestiaux[3], de peaux[4], de poissons[5], de bois[6], de cercles[7], de vaisselle de terre[8],

---

[1] « De quolibet sextario cujuscunque bladi quamdam copam, quarum octo faciunt quartam unam. » — La charte de Besse porte : « De totas anonas del sistier una copa de leida ; e las VIII fant la copa. » — Celle d'Aigueperse se borne à dire : « ...... pour chacun septier payeront une coupe de leyde. »

[2] « Percipiatur pro leyda una copa de eodem blado tantum, de quibus copis debent perficere triginta et duæ unam cartam. »

[3] Un cheval, une jument, un mulet, une mule, sont taxés à quatre deniers (chartes de Maringues, de Riom [1248], de Besse, de Montferrand, d'Aigueperse). — Une douzaine de brebis ou de moutons, de chèvres ou de chevreaux, paie un denier (chartes de Riom, Besse, Montferrand, Aigueperse). La charte de Maringues taxe un bouc ou une chèvre à une obole (moitié du denier), et une brebis à une picte (le quart d'un denier). Selon la même charte, un porc ou une truie paie un denier. La truie accompagnée de ses petits encore à la mamelle est taxée à la même somme ; mais si les petits vendus séparément excèdent la valeur de deux sous, ils paient un denier.

[4] Un cuir de bœuf, de vache, de cheval, ou de mulet, est taxé à une obole ou une maille (chartes de Maringues, Riom, Besse, Montferrand, Aigueperse). La douzaine de peaux de brebis, moutons, ou chèvres, est taxée à un denier (chartes de Riom, Besse, Montferrand, Aigueperse). La charte de Maringues taxait à un denier le cuir d'un bouc ou d'une chèvre, mais elle permettait aux marchands de peaux de s'abonner moyennant six deniers par an.

[5] Chaque charretée de poisson payait six deniers (chartes de Riom, Besse, Montferrand, Aigueperse, et autres).

[6] Une charretée de _madière (carrata maderia)_ payait un denier (chartes de Maringues, Riom, Besse, Montferrand, Aigueperse). Sur une charretée de bois, il était pris deux bûches (chartes de Riom, Besse, Montferrand). La charte d'Aigueperse taxait la charretée de bûches à une maille.

[7] Une charretée de cercles était taxée à quatre deniers par la charte de Maringues, à douze par celle d'Aigueperse, et à un faisceau de cercles par plusieurs autres (chartes de Riom, Besse, Montferrand).

[8] Une charretée de pots ou autres vases de terre était taxée à un denier (chartes de Maringues, Riom, Besse, Montferrand, Aigueperse).

de fruits[1], de sel[2], de meules de moulins[3], de toile[4], de cire[5], etc., etc.

Ceux qui avaient une maison ou un domicile dans la ville, où ils vendaient leurs denrées ou marchandises, n'étaient tenus de payer aucun droit de leyde [6]. Mais tout marchand, qui n'était pas dans cette situation, était, en général, soumis à un droit de leyde de six deniers par an [7].

Les débiteurs de la leyde, qui ne versaient pas entre les mains du fermier le montant du droit dans les huit jours, étaient passibles d'une amende de sept sous, dont le paiement ne les dispensait pas d'acquitter la leyde [8].

Le droit de *lods et ventes* était payé, lors de la vente d'un immeuble tenu en censive, au seigneur duquel cet immeuble relevait. Au moyen-âge, ce droit existait en Auvergne, comme dans toutes les autres provinces.

Suivant l'art. 8 de la *Première paix d'Aurillac,* le secrétaire du consulat devait, quand il entrait en fonctions, jurer de faire connaître à l'abbé seigneur, dans le mois de la réception des actes passés sous le sceau de la communauté, le véritable prix des immeubles vendus par ces actes et sur lesquels l'abbé ou ses officiers avaient à exercer le droit de vente.

---

[1] Selon la charte de Maringues, une charretée de fruits est taxée à quatre deniers, lorsque le char est à quatre roues, et à deux deniers, lorsqu'il est à deux roues. La charte de Riom taxe sans distinction à un denier la charretée de fruits.
La *somade,* la charge de fruits *(saumata, onus, fays)* payait une obole ou une maille (chartes de Maringues, Riom, Besse, Montferrand, Aigueperse)

[2] Il était dû par chaque setier de sel une *poignée* ou *manée,* et une autre pour le terrage (chartes de Montferrand, Aigueperse et autres); à Maringues, une coupe sur quinze quartes.

[3] Chaque meule de moulin était taxée à deux deniers (chartes de Maringues, Riom, Besse, Montferrand, Aigueperse).

[4] Selon la charte de Maringues, une pièce de toile de plus de trois aunes payait une obole; si elle excédait quatre aunes, un denier. Les chartes de Riom, de Besse et de Montferrand taxaient à un denier la pièce de toile qu'un homme portait à son cou.

[5] Etaient taxées à un denier la rondelle de cire *(rota cere)* vendue par un colporteur, et à deux deniers celle qui était vendue par le marchand qui avait un étalage (chartes de Maringues, Riom, Besse, et autres).

[6] *Voy.* chartes de Maringues, de Riom, 1248, de Riom, 1270, de Montferrand, Aigueperse et autres.

[7] Chartes précitées.

[8] *Voy.* chartes de Billom, Montferrand, Aigueperse et autres.

Ce droit, dans la Haute-Auvergne, était, en général, du sixième denier [1].

Le taux du droit de lods et ventes n'était pas le même dans toutes les chartes de la Basse-Auvergne [2] : les unes le fixaient à douze [3], les autres à vingt deniers [4] par livre, en d'autres termes, au vingtième ou au douzième du prix.

Suivant la transaction de Montboissier de 1403, le droit de lods était du tiers des ventes et du quart des sous-ventes [5], c'est-à-dire de 11 sous 8 deniers par livre.

Il n'y avait pas non plus d'uniformité dans les dispositions des chartes sur le point de savoir par qui les droits de lods et ventes devaient être payés. D'après quelques chartes, c'était le vendeur qui en était tenu [6] ; dans d'autres, c'était l'acheteur [7].

Nous pouvons encore citer plusieurs droits qui n'étaient pas

[1] Suivant André d'Apchon.

[2] La coutume d'Auvergne de 1510 ne s'expliquait pas sur le taux des lods et ventes. L'article 1er du chapitre XVI portait seulement : « Au pays d'Auvergne coustumier, tant Haut que Bas, loux et ventes sont seulement deues en contract de vendition de chose immeuble, pourveu qu'il ait sorti effect.» On s'en référait au titre, ou à l'usage, lorsqu'il était constant.

[3] La charte de Riom de 1248 porte : « Quicumque vendit apud Riomum domum nos habemus in qualibet precii illius venditionis libra duodecim denarios ratione vendarum. » — Celle de Montferrand s'exprime ainsi : «Ung chascun qui aura achapté ou achaptera maison ou autre heritaige mouuant du cens dudict seigneur il payera et sera tenu payer douze deniers pour livre de vantes.» — La charte de Besse dit : «Qui sa maiso vendra, dara dits XX sol. 12 d. de vendas.»

[4] « Quiconque acheptera terre, maison ou autre chose en ladite ville, ou en la franchise qui mouera de nous, payera pour vente de vingt sols, vingt deniers. » (Charte d'Aigueperse). — La charte de Vollore porte : « Si aliquis existens de ipsa franchisia vendiderit domum vel alia bona immobilia, tenebitur Domino pro viginti solidis pretii solvere viginti denarios de venditionibus, et sic deinceps. »

[5] La transaction de Montboissier porte : « Emptores quidem tantum quantum ascendet tertia pars rei venditæ pro vendiis et laudimiis, venditores autem quantum ascendet quarta pars pretii hujusmodi rei venditæ pro sub-vendis solvere tenebuntur. »

[6] Voy. charte de Maringues. La disposition de cette charte est ainsi conçue : « Item quicumque vendiderit domos seu proprietates existentes in dictâ villâ Maringii seu infrà fines ejusdem moventes de censivis nostris, tenebitur nobis et successoribus nostris solvere tercium decimum denarium de venditione tantum. » — Voy. aussi chartes de Besse, Vollore, précitées.

[7] Voy. notamment chartes de Montferrand, Aigueperse, précitées. — Voyez aussi la disposition particulière de la transaction de Montboissier citée ci-dessus.

pratiqués d'une manière uniforme dans toutes les terres. Tel était, par exemple, le *droit de moisson*, appelé, en quelques endroits, *vigerie* ou *viguerie*. C'était une redevance pour contribuer aux gages des officiers du seigneur et aux frais de justice. Les prévôts de Riom usaient de ce droit dans les XIIIᵉ et XIVᵉ siècles[1].

Le *misement*, en usage surtout dans le pays de Combraille, était dû sur des terres qui ne pouvaient être cultivées annuellement, et qui étaient abandonnées au premier occupant, moyennant ce droit, lequel était ordinairement de moitié pour le seigle, et du tiers pour l'avoine.

Le droit *de bandie*, usité dans différentes seigneuries des pays vignobles de l'Auvergne, était de 6 deniers par œuvre de vignes. Le seigneur de Montferrand renonçait à ce droit par la charte de 1291[2].

Le droit de *muage, mutagium*, droit payé au seigneur dans les mutations de fonds censuels, était établi par un grand nombre de terriers. Dans quelques terres, il emportait le double cens. Dans d'autres, il consistait en une certaine quantité de froment, l'année de la mutation.

Le droit de *porterage, porteragium*, était une redevance personnelle due par chaque feu ou *porte*[3]. Dans certaines localités, il était dû une poule par feu, *gallina foci*.

La transaction de 1403 entre le seigneur de Montboissier et les habitants de plusieurs châtellenies comprenait cette redevance au nombre des droits qu'elle supprimait.

Dans plusieurs terres, et notamment dans celle de Combraille, il y avait le *droit de noces*, qui était dû pour le mariage des filles. Il s'appelait aussi *corsage*, ou *pontenage*, par exemple, à Biozat, où il était réglé à 7 sous 6 deniers[4].

Fléchier parle du droit de noces, dans ses *Mémoires sur les*

---

[1] Chabrol dit avoir vu plusieurs quittances par eux données pour ce droit (vol. III, p. 482).

[2] Art. 80 précité.

[3] Dans le Forez, le *porterage* était une redevance payée au seigneur par les vassaux de son Mandement pour l'aider à entretenir un portier ou gardien dans le château *(terrier de la Bâtie*, cité par Pierre Gras dans son *Glossaire*, vᵒ *Porterage*, 3ᵉ vol. de l'*Hist. des ducs de Bourbon*, pièces suppl., p. 113 et suiv.).

[4] Chabrol, vol. III, p. 484. — *Voy.* charte de Besse *(Appendice,* vol. II).

*Grands-Jours d'Auvergne* : « il y a un droit, dit-il, qui est assez commun en Auvergne, qu'on appelle le droit de noces. Autrefois, on ne l'appeloit pas si honnêtement.... Ce droit, dans son origine, donnoit pouvoir au seigneur d'assister à tous les mariages qui se faisoient entre ses sujets ; d'être *au coucher* de l'épousée... Cette honteuse cérémonie a été changée en reconnaissance pécuniaire, et, par un accord mutuel, les seigneurs ont demandé des droits plus solides, et les sujets ont été bien aises de se rédimer de cette loi si dangereuse à leur honneur[1]. » Ces usages, auxquels Fléchier fait allusion, sont si révoltants que l'on se persuade difficilement qu'ils aient jamais pu constituer un droit. Nous ne voulons pas insister sur ce point, et nous renvoyons le lecteur à Ducange, v° *Marcheta.*

Nous n'avons pas épuisé la liste des droits seigneuriaux usités en Auvergne[2]. Il faudrait un plus grand nombre de pages pour rappeler une foule de redevances féodales, dont le principe était au fond le même, la reconnaissance de la supériorité du seigneur. Ce principe avait donné lieu aux usages les plus étranges, les plus bizarres.

C'est ainsi que le seigneur de Châteaugay était obligé de porter, le premier jour de chaque année, un verre d'eau au seigneur de Tournoelle[3].

Le *jetement d'œufs* était un usage plus singulier encore : Les seigneurs de Mercœur, le jour de saint Gall, envoyaient à Langeac leur châtelain de Chillat. Cet officier faisait solennellement son entrée dans Langeac par une porte désignée pour la cérémonie, et il jetait mille ou douze cents œufs dans les rues de la ville. Ce droit ne fut aboli que le 7 mai 1522, par des lettres de Charles, duc de Bourbonnais et d'Auvergne, portant qu'il se pratiquait à *grand mocquton et scandale et irrision de justice.* Les

---

[1] P. 157, 2e édition.

[2] Nous parlerons, dans la section suivante, des droits honorifiques, dont les seigneurs jouissaient, mais le plus souvent à un autre titre que celui de justicier.

Un droit qui fut généralement reconnu au justicier par préférence au seigneur féodal était celui de se qualifier *seigneur du village* ou *de la paroisse* (voy. Loiseau, *Des Seigneuries,* ch. XI, n° 11).

[3] Voy. *Notice sur le château de Tournoelle,* par M. Gonod, *Annales de l'Auvergne,* 1831, p. 228.

lettres déchargeaient le sieur de Langeac de cette coutume *folle et incivile* [1].

Le marquis de Saint-Floret avait encore, en 1665, le droit d'envoyer, tous les ans, sur la tour d'un ses voisins, un trompette qui allait, au plus haut, entonner quelque air joyeux [2].

Nous ne prolongerons pas le récit de toutes les singularités des usages féodaux, qui étaient le plus souvent le fruit de l'ignorance, de la vanité, d'une domination sans contrôle et d'un pouvoir capricieux et sans limite.

Peu à peu, et surtout dans le cours des XVIe et XVIIe siècles, la plupart des droits utiles, que nous avons rappelés sous cette section, furent enlevés aux seigneurs et déclarés régaliens. Les autres ne leur furent laissés qu'à titre de concession ou de tolérance royale. Au XVIIIe siècle, le progrès des mœurs et de la civilisation fit tomber en désuétude un grand nombre d'usages féodaux et ridicules. Après que le pouvoir des seigneurs eut cessé d'être redoutable pour la royauté, à la domination seigneuriale succéda le régime du privilége et de l'inégalité. La Révolution balaya tous ces vestiges d'un ordre de choses qui avait duré trop longtemps.

## SECTION VI.

### Des Biens de l'Eglise dans leurs rapports avec le Droit féodal.

L'Eglise ne resta pas en dehors du système féodal; non-seulement elle y entra, en éludant l'incapacité de posséder des fiefs, dont elle était atteinte dans les premiers temps, et en acquérant à titre de fief d'immenses domaines, mais elle subit aussi les conséquences de ce système. Nous en signalerons ici quelques-unes en exposant sommairement les notions les plus générales sur les dîmes inféodées, l'inféodation des églises, les fiefs de

[1] Voyez le titre de 1360 et les lettres de 1522, dans le IVe volume de Chabrol, p. 285 et suiv.

[2] Voy. *Mémoires de Fléchier sur les Grands Jours d'Auvergne*, p. 257.

dévotion et de reprise, le droit de patronage et des bénéfices-cures; puis, en rappelant ce qui concerne la mise hors de main ecclésiastique, les droits d'indemnité ou de nouvel acquêt et d'amortissement.

Nous avons indiqué ailleurs [1] l'origine de la dîme. Celle des dîmes laïques ou *inféodées* est plus incertaine. Nous ne rechercherons pas si toutes les anciennes dîmes venaient de l'Eglise, pas plus que nous n'insisterons sur le faux de Gratien relatif à la révélation faite à saint Eucher au sujet des supplices endurés dans l'enfer par Charles Martel pour avoir distribué des dîmes ecclésiastiques à ses soldats [2]. Toutes ces anciennes controverses, toutes ces vieilles fables n'offrent aujourd'hui qu'un médiocre intérêt.

On reconnaît généralement que la cause, sinon unique, du moins principale, des dîmes inféodées, est dans la cession que l'Eglise, pour avoir des protecteurs, fit, à titre de fief, à des seigneurs puissants, d'une partie de la dîme, que les capitulaires l'avaient autorisée à percevoir [3]. Cette inféodation eut lieu du Xe au XIIe siècle.

Plusieurs conciles avaient ordonné aux laïques de restituer des dîmes inféodées; mais leurs prescriptions étaient restées sans exécution, quand parut le célèbre canon du concile de Latran de l'an 1179. C'est à ce canon que les laïques durent la paisible possession de leurs dîmes inféodées. On conclut des termes dont s'était servi le concile que, n'ayant pas ordonné aux laïques de rendre les dîmes, mais leur ayant seulement défendu de les transférer à d'autres laïques, ils étaient autorisés à les garder [4].

Le chapitre 34 des libertés de l'Eglise gallicane déclara, pour les Français, le *droit de retenir dîmes en fief par gens purs laïcs* [5].

Enfin, on admit que pour être maintenu dans le droit de percevoir les dîmes, il fallait produire un titre d'inféodation antérieur au concile de Latran, ou établir une possession immémo-

---

[1] *Suprà*, tit. IV, ch. 2, sect. 1re.

[2] Voy. Décret de Gratien, pars secunda, caus. 16, Quæst. 1, cap. 59, n° 2.

[3] Voy. notamment de Héricourt, *Traité des loix ecclésiastiques*, chap. *des dixmes*; Durand de Maillane, *Dict. de dr. can.* v° *Inféodation*.

[4] Voy. Durand de Maillane, *Loc. cit.*

[5] *Libertés de l'Eglise gallicane*, par P. Pithou, ch. 34 et preuves.

riale de cent ans, sans que les possesseurs fussent obligés de rapporter des actes d'aveu et de dénombrement [1].

En 1579, Basmaison critiquait sévèrement la dernière règle concernant la possession : « Sans acte, instrument ne tiltre quelconque, ne se devoit, disait-il, tollerer telle usurpation sur l'Eglise, mesmement que les curez qui sont aujourd'huy les moindres bénéfices, sont portées par pauvres et simples prestres, la plupart d'iceux commensaulx et domestiques des nobles, qui s'emparent desdits dixmes soubs ce masque, que le curé est en leur maison, et après longues années de jouissance, ils mettent en avant le tiltre d'inféodation présumptive [2]. »

Un assez grand nombre de dîmes inféodées avaient été rachetées ou abandonnées. En Auvergne, comme dans plusieurs autres provinces, elles ne disparurent entièrement qu'à l'époque de la Révolution.

Des églises mêmes avaient été inféodées. On en vit qui étaient administrées en partie par le droit ecclésiastique et en partie par le droit laïque [3].

Il y eut aussi des *fiefs de dévotion* et *de reprise*. Des possesseurs, mûs par des idées de piété, reconnaissaient tenir leurs biens de la vierge ou des saints, du pape ou des évêques, auxquels ils en avaient fait hommage. Ils cédaient leurs domaines aux églises, aux abbayes, pour les reprendre immédiatement *à titre de fief*. S'ils décédaient sans postérité du sexe masculin, c'était l'église ou l'abbaye qui leur succédait.

C'est ainsi que Guy II, comte d'Auvergne, pour obtenir du secours contre Robert, évêque de Clermont, son frère, donna, en 1198, sa terre de Châtelguyon au pape et la reprit de lui en fief, moyennant une once d'or pour droit de mutation. Ses ancêtres en avaient fait autant pour le château appelé *Uteo* [4].

---

[1] C'était l'opinion de Dumoulin, in C. *prohibemus de decim.*, lib. 3, cap. 30, tit. 4, p. 156. Voy. aussi art. 1er, édit de juillet 1708. — Le parlement de Paris exigeait cependant, avec la possession, le concours d'actes de féodalité, tels que l'aveu ou le dénombrement (Voy. arrêt du 31 août 1658).

[2] *Sommaire discours des fiefs et rierefiefs* p. 25.

[3] Voy. Recueil des conciles, année 1095, t. X, p. 507 ; Observ. de Marca sur le 7e canon de Clermont.

[4] Baluze, t. II, p. 77. — Cet acte est de 1198, et non de 1298, comme l'indique le recueil de Baluze, sans doute par suite d'une erreur typographique

Héraclé de Polignac avait donné de la même manière, en 1181, ses biens au chapitre de Brioude[1].

Les fiefs de reprise pouvaient ne pas être des fiefs de dévotion ; par exemple, lorsque les possesseurs convertissaient leurs alleux en fiefs pour acquérir la protection d'un laïque, seigneur puissant.

Souvent un seigneur fondait une église, ou bien il donnait à titre de *bénéfice-cure* des terres de son fief à une église déjà existante, et réservait à titre de fief à sa terre le *droit de patronage* sur l'église nouvelle ou ancienne. Ce droit de patronage contenait celui de présentation ou de nomination aux charges de l'église, et plusieurs *droits honorifiques*, destinés à flatter la vanité, tels que le droit d'avoir un banc dans le chœur, de recevoir de l'eau bénite par aspersion avec une inclination de tête du curé, de recevoir le pain bénit immédiatement après le clergé en surplis, etc.[2].

Les droits honorifiques furent aussi accordés au seigneur haut-justicier, mais seulement à défaut du fondateur ou du patron[3].

Le droit de patronage, du moins lorsqu'il était *réel*, était transmis à l'acheteur de la terre seigneuriale à laquelle il était attaché. Un patron pouvait rendre *personnel* un patronage réel en le détachant de la terre, et en vendant le fief et la seigneurie avec réserve du droit de patronage pour lui et pour sa famille.

Le droit de patronage, qui permettait à certains seigneurs d'influer sur l'état moral des paroisses, subsista jusqu'à la Révolution.

Enfin, le grand nombre de biens possédés par les églises et les communautés religieuses à titre de fiefs, ou autrement, donna naissance à *la mise hors de main ecclésiastique*, aux *droits d'indemnité* ou de *nouvel acquêt* et *d'amortissement*.

La possession des terres par des corps ecclésiastiques, par des

---

[1] Baluze, t. II, p. 63 et 64.

[2] Voy. Durand de Maillane, *Dict. de dr. can.* vis Collation, patronage ; Maréchal, *Traité des droits honorifiques des seigneurs*, p. 306, et Duperrai, *Droits honorifiques*, liv. I, ch. 10.

[3] Voy. M. Championnière, *Loc. cit.*, n° 829.

gens de *main-morte*[1], était préjudiciable aux seigneurs supérieurs, car ces corps, ces communautés ne mourant point, n'aliénant jamais, les biens qui leur appartenaient étaient à vrai dire hors du commerce et de la circulation. Tous les droits que les seigneurs pouvaient exiger, à chaque mutation, quand il s'agissait de ventes entre personnes laïques, se trouvaient éteints ou *amortis* dès que les biens étaient entrés dans la possession de l'Eglise[2]. Ainsi, en Auvergne, le seigneur direct perdait pour l'avenir l'espoir de percevoir les droits de lods et ventes, d'exercer le retrait censuel, le droit de surjet. Les droits de confiscation, de déshérence, étaient perdus pour le seigneur haut-justicier. Le seigneur suzerain était également privé pour l'avenir du droit d'exercer le retrait féodal, la commise.

Or, les seigneurs eurent le droit, quand il y avait une aliénation en faveur de communautés ecclésiastiques[3], de les contraindre à mettre les biens, qui leur étaient advenus, hors de leurs mains, à les mettre en *main laïe*, c'est-à-dire à les vendre à des personnes laïques. Si les églises ou monastères n'obéissaient pas, dans l'an et jour, à la sommation qui leur en était faite, le seigneur avait le droit de se mettre en possession et de profiter des fruits, jusqu'à ce que les biens fussent vendus à une personne capable.

Ces principes, que Masuer expliquait avec une grande netteté[4], et dont l'origine remontait au XIIIe siècle[5], furent plus tard consacrés par la coutume d'Auvergne[6].

Souvent les seigneurs supérieurs accordaient la dispense de mettre hors de mains, mais c'était à la charge par les gens de main-morte de payer une certaine somme appelée *droit d'indemnité* et *de nouvel acquêt*.

---

[1] On appelait gens de *main-morte* les membres des corporations ecclésiastiques et même laïques, parce qu'ils avaient, a-t-on dit, la main *vive* pour recevoir et *morte* pour rendre.

[2] Voy. de Laurière, préf. du t. Ier des *Ordonnances du Louvre*, p. X et XI.

[3] Ou d'autres gens de mainmorte.

[4] Tit. de *locato*, n° 20.

[5] Voy. *Etablissements de saint Louis*, liv. I, ch. CXXV, Rec. Isambert, t. II, p. 522; Beaumanoir, *Cout. de Beauvoisis*, chap. XII, n° 5. — Voy. aussi Loisel, *Instit.*, liv. 1er, tit. I, reg. 57-60; Odier, *Revue hist. de dr. franç.*, t. VII, p. 416.

[6] Art. 265, 266, 267, 290, *Cout. d'Auvergne*.

Vers la fin du XIV⁰ siècle, il était déjà posé en principe que *nul ne pouvait amortir que le Roi*[1], que le *droit d'amortissement* était régalien[2].

Cependant, Basmaison pensait que les lettres d'amortissement accordées par le prince ne privaient pas les seigneurs du droit d'exercer la *mise hors de main*. Chabrol, qui écrivait en 1784, se contentait de dire que néanmoins depuis plus d'un siècle l'amortissement enlevait aux seigneurs cette faculté[3]. Lorsque le droit d'amortissement fut régalien, lorsque l'intervention du Roi opéra seule valable *amortissement*, le *droit d'indemnité* resta seul aussi aux seigneurs pour la perte des droits qu'ils ne pouvaient percevoir sur les terres de leur mouvance acquises par les gens de main-morte.

En Auvergne, le seigneur ne pouvait pas, comme dans d'autres provinces, exiger, outre l'indemnité, l'*homme vivant et mourant*, par la raison que sa mort ne pouvait y donner ouverture à aucun droit, puisqu'il n'y était pas dû de droits par succession[4].

On se demandait si l'indemnité devait être payée aux seigneurs, dans le cas même où l'Eglise acquérait des dîmes inféodées. Plusieurs auteurs pensaient qu'elle n'était pas due, parce que ces dîmes avaient été dans l'origine des biens purement ecclésiastiques, acquis par les seigneurs d'une manière plus ou moins légitime, et que le clergé ne faisait alors que rentrer dans son bien en les reprenant[5]. Les partisans de cette opinion invoquaient un motif qui, pour un grand nombre de cas, n'était pas conforme à la vérité historique.

[1] Ce principe existait, en 1372, daus une ordonnance de Charles V; voy. aussi de Laurière, *Instit.*, liv I, tit. I, n⁰ 59, p. 92.

[2] Voy. Bouteillier, *Somme rural.* édit. de 1611, liv. I, tit. LXXXIV, p. 490 et 491; Glossaire de Ragueau et de Laurière, vⁱˢ ADMORTISSEMENT, FIEFS *admortis*, HÉRITAGES *admortis*; Odier *Loc. cit*, p. 417.

[3] Vol. III, ch. XXI, art. 13, p. 103.

[4] Voy. Chabrol, vol. III, p. 110; p. 119 et suiv.; et p. 178; Prohet, *Cout. d'Auv.*, tit 21, art. 12, p. 183, édit. 1695. Comme les gens de main-morte ne s'exposaient guère aux confiscations, afin d'indemniser les justiciers de la perte du droit de confiscation, on avait coutume, dans certaines contrées, de leur fournir un homme *vivant et confisquant*, pour les délits duquel on payait un droit (voy. Boutaric, *Droits seigneuriaux*, liv. II, ch. VII); cet usage n'existait pas en Auvergne.

[5] Voy. Rigaltius, *De diversis temporibus et terminis legis municipalis Arvernorum*, p. 153; Boutaric, *Loc. cit.*, L. II, c. VIII.

# CHAPITRE XVI.

## Le Droit Écrit et le Droit Coutumier en Auvergne.

La distinction des pays de droit écrit et des pays coutumiers est aujourd'hui suffisamment établie : on connaît la limite qui les séparait. L'origine de cette distinction est fort ancienne. Les pays où l'on suivait le droit romain sont ceux où les lois des premiers vainqueurs jetèrent les plus profondes racines, et où les conquérants barbares se mêlèrent moins à la population indigène. Le droit romain se perpétua en grande partie dans ces contrées, en survivant à la destruction de l'Empire.

Du VIe à la fin du XIe siècle, ce droit, tel qu'il résultait du Code Théodosien et du Code d'Alaric, exerça une action assez étendue, qui s'affaiblit plus ou moins par le mélange des coutumes germaniques ou locales, et sous l'empire de la féodalité[1].

La distinction entre les pays de droit écrit et les pays de coutume apparaît au moment où le principe des lois personnelles commence à perdre de sa puissance. L'édit de Pistes de 864 la mentionne en ces termes : « In illâ terrâ in quâ judicia secundùm *legem romanam* terminantur, secundùm ipsam legem terminentur[2]. »

Mais la dénomination de *pays de droit écrit* ne fut usitée et l'expression de *jus scriptum* ne remplaça celle de *lex romana* qu'après la renaissance du droit romain au XIIe siècle, lorsque les textes des collections et des lois de Justinien se furent répandus en France et eurent passé dans la pratique judiciaire des provinces du Midi.

Alors le droit romain, qui avait acquis peu à peu une grande autorité, forma la coutume générale de ces provinces, et la distinction entre les pays où l'on suivait la loi romaine et ceux où

[1] Voy. *Suprà*, tit. IV, ch. 3, et tit. V, ch. 1er.
[2] Art. 16, ann. 864, Baluz., *capit.* II, p. 180.

on ne la suivait pas, se continua sous la dénomination de pays *de droit écrit* et de pays *de droit coutumier*[1].

Nous avons vu qu'elle était nettement exprimée dans plusieurs chartes de l'Auvergne, notamment dans celles de Clermont, de Riom, de l'an 1270, et dans la sentence arbitrale d'Aurillac de 1280[2].

L'Auvergne, nous l'avons déjà dit, par sa position intermédiaire, fut pour l'élément germanique et pour l'élément romain un lieu de rapprochement. Dans les provinces du Nord, ce fut le premier élément qui triompha; dans celles du Midi, plus éloignées de l'invasion, ce fut le second. L'Auvergne participa de l'un et de l'autre. La loi romaine y régna longtemps[3]. Son empire légitimé par les capitulaires s'y prolongea jusqu'au moment où la révolution féodale triompha. Depuis cette époque, la sphère du droit romain, de ce droit préféré de l'Eglise, se restreignit peu à peu, par suite de son antagonisme avec le droit féodal. Toutefois, l'élément germanique et féodal ne l'emporta pas en Auvergne, et, d'un autre côté, la fusion des deux éléments n'y fut jamais complète. Une partie de la province conserva le droit romain, une autre adopta la coutume. Cependant, il n'existait pas pour le droit écrit et pour le droit coutumier deux zones distinctes, séparées. Il y avait divers lieux de la Basse-Auvergne qui étaient régis par le droit écrit; il y en avait dans la Haute-Auvergne qui l'étaient par la coutume, et réciproquement. On remarque, dans le Bas, comme dans le Haut pays, un partage et un mélange de ces deux lois, que l'on ne rencontre peut-être dans aucune autre province. Ainsi, dans la Basse-Auvergne, la ville de Riom et toutes les paroisses situées entre cette ville et celle de Clermont, qui n'en est éloignée que de deux lieues anciennes, étaient en pays coutumier; au contraire, la ville de Clermont et la paroisse d'Aubière étaient régies par le droit écrit. Cournon et Lempde, qui sont contigus, étaient partie en droit écrit, partie en droit coutumier. Aunat, Malintrat, Pont-du-Château et les autres paroisses environnantes étaient pays de coutume, tandis que Vertaison, Billom, Mozun, étaient en droit écrit; depuis ces pays, jusqu'aux villes d'Ambert et de

---

[1] Voy. Klimrath, t. II, p. 220 et suiv.; Laferrière, t. IV, p. 356 et suiv.

[2] *Suprà*, tit. 5, ch. 5, sect. 3.

[3] Voy. *Suprà*, tit. IV, ch. 3.

Thiers inclusivement, c'était la coutume qui était suivie, sauf à Courpière, ville située entre les deux précédentes, laquelle était, à l'exception du faubourg, régie par le droit écrit. Au-delà d'Ambert, les seigneuries de Marsat, d'Arlanc, et quelques autres, étaient pays de coutume; Saint-Germain-l'Herm, de droit écrit. On trouve ensuite plusieurs paroisses régies par le droit coutumier, puis la Chaise-Dieu qui était en droit écrit; plus loin, Allègre, en pays coutumier, et Saint-Paulien en droit écrit. Du côté du nord, Langeac et les terres voisines étaient pays coutumiers; mais en se rapprochant de Brioude, qui était pays de droit écrit, on rencontre Salezuit, Chaumette, Fontanes, en droit écrit, et la vicomté de la Motte en pays de coutume. Les paroisses entre Brioude et Saint-Germain-Lembron étaient les unes régies par le droit écrit, les autres par la coutume. Saint-Germain-Lembron était pays de droit écrit, et toutes les paroisses environnantes étaient en pays coutumier. A deux lieues de là se trouve la ville d'Issoire et quelques paroisses qui étaient régies par le droit écrit. Du côté de l'est, Usson et Nonette étaient pays de coutume, tandis que la ville de Sauxillanges était en droit écrit. Toute la partie à l'ouest de la ville d'Issoire jusqu'à la ville de Besse et à la baronnie de la Tour inclusivement était pays coutumier.

Dans la Haute-Auvergne, St-Flour et Murat étaient en droit écrit; la vicomté de Cheylanc en pays de coutume; celle de Carladès et la ville d'Aurillac en pays de droit écrit, quoique plusieurs paroisses de la prévoté d'Aurillac fussent régies par la coutume. La ville de Salers était sous l'empire du droit coutumier, et les lieux du ressort de son bailliage étaient régis, les uns par le même droit, les autres par le droit écrit; la ville de Mauriac était régie par ce dernier droit. La même variété existait pour les endroits moins importants de cette partie de la province. Le morcellement était à peu près le même que dans la Basse-Auvergne.

Mais, dans cette dernière contrée, les pays de droit coutumier étaient les plus nombreux. C'était le contraire qui avait lieu pour la Haute-Auvergne.

Toutefois, il est permis de dire que la plus grande partie de la province était en pays coutumier.

Dans les pays de droit écrit, on admettait certaines dispositions de la coutume générale d'Auvergne, et l'application du droit écrit était plus ou moins modifiée par un grand nombre de coutumes locales[1].

Les coutumes générales du Haut et Bas pays d'Auvergne s'étendaient sur toute l'Auvergne, à l'exception des lieux qui étaient de droit écrit[2], ou de ceux qui étaient régis par la coutume du Bourbonnais, tel que Saint-Pourçain[3].

Les coutumes d'Auvergne régissaient aussi le comté de Montpensier, et la Haute-Marche d'Auvergne, qui se composait du pays de Combraille et du Franc-aleu. Il existait, dans le comté de Montpensier, comme dans la Haute-Marche, des coutumes locales. Dans le Comté, ces coutumes étaient différentes, selon qu'il s'agissait d'Aigueperse ou du plat pays situé hors de cette ville.

Non-seulement il n'y avait aucune ligne de démarcation générale entre les pays de coutume et les pays de droit écrit, soit dans la Basse, soit dans la Haute-Auvergne, mais encore le mélange, l'amalgame des deux lois formait une espèce de dédale qui dut souvent faire le désespoir des jurisconsultes auvergnats. Les lieux les plus proches étaient soumis à une loi différente. Par exemple, Montferrand[4], Saint-Allyre suivaient la coutume, malgré leur proximité de la ville de Clermont régie par le droit écrit[5]. Souvent les deux lois étaient observées dans le même lieu[6].

Bien plus, la confusion devint si grande que chaque immeuble d'un même pays, tel que Cournon, Lempde, fut réputé moitié en droit écrit, et moitié en coutume[7].

---

[1] Voy. Chabrol, vol. I et IV; Andraud, *Première dissertation sur le franc-alleu de la province d'Auvergne,* p. 22 et suiv.

[2] Lesquels n'admettaient, comme nous l'avons dit, que quelques articles de la coutume générale.

[3] Voy. *Coutumier général,* t. III, p. 1286, 1287, et la table des lieux régis par la coutume du Bourbonnais, dans Chabrol, t. 1er, p. XLVIJ.

[4] Montferrand fut régi par la coutume, jusqu'aux lettres patentes de janvier 1740; Chabrol, t. 1er, note de la page XXXIJ.

[5] Chabrol, *Loc. cit.,* p. XXJ.

[6] Voy. sur l'état des villes, bourgs et lieux régis en partie par la coutume et en partie par le droit écrit, Chabrol, *Loc. cit.,* t. Ier, pour la basse Auvergne, p. XXXVIJ et suiv., et pour la haute Auvergne, p. XLJ et suiv.

[7] Voy. Chabrol, *Loc. cit.,* p. XXXVIIJ et XXXIX. — On peut voir dans cet auteur (t. IV, aux mots *Cournon* et *Lempde,* p. 218 et p. 314), quelles étaient

La plupart des jurisconsultes ou des commentateurs de la coutume d'Auvergne ont été frappés de cette bigarrure, de ce mélange des lois dans cette province, et en ont recherché la cause.

Un écrivain distingué, M. Dominique Branche, a cru pouvoir expliquer cette difficulté au moyen des trois propositions suivantes : « 1° Toute abbaye ou église, fondée avant le règne des coutumes, fut reconnue assujettie au droit écrit ; 2° toute abbaye fondée après la naissance des coutumes leur fut reconnue soumise, à moins que son territoire n'appartînt primitivement au droit romain ; 3° toute abbaye de droit romain d'abord, sortait de sa juridiction, si un seigneur s'en était emparé durant le siècle qui suivit le triomphe du système féodal, en se constituant son vidame ou son suzerain ; alors ressortissant de la justice séculière, directement au premier ou second degré, ou par voie d'appel, elle appartenait, malgré son origine, au droit coutumier[1]. »

Ces propositions, que l'auteur donne comme le résumé des principes exposés par les plus grands jurisconsultes de l'Auvergne, seraient susceptibles de plus d'une critique, et ne dissipent pas les obscurités.

Aymon, l'un des plus anciens commentateurs de la coutume d'Auvergne, faisait observer que les lieux soumis aux églises pour le temporel n'avaient pas admis la coutume[2].

Prohet disait que le droit écrit était seul observé dans plusieurs villes d'Auvergne « et singulièrement dans celles qui dépendaient des évêchés et des autres bénéfices de la province[3]. »

Dans un *Discours sur l'origine du partage de l'Auvergne en pays de droit écrit et en pays coutumier,* que Grosley cite, et que M. Dupin indique comme étant inédit[4], mais qui fut imprimé à Clermont, en 1748[5], l'avocat Tixier faisait à peu près la même

---

les difficultés et les bizarreries qui résultaient de cet état de choses et de l'indivision du territoire de ces deux pays relativement à la justice, quand il s'agissait des successions, du retrait lignager, des arrérages de cens, de la tutelle et de la compétence.

[1] *L'Auvergne au moyen-âge,* p. 450.

[2] « Loca subjecta ecclesiis in temporalibus, non admiserunt consuetudines in scriptis redactas, » sur le titre 28, art. 11, Cout. d'Auvergne.

[3] Préface du commentaire de la *Coutume d'Auvergne,* p. 3.

[4] *Profession d'avocat (Bibliothèque de droit),* t. II, p. 234.

[5] Broch. de 16 pages, in-12.

remarque. Il faisait observer aussi que les villages qui étaient régis en partie par le droit écrit et en partie par la coutume, comme Lempde et Cournon, appartenaient par indivis à un seigneur ecclésiastique et à un laïque. Il ajoutait que les exceptions à la règle qui soumettait au droit romain les lieux appartenant aux ecclésiastiques, et à la coutume les lieux appartenant aux laïques, étaient peu nombreuses, et il les expliquait par cette considération que plusieurs endroits tels qu'Ebreuil, Menat, Saint-Pourçain et Riz étaient voisins du Bourbonnais, province coutumière, et les autres, situés dans la Haute-Auvergne, qui était la partie de la province la plus rapprochée des pays de droit écrit [1].

Chabrol, qui écrivit le dernier, donna des explications plus complètes et plus précises : « il est certain, dit-il, que le plus grand nombre des justices qui appartiennent à l'église, se régit, dans cette province, par le droit écrit, et celles des laïques sont communément soumises à la coutume [2]. » Ailleurs, il ajoute :

[1] *Loc. cit.*, p. 12 et 13. — Cet opuscule renferme, du reste, plusieurs erreurs. Par exemple, cet écrivain place l'époque du partage de la province d'Auvergne en pays de droit écrit et en pays coutumier au commencement du XV⁰ siècle.

Il se demande comment la ville de Clermont, dont la justice appartenait au roi, était cependant régie par le droit écrit; et après avoir rappelé le prétendu dépôt fait, au commencement du XIII⁰ siècle, par Guy à l'évêque Robert, et l'arrêt que Catherine de Médicis obtint contre Guillaume Duprat, en 1551, il s'exprime ainsi : « Comme il y avait donc deux siècles entiers que l'évêque de Clermont en étoit regardé comme seigneur, lorsque notre province fut divisée en pays de droit écrit et en pays de coutume, on put aisément confondre cette ville avec les autres lieux qui avaient des seigneurs ecclésiastiques, et qui devoient ainsi embrasser la loi romaine. L'erreur s'est découverte un siècle et demi après; on a vu que Clermont appartenoit aux descendants des comtes qui en portoient le nom, et que l'évêque n'y avoit aucun droit. Mais quel moyen de changer la loi après en avoir suivi une pendant un si long espace de temps? » (p. 14 et suiv.).

Nous avons déjà dit (*Supra*, tit. V, ch. 3) ce qu'il fallait penser du fameux arrêt de 1551, et de l'acte de dépôt sur lequel cet arrêt était basé. Nous savons aussi que la division de la province en pays coutumier et en pays de droit écrit est antérieure au XV⁰ siècle (*Supra* p. 297). La loi qui régissait la ville de Clermont viendrait encore, si cela était nécessaire, confirmer l'opinion que nous avons adoptée au sujet de l'arrêt inique du Parlement. Dès que cette ville était soumise au droit écrit, on peut en conclure qu'elle était primitivement la propriété des évêques. Si elle eût appartenu aux comtes, elle aurait sans doute été sous l'empire du droit coutumier.

[2] T. 1er, p. xiij.

« Les règles les plus générales ont leurs exceptions. Il y a en Auvergne des terres d'Eglise qui sont régies par la coutume, et des terres laïques où le droit écrit est observé. Cependant, lorsqu'on connoit exactement l'origine et la propriété primitive des seigneurs, on voit presque toujours que les terres laïques, soumises au droit écrit, ont appartenu à l'Eglise, ou, au moins, qu'elles en relèvent en fief ; et que les terres des ecclésiastiques qui suivent la coutume leur ont été données par des seigneurs laïques [1]. » Enfin, Chabrol conclut en ces termes : « On doit tenir pour règle générale que les fiefs des laïques se régissent par la coutume, et les fiefs des ecclésiastiques par le droit écrit ; mais il faut admettre en même temps de part et d'autre des exceptions locales [2]. »

La règle générale est justifiée par un grand nombre d'exemples pris soit dans la Basse, soit dans la Haute-Auvergne. Ainsi, dans le Bas pays, la ville de Riom, capitale du Duché, le Comté, le Dauphiné d'Auvergne, les villes de Thiers, de Langeac, d'Auzon, d'Ambert, de Besse, de Maringues, d'Aigueperse, le duché de Montpensier etc., se gouvernaient par la coutume. Au contraire, Clermont, Billom, Issoire, Brioude, Saint-Germain-Lembron, Sauxillanges, la Chaise-Dieu, qui avaient appartenu au clergé, étaient pays de droit écrit.

Dans le Haut pays, tandis que la ville de Salers et la vicomté de Cheylanc étaient en pays coutumier, Aurillac, Saint-Flour, Maurs, Mauriac, soumis à l'Eglise, étaient pays de droit écrit. Il en était de même de Brageac, de la vicomté de Carlat, qui était un grand fief, mais qui relevait de l'abbaye d'Aurillac, de la vicomté de Murat, qui relevait de Carlat, de la grande seigneurie de Scorailles, qui était un fief de l'abbaye d'Aurillac, du fief laïque de Brezons, qui relevait en partie de l'évêque de Saint-Flour, et en partie de Carlat.

Mais les terres d'Eglise ne suivaient pas toujours la loi romaine. Il existait d'assez nombreuses exceptions : Montpeyroux, le Bouschet, Féniers, Saint-André-les-Clermont étaient régis par le droit coutumier. Il en était de même de Menat, Ebreuil, Saint-Allyre, Manglieu, Mozat, Ris et quelques autres.

---

[1] *Loc. cit.,* p. xx.
[2] *Loc. cit.,* p. xxv.

Il y avait des singularités qu'il faut renoncer à expliquer : par
exemple, les justices des religieuses suivaient la coutume, dans
la Basse-Auvergne, tandis que la plupart des abbayes de filles
du Haut pays étaient régies par le droit romain[1].

Enfin, de même que des terres d'Eglise situées sur les confins
du Bourbonnais, pays de droit coutumier, avaient adopté ce
droit, de même il y avait des terres laïques, sur les confins du
Velay, qui se régissaient, comme cette dernière contrée, par le
droit écrit.

———

## CHAPITRE XVII.

### Le Coutumier de l'Auvergne.

Parmi les plus précieux monuments de la période féodale, il
faut compter les *Coutumiers*, c'est-à-dire les recueils ou traités de
droit rédigés ou composés dans le but de faire connaître les coutumes, soit de toute la France, soit d'une ou plusieurs provinces,
et qui ont conservé à chaque contrée la tradition vivante de ses
origines.

Pour bien apprécier le caractère des coutumes, il faut l'étudier
dans les coutumiers antérieurs à la rédaction du XVIe siècle[2],
aussi bien que dans les anciens statuts locaux. On y trouve l'origine et les premiers progrès des institutions civiles.

A l'époque de la renaissance du droit romain, le fond du droit
coutumier était un mélange d'usages germaniques et féodaux.
Sous l'influence du droit romain, le droit français subit une
grande transformation ; il fut fixé par écrit par des praticiens
qui exposèrent les coutumes de leur pays. Mais la forme et le
fond des coutumiers furent très-variés. Dans les uns, le droit
romain est mêlé à la coutume. Dans les autres, on la trouve

———

[1] Voy. Chabrol, *Loc. cit.*, p. xxj.

[2] *Voy.* Loger, *Conjectures sur l'origine du droit français*, en tête de la
*Bibl. des coutumes*, p. 37.

mêlée non-seulement au droit romain, mais encore au droit canonique. Quelques-uns seulement exposent, sans autre mélange, les
coutumes de la contrée qu'ils ont entrepris de faire connaître.
Klimrath donne, dans son *Histoire du droit français*, la liste des
anciens coutumiers de la France qui ont paru au XIII<sup>e</sup> siècle[1].
Quelques-uns sont d'une époque plus récente. Le coutumier de
l'Auvergne (la *Pratique du barreau*, *Practica forensis*), a été rédigé
au commencement du XV<sup>e</sup> siècle.

*Jehan Masuer*, qui en est l'auteur, mourut vers l'année 1456[2],
et non pas en 1588, comme le dit M. Dupin, dans une de ses
notices[3]. Pierre Masuer, professeur de droit à Orléans, et ensuite
évêque d'Arras, était son oncle. Or, ce dernier mourut en 1391[4].
Le neveu, Jehan Masuer, licencié en droit et avocat, devint le
conseiller du duc d'Auvergne.

Ce jurisconsulte, dont la réputation égalait le talent, que
Dumoulin appelait *antiquus et doctus praticus*[5], était le conseil de
tous les grands seigneurs de la province. On le voit, en 1432,
faire le voyage de Bourg en Bresse pour y traiter du mariage de
Loyse de la Tour avec Claude de Coulche, et, dans cet acte, il est
qualifié de *licentié en loix, bailly du seigneur de Latour*[6]. Dix ans
après, il prend part à la rédaction du contrat de mariage de
Gabrielle de la Tour avec Loys de Bourbon, comte de Montpensier[7]. En 1449, il donne au Chapitre de Saint-Amable une
grande partie de sa bibliothèque, dont le prix, disait-il, pouvait
valoir, par commune estimation, treize vingt livres, monnaie
courante[8].

---

[1] Vol. II, p. 14. *Voy.* aussi son travail intitulé le *Droit français considéré
dans son origine*, Loc. cit., t. 1<sup>er</sup>, p. 167.

[2] En 1450, selon Chabrol (IV, 476).

[3] *Profession d'avocat* (*Bibliothèque de droit*, t. II, p. 724).

[3] Voy. *De practica forensi*, tit. 28, n° 7, et *Gallia christiana*, col. 340.

[5] Cons. 53, n° 13.

[6] Baluze, *Maison d'Auvergne*, vol. II, p. 633.

[7] Baluze, *Maison d'Auvergne*, vol. II, p. 652.

[8] Chabrol en reproduit le catalogue : « Une Bible; *item*, un Breviaire ou
manual; *item*, une licture de M° Nicolas Delirs, faite sur le pseautier; *item*,
Nicolas Delirs, en deux tomes, sur les quatre livres de sapience; *item*, un
catholicon écrit en papier; *item*, le petit volume; *item*, la Digeste vieille;
*item*, le livre du Code; *item*, la Digeste neuve; *item*, l'Inforciade; *item*,

L'ouvrage de Masuer, écrit en latin, a eu plusieurs éditions. Celle dont nous nous servons est de 1546. Fontanon en a donné une traduction française assez inexacte [1].

Il existe à la Bibliothèque nationale deux manuscrits français de *la Pratique du barreau* [2], dans lesquels toutes les longueurs, tous les embarras de style, les citations de lois romaines et d'opinions de docteurs, que l'on rencontre dans les éditions latines, ne se trouvent pas, ou sont relégués dans une glose marginale latine. Klimrath en tire la conséquence que c'est par le fait des copistes que la glose aura passé dans le texte : « Elle l'a altéré, dit-il, au point de changer un naïf coutumier en l'ouvrage indigeste et confus d'un pédant [3]. »

Quelque soit le mérite de cette observation, le livre de Masuer n'en a pas moins une grande valeur, non-seulement à cause de la précision et de la justesse qu'il apporte dans les questions et les solutions [4], mais encore et surtout parce qu'il a recueilli avec une scrupuleuse exactitude et conservé le vieux droit coutumier de la province d'Auvergne, fondé par les anciennes chartes et développé par les coutumes.

*Chint*; *item*, Barthole, sur la Digeste neuve en quatre volumes; *item*, la Décrétale, *per capita*; *item*, le sixième en sa glose de Jean Audrien; *item*, une élémentaire en ses gloses; *item*, une autre Digeste neuve; *item*, la licture de Jacques de Beauvoir sur les collations; *item*, l'Innocent en ses additions; *item*, la licture sur le Code et l'Inforciade; *item*, Balde sur la dixième collation *de feudis; item*, les Mercuriales et dires sur les règles de droit, en deux volumes; *item, Escala cœli, de miraculis, per alphabetum.* » (IV, 476.)

[1] Paris, 1577, 1581, 1587, 1600, et autre édition de 1620, augmentée de plusieurs annotations et traités par Pierre Guenois. — Une imitation de l'œuvre de Masuer a été imprimée, en 1505, sous ce titre : « *Le Masuer en francoys, suivant la coustume de haut et bas pays d'Auvergne.* » Ce livre, qui est très-rare, renferme, à ce qu'il paraît, quelques détails curieux sur nos origines judiciaires (Voy. M. Bayle-Mouillard, p. 51).

[2] Sous les nᵒˢ 9387 et 9388.

[3] *Hist. du dr. franç.*, t. II, p. 18 et suiv.

[4] Fontanon, dans sa dédicace latine, adressée à Gabriel Labbe, avocat du roi à Bourges, disait qu'en recourant à Masuer il avait reconnu qu'il expliquait non-seulement les règles de la procédure, mais aussi les principes du droit, *dilucidè, acutè, ac breviter.*

Il plaça ce mauvais sonnet en tête de la troisième édition :

Je l'ai fait cy-devant parler nostre langage
Marry qu'un bon auteur *parlast si mal romain;*
Chascun l'a bien receû, et j'ay pris le courage,
Pour la troisième fois d'y mettre encore la main.

C'est surtout à ce point de vue qu'il faut apprécier la *Practica forensis*. L'œuvre de Masuer est avant tout un *Coutumier*. C'est le nom que lui donnent Maynard[1] et Chabrol[2]. Prohet dit « qu'il a vu des écritures de l'an 1506, dans lesquelles, à l'occasion d'un procès, on demandait que les praticiens fussent entendus sur l'observation d'un point d'usage, tiré du *Coutumier* de Monsieur Maître Jean Masuer[3]. »

Plusieurs écrivains attribuent au livre de Masuer une véritable autorité *légale*. Chabrol avait dit : « on le citait comme on cite la coutume aujourd'hui[4] ; » et ailleurs : « il était cité comme la loi et la coutume[5]. » Renchérissant, M. Bayle-Mouillard ajoute : « il avait *force de loi* en Auvergne avant la promulgation de la coutume[6]. » Le savant magistrat méconnaît, ce nous semble, le véritable caractère des monuments de ce genre. Les coutumiers, œuvres de légistes, de magistrats, de simples particuliers, n'avaient d'autre autorité que celle qui résultait de l'exactitude de leurs indications ou prescriptions, de leur conformité avec la coutume. Ces productions n'avaient aucun caractère officiel. Elles ne renfermaient que des conseils, des solutions proposées aux juges et aux justiciables, qui les adoptaient ou les rejetaient selon les cas[7]. Quand la disposition du coutumier était, dans une espèce, consacrée par la justice, c'est parce qu'il était admis que telle était la coutume, et non pas parce que le coutumier avait une autorité législative ou légale, parce qu'il avait force de loi.

M. Bayle-Mouillard dit encore : « Masuer avait voulu faire connaître la pratique de l'Auvergne, et il écrivit presque sans le savoir la pratique de la France. Cela tenait un peu à son esprit généralisateur. Pour bien expliquer nos usages, il se croyait

---

[1] Liv. VI, ch. 72.

[2] Vol. 1er, p. 2.

[3] *Cout. d'Auvergne conférées avec le droit civil*, préface, p. 4, édition de 1695.

[4] Vol. Ier, préface, p. v.

[5] Vol. IV, p. 474.

[6] *Loc. cit.*, p. 50. — On trouve la même appréciation, avec des expressions presque identiques, dans le *Tableau hist. de l'Auvergne* de M. Mazure, p. 440. — M. de la Roussille dit aussi : « Avant cette époque (1510) il *tenait lieu de loi écrite* dans notre province. » (Discours de rentrée, p. 45.)

[7] Voy. sur ce point Klimrath, *Loc. cit.*, t. II, p. 13.

obligé de citer à chaque ligne des textes de droit romain ou des
fragments de Balde et de Bartole; mais cela tenait plus encore à
ce grand travail intellectuel qui s'était fait dans la province, et
que j'ai déjà signalé comme le point dominant de cette histoire.
L'Auvergne, profitant de sa position centrale et de la faiblesse
relative de ses seigneurs féodaux, avait si bien fondu le droit
romain avec la partie nécessaire des traditions germaniques,
qu'elle forma en quelque façon le droit commun de la France.
Le grand mérite de Masuer consista surtout à reproduire avec
ordre et lucidité cette œuvre collective de son pays[1]. »

Masuer fit comme la plupart des autres coutumiers qui rattachèrent plus ou moins aux monuments du droit romain leur
travail dont le droit français formait le fond. Il dut d'autant
mieux suivre cette méthode que la province pour laquelle il
écrivait plus spécialement était en même temps pays de coutume
et pays de droit écrit[2]. Mais il n'y eut pas, en Auvergne, une
fusion de l'élément romain et de l'élément germanique aussi
complète que le suppose M. Bayle-Mouillard[3]. Le droit de l'Auvergne ne forma pas non plus, comme il le dit, le droit commun
de la France. Former le droit commun de la France était un
attribut réservé au Code civil, et seulement lorsque la Révolution
nous eut délivrés des débris de la féodalité conservés dans les
coutumes, et de la prépondérance du droit romain. Dans les
époques antérieures, la coutume de Paris a bien pu, à certains
égards, être réputée le droit commun dans la France coutumière;
mais aussi c'était celle qui avait le plus abaissé les prééminences
de sexe et des conditions, rapproché les classes, et uni les principes sous l'action de l'équité naturelle. La coutume d'Auvergne
ne renfermait pas tant de progrès. On y rencontre, — quoique
dise M. Bayle-Mouillard de la faiblesse relative des seigneurs de
cette province, — l'empreinte de la féodalité politique et civile,
*disciplinée*, nous le voulons bien, *par la puissance royale*[4], mais
exerçant cependant encore une assez grande influence[5]. Chaque

---

[1] *Loc. cit.*, p. 50.
[2] Voy. *supra*, tit. V, ch. 16.
[3] Voy. ce que nous avons dit *supra*, tit. V, ch. 16.
[4] Expressions de M. Laferrière, t. VI, p. 413.
[5] Lefèvre d'Ormesson disait : « Il y a peu de provinces où il se trouve
autant de terres et de seigneuries ou fiefs possédés par un plus grand nombre

coutume régnait en souveraine dans le ressort où elle était reçue. Comment, au milieu de la variété et du grand nombre des coutumes générales, un droit commun de la France aurait-il pu s'établir ? Cependant, malgré cette diversité, malgré les divergences profondes qui existaient entre certaines coutumes, il y avait entre plusieurs autres une conformité remarquable, et même entre la plupart d'entre elles des analogies, une similitude de principes, qui ont conduit quelques jurisconsultes à exposer une espèce de droit commun obligatoire, à l'aide de règles admises par la pluralité des coutumes. Enfin, il y avait quelques principes généraux que l'on retrouvait dans toutes les coutumes. C'est ce qui explique comment l'autorité d'un coutumier n'était pas exclusivement bornée au territoire pour lequel il avait été originairement composé, et comment celle de Masuer était invoquée hors de la province d'Auvergne. Benedicti l'appelait : *optimus Arverniæ et regni Franciæ consuetudinarius*[1]. Fontanon disait, dans sa dédicace latine, qu'il s'était déterminé à travailler sur Masuer parce qu'il le voyait *fréquemment cité par les meilleurs auteurs*[2]. Mais c'est surtout en Auvergne que son crédit fut grand, et qu'il rendit d'immenses services aux justiciables, aux praticiens, aux juges, et, enfin, aux rédacteurs de la coutume.

A-t-il existé d'autres coutumiers plus anciens dans cette province ? Nous verrons que le procès-verbal de la coutume de 1510 parle de certains *cayers* des coutumes et d'*anciens coutumiers*, d'après lesquels on aurait rédigé les coutumes générales. Mais les documents sur ce point se réduisent à cette simple indication.

Nous ne parlerons pas ici de *Pierre Jacobi*, que quelques écrivains considèrent comme un coutumier. Pierre Jacobi, qui était d'Aurillac, ville de la Haute-Auvergne, et qui a publié un livre appelé *Practica aurea*, ne s'est point occupé du droit de sa province. Nous consacrerons ailleurs quelques lignes à sa vie et à ses travaux.

---

de principaux seigneurs de la cour, ou par des maisons illustres et qualifiées, que dans la province d'Auvergne. » (*Mémoire concernant la province d'Auvergne*, dans les *Tabl. hist. de l'Auvergne*, t. V, p. 577.)

[1] Cité par Chabrol, vol. 1er, préf., p. v.

[2] *Loc. cit.*

# CHAPITRE XVIII.

### Institutions judiciaires de l'Auvergne pendant la Féodalité.

On peut distinguer cinq périodes dans l'administration de la justice, en Auvergne, pendant la féodalité. La première, depuis le commencement du X° siècle jusqu'à l'affermissement de la conquête de Philippe-Auguste, sur Guy II, dans la première moitié du XIIIe siècle, et vers la fin de l'année 1229 ; la seconde, depuis cette conquête définitive, jusqu'à l'apanage d'Alfonse (1241); la troisième, embrassant toute la durée de cet apanage (1241-1271); la quatrième, partant de l'année 1271, date de son extinction, jusqu'en 1360, temps pendant lequel l'Auvergne retourna à la couronne ; enfin, la cinquième, s'étendant depuis 1360, année de l'institution de l'apanage en faveur de Jean, duc de Berry, jusqu'en 1461, ou plutôt jusqu'en l'année 1531, où il y eut un nouveau retour à la couronne.

### SECTION Ire.

#### 1re Période. — Justices seigneuriales.

A mesure que la féodalité s'était organisée, les justices seigneuriales avaient peu à peu pris la place des juridictions des comtes et des centeniers. Comment cette révolution judiciaire s'est-elle opérée ? Quelle a été l'origine de ces justices seigneuriales ? Il n'entre pas dans notre plan d'approfondir et de développer cette grave question. Nous nous bornerons à rappeler les principaux éléments de solution, en indiquant l'opinion qui nous semble mériter la préférence.

On connait le dissentiment de deux écrivains célèbres, Loyseau et Montesquieu, au sujet de cette thèse historique.

Loyseau attribuait l'origine des justices seigneuriales à une conversion faite par les seigneurs de leurs offices en seigneuries, à une usurpation d'un pouvoir qui leur avait été autrefois délégué par la royauté. Cette usurpation des comtes et officiers supérieurs fut, selon ce jurisconsulte, un exemple que suivirent les officiers subalternes; et les justices de toute sorte tombèrent ainsi dans le domaine privé [1].

La théorie de Loyseau, qui attaquait par la base l'édifice du pouvoir seigneurial, et qui présentait les familles nobles comme s'étant enrichies des dépouilles du domaine et des débris de la puissance légitime, était trop contraire au système général de Montesquieu, qui voyait dans l'aristocratie le plus ferme et le plus constant soutien de la monarchie [2]; elle était aussi en opposition trop formelle avec les idées d'honneur et de dévouement dont il faisait l'apanage de la noblesse, pour la laisser passer sans réfutation. « Je prie de voir, disait-il, dans Loyseau (*Traité des justices de village*), quelle est la manière dont il suppose que les seigneurs procédèrent pour former et usurper leurs diverses justices. Il faudrait qu'ils eussent été les gens du monde les plus rafinés et qu'ils eussent volé, non pas comme les guerriers pillent, mais comme des juges de village et des procureurs se volent entre eux. Il faudrait dire que ces guerriers dans toutes les provinces particulières du Royaume et dans tant de Royaumes auraient fait un système général de politique. Loyseau les fait raisonner comme dans son cabinet il raisonnait lui-même [3]. »

Selon l'auteur de l'*Esprit des loix*, c'est dans le fond des usages et des coutumes germaniques qu'il faut chercher l'origine des justices seigneuriales; c'est à la nature même du service féodal qu'elle doit être rapportée. La justice était dans les fiefs anciens, comme dans les fiefs nouveaux, un droit inhérent au fief même; elle en était une dépendance, un droit lucratif qui en faisait partie [4].

---

[1] Voy. notamment *Des Seigneuries,* nᵒˢ 71, 73, 79, 81, et le traité de l'*Abus des justices de village*; voy. aussi ch. XII, 47.

[2] *Esprit de loix,* liv. II, ch. IV; liv. VIII, ch. IX.

[3] *Loc. cit.,* liv. XXX, ch. XX, *in fine.*

[4] *Loc. cit.* — Mably avait déjà critiqué ce système : « Je prendrai, disait-il, la liberté de demander à Montesquieu comment il peut trouver, dans les usages des Germains, que la justice fût attachée au fief, lui qui a dit (c. 3): « Chez les Germains, il y avait des vassaux et non pas des fiefs. Il n'y avait » point de fiefs, parce que les princes n'avaient point de terres à donner;

La théorie de Loyseau, lorsque la puissance seigneuriale déchue eut perdu ses derniers partisans, fut accueillie avec faveur, et longtemps considérée comme l'expression de la vérité. Plus tard, l'opinion de Montesquieu fit des prosélytes. D'autres écrivains formulèrent des systèmes qui se rapprochaient plus ou moins de celui du célèbre publiciste. Chabrol adoptait la doctrine de Montesquieu sur l'antique union de la justice et du fief; mais l'exposé de son opinion est plein d'obscurité et de confusion[1]. Les auteurs modernes ont aussi suivi, en général, la même doctrine, avec quelques variantes ou modifications[2]. Quelques-uns conviennent que l'antique juridiction terrienne et patrimoniale ne peut entièrement expliquer l'existence des justices seigneuriales de la féodalité. Ils se bornent à affirmer que l'existence de ces justices est aussi ancienne que les fiefs, qu'elles se confondent dans la même origine, et se produisent au temps où les bénéfices passent de l'état viager à l'état héréditaire, où le droit de justice est attribué *propriétairement* aux anciens officiers du Roi[3].

Un obstacle se présente contre ce système, c'est la fameuse maxime : « fief et justice n'ont rien de commun ensemble. » Cette règle constatée par Loisel[4] n'était que la reproduction des dispositions expresses de la plupart des coutumes, au nombre desquelles on remarque celle de l'Auvergne : « le ressort peut être à un et le fief à autre; car, par la coutume, fief et ressort n'ont rien de commun[5]. L'article suivant ajoute : « Le seigneur justicier

---

» ou plutôt les fiefs étaient des chevaux de bataille, des armes, des repas. » S'il n'y avait point de fiefs chez les Germains, et, en effet, il n'y en avait point, comment, par leurs coutumes, la justice pouvait-elle être un droit inhérent au fief? Si des chevaux de bataille, des armes, des repas, étaient des fiefs, serait-il raisonnable de penser que le droit de justice fût attaché à de pareilles choses? Où aurait été le territoire de ces justices? » (Voy. *Observat. sur l'hist. de France*, t. Ier, liv. Ier, ch. Ier, preuves, p. 319 et suiv.).

[1] Vol. Ier, ch. 2, art. 4, p. 36.

[2] MM. Pardessus, t. XXI, *des Ordonnances*, introduction; Beugnot, *Assises de Jérusalem*, cour des barons, p. 303, note; Faustin-Hélie, *Introd. à l'instr. crim.*, t. Ier, p. 301; Laferrière, t. IV, p. 86 et suiv. — Ce dernier auteur estime que ce qui fut usurpé au moyen-âge par les seigneurs féodaux, ce n'est pas le droit de juger, mais le *dernier ressort* (Loc. cit., p. 105).

[3] M. Laferrière, *Loc. cit.*, p. 92 et suiv.

[4] *Instit. cout.*, liv. II, tit. 2, R. 44.

[5] Art. 4, ch. II, *Cout. d'Auvergne*.

n'est fondé, à cause de sa justice, de soy dire seigneur feudal des choses situées en icelle. »

Pour écarter la difficulté, on a soutenu que la règle formulée par Loisel s'était établie dans les temps modernes et en présence des séparations opérées des deux éléments de la seigneurie, le fief et la justice, par des causes postérieures à la constitution féodale, telles que les aliénations et partages, ou par suite de la *défaute de droit*, qui faisait perdre le droit de justice, faute de l'exercer et d'accomplir le devoir de cour [1].

Mais l'union de la justice et du fief aurait existé, selon les partisans de ce système, de temps immémorial. L'un de ces écrivains [2] dit que ce principe se retrouve dans les anciens usages de l'Auvergne et n'en a disparu que lors de la rédaction de la coutume au XVIe siècle. Il invoque à l'appui de cette assertion l'autorité de Masuer. Ce coutumier établit, au contraire, d'une manière formelle la séparation du fief et de la justice : « Item non sequitur res quam possideo est in tuâ jurisdictione, ergo teneo à te in feudum [3]. Cette séparation est d'ailleurs attestée par des monuments plus anciens. Ainsi, les Etablissements de Saint-Louis constataient, au XIIIe siècle, deux hommages d'un fief: « à l'un du *fié*, à l'autre de la *voière* [4]. »

Un auteur qui a approfondi cette matière et jeté une grande lumière sur les origines des justices seigneuriales, M. Championnière [5], a démontré par des textes, et par des raisonnements restés jusqu'à ce jour sans réfutation sérieuse, qu'il y eut une justice *justicière*, distincte de la justice *féodale*, la première d'origine romaine, la seconde d'origine germanique; l'une, justice publique et rendue par les hommes notables; l'autre, la justice féodale, rendue par les pairs des plaideurs.

M. Championnière pense que la justice féodale n'a jamais été séparée du fief, mais que la maxime « fief et justice n'ont rien de

---

[1] Voy. notamment Chabrol, t. Ier, p. 36 et suiv. ; MM. Faustin-Hélie, *Loc. cit.*, p. 293 et suiv.; Laferrière, *Loc. cit.*, p. 98 et suiv.

[2] M. Laferrière, *Loc. cit.*, p. 97.

[3] Tit. *de feudis*, no 22.

[4] Le mot *voière* était employé pour justice. (*Etablissements*, liv. I, tit. 3, *Ord.* I, p. 200 ; voy. aussi le *Livre des fiefs*, liv. 2, tit. 5 et tit. 54.)

[5] *De la propriété des eaux courantes*, etc.

commun » est applicable à la justice *justicière* et à cette justice seule. Pour elle, la maxime est vraie dans toutes ses applications. Tous les faits, tous les monuments nous montrent la justice *justicière* existante et exerçant son action propre hors du fief. Au dixième siècle, au lieu de s'absorber dans la justice féodale, comme les historiens modernes le soutiennent, elle devient patrimoniale, en achevant de briser les liens qui la rattachaient à la royauté. C'est alors que, libre de toute autorité supérieure, elle exerça un pouvoir absolu, illimité. Plus tard, elle succomba comme la justice féodale devant les efforts de la puissance royale.

Pour légitimer l'appropriation des justices, Montesquieu en a fait un élément du fief, et en a rattaché la concession aux conventions féodales. M. Faustin-Hélie, qui a adopté ce système, reproche à Montesquieu de n'avoir pas aperçu la grave différence qui séparait les justices seigneuriales des justices patrimoniales des deux premières races, sous le rapport de l'étendue de leur puissance, et s'exprime ainsi : « On ne doit pas perdre de vue que dans les comtes et leurs lieutenants, les vicomtes, les vicaires et les centeniers, il y avait deux personnes distinctes : le délégué du souverain, le fonctionnaire, si l'on peut parler ainsi, et le chef indépendant et possesseur de domaines. Lorsque les mâls publics qu'ils présidaient furent, pour ainsi dire, étouffés par le développement du servage et de la vassalité qui amenèrent leurs justiciables devant les justices patrimoniales, ces chefs durent conserver, comme les autres seigneurs, sur leurs propres domaines, des justices privées pour juger leurs serfs et leurs vassaux. Lors donc que l'on établirait, comme on a essayé de le faire, que les justices des comtes se sont perpétuées entre les mains des seigneurs qui leur ont succédé, cette preuve serait stérile : la justice publique, la justice royale avait cessé d'exister; celle qui lui succéda ne fut qu'une justice privée rendue au nom des seigneurs justiciers, au nom des possesseurs de fiefs, en vertu du principe, déjà antique à cette époque, qui faisait du droit de justice un inséparable attribut des anciennes concessions territoriales [1]. »

Malgré toute notre déférence pour les opinions de l'honorable et savant président, nous ne pouvons adopter sa thèse. Il nous semble que ses explications ne font pas disparaître la violence et

[1] *Loc. cit.*, p. 295 et suiv.

l'injustice de la patrimonialité des fonctions des justices seigneuriales. Pour arriver à ce résultat, il faudrait faire abstraction
des voies par lesquelles les comtes se maintinrent dans leurs
comtés, des spoliations dont ils furent les auteurs, des violences
par lesquelles les justiciers inférieurs se rendirent indépendants.
Il faudrait supposer encore qu'à la suite de tant de bouleversements, la situation des concessions féodales s'était maintenue, et
que chaque justicier pouvait rattacher son droit aux lois des fiefs
primitifs. Loyseau était, à notre sens, plus près de la vérité lorsqu'il
attribuait l'appropriation des justices seigneuriales à l'usurpation.

Chaque seigneur féodal eut sa cour de justice féodale pour
juger les contestations concernant la propriété des fiefs tenus de
lui.

La juridiction *justicière* et la justice *féodale* étaient souvent
dans les mêmes mains, et, alors, bien que distinctes en principe,
les deux espèces de justice étaient réunies dans une seule et
même cour [1].

D'autre part, le seigneur féodal avait une justice appelée
*foncière*. Il pouvait de sa propre autorité se faire payer les cens
et autres droits dûs par ses sujets ou vassaux. Originairement, et
partout, le seigneur féodal eut sur ses vassaux le droit de les
contraindre directement à l'exécution de leurs obligations féodales [2].

De même que l'on voit, au déclin de la seconde dynastie, deux
sortes de plaids pour le jugement des affaires criminelles ou
civiles : le plaid général, d'un ordre plus élevé, présidé par le
comte, pour les grands crimes, et pour la propriété des immeubles et des esclaves, les plaids particuliers et locaux, d'un
ordre inférieur, présidés par le vicaire ou centenier, pour tous
les autres délits, les engagements et la propriété mobilière; de
même, lorsque la juridiction devint seigneuriale et patrimoniale,

---

[1] C'est ce qui faisait dire à Beaumanoir que : « Li home doive jugier l'un
l'autre et les querelles du commun peuple, » chap. Iᵉʳ; Klimrath, t. Iᵉʳ
p. 140.

[2] Klimrath, en parlant de la justice foncière du seigneur féodal dit :
« Devant lui se faisaient les saisines et dessaisines en cas de vente des vile-
nages; devant lui se décidaient, du moins dans l'origne, les contestations
nées entre les détenteurs des censives tenues de lui, au sujet des censives. »
Vol. Iᵉʳ, p. 140.

il y eut deux espèces de justice, la haute et la basse. Plus tard, c'est-à-dire à partir du XIVᵉ siècle, la division en haute, moyenne et basse justice se généralisa. Mais avant cette époque, la division précédente était plus fréquente[1].

La haute justice était celle qui s'appliquait aux crimes les plus graves, tels que le meurtre, le brigandage, l'incendie, etc.

La basse justice ne s'appliquait qu'à des causes moins importantes. Elle comprenait, dans l'origine, ce qui fut ensuite divisé entre la moyenne et la basse.

Selon Masuer, les hauts-justiciers connaissaient des crimes entraînant la peine de mort, la mutilation ou autre peine corporelle, comme le fouet, le pilori, le bannissement[2].

La moyenne justice comprenait la nomination des tuteurs et curateurs, les complaintes possessoires, l'envoi en possession, la réception des cautions, l'intimation et l'infraction de la sauvegarde, les criées et décrets, les émancipations, les inventaires et la connaissance des délits punis d'une amende supérieure à 60 sous[3].

La connaissance de toutes les autres causes pécuniaires, personnelles et possessoires non privilégiées, et des délits punis d'une amende n'excédant pas 60 sous, appartenait à la basse justice[4].

Dans la cour de justice féodale, le jugement était fait par les pairs, par les vassaux eux-mêmes. Le nombre des hommes nécessaires pour constituer les cours féodales n'était point fixé. On indiquait seulement le minimum des juges indispensable pour la validité du jugement. Ainsi, selon Beaumanoir, un homme ne pouvait pas juger seul; la cour devait se composer au moins de trois ou quatre juges, possesseurs de fiefs[5].

On peut présumer que, dans l'origine, les seigneurs présidaient eux-mêmes leurs cours de justice. Plus tard, ils déléguèrent leurs fonctions à des officiers nommés par eux. Mais un principe fon-

---

[1] Voy. Brussel, *Usage des fiefs*, p. 300.

[2] Tit. *de judic.*, nᵒ 16.

[3] Loc. *cit.*, nᵒˢ 16 et 17.

[4] Loc. *cit.*, nᵒ 19.

[5] Voy. Beaumanoir, Cout. de Beauvoisis, ch. 47, art. 44; *Établissements de St-Louis*, I, 71, Pierre de Fontaines, ch. XXI, art. 9.

damental domina toujours les justices seigneuriales : si les juges
des seigneurs dirigeaient l'action de la justice, ils ne s'immis-
çaient pas dans les jugements; ils ne jugeaient pas le fond; ce
droit appartenait aux hommes de la seigneurie, aux *jugeurs*, aux
*gens souffisans* [1]. Le seigneur, ou le bailli qui le représentait, se
bornait à *tenir la cour* [2], à la présider, à prononcer la sentence.

Il ne faut cependant voir, selon la remarque de M. Faustin-
Hélie, dans l'intervention des vassaux, des pairs aux plaids du
seigneur, autre chose qu'une charge féodale, une obligation
imposée par lui à ses hommes de venir siéger à ses assises. Ce
n'était pas un droit, et encore moins un contrepoids destiné à
balancer la puissance féodale. « Le principe du jugement par les
pairs, ajoute l'éminent magistrat, était une garantie de la hiérarchie féodale, de la dignité seigneuriale, et non une garantie de
bonne justice : il protégeait l'homme féodal, il le maintenait à
son rang, il lui assurait les droits que sa position lui donnait; il
s'inquiétait peu de l'accusé, de l'indépendance de ses juges et des
moyens d'assurer le triomphe de la vérité [3]. » Ce n'est, comme le
fait encore observer M. Faustin-Hélie, que lorsque les communes
s'établirent, lorsque les juges des bourgeois purent être les
bourgeois eux-mêmes, c'est-à-dire les membres d'une communauté unis par les liens d'une véritable solidarité que le jugement par pairs put offrir quelques garanties [4].

Nous n'insisterons pas sur l'organisation et la procédure des
justices seigneuriales. Ce qui domine cette institution, c'est le
jugement par les pairs et la preuve par gages de bataille.

Mais nous tenons à rappeler que la justice exercée par les seigneurs féodaux comme justiciers ne fut jamais confondue avec
la justice féodale, qui leur appartenait à raison de leurs fiefs [5].
Cette distinction s'est maintenue tant que la justice féodale a

[1] Beaumanoir, l. XVII, 16.

[2] Beaumanoir, I, 82.

[3] *Loc. cit.*, p. 344.

[4] Voy. ce que nous disons *suprà*, tit. 5, ch. 5, sect. 2, sur l'intervention
des consuls dans l'administration de la justice en Auvergne; voy. aussi
*Infrà*, sect. 4.

[5] C'est un point que M. Championnière a parfaitement établi; voy. notamment n<sup>os</sup> 233 et suiv.

subsisté. Ces deux justices étaient profondément séparées par le mode de leur exercice. Ainsi, le jugement par pairs proprement dits n'existait que dans le fief; le feudataire y avait seul droit. Le censitaire, quoique la censive fût une jouissance féodale, n'était pas jugé par des pairs, car il n'en avait point, comme le possesseur de fief; il était jugé selon la *loi vilaine,* qui était celle de la justice *justicière.*

Au déclin de la deuxième race, les *Missi dominici* avaient cessé d'exister; la cour du roi n'avait plus qu'une existence nominale. La royauté n'était pas assez puissante pour maintenir ses droits et notamment son droit de cour au second degré de juridiction. L'appel contre les décisions du seigneur justicier n'était plus possible.

Sous la troisième race, chaque baron fut souverain dans sa baronnie; le sol de la France était partagé en une multitude de petites souverainetés. Mais tout vassal lésé dans ses droits par son seigneur pouvait en appeler au suzerain dont il était l'arrière-vassal. C'était ce qu'on appelait principalement l'appel pour *défaute de droit.*

Entre le vassal et son seigneur, il y avait un supérieur commun, c'était le suzerain. Ce droit d'appel au suzerain appartenait à tous ceux qui avaient une jouissance féodale, quelle que fût la condition de leur tenure, aux censitaires, comme aux feudataires. En cela le censitaire différait du vilain soumis à la juridiction du justicier [1].

Il existait une autre voie de recours : c'était l'*appel de faux jugement.* Appeler de faux jugement, ou *fausser* le jugement, c'était, on le sait, appeler les juges au combat, comme coupables de prévarication, ou comme faux, méchants et calomniateurs. Cette déclaration injurieuse, faite en face des juges, des pairs, après la prononciation du jugement, était soutenue par des gages de bataille; singulière voie de recours qui forçait tous les hommes ayant concouru au jugement à soutenir leur décision les armes à la main [2].

Nous allons bientôt assister à un nouvel ordre de choses. La

[1] M. Championnière, n° 237.
[2] Voy. Beaumanoir, l. XVII, 7, 8 et 9.

royauté fera tous ses efforts pour étendre la sphère de l'action de sa justice. Une tendance générale vers la centralisation affaiblira les cours féodales, qui lutteront longtemps encore, mais qui finiront par être renfermées dans des limites qu'il ne leur sera pas permis de franchir.

Toutes les innovations ayant pour but de fortifier le pouvoir central, toutes les entreprises sur les justices locales, ne se produiront pas subitement : elles seront le résultat assez lent des faits et du temps. Cette révolution, qui commence au XIII<sup>e</sup> siècle, et qui renverse peu à peu les institutions féodales, mettra plusieurs siècles pour accomplir son œuvre. Il sera facile d'en suivre les progrès en examinant les transformations successives des institutions judiciaires, aux époques que nous allons parcourir.

## SECTION II.

**2<sup>e</sup> Période. — Depuis l'affermissement de la conquête de Philippe-Auguste jusqu'à l'apanage d'Alfonse (1229-1241).**

Les rois de la troisième race cherchèrent à ressaisir l'autorité et les prérogatives dont ils avaient été dépouillés par les seigneurs. La cour du Roi reparut vers l'an 1020. Des commissaires royaux furent envoyés dans les seigneuries, sous le règne de Louis-le-Gros, pour recevoir les plaintes des sujets contre les seigneurs ou leurs officiers [1] ; et, sous le successeur de ce monarque, la cour du Roi devint une juridiction suprême. Mais c'est surtout depuis le règne de Philippe-Auguste que la justice royale prit le caractère d'une juridiction permanente. Par son ordonnance, rendue en l'an 1190, Philippe-Auguste ne créa pas le titre de *bailli* : des officiers portant ce nom existaient auparavant dans les justices des domaines particuliers du roi, comme dans celles de plusieurs seigneurs. Dans les textes antérieurs au testament de Philippe-Auguste, le mot bailli ne désigne pas un agent supérieur, mais un agent quelconque, sans exprimer son

[1] Ces commissaires étaient appelés *juges des exempts*; VITA LUDOVICI GROSSI, *script.* Rec. de D. Bouquet, IX.

rang ni la nature de ses fonctions[1]. Ce fut l'ordonnance de l'an 1190 qui fonda réellement l'institution des *baillis royaux*.

Selon cette ordonnance, les baillis doivent établir, dans chaque prévôté, quatre hommes sages et prudents, pour concourir à l'examen des affaires[2]. Ils doivent, chaque mois, dans leur baillie, tenir jour, et ce qu'on appelle *assise*, où tous ceux qui réclameront recevront justice sans aucun délai[3]. Ils défendent les droits du roi et perçoivent ses redevances et amendes[4]. Ils ont la surveillance des prévôts[5].

Il semble résulter de ces dispositions qu'il existait déjà deux juridictions distinctes : Celle des prévôts et celle des baillis. Ces derniers étaient investis d'une autorité supérieure[6].

Le rôle de ces officiers fut sans doute plus grand, à partir du règne de St-Louis ; mais ils remplissaient, dès l'origine, les mêmes fonctions administratives que dans le milieu du XIIIe siècle.

Le principe de l'institution des *cas royaux*, c'est-à-dire du jugement par les baillis des causes intéressant le roi dans les terres des seigneurs, paraît aussi consacré par la même ordonnance[7]. L'institution des cas royaux, développée successivement par suite des empiètements des baillis sur les justices inférieures, fut un puissant moyen d'étendre la sphère d'action de la justice royale. Mais *l'appel* des jugements rendus par les justices sei-

[1] Voy. M. Boutaric, *Saint-Louis et Alfonse de Poitiers*, p. 130 et suiv.

[2] « In primis præcipimus, ut baillivi nostri, per singulos præpositos, in potestatibus nostris, ponant quatuor homines prudentes, legitimos et boni testimonii, sine quorum, vel duorum ex eis ad minus, consilio, negotia villæ non tractentur. » Ord. 1190, art. 1er.

[3] « Et in terris nostris quæ propriis nominibus distinctæ sunt, ballivos nostros posuimus, qui in bailliviis suis, singulis mensibus, ponent unum diem qui dicitur Assisia, in quo omnes illi qui clamorem facient, recipient jus suum per eos et justitiam sine dilatione. » Ord. 1190, art. 3.

[4] « Et nos, nostra jura et nostram justitiam. » Même article.

[5] ... « Similiter de præpositis nostris significent nobis baillivi nostri. » Même article.

[6] Selon M. Championnière, les baillis exerçaient à la fois la justice féodale et la justice justicière, qui appartenaient au roi dans ses propres terres ; enfin, la justice royale, s'appliquant à tous sans exception de rang, d'origine, de puissance, ou de qualité des personnes. *Loc. cit.*, n° 253. — Voy. art. 2, Ord. de 1254.

[7] L'art. 3 porte, en effet : « Et fore facta, quæ propriè nostra sunt, ibi scribentur. » A l'assise du bailli, d'après ce texte, devaient être inscrites ou portées les causes du dehors regardant le Roi.

gneuriales fut encore plus efficace. Il y avait le plus grand
intérêt pour le pouvoir royal à ranger les justices dans la hiérarchie féodale et à supposer que partout où s'étendait la domination du roi les justiciers tenaient de lui la justice en fief. C'est
aussi ce qui fut posé en principe : «Toute laie jurisdiction du
roïaume est tenue du roi en fief ou arrière-fief[1]. » Ce principe
n'était point exact, car il étendait à toutes les justices ce qui était
la condition de certaines justices seulement; mais la conséquence était favorable à la royauté : « Et por ce pot on venir en
se cort, par voie de défaute droit ou de faux jugement[2]. » On
constituait le ressort, c'est-à-dire on donnait ouverture à l'appel
pour défaute de droit, voie propre à la hiérarchie féodale, et qui
n'existait pas dans la hiérarchie justicière[3]. Il paraît que des
appels de défaute de droit avaient été portés dès le temps de
Philippe-Auguste devant la juridiction royale[4]. Les appels à la
cour du roi, quoique n'envahissant que lentement et successivement les diverses provinces, étaient cependant devenus assez
fréquents avant l'époque où Beaumanoir exposait les principes
que nous venons de rappeler, c'est-à-dire vers la fin du XIIIᵉ
siècle[5]. Après l'abolition du duel judiciaire, et selon les Etablissements de St-Louis, les juges n'étaient plus appelés au combat;
le jugement était déféré à la cour du Roi *tanquam pravum et
falsum.*

Les *aveux de bourgeoisie* furent une cause active de l'extension
de la compétence des baillis. En s'avouant *bourgeois du Roi*, les
habitants des terres seigneuriales parvenaient à se soustraire à
la justice des seigneurs et se trouvaient placés sous la protection
de la justice royale. Il n'y eut de restriction à ce principe que
vers la fin du XIIIᵉ siècle[6]. Les *paréages*[7] servirent aussi puissamment à étendre le pouvoir royal.

[1] Beaumanoir, XI, 12.
[2] Beaumanoir, *Loc. cit.*
[3] Voy. M. Championnière, *Loc. cit.*, n. 236 et 174.
[4] Montesquieu, liv. XXVIII, ch. 28, note.
[5] Voy. les différents arrêts rapportés dans le Recueil des *Olim.*, et cités
par M. Faustin-Hélie, p. 562 et suiv.
[6] Voy. Ordonn. 12 mars 1287.
[7] Voy. ce que nous disons sur les paréages, *Infrà*, sect. IV.

Plus tard, les baillis, à l'aide de la règle *supplet superior inferioris negligentiam*, puisée dans le droit canonique [1], et dont on retrouve la trace dans l'appel de défaute de droit, étendirent de plus en plus leur juridiction, au détriment des justices seigneuriales. C'est le principe de la *prévention*, sur lequel nous aurons à revenir [2].

Vers la fin du XIV° siècle, le but poursuivi par la royauté était atteint : les juridictions féodales étaient dominées par les juridictions royales, qui s'étaient emparées de leur puissance. Au XV° siècle, des modifications profondes s'étaient opérées dans toute l'organisation judiciaire. Cette révolution se laissera clairement apercevoir dans les monuments que nous explorerons en exposant les institutions judiciaires de l'Auvergne à ces diverses époques.

Il s'est élevé sur la date de l'établissement du bailli dans cette province une controverse que nous devons apprécier ici.

Un écrivain qui a, l'un des derniers, examiné cette question, M. Delalo, ancien président du tribunal civil de Mauriac, pense que la juridiction royale était établie en Auvergne dès le mois de décembre 1208. Mais alors, dit-il, celui qui en était investi portait le titre de *connétable* et non celui de *bailli* [3]. Chabrol est plus hésitant : il déclare d'abord que l'on ne peut fixer avec certitude l'époque de la création du bailliage (ou baillie) d'Auvergne. Puis, il ajoute que l'on peut supposer qu'elle eut lieu en 1213 [4], et que le bailliage existait certainement avant 1239 [5]. Ailleurs, Chabrol est plus affirmatif : il dit que l'institution des baillis en Auvergne est l'œuvre de Philippe-Auguste, et que cette création date de 1213, époque de l'achèvement de sa conquête [6].

D. Verdier Latour, qui était à la tête de ces savants ouvriers bénédictins qui vinrent, en 1778, remuer la poussière des char-

---

[1] Décret. Greg. lib. I, tit. 10 *de supplendâ negligentiâ prælatorum.*

[2] L'art. 23 de l'ord. de juillet 1319 est la première application qui fut faite de ce principe.

[3] *Limites et divisions territoriales etc. de la Haute-Auvergne*, p. 34, 38 et suiv.

[4] *Dissert. histor.*, vol. I, p. LXV.

[5] *Loc. cit.*

[6] Vol. IV, p. 464, article sur la ville de Riom.

triers de l'Auvergne[1], ne pense pas que le bailliage d'Auvergne ait pu être établi en 1213, au moment où la conquête de Philippe-Auguste était encore disputée. Il n'est pas probable, selon Verdier Latour, que ce monarque ait institué un bailliage dans une contrée dont il n'était pas encore paisible possesseur. Ce serait seulement après les traités passés entre Saint-Louis, le Comte et le Dauphin d'Auvergne, à la fin de l'année 1229, et alors que les rois de France purent jouir paisiblement de tout le Comté appelé *la Terre d'Auvergne,* qu'il faudrait placer l'institution du bailliage d'Auvergne.

On nous permettra de transcrire le passage de la dissertation inédite, dans laquelle Verdier Latour examine et discute cette question : « Est-il à présumer que Philippe-Auguste établît un bailliage dans l'Auvergne, à l'époque où ce monarque fit la conquête de la majeure partie de cette province, que l'on fixe en 1213, à peu près.....? Ce monarque aurait-il établi aussitôt un bailliage, dans un pays dont il n'étoit pas encore paisible propriétaire et qu'il avoit mis en garde entre les mains de Gui de Dampierre et d'Archambaud de Bourbon? Cet établissement est d'autant moins à présumer que ce n'est pas dans les temps de guerre et de trouble que la justice répand avec abondance ses douces influences sur les peuples affligés de ces fléaux désastreux; aussi trouve-t-on assez généralement beaucoup plus de preuves des dévastations des vainqueurs et des motifs qui les ont déterminés à prendre les armes que des actes des officiers de justice qu'ils établissoient dans les pays de leur conquête..... Louis VIII disposa par son testament du 12 juin 1225, fait au château de Montpensier, des conquêtes de Philippe-Auguste dans l'Auvergne, en faveur d'Alphonse, son fils; mais cette disposition n'eut son effet que longtemps après. Les enfants de Gui combattoient encore en 1229 pour la conservation de l'héritage de leur père. La trève qu'ils font dans le mois de juillet de cette même année avec le mareschal du seigneur de Bourbon, connétable d'Auvergne, pour le roi et pour le seigneur de Bourbon, prouve bien que, malgré

---

[1] Voy. le mémoire manuscrit ayant pour titre : *Dissertation historique sur la distribution des sièges de justice de l'Auvergne après le partage de cette province entre le roi Saint-Louis et le Comte et le Dauphin d'Auvergne.* Ce manuscrit se trouve dans un recueil du savant bénédictin, n° 283 de la Bibliothèque de Clermont.

la confiscation faite sur leur père, ils se regardoient toujours
comme légitimes propriétaires du Comté. Les deux traités passés
la même année de la trève ou la suivante, entre Saint-Louis et
le Comte et le Dauphin d'Auvergne, terminèrent enfin cette
longue guerre à l'avantage des rois de France qui furent dès lors
possesseurs tranquilles de tout le comté, appelé la terre d'Auvergne, connu aujourd'hui sous le nom de duché d'Auvergne....
L'établissement d'un baillage en Auvergne avant cette époque
me paroit donc si contrarié par l'ensemble de tous les faits historiques..., et par les propres faits de Louis VIII, que je ne crois
pas même qu'on puisse le présumer. Ce roi veut dans l'acte
d'accommodement qu'il fit entre la comtesse douairière d'Auvergne et Archambaud de Bourbon, qu'une certaine terre qu'on
cède à la comtesse lui soit assignée d'après le rapport ou le vu de
son bailli du Berry. Il me sembleroit que ces actes devroient
nous confirmer dans la présomption de croire qu'il n'y avoit
point encore, du temps de Louis VIII, de bailli royal pour l'Auvergne : car pourquoi le monarque se seroit-il servi par préférence d'un bailli étranger s'il y en avoit eu pour la province.
C'est cependant le dernier de ces actes qui a fait dire à M. Chabrol : « ou l'Auvergne dépendoit alors du baillage de Berri, ou
Pierre de Roussi occupait les deux places [1]. » Ni l'une, ni l'autre
de ces deux choses pouvoient très-bien ne pas être, et je crois
même que cela devoit être ainsi : car si le bailli de Berri l'eut
été en même temps de l'Auvergne, il étoit dans l'ordre que l'acte
se passant en Auvergne, on devoit bien plutôt lui donner sa
qualité propre à cette province, que celle d'une autre province,
ou au moins le qualifier bailli des deux provinces. Les exemples
d'Amaury de Courcelle qui était bailli d'Auvergne (et de Mâcon),
en 1239, et de Henri de Gaudonvillars, qui était, en 1277, bailli
d'Auvergne et de Berry, bien loin de pouvoir être donnés, comme
le présente M. Chabrol [2], pour une preuve de comparaison de la
réunion des deux places sur Pierre de Roussi, s'opposent au contraire à croire à cette réunion. Nous ne savons, en effet, que
Henri de Gaudonvillars et Amaury de Courcelle ont été baillis
d'Auvergne et d'une autre province en même temps, que parce

[1] *Cout. d'Auv.*, Dissert. hist., vol. I<sup>er</sup>, p. LXVJ.
[2] *Loc. cit.*

qu'ils ont été ainsi qualifiés dans leurs actes; nous devons donc dire, par la même raison, que si les baillis de Berri, dont il est question dans les deux actes de Louis VIII, l'eussent été en même temps de l'Auvergne, ils en auroient eu également la qualification, surtout dans les actes qui étoient relatifs à cette province. « Mais quoique ces baillis de Berri, dont s'est servi Louis VIII, ne fussent pas baillis d'Auvergne, il ne doit pas s'ensuivre néanmoins que l'Auvergne devoit dépendre du baillage de Berri; il en devroit résulter seulement que le roi s'est servi de son bailli de Berri comme le plus prochain, n'ayant pas pu encore en établir un royal pour ce comté qui étoit toujours le sujet d'une guerre et qui étoit en garde de main tierce. — En effet, avant les brouilleries de Gui II avec Philippe-Auguste, l'Auvergne ne dépendoit certainement pas du baillage du Berri; pourquoi en auroit-elle donc dépendu pendant les tems malheureux où ce prince étoit en guerre avec son roi? Seroit-ce parce que les historiens de France disent, en général, que cette province fut confisquée et réunie à la couronne par Philippe? Mais par le développement et la discussion des monuments qui constatent plus particulièrement, que ne font les historiens de France, l'état de la province du vivant de Gui II, on a dû se convaincre que ce prince n'étoit pas mort entièrement dépouillé, et que la réunion de cette province à la couronne, projettée par Philippe Auguste, n'avait pas été réalisée du vivant de ce monarque, ni même du vivant de son fils Louis VIII; c'est Saint-Louis qui a traité avec les enfants de Gui peu de mois après la trève que ceux-ci venoient de conclure avec le connétable d'Auvergne. La réunion de cette province à la couronne n'ayant donc pas été réalisée aussitôt qu'elle avoit été confisquée, ce qui n'est pas sans exemple dans l'histoire générale de France, où étoit la nécessité de mettre dans la dépendance d'un baillage étranger une province en proie aux désordres de la guerre et mise en séquestre entre les mains d'un autre prince? Il paroit bien plus vraisemblable que la révolution complette devant être regardée comme prochaine, les rois avoient attendu ce moment pour établir dans cette province le même ordre pour l'administration de la justice, que dans les autres provinces de leur domaine, et qu'Archambaud de Bourbon exerçoit, en attendant, comme vassal, les fonctions de comte dans les parties qui lui étoient soumises, comme les exerçoit Gui avant d'être vaincu. C'est au moins l'idée que nous présente l'acte d'accommodement que fait Louis VIII entre Archambaud de Bourbon et la comtesse douairière d'Auvergne. La comtesse n'est pas en litige avec le roi, c'est avec Archambaud: « Ludovicus dei gratia Francorum rex universis ad quos præsentes litteræ pervenerint Salutem. Noveritis quod compositio facta est coram nobis inter dilectum et fidelem nostrum Archembaldum de Borbonio et dilectam nostram comitissimam Alverniæ relictam Guidonis comitis in hunc modum [1]. » Cette princesse s'étoit d'abord adressée au pape Honorius. Il n'est pas question du roi dans la requête de plainte que relate Honorius; ses griefs sont contre Archambaud. Le roi ne juge point; il déclare seulement que telle a été la composition faite entre Archambaud de Bourbon et la comtesse veuve du comte Guy. On a déjà vu que le mareschal du seigneur de Bourbon, qui conclut une trève avec les enfants du comte Gui, étoit en même temps connétable d'Auvergne pour le roi et pour le seigneur de Bourbon, et qu'il traite avec eux pour le roi et pour le seigneur de Bourbon; ce qui annonce que le seigneur de Bourbon avoit sur la partie de l'Auvergne qui lui obéissoit des droits qui ne permettent pas de supposer que Philippe-Auguste avoit déjà établi dans cette province un bailli, comme dans les autres provinces de son domaine. Mais en auroit-il établi un en même temps qu'il donna les parties conquises de cette province en garde à Gui de Dampierre et à Archambaud de Bourbon, ce bailli n'auroit pu être comme le connétable d'Auvergne que bailli pour le roi et pour le seigneur de Bourbon : car pourquoi l'un auroit-il été plus privilégié que l'autre? On ne sauroit dire que l'autorité d'Archambaud étoit restreinte aux seuls faits militaires, l'acte d'accommodement entre ce prince et la comtesse d'Auvergne démentiroit cette assertion. Or un bailli pour le roi et pour un autre seigneur en même temps, dans la même province, ne nous donnera jamais l'idée d'un bailli tel que les avoit établis ce grand roi dans les provinces de son domaine. Tous les droits d'Archambaud de Bourbon, tels qu'ils fussent, furent très-certainement anéantis par les deux traités de paix que Saint-Louis fit avec le Comte et le Dauphin d'Auvergne, aux années 1229 ou 1230, puis-

---

[1] Baluze, *Maison d'Auvergne*, II, p. 84.

que nous ne trouvons plus après cette époque aucune trace de la juridiction ou de l'autorité des Bourbons dans aucune des parties de la province. — On ne peut donc donner d'époque plus certaine du changement qui s'est opéré dans l'ancienne distribution des siéges de justice de la province que celle de ces deux traités par lesquels ces malheureux princes furent forcés de se dépouiller de la majeure partie de leurs Etats [1]. »

L'opinion de Verdier Latour est celle qui nous paraît la plus probable. Le sentiment de Chabrol, qui place dans l'année 1213 la date de l'institution du bailli d'Auvergne, semble suffisamment réfuté par les documents historiques [2] et par les raisonnements du savant historiographe, qui fait, dans un autre paragraphe de sa dissertation, ressortir avec énergie les incertitudes et même les contradictions du commentateur de la Coutume d'Auvergne [3].

---

[1] *Dissertation historique sur la distribution des siéges de justice de l'Auvergne après le partage de cette province entre le roi S. Louis et le Comte et le Dauphin d'Auvergne*, § 1er; voy. pages 6 à 15 du manuscrit.

[2] Voy. suprà, tit. V, chap. 3.

[3] Verdier Latour pose cette question dans le troisième paragraphe de son manuscrit : « Peut-on déterminer l'année précise de l'établissement du bailliage d'Auvergne et de celui des montagnes? » Et il s'exprime de la manière suivante : « Mes recherches à cet égard ne m'ont fourni aucuns documents qui puissent résoudre la difficulté. Il parait que les éditeurs de la Coutume d'Auvergne n'ont pas été plus heureux que moi, car ils n'ont jamais produit les lettres patentes de ces établissements, et n'ont pas même énoncé aucuns titres de ces tems reculés qui établissent l'existence du bailliage d'Auvergne d'une manière aussi positive que j'ai établi l'existence primordiale du bailli des montagnes et de celui des cas royaux. » — « On ne peut » pas dire avec certitude, dit M. Chabrol, quelle a été l'époque précise de la » création du bailliage d'Auvergne; mais il existait certainement avant 1239. » On a déjà dit qu'Amaury de Courcelles rendit alors les comptes de ce bailliage » au roi : on peut présumer qu'il a été établi en 1213. » (*Dissert. hist.*, p. LXV.) « Cette incertitude de l'époque précise de la création du bailliage d'Auvergne, poursuit Verdier Latour, devenue présomption pour son établissement en 1213, devient, à la page LXXVIII de la même dissertation, un fait positif : « Tous ces tribunaux inférieurs (les prévôtés) étoient subordonnés au bailli » d'Auvergne, créé en 1213, et rétabli en 1271, lors de la cessation de l'apa- » nage d'Alphonse. Ce bailli résidoit à Riom. J'ai vu un grand nombre de » commissions ou de jugements rendus à Riom par le bailli d'Auvergne dans » ces tems reculés. » C'est-à-dire, ajoute Verdier Latour, sans doute dans ces temps qui se sont écoulés depuis 1213 jusqu'en 1240 ou 1241 qu'Alphonse fut investi du comté de la terre d'Auvergne. Mais puisque M. Chabrol a un si grand nombre de commissions ou jugements rendus à Riom par le bailli d'Auvergne résidant en cette ville, qui portoient sans doute la date de quelques-unes de ces années, qui se trouvent dans l'intervalle de 1213 à 1240, pourquoi a-t-il donc donné d'abord comme incertitude, ensuite comme présomption,

A plus forte raison, ne partageons-nous pas l'opinion de M. Delalo, qui fait remonter l'institution à l'année 1208, et qui voit dans les connétables dont il parle des officiers revêtus de fonctions identiques à celles des baillis. Nous croyons que pendant le temps écoulé depuis l'an 1208 à la fin de l'année 1229, époque de lutte entre le roi et les comtes d'Auvergne, les fonctions de connétable avaient plutôt pour objet les opérations militaires, la guerre et la conquête, que l'administration de la justice en Auvergne.

Dix ans après les traités de la fin de 1229, c'est-à-dire vers l'année 1239, l'existence, dans cette contrée, d'un bailli, appelé aussi *connétable*, est un fait qui n'est plus contesté. La terre d'Auvergne était administrée pendant la minorité d'Alfonse par Béraud de Mercœur, avec le titre de connétable[1]. Amaury de Courcelle était en 1238 revêtu de ces fonctions, et figure parmi ceux qui rendirent, à cette époque, les comptes de leur *baillye* entre les mains du Roi[2]. Il prenait tantôt le titre de *bailli d'Auvergne*, tantôt celui de *connétable*[3].

Par suite de l'institution du bailliage, et de la division de la province d'Auvergne en *Dauphiné, Comté*, et *Terre d'Auvergne*[4], il y eut dans cette province plusieurs juridictions indépendantes. Le Dauphin et le Comte exercèrent, dans leurs possessions, une juridiction, qui ne relevait en aucune manière de celle du bailli de la *Terre d'Auvergne*. Le Dauphiné et le Comté de Vic-le-Comte

---

ce qui était aussi positif, et pourquoi n'a-t-il pas énoncé quelqu'un de ces jugements? Le lecteur ne passe pas ainsi de l'incertitude à la présomption et de la présomption à la certitude positive, sans qu'il ne soit amené à ce point d'évidence par des raisonnements fondés sur des preuves indubitables. » (*Loc. cit.*, § 3.)

[1] « B., Marescallus Borbonensis et Conestabulus Arvernie, » reçoit pour le roi l'hommage de P. de Losac. 1237. — Reg. XXXI du Trésor des chartes, fol. 94.

[2] *Voy.* acte du 6 juillet 1238; Trésor des chartes, J. 271, n° 3.

[3] Il prend le titre de *bailli d'Auvergne* dans trois lettres datées de l'octave des fêtes de S. Pierre et S. Paul 1238 (*Archives nation.*, J. 271). En 1239, il donne défaut, en qualité de *connétable d'Auvergne*, contre le comte de Clermont, qui ne s'était pas présenté devant lui: «Nos *Almauricus de Corcellis, conestabulus Alverniæ* ex parte domini regis... dictus Guillelmus nec venit nec pro se misit.... Datum eodem die lunæ anno Domini MCCXXX. nono. » (Baluze, *Maison d'Auvergne*, vol. II, p. 260.)

[4] *Voy. suprà*, tit. V, ch. 3.

étaient soustraits à la juridiction royale : le bailli investi de cette juridiction ne pouvait l'exercer sur les terres du Dauphin et du Comte[1].

En outre, la ville de Clermont formait un comté en la possession de l'évêque. Ce comté était entièrement distinct des trois autres parties de la province[2]. Les appels du juge de l'évêque étaient immédiatement déférés à la cour du Roi, et défense était faite au bailli d'Auvergne d'en connaître[3].

### SECTION III.

### 3ᵉ Période. — Apanage d'Alfonse (1241-1271).

Pendant l'apanage d'Alfonse, Comte de Poitiers, frère de Saint-Louis[4], l'organisation judiciaire de la terre d'Auvergne reçut des modifications importantes. La juridiction royale du bailli d'Auvergne cessa nécessairement.

Il y eut dans la Basse-Auvergne un certain nombre de *baylies*[5], ou prévôtés, dont nous donnerons tout d'abord la liste ; ce sont : Langeac, (*Langiacum*), Brioude (*Brivatensis bajulia*), Auzon (*Ausonium*), Nonette (*Noneta*), Monton (*Montonium*), Breuil (*Brolium*), Pont-du-Château (*Castri-Pons*), Montcel (*Moncels*), Billom (*Buillon*), Ennezat (*Enaziacum, Anaziacum*), Riom (*Riomum*), Tournoelle (*Tournolium*), Châtel-Guyon (*Castrum-*

---

[1] Verdier Latour, Manuscrit précité, § 1ᵉʳ.

[2] Voy. *suprà*, tit. V, ch. 3.

[3] Voici comment Philippe-le-Hardi s'exprimait sur ce point, en l'année 1284 : « Cæterum vobis inhibemus ne aliquas appellationes à curia dicti Episcopi ad vos factas recipiatis, et si quas receperitis, eas ad curiam nostram remittatis, cum nostræ voluntatis existat, quod a curia dicti Episcopi ad nos sine medio appelletur nec de appellationibus ad nos interpositis vos intermittatis et pignora quæ reddi vel recredi faciatis occasione dictarum appellationum quæ dictus Episcopus vel sui cœperant ante ipsas appellationes dicto Episcopo restitui faciatis. Actum parisiis dominica post festum Beati Nicolai Hyemalis anno Domini millesimo ducentesimo octuagesimo quarto. » (Savaron-Durand, p. 379.) Voy. sur la cour de l'évêque, arrêt de 1254, Rec. des *Olim*, p. 417-418.

[4] Voy. *suprà*, tit. V, chap. III.

[5] *Baylies* était le nom que l'on donnait aux prévôtés dans le Midi.

*Guidonis*), Le Mans (*Mansus*), Châteauneuf (*Castrum Novum*), Cournon (*Corno*), Pionsat (*Pinciacum*), Roche-d'Agoult (*Ruppes-Dagulphi*), Palluel et Buchecairal (*Paluellum*), Langy (*Langetum, Lengis*), Puy-Rogier (*Podium Rogerii*), Cébazat (*Cebaziacum, Sabaziacum*), Vichy (*Vichiacum, Vicherium*), Ris (*Rivi*), Péage de St-Pourçain (*Sanctus Porcianus*), Goutières (*Gouteria, Goteria* [1]).

Ces baylies ou prévôtés, dont les chefs titulaires portaient le titre de *Bayles* ou de prévôts, et auxquelles appartenait la première connaissance des procès, notamment des contraventions en matière de simple police, avaient une compétence peu étendue, et ne différaient entre elles que par les limites de leur ressort. Riom dut être le siége de la plus importante.

Les baylies ou prévôtés étaient mises aux enchères publiques par le Connétable; le plus offrant était investi de l'office de bayle ou de prévôt. On ne les donnait *en garde*, c'est-à-dire qu'on ne nommait un bayle ou prévôt recevant un traitement fixe, que lorsqu'aucun acquéreur ne s'était présenté pour l'adjudication; et ce cas était assez rare. Les revenus du Comte étaient très variés et d'une perception difficile : on la rendait plus certaine et plus fructueuse par la mise en ferme. Ces revenus étaient affermés aux bayles, ainsi qu'une partie des amendes, pour une ou plusieurs années [2].

Tous les bayles étaient sous l'autorité et la surveillance du Connétable. Il statuait sur les appels des sentences rendues par

---

[1] Voy. M. Boutaric, *Saint-Louis et Alfonse de Poitiers*, p. 175 et suiv. Cet auteur cite le registre J. 317, n° 62, comptes de l'Ascension 1255, et le compte d'Evrard de l'Ascension 1267. Il renvoie au registre du Trésor des chartes, J. 317, n° 61, fol. 73 et 74, pour les nombreuses variations des baylies d'Auvergne. — On peut comparer le compte d'Evrard 1267 et la nomenclature donnée, d'après ce compte, par M. Delalo, p. 40.

[2] Les baylies ne devaient être affermées qu'à des personnes de bonnes mœurs et solvables. Alfonse recommandait de passer les baux aux conditions les plus avantageuses et d'affermer les prévôtés aux enchères; on lit dans une de ses circulaires : « Nos vos mandons que quand vos affermerez nos baillies, icelles affermez chacune si bien et si sagement et si chèrement en la meilleur manière et plus loial que vos porroiz, selonc les condicions que vous avez piéça, que l'on voit bien qui ni ait point de chalandise, ne ne la affermez mie à gens soupconneuses de hérésie [ne d'usure], ne de autre grant crime, ne à Juis, ne à vos paranz, ne à vos cosins, ne à vos affins, ne à autre de vostre mesnie, ne à d'autres qui soient à nos gages ne à nos. » Le lundi après l'Invention de la sainte Croix 1267. Reg. A, fol. 40; M. Boutaric, p. 257.

les baylies. Il jugeait aussi plusieurs affaires en première instance. Les causes criminelles importantes appartenaient à sa juridiction.

Il se transportait et tenait des assises dans les différentes cités de son ressort. Il y rendait la justice, assisté de plusieurs assesseurs. Il surveillait, dans ses tournées, les agents inférieurs et la noblesse. Un lieutenant, ou vicaire, tenait les assises en son absence [1].

Le Connétable avait encore d'autres attributions. Comme les Sénéchaux, il réunissait entre ses mains les différentes branches de l'administration. Il devait protéger les sujets et les garantir contre les exactions et l'arbitraire. C'est au Connétable que les bayles ou prévôts versaient le prix de leur ferme; il prélevait sur les deniers de sa recette les sommes nécessaires pour solder les frais de l'administration, et rendait les comptes de sa gestion [2].

Nous passerons sous silence les diverses obligations imposées au Connétable d'Auvergne : elles étaient les mêmes que celles auxquelles étaient soumis les Sénéchaux par les règlements d'Alfonse [3]. Le Connétable était, comme eux, révocable à volonté. Il recevait un traitement de vingt-cinq sous par jour [4].

Parmi les Connétables de la terre d'Auvergne, durant l'apanage, figurent Henri de Ponceaux, dont on trouve le nom dans plusieurs actes de 1244 et 1245 [5], messire Nivard, remplissant les mêmes fonctions en 1251 [6], puis Herbert de Plailly [7], auquel suc-

---

[1] C'est ce que dit un des témoins entendus dans l'enquête de 1263 (*Archiv. nat.*, reg. J. 190.)

[2] L'année financière était partagée en trois termes : celui de la Toussaint, celui de la Chandeleur et celui de l'Ascension. Les comptes étaient divisés en *Recettes* et *Dépenses*. Les recettes et dépenses fixes de l'Auvergne, pour l'année 1258, étaient les suivantes : RECETTES *(Baylies et péages)* 6948 l. 6 s. 8 d. — DÉPENSES *(Fiefs et aumônes)* 200 l. 100 s. *(Gages)* 916 l. 12 s. (*Archiv. nat.*, J. 317, n° 61); M. Boutaric, p. 275.

[3] Ces obligations sont tracées dans une ordonnance d'Alfonse, que D. Vaissete rapporte à l'année 1254, d'autres à 1255, et qui a de nombreux points de ressemblance avec la célèbre ordonnance de saint Louis de la même année, dont nous parlerons sous la section suivante (Voy. *Hist. génér. de Languedoc,* t. VI, p. 502 et suiv., édit. Du Mège).

[4] N° 9019, fol. 9, 1253-1254; M. Boutaric, p. 154.

[5] Acte de septembre 1244; *Trésor des chartes,* J. 328, n° 20 ; J. 192, n° 12.

[6] *Trésor des chartes,* J. 317, n° 61, fol. 35.

[7] *Loc. cit.*

céda, en 1255, Geoffroi Thomas, chevalier, qui occupait encore son poste en 1261 [1] ; enfin, de 1267 à 1271, l'administration de l'Auvergne fut confiée à Evrard de Millechamps ( *de Mediis Campis* [2].)

Chabrol, dont les explications sont, du reste, fort obscures, semble confondre le bailli d'Auvergne avec le bayle de Riom, et penser que ces deux charges étaient identiques et exercées par la même personne [3].

L'*Alfonsine* de 1270 parle de deux officiers d'Alfonse : du Connétable d'Auvergne et du bayle de la ville de Riom. On ne saurait, sans commettre une étrange erreur, considérer ce bayle comme étant le successeur du Bailli ou Connétable établi, suivant Chabrol, en 1213, et, selon nous, après les traités de 1229. Les qualités du Connétable et du bayle sont clairement indiquées dans l'*Alfonsine* : *Connestabulus noster Alverniæ*, notre Connétable d'Auvergne, porte l'art. 3 ; *bajulus, seu præpositus noster dictæ villæ Riomi*, notre bayle ou prévôt de la ville de Riom, disent les articles 4, 8 et autres. Si ce bayle de la ville eût été le Bailli d'Auvergne, il aurait sans doute été qualifié *Bajulus Alverniæ*, comme le Connétable était appelé *Connestabulus Alverniæ*. Le bayle de Riom était obligé d'appeler dans son conseil, comme nous l'avons expliqué ailleurs, les consuls de Riom et d'agir de concert avec eux dans les cas spécifiés par les art. 4, 8 et 25 de la charte de 1270, ce qui prouve bien encore que sa juridiction était restreinte au territoire dépendant de cette ville [4].

Dans tous les rapports adressés au Comte après les enquêtes dont nous parlerons bientôt, il est toujours fait mention du Con-

---

[1] *Loc. cit.*, J. 317, n° 64, fol. 42, v°; J. 190, n° 96.

[2] Compte de 1267, Bibl. nat., n° 9019, fol. 27.

[3] « Tous les tribunaux inférieurs (les prévôtés), dit Chabrol, étoient subordonnés au bailli d'Auvergne, créé en 1213, et rétabli en 1271, lors de la cessation de l'apanage d'Alphonse. Ce bailli résidoit à Riom. » (2e dissert. hist., *Cout. d'Auvergne*, t. 1er, p. LXXVIIJ). — « Alphonse faisoit rendre la justice à ses sujets par le bailli et le connétable qu'il avoit trouvé établis à Riom.» (1re dissert, *Loc. cit.*, t. 1er, p. 15.) Et ailleurs : « Alors (en 1240), Alphonse établit un connétable et un bailli pour rendre la justice en son nom. Il est parlé de ces deux officiers dans la charte des privilèges, que ce prince accorda à la ville de Riom en 1270; il paroit qu'ils résidoient à Riom. » (Dissert. hist., *Loc. cit.*, t. 1er, p. LXVI.)

[4] Voy. Manuscrit de Verdier Latour, § 3.

nétable, des bayles ou prévôts, de la manière dont ces officiers administrent la justice. C'est seulement en 1275 que Philippe-le-Hardi supprima la charge de Connétable d'Auvergne, comme nous l'expliquerons dans la section suivante.

Nous verrons, en outre, qu'il existait, avant l'année 1270, un bailli pour les Montagnes d'Auvergne. C'est un point sur lequel Chabrol s'est aussi gravement mépris.

Cet auteur dit encore qu'Alfonse avait été autorisé par lettres de Saint-Louis à tenir de *Grands-Jours* à Paris pour ses sujets d'Auvergne, de Poitou et de Toulouse [1].

Les recherches faites dans ces derniers temps [2] nous permettent de compléter et même de rectifier cette vague énonciation, en entrant dans quelques détails sur l'institution à laquelle Chabrol fait sans doute allusion.

Aux grandes fêtes de l'année, Alfonse tenait cour plénière. Ses vassaux venaient alors lui rendre hommage; ses baillis ou ses sénéchaux venaient aussi lui rendre compte de leur gestion, et conférer avec le Comte, ou avec ses ministres, de l'état des provinces confiées à leur direction. Alfonse rassemblait son Conseil, qui examinait la comptabilité des sénéchaux, et rendait la justice en dernier ressort, comme la Cour du roi, qui avait encore, à cette époque, des attributions financières et judiciaires. Ce Conseil d'Alfonse, qui s'appelait aussi Parlement, était ambulatoire et tenait ses séances dans les lieux où le Comte résidait. Le parlement de la Toussaint siégeait à Paris, où Alfonse avait ordinairement sa résidence à ce moment de l'année. On a justement comparé le Parlement d'Alfonse à une sorte de Conseil d'Etat, dans lequel le Comte était censé décider et décidait assez souvent lui-même les questions qui étaient déférées à sa juridiction [3].

Quelles étaient les attributions de ce Parlement? Connaissait-il, comme le Parlement du roi, des appels des juridictions inférieures ? Statuait-il sur les appels des sentences des sénéchaux

---

[1] Dissert. hist., *Loc. cit.*, t. 1er, p. lxvij.

[2] Voy. M. Boutaric, *Saint Louis et Alfonse de Poitiers*, chap. 3.

[3] *Voy.* M. Boutaric, p. 412. — Cette cour suprême, sur laquelle il n'existait dans les anciens auteurs que des mentions fort incomplètes, et dont M. Boutaric a fait connaître la véritable physionomie à l'aide de documents inédits d'un grand intérêt, prit fin à la mort d'Alfonse.

d'Alfonse, et notamment du Connétable d'Auvergne ? Le Comte recevait les recours formés contre les décisions de premier ou de second degré rendues par ces officiers; mais ils n'étaient pas déférés à son Parlement; le jugement en était confié, par une délégation spéciale pour chaque cause, à des commissaires, souvent étrangers à l'ordre judiciaire, et choisis presque toujours parmi les ecclésiastiques. C'était dans le pays même où la sentence avait été prononcée que l'appel devait être jugé [1].

La juridiction du Parlement d'Alfonse s'exerçait sur certaines causes qui lui étaient soumises directement, et que M. Boutaric divise en deux classes : les causes entre particuliers et les causes entre le Comte et les particuliers [2]. Mais les causes civiles de la première classe, jugées par le Parlement, étaient peu nombreuses. Presque toutes celles qui étaient portées devant cette juridiction étaient renvoyées aux Sénéchaux compétents avec ordre de faire droit aux parties.

Le Parlement d'Alfonse connaissait surtout des causes de la seconde classe, c'est-à-dire des procès entre le Comte et les particuliers. Ces causes lui étaient le plus souvent transmises par l'intermédiaire des enquêteurs, que le Comte, à l'exemple de son frère le roi Saint-Louis, envoyait dans ses possessions, avec la mission de recevoir les plaintes du peuple, soit contre lui-même, soit contre ses agents.

Les enquêteurs étaient nommés par lettres-patentes, et choisis le plus souvent dans le sein du clergé régulier. Il y avait des enquêteurs spéciaux pour chacune des possessions du Comte. Ils furent envoyés dans la Basse-Auvergne, notamment en 1263, 1264, 1265 et 1266 [3].

Dans le principe, les enquêteurs statuaient eux-mêmes sur les demandes dont l'objet était peu important. Plus tard, et à partir de 1263, ils se bornaient à recevoir les plaintes, et à faire les enquêtes. Le jugement de toutes les demandes en restitution formulées contre le Comte était exclusivement réservé au Parlement d'Alfonse. Il en fut ainsi, lorsque, dans cette même année

---

[1] « De appellationibus quæ ad curiam domini comitis deferuntur fiat commissio in illa terra in qua lata est sententia. » Règlement de 1255; M. Boutaric, p. 379-380.

[2] M. Boutaric, p. 380 et suiv.

[3] Voy. reg. J. 190, n° 61, fol. 46, 58 et 61 ; reg. A., fol. 117.

1263, et l'année suivante, Guy d'Etampes, Eudes de Paris et maître E. de Mésy firent des enquêtes en Auvergne[1]. Cette règle fut encore suivie en 1265[2].

Toutefois, en 1266, on voit des enquêteurs recevoir des promesses sous caution de payer une amende au Comte, pour des délits commis par des particuliers, par exemple, par Bompar d'Auzon, qui avait fait un barrage dans l'Allier et refusé de le détruire; par Hugue d'Allègre, qui avait défié le bayle du Comte; par Dalmas de Vinsac, qui avait défendu à ses hommes de répondre à la citation du bayle de Brioude[3]. L'intervention des enquêteurs dans ces affaires, leur immixtion dans la connaissance de ces délits, qui étaient de la compétence du Connétable, semble être une exception à la règle générale sur leurs attributions, et cette exception ne se rencontre que dans la province d'Auvergne[4].

Outre les enquêtes qu'ils faisaient sur les réclamations des particuliers contre le Comte, les enquêteurs avaient encore la mission de punir les bayles et les sergents dont ils reconnaissaient

---

[1] *Voy.* reg. J. 190, n° 61, fol. 46, 58.

[2] *Voy.* reg. J. 190, n° 61, fol. 61.

[3] « Hec sunt emende nobis inquisitoribus in Alvernia scilicet fratribus Johanni de Meriaco, Odoni de Parisius, ordinis Fratrum Minorum, et magistro Eustachio de Mesiaco, clerico gagiate, anno domini M° CC° LXV°.

» Die martis post Oculi mei apud Ausonium gagiaut nobis emendam domini comitis Pictaviensis, Bomparius de Ausonio domicellus, propterea hoc quod non fuit nec sufficianter misit ad fundendum et destruendum exclusam factam de novo in aqua domini comitis d'Alyer, et tamen fuit requisitus per mandatum bajuli de Ausonio et dedit fidejussores....

» Item die Sabbati sequenti apud Erlancum gagiavit nobis emendam domini comitis Hugo d'Alegre domicellus, propter hoc quod deifiaverat Johannem de Fores, bajulum domini comitis apud Ausonium.

» Item eo die Martis post Letare Jerusalem, gagiavit nobis emendam domini comitis apud Langiacum, Dalmatius de Vinçac, domicellus, propter hoc quod ipse in sua presentia et in presentia bajuli domini comitis Brivatensis, sedente pro tribunali et in plena assisia inhibuit hominibus suis ne venirent ad citationem dicti bajuli et quod non responderent coram ipso bajulo, prout recognoscitum fuit coram nobis, et dedit fidejussores pro dicta emenda Petrum Jordanum, Hugonem de Vellon, domicellos.» Reg. A., fol. 117.

[4] M. Boutaric l'explique en disant que le connétable était probablement empêché, ou que les nobles auvergnats — car il s'agissait de nobles — étaient si redoutables que la justice ordinaire était impuissante à réprimer leurs excès. (*Loc. cit.*, p. 411-412).

la culpabilité[1]. Souvent on vit le Connétable d'Auvergne couvrir de sa protection ces officiers, contre lesquels les enquêteurs avaient prononcé des sentences, qu'ils ne se hâtaient pas d'exécuter. Sur l'avis des enquêteurs, le Comte les rappelait au devoir et ordonnait de procéder sans délai à l'exécution des condamnations prononcées contre eux[2].

De toutes les possessions d'Alfonse, l'Auvergne était peut-être celle dans laquelle il existait le plus grand nombre d'abus de la part des fonctionnaires.

Les enquêtes et les rapports qui les accompagnent nous font connaître les graves désordres existant, à cette époque, dans l'administration judiciaire de cette province, la faiblesse du Connétable, sa conduite répréhensible, ses injustices, la vénalité de son lieutenant, les usurpations de l'évêque et des ordres religieux sur les droits du Comte, l'avilissement de son pouvoir, les exactions de ses bayles, et les plaintes de ses sujets. Dépouillés par ceux qui devaient les défendre, manquant de protection, ils désertaient ses possessions et se retiraient sur les terres d'autres seigneurs, où ils espéraient trouver moins d'oppression, plus de garanties et de sécurité[3].

Le comte Alfonse avait sans doute le désir de seconder les vues du Roi son frère, et d'apporter de sérieuses réformes dans l'administration de la justice. Les enquêtes auxquelles il faisait procéder étaient un palliatif, un moyen d'empêcher les exactions, et de prévenir de nouvelles iniquités. Mais il y avait au sein de l'organisation de la justice le vice capital de la mise en ferme des baylies ou prévôtés. Les bayles, ou prévôts, qui avaient en

---

[1] Un bayle de Nonette avait vendangé la vigne d'un de ses administrés et s'était indûment emparé de la récolte : ce délit fut estimé six sous. — Eustache du Breuil, bailli du même pays, avait injustement pris l'âne d'une orpheline : son gendre fut condamné à donner 12 sous (Voy. M. Boutaric, p. 406).

[2] « Connestabulo Alvernie... sicut per religiosos viros... inquisitores in terra nostra Alvernie datum sit nobis intelligi quod condempnationes in scriptis a dictis inquisitoribus.... contra quosdam ballivos et servientes nundum sit plene executioni demandate, vobis mandamus quod predictas condempnationes sine dilatione executioni demandare curetis. Die Jovis post festum B. Nicholaï Hiemalis 1269. » Reg. B., fol. 56.

[3] Voyez notamment l'enquête de 1263 (Trésor des chartes, J. 190, n° 61, fol. 46 et suiv. Voy. fol. 52, 53 et 54); M. Boutaric, p. 406-410.

ferme les revenus et les amendes de leurs baylies cherchaient par toutes les voies licites ou illicites à en augmenter les produits. Le Connétable pressurait les bayles, et ceux-ci les justiciables. Saint-Louis avait été frappé des abus de ce système. Sous ses successeurs, et malgré l'ordonnance du 15 février 1345, les embarras des finances obligèrent les rois à le continuer. Ce mode abusif et si contraire à la bonne administration de la justice ne fut supprimé définitivement que dans le XVe siècle[1].

Nous devons maintenant parler plus spécialement des institutions judiciaires de la Haute-Auvergne.

Les documents concernant cette contrée ne permettent pas d'éclaircir plusieurs points intéressants et de nous fixer d'une manière précise sur l'administration de la justice dans cette partie de la terre d'Auvergne, qui dépendait aussi de l'apanage du comte Alfonse.

A-t-il été établi un bailli ou un lieutenant du Connétable dans la Haute-Auvergne avant cet apanage? C'est une question au sujet de laquelle on ne peut faire que des conjectures.

L'existence d'un bailli dans cette partie de l'Auvergne, même pendant l'apanage, n'est pas admise par Chabrol, qui fait remonter à l'année 1286 seulement l'institution du bailliage des Montagnes[2]. Mais cette opinion n'est pas exacte[3]. Il est certain que ce bailliage, ou baillie, existait déjà en 1257. Son établissement au temps de l'apanage d'Alfonse est constaté par plusieurs documents, et notamment par l'extrait d'un acte du mois de septembre 1257, cité par Verdier-Latour dans sa *Chronologie des baillis des montagnes d'Auvergne*[4]. Eustache de Beaufort y est qualifié bailli d'Alfonse, comte de Poitiers, pour les parties d'Aurillac, Mauriac et St-Flour[5].

---

[1] Pardessus, préf. du t. XXI des *Ordonnances*.

[2] Dissert hist., t. 1er, p. LXXIX, *Cout. d'Auvergne*.

[3] Voy. Verdier Latour, Manuscrit précité, § 2.

[4] Cette *Chronologie*, faite à l'aide des chartriers de la Haute-Auvergne, indique les baillis des montagnes depuis l'année 1257 jusqu'à l'année 1307. Elle se trouve à la suite des pièces justificatives de la *Dissertation*.

[5] « Ad majorem autem certitudinem habendam nos dicti tres, Rigaldus Guido et Aymericus rogavimus honorabilem virum *Eustachium de Bello Foro bajulum excellentissimi viri domini Alphonsi Dei gratia comitis Pictavensis* in partibus Aureliacensibus, Mauriacensibus et etiam Sancti Flori ut sigillum

Geoffroy de Montirel est aussi indiqué avec la même qualification par plusieurs actes des années 1268 à 1279[1].

Le bailli de cette contrée reçut dans quelques actes le titre de *Gardien des Montagnes*, qui était du reste, le même que celui de bailli[2].

La *baillie* des Montagnes était-elle, pendant l'apanage, une simple baylie, ou prévôté, semblable aux baylies de la Basse-Auvergne? L'éloignement du lieu où résidait le plus souvent le Connétable, les hautes montagnes qui l'en séparaient, la nécessité de se défendre contre de puissants voisins, l'étendue du ressort de cette baillie, peuvent faire présumer qu'elle fut soumise à une organisation particulière.

Dans le compte d'Evrard, de 1267, il est fait mention du traitement de cinq sols par jour attribué à Geoffroy de Montirel, bailli des Montagnes; d'où il est permis de conclure que ce bailliage n'était pas affermé comme les baylies ou prévôtés de la Basse-Auvergne[3].

---

suum dignetur apponere huic cartæ.... Actum anno domini millesimo ducentesimo quinquagesimo septimo mense septembri regnante Ludovico rege et Guidone Clarom. eccle. præsidente. » (*Archives du château de Salers*, liasse St-Bonnet, n° 1.)

[1] « Anno domini millesimo ducentesimo sexagesimo octavo die Sabbati post festum beati Thomæ apostoli, regnante Ludovico Francorum rege apud Aureliacum... notum sit... quod ego Durandus Comboforti burgensis Aureliacensis... in quorum omnium prædictorum testimonium nos *Gaufridus de Montirel bajulus domini comitis Pictavensis* in montanis sigillum nostrum præsentibus litteris duximus apponendum. » (*Archives du château de Branzac,* liasse de St-Martin de Valmeroux, n° 1.)

Un autre extrait de l'année 1269 porte : « Anno domini millesimo ducentesimo sexagesimo nono regnante Ludovico rege Francorum et Guidone Clar. eccle. præsidente.... Rogo *Gaufredum de Montetirello* bajulum in montanis ex parte illustris viri domini comitis Pictaviensis ut sigillum suum dignetur apponere huic cartæ.... » (*Archives du château de Salers*, liasse St-Bonnet.)

Enfin, on lit dans un acte de 1271 : « Anno domini millesimo ducentesimo sexagesimo undecimo, regnante domino Philippo Francorum rege... et in testimonium præmissorum nos *Gaufridus de Montirel* miles bajulus domini comitis Pictaviensis in montanis.... » (Mêmes archives.)

Un acte de la même année et un autre de 1279 contiennent les mêmes énonciations (*Voy.* Verdier Latour, *Loc. cit.*)

[2] « Custos Montanarum. » (*Trésor des chartes*, J. 272), et compte d'Evrard de Millechamps, connétable d'Auvergne, 1266 (Bibl. nat., n° 9019). — « Baillivus montanarum Arvernie. » 1269. Reg. A, fol. 49.

[3] M. Delalo pense que le bailli des montagnes était nommé par le Comte, mais qu'il n'exerçait pas sa pleine juridiction. *Loc. cit.*, p. 53.

Le bailli des Montagnes était, comme les bayles du Bas pays, sous la surveillance et l'autorité du Connétable, qui pouvait connaître, soit en première instance, soit par voie d'appel, des affaires de la Haute-Auvergne.

A l'époque que nous venons de parcourir, la justice du Comte aussi bien que celle des hauts justiciers ne pouvaient pas réprimer les actes de violence et de brigandage, qui désolaient la Haute-Auvergne. On peut en voir le tableau peut-être un peu chargé en couleurs, que Guillaume Anelier en donne, dans son *Histoire de la guerre de Navarre,* pour le temps où Eustache de Beaumarchais devint bailli des Montagnes, c'est-à-dire vers l'an 1263 [1]. Sa justice sévère et sans merci dompta les plus féroces, et rendit quelque sécurité au pays [2].

Cette partie de l'Auvergne était, comme la Basse-Auvergne, sous la juridiction du Parlement d'Alfonse.

Enfin, au-dessus de la cour d'Alfonse était le Parlement de Paris, dont la juridiction s'étendait sur tout le royaume, et devant lequel les sujets du Comte pouvaient appeler des jugements rendus par lui ou par ses délégués. M. Boutaric dit que l'on ne trouve pas dans les *Olim* un seul appel de ce genre, mais seulement des arrêts concernant les intérêts d'Alfonse [3]. Il existe cependant dans ce recueil plusieurs décisions du Parlement, de l'époque de l'apanage, qui étaient relatives à d'autres intérêts. Nous citerons, par exemple, l'arrêt rendu en 1259, entre le Prieur de Saint-Pourçain et le seigneur Guillaume de Bourbon [4]. Nous rappelons aussi l'arrêt de 1271, rendu contre le Prieur de Sauxillanges, qui avait fait couper le pied à un des justiciables du Comte, et fait périr un autre dans sa prison par des traitements affreux [5].

En donnant la terre d'Auvergne à titre d'apanage au comte Alfonse, le roi Saint-Louis en avait conservé la suzeraineté. Le clergé, qui avait recours auparavant aux juges ecclésiasti-

---

[1] Cette histoire a été publiée, en 1856, dans la collection des Documents inédits sur l'histoire de France, avec une introduction, une traduction et des notes par M. Francisque Michel.

[2] Voy. Anelier, *Loc. cit.,* XXIX.

[3] *Loc. cit.,* p. 419.

[4] Rec. des *Olim,* t. 1er, p. 78.

[5] *Olim,* t. 1er, p. 381. — Voyez encore arrêt de 1269 (*Olim,* t. 1er, p. 787).

ques [1], souvent impuissants à vaincre par leurs sentences et leurs
anathèmes la force brutale des féodaux, avait profité des conquêtes de la royauté pour se faire protéger lui et ses biens par
ce pouvoir qu'il n'était pas toujours facile de braver.

Saint-Louis se réserva la garde des églises et établissements
ecclésiastiques de fondation royale, et les cas royaux encore mal
définis à cette époque [2].

Le plus ancien des juges royaux, que les documents historiques
nous signalent en Auvergne comme statuant sur les causes de
ces privilégiés ou exempts de la juridiction seigneuriale, est le
bailli du Berry qui était, au XIIIᵉ siècle, et durant l'apanage
d'Alfonse, le juge royal le plus rapproché de la province. On
voit, par un acte du mois de janvier 1256, que Nicolas de Menet
était investi de ces fonctions [3]. Cependant Verdier Latour exprime,
à ce sujet, des doutes, que nous ne partageons point, mais que
nous devons faire connaître : « L'existence du baillage des cas
royaux en Auvergne, pour Saint-Louis, dit-il, ne saurait être
révoqué en doute. Nicolas de Menet en étoit bailli en 1256....
Ce bailli étoit-il le même que celui de Berri ? M. Chabrol décide
la question : «Le roi (Saint-Louis) commit alors (lorsqu'Alphonse
» fut investi du comté de la terre d'Auvergne), le bailli de Berri
» pour juge des églises exemptes. Un arrêt rendu au Parlement,
» de 1262 [4], entre l'évêque et les habitants de Clermont, au sujet
» de la garde des portes de la ville, avait été précédé d'une
» enquête faite par ce bailli, et Guy, évêque de Clermont, plai-

[1] Une église, une abbaye s'adressaient souvent au pape pour se plaindre
de ce qu'on leur faisait tort dans leurs biens, ou de ce qu'on les troublait
dans leurs droits; le pape leur nommait un *Conservateur* pour les protéger
contre l'injustice et la violence, les outrages et les pilleries (Voy. Aug. Bar-
bosa, *De officio et potest. Episcopi*, alleg. 106; Mirand., *Manual.*, præl., t. II,
p. 47, art. 1, concl. 1; Durand de Maillane, vᵒ *Conservateur*.)

[2] Par ordonnance de 1247, l'abbaye de la Chaise-Dieu, et par une
autre ordonnance de 1260, l'abbaye de Cusset et le chapitre de Brioude
devaient rester sous la garde et protection royale (*Voy.* Chabrol, Dissert. hist.,
*Cout. d'Auv.*, t. 1ᵉʳ, p. LXVIj).

[3] « Nos Nicolaus de Meneto baylivus in Alverniâ, in regalibus ex parte
domini Ludovici dei gratia illustris regis Franciæ.... Actum et datum anno
domini millesimo ducentesimo quinquagesimo sexto mense januario. » Cité
par Verdier Latour, § 2 du manuscrit.

[4] Cet arrêt, dont nous avons parlé ailleurs, est rapporté dans le Rec. des
*Olim*, t. 1ᵉʳ, p. 154 et suiv.

» doit devant lui avec le comte d'Auvergne, en 1256 [1], » —
J'ignore, poursuit Verdier Latour, si le bailli de Berri qui avait
fait en 1262 l'enquête était en même temps bailli d'Auvergne,
mais on ne peut douter que celui devant lequel plaidoit en 1256
l'évêque de Clermont contre le Comte d'Auvergne ne fût vraiment le baili en Auvergne pour les cas royaux, puisque c'est ce
Nicolas de Menet, dont on vient de lire les qualités [2]. Comment
M. Chabrol a-t-il donc pu conclure d'après ces deux titres que
Saint-Louis avoit commis le bailli de Berri pour juge des églises
exemptes, lorsqu'Alphonse fut investi du comté de la terre d'Auvergne, tandis que les qualités que prend Nicolas de Menet dans
son acte de 1256 ne le présentent que comme bailli en Auvergne,
et que les qualités de celui qui a fait en 1262 l'enquête entre
l'évêque et les habitants de Clermont n'indiquent que le bailli
de Berri? Il pourroit bien être que la chose ait été comme le dit
M. Chabrol, mais je ne crois pas qu'elle puisse se prouver par les
deux titres sur lesquels il appuie son opinion. Nicolas de Menet
étoit très-certainement bailli en Auvergne pour les cas royaux,
mais étoit-il en même temps bailli de Berri? C'est ce que
ne dit pas le titre de 1256. Celui du Berri qui fait l'enquête, en
1262, sur les faits qui étoient en contestation entre l'évêque et
les habitants de Clermont, l'étoit-il en même temps pour les
exempts d'Auvergne? Ce n'est pas ce qu'on peut conclure de l'enquête ; car, outre qu'elle est absolument muette sur ce fait, on
doit observer de plus qu'elle n'a été faite qu'en vertu d'une commission par ordre exprès du roi, *de mandato domini regis, per
ballivum Bituricensem.* Or, un acte judiciaire, fait par un juge
commis qui annonce dans son acte sa commission et sa qualité de
juge étranger ne pourra jamais prouver, comme le veut M. Chabrol, que ce juge est le juge ordinaire des personnes de la province pour lesquelles il a fait son acte. Cet acte prouvera, au
contraire, qu'il y a eu sans doute des raisons importantes qui
ont déterminé le juge souverain à commettre un juge étranger
par préférence au juge ordinaire dont on connoit l'existence. Je
crois apercevoir une de ces raisons dans la justice de St-Louis;
il ne pouvoit ignorer que l'évêque de Clermont relevoit immé-

---

[1] Voy. Chabrol, 1re dissert., *Cout. d'Auv.*, t. 1er, p. xv.
[2] Voy. la note 3, *suprà*, p. 484.

diatement de lui, que les appels sur les jugements rendus par le juge de ce vassal étoient portés par devant sa cour, sans être relevés par son bailli, et que ce privilège, qui étoit la loi d'alors, n'eût été un prétexte aux deux parties pour récuser son bailli en Auvergne ; si ce n'est pas le vrai motif, il a au moins l'avantage d'être dans l'ordre des formes judiciaires. On m'objectera sans doute, d'après l'assertion de M. Chabrol, que l'acte de 1256 indique bien que l'une des deux parties, qui étoit l'évêque de Clermont, plaidoit devant ce bailli du roi en Auvergne contre le comte d'Auvergne. Ils plaidoient à la vérité l'un et l'autre devant Nicolas de Menet, mais ils plaidoient devant un arbitre qu'ils avoient choisi, et ce n'est qu'en cette qualité que ce juge prononce, *composuimus*. Au lieu que l'arrêt du Parlement de 1262 qui juge comme juge naturel entre l'évêque et les habitants de Clermont dit *emendabunt*.... [1] »

L'argumentation de Verdier Latour n'est que spécieuse, et l'opinion de Chabrol nous semble préférable. Un arrêt, que Verdier Latour ne connaissait pas, avait été rendu, en 1260, entre les habitants et l'évêque de Clermont, au sujet de la mainmise opérée au nom du roi par le bailli de Bourges, *Ballivus Bituricensis*, sur les clefs et le sceau de cette ville, et ce bailli n'est autre que Nicolas de Menet, *Nicolaus de Menoto* [2], le même qui est désigné dans l'acte de 1256 sous le titre de *Baylivus in Alvernia, in regalibus ex parte... Regis*.

Plusieurs arrêts maintinrent le droit que les baillis royaux avaient de tenir leurs assises dans les terres des ecclésiastiques, lorsque le roi n'avait pas de domaine dans le voisinage. Un arrêt de l'an 1270 décida que, malgré l'opposition de l'évêque, le bailli du Berry tiendrait ses assises à Clermont, par le motif que le roi en avait une longue saisine et qu'il n'avait pas de domaine en ces parties [3].

---

[1] Voy. Manuscrit précité, § 2.

[2] Voy. *Olim*, t. 1er, p. 471. — Voy. *suprà*, p. 256.

[3] « Non obstante opposicione Claromontensis episcopi, qui super hoc conquerebatur, pronunciatum fuit quod ballivus Bituricensis tenebit, pro Rege, assisiam suam apud Claromontem, cum dominus Rex sit de hoc in longa saisina, nec habeat domanium in illis partibus. » *Olim*, t. Ier, p. 852.

La juridiction du bailli du Berry s'étendait sur tout le diocèse de Clermont, qui comprenait, à cette époque, la province d'Auvergne tout entière[1].

## SECTION IV.

4e Période. — Retour de la Terre d'Auvergne à la Couronne
(1271-1360).

Après la mort d'Alfonse, au mois d'août 1271, la Terre d'Auvergne fit retour à la couronne, jusqu'en l'année 1360, époque à laquelle un nouvel apanage fut constitué en faveur de Jean, duc de Berry.

Philippe-le-Hardi, qui avait pris possession de la Terre d'Auvergne après le décès du comte Alfonse, n'avait pas attendu l'arrêt de 1283 pour faire acte de souveraineté. En l'an 1275, il avait supprimé la charge de Connétable et établi le Bailli royal d'Auvergne[2].

Le bailliage royal d'Auvergne renfermait, dans le Bas pays, dix-huit prévôtés. Les lieux où elles sont situées ne sont pas tous les mêmes que pendant l'apanage ; ce sont : Riom, Montferrand, La Roche-Sonatoire, Nonette, Auzon, Brioude, Langy, Cornon, Bulhon, Thiers, Vichy, Cusset, Puy-Roger, Langeac, Palluet, Bellegarde, La Roche de Donnezac, Paulhaguet[3].

Ces prévôtés, ou baillies, nous le savons, étaient subordonnées au Bailli d'Auvergne[4].

Chaque prévôté était désignée par le nom de son chef-lieu. Les prévôts étaient probablement tenus d'y résider, ou de demeurer dans le pays le plus voisin, lorsque les priviléges de la loi féodale s'opposaient à leur résidence au chef-lieu. Les chanoines comtes de Brioude, par exemple, ne permirent jamais qu'un prévôt ou un bailli royal résidât dans leur ville, quoiqu'elle fût

---

[1] « A parte quidem Alvernie justiciet Ballivus Bituricensis ea quæ sunt in episcopatu Alvernie et non ultra. » Arrêt de 1271, *Olim*, t. I, p. 876-877.

[2] Selon Chabrol, l'institution de ce bailliage daterait de 1277. *Dissert. hist.*, t. Ier, p. lxviij.

[3] Voy. ord. de juin 1319, art. 8.

[4] Voy. *suprà*, sect. 3. — Issoire avait le privilége de ne pas être jugé par les *petits baillis* d'Auvergne ; ord. de mars 1290.

désignée dans l'ordonnance de 1319 comme le siége de l'une des prévôtés du bailliage d'Auvergne[1].

Quant au chef-lieu de ce bailliage, et à la résidence du Bailli d'Auvergne, nous ne les voyons indiqués par aucun acte anté- rieur aux lettres-patentes de Philippe de Valois, de juin 1345. Mais ces lettres les fixent d'une manière positive à Riom, et portent même qu'ils y étaient établis depuis plus de trente ans[2]. Cette disposition ne changeait rien, du reste, aux obligations des Baillis, qui continuèrent, comme nous le verrons, à aller tenir leurs assises dans les différentes prévôtés du bailliage.

La séparation des deux parties de la province existait déjà, vers l'an 1288 ; chacune d'elles avait un nom distinct : la Basse-Auvergne avait conservé le nom d'*Auvergne*, le Haut pays avait reçu celui de *Montagnes d'Auvergne*.

Les attributions du bailli des Montagnes avaient été augmen- tées. Sa juridiction s'étendait sur toute la Haute-Auvergne. Le siége de ce bailliage était à Crévecœur, seul domaine que les rois de France eussent dans le Haut pays[3].

La *Chronologie* inédite de Verdier Latour fait connaître les noms de plusieurs baillis des Montagnes pendant la période que nous étudions. Jacques Lemoine (*Jacobus Monachus*), exer- çait ces fonctions en 1284, et occupa ce poste jusqu'en l'année 1286. Guillaume d'Achillosas ou d'Achiloses (*Guillelmus de Achi- losiis*) figure ensuite en la même qualité dans plusieurs actes passés depuis 1287 jusqu'en 1299. On se rappelle que ce fut ce bailli qui rendit, en 1298, la sentence arbitrale, appelée la *Deuxième paix*, entre les consuls et l'abbé d'Aurillac. A Guillaume d'Achiloses succéda Etienne de Nérestan (*Stephanus de Nigro Stagno*), dont on lit le nom dans plusieurs actes, depuis 1299 jusqu'en l'année 1307 inclusivement[4].

Avant l'année 1288, Philippe-le-Bel avait établi dans la Haute- Auvergne trois prévôtés dont les siéges avaient été fixés à

---

[1] *Voy.* Manuscrit de Verdier Latour, § 5.

[2] « Sedes que et mora Baillivi Alverniæ in perpetuum morentur et rema- neant ibidem prout hactenus per spatium triginta annorum, et ultrà... » Lettres-patentes de juin 1345 *in fine*.

[3] M. Delalo, *Loc. cit.*, p. 56 et 60.

[4] *Voy.* les différents extraits d'actes recueillis par Verdier Latour dans les chartiers de la Haute-Auvergne, et rapportés dans sa *Chronologie*.

Aurillac, à St-Flour et à Mauriac. L'art. 8 de l'ordonnance de 1319 énumère ces trois prévôtés comme faisant partie du ressort du bailliage des Montagnes [1].

Cependant Chabrol dit que les circonscriptions que l'ordonnance appelle des prévôtés étaient des *districts et des divisions du pays,* et non des juridictions royales. Il ajoute que les trois villes précitées étaient des terres d'Eglise [2]. Mais un compte rendu par Jean de Trye, bailli d'Auvergne, pour l'année 1288, prouve qu'il y avait, à cette époque, des prévôts dans la Haute-Auvergne [3]. Dans le compte du bailliage d'Auvergne, du terme de l'Ascension de 1299 [4], on trouve, au dos du rouleau, parmi les produits du bailliage des Montagnes, les articles suivants : « De la ferme de la prévôté d'Aurillac, pour toute l'année, 50 livres; de la ferme de la prévôté de Mauriac, pour toute l'année, 50 livres; pour la ferme de la prévôté de St-Flour, pour toute l'année, huit-vingt (160) livres. » On sait que, sous le règne de St-Louis, et longtemps après, les prévôtés étaient données en ferme. Or, il nous semble que les revenus mentionnés dans ce compte de 1299 sont ceux de la juridiction propre du roi, des prévôtés royales, et non ceux de la juridiction épiscopale. Il n'y a pas de traces de ces prévôtés pendant l'apanage du comte Alfonse; elles furent probablement établies vers l'année 1271; leur existence à la fin du XIII° siècle n'est point contestable.

La vente ou la mise en ferme des prévôtés fut l'objet de nombreuses dispositions. Une ordonnance du 15 mai 1315 défendait de les concéder pour plus de trois ans, et de les renouveler aux mains des mêmes prévôts [5]. Celle de 1319 abrégeait encore ce terme : elle défendait de les concéder pour plus d'une année [6].

---

[1] « Ex nunc inantea sit duntaxat in dictis ballivia et ressorto montanarum…. videlicet viginti sex servientes duo scilicet generales in *prepositura Aureliaci* decem, item in *prepositura Sancti flori* septem, item in *prepositura de Mauriaco* septem… »

[2] Vol. 1er, p. LXXj.

[3] Ces prévôts furent cités à comparaître devant les enquêteurs députés par le roi. Ce compte a été copié par Dulaure *(Voy.* Mss Biblioth. Clermont, c. 255, n° 4.)

[4] *Archiv. nat.,* J. 1166, n° 2.

[5] Art. 19.

[6] Art. 6, ord. mars 1319.

L'ordonnance du 3 mars 1356 substituait à la mise en ferme des justices leur mise en garde[1]. Mais deux autres ordonnances du 4 septembre 1357 et du 2 février 1362 restaurèrent l'ancien régime de la mise en ferme.

Les grands baillis étaient choisis par le roi parmi les personnages du rang le plus élevé[2]. Deux ordonnances rendues par Louis IX, l'une en 1254, l'autre en 1256, et principalement destinées à la réforme et à l'organisation de la justice, renfermaient plusieurs dispositions sur leurs devoirs et leurs attributions[3]. Ces attributions étaient judiciaires, civiles et militaires. Ils rendaient compte au roi de ses revenus. Le bailli des Montagnes percevait les revenus de son bailliage, et il les versait au bailli d'Auvergne qui en rendait compte au roi. Plus tard, le bailli d'Auvergne ne fut plus chargé de la perception des revenus royaux[4]. Elle fut confiée à un sénéchal nommé spécialement pour cette gestion[5]. Mais c'était une exception à la règle générale. Les baillis exigeaient des vassaux du roi le service militaire. Ils convoquaient le ban et arrière-ban. Ils devaient être tout à la fois hommes de justice et hommes de guerre.

Ils prêtaient serment de rendre la justice au pauvre comme au riche, à l'étranger comme à l'indigène, sans exception de personne et de nationalité. Ils devaient jurer de ne recevoir ni par eux-mêmes, ni par les personnes de leurs familles, aucuns présents, si ce n'est quelques comestibles, comme dons de civilité ; de n'emprunter d'aucune personne de leur bailliage une somme supérieure à vingt livres. Ce serment était solennellement prêté

---

[1] Art. 8.

[2] Dans l'origine, ils pouvaient être membres de la cour et du conseil du roi (ord. de 1291). Plus tard, ils furent déclarés inhabiles à devenir membres du conseil du roi, tant qu'ils seraient en fonctions (ord. 3 mars 1302, art. 16).

[3] Le manuscrit de D. Verdier Latour contient sur ce point d'excellentes observations.—Avant d'être générale pour tout le royaume, l'ordonnance de 1254 fut spécialement appliquée aux sénéchaussées royales du Midi (Voy. M. Boutaric, p. 145 et suiv.).

[4] Un édit de Philippe-le-Long donné, à Angers, dans le mois de novembre 1323, porte : « *Item* que tous les baillis du royaume de France, *excepté celui d'Auvergne*, feront les receptes de leurs baillies, et en compteront aux termes accoutumés. »

[5] Voy. Verdier Latour, § 4 du manuscrit précité, p. 37.

dans les assises publiques en présence du peuple. Défense était faite aux baillis d'acquérir des terres dans l'étendue de leurs bailliages; d'y contracter mariage pendant le temps de leurs fonctions, qui étaient ordinairement limitées à trois ans. Ils devaient tenir leurs audiences aux lieux ordinaires de la tenue des assises, afin que les parties ne fussent pas induites en dépenses et en voyages pour faire valoir leurs droits. Ils étaient obligés de rester dans leur résidence cinquante jours après l'expiration de leurs fonctions, pour répondre aux plaintes que leur administration avait pu soulever. On retrouve dans les ordonnances de 1302, 1319 et 1369 les mêmes dispositions. On y remarque cependant quelques dispositions nouvelles, telles que prohibition d'exercer les fonctions de bailli ou de prévôt dans le lieu de sa naissance [1], l'obligation de la résidence dans le bailliage [2], celle de tenir en personne les assises, tous les deux mois au moins, dans un lieu quelconque du ressort, pourvu que ce soit un centre de population, et qu'il ne soit pas situé sur les terres des barons et seigneurs, sur lesquelles le roi n'avait pas justice [3].

Les assises étaient publiques. Les ordonnances défendaient même de les tenir, nous venons de le dire, dans des lieux ne renfermant pas une grande population [4]. Les baillis ne siégeaient pas seuls à ces assises. Des formes différentes existaient à cet égard dans les provinces. Le bailli d'Auvergne et celui des Montagnes y rendaient leurs jugements avec le conseil d'hommes éclairés des divers ordres : « Faciet judicia ex consilio militum, sapientium et bonarum gentium patriæ memoratæ [5]. » A cette époque, le principe féodal qu'*un homme seul ne peut juger* s'appliquait aux justices royales aussi bien qu'aux justices seigneuriales. Les hommes du pays venaient siéger aux assises du bailli comme à celles du

[1] Art. 27, ord. 1302.

[2] Art. 3, ord. de mars 1319.

[3] Art. 26, ord. 1302. — Le bailli d'Auvergne et celui des Montagnes devaient, d'après les ordonnances de juin 1319, lors de leur entrée en fonctions, jurer, aux assises, de respecter et conserver les dispositions de ces ordonnances (Voy. art. 15, ord. juin 1319).

[4] Voy. art. 11 et 23, ord. de décembre 1254 ; art. 26, ord. de 1302.

[5] Art. 12, ord. de juin 1319 concernant l'Auvergne. La même disposition se trouve dans une autre ordonnance de la même date, qui est applicable à la Haute-Auvergne.

seigneur. D. Verdier Latour s'exprimait ainsi sur les assises tenues par les baillis dans les différentes divisions judiciaires :

« Les villes recherchent actuellement avec la plus grande activité le droit de forcer le plus grand nombre possible de justiciables à venir à grands frais dans leurs murs demander une justice que les baillis ou les sénéchaux d'alors alloient leur rendre dans les lieux mêmes de leurs habitations : Ainsi, le bailli de Combraille dont le pays faisait partie de la justice d'Auvergne tenoit exactement ses assises dans les chefs-lieux des châtellenies qui faisoient les divisions judiciaires de ce pays, comme les prévôtés formoient celles des deux baillages d'Auvergne.... Les baillis d'Auvergne avoient comme tous ceux du royaume l'autorité nécessaire pour corriger les abus qu'avoient pu introduire les prévôts ; mais ils partageoient chacun dans leur baillage particulier cette autorité avec un conseil national, lorsqu'il s'agissoit de prononcer sur les appels, qu'on faisoit à leurs tribunaux des jugements rendus par les juges inférieurs.... Tant que les baillis furent exacts à remplir les devoirs difficiles mais importants de leur charge, les prévôts étoient obligés de remplir les leurs avec exactitude, et les peuples ne se plaignoient pas d'une institution qui leur étoit si avantageuse. Mais lorsque les tenues des assises ne furent plus que des assemblées de grands de la province [1], où les sages et les bonnes gens du pays n'étoient appelés que par forme, ces assises devinrent un fardeau onéreux au souverain et au peuple, et les prévôts furent de nouveau accusés d'être des mangeurs de pauvres gens et pires que ne sont larrons et conséquemment réformés en grande partie [2]. »

Il était permis à ceux qui croyaient leurs intérêts lésés par une décision d'appeler du magistrat inférieur au magistrat supérieur.

L'appel des décisions des prévôts de la Basse-Auvergne étoit porté devant le bailli d'Auvergne. On appelait des sentences des prévôts de la Haute-Auvergne devant le bailli des Montagnes, et de ce dernier devant le bailli d'Auvergne [3]. Celui qui succombait dans

---

[1] Pendant l'apanage du duc de Berry, c'est-à-dire dans la période suivante, la tenue des assises se faisait avec une grande magnificence. La principale noblesse de la province accompagnait le sénéchal ou bailli, et elle était traitée, dit Chabrol, aux dépens du roi (Dissert. hist., t. Ier, p. LXXXVIJ).

[2] Manuscrit précité, § 4.

[3] Voy. art. 5, ord. de 1319.

son appel payait une amende de 60 sols tournois[1]. Les appels des
décisions du bailli d'Auvergne étaient portés devant le Parlement.
Lorsque l'appel fut introduit, on imposa aux baillis l'obligation
d'assister aux audiences du Parlement, pendant que l'on expédiait
les appels interjetés par les justiciables de leur bailliage, afin de
donner les explications sur le procès et les coutumes du pays[2].
Une autre ordonnance de décembre 1344 prescrivit aux baillis
de comparaître aux parlements, pendant tout le temps des débats
des affaires de leur ressort, pour y soutenir leurs sentences, pour
répondre aux plaintes portées contre eux, et afin que le Parlement pût faire une information sur leur vie, leurs mœurs et la
manière dont ils gouvernaient leurs provinces[3]. Cette règle se
maintint pendant toute la durée du XIVᵉ siècle.

Le Comté et le Dauphiné d'Auvergne relevaient directement
du Parlement. Il en était de même du Comté de Clermont qui
appartenait à l'évêque.

L'usage établi par Saint-Louis et par le comte Alfonse d'envoyer des enquêteurs chargés de recueillir les plaintes et de
provoquer la réformation des actes abusifs des prévôts et baillis
ne fut pas abandonné[4].

Les officiers du roi firent tous leurs efforts pour étendre les
limites du pouvoir royal. Les *paréages* furent, avec la construction des bastides, un des moyens employés pour atteindre ce but.
Ces traités étaient faits au nom du roi avec divers seigneurs
appartenant presque tous à des ordres religieux[5]. Dans l'acte de

---

[1] Même article.

[2] Voy. ordonn. de décembre 1320.

[3] Art. 13, ord. décembre 1344.

[4] Voy. compte de 1288 précité.

[5] Une charte de l'année 1184, donnée à Mozat-lès-Riom, atteste que l'abbesse de Cusset, qui avait la justice de cette ville, avait appelé le roi en
paréage et lui avait cédé la moitié de la justice (Voy. ordonn. de la 3ᵉ race,
t. IV, p. 205). Philippe-Auguste prit l'abbaye sous sa protection. La justice
entière de la ville resta au roi qui y établit une prévôté.

Il y eut aussi un paréage entre les religieux de Montpeyroux, anciens seigneurs de Puy-Guillaume, et le roi Saint-Louis. Le prince Alfonse le ratifia
en 1251, et la charte d'Alfonse fut confirmée par lettres-patentes de Philippe III, du mois de juin 1279 (Durand, p. 195). Il y eut, en conséquence,
à Puy-Guillaume, une prévôté royale, qui subsistait encore en 1475. — *Voy.*
pour la Haute-Auvergne, l'acte de paréage de la ville de Pleaux *(Dict. stat.*
du Cantal, vᵒ Pleaux, p. 33), et les autres paréages de 1282, juin 1283,
février 1289, cités par M. Delalo, *Limites, etc., de la Haute-Auvergne,* p. 59.

paréage passé, en 1284, entre les deux baillis de l'Auvergne et le Prieur de Bredon, la haute justice devait être indivise entre le Roi et le Prieur. Chacun d'eux devait avoir un bailli. Ces deux baillis ne pouvaient juger l'un sans l'autre. Ils nommaient les consuls, et prêtaient entre leurs mains le serment de fidélité [1]. Cette indivision de la justice et le partage de ses émoluments entre le roi et les anciens seigneurs étaient autrefois fort usités dans les diverses provinces. C'est un des traits les plus bizarres de l'ancienne organisation judiciaire. En vertu des paréages, la justice appartenait tantôt pour moitié, tantôt pour un huitième, ou pour une autre fraction, au roi, et pour le surplus aux seigneurs ou chefs d'abbayes. Dans l'espèce d'un arrêt du parlement de Toulouse, du 27 septembre 1743, on vit un individu prétendre à *un vingt-quatrième de justice !*

Si les grands baillis de l'Auvergne cherchaient à étendre la juridiction royale, et empiétaient sur les attributions et les terres des hauts justiciers [2], les seigneurs ne se soumettaient pas volontiers. La prédominance de l'autorité du roi sur les justices féodales ne s'établit pas facilement. Les traités de 1229 n'avaient pas fait cesser le pouvoir judiciaire des barons de la province. Le Comte et le Dauphin n'avaient pu, comme le fait observer D. Verdier-Latour, céder que ce qui leur appartenait, c'est-à-dire leur souveraineté sur les terres qu'ils avaient abandonnées [3]. Les seigneurs, qui avaient été conservés dans leurs privilèges, les maintenaient avec fermeté. Ils s'adressaient au roi pour obtenir le redressement des empiétements ou des abus. Plusieurs ordonnances furent rendues pour leur donner une satisfaction momentanée [4].

---

[1] Pour les autres clauses contenues dans ces sortes de contrats, voyez ce paréage de 1284 (*Archives nat.*, J. 272, n° 128.)

[2] Un arrêt du parlement, rendu vers l'an 1274, à la plainte de l'abbé d'Aurillac, ordonne que les officiers du roi, qui tenaient leurs assises dans la ville d'Aurillac et autres lieux dépendant du fief de l'abbaye, cesseront de les tenir.

[3] Voy. Manuscrit précité de D. Verdier Latour, § 3.

[4] Voy. notamment ord. mars 1302, mai 1304, décembre 1315, juin 1319, et avril 1355. — Nous transcrivons, à ce sujet, quelques réflexions judicieuses du manuscrit de Verdier Latour :

« Depuis longtemps les successeurs d'Hugues Capet savoient que, quoiqu'assis sur le trône de Charlemagne, ils n'en avoient pas toute la puissance,

Parmi ces ordonnances, celles de juin 1319, qui sont applicables, l'une aux deux parties de la province, l'autre à la Haute-Auvergne, doivent arrêter un instant notre attention. Elles nous ont déjà fourni quelques renseignements sur la justice royale dans ces contrées. Elles renferment d'autres documents dont nous ferons une rapide analyse.

Les dispositions de ces ordonnances avaient la plupart pour but de remédier à des abus, notamment à ceux qui avaient été signalés par un mémoire adressé au roi Philippe-le-Bel, et présenté au nom du clergé, des nobles, des consuls et des communautés de la Haute-Auvergne [1].

Les deux ordonnances de 1319 rendirent aux officiers des sei-

et qu'ils ne pouvoient la recouvrer dans toute sa plénitude qu'en employant des moyens propres à chaque objet. Ainsi ils jugèrent qu'il étoit important d'affoiblir insensiblement la trop grande autorité dont jouissoient les seigneurs des lieux, à l'exemple et à la faveur des grands feudataires. Elle subsistoit encore cette grande autorité des barons du comté de la terre d'Auvergne, malgré les traités de Saint-Louis avec le Comte et le Dauphin d'Auvergne, parce que ceux-ci n'avoient pu céder que ce qui leur appartenoit, c'est-à-dire leur souveraineté sur les terres qu'ils abandonnoient. Les barons et les nobles avoient été conservés dans ce qu'ils appeloient leurs priviléges, et dont les lettres-patentes de Philippe-le-Long sont encore une confirmation ; mais avec des restrictions et des réserves. C'est avec ces restrictions et ces réserves, qui faisoient partie de la juridiction des officiers royaux, que les rois sont venus à bout de ramener à eux insensiblement et comme par degrés la justice longtemps égarée dans des canaux étrangers.

» Il est bien sensible qu'une opération qui ne pouvoit produire, que par succession de tems, des effets avantageux à l'autorité royale, et au bien général des peuples, que ce régime féodal tenoit alors, et a tenu encore longtemps après, comme dans une espèce d'esclavage, avoit besoin de la vigilance continuelle des officiers que l'autorité législative venoit de distribuer. Par ce moyen aussi politique qu'efficace, les seigneurs s'accoutumoient à voir près d'eux un pouvoir qu'ils avoient trop longtemps méconnu. Les peuples appercevoient que leurs seigneurs n'étoient plus leurs juges absolus ; ils savoient qu'il étoit des cas où ils pouvoient s'adresser à d'autres juges qu'à ceux dont le prononcé étoit presque toujours subordonné à la volonté du seigneur. Ces juges royaux aussi jaloux d'augmenter l'autorité qui leur étoit confiée, que de la faire respecter, cherchoient continuellement à donner une nouvelle extension à leur juridiction. Les barons se plaignoient, les rois faisoient droit à une partie de leurs plaintes ; les juges ralentissoient un moment leur grand zèle, mais les peuples recouvroient toujours une petite portion de cette liberté, qui en rendant les hommes citoyens augmente la puissance du monarque qui veut gouverner en père. » (§ 3 du manuscrit.)

[1] Archives nat., J. 1034, n° 12. — Ce mémoire est intitulé : « *Gravamina quæ prælati, barones et alii habitatores baillivie montanorum Advernie dicunt sibi illata per cancellarium.* »

gneurs hauts justiciers l'exécution des lettres scellées du sceau royal et la connaissance des engagements qui en résultaient, si ce n'est pour ce qui était dû au roi, à la condition toutefois qu'ils les feraient exécuter sans négligence et sans retard [1].

Quinze sergents généraux seulement furent établis dans le bailliage d'Auvergne.

Il y eut onze sergents dans la prévôté de Riom, savoir : quatre pour cette ville, un pour Saint-Bonnet, et six pour le surplus du ressort de la même prévôté ; six dans la prévôté de Montferrand, et trois pour le ressort de Monton ; trois dans la prévôté de Roche-Sonatoire, six dans celle de Nonette, quatre dans celle d'Auzon, le même nombre dans celles de Brioude et de Langy ; un dans la prévôté de Cornon, deux dans celle de Bulhon, quatre dans celles de Thiers et de Vichy, trois dans la prévôté de Cusset, et dans celles de Puy-Roger, et de Langeac ; six dans la prévôté de Palluet ; trois dans celle de Bellegarde ; un dans la prévôté de la Roche de Donnezac et dans celle de Paulhaguet.

Il en fut, en outre, établi un certain nombre pour les chancelleries de Riom et des autres prévôtés de la Basse-Auvergne [2].

Le nombre des sergents fut réduit à vingt-six pour tout le bailliage des montagnes. Ils eurent seuls le pouvoir d'instrumenter pour le chancelier et le bailli [3]. Il fut défendu de donner à d'autres les commissions qui rentraient dans leur ministère [4].

Par suite d'un ancien abus, les fermiers du sceau, à qui appartenaient les amendes, les prononçaient et les taxaient eux-mêmes. Ce pouvoir leur fut retiré et attribué aux baillis seuls [5].

Le chancelier avait établi dans les villes de Saint-Flour, d'Aurillac, de Maurs et de Mauriac, un petit scel. Sous le prétexte qu'il devait connaître des affaires relatives au sceau, il y tenait audience, ou la faisait tenir par des officiers qu'il nommait. C'était une infraction aux ordonnances [6]. Cependant cet état de choses fut maintenu en 1319.

[1] Art. 1er, ord. de juin 1319.
[2] Art. 8, ord. de 1319.
[3] Art. 8, ord. de 1319.
[4] Art. 9, mêmes ordonnances.
[5] Art. 2, mêmes ordonnances.
[6] Voy. le mémoire précité, J. 1034, n° 12.

Parmi les dispositions les plus remarquables des deux ordonnances, nous citerons encore celle par laquelle le roi s'interdit de nommer des notaires publics dans le bailliage d'Auvergne ou dans le bailliage des Montagnes[1], et celle qui porte que les panonceaux, brandons, bâtons et autres signes de l'autorité royale ne seront plus apposés dans les abbayes, les lieux religieux et autres situés dans les limites de la justice des barons, alors même que ces lieux seraient sous la garde du roi[2]. C'était une concession faite par la royauté à la susceptibilité des seigneurs, qui avaient pendant longtemps exercé la pleine juridiction dans leurs terres, et qui voyaient d'un œil jaloux les marques extérieures de l'autorité royale exposées aux regards du public dans les pays soumis à leur haute justice. Mais la même disposition renferme une de ces réserves si fréquentes dans les ordonnances de l'époque, et à l'aide desquelles la royauté parvint à triompher de toutes les résistances. Les signes extérieurs furent enlevés, mais le roi se réserva de pourvoir par d'autres moyens à la sûreté des personnes et des lieux placés sous sa garde[3].

Une autre disposition porte que, en matière criminelle, les barons, nobles ou habitants, ne peuvent être appelés, hors de leur résidence, devant le bailli[4]. C'était la consécration du principe généralement admis au XIIIe siècle, sauf le cas de flagrant délit, que le juge du domicile était le juge naturel du délinquant, principe favorable aux justices seigneuriales, mais souvent contesté par les juges royaux, qui prétendaient avoir le droit de punir les coupables qu'ils avaient saisis sur les terres des seigneurs malgré leurs réclamations. On trouve la même disposition, du reste, pour les matières civiles[5].

Enfin, ces ordonnances attestent l'existence d'un nouvel officier royal : le *procureur du roi*[6]. Dans l'origine, c'étaient les baillis et sénéchaux qui poursuivaient le recouvrement des amendes et de tous les droits royaux. Quand les intérêts fiscaux

---

[1] Art. 10, ord. de 1319.

[2] Art. 11, mêmes ordonnances.

[3] Voy. art. 11, alin. 1er *in fine,* ord. 1319.

[4] Art. 7, ord. de 1319.

[5] Art. 7, ord. de 1319.

[6] Art. 4, ord. de 1319.

dés rois se trouvèrent mêlés à d'autres intérêts, des procureurs furent investis de cette attribution. Il est fait mention des procureurs du roi dans une ordonnance du 23 mars 1302. Ces officiers étaient établis dans le bailliage des Montagnes, dès l'année 1311. Les offices de procureurs furent supprimés dans les pays de coutume par l'ordonnance du 18 juillet 1318, et la défense des intérêts du roi fut de nouveau confiée aux baillis et aux sénéchaux. Cette ordonnance ne s'appliquait pas aux pays de droit écrit.

Telles étaient les principales dispositions des ordonnances de juin 1319. Ces ordonnances donnaient, malgré leurs réserves et leurs restrictions, satisfaction sur plusieurs points aux seigneurs auvergnats. Il faut dire qu'ils avaient généreusement voté les subsides pour la guerre de Flandre.

## SECTION V.

5e période. — Apanage de Jean Duc de Berry (1360-1531).

L'organisation judiciaire subit de nouveaux changements quand la terre d'Auvergne fut érigée en Duché, en faveur de Jean [1], pour l'indemniser du comté de Poitou devenu anglais, par suite du traité de Bretigny. Il y eut la justice du Duc et la justice du Roi.

Chabrol donne d'amples explications sur le nombre et le nouvel état des prévôtés de la Basse-Auvergne, pendant l'apanage du duc de Berry, en se basant sur le compte de Jean Marsaud, de l'année 1475. La plupart de celles indiquées dans l'ordonnance de 1319 avaient disparu; de nouvelles furent établies [2].

Les quinze prévôtés dont le compte de Jean Marsaud fait mention sont : Auzon, Bellegarde, Brivadois, Bulhom, Cournon, Langeac, Les Martres-d'Artière, Mons, Monton, Palluet, Pauliaguet, Puy-Guillaume, Riom, la Roche-d'Onnezat, la Roche-Sonatoire.

[1] Voy. Lettres-patentes du roi Jean, octobre 1360; et suprà, tit. V, chap. 3.
[2] Dissert. hist., t. Ier, p. LXXij.

Les prévôtés de Cusset, Langy, Montferrand, Nonette, Puy-Roger, Thiers et Vichy, dénommées dans l'ordonnance de 1319, ou n'existaient plus, ou avaient subi certains changements; d'autre part, il y en avait quatre nouvelles : Les Martres-d'Artière, Mons, Monton et Puy-Guillaume. La plupart des prévôtés dont parle le compte de 1475 s'éteignirent dans la suite : telles furent celles de Brioude, de Bulhom, de Cournon, des Martres-d'Artière, de Mons, de Monton, de Pauliaguet, de Puy-Guillaume, de la Roche-d'Onnezat et de la Roche-Sonatoire.

Le siége général de la justice administrée au nom du Duc fut conservé à Riom; mais le titre de *Bailliage d'Auvergne* fut changé en celui de *Sénéchaussée d'Auvergne*, qui subsista jusqu'à la Révolution.

Le Sénéchal était obligé de résider à Riom comme étant le lieu principal de son ressort; mais il allait plusieurs fois, dans l'année, tenir ses assises dans les diverses prévôtés dépendant de la Sénéchaussée [1].

Dans ces assises, ce n'était plus l'ancien conseil, dont nous avons parlé sous la section précédente, qui siégeait. Il avait été remplacé par les grands de la province qui accompagnaient le Sénéchal. Les dépenses que ces assises occasionnaient étaient fort onéreuses; elles devinrent de plus en plus rares et finirent même par tomber entièrement en désuétude [2].

La Sénéchaussée d'Auvergne recevait les appels de toutes les justices du Duché, et elle connaissait de toutes les affaires *à titre de prévention*, principe sur lequel nous donnerons plus loin quelques explications.

Les appels des décisions du Sénéchal étaient portés devant une juridiction supérieure, appelée les *Grands-Jours* [3], établie à Riom, et qu'il ne faut pas confondre avec les chambres temporaires du même nom qui, par ordre du Roi, tinrent leurs séances dans la province d'Auvergne, à diverses époques, et à des intervalles assez éloignés. Cette juridiction existait encore en 1514. Masuer a conservé la forme de procéder qui y était suivie [4].

---

[1] Masuer, tit. *de dilat.*, n⁰ 26, et tit. *de appell.*, n⁰ 27.

[2] Voy. Chabrol, *Loc. cit.*, p. LXXXVIJ; et Manuscrit de Verdier Latour.

[3] Voy. l'acte de notoriété du 17 juin 1471 cité par M. Delalo, *Loc. cit.*, p. 90.

[4] Masuer, tit. *de appell.*, n⁰ 15, et *de judic.*, n⁰ 21.

Pendant les sessions de la cour des Grands-Jours, la Sénéchaussée et les juridictions inférieures ne siégeaient pas [1].

On appelait des sentences des Grands-Jours au Parlement de Paris [2].

Dans la Haute-Auvergne, nous ne retrouvons plus la trace des prévôtés dont nous avons constaté l'existence dans la période précédente. Ces juridictions furent supprimées. Les prévôtés cessèrent d'exister comme juridictions, mais elles furent maintenues comme districts ou divisions territoriales.

Deux bailliages furent établis dans cette contrée pour y rendre la justice ducale : l'un à Saint-Martin-Valmeroux [3], l'autre à Andelat [4]. Le premier fut toujours considéré comme le plus important.

Les appels de ces deux bailliages, qui n'étaient à proprement parler que des justices inférieures, étaient portés devant la Sénéchaussée de Riom.

Quant à la justice royale, elle eut, dans la terre d'Auvergne, pendant la durée de l'apanage du duc de Berry, diverses vicissitudes que nous devons rappeler.

En donnant le duché d'Auvergne au duc de Berry, le roi s'était expressément réservé la garde des églises cathédrales et abbatiales, avec leurs dépendances, fiefs et arrière-fiefs. Par suite de cette réserve, les églises du Duché pouvaient se considérer comme exemptes de la juridiction ducale. Mais les officiers du duc de Berry, et le duc de Berry lui-même, employèrent tous les moyens, même les plus violents, pour s'emparer de la juridiction sur les églises et leurs vassaux.

Deux ordonnances furent rendues, en l'année 1366, pour régulariser la juridiction des exempts : la première à l'égard de

---

[1] Voy. Masuer, de judicibus, n° 21.

[2] Acte du 17 juin 1471 précité. — M. Mazure commet une erreur lorsqu'il dit que le sénéchal était sous la juridiction du bailli royal de St-Pierre-le-Moustier, auquel, selon lui, remontaient tous les appels de la province (Loc. cit., p. 416). Nous verrons plus loin quelle était la juridiction de ce bailli.

[3] En l'année 1564, un arrêt du Conseil joignit le siège de St-Martin-Valmeroux à celui de Salers, et le siège du bailliage fut fixé dans cette dernière ville, où il demeura jusqu'à la Révolution. (M. Delalo, Loc. cit., p. 89, et Dict. stat. du Cantal, v° Salers, p. 204.)

[4] En 1459, il était à Chaudesaigues, et il fut fixé, en 1490, définitivement à Murat (M. Delalo, Limites, etc., de la Haute-Auvergne, p. 90).

l'abbaye d'Aurillac et de l'église cathédrale de St-Flour, dans la
Haute-Auvergne, la seconde pour l'église cathédrale de Clermont et les principales abbayes de la Basse-Auvergne. Elles
furent déclarées exemptes de la juridiction du Duc, et il fut
ordonné qu'elles ressortiraient au bailliage de St-Pierre-le-
Moustier, en Nivernais, qui était le bailliage royal le plus rapproché
de la province d'Auvergne. Les exempts de la Basse-Auvergne
ne tardèrent pas à se plaindre : ils remontrèrent au roi que la ville
de St-Pierre-le-Moustier étant fort éloignée, ils étaient exposés
aux périls d'un aussi long voyage, lorsqu'ils voulaient recourir à la
justice de son bailli, car, à cette époque, les chemins étaient peu
sûrs et infestés de routiers. Charles V accueillit cette demande,
et un lieutenant du bailli de St-Pierre-le-Moustier fut établi à
Cusset, pour y juger les causes des exempts de la Basse-Auvergne. Quelques tentatives furent ensuite faites pour transférer
cette lieutenance dans une ville plus centrale. Mais des lettres-
patentes de Charles VI, du mois de juillet 1409, ordonnèrent que
le siége royal resterait fixé à Cusset. Cependant ces mêmes tentatives furent plus tard renouvelées par plusieurs exempts, qui
obtinrent que la lieutenance du bailli de St-Pierre-le-Moustier
serait tranférée à Montferrand [1]. La ville de Cusset y forma
opposition, et pendant ce long procès, les exempts de la Basse-
Auvergne ressortissaient, les uns à Cusset, les autres à Montferrand. Enfin, un arrêt du Conseil, du 23 juillet 1489, fixa pour
toujours dans cette dernière ville la lieutenance royale de Saint-
Pierre-le-Moustier. Le lieutenant de Montferrand avait lui-même
un délégué à Usson [2].

Quant aux exempts de la Haute-Auvergne, un siége royal fut
créé, pour ces privilégiés, à Aurillac. Il fut établi dans cette ville
un bailli devant lequel toutes les causes des exempts de cette
contrée furent portées [3].

[1] La ville de Montferrand faisait partie du duché d'Auvergne. Elle avait
été acquise, au mois de juillet 1292, par Philippe-le-Bel, de Louis de Beaujeu.

[2] Chabrol pense que le bailliage de Montferrand et Usson existait déjà en
1427 et plus sûrement encore en 1435 (*Loc. cit.*, p. LXXXIV). Etienne de Tha-
lauresse prenait, en 1455, le titre de bailli *des exemptions d'Auvergne aux
siéges de Montferrand et Usson*. Mais Usson redevint bientôt une justice
seigneuriale. Louis XI donna cette terre, le 21 avril 1466, à Louis, bâtard
de Bourbon, comte de Roussillon (Chabrol, *Loc. cit.*, p. LXXXVj).

[3] Ord. 18 sept. 1366 (*Ord. du Louvre*, IV, p. 615). Cette ordonnance ne mit

Il y eut, à Saint-Flour, un lieutenant du bailli d'Aurillac, qui n'avait pas une juridiction qui lui fût propre. Ses fonctions cessaient toutes les fois que le bailli voulait rendre lui-même la justice [1].

Les appels des sentences du lieutenant du bailli de Saint-Pierre-le-Moustier, établi pour la Basse-Auvergne, étaient portés au parlement de Paris [2].

Les appels des décisions du bailli d'Aurillac étaient relevés devant le bailli de Saint-Pierre-le-Moustier, ou plutôt devant son lieutenant établi dans la Basse-Auvergne [3], et, de celui-ci devant le Parlement. Cependant M. Delalo estime que la disposition de l'ordonnance du 18 septembre 1366, qui le décidait ainsi, tomba en désuétude et que ces appels furent alors portés directement au parlement de Paris, et d'autres fois au parlement de Toulouse. Il invoque, à l'appui de son opinion, des lettres-patentes du 18 juillet 1455 publiées, à Aurillac, le 10 juillet 1457, qui ne rappellent pas, dit-il, la disposition de l'ordonnance du 18 septembre 1366; d'où il conclut qu'il y avait longtemps que cette disposition n'était plus exécutée [4]. Cette abrogation ne nous semble résulter ni expressément, ni implicitement, des lettres-patentes de 1455, qui avaient seulement pour objet de mettre fin aux incertitudes qui existaient sur le point de savoir auquel des deux parlements de Paris ou de Toulouse la Haute-Auvergne devait ressortir [5].

---

pas fin aux empiètements et aux hostilités du duc de Berry (voy. lettres de sauvegarde du 24 janvier 1370, et les lettres des 10 août et 21 décembre 1372 et 1373). Après l'arrêt du 14 août 1380, les officiers du duc ne firent plus de tentatives pour soumettre l'abbaye d'Aurillac à leur juridiction ; mais ils continuèrent leurs entreprises sur les terres ecclésiastiques et les fiefs qui en relevaient dans la prévôté de Mauriac (voy. M. Delalo, *Loc. cit.*, p. 79-86.)

[1] Voy. compte du 3 mai 1444, *Archiv. nation.*, K. 68, n° 2.

[2] Voy. ord. du 25 juillet 1366.

[3] Chabrol, *Loc. cit.*, p. LXXXIV.

[4] *Loc. cit.*, p. 86 et suiv.

[5] « Ayant esté advertis par nos procureur et advocats généraux et aultrement de ce que nos subgies de notre baillage des montaignes d'Auvergne sont moult vexés et travaillés comme ja ont esté longuement pour ce que certaineté n'a été ne est donné, à scavoir soubs lequel de nos parlements de Paris ou de Tholouse sont et doivent ressortir nos dits subgies.... Déclarons par les présentes que nos sugies habitants aux dites montaignes d'Auvergne sont et seront dores en avant et à toujours de la limitation et ressort souverain de nostre dite cour de parlement à Paris. »

Dans les pages qui précèdent, nous avons essayé d'esquisser à grands traits le tableau des institutions judiciaires de la Basse et de la Haute-Auvergne, dans les cinq périodes de l'époque féodale, que nous avons distinguées. Plus tard, après la confiscation des biens du Connétable de Bourbon et de leur réunion à la couronne (1531), la division en siéges ducaux et siéges royaux disparut. Des changements importants furent opérés dans l'organisation judiciaire de la province, et dans la Sénéchaussée d'Auvergne redevenue juridiction royale. Des modifications furent apportées dans l'institution des justices du roi. Plusieurs réformes notables et dignes d'être signalées furent même introduites dans ces justices pendant la dernière période que nous venons d'examiner. Nous avons cru devoir en renvoyer l'exposé à l'époque des temps modernes, où nous suivrons l'administration judiciaire de l'Auvergne dans ses développements successifs et jusqu'à la Révolution de 1789.

APPENDICE.

## Le Barreau et le Notariat, en Auvergne, au moyen-âge.

Nous ne terminerons pas ce chapitre sans dire quelques mots de deux institutions, le barreau et le notariat, qui ont de nombreux rapports avec les institutions judiciaires, et dont les origines ne sont pas moins intéressantes. Ces observations feront l'objet des deux paragraphes de cet appendice.

### § Ier.

#### Le Barreau.

Si nous avions à faire l'histoire de l'ordre des avocats, et à rappeler les belles traditions de cet ordre, *aussi ancien que la magistrature, aussi nécessaire que la justice* [1], nous remonterions au temps de la République romaine, où l'on chargeait des plaidoiries quelque orateur (*patronus*), qui entreprenait cette tâche difficile par amitié ou par amour de la gloire, et sans espoir d'une autre récompense que l'honneur, l'estime et la considération publique. Nous parlerions ensuite de l'époque où il fut permis aux avocats (*causidici, advocati, patroni*) de recevoir des honoraires, et où s'éteignit l'éclat de l'éloquence judiciaire. Nous verrions, dans les derniers temps de l'Empire, la profession d'avocat exercée près de chaque tribunal par un nombre limité de membres, dont on avait constaté la naissance, les études et le savoir, formant un collége, ayant tous les droits d'une corpora-

[1] Expressions de d'Aguesseau.

tion, jouissant de priviléges importants, et soumis à une discipline assez sévère. Nous rechercherions aussi la destinée du barreau à l'époque gallo-romaine, où les études de droit se faisaient
dans les écoles de la Gaule, par exemple, à l'école de Clermont,
dans la cité arverne, et se perfectionnaient à Rome, appelée le
*domicile des lois* par Sidoine Apollinaire[1]. Nous n'aurions que de
rares données sur le sort et le rôle des avocats de l'époque
franque, jusqu'au moment où il est fait mention dans les capitulaires des *clamatores,* appelés plus tard *emparliers,* et quelquefois
*docteurs* ou *chevaliers de loix.* De Charlemagne à Saint-Louis, nos
pas ne seraient aussi guidés que par de faibles lueurs, au milieu
des ténèbres de cette époque barbare où, selon les expressions
de Loisel, « il falloit plus de champions de bataille aux plaids
que d'advocats[2]. » Mais cette étude spéciale ne comporte ni
toutes ces recherches, ni tous ces développements.

　　C'est seulement à partir du règne de Saint-Louis que l'obscurité commence à se dissiper, et que l'on trouve quelques monuments importants, tels que les dispositions des *Etablissements*[3]
suivies, sous le règne de Philippe-le-Hardi, de l'ordonnance du
23 octobre 1274[4], qui devait être lue, chaque année, dans les
bailliages et sénéchaussées, et de celle du mois de novembre 1291[5],
qui était aussi applicable à toutes les justices royales.

　　La plupart des avocats, et les plus célèbres de ce temps, étaient
des personnages ecclésiastiques, pourvus de dignités et de bénéfices, instruits en droit canon et civil « apprenans, comme le dit
Loisel, la pratique principalement par les décrétales[6]. »

　　Ce fut seulement au commencement du XIV<sup>e</sup> siècle que s'ou-
vrit une nouvelle ère tout à la fois pour le *parlement* et pour
*l'ordre des avocats,* deux institutions nées en même temps, et destinées à être frappées du même coup.

　　Dans ce siècle furent rendues les ordonnances les plus remar-

---

[1] Sid. Apoll., I, *Epist.* 6.

[2] *Dialogue des advocats du Parlement de Paris,* dans le tome I<sup>er</sup>, p. 168 de
la *Profession d'avocat* de M. Dupin.

[3] Liv. II, chap. XIV.

[4] Cette ordonnance règle dans cinq articles les devoirs de l'avocat.

[5] Sous le règne de Philippe-le-Bel.

[6] *Dialogue des advocats, Loc. cit.,* p. 176.

quables sur la discipline du barreau. C'est à l'ordonnance de
février 1327 que remonte l'origine du tableau. Celle de 1344 disposait qu'aucun avocat ne serait reçu à plaider qu'il n'eût prêté
serment, et qu'il ne fût inscrit au *rôle* des avocats. On ne devait
y inscrire que ceux qui avaient la capacité nécessaire. Une
ordonnance du 8 décembre 1490 exigeait, pour être reçu avocat,
que l'on eût étudié dans une université renommée, pendant cinq
ans, et que l'on eût été trouvé *idoine et suffisant* par cette université. Plus tard, les règlements de François Ier ordonnèrent
d'une manière expresse que l'on eût étudié, pendant le temps
prescrit, dans une université *fameuse* et que l'on fût gradué *in
altero jurium*[1]. Enfin, l'admission au tableau devait être précédée
d'un *noviciat* ou *stage* de plusieurs années, pendant lesquelles le
stagiaire devait être assidu aux audiences et se familiariser avec
les règles et les devoirs de sa profession.

L'ordonnance du 11 mars 1344 distinguait les avocats plaidants
et les avocats consultants auxquels elle donnait le titre de conseillers, *consiliarii*, et qui jouissaient de plusieurs priviléges.

Dans l'origine, et avant la vénalité des charges, les *avocats du
roi* de la Sénéchaussée d'Auvergne, comme ceux de tous les bailliages ou sénéchaussées, comme ceux du parlement, étaient
choisis parmi les avocats : on en commettait un pour chaque
cause dans laquelle le roi avait un intérêt[2]. Cet emploi fut
ensuite donné en titre d'office. Les ordonnances permettaient
aux avocats du roi, dans les baillages et les autres justices
royales, de postuler, plaider, consulter, ou écrire pour les particuliers, dans les causes où le roi n'était pas intéressé[3]. Ils n'avaient
plus ce droit quand ils cumulaient les fonctions de conseiller et
celles d'avocat du roi.

Même après l'institution des avocats du roi en titre d'office,
les avocats étaient désignés pour remplacer les avocats du roi
qui ne se trouvaient pas à l'audience pour porter la parole.

[1] *Voy.* règlement du 11 avril 1519, art. 18, pour le siége de Tours; et
l'art. Ier, chap. 4, ord. de 1535.

[2] L'ordonnance du mois de juin 1338 est la première qui en fasse mention
(art. 12).

[3] *Voy.* art. 20, ord. de 1566; ord. de Blois 1579.

L'histoire du barreau d'Auvergne, comme celle des barreaux
de la plupart des provinces, fournit peu de documents pour connaître et apprécier les hommes qui ont pu se distinguer dans cette
carrière au moyen-âge. L'existence des avocats les plus habiles
n'est guère attestée que par leur présence et leur signature aux
actes passés par les grands seigneurs, dont ils étaient les conseils[1].
Exclusivement préoccupés des intérêts de leurs clients, ces
obscurs praticiens servirent sans doute peu les progrès de la
science et surtout ceux du langage. Le français, avant le XVIᵉ
siècle, avait déjà traversé deux grandes phases : la première,
marquée par la diction puissante et brève de Villehardouin, la
seconde, par les narrations lucides et animées de Joinville et de
Froissart; mais, au commencement du XVIᵉ siècle encore, le langage
du barreau, dans la patrie de l'auteur des *Provinciales*, ne partici-
pait point à ces améliorations, du moins si on peut juger des plaidoiries par les écrits qui nous sont parvenus. Voici, par exemple
comment s'exprimait, en 1510, l'avocat *Vialar*, conseil de Jean,
duc d'Albanie, et de Jacques de Beaufort, tuteurs d'Anne et de
Madeleine de Boulogne, comtesse d'Auvergne : « *primâ*, car il
appert de *lite motâ* pour raison dudit comté d'Auvergne, et de la
défense desdites Damoiselles, fondées sur ladite donation, la contestation faite longtemps devant lesdites Coutumes et publication
d'icelles, qui est une conjecture bien apparente pour montrer
que ladite Coutume *quæ omnia quadrat, et appropriatur ad casum*
a été excogitée *in odium* desdites Damoiselles *et favorem* dudit duc
d'Auvergne, prince et seigneur naturel desdits officiers, *sicut in
simili deciditur quandò dicatur, quis offendere potentem in odium
dignitatis, in l. qui jurisdictioni præest, cum similibus de jurisdist.
omnium jud. Item secundâ*, car soient venus les vieils Livres coutumiers, esquels ont été transcrites les Coutumes ancienne,
ladite Coutume *non invenitur*, et jamais n'en fut fait mention
jusqu'à l'introduction dudit procès, *quod sané ponderandum est*,
contre le rapport des dits officiers[2]. » Il est vrai que François Iᵉʳ
n'avait pas encore fait déchoir de son rang la prétendue langue
latine, et qu'en dépit de l'ordonnance de 1512, on disait toujours

[1] *Voy.* ces actes dans le tome II de la *Maison d'Auvergne* de Baluze.
[2] *Voy.* procès-verbal de la Coutume d'Auvergne, p. 16, à la fin du vol. IV
de Chabrol.

au Parlement : *debotavimus et debotamus*. Les avocats et les juris-consultes du XVᵉ siècle avaient conservé leur ténébreuse méthode d'argumentation et la barbarie de leur langage. Dans le siècle suivant, l'érudition prit une grande faveur ; mais, si on s'exprima avec moins de rudesse, les règles du goût n'étaient pas celles que l'on observait au Palais.

La profession de procureur fut libre comme celle des avocats pendant toute la durée du moyen-âge. Le nombre des procureurs était devenu excessif. On sait quels furent les abus de cette liberté. C'était surtout dans les petits siéges que les désordres s'étaient multipliés. Un édit avait été rendu en 1561 [1], pour sup-primer les procureurs par voie d'extinction, et autoriser formel-lement les avocats à diriger les procédures. Mais cet édit ne fut pas enregistré. En 1572, les besoins du Trésor autant que l'inté-rêt des plaideurs firent instituer en titre d'office les procureurs postulants [2].

Masuer dit que, dans les causes des pauvres, les procédures devaient être gratuites, et que les hommes d'affaires ne devaient réclamer aucune rémunération [3]. C'était le principe de l'*assistance judiciaire*, déjà établi, en 1364, par un règlement de Charles V, pour les *requêtes du palais*, principe d'humanité vivement sollicité, aux Etats d'Orléans, et consacré par un arrêt du conseil d'Etat du 6 mars 1610, qui resta sans exécution, par suite de la mort de Henri IV. L'assistance fut longtemps bornée en France aux *consul-tations de charité*.

---

[1] Voy. édit d'août 1561, *Anc. lois fr.*, t. XIV, p. 112.

[2] Voy. édit de juillet 1572 (Fontanon, 1, 85).

[3] « Item in causa pauperum, acta, et processus debent gratis fieri et sigillari, et advocati pro eis debent misericordia moti, et cum charitate sine salario patrocinari. » Tit. *de expensis*, nᵒ 19.

## § II.

### Le Notariat.

L'institution du notariat a eu de fréquentes vicissitudes ; son nom et son caractère ont souvent varié. Nous nous abstiendrons de toute observation sur ce point[1]. Nous n'examinerons pas si, dans la Gaule, sous Théodose, cette institution avait de l'analogie avec celle que les rois Francs organisèrent[2]. Par un capitulaire de 803, Charlemagne voulut que ses *Missi dominici* nommassent dans chaque lieu des notaires ; et, par un autre, de l'année 805, il obligeait les évêques, les abbés, les comtes, à en instituer dans leurs territoires respectifs[3]. Mais ces dispositions restèrent pour ainsi dire à l'état de lettre morte pendant l'anarchie des règnes suivants. On ne voit aucun notaire écrire ou retenir les actes, à cette époque. Lorsque les conventions étaient écrites, elles l'étaient le plus habituellement par un clerc ; les parties se bornaient à y apposer leur sceau, en faisant mention de cette formalité et du nom des témoins. L'ancien principe suivant lequel des témoins venaient certifier dans l'acte la convention faite en leur présence était maintenu[4]. L'usage de faire écrire les actes par un clerc s'était perpétué même pour les plus importants : par exemple, l'acte de fondation du monastère de Sauxillanges, de l'an 910, par Guillaume-le-Pieux, est *écrit et souscrit* par l'archiprêtre Riculfus : *scripsit et subscripsit*[5]. L'acte contenant l'exécution du testament du comte Acfred est écrit par l'un des

---

[1] Voy. M. de Savigny, *Hist. du dr. romain au moyen-âge*, t. 1er, ch. 2, § 16.

[2] Il est parlé de la présence de l'un des *notarii* attachés à la curie, dans la 4e formule de l'Arvernie.

[3] « Ut missi nostri scabinios advocatos, *notarios,* per singula loca eligant. » — « Ut unusquisque episcopus et abbas et singuli comites suum *notarium* habeant. » (Baluze, t. Ier, col. 392 et 401.)

[4] Voy. *suprà,* tit. Ier, ch. 4. Plusieurs actes attestent l'existence de cette règle (voy. notamment actes inédits de 1022, 1027, 1032, extraits des Archives de la cathédrale de Clermont par Dulaure, *Bibl. de Clermont,* Mss n° 248).

[5] Baluze, *Maison d'Auvergne*, II, 12.

témoins [1]. Dans deux actes, des années 918 et 919, extraits du cartulaire de Brioude, nous voyons celui qui s'engage apposer son sceau, et plusieurs autres personnes y apposer le leur, pour donner plus de force à l'acte, *ut roboraretur* [2]. Nous pourrions multiplier ces exemples, en citant un grand nombre d'autres actes rapportés dans les preuves de la *Maison d'Auvergne* de Baluze, et dans les cartulaires de Brioude et de Sauxillanges.

Même dans les deux siècles suivants, les actes publiés dans ces différents recueils sont toujours écrits par les lévites, clercs, prêtres et autres. Il n'y est fait aucune mention d'un notaire, ni même le plus souvent de l'écrivain. Les donations et autres actes concernant les abbayes de Brioude et de Sauxillanges sont retenus par un des moines.

Cependant, dans les XIe et XIIe siècles, il y avait déjà des notaires spécialement attachés aux seigneurs souverains [3]. Ils commençaient à être appelés par les parties, quoique l'on rencontre encore un grand nombre d'actes qui n'étaient pas reçus par un notaire en titre.

C'est surtout dans le XIIIe siècle que l'institution du notariat se généralisa et prit un rapide essor, qui peut être attribué à l'émancipation des personnes et des communes, et à la renaissance de l'étude du droit. Les seigneurs hauts-justiciers eurent leurs notaires, comme les comtes souverains; les consulats de plusieurs villes eurent aussi les leurs [4]. Les notaires des bailliages étaient déjà très-nombreux, à la fin de ce siècle. On voit par les actes des notaires des bailliages de l'Auvergne qu'ils étaient clercs jurés de telle ou telle prévôté, d'où l'on peut conclure que la limite de leurs pouvoirs était la même que celle du ressort de la prévôté dans laquelle ils exerçaient leurs fonctions [5]. On lit, dans la *Maison d'Auvergne* de Baluze, plusieurs actes qui attestent la présence de notaires de la cour de Riom : *notario curiæ Riomi jurato* [6].

---

[1] Baluze, *Loc. cit.*, p. 14.

[2] Baluze, *Loc. cit.*, p. 17 et 18.

[3] Voy. *Hist. génér. de Languedoc*, t. VI, p. 162, édit. Du Mège.

[4] Les consulats recevaient les actes. Le carton 271, sect. J. des *Archives nationales* en contient un, passé par le consulat de Maurs. On peut encore citer les actes reçus par le consulat d'Aurillac.

[5] Voy. Manuscrit de Verdier-Latour, § 5, p. 42.

[6] Voy. actes de 1279 et 1295 (Baluze, *Loc. cit.*, II, 126 et 130).

Il résulte du compte de 1299, concernant la Haute-Auvergne, que les offices de notaires étaient, à cette époque, affermés, comme les prévôtés. Le prix de la ferme était de 30 livres par an, pour les offices de la prévôté d'Aurillac; de 12 livres pour ceux de la prévôté de Mauriac, et de 15 livres dans celle de Saint-Flour [1].

Dès l'an 1292, la royauté décidait qu'à elle seule appartenait la création des notaires, dans ses terres, comme dans celles de ses sujets.

Cette ordonnance rencontra de vives et nombreuses résistances de la part des seigneurs qui étaient en possession du droit d'instituer des notaires dans leurs domaines. Celle que Philippe-le-Bel avait rendue, en 1302, avait aussi fait naître de grandes difficultés [2].

Par ses deux *chartes aux Auvergnats* de 1319, le roi reconnaissait qu'aucun notaire public ne serait établi par son autorité dans le ressort de la baillie d'Auvergne, et n'y exercerait, à ce titre, les fonctions notariales [3].

Les conflits n'avaient pas encore cessé dans les XVIe et XVIIe siècles; les seigneurs justiciers soutenaient qu'ayant le droit de justice dans leurs terres, ils avaient, à plus forte raison, le droit de tabellionnage ou de notariat. On finit par admettre que le roi ne pouvait établir de notaires dans les terres des seigneurs, qui avaient droit de tabellionnage, et que les notaires royaux ne pouvaient y instrumenter, si ce n'est dans deux cas : le premier, quand le roi s'en était réservé la faculté, lors de l'érection de ces terres en pairies, duchés, marquisats, comtés, baronnies ou châtellenies; le second, quand, par suite de la coutume locale et constante, et d'une possession immémoriale, ce droit appartenait au roi, soit exclusivement, soit en concurrence avec les seigneurs [4].

[1] *Arch. nat.*, J. 1166, n° 2.

[2] *Voy.* art. 19 ord. de mars 1302.

[3] « Quod ex nunc inantea, nullus auctoritate nostrâ notarius publicus sit in dictis Baillivia et ressorto, aut fungatur in eisdem officio notarii publici quoquo modo. » (Art. 10, ord. juin 1319).—On lit la même disposition, pour la Haute-Auvergne, dans l'ordonnance de 1319, spéciale à cette contrée.

[4] Bacquet, *Traicté des droits de justice*, ch. XXV, et n° 28 du même chapitre, p. 365.

Malgré la généralité des dispositions des *chartes aux Auvergnats* de 1319, il y eut toujours des notaires royaux, soit dans la Basse, soit dans la Haute-Auvergne [1]. Ces chartes n'avaient trait qu'à la renonciation faite par le roi au droit d'instituer des notaires dans les terres des seigneurs de ces deux contrées.

La *Pratique* de Masuer contient, sur le notariat, et les actes notariés, plusieurs règles importantes et précises [2]. Pour qu'un acte soit réputé authentique, et que pleine foi lui soit due, il faut, selon ce Coutumier, trois conditions : 1° qu'il soit scellé par un notaire public ou juré ; 2° qu'il soit revêtu de la signature de deux témoins ; 3° qu'on y ait apposé un sceau authentique, et ayant des caractères apparents. Masuer ajoute que l'acte doit contenir, en outre, le jour et l'année où il a été passé [3]. Il dit aussi que les prêtres et les moines ne pouvaient être notaires ou tabellions [4]. On sait qu'il y avait dans l'origine une différence entre ces deux sortes d'officiers : les *notaires* écrivaient les minutes des actes ; les *tabellions* les gardaient et en délivraient des grosses. Ces deux charges furent ensuite réunies.

A partir de la fin du XVe siècle, ou du commencement du XVIe, ceux qui étaient pourvus d'offices de notaires royaux subissaient un examen devant les juges du siège. Ce n'était qu'après cet examen, et après information *super vita et moribus*, qu'ils étaient admis à la prestation de serment [5].

Nous n'entrerons pas dans d'autres détails sur ce sujet, malgré l'intérêt qu'il peut offrir.

De nombreuses ordonnances furent rendues, au XVe siècle, soit pour régler la transmission des offices aux héritiers, donataires

---

[1] *Voy.* les actes des années 1357, 1375, 1331, recueillis par Baluze (*Maison d'Auvergne*, II, 361, 169, 311) et autres. — *Voy.* aussi l'accord du 8 mai 1347, entre l'abbé d'Aurillac et les consuls de cette ville, dans les *Documents historiques* publiés par M. Delzons, p. 124 et 192 ; et le règlement du 18 juin 1463, pour l'élection des consuls d'Aurillac.

[2] Tit. *de litteris notis et notatis, alias de instrumentis.*

[3] « Item ad hoc quòd literæ dicantur et reputentur esse authenticæ, et ut eis plena fides adhibeatur, tria requiruntur. Primùm quòd sint sigillatæ in margine manu notarii publici aut jurati. Secundùm quod habeant subscriptionem duorum testium. Tertiò quod sint sigillo authentico sigillatæ... et quod sigillum habeat caracteres apparentes .. et debent literæ prædictæ continere diem et annum, alias non valent. » (*Loc. cit.*, n° 6.)

[4] *Loc. cit.*, n° 43.

[5] Art. 20, ord. de 1490, et art. 1, ch. 19, ord. de 1535.

ou légataires, soit pour en prohiber la vente, — ce qui n'empêchait pas les transactions de cette nature, — soit, enfin, pour réformer des abus introduits dans le notariat.

Une des différences signalées par les anciens auteurs entre les notaires royaux et les notaires seigneuriaux consistait en ce que les premiers donnaient l'authenticité aux actes passés entre toutes sortes de personnes, de quelque qualité qu'elles fussent, et en quelque lieu qu'elles eussent leur domicile, tandis que, pour les seconds, les actes par eux reçus n'avaient le caractère de l'authenticité qu'autant que les parties étaient justiciables et domiciliées dans le territoire de la seigneurie. Cependant, plusieurs arrêts du Parlement avaient distingué entre l'hypothèque et l'exécution parée.

Enfin, outre les notaires royaux et seigneuriaux, il y avait des *notaires apostoliques*, dont l'origine était assez ancienne [1]. Ils étaient nommés par les évêques et archevêques pour recevoir les actes concernant les bénéfices, et pour exercer la fonction de notaire, en matière bénéficiale, dans l'étendue du diocèse. Mais ils ne pouvaient passer aucun acte relatif aux choses temporelles. Néanmoins, ils empiétèrent souvent sur les attributions des autres notaires. Ils furent plus tard obligés de se pourvoir d'offices royaux.

[1] Voy. *Dict. de dr. canon.*, par Durand de Maillane, v° *Notaire*.

FIN DU TOME PREMIER.

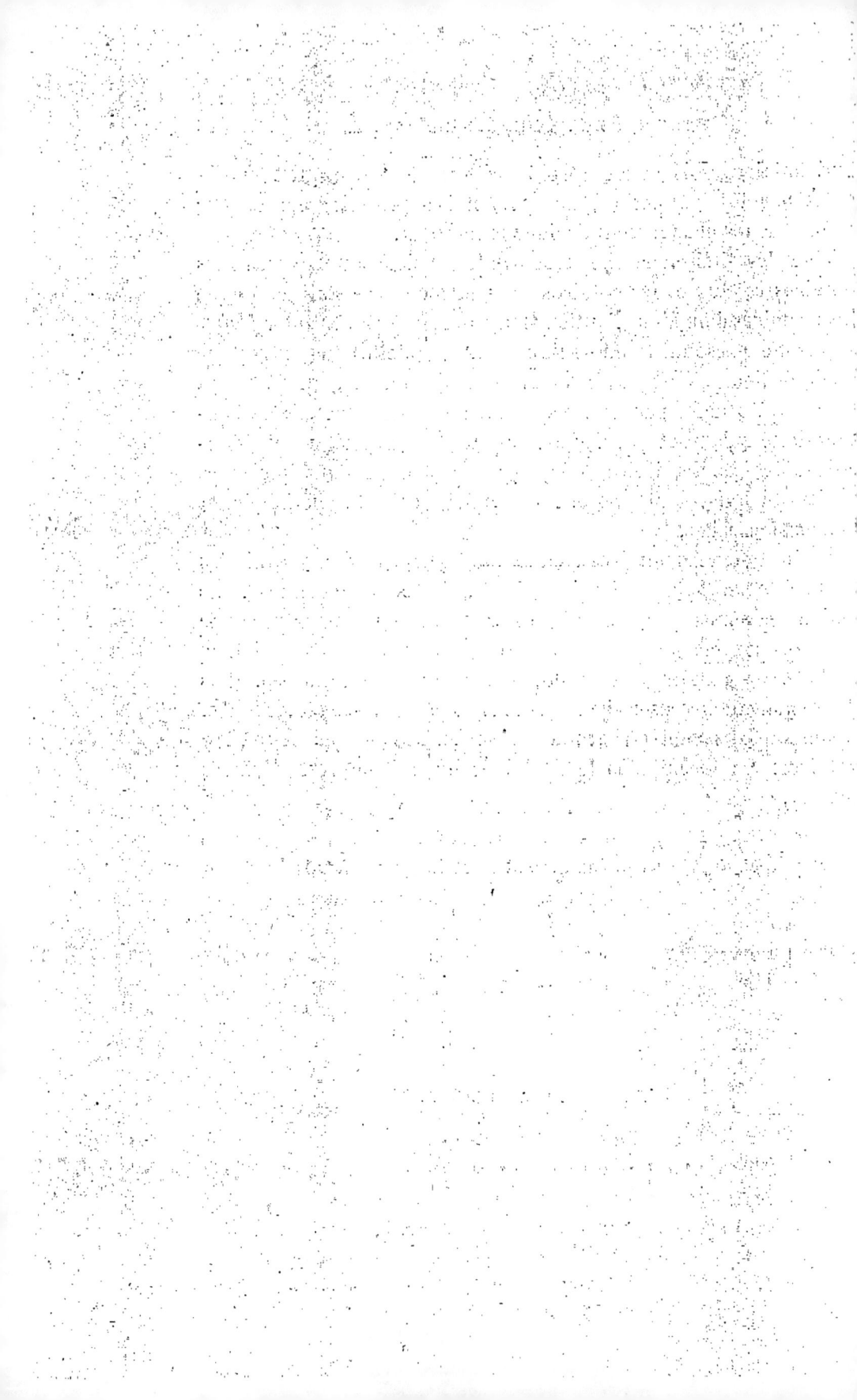

# TABLE DES MATIÈRES

## Contenues dans le premier volume.

---

FIN DE LA TABLE.